Habersack
EUROPÄISCHES GESELLSCHAFTSRECHT

EUROPÄISCHES GESELLSCHAFTSRECHT

Einführung für Studium und Praxis

Von

Dr. Mathias Habersack
o. Professor an der Universität Regensburg

C. H. BECK'SCHE VERLAGSBUCHHANDLUNG
MÜNCHEN 1999

Zitiervorschlag:
Habersack, EuGesR, Rdnr.

Die Deutsche Bibliothek – CIP-Einheitsaufnahme

Habersack, Mathias:
Europäisches Gesellschaftsrecht : Einführung für Studium und
Praxis / von Mathias Habersack. – München : Beck, 1999
ISBN 3406 44940 9

ISBN 3406 44940 9
© 1999 C. H. Beck'sche Verlagsbuchhandlung (Oscar Beck) München
Satz: Jung Satzcentrum, Lahnau
Druck: C. H. Beck'sche Buchdruckerei, Nördlingen
Gedruckt auf säurefreiem, alterungsbeständigem Papier
(hergestellt aus chlorfrei gebleichtem Zellstoff)

Vorwort

Das Gesellschaftsrecht ist wie kaum ein anderer Bereich des Privatrechts durch europäisches Sekundärrecht beeinflußt. Neben der Verordnung über die Schaffung einer Europäischen Wirtschaftlichen Interessenvereinigung sind es im wesentlichen neun Richtlinien, die zur Europäisierung des Gesellschaftsrechts beigetragen haben. Inhaltlich betreffen diese Richtlinien nahezu sämtliche Bereiche des Gesellschaftsrechts, ferner das allgemeine Handels- und Bilanzrecht. Bei der Arbeit mit Gesetzessammlungen, Lehrbüchern und Kommentaren zum nationalen Recht bleiben die Vorgaben des europäischen Rechts freilich zumeist verborgen. Dies muß schon deshalb verwundern, weil den Richtlinien im Rahmen der Auslegung des nationalen Rechts große Bedeutung zukommt, ein Verzicht auf die Heranziehung des europäischen Sekundärrechts, der entsprechenden Materialien und der einschlägigen Entscheidungen insbesondere des EuGH deshalb gleichbedeutend mit dem Verzicht auf ein wichtiges Hilfsmittel auf der Suche nach dem „richtigen" Recht ist.

Das vorliegende Buch will diese Lücke schließen. Es wendet sich an den Studierenden und an den Praktiker des Gesellschaftsrechts gleichermaßen. In seinem ersten Teil führt es in die EG-vertraglichen Grundlagen der Angleichung und Vereinheitlichung des Gesellschaftsrechts ein. Der zweite Teil ist den verabschiedeten Richtlinien und der unmittelbar vor der Verabschiedung stehenden Takeover-Richtlinie gewidmet. Er will den Leser mit dem wesentlichen Inhalt und der Systematik dieser Richtlinien vertraut machen und den von ihnen ausgehenden Einfluß auf das deutsche Handels- und Gesellschaftsrecht im einzelnen darlegen. Zu diesem Zweck werden auch die Umsetzungsakte des deutschen Gesetzgebers und etwaige Umsetzungsdefizite aufgezeigt. Gegenstand des dritten Teils ist im wesentlichen die Europäische Wirtschaftliche Interessenvereinigung als die bislang einzige supranationale Rechtsform; darüber hinaus wird die noch nicht eingeführte Europäische Aktiengesellschaft in ihren Grundzügen dargestellt. Das Buch will schließlich den Zugang zu den Vorschriften des Europäischen Gesellschaftsrechts erleichtern. Es gibt deshalb den Text der bislang verabschiedeten Richtlinien und der EWIV-Verordnung wieder und erfüllt somit zugleich die Aufgabe einer Textsammlung.

Bei der Sammlung und Systematisierung des reichhaltigen Materials haben mich die Mitarbeiter meines Lehrstuhls, darunter namentlich die Herren Christian Mayer, Matthias Münch und Robert Schmidt, wesentlich unterstützt. Ihnen sei dafür auch an dieser Stelle herzlich gedankt.

Das Buch befindet sich auf dem Stand vom 1.11.1998.

Regensburg, im November 1998　　　　　　　　　　　　Mathias Habersack

Inhaltsverzeichnis

	Seite
Verzeichnis der vollständig abgedruckten Texte zum Europäischen Gesellschaftsrecht	XV
Verzeichnis der abgekürzt zitierten Literatur	XVII
Abkürzungsverzeichnis	XIX

Einführung

§ 1 Gegenstand und Anliegen des Buches

	Rdnr.
I. Gegenstand	1
II. Anliegen	5

§ 2 Gang der Darstellung … 6

Erster Teil: Grundlagen

§ 3 EG-vertragliche Grundlagen der Angleichung und Vereinheitlichung des Gesellschaftsrechts

I. Die Niederlassungsfreiheit und die Rolle des Gesellschaftsrechts	
1. Ausgangslage	9
2. Intensivierung der Rechtsangleichung oder Wettbewerb der Gesetzgeber?	15
II. Das Prinzip der begrenzten Einzelermächtigung und seine Ausprägungen auf dem Gebiet des Gesellschaftsrechts	
1. Das Prinzip	18
2. Grundlagen der Harmonisierung des Gesellschaftsrechts	
a) Rechtsangleichung	19
b) Rechtsvereinheitlichung	24
III. Die Schrankenfunktion des EG-Vertrags	
1. Der Grundsatz: Niederlassungsfreiheit als Beschränkungsverbot	25
2. Die „Keck"-Rechtsprechung des EuGH	27
IV. Die Richtlinie als Instrument der Rechtsangleichung	
1. Grundlagen	29
2. Maßnahmen gegen das Auseinanderdriften des angeglichenen Rechts	31
3. Richtlinie und nationales Recht	
a) Keine unmittelbare Wirkung der Richtlinie im Horizontalverhältnis	32
b) Richtlinienkonforme Auslegung des angeglichenen Rechts	34

	Rdnr.
c) Die Auslegung der Richtlinie	37
4. Richtlinie und strengeres nationales Recht	40
V. Die Verordnung als Instrument der Rechtsvereinheitlichung	
1. Rechtsnatur und -wirkungen	43
2. Regelungsgegenstand	44

§ 4 Stand und Perspektiven des Europäischen Gesellschaftsrechts

I. Stand der Angleichung des Gesellschaftsrechts	
1. Überblick	45
2. System	48
3. Gesellschaftsrecht als Teil des Europäischen Unternehmensrechts	53
4. Bislang nicht realisierte Angleichungsvorhaben	
a) Struktur der AG	55
b) Konzernrecht	58
c) Internationale Verschmelzung	60
d) Sitzverlegung	63
II. Stand der Vereinheitlichung des Gesellschaftsrechts	
1. Grundlagen	66
2. Überblick	67
III. Sonstige Maßnahmen	
1. Anerkennung von Gesellschaften	69
2. Gesetz zur Einführung des Euro	71
IV. Perspektiven	
1. Die Frage der Mitbestimmung der Arbeitnehmer	72
2. Konzentration auf punktuelle Maßnahmen	74

Zweiter Teil: Die gesellschaftsrechtlichen Richtlinien

§ 5 Handelsrechtliche Publizität

I. Die Publizitätsrichtlinie	
1. Grundlagen	77
2. Umsetzung in das deutsche Recht	82
3. Betroffene Gesellschaften	83
4. Offenlegung	84
a) Publizitätsmittel	85
b) Publizitätsgegenstände	87
c) Publizitätswirkungen	91
5. Gültigkeit der von der Gesellschaft eingegangenen Verpflichtungen	95
a) Handeln im Namen der werdenden juristischen Person	96
b) Fehlerhafte Bestellung des Organwalters	98
c) Grundsatz der unbeschränkten und unbeschränkbaren Vertretungsmacht	100
6. Nichtigkeit der Gesellschaft	107
7. Umsetzungsdefizite des deutschen Rechts?	115

Inhaltsverzeichnis

	Rdnr.
II. Die Zweigniederlassungsrichtlinie	
1. Grundlagen	117
2. Umsetzung in das deutsche Recht	120
3. Elfte Richtlinie und weitergehendes nationales Recht	122
4. Anwendungsbereich	123
5. Der Begriff der Zweigniederlassung	127
6. Zweigniederlassungen von Gesellschaften aus anderen Mitgliedstaaten	128
7. Zweigniederlassungen von Gesellschaften aus Drittstaaten	132
III. Text der Richtlinien	
1. Publizitätsrichtlinie	133
2. Zweigniederlassungsrichtlinie	134

§ 6 Die Kapitalrichtlinie

I. Grundlagen	
1. Entwicklung	135
2. Anwendungsbereich	136
3. Inhalt der Richtlinie im Überblick	137
4. Die Kapitalrichtlinie als Mindestregelung	139
5. Umsetzung in das deutsche Recht	141
II. Die Vorschriften der Art. 1 bis 5	
1. Mindestangaben über die Gesellschaft	142
2. Haftung der Gesellschaft bei einzelstaatlichem Genehmigungsvorbehalt	148
3. Absinken der Zahl der Aktionäre	149
III. Der Grundsatz des festen Kapitals	
1. Funktion	150
2. Zerlegung in Aktien	152
IV. Die Aufbringung des Kapitals	
1. Einlageverpflichtung des Aktionärs	153
2. Gegenstand der Einlage	
a) Bar- und Sacheinlagen	157
b) Nachgründung	159
c) Sachübernahmen und verdeckte Sacheinlagen	161
V. Die Erhaltung des Kapitals	
1. Ausschüttungen an Aktionäre	
a) Die Vorgaben der Art. 15 und 16	164
b) Weitergehendes nationales Recht	166
c) Umsetzungsdefizite?	168
2. Einberufungs- und Informationspflicht bei schweren Verlusten	
a) Die Vorgaben des Art. 17	173
b) Richtlinienkonforme Auslegung des § 92 Abs. 1 AktG	175
3. Eigene Aktien	
a) Grundlagen	178
b) Zeichnung eigener Aktien	180

	Rdnr.
c) Erwerb eigener Aktien	182

VI. Kapitaländerungen
  1. Überblick … 186
  2. Kapitalerhöhung
    a) Zuständigkeit der Hauptversammlung … 187
    b) Publizität … 193
    c) Die Aufbringung des neuen Kapitals … 194
    d) Bezugsrecht der Aktionäre
      aa) Funktion und Reichweite … 196
      bb) Barkapitalerhöhung … 199
      cc) Sachkapitalerhöhung … 202
  3. Kapitalherabsetzung … 203

VII. Text der Kapitalrichtlinie … 206

§ 7 Verschmelzung und Spaltung von Aktiengesellschaften

I. Die Verschmelzungsrichtlinie
  1. Grundlagen … 207
  2. Umsetzung in das deutsche Recht … 209
  3. Betroffene Gesellschaften … 212
  4. Innerstaatliche Verschmelzung … 213
  5. Die erfaßten Verschmelzungsvorgänge und ihre Rechtsfolgen
    a) Verschmelzung durch Aufnahme und Verschmelzung durch Neugründung … 214
    b) Verschmelzung im Konzern … 217
    c) Der Verschmelzung gleichgestellte Vorgänge … 218
    d) Die Rechtsfolgen der Verschmelzung … 219
    e) Das Schutzbedürfnis auf seiten der Gläubiger und der Aktionäre … 221
  6. Der Schutz der Aktionäre
    a) Vorgaben der Richtlinie
      aa) Überblick … 222
      bb) Pflichten der Organwalter und Prüfer … 223
      cc) Informations- und Beteiligungsrecht der Aktionäre … 224
      dd) Haftung der Organwalter und der Berichtsprüfer … 225
      ee) Gerichtliche Kontrolle, Wirksamwerden und Offenlegung der Verschmelzung … 227
    b) Umsetzungsdefizite des deutschen Rechts? … 228
  7. Der Schutz der Gläubiger … 231
  8. Fehlerhafte Verschmelzung … 232

II. Die Spaltungsrichtlinie
  1. Grundlagen … 234
  2. Umsetzung in das deutsche Recht … 236
  3. Die erfaßten Spaltungsvorgänge und ihre Rechtsfolgen
    a) Spaltung und Verschmelzung … 237
    b) Spaltung zur Aufnahme und Spaltung zur Neugründung
      aa) Überblick … 238

	Rdnr.

  bb) Spaltung durch Übernahme 239
  cc) Spaltung durch Gründung neuer Gesellschaften 240
  dd) Rechtsfolgen
   (1.) Übergang des gesamten Vermögens 241
   (2.) Aktientausch 243
   (3.) Erlöschen der Gesellschaft 244
 c) Abspaltung 245
 d) Kein abschließender Charakter der 6. Richtlinie 247
 e) Der Schutz der Aktionäre
  aa) Die Vorgaben der Richtlinie 248
  bb) Umsetzung in das deutsche Recht 250
 f) Der Schutz der Gläubiger
  aa) Die Vorgaben der Richtlinie 251
  bb) Umsetzungsdefizite des deutschen Rechts? 254
 g) Fehlerhafte Spaltung 257
III. Text der Richtlinien
 1. Verschmelzungsrichtlinie 258
 2. Spaltungsrichtlinie 259

§ 8 Die Rechnungslegung der Gesellschaften

I. Einführung
 1. Der Regelungszweck der Bilanzrichtlinien 260
 2. Das europäische Bilanzrecht im Überblick 263
II. Die Jahresabschlußrichtlinie
 1. Grundlagen 265
 2. Umsetzung in das deutsche Recht
  a) Der Inhalt des Bilanzrichtlinien-Gesetzes im Überblick .. 266
  b) Einheitliche Auslegung der §§ 238 ff. HGB 269
  c) Umsetzungsdefizite des deutschen Rechts? 271
 3. Größenspezifische Rechnungslegung 273
 4. Die Bestandteile der Rechnungslegung
  a) Jahresabschluß
   aa) Bilanz 275
   bb) Gewinn- und Verlustrechnung 277
   cc) Anhang 278
  b) Lagebericht 279
 5. Die Grundsätze ordnungsmäßiger Buchführung und ihr
  Verhältnis zum Einblicksgebot
  a) Die einzelnen Grundsätze 280
  b) True and fair view als vorrangiges Ziel der
   Rechnungslegung 283
  c) Folgerungen für das deutsche Recht 286
 6. Prüfung und Offenlegung 288
 7. Perspektiven 289
III. Die Richtlinie über den konsolidierten Abschluß
 1. Grundlagen 291

	Rdnr.
2. Umsetzung in das deutsche Recht	293
3. Anwendungsbereich	
a) Beherrschungsmöglichkeit und einheitliche Leitung	294
b) Sitzunabhängige Konsolidierung	295
c) Die erfaßten Rechtsformen	296
d) Größenspezifische Rechnungslegung	298
e) Befreiende Konzernabschlüsse	299
4. Konsolidierungskreis	300
5. Art und Weise der Konzernrechnungslegung	
a) Bestandteile der Konzernrechnungslegung	302
b) True and fair view	303
c) Grundsätze ordnungsmäßiger Konzernrechnungslegung	304
d) Der Grundsatz der Vollkonsolidierung	
aa) Bedeutung	305
bb) Einzelne Ausprägungen	306
cc) Ausnahmen	308
e) Assoziierte Unternehmen	309
6. Prüfung und Offenlegung	311
IV. Die Prüferbefähigungsrichtlinie	
1. Grundlagen	312
2. Der Inhalt der Richtlinie	313
3. Umsetzung in das deutsche Recht	314
V. Text der Richtlinien	
1. Jahresabschlußrichtlinie	315
2. Richtlinie über den konsolidierten Abschluß	316
3. Prüferbefähigungsrichtlinie	317

§ 9 Die Einpersonen-Gesellschaft

I. Grundlagen	
1. Entwicklung	318
2. Wesentlicher Inhalt und Zweck der Richtlinie	319
3. Anwendungsbereich	321
4. Umsetzung in das deutsche Recht	322
II. Die Zulässigkeit der Einpersonen-Gesellschaft	
1. Der Tatbestand und die Gründung der Einpersonen-Gesellschaft	323
2. Die Einschaltung eines Strohmanns	325
3. Das Einpersonen-Unternehmen mit beschränkter Haftung	326
4. Die Zugangsbeschränkungen des Art. 2 Abs. 2	
a) Reichweite	327
b) Abschließender Charakter?	328
III. Die Schutzbestimmungen der Art. 3 bis 5	
1. Publizität	331
2. Beschlußfassung	333
3. In-sich-Geschäfte	335
IV. Text der Einpersonen-Gesellschaft-Richtlinie	338

Inhaltsverzeichnis

Rdnr.

§ 10 Übernahmeangebote
I. Grundlagen
   1. Stand der Entwicklung und Perspektiven 339
   2. Der Schutzzweck einer künftigen Richtlinie über Übernahmeangebote 340
   3. Anwendungsbereich 342
II. Der Ablauf freiwilliger Übernahmeangebote
   1. Verfahrensgrundsätze 343
   2. Aufsicht 345
III. Minderheitenschutz
   1. Das Wahlrecht der Mitgliedstaaten 346
   2. Die Voraussetzungen für die Einführung eines Minderheitenschutzes 347
   3. Das Pflichtangebot nach Art. 10 348
   4. Gleichwertige Vorkehrungen 349
IV. Zur Umsetzung der Richtlinie in das deutsche Recht
   1. Regulierung freiwilliger Übernahmeangebote 350
   2. Minderheitenschutz 351

Dritter Teil: Supranationale Rechtsformen

§ 11 Die Europäische wirtschaftliche Interessenvereinigung
I. Grundlagen
   1. Rechtsgrundlagen 353
   2. Der supranationale Charakter der EWIV 356
   3. Die Funktion der EWIV 357
II. Gründung und Rechtsnatur der EWIV
   1. Gründung
      a) Gründungsvertrag 359
      b) Offenlegung 360
      c) Mitglieder 362
      d) Zweck 364
   2. Rechtsnatur vor und nach Eintragung 368
III. Die Organisationsverfassung der EWIV
   1. Notwendige Organe 370
   2. Die Willensbildung der EWIV 371
   3. Geschäftsführung und Vertretung 372
IV. Veränderungen im Mitgliederbestand der EWIV
   1. Übertragung 374
   2. Ausscheiden eines Mitglieds 376
   3. Aufnahme neuer Mitglieder 377
V. Die Haftung der Mitglieder
   1. Der Grundsatz der unbeschränkten Haftung 378
   2. Die Ausgestaltung der Haftung
      a) Unbeschränkte Außenhaftung 379

	Rdnr.
b) Akzessorietät	380
c) Subsidiarität	381
d) Inhalt der Haftung	382
3. Die Haftung des eintretenden Mitglieds	383
4. Die Haftung des ausgeschiedenen Mitglieds	385
5. Die Rechtslage nach Beendigung der EWIV	387
VI. Auflösung und Abwicklung der EWIV	
1. Auflösung	388
2. Abwicklung	389
3. Insolvenz	390
VII. Text der EWIV-Verordnung	391

§ 12 Die Europäische Aktiengesellschaft

I. Grundlagen	
1. Entwicklung und Perspektiven	392
2. Funktionen einer Europäischen Aktiengesellschaft	395
II. Rechtsnatur, Gründung und Kapital der SE	
1. Rechtsnatur	396
2. Der Zugang zur Rechtsform der SE	397
3. Gründung	398
4. Kapitalaufbringung, Kapitalerhaltung und Kapitaländerungen	399
III. Die Verfassung der SE	
1. Monistisches und dualistisches System	400
2. Hauptversammlung	401
IV. Konzernrecht	402

	Seite
Sachverzeichnis	311

Verzeichnis der vollständig abgedruckten Texte zum Europäischen Gesellschaftsrecht

1. Erste Richtlinie 68/151/EWG zur Koordinierung der Schutzbestimmungen, die in den Mitgliedstaaten den Gesellschaften im Sinne des Artikels 58 Absatz 2 des Vertrages im Interesse der Gesellschafter sowie Dritter vorgeschrieben sind, um diese Bestimmungen gleichwertig zu gestalten *(Publizitätsrichtlinie)* Rdnr. **133**
2. Zweite Richtlinie 77/91/EWG zur Koordinierung der Schutzbestimmungen, die in den Mitgliedstaaten den Gesellschaften im Sinne des Artikels 58 Absatz 2 des Vertrages im Interesse der Gesellschafter sowie Dritter für die Gründung der Aktiengesellschaft sowie für die Erhaltung und Änderung ihres Kapitals vorgeschrieben sind, um diese Bestimmungen gleichwertig zu gestalten *(Kapitalrichtlinie)* Rdnr. **206**
3. Dritte Richtlinie 78/855/EWG gemäß Artikel 54 Absatz 3 Buchstabe g) des Vertrages betreffend die Verschmelzung von Aktiengesellschaften *(Verschmelzungsrichtlinie)* Rdnr. **258**
4. Vierte Richtlinie 78/660/EWG aufgrund von Artikel 54 Absatz 3 Buchstabe g) des Vertrages über den Jahresabschluß von Gesellschaften bestimmter Rechtsform *(Jahresabschlußrichtlinie)* Rdnr. **315**
5. Sechste Richtlinie 82/891/EWG gemäß Artikel 54 Absatz 3 Buchstabe g) des Vertrages betreffend die Spaltung von Aktiengesellschaften *(Spaltungsrichtlinie)* Rdnr. **259**
6. Siebente Richtlinie 83/349/EWG aufgrund von Artikel 54 Absatz 3 Buchstabe g) des Vertrages über den konsolidierten Abschluß *(Richtlinie über den konsolidierten Abschluß)* Rdnr. **316**
7. Achte Richtlinie 84/253/EWG aufgrund von Artikel 54 Absatz 3 Buchstabe g) des Vertrages über die Zulassung der mit der Pflichtprüfung der Rechnungslegungsunterlagen beauftragten Personen *(Prüferbefähigungsrichtlinie)* Rdnr. **317**
8. Elfte Richtlinie 89/666/EWG über die Offenlegung von Zweigniederlassungen, die in einem Mitgliedstaat von Gesellschaften bestimmter Rechtsform errichtet wurden, die dem Recht eines anderen Staates unterliegen *(Zweigniederlassungsrichtlinie)* Rdnr. **134**
9. Zwölfte Richtlinie 89/667/EWG auf dem Gebiet des Gesellschaftsrechts betreffend Gesellschaften mit beschränkter Haftung mit einem einzigen Gesellschafter *(Einpersonen-Gesellschaft-Richtlinie)* Rdnr. **338**
10. Verordnung (EWG) Nr. 2137/85 über die Schaffung einer Europäischen wirtschaftlichen Interessenvereinigung *(EWIV-VO)* Rdnr. **391**

Verzeichnis der abgekürzt zitierten Literatur

Baumbach/Hopt	A. Baumbach/K. J. Hopt, HGB, 29. Aufl. 1995
Dauses	M. Dauses (Hrsg.), Handbuch des EU-Wirtschaftsrechts, Stand: Dezember 1997 (zitiert: Bearbeiter in Dauses)
Großkomm. AktG	Großkommentar zum Aktiengesetz, 4. Aufl. 1992 ff. (zitiert: Bearbeiter in Großkomm. AktG)
Hachenburg	M. Hachenburg, GmbHG, 8. Aufl. 1992 ff. (zitiert: Hachenburg/Bearbeiter)
Hohloch	G. Hohloch (Hrsg.), EU-Handbuch Gesellschaftsrecht, Stand: 1997 (zitiert: Bearbeiter in Hohloch)
Hüffer	U. Hüffer, Aktiengesetz, 3. Aufl. 1997
KölnKomm	Kölner Kommentar zum Aktiengesetz, 2. Aufl. 1986 ff. (zitiert: KölnKomm-Bearbeiter)
Lutter	M. Lutter, Europäisches Unternehmensrecht, 4. Aufl. 1996
MünchKomm	Münchener Kommentar zum BGB, 3. Aufl. 1992 ff. (zitiert: MünchKomm-Bearbeiter)
K. Schmidt	K. Schmidt, Gesellschaftsrecht, 3. Aufl. 1997
Staub	H. Staub, Großkommentar zum HGB, 4. Aufl. 1982 ff. (zitiert: Staub/Bearbeiter)
Staudinger	J. von Staudingers Kommentar zum BGB, 13. Bearbeitung 1993 ff. (zitiert: Staudinger/Bearbeiter)
Werlauff	E. Werlauff, EC Company Law – the common denominator for business undertakings in 12 states, 1993

Abkürzungsverzeichnis

a. E.	am Ende
a. F.	alte Fassung
aA /AA	anderer Ansicht
aaO	am angegebenen Ort
ABl.	Amtsblatt
Abs.	Absatz
AcP	Archiv für die civilistische Praxis
ADHGB	Allgemeines Deutsches Handelsgesetzbuch
AG	Aktiengesellschaft
AGBG	Gesetz zur Regelung des Rechts der Allgemeinen Geschäftsbedingungen
AktG	Aktiengesetz
allg.	allgemein
Anh.	Anhang
Anm.	Anmerkung
Art.	Artikel
Aufl.	Auflage
BAG	Bundesarbeitsgericht
BayObLG	Bayerisches Oberstes Landesgericht
BayObLGZ	Entscheidungen des Bayerischen Obersten Landesgerichts in Zivilsachen
BB	Betriebs-Berater (Zeitschrift)
Bd.	Band
BDI	Bundesverband der Deutschen Industrie
Begr.	Begründung
Beil.	Beilage
betr.	betreffend
BGBl.	Bundesgesetzblatt
BGH	Bundesgerichtshof
BGHZ	Entscheidungen des BGH in Zivilsachen
BiRiLiG	Bilanzrichtlinien-Gesetz
BT-Drucks.	Bundestags-Drucksache
BVerfG	Bundesverfassungsgericht
BVerfGE	Entscheidungen des Bundesverfassungsgerichts
BW	Burgerlijk Wetboek
Cah. dr. europ.	Cahiers de droit européen
CMLR	Common Market Law Review (Zeitschrift)
d. h.	das heißt
DB	Der Betrieb (Zeitschrift)
ders.	derselbe

Abkürzungsverzeichnis

DGB	Deutscher Gewerkschaftsbund
dies.	dieselbe
DNotZ	Deutsche Notar-Zeitschrift
Dok. Kom	Dokumente der Kommission der Europäischen Gemeinschaften
DStR	Deutsches Steuerrecht (Zeitschrift)
DWiR	Deutsche Zeitschrift für Wirtschaftsrecht
Ecu	European currency unit
EG	Europäische Gemeinschaft(en)
EGInsO	Einführungsgesetz zur Insolvenzordnung
EGV	Vertrag zur Gründung der Europäischen Gemeinschaft
ELRev	European Law Review (Zeitschrift)
endg.	endgültig
EStG	Einkommensteuergesetz
EU	Europäische Union
EuGH	Europäischer Gerichtshof
EuGHE	Entscheidungen des Europäischen Gerichtshofs
EuGVÜ	Europäisches Gerichtsstands- und Vollstreckungsübereinkommen
EuR	Europarecht (Zeitschrift)
EuroEG	Gesetz zur Einführung des Euro
EuZW	Europäische Zeitschrift für Wirtschaftsrecht
EWG	Europäische Wirtschaftsgemeinschaft
EWIV	Europäische wirtschaftliche Interessenvereinigung
EWS	Europäisches Wirtschafts- & Steuerrecht (Zeitschrift)
f., ff.	folgend(e)
F. A. Z.	Frankfurter Allgemeine Zeitung
FGG	Gesetz über die Angelegenheiten der freiwilligen Gerichtsbarkeit
Fn.	Fußnote
GA	Generalanwalt
GAAP	Generally Accepted Accounting Principles
GmbH	Gesellschaft mit beschränkter Haftung
GmbHG	Gesetz betreffend die Gesellschaften mit beschränkter Haftung
GmbH-Rdsch.	GmbH-Rundschau (Zeitschrift)
GoB	Grundsätze ordnungsmäßiger Buchführung
Großkomm.	Großkommentar
Halbs.	Halbsatz
HGB	Handelsgesetzbuch
hM	herrschende Meinung
Hrsg.	Herausgeber

Abkürzungsverzeichnis

IAS	International Accounting Standards
IASC	International Accounting Standards Committee
IDW	Institut der Wirtschaftsprüfer in Deutschland e. V.
insbes.	insbesondere
IStR	Internationales Steuerrecht
iSv	im Sinne von
JA	Juristische Arbeitsblätter
JBl	Juristische Blätter (Zeitschrift)
jew.	jeweils
JuS	Juristische Schulung
JZ	Juristenzeitung
KapAEG	Kapitalaufnahmeerleichterungsgesetz
KG	Kommanditgesellschaft
KGaA	Kommanditgesellschaft auf Aktien
KonTraG	Gesetz zur Kontrolle und Transparenz im Unternehmensbereich
krit.	kritisch
KritVj	Kritische Vierteljahresschrift für Gesetzgebung und Rechtswissenschaft
KStG	Körperschaftsteuergesetz
LG	Landgericht
lit.	litera
LöschG	Gesetz über die Auflösung und Löschung von Gesellschaften und Genossenschaften
MDR	Monatsschrift für Deutsches Recht
n. F.	neue Fassung
Nachw.	Nachweise
NJW	Neue Juristische Wochenschrift
Nr.	Nummer
NZG	Neue Zeitschrift für Gesellschaftsrecht
OHG	Offene Handelsgesellschaft
OLG	Oberlandesgericht; auch Entscheidungen der OLG in Zivilsachen einschließlich der freiwilligen Gerichtsbarkeit (seit 1965) bzw. Die Rechtsprechung der OLG auf dem Gebiete des Zivilrechts (bis 1928)
RabelsZ	Rabels Zeitschrift für ausländisches und internationales Recht
Rdnr.	Randnummer
RegE	Regierungsentwurf
RGZ	Entscheidungen des Reichsgerichts in Zivilsachen

Abkürzungsverzeichnis

RIW	Recht der internationalen Wirtschaft (Zeitschrift)
Rpfleger	Der deutsche Rechtspfleger (Zeitschrift)
S.	Seite; Satz
s.	siehe
scil.	scilicet
SE	Societas Europaea
Slg.	Sammlung
sog.	sogenannt
StuW	Steuer und Wirtschaft (Zeitschrift)
Tz.	Textziffer
UmwG	Umwandlungsgesetz; früher: Gesetz über die Umwandlung von Kapitalgesellschaften
UmwStG	Umwandlungssteuergesetz
Unterabs.	Unterabsatz
vgl.	vergleiche
VO	Verordnung
vol.	volume
weit. Nachw.	weitere Nachweise
WiB	Wirtschaftsrechtliche Beratung (Zeitschrift)
WM	Wertpapier-Mitteilungen (Zeitschrift)
Wpg.	Die Wirtschaftsprüfung (Zeitschrift)
WphG	Wertpapierhandelsgesetz
WuB	Entscheidungssammlung zum Wirtschafts- und Bankrecht
WuW	Wirtschaft und Wettbewerb
Yale L. J.	Yale Law Journal
ZEuP	Zeitschrift für Europäisches Privatrecht
ZGR	Zeitschrift für Unternehmens- und Gesellschaftsrecht
ZHR	Zeitschrift für das gesamte Handels- und Wirtschaftsrecht
ZIP	Zeitschrift für Wirtschaftsrecht
zutr.	zutreffend
ZVglRWiss	Zeitschrift für vergleichende Rechtswissenschaft

Einführung

§ 1 Gegenstand und Anliegen des Buches

I. Gegenstand

Das Gesellschaftsrecht, verstanden als das Recht der privatrechtlichen Zweckverbände (Rdnr. 3f.), ist wie kaum ein anderer Bereich des Privatrechts durch Vorschriften des europäischen *Sekundärrechts* beeinflußt. Neben der Verordnung über die Schaffung einer Europäischen wirtschaftlichen Interessenvereinigung – sie hat mit der EWIV die erste supranationale Rechtsform geschaffen – sind es vor allem die auf dem Gebiet des Gesellschaftsrechts ergangenen Richtlinien, die zur Europäisierung der nationalen Gesellschaftsrechte beigetragen haben. Bislang sind neun dieser Richtlinien verabschiedet worden; die Verabschiedung einer weiteren, nämlich der Richtlinie über Übernahmeangebote, steht unmittelbar bevor. Vor diesem Hintergrund ist es berechtigt, von einem „Europäischen Gesellschaftsrecht" zu sprechen. Es existiert in den Vorschriften der EWIV-Verordnung und der Richtlinien. Sie bilden den zentralen Gegenstand des vorliegenden Buches. 1

Das europäische Sekundärrecht steht im Dienste des *Primärrechts*, speziell der Vorschriften der Art. 43ff. EGV[1] (Art. 52ff. a. F.) über die Niederlassungsfreiheit. Sollen nämlich die nationalen Gesellschaften, nicht anders als natürliche Personen, das Recht haben, ihren Sitz von ihrem Heimatstaat in einen anderen Mitgliedstaat zu verlegen und dort ihre Tätigkeit auszuüben, so setzt dies jedenfalls aus Sicht der Mitgliedstaaten, die bislang der sogenannten „Sitztheorie" folgen (Rdnr. 13), eine weitgehende Angleichung der nationalen Gesellschaftsrechte voraus; nur unter dieser Voraussetzung erscheint es diesen Mitgliedstaaten zumutbar, einen Zuzug von nach ausländischem Gesellschaftsrecht gegründeten Gesellschaften unter Verzicht auf die Einhaltung der jeweiligen nationalen Gründungsvorschriften hinnehmen zu müssen. Vor diesem Hintergrund dient insbesondere die Rechtsangleichung auf dem Gebiet des Gesellschaftsrechts der Verwirklichung der Niederlassungsfreiheit und damit letztlich des Konzepts des Binnenmarkts. Es kommt hinzu, daß die Niederlassungsfreiheit, nicht anders als die anderen Grundfreiheiten, der Gestaltungsfreiheit des nationalen Gesetzgebers auch unabhängig von der Schaffung von Sekundärrecht Schranken setzt. Eine Rechtsangleichung im Sinne einer „positiven" Harmonisierung der nationalen Gesellschaftsrechte ist damit zwar 2

---

[1] Konsolidierte Fassung mit den Änderungen durch den Vertrag von Amsterdam vom 2. 10. 1997; alte Zählung in Klammern. Bei den in den abgedruckten Texten der Richtlinien und der EWIV-Verordnung in Bezug genommenen Bestimmungen des EGV handelt es sich um solche der alten Fassung des Vertrages.

nicht verbunden; diskriminierende oder die Niederlassungsfreiheit übermäßig beschränkende Regelungen des nationalen Gesellschaftsrechts werden aber immerhin zurückgedrängt. Eine Einführung in das europäische Gesellschaftsrecht kann deshalb das europäische Primärrecht nicht ausblenden; wenn auch die Europäisierung der nationalen Gesellschaftsrechte vor allem von dem Sekundärrecht ausgeht, so ist doch der primärrechtliche Rahmen für das Verständnis des Sekundärrechts unerläßlich.

3   Der Begriff des Gesellschaftsrechts ist mithin im Kontext der Art. 43 ff. EGV (Art. 52 ff. a. F.) zu sehen: Neben der EWIV-Verordnung umfaßt er diejenigen Richtlinien, die der Verwirklichung der Niederlassungsfreiheit dienen und demgemäß auf der Kompetenznorm des *Art. 44 Abs. 2 lit. g EGV* (Art. 54 Abs. 3 lit. g a. F.) gründen. Die gesellschaftsrechtlichen Richtlinien dienen also der Koordinierung der Schutzbestimmungen, die in den Mitgliedstaaten im Interesse der Gesellschafter sowie Dritter vorgeschrieben sind (Rdnr. 19 ff., 262); in der Regel ergehen sie ausdrücklich „auf dem Gebiet des Gesellschaftsrechts", verlautbaren also bereits in ihrer amtlichen Bezeichnung ihre Zugehörigkeit zum Gebiet des europäischen Gesellschaftsrechts.

4   Das so verstandene Gesellschaftsrecht ist von dem *Kapitalmarktrecht* zu unterscheiden. Auch letzteres ist Gegenstand zahlreicher Vorschriften des Sekundärrechts[2]. Anders als das europäische Gesellschaftsrecht dient es aber primär der Verwirklichung der Kapitalverkehrs- und Dienstleistungsfreiheit. Nicht selten sind freilich *Überschneidungen* mit dem europäischen Gesellschaftsrecht anzutreffen. So läßt sich etwa dem Entwurf einer 13. Richtlinie auf dem Gebiet des Gesellschaftsrechts, der sich der Problematik der Übernahme von Gesellschaften annimmt, ein kapitalmarktrechtlicher Bezug nicht absprechen. Umgekehrt weisen die den Schutz der Anleger bezweckenden börsenrechtlichen Richtlinien, insbesondere die Richtlinien über die Börsenzulassung, die Transparenzrichtlinie und die Insiderrichtlinie, gesellschaftsrechtliche Bezüge auf, weshalb sie nicht selten auch auf Art. 44 Abs. 2 lit. g EGV (Art. 54 Abs. 3 lit. g a. F.) gründen. Dieser Zusammenhang erklärt sich schon daraus, daß sich die in der Rechtsform der Aktiengesellschaft agierenden Unternehmen zum Zwecke der Kapitalbeschaffung des allgemeinen Kapitalmarkts bedienen und dabei zudem auf die Unterstützung durch Kreditinstitute, Wertpapierfirmen und Investmentgesellschaften angewiesen sind. Es kommt hinzu, daß der Freiheit des Kapital- und Zahlungsverkehrs auch im allgemeinen eine tragende Rolle im Zusammenhang mit der Verwirklichung der anderen Grundfreiheiten zukommt[3].

Dieser auf der Ebene des europäischen Rechts anzutreffenden Verzahnung entspricht eine solche auf der Ebene des nationalen Aktienrechts: Nach der Konzeption insbesondere des anglo-amerikanischen Aktienrechts übernimmt das Kapitalmarktrecht den Schutz der Gläubiger und

---

[2] Näher dazu *Lutter* S. 75 ff.; *Weber* in Dauses, F. III Rdnr. 1 ff.; *Hoffmann*, Banken- und Börsenrecht der EWG, 1990.

[3] Die Kommission hat dies sehr früh erkannt, wie insbesondere der sog. *Sergré*-Bericht zeigt, s. *Kommission der Europäischen Gemeinschaften*, Der Aufbau eines Europäischen Kapitalmarktes, 1966.

II. Anliegen

der Aktionäre und macht deshalb für weite Bereiche einen mit den Mitteln des Organisationsrechts bewirkten Gläubiger- und Aktionärsschutz weniger dringlich[4]. Ungeachtet dieser mannigfachen Überschneidungen beschränkt sich das vorliegende Buch auf die Darstellung des europäischen Gesellschaftsrechts, verstanden im Sinne der EWIV-Verordnung und der Richtlinien, die „auf dem Gebiet des Gesellschaftsrechts" ergangen sind. Es folgt also der Konzeption, wie sie der Rechtssetzung durch die europäischen Instanzen zugrunde liegt; für ein solches Vorgehen spricht insbesondere die Geschlossenheit des solchermaßen eingegrenzten Normenkomplexes.

II. Anliegen

Das vorliegende Buch will zunächst den Zugang zu den Vorschriften des Europäischen Gesellschaftsrechts erleichtern; aus diesem Grund enthält es die Texte der verabschiedeten Richtlinien und Verordnungen und erfüllt somit die Aufgabe einer *Textsammlung*. Vor allem aber will es dem Leser aufzeigen, daß die nationalen Gesellschaftsrechte, aus deutscher Sicht namentlich das Aktien- und das GmbH-Recht, über weite Bereiche durch Vorschriften des europäischen Sekundärrechts beeinflußt sind. Bei der Arbeit mit Gesetzessammlungen, Lehrbüchern und Kommentaren zum nationalen Recht bleibt dieser Aspekt zumeist verborgen. Dies muß schon deshalb verwundern, weil den Richtlinien im Rahmen der Auslegung des nationalen Rechts große Bedeutung zukommt (Rdnr. 29 ff.), ein Verzicht auf die Heranziehung des europäischen Sekundärrechts, der entsprechenden Materialien und der einschlägigen Entscheidungen insbesondere des EuGH deshalb gleichbedeutend mit dem Verzicht auf ein wichtiges Hilfsmittel auf der Suche nach dem „richtigen" Recht ist. Das vorliegende Buch macht deshalb mit dem *wesentlichen Inhalt und* der *Systematik des Sekundärrechts* vertraut; wichtige *Entscheidungen des EuGH* werden auszugsweise im Wortlaut wiedergegeben. Darüber hinaus werden die *Umsetzungsakte* des deutschen Gesetzgebers aufgezeigt und damit nicht nur der Bereich des europäisierten nationalen Gesellschaftsrechts konkretisiert, sondern zugleich etwaige Umsetzungsdefizite herausgestellt.

5

---

[4] Vgl. für das us-amerikanische Recht *Kübler* KritVj. 1994, 79, 83 ff.; *Merkt*, US-amerikanisches Gesellschaftsrecht, 1991, Rdnr. 457 ff.; speziell zur Eigenkapitalsicherung im englischen Recht und zur Überlagerung dieser Traditionen durch die 2. Richtlinie *Davies* AG 1998, 346 ff.; allg. *Assmann* in Großkomm. AktG, Einleitung Rdnr. 343 ff., *Möllers* ZGR 1997, 334 ff., jew. mit weit. Nachw.

§ 2 Gang der Darstellung

6 In seinem *ersten Teil* führt das Buch in die Grundlagen der Rechtsangleichung und -vereinheitlichung auf dem Gebiet des Gesellschaftsrechts ein. Dargestellt werden die einschlägigen Kompetenznormen des EGV, die Richtlinie und die Verordnung als allgemeine Instrumente der Rechtsharmonisierung, die Folgen der Rechtsangleichung für das nationale Recht und die Perspektiven des europäischen Gesellschaftsrechts. Des weiteren enthält dieser Teil des Buches eine Zusammenstellung sowohl der bereits verabschiedeten als auch der noch in Entwurfsfassung vorliegenden Richtlinien und Verordnungen.

7 Der *zweite Teil* ist den verabschiedeten oder unmittelbar vor der Verabschiedung stehenden Richtlinien gewidmet. Wiewohl diese Richtlinien auf vielfältige Weise miteinander verzahnt sind und deshalb der Versuch einer systematischen, nach Sachgebieten geordneten Darstellung des europäischen Gesellschaftsrechts durchaus reizvoll gewesen wäre, sprechen die besseren Gründe für eine Einzeldarstellung der jeweiligen Richtlinie. Denn zum einen unterscheiden sich die Richtlinien in ihrem Anwendungsbereich. So gibt es Richtlinien, die ausschließlich das Aktienrecht betreffen, während umgekehrt die 12. Richtlinie primär das GmbH-Recht betrifft. Andere Richtlinien wiederum gelten sowohl für das Aktien- als auch für das GmbH-Recht; die 4. Richtlinie bezieht sich zudem auf die atypische, über keine natürliche Person als unbeschränkt haftenden Gesellschafter verfügende Personenhandelsgesellschaft. Eine nach Sachgebieten geordnete Darstellung des europäischen Gesellschaftsrechts brächte somit zwar einen Gewinn an Systematik, ginge aber doch mit einer beträchtlichen Unübersichtlichkeit im Detail einher. Zum anderen erleichtert es die vorliegend gewählte Form der Darstellung, den jeweiligen nationalen Umsetzungsakt in die Darstellung einzubeziehen; dies wiederum dient der Verwirklichung eines zentralen Anliegens des Buches (Rdnr. 5).

8 Für den *dritten Teil* des Buches hat sich die Frage nach der Art der Darstellung weitgehend erübrigt. Er ist nämlich den supranationalen Gesellschaftsformen gewidmet, von denen es bislang mit der EWIV nur eine einzige gibt. Ihre Verfassung bildet deshalb den zentralen Gegenstand des dritten Teils des Buches. Darüber hinaus soll das Vorhaben einer Europäischen Aktiengesellschaft in seinen Grundzügen dargestellt werden.

Erster Teil: Grundlagen

§ 3 EG-vertragliche Grundlagen der Angleichung und Vereinheitlichung des Gesellschaftsrechts

Schrifttum: *Bärmann*, Europäische Integration im Gesellschaftsrecht, 1970; *Behrens*, Niederlassungsfreiheit und Internationales Gesellschaftsrecht, RabelsZ 52 (1988), 498; *Buxbaum/Hertig/ Hirsch/Hopt* (Hrsg.), European Business Law, 1991; *Buxbaum/Hopt*, Integration Through Law, vol. 4: Legal Harmonization and the Business Enterprise, 1988; *Ebenroth/Eyles*, Die innereuropäische Verlegung des Gesellschaftssitzes als Ausfluß der Niederlassungsfreiheit?, DB 1989, 363, 413; *Everling*, Zur Auslegung des durch EG-Richtlinien angeglichenen nationalen Rechts, ZGR 1992, 376; *ders.*, Das Niederlassungsrecht in der EG als Beschränkungsverbot, Gedächtnisschrift für Knobbe-Keuk, 1997, S. 607; *Eyles*, Das Niederlassungsrecht der Kapitalgesellschaften in der Europäischen Gemeinschaft, 1990; *Grundmann*, EG-Richtlinie und nationales Privatrecht, JZ 1996, 274; *Knobbe-Keuk*, Umzug von Gesellschaften in Europa, ZHR 154 (1990), 325; *V. Kruse*, Sitzverlegung von Kapitalgesellschaften innerhalb der EG, 1997; *Kübler*, Rechtsfortbildung durch Gesetzgebungswettbewerb?, KritVj. 1994, 79; *Lutter*, Die Entwicklung des Gesellschaftsrechts in Europa, EuR 1975, 44; *ders.*, Die Auslegung angeglichenen Rechts, JZ 1992, 593; *ders.*, Perspektiven eines europäischen Unternehmensrechts – Versuch einer Summe, ZGR 1992, 435; *ders.*, Zum Umfang der Bindung durch Richtlinien, Festschrift für Everling, Bd. 1, 1995, S. 765; *Merkt*, Das Europäische Gesellschaftsrecht und die Idee des „Wettbewerbs des Gesetzgebers", RabelsZ 59 (1995), 545; *Reher*, Gesellschaftsrecht in Gemeinsamen Märkten, 1997; *Rodriguez Iglesias/Riechenberg*, Zur richtlinienkonformen Auslegung des nationalen Rechts, Festschrift für Everling, Bd. 1, 1995, S. 1213; *W. H. Roth*, Der Einfluß des europäischen Gemeinschaftsrechts auf das Internationale Privatrecht, RabelsZ 55 (1991), 623; *ders.*, Die Niederlassungsfreiheit zwischen Beschränkungs- und Diskriminierungsverbot, Gedächtnisschrift für Knobbe-Keuk, 1997, S. 729; *Schön*, Gesellschaftsrecht nach Maastricht, ZGR 1995, 1; *ders.*, Mindestharmonisierung im europäischen Gesellschaftsrecht, ZHR 160 (1996), 221; *Timmermans*, Die europäische Rechtsangleichung im Gesellschaftsrecht, RabelsZ 48 (1984), 1.

I. Die Niederlassungsfreiheit und die Rolle des Gesellschaftsrechts

1. Ausgangslage

Nach Art. 43, 48 EGV (Art. 52, 58 a. F.) genießen die Staatsangehörigen eines jeden Mitgliedstaats sowie die nach den Rechtsvorschriften eines Mitgliedstaats gegründeten und innerhalb der Gemeinschaft niedergelassenen Gesellschaften das Recht, sich auf dem Gebiet eines anderen Mitgliedstaats niederzulassen und dort einer selbständigen Tätigkeit nachzugehen. Die genannten Vorschriften lauten wie folgt: 9

Art. 43

Die Beschränkungen der freien Niederlassung von Staatsangehörigen eines Mitgliedstaats im Hoheitsgebiet eines anderen Mitgliedstaats sind nach Maßgabe der folgenden Bestimmungen verboten. Das gleiche gilt für Beschränkungen der Gründung von Agenturen, Zweigniederlassungen oder Tochtergesellschaften durch Angehörige eines Mitgliedstaats, die im Hoheitsgebiet eines Mitgliedstaats ansässig sind.

§ 3 EG-vertragliche Grundlagen des Gesellschaftsrechts

Vorbehaltlich des Kapitels über den Kapitalverkehr umfaßt die Niederlassungsfreiheit die Aufnahme und Ausübung selbständiger Erwerbstätigkeiten sowie die Gründung und Leitung von Unternehmen, insbesondere von Gesellschaften im Sinne des Artikels 48 Absatz 2, nach den Bestimmungen des Aufnahmestaats für seine eigenen Angehörigen.

Art. 48

Für die Anwendung dieses Kapitels stehen die nach den Rechtsvorschriften eines Mitgliedstaats gegründeten Gesellschaften, die ihren satzungsmäßigen Sitz, ihre Hauptverwaltung oder ihre Hauptniederlassung innerhalb der Gemeinschaft haben, den natürlichen Personen gleich, die Angehörige der Mitgliedstaaten sind.

Als Gesellschaften gelten die Gesellschaften des bürgerlichen Rechts und des Handelsrechts einschließlich der Genossenschaften und die sonstigen juristischen Personen des öffentlichen und privaten Rechts mit Ausnahme derjenigen, die keinen Erwerbszweck verfolgen.

10   Im einzelnen gewähren Art. 43 Abs. 1 S. 1, 48 EGV zunächst die sog. *„primäre"* Niederlassungsfreiheit, nämlich das Recht, den Schwerpunkt der unternehmerischen Tätigkeit, die „Hauptniederlassung", in das Gebiet eines anderen Mitgliedstaats zu verlegen. Nach Art. 43 Abs. 1 S. 2 EGV umfaßt die Niederlassungsfreiheit darüber hinaus das Recht, Agenturen, Zweigniederlassungen oder Tochtergesellschaften zu gründen. Diese sog. *„sekundäre"* Niederlassungsfreiheit zeichnet sich demnach dadurch aus, daß die natürliche Person oder Gesellschaft den Schwerpunkt ihrer unternehmerischen Betätigung in dem Heimatstaat beibehält und ihre Betätigung durch Gründung von Agenturen, Zweigniederlassungen oder Tochtergesellschaften auf das Gebiet eines oder mehrerer anderer Mitgliedstaaten ausdehnt[1]. Hinzu kommt das Recht, sich an bereits bestehenden, in einem anderen Mitgliedstaat agierenden Unternehmen nach Maßgabe der allgemeinen Vorschriften dieses Staates – etwa derjenigen über die Form und sonstige Wirksamkeitsvoraussetzungen eines Anteilserwerbs – zu beteiligen[2].

11   Dem für den Bereich der Warenverkehrs- und Dienstleistungsfreiheit geltenden Herkunftslandsprinzip würde es entsprechen, könnten die nach dem Recht eines Mitgliedstaats gegründeten Gesellschaften ihre Hauptniederlassung in das Gebiet eines anderen Mitgliedstaats verlegen und dort ihre unternehmerische Betätigung fortsetzen. In seiner Grundsatzentscheidung in Sachen „Daily Mail" hat freilich der EuGH nationale Beschränkungen des Rechts auf Aus- und Einwanderung von Gesellschaften gebilligt und damit den Schutzbereich der Art. 43, 48 EGV ganz erheblich eingeschränkt[3]. In casu ging es um eine englische Investmentgesellschaft, die aus Steuergründen ihre Geschäftsleitung in die Niederlande verlegen wollte. Die dafür erforderliche Genehmigung des Treasury Departments

---

[1] Zu dieser Unterscheidung EuGHE 1986, 273, 301; *W. H. Roth* in Dauses, E. I Rdnr. 34ff.; *Erhard* in Lenz, EG-Vertrag, 1994, Art. 52 Rdnr. 2f.
[2] Dazu *Lutter* S. 38 f., 41; s. ferner Rdnr. 70.
[3] EuGHE 1988, 5505 = NJW 1989, 2186 = JZ 1989, 384 mit Anm. *Großfeld/Luttermann*; s. ferner EuGHE 1989, 4534, 4544; EuGHE 1991, I-3956, 3962ff.

I. Die Niederlassungsfreiheit

wurde verweigert. Der EuGH hat dieser Wegzugsschranke ihre Vereinbarkeit mit Art. 43, 48 EGV bescheinigt[4]. Zur Begründung hat das Gericht darauf hingewiesen, daß Gesellschaften, anders als natürliche Personen, aufgrund einer nationalen Rechtsordnung gegründet würden und jenseits derselben keine Realität hätten. Daran anknüpfend führt der EuGH aus[5]:

„Hinsichtlich dessen, was für die Gründung einer Gesellschaft an Verknüpfung mit dem nationalen Gebiet erforderlich ist, wie hinsichtlich der Möglichkeit einer nach einem nationalen Recht gegründeten Gesellschaft, diese Verknüpfung nachträglich zu ändern, bestehen erhebliche Unterschiede im Recht der Mitgliedstaaten.... In einigen Staaten muß nicht nur der satzungsmäßige, sondern auch der wahre Sitz, also die Hauptverwaltung der Gesellschaft, im Hoheitsgebiet liegen; die Verlegung der Geschäftsleitung aus diesem Gebiet hinaus setzt somit die Liquidierung der Gesellschaft mit allen Folgen voraus, die eine solche Liquidierung auf gesellschafts- und steuerrechtlichem Gebiet mit sich bringt. Andere Staaten gestehen den Gesellschaften das Recht zu, ihre Geschäftsleitung ins Ausland zu verlegen, aber einige, unter ihnen das Vereinigte Königreich, beschränken dieses Recht; die rechtlichen Folgen der Verlegung, insbesondere auf steuerrechtlichem Gebiet, sind in jedem Mitgliedstaat anders.

Der EWG-Vertrag trägt diesen Unterschieden im nationalen Recht Rechnung. Bei der Definition der Gesellschaften, denen die Niederlassungsfreiheit zugute kommt, in Artikel 58 EWG-Vertrag (scil.: Art. 48 n. F.) werden der satzungsmäßige Sitz, die Hauptverwaltung und die Hauptniederlassung einer Gesellschaft als Anknüpfung gleich geachtet. In Artikel 220 EWG-Vertrag (scil.: Art. 293 n. F.) ist, soweit erforderlich, der Abschluß von Übereinkommen unter den Mitgliedstaaten vorgesehen, um unter anderem die Beibehaltung der Rechtspersönlichkeit bei Verlegung des Sitzes von einem Mitgliedstaat in einen anderen sicherzustellen. Bis heute ist ein derartiges Übereinkommen nicht in Kraft getreten.

Auch keine der Richtlinien zur Koordinierung des Gesellschaftsrechts, die gemäß Artikel 54 Absatz 3 Buchstabe g EWG-Vertrag (scil.: Art. 44 Abs. 2 lit. g n. F.) erlassen wurden, bezieht sich auf die angeführten Unterschiede.

Nach alledem betrachtet der EWG-Vertrag die Unterschiede, die die Rechtsordnungen der Mitgliedstaaten hinsichtlich der für ihre Gesellschaften erforderlichen Anknüpfung sowie der Möglichkeit und gegebenenfalls der Modalitäten einer Verlegung des satzungsmäßigen oder wahren Sitzes einer Gesellschaft nationalen Rechts von einem Mitgliedstaat in einen anderen aufweisen, als Probleme, die durch die Bestimmungen über die Niederlassungsfreiheit nicht gelöst sind, sondern einer Lösung im Wege der Rechtssetzung oder des Vertragsschlusses bedürfen; eine solche wurde jedoch noch nicht gefunden.

Somit gewähren die Artikel 52 und 58 EWG-Vertrag (scil.: Art. 43, 48 n. F.) den Gesellschaften nationalen Rechts kein Recht, den Sitz ihrer Geschäftsleitung unter Bewahrung ihrer Eigenschaft als Gesellschaften des Mitgliedstaats ihrer Gründung in einen anderen Mitgliedstaat zu verlegen.

Auf den ersten Teil der ersten Frage ist daher zu antworten, daß die Artikel 52 und 58 EWG-Vertrag (scil.: Art. 43, 48 n. F.) beim derzeitigen Stand des Gemeinschaftsrechts einer Gesellschaft, die nach dem Recht eines Mitgliedstaats gegründet ist und in diesem ih-

---

[4] Zu Recht zieht der EuGH die Niederlassungsfreiheit als Kontrollmaßstab heran, obschon es sich um eine Maßnahme des Herkunftsstaats handelt, die Art. 43 ff. EGV aber insbesondere die Inländergleichbehandlung im Aufnahmestaat sicherstellen sollen, s. EuGHE 1988, 5505, 5510 Nr. 16.
[5] EuGHE 1988, 5505, 5511 f., Tz. 20 ff.

§ 3 EG-vertragliche Grundlagen des Gesellschaftsrechts

ren satzungsmäßigen Sitz hat, nicht das Recht gewähren, den Sitz ihrer Geschäftsleitung in einen anderen Mitgliedstaat zu verlegen."

12 Der EuGH entnimmt also den Vorschriften des EGV, namentlich der im Wortlaut des Art. 48 Abs. 1 EGV zum Ausdruck kommenden Anerkennung divergierender nationaler Kollisionsrechte (Rdnr. 13 f.) und dem in Art. 293 EGV enthaltenen Vorbehalt eines Übereinkommens betreffend die Beibehaltung der Rechtspersönlichkeit bei Sitzverlegung, daß die Niederlassungsfreiheit den Gesellschaften nationalen Rechts kein Recht auf identitätswahrenden Umzug gewähren. „Beim derzeitigen Stand des Gemeinschaftsrechts" ist es vielmehr sowohl dem Heimatstaat als auch dem Zuzugsstaat gestattet, die Sitzverlegung von der Überwindung nationaler Umzugsschranken abhängig zu machen. Im Ergebnis bedeutet dies, daß de lege lata Gesellschaften nicht in den Genuß der primären Niederlassungsfreiheit kommen. Zwar ergibt sich aus Art. 43, 48 EGV das Recht, gemeinschaftsweit Gesellschaften zu gründen; doch handelt es sich dabei um ein Freiheitsrecht der Gesellschafter, nicht um ein solches der Gesellschaften.

13 Obschon der EuGH im „Daily Mail" – Urteil allein über die Vereinbarkeit steuerrechtlicher Wegzugssperren mit dem EGV zu entscheiden hatte, kommt seinen Ausführungen auch für sonstige Weg- und Zuzugssperren des nationalen Rechts Bedeutung zu. Denn nach Ansicht des EuGH bestimmt es sich nach dem nationalen Recht, unter welchen Voraussetzungen eine Verknüpfung zwischen dem Recht des Mitgliedstaats und der Gesellschaft – und damit eine Voraussetzung für die Existenz der Gesellschaft – zustandekommt und fortbesteht. Insbesondere nach dem Internationalen Privatrecht eines Mitgliedstaats bestehende Beschränkungen der Sitzverlegung stehen danach im Einklang mit Art. 43, 48 EGV[6]. Davon betroffen ist namentlich die sog. *Sitztheorie*, der zufolge Gesellschaftsstatut das Recht des Staates ist, in dem die Gesellschaft ihren tatsächlichen Verwaltungssitz hat, eine Verlegung des Verwaltungssitzes somit einen Wechsel des Gesellschaftsstatus zur Folge hat[7]. Ungeachtet der Art. 43, 48 EGV darf also das deutsche Internationale Privatrecht weiterhin bestimmen, daß eine nach deutschem Recht gegründete und in Deutschland ansässige Gesellschaft mit Verlegung ihres Verwaltungssitzes in das Ausland grundsätzlich[8] aufgelöst und zu liquidieren ist und umgekehrt eine nach ausländischem Recht gegründete Gesellschaft, will sie ihren Sitz nach Deutschland verlegen, die

---

[6] So auch BayObLGZ 1992, 113, 116 ff. = WM 1992, 1371; OLG Hamm ZIP 1997, 1696, 1697 mit Anm. *Neye*; Staudinger/*Großfeld*, Internationales Gesellschaftsrecht, Rdnr. 113 ff.; MünchKomm-*Ebenroth/Kindler*, Bd. 11, Internationales Gesellschaftsrecht, Rdnr. 366 ff.; *Ebenroth/Eyles* DB 1989, 363, 372, 413 ff.; *W. H. Roth* RabelsZ 55 (1991), 623, 649 f.; aA insbesondere *Behrens* RabelsZ 52 (1988), 498, 517 ff.; *Knobbe-Keuk* ZHR 154 (1990), 325, 329 ff.; *Lutter* S. 41 f.; *V. Kruse* S. 195 ff.; zumindest tendenziell auch *Blaurock* ZEuP 1998, 460, 480 f.

[7] Eingehend dazu sowie zum Folgenden Staudinger/*Großfeld* (Fn. 6), Rdnr. 13 f.; MünchKomm-*Ebenroth/Kindler* (Fn. 6), Rdnr. 312 ff.; aus der Rechtsprechung s. noch BGHZ 97, 269, 271; BGH ZIP 1991, 1582; zur Vereinbarkeit mit Art. 43, 48 EGV s. die Nachw. in Fn. 6.

[8] Anders verhält es sich, wenn das Recht des Aufnahmestaates eine Rückverweisung auf das deutsche Recht enthält, s. dazu MünchKomm-*Ebenroth/Kindler* (Fn. 6), Rdnr. 387, 391 ff.; Staudinger/*Großfeld* (Fn. 6), Rdnr. 90, 103.

I. Die Niederlassungsfreiheit

Vorschriften des deutschen Rechts über die Gründung von Gesellschaften zu beachten hat[9]. Der Sachverhalt der „Daily Mail" – Entscheidung zeigt denn auch, daß Rechtsordnungen, die, wie die englische und die niederländische, der sog. *Gründungstheorie* folgen, das Gesellschaftsstatut also an den Gründungsort der Gesellschaft und damit in der Regel an den Satzungssitz anknüpfen[10], ihr Sachrecht häufig anderweitig – eben durch öffentlich-rechtliche Aufsichts- und Kontrollbefugnisse – durchsetzen. Auch unter Geltung der Gründungstheorie ist deshalb die (steuerneutrale) Verlegung des Verwaltungssitzes keineswegs garantiert.

In der „Daily Mail" – Entscheidung weist der EuGH den Weg für die Bewältigung der mit einer grenzüberschreitenden Sitzverlegung verbundenen Probleme: Erforderlich ist eine *Gemeinschaftsmaßnahme,* wobei Art. 293 Spiegelstrich 3 EGV (Art. 220 a. F.) an sich ausdrücklich die Möglichkeit eines internationalen Übereinkommens bereithält (Rdnr. 70). Da freilich nach der durch den EuGH gebilligten weiten Auslegung des Art. 44 Abs. 2 lit. g EGV (Rdnr. 20 f.) auch eine entsprechende Richtlinie erlassen werden könnte[11], dürfte ein Übereinkommen im Sinne des Art. 293 EGV nicht mehr „erforderlich" sein[12]. Die Kommission hat denn auch im Jahre 1997 einen Vorentwurf einer „Richtlinie über die Verlegung des Sitzes einer Gesellschaft in einen anderen Mitgliedstaat mit Wechsel des für die Gesellschaft maßgebenden Rechts" vorgelegt (Rdnr. 63 ff.). Bis zur Verabschiedung und Umsetzung dieser Richtlinie bewendet es allerdings dabei, daß sich die Voraussetzungen für die Gründung oder Anerkennung von Gesellschaften nach der jeweiligen nationalen Rechtsordnung bestimmen. Davon betroffen ist insbesondere die Verlegung des Satzungs- oder Verwaltungssitzes.

14

2. Intensivierung der Rechtsangleichung oder Wettbewerb der Gesetzgeber?

Die Europäische Gemeinschaft ist Rechtsgemeinschaft[13]. Für den Bereich der Niederlassungsfreiheit hat deshalb die Kommission von Anfang an darauf hingearbeitet, daß die Standortwahl der in Europa agierenden Gesellschaften nicht an den gesellschaftsrechtlichen, sondern an den wirtschaftlichen Rahmenbedingungen des jeweiligen Mitgliedstaats ausgerichtet wird. Eine weitgehende Angleichung insbesondere des Aktienrechts sollte dafür sorgen, daß der Standortwettbewerb zwischen den Mitgliedstaaten vor Verzerrungen durch unterschiedliche nationale Gesellschaftsrechte geschützt wird[14]. Diese Grundentscheidung trägt den Vorgaben der Art. 3 Abs. 1 lit. h und 44 Abs. 2 lit. g EGV Rechnung, denen zufolge die Tätig-

15

---

[9] Zu diesen Rechtsfolgen der Sitztheorie s. die Nachw. in Fn. 6.
[10] Vgl. Staudinger/*Großfeld* (Fn. 6), Rdnr. 19, 27 ff.; MünchKomm-*Ebenroth/Kindler* (Fn. 6), Rdnr. 265 ff.
[11] So ausdrücklich EuGHE 1988, 5505, 5512, Tz. 22.
[12] So auch *Timmermans* RabelsZ 48 (1984), 1, 38; *Behrens* in Dauses, E III Rdnr. 12.
[13] *Hallstein* RabelsZ 28 (1964), 211, 228 ff.; s. ferner EuGHE 1991, I-6079, 6101, Tz. 21.
[14] *Timmermans* RabelsZ 48 (1984), 1, 14; *Schwartz,* Festschrift für Hallstein, 1966, S. 474, 478 ff.

§ 3 EG-vertragliche Grundlagen des Gesellschaftsrechts

keit der Gemeinschaft insbesondere die für das Funktionieren des Gemeinsamen Marktes erforderliche Angleichung der innerstaatlichen Rechtsvorschriften und damit auch der Schutzbestimmungen der nationalen Gesellschaftsrechte umfaßt. Ein Wettbewerb der nationalen Gesetzgeber und Rechtsordnungen soll demnach vermieden werden. Hinter dieser Grundentscheidung steht nicht zuletzt die Befürchtung, daß ein durch die nationalen Gesellschaftsrechte beeinflußter Standortwettbewerb den aus den USA bekannten Delaware-Effekt hervorrufen könnte: Das Bestreben, durch ein laxes Gesellschaftsrecht Gründer anzulocken, führe zu einem „race to the bottom", privilegiere jedenfalls diejenigen Mitgliedstaaten, die aus Gründen des Standortwettbewerbs auf Vorkehrungen zum Schutz der Gläubiger und Gesellschafter verzichten.

16 Demgegenüber wird heute verschiedentlich einem Wettbewerb der Gesetzgeber das Wort geredet[15]. In der Tat läßt sich nicht bestreiten, daß der Prozeß der Rechtsangleichung zu einer gewissen *Zementierung* der nationalen Gesellschaftsrechte führt; sich als notwendig erweisende Anpassungen an veränderte wirtschaftliche Rahmenbedingungen setzen nämlich zunächst eine Änderung der jeweiligen Richtlinie voraus, können also nicht im nationalen Alleingang realisiert werden (Rdnr. 29 ff.). Hinzu kommt, daß die Rechtsangleichung über Richtlinien zahlreiche Probleme birgt, die mit der angestrebten Erweiterung der EU noch zunehmen werden; erwähnt sei nur die Eigendynamik, die die angeglichenen nationalen Rechte entfalten und den Erfolg der Rechtsangleichung in Frage stellen (Rdnr. 30 f.).

17 Gleichwohl sprechen gute Gründe für eine Fortsetzung der Angleichungsbemühungen, soweit von ihr Regelungen zum Schutz der Gläubiger und Gesellschafter betroffen sind[16]. Denn zum einen unterscheiden sich die *kollisionsrechtlichen* Rahmenbedingen innerhalb der EG erheblich von denjenigen innerhalb der USA. Die in den USA geltende Gründungstheorie (Rdnr. 13) ermöglicht es nämlich den Gesellschaften, die Wahl der Rechtsordnung unabhängig von einer Verlegung des tatsächlichen Sitzes vorzunehmen; der Standort kann also tatsächlich an der jeweiligen Rechtsordnung ausgerichtet werden. Nach der innerhalb der EG verbreiteten Sitztheorie (Rdnr. 13) fehlt es dagegen an einer echten Wahlfreiheit der Gesellschaft und damit an einer wesentlichen Funktionsvoraussetzung eines Wettbewerbs der Gesetzgeber, setzt doch die Wahl einer Rechtsordnung eine entsprechende tatsächliche Verbundenheit mit dersel-

---

[15] Insbesondere *Kübler* KritV 1994, 79, 87 ff.; vermittelnd *Hopt* ZIP 1998, 96, 98 f., *ders.* ZHR 161 (1997), 368, 381 ff., jew. mit weit. Nachw.; näher zum Ganzen *Buxbaum/Hopt*, insbesondere S. 167 ff.; *dies.*, in Buxbaum/Hertig/Hirsch/Hopt, S. 391 ff.; *Reher* S. 132 ff.; für die USA *Oates*, Fiscal Federalism, 1972, S. 3 ff.; *Cary* Yale L. J. 83 (1974), 663.

[16] So auch *Behrens,* Festschrift für Mestmäcker, S. 831, 839 ff.; *Blaurock* ZEuP 1998, 460, 462 f.; *Merkt* RabelsZ 59 (1995), 545 ff.; *Schön* ZHR 160 (1996), 221, 232 ff. (mit zutr. Unterscheidung zwischen Schutz- und Gestaltungsnormen); zu dem im Weißbuch der Kommission von 1985 (EG-Kommission, Vollendung des Binnenmarktes, Weißbuch der Kommission an den Europäischen Rat, 1985) verkündeten Konzept der Mindestharmonisierung s. auch Bundesminister für Wirtschaft (Hrsg.), Stellungnahme des Wissenschaftlichen Beirats zum Weißbuch der EG-Kommission über den Binnenmarkt.

ben voraus[17]. Vor allem aber besteht eine enge Verzahnung zwischen dem Gesellschaftsrecht und anderen Märkten, vor allem dem Kapitalmarkt (Rdnr. 4); die Angleichung auf dem Gebiet des Gesellschaftsrechts soll deshalb auch Verzerrungen auf diesen Märkten vermeiden[18].

II. Das Prinzip der begrenzten Einzelermächtigung und seine Ausprägungen auf dem Gebiet des Gesellschaftsrechts

1. Das Prinzip

Durch den EGV haben die Mitgliedstaaten einen Teil ihrer Hoheitsbefugnisse auf die EG übertragen und diese zum Erlaß von Rechtshandlungen „nach Maßgabe des Vertrags" ermächtigt. Eine generelle Ermächtigung der EG besteht demnach nicht; die Organe der EG dürfen vielmehr nur insoweit tätig werden, als dies der Vertrag vorsieht[19]. Art. 5 Abs. 1 EGV (Art. 3b Abs. 1 a. F.) betont deshalb ausdrücklich, daß die Gemeinschaft nur „innerhalb der Grenzen der ihr in diesem Vertrag zugewiesenen Befugnisse und gesetzten Ziele tätig" wird. Für den Bereich der Rechtsangleichung und -vereinheitlichung bringen Art. 3 Abs. 1 lit. h, 249 Abs. 1 EGV (Art. 3 lit. h, 189 Abs. 1 a. F.) dieses Prinzip der begrenzten Einzelermächtigung noch einmal dadurch zum Ausdruck, daß sie die Organe der EG auf die im EGV vorgesehenen Einzelermächtigungen zum Erlaß von Richtlinien und Verordnungen und auf die jeweiligen Verfahrensregeln verweisen. Will also die Gemeinschaft das Gesellschaftsrecht der Mitgliedstaaten harmonisieren, so benötigt sie eine entsprechende Ermächtigung durch den EGV. Diese finden sich in erster Linie in Art. 44 Abs. 2 lit. g, 95 EGV (Art. 54 Abs. 3 lit. g, 100a a. F.); der in Art. 293, 308 EGV (Art. 220, 235 a. F., s. dazu noch Rdnr. 14, 24, 353, 394) vorgesehenen Ermächtigungen bedarf es dagegen für den Bereich des Gesellschaftsrechts nicht mehr. **18**

2. Grundlagen der Harmonisierung des Gesellschaftsrechts

a) Rechtsangleichung

Für die Angleichung des Gesellschaftsrechts enthält *Art. 44 Abs. 2 lit. g EGV* (Art. 54 Abs. 3 lit. g a. F.) eine Ermächtigungsgrundlage. Danach erfüllen der Rat und die Kommission die ihnen nach Art. 44 Abs. 1 EGV (Art. 54 Abs. 1 a. F.) übertragenen Aufgaben, nämlich den Erlaß von Richtlinien gemäß dem Verfahren des Art. 251 EGV (Art. 189b a. F.) und **19**

---

[17] Dazu insbesondere *Merkt* RabelsZ 59 (1995), 545 ff.; *Behrens*, Festschrift für Mestmäcker, S. 831, 839 ff.
[18] Zutr. *Behrens*, Festschrift für Mestmäcker, S. 831, 841 f.
[19] BVerfGE 89, 155, 188 ff.; *Schweitzer/Hummer*, Europarecht, 5. Aufl. 1996, Rdnr. 335 ff.

nach Anhörung des Wirtschafts- und Sozialausschusses, indem sie „soweit erforderlich die Schutzbestimmungen koordinieren, die in den Mitgliedstaaten den Gesellschaften im Sinne des Artikels 48 Absatz 2 (scil.: Art. 58 Abs. 2 a. F.) im Interesse der Gesellschafter sowie Dritter vorgeschrieben sind, um diese Bestimmungen gleichwertig zu gestalten".

20 Was die sachliche Reichweite des Art. 44 Abs. 2 lit. g EGV betrifft, so ist heute weitgehend anerkannt, daß diese Vorschrift – vorbehaltlich des Erfordernisses der „Erforderlichkeit" (Rdnr. 22) – zur Angleichung des *gesamten Gesellschaftsrechts* einschließlich der Frage der Mitbestimmung der Arbeitnehmer, des Bilanz- und des Kollisionsrechts berechtigt[20]. Anders gewendet bedeutet dies, daß das gesamte Gesellschaftsrecht aus „Schutzbestimmungen" im Sinne des Art. 44 Abs. 2 lit. g EGV besteht. In seinem „Daihatsu"-Urteil formuliert dies der EuGH wie folgt[21]:

> „Art. 54 Abs. 3 g (scil.: Art. 44 Abs. 2 lit. g n. F.) ist in Verbindung mit Art. 52 und 54 EGV (scil.: Art. 43 und 44 n. F.), wonach die Koordinierung der gesellschaftsrechtlichen Vorschriften Bestandteil des allgemeinen Programms zur Aufhebung der Beschränkungen der Niederlassungsfreiheit ist, und mit Art. 3h EGV (scil.: Art. 3 Abs. 1 lit. h n. F.) zu sehen, wonach die Tätigkeit der Gemeinschaft die Angleichung der nationalen Rechtsvorschriften umfaßt, soweit dies für das Funktionieren des Gemeinsamen Marktes erforderlich ist.
>
> Zudem ist in Art. 54 Abs. 3 g des Vertrages selbst vom Ziel des Schutzes der Interessen Dritter ganz allgemein die Rede, ohne daß insoweit einzelne Gruppen unterschieden oder ausgeschlossen würden.
>
> Der Begriff der Dritten im Sinne des Art. 54 Abs. 3 g EGV kann daher nicht auf die Gläubiger der Gesellschaft beschränkt werden.
>
> Im übrigen wird das Ziel, die Beschränkungen der Niederlassungsfreiheit aufzuheben, das dem Rat und der Kommission durch Art. 54 Abs. 1 und 2 in sehr weit gefaßten Wendungen aufgegeben ist, nicht durch Art. 54 Abs. 3 EGV eingeschränkt. Dieser enthält nämlich, wie die Verwendung des Wortes ‚insbesondere' in Art. 54 Abs. 3 belegt, lediglich eine nicht abschließende Liste von Maßnahmen, die zur Verwirklichung dieses Zieles zu ergreifen sind."

21 Ohne auf den Begriff der Schutzvorschriften überhaupt einzugehen, spricht sich also der EuGH für eine weite Auslegung der Ermächtigungsnorm des Art. 44 Abs. 2 lit. g EGV aus. Insbesondere berechtigt die Vorschrift zum Erlaß auch solcher Richtlinien, die weniger dem Schutz bestimmter Personen oder der Aufhebung von Beschränkungen der Niederlassungsfreiheit als der *Herstellung gleichartiger Rahmenbedingungen* dienen (Rdnr. 15ff.). Dem entspricht es wiederum, daß der Kreis der „Dritten" nicht auf die Gläubiger beschränkt ist. Angesichts dieser Entwicklung kommt den in *Art. 94, 95 EGV* (Art. 100, 100a a. F.) enthaltenen Ermächtigungen für die Angleichung des Gesellschaftsrechts keine praktische

---

[20] Vgl. neben den Nachw. in Fn. 21 insbesondere *Bärmann* S. 46ff.; *Kindler* ZHR 158 (1994), 339, 352ff.; *Lutter* S. 10; *Pipkorn* ZHR 136 (1972), 499ff.; *Timmermans* in Buxbaum/Hertig/Hirsch/Hopt, S. 129, 130ff., jew. mit weit. Nachw.; ablehnend *Knobbe-Keuk* DB 1990, 2573, 2583; *Kötz* RabelsZ 50 (1986), 1, 10. Zur Mitbestimmung s. Rdnr. 72ff., ferner *Eyles* S. 138; zum Kollisionsrecht s. EuGHE 1988, 5505, 5512, Tz. 22, ferner Rdnr. 14; zum Bilanzrecht s. Rdnr. 262.
[21] EuGHE 1997, I-6858, 6864f., Tz. 18ff. = JZ 1998, 193 mit Anm. *Schön*; näher dazu *Leible* ZHR 162 (1998), 594, 597ff.

II. Das Prinzip der begrenzten Einzelermächtigung

Bedeutung zu. Sämtliche bislang verabschiedeten gesellschaftsrechtlichen Richtlinien sind denn auch auf Art. 44 Abs. 2 lit. g EGV (Art. 54 Abs. 3 lit. g a. F.) gestützt.

Nach Art. 44 Abs. 2 lit. g EGV dürfen zwar Maßnahmen der Rechtsangleichung nur erfolgen, soweit dies „*erforderlich*" ist. Geht man allerdings davon aus, daß die genannte Vorschrift nicht allein den Abbau von Niederlassungsschranken, sondern auch und vor allem die Herstellung einheitlicher Rahmenbedingungen bezweckt (Rdnr. 20 f.), so ist auch das Kriterium der Erforderlichkeit auf diese Zielsetzung zu beziehen. Auch die Verabschiedung der 12. Richtlinie betreffend die Einpersonen-GmbH (Rdnr. 318 ff.) war deshalb „erforderlich". Zwar bezweckt diese Richtlinie nicht den Schutz der Gläubiger eines solchen Gebildes. Vielmehr will sie sicherstellen, daß Einzelunternehmen in der gesamten Gemeinschaft die Möglichkeit haben, sich unternehmerisch zu bestätigen, ohne das Risiko einer persönlichen Haftung übernehmen zu müssen. Doch geschieht dies in der Absicht, Wettbewerbsverzerrungen zu vermeiden: Die Wahl des Standorts eines solchen Unternehmens soll nicht durch unterschiedliche rechtliche Rahmenbedingungen beeinflußt werden. Vor diesem Hintergrund vermag auch das Kriterium der „Erforderlichkeit" nichts daran zu ändern, daß Art. 44 Abs. 2 lit. g EGV zur Angleichung des gesamten Gesellschaftsrechts berechtigt.

Was schließlich das in Art. 5 Abs. 2 EGV (Art. 3b Abs. 2 a. F.) verankerte *Subsidiaritätsprinzip* betrifft, so kommt ihm im Rahmen des Art. 44 Abs. 2 lit. g EGV – Entsprechendes gilt für Art. 94, 95 und 308 EGV (Art. 100, 100a, 235 a. F.) – keine eigenständige Bedeutung zu. Ist nämlich eine Maßnahme der Rechtsangleichung „erforderlich", so steht zugleich fest, daß sich das angestrebte Ziel durch (koordinierte) einzelstaatliche Regelungen nicht mit derselben Effektivität verwirklichen läßt[22].

b) Rechtsvereinheitlichung

Art. 44 Abs. 2 lit. g EGV berechtigt nur zum Erlaß von Richtlinien. Zum Erlaß von Verordnungen bedarf es somit einer gesonderten Ermächtigung. In Betracht kommt insbesondere Art. 95 EGV (Art. 100a a. F.); auf ihm gründen die von der Kommission vorgelegten Verordnungsentwürfe betreffend die Einführung supranationaler Rechtsformen des Gesellschafts- und Vereinsrechts (Rdnr. 67). Die EWIV-Verordnung (Rdnr. 353 ff.) ist freilich noch auf Art. 308 EGV (Art. 235 a. F.) gestützt; Art. 100a EGV a. F. (Art. 95 n. F.) ist nämlich erst durch die Einheitliche Europäische Akte 1986 eingefügt worden.

---

[22] Zutr. *Schön* ZGR 1995, 1, 19 ff.; *Behrens*, Festschrift für Mestmäcker, S. 831, 837 f.

III. Die Schrankenfunktion des EG-Vertrags

1. Der Grundsatz: Niederlassungsfreiheit als Beschränkungsverbot

25   Noch bis vor wenigen Jahren entsprach es der ganz überwiegenden, auch vom EuGH geteilten Ansicht, daß Art. 43 EGV (Art. 52 a. F.) lediglich ein Recht auf *Inländergleichbehandlung* gewährt und somit eine Konkretisierung des in Art. 12 Abs. 1 EGV (Art. 6 Abs. 1 a. F.) enthaltenen Diskriminierungsverbots enthält[23]. Nach diesem Verständnis sind die Angehörigen eines Mitgliedstaats, die sich in einem anderen Mitgliedstaat niederlassen wollen, den auch für Inländer geltenden Rechtsvorschriften des Aufnahmestaats unterworfen. In einer Vielzahl von Entscheidungen hat zwar der EuGH auch in sog. „versteckten" Diskriminierungen eine Verletzung der Niederlassungsfreiheit erblickt[24]; gleichwohl blieb der Inhalt der Niederlassungsfreiheit zunächst hinter demjenigen der Warenverkehrsfreiheit zurück. Erst in den Entscheidungen „Kraus" und „Gebhardt" ist der Übergang von einem bloßen Diskriminierungs- zu einem umfassenden *Beschränkungsverbot* vollzogen worden[25]. So stellt der EuGH in der „Kraus"-Entscheidung fest, daß

„die Artikel 48 und 52 (scil.: Art. 39, 43 n. F.) jeder nationalen Regelung über die Voraussetzung für die Führung eines in einem anderen Mitgliedstaat erworbenen ergänzenden akademischen Grades entgegen (stehen), die zwar ohne Diskriminierung aus Gründen der Staatsangehörigkeit anwendbar ist, die aber geeignet ist, die Ausübung der durch den EWG-Vertrag garantierten grundlegenden Freiheiten durch die Gemeinschaftsangehörigen ... zu behindern oder weniger attraktiv zu machen. Anders verhielte es sich nur, wenn mit einer solchen Regelung ein berechtigter Zweck verfolgt würde, der mit dem EWG-Vertrag vereinbar und aus zwingenden Gründen des Allgemeininteresses gerechtfertigt wäre (...). In einem solchen Fall müßte jedoch darüber hinaus die Anwendung der fraglichen nationalen Regelung geeignet sein, die Verwirklichung des mit ihr verfolgten Zwecks zu gewährleisten, und sie dürfe nicht über das hinausgehen, was zur Erreichung dieses Zwecks erforderlich ist (...)."[26]

26   Angesichts der zitierten Urteilspassagen scheint es, als sei jede zwingende Vorschrift des nationalen Gesellschaftsrechts beschränkender Natur und damit einem besonderen Rechtfertigungszwang ausgesetzt[27]. Denn unbestreitbar ist, daß nationales Gesellschaftsrecht, welches über die Vorgaben der Richtlinien hinausgeht oder bislang nicht angeglichene Fragen betrifft, die Gründung von Tochtergesellschaften und den Umzug von be-

---

[23] EuGHE 1974, 631, 651f., Tz. 15ff.; EuGHE 1986, 273, 303, Tz. 14; eingehend zur Entwicklung *W. H. Roth* in Dauses, E. I Rdnr. 61ff. mit weit. Nachw.
[24] EuGHE 1977, 765, 777, Tz. 13; EuGHE 1989, 4035, 4059, Tz. 8; EuGHE 1991, I-2357, 2383, Tz. 15.
[25] EuGHE 1993, I-1663, 1697, Tz. 32 – Kraus; EuGHE 1995, I-4165, 4197, Tz. 37 – Gebhardt; dazu *Everling*, Gedächtnisschrift für Knobbe-Keuk, S. 607ff.; *Klinke* ZGR 1996, 567, 573ff.; *Jarass* RIW 1993, 1ff.; *ders.* EuR 1995, 202ff.; *W. H. Roth*, Gedächtnisschrift für Knobbe-Keuk, S. 729ff.
[26] EuGHE 1993, I-1663, 1697, Tz. 32.
[27] Vgl. *Everling*, Gedächtnisschrift für Knobbe-Keuk, S. 607, 619.

reits bestehenden Gesellschaften erschweren und somit „weniger attraktiv" machen kann[28]. Der Prozeß der Rechtsangleichung würde somit durch das Beschränkungsverbot des Art. 43 EGV einen gewaltigen Schub erfahren: Zwar ließen sich dem Primärrecht keine positiven Vorgaben hinsichtlich der Ausgestaltung des nationalen Rechts entnehmen. Wohl aber wären der Gestaltungsfreiheit des nationalen Gesetzgebers Schranken gesetzt; spezifisch nationale Regelungen sähen sich einer Verhältnismäßigkeitsprüfung ausgesetzt und würden tendenziell verdrängt[29].

2. Die „Keck"-Rechtsprechung des EuGH

Die *Warenverkehrsfreiheit*, der schon früh der Charakter eines umfassenden Beschränkungsverbots zugesprochen worden ist[30], hat freilich durch die „Keck"-Entscheidung des EuGH eine nicht unerhebliche Einschränkung erfahren. Nach Ansicht des EuGH ist nämlich

"entgegen der bisherigen Rechtsprechung die Anwendung nationaler Bestimmungen, die bestimmte Verkaufsmodalitäten beschränken oder verbieten, auf Erzeugnisse aus anderen Mitgliedstaaten nicht geeignet, den Handel zwischen den Mitgliedstaaten im Sinne des Urteils Dassonville ... unmittelbar oder mittelbar, tatsächlich oder potentiell zu behindern, sofern diese Bestimmungen für alle betroffenen Wirtschaftsteilnehmer gelten, die ihre Tätigkeit im Inland ausüben, und sofern sie den Absatz der inländischen Erzeugnisse und der Erzeugnisse aus anderen Mitgliedstaaten rechtlich wie tatsächlich in der gleichen Weise berühren. ... Diese Regelungen fallen daher nicht in den Anwendungsbereich von Art. 30 EWGV (scil.: Art. 28 n. F.)."[31]

27

Hat somit der EuGH die Warenverkehrsfreiheit, soweit es um sog. „Verkaufsmodalitäten" geht, auf ein *Diskriminierungsverbot* zurückgeführt, so kann für die Niederlassungsfreiheit nichts anderes gelten[32]: Auch Art. 43, 48 EGV (Art. 52, 58 a. F.) enthalten also weiterhin ein Beschränkungsverbot, soweit es um den *Marktzugang* und damit um die Niederlassung als solche geht. Was dagegen die *Ausübung* des Gewerbes durch die einmal auf dem Gebiet eines anderen Mitgliedstaats niedergelassene Gesellschaft betrifft, so unterliegt sie den allgemeinen nationalen Bestimmungen. Insbesondere die mit den zwingenden, aber nicht diskriminierenden Vorschriften des nationalen Gesellschaftsrechts verbundenen Behinderungen fallen danach nicht in den Schutzbereich der Niederlassungsfreiheit; es handelt sich bei ihnen vielmehr um bloße „Verkaufsmodalitäten" im Sinne der „Keck"-Rechtsprechung. Eine am Grundsatz der

28

---

[28] Vgl. *Everling*, Gedächtnisschrift für Knobbe-Keuk, S. 607, 619.
[29] Für ein solches Verständnis der Grundfreiheiten *M. Wolf* WM 1990, 1941 ff.; *Eilmansberger* EuZW 1991, 691, 694 f.; s. ferner die Nachw. in Fn. 33.
[30] EuGHE 1974, 837, 852 – Dassonville; näher zur Entwicklung *U. Becker* EuR 1994, 162 ff.; *Streinz*, Europarecht, 3. Aufl. 1996, Rdnr. 672 ff.
[31] EuGHE 1993, I-6097, 6131, Tz. 16, 17; s. ferner EuGHE 1993, I-6787, 6823, Tz. 21 – Hünermund; näher dazu *Steindorff* ZHR 158 (1994), 149 ff.; *Jestaedt/Kästle* EWS 1994, 25 ff.; *U. Becker* EuR 1994, 162 ff.; *Dauses* in Dauses, C. I Rdnr. 119 ff.
[32] *Everling*, Gedächtnisschrift für Knobbe-Keuk, S. 607, 618 ff.; *Eberhartinger* EWS 1997, 43, 49; *W. H. Roth*, Gedächtnisschrift für Knobbe-Keuk, S. 729, 739 ff.; *Habersack* JZ 1997, 857, 859, dort auch zum Zusammenhang mit dem etwa zeitgleich eingeführten Subsidiaritätsgrundsatz.

Verhältnismäßigkeit ausgerichtete Kontrolle des nationalen Gesellschaftsrechts hat somit zu unterbleiben; nationales Gesellschaftsrecht kann den in anderen Mitgliedstaaten ansässigen Gesellschaften entgegengehalten werden, soweit es nicht diskriminierend ist[33]. Vor dem Hintergrund der „Daily Mail" – Entscheidung, der zufolge Art. 43, 48 EGV ohnehin kein Recht auf identitätswahrende Sitzverlegung gewähren (Rdnr. 11 ff.), kommt der „Keck"-Rechtsprechung insbesondere im Zusammenhang mit der Gründung von Tochtergesellschaften und der Errichtung von Zweigniederlassungen Bedeutung zu.

IV. Die Richtlinie als Instrument der Rechtsangleichung

1. Grundlagen

29 Nach Art. 44 Abs. 2 lit. g EGV (Art. 54 Abs. 3 lit. g a. F.) erfolgt die Harmonisierung des Gesellschaftsrechts durch den Erlaß von Richtlinien. Art. 251 Abs. 3 EGV (Art. 189 Abs. 3 a. F.) umschreibt Rechtsnatur und Rechtsfolgen der Richtlinie wie folgt:

„Die Richtlinie ist für jeden Mitgliedstaat, an den sie gerichtet wird, hinsichtlich des zu erreichenden Ziels verbindlich, überläßt jedoch den innerstaatlichen Stellen die Wahl der Form und der Mittel."

Adressaten der Richtlinie sind also die Mitgliedstaaten. Diese sind nach Art. 10 Abs. 1 EGV (Art. 5 Abs. 1 a. F.) verpflichtet, mit den Mitteln des nationalen Rechts das angestrebte Ziel, nämlich die Harmonisierung der nationalen Rechte, zu verwirklichen. Die Harmonisierung erfolgt also durch ein *zweistufiges Verfahren*: Die Richtlinie gibt zunächst den Mitgliedstaaten ein Ziel vor; sodann ist es Sache der Mitgliedstaaten, dieses Ziel mit den Mitteln des nationalen Rechts zu verwirklichen (Rdnr. 32 ff.). Die Richtlinie zielt auf *Angleichung* der nationalen Rechte, nicht dagegen auf Rechtsvereinheitlichung. Das angeglichene Recht der Mitgliedstaaten bewahrt seinen nationalen Charakter; inhaltlich soll es aber einander entsprechen. Das im EGV für weite Bereiche vorgesehene Verfahren der Rechtsangleichung durch Richtlinien trägt nach allem den Charakter eines *Kompromisses*: Es soll für die Harmonisierung des Rechts unter gleichzeitiger Bewahrung nationaler Eigentümlichkeiten und Gesetzgebungszuständigkeiten sorgen. Grundlage der Rechtsangleichung ist demnach ein Zusammenwirken von europäischen und nationalen Rechtsetzungsinstanzen.

30 Das zweistufige Verfahren der Rechtsetzung hat den unbestreitbaren *Vorteil*, daß sich das angeglichene Recht eher in das gewachsene System des jeweiligen nationalen Rechts einzufügen vermag[34]. So hat etwa der deutsche

---

[33] Näher dazu für den Bereich der Warenverkehrsfreiheit *Mülbert* ZHR 159 (1995), 2 ff.; *Steindorff*, EG-Vertrag und Privatrecht, 1996, S. 78 ff., 92 ff., 223 ff.
[34] S. etwa *Timmermans* in Buxbaum/Hertig/Hirsch/Hopt S. 129, 143 ff. – Ungereimtheiten inhaltlicher Art lassen sich freilich auch durch den nationalen Umsetzungsakt nicht ausschalten, s. dazu *Habersack* JZ 1997, 857, 858 f.

IV. Die Richtlinie als Instrument der Rechtsangleichung

Gesetzgeber die Möglichkeit, seiner Verpflichtung zur Umsetzung der gesellschaftsrechtlichen Richtlinien durch entsprechende Änderungen des AktG, GmbHG oder HGB nachzukommen. Ein – aus Sicht des Mitgliedstaats unerfreuliches – unkoordiniertes Nebeneinander von angeglichenem und nicht angeglichenem nationalen Recht wird somit vermieden.

Diesem Vorteil stehen allerdings eine Reihe von *Nachteilen* gegenüber. So besteht zunächst die Gefahr, daß sich dem Rechtsanwender die Europäisierung des nationalen Rechts nicht ohne weiteres erschließt, wenn die Umsetzungsmaßnahme in einer Änderung oder Ergänzung eines bereits bestehenden nationalen Gesetzes untergeht oder das nationale Recht bereits der Richtlinie entsprechende Vorschriften enthält und deshalb ein Umsetzungsakt gänzlich unterbleibt. Dies wiederum kann zur Folge haben, daß die Richtlinie bei der Auslegung des nationalen Rechts (Rdnr. 34 ff.) keine Berücksichtigung findet. Vor allem aber geht das Umsetzungserfordernis auf Kosten der Effektivität der jeweiligen Harmonisierungsmaßnahme. Auch wenn nämlich die Mitgliedstaaten ihrer Verpflichtung zur Umsetzung der Richtlinie nachgekommen sind, ein Umsetzungsdefizit also an sich nicht besteht, entfaltet das angeglichene Recht infolge seiner Einbettung in die jeweilige nationale Rechtsordnung und den von dieser ausgehenden Einflußfaktoren eine Eigendynamik, die zu einem Gefälle zwischen den Mitgliedstaaten führen und den Erfolg der Angleichungsmaßnahme beeinträchtigen kann. Das Vorlageverfahren nach Art. 234 EGV (Art. 177 a.F., dazu Rdnr. 38 f.) vermag diese Gefahr nicht restlos zu beseitigen.

2. Maßnahmen gegen das Auseinanderdriften des angeglichenen Rechts

Der Tendenz zum Auseinanderdriften der angeglichenen nationalen Rechte (Rdnr. 30) sollte gegengesteuert werden. Insoweit ist zunächst die Wissenschaft aufgerufen. Sie muß sich verstärkt der rechtsvergleichenden Erforschung des angeglichenen Rechts widmen und ein etwaiges Gefälle zwischen den einzelnen Rechtsordnungen aufzeigen. Zu denken ist darüber hinaus an die Einführung eines allgemeinen, auf der Ebene der Kommission angesiedelten Kontroll- oder Berichtssystems[35]. Ansätze dazu finden sich in denjenigen Richtlinien, die die Kommission ausdrücklich verpflichten, dem Europäischen Parlament und dem Rat nach Ablauf einer bestimmten Frist einen Bericht über die Anwendung der Richtlinie vorzulegen[36]. Auch der in Art. 52 der Bilanzrichtlinie (Rdnr. 260 ff.) vorgesehene Kontaktausschuß ist in diesem Zusammenhang anzuführen. Etwa zutage tretende Divergenzen ließen sich durch die Einleitung von Vertragsverletzungsverfahren (Rdnr. 32) sowie durch den Erlaß von Ergänzungsrichtlinien beseitigen.

31

---

[35] S. bereits *Timmermans* RabelsZ 48 (1984), 1, 32 f.
[36] Vgl. etwa Art. 9 Richtlinie über mißbräuchliche Klauseln in Verbraucherverträgen (Richtlinie 93/13/EWG vom 5. 4. 1993, ABl. Nr. L 95 vom 21. 4. 1993, S. 29 ff.); Art. 17 Richtlinie über den Verbraucherkredit vom 22. 12. 1986 (Richtlinie 87/102/EWG, ABl. Nr. L 42 vom 12. 2. 1987, S. 48 ff.); ferner Art. 50 der 7. Richtlinie (Rdnr. 316).

3. Richtlinie und nationales Recht

a) Keine unmittelbare Wirkung der Richtlinie im Horizontalverhältnis

32 Verletzt ein Mitgliedstaat seine Verpflichtung zur Umsetzung der Richtlinie (Rdnr. 29 f.), indem er entweder von vornherein eine Überführung der Richtlinie in das nationale Recht unterläßt oder im nachhinein mit der Richtlinie unvereinbare Vorschriften verabschiedet[37], so kann gegen ihn ein Vertragsverletzungsverfahren nach Art. 226 ff. EGV (Art. 169 a. F.) eingeleitet werden. Zudem ist es dem säumigen Mitgliedstaat verwehrt, sich gegenüber den Bürgern auf die Nichtumsetzung der Richtlinie zu berufen, sofern die fragliche Bestimmung der Richtlinie den einzelnen begünstigt und ihr Inhalt unbedingt, hinreichend genau und somit „self executing" ist[38]. Für das Rechtsverhältnis der Bürger untereinander hat der EuGH dagegen in nunmehr ständiger Rechtsprechung die unmittelbare Wirkung nicht ordnungsgemäß umgesetzter Richtlinien verneint[39]. So heißt es in der zur Richtlinie 85/577/EWG betreffend den Verbraucherschutz im Falle von außerhalb von Geschäftsräumen geschlossenen Verträgen ergangenen „Dori"-Entscheidung[40]:

„Eine Ausdehnung dieser Rechtsprechung auf den Bereich der Beziehungen zwischen den Bürgern hieße, der Gemeinschaft die Befugnis zuzuerkennen, mit unmittelbarer Wirkung zu Lasten der Bürger Verpflichtungen anzuordnen, obwohl sie dies nur dort darf, wo ihr die Befugnis zum Erlaß von Verordnungen zugewiesen ist.

Folglich kann der Verbraucher, wenn die Maßnahmen zur Umsetzung der Richtlinie nicht innerhalb der vorgesehenen Frist erlassen worden sind, ein Widerrufsrecht gegenüber dem Gewerbetreibenden, mit dem er einen Vertrag geschlossen hat, nicht auf die Richtlinie selbst stützen und vor einem nationalen Gericht geltend machen."

33 Von dieser Rechtsprechung sind insbesondere auch die auf dem Gebiet des Gesellschaftsrechts ergangenen Richtlinien betroffen, soweit sie, wie ganz überwiegend, das Rechtsverhältnis der Bürger untereinander regeln. Kommt der Mitgliedstaat seiner EG-vertraglichen Umsetzungsverpflichtung nicht nach, so können sich also die Gesellschaft, ihre Mitglieder und die Gläubiger im Verhältnis zueinander nicht auf den Inhalt der Richtlinie berufen. Ihnen bleibt dann gegebenenfalls die Möglichkeit, den säumigen Mitgliedstaat auf *Schadensersatz* in Anspruch zu nehmen[41].

---

[37] Näher zu diesem sog. „stand-still"-Gebot *Lutter* S. 22 f.; *ders.* EuR 1975, 44, 52; *Lukes* in Dauses, B. II Rdnr. 67.
[38] EuGHE 1970, 825, 837 ff.; EuGHE 1991, I-5403, 5408, Tz. 11; s. ferner BVerfGE 75, 223, 235 ff.
[39] EuGHE 1994, I-3347, 3356, Tz. 24 f. – Dori; s. ferner EuGHE 1996, I 1296, 1303 f.; EuGHE 1986, 732, 749.
[40] EuGHE 1994, I-3347, 3356, Tz. 24 f.
[41] Grundlegend EuGHE 1991, I-5403, 5413 ff., Tz. 31 ff. – Francovich; EuGHE 1997, I-4006, 4021 ff., Tz. 46 ff.; EuGHE 1997, I-4867, 4877 ff., Tz. 15 ff.; zur Haftung bei Erlaß von mit den Grundfreiheiten unvereinbaren nationalen Vorschriften s. EuGHE 1996, I-1131, 1141 ff. Näher zum Ganzen *Herdegen/Rensmann* ZHR 161 (1997), 522 ff.

IV. Die Richtlinie als Instrument der Rechtsangleichung

b) Richtlinienkonforme Auslegung des angeglichenen Rechts

Ein Umsetzungsdefizit liegt freilich nur vor, wenn sich das mit der 34
Richtlinie verfolgte Ziel nicht im Wege der Auslegung des nationalen
Rechts erreichen läßt. Der EuGH geht denn auch zu Recht davon aus,
daß die Mitgliedstaaten aufgrund des EGV verpflichtet sind, ihr nationales
Recht nach Möglichkeit den Vorgaben der Richtlinie anzupassen. In der
bereits erwähnten „Dori"-Entscheidung formuliert der EuGH das Gebot
„richtlinienkonformer" Auslegung des nationalen Rechts wie folgt[42]:

> „Zudem ist darauf hinzuweisen, daß nach ständiger Rechtsprechung seit dem Urteil
> vom 10. April 1984 in der Rechtssache 14/83 (Von Colson und Kamann, Slg. 1984,
> 1891, Randnr. 26) die sich aus einer Richtlinie ergebende Verpflichtung der Mitgliedstaaten, das in dieser vorgesehene Ziel zu erreichen, sowie die Pflicht der Mitgliedstaaten
> gemäß Artikel 5 EWG-Vertrag (scil.: Art. 10 n. F.), alle zur Erfüllung dieser Verpflichtung geeigneten Maßnahmen allgemeiner oder besonderer Art zu treffen, allen Trägern
> öffentlicher Gewalt in den Mitgliedstaaten obliegen, und zwar im Rahmen ihrer Zuständigkeiten auch den Gerichten. Wie sich aus den Urteilen des Gerichtshofes vom
> 13. November 1990 in der Rechtssache C-106/89 (Marleasing, Slg. 1990, I-4135,
> Randnr. 8) und vom 16. Dezember 1993 in der Rechtssache C-334/92 (Wagner Miret,
> Slg. 1993, I-6911, Randnr. 20) ergibt, muß ein nationales Gericht, soweit es bei der Anwendung des nationalen Rechts – gleich, ob es sich um vor oder nach der Richtlinie erlassene Vorschriften handelt – dieses Recht auszulegen hat, seine Auslegung soweit wie
> möglich am Wortlaut und Zweck der Richtlinie ausrichten, um das mit der Richtlinie
> verfolgte Ziel zu erreichen und auf diese Weise Artikel 189 Absatz 3 EWG-Vertrag (scil.:
> Art. 249 Abs. 3 n. F.) nachzukommen."

Über das Gebot der „richtlinienkonformen" Auslegung wirkt also die 35
Richtlinie auch insoweit auf das nationale Recht ein, als es um das Horizontalverhältnis der Bürger untereinander geht und somit eine unmittelbare Wirkung der Richtlinie nicht in Betracht kommt (Rdnr. 32f.). Davon betroffen sind auch, wie der EuGH ausdrücklich betont, die *vor Erlaß der Richtlinie* verabschiedeten Vorschriften des nationalen Rechts. Sieht
also der nationale Gesetzgeber von einem Umsetzungsakt ab, weil er der
Ansicht ist, das nationale Recht entspreche bereits den Vorgaben der
Richtlinie[43], so ist das nationale Recht nunmehr doch im Lichte der
Richtlinie auszulegen.

Wenn auch Reichweite und Grenzen des Gebots „richtlinienkonfor- 36
mer" Auslegung noch nicht abschließend geklärt sind[44], so wird man doch
einerseits davon auszugehen haben, daß eine Auslegung contra legem auf

---

[42] EuGHE 1994, I-3347, 3357, Tz. 26; s. ferner EuGHE 1990, I-4135, 4158f., Tz. 8ff. – Marleasing.

[43] So geschehen etwa im Zusammenhang mit der Richtlinie über mißbräuchliche Klauseln in Verbraucherverträgen (Fn. 36); der deutsche Gesetzgeber hat sich auf Detailkorrekturen des AGBG beschränkt (Gesetz zur Änderung des AGB-Gesetzes und der Insolvenzordnung vom 19. 7. 1996, BGBl. I, S. 1013), was freilich nichts daran ändert, daß auch die unverändert gebliebenen Teile des Gesetzes, soweit die Richtlinie entsprechende Vorgaben enthält, „europäisiert" sind.

[44] Näher zum Ganzen *Rodriguez Iglesias/Riechenberg*, Festschrift für Everling, S. 1213ff.; *Lutter* JZ 1992, 593, 604f.; *Jarass*, Grundfragen der innerstaatlichen Bedeutung des EG-Rechts, 1994, S. 89ff.; *ders.* EuR 1991, 211ff.; *Grundmann* JZ 1996, 274, 281ff.; *Di Fabio* NJW 1990, 947ff.; *Everling* ZGR 1992, 376ff.; *Brechmann*, Die richtlinienkonforme Auslegung, 1994, passim.

eine Direktwirkung der Richtlinie hinauslaufen würde und deshalb nicht geboten ist. Dies ist gemeint, wenn der EuGH (Rdnr. 34) es den Gerichten auferlegt, die Auslegung „soweit wie möglich" an der Richtlinie auszurichten. Andererseits widerspräche es dem Prozeß der Rechtsangleichung, Zweck und Inhalt der Richtlinie lediglich als nachgeordnetes Kontrollkriterium einzusetzen, die Auslegung also zunächst nach Maßgabe der „nationalen" Auslegungskriterien vorzunehmen und das so gefundene Resultat auf seine Übereinstimmung mit der Richtlinie hin zu überprüfen. Sofern nicht ein Mitgliedstaat bewußt und offen seiner Umsetzungsverpflichtung zuwider handelt, sind vielmehr Inhalt und Zielsetzung der Richtlinie unmittelbar und – vorbehaltlich einer Auslegung contra legem – mit Vorrang gegenüber den herkömmlichen Auslegungskriterien zu berücksichtigen.

c) Die Auslegung der Richtlinie

37 Die richtlinienkonforme Auslegung des angeglichenen Rechts (Rdnr. 34ff.) setzt voraus, daß dem Rechtsanwender der Inhalt der Richtlinie bekannt ist. Dazu bedarf es der Auslegung der Richtlinie[45]. Neben dem *Wortlaut* ist dabei auch die *Entstehungsgeschichte* der Richtlinie zu berücksichtigen; sie kommt in den Erwägungsgründen – sie sind nach Art. 253 EGV (Art. 190 a. F.) Bestandteil der Richtlinie –, in der Begründung der Kommission und in Stellungnahmen der am Rechtssetzungsverfahren Beteiligten zum Ausdruck. Des weiteren spielen die *systematische* und die *teleologische Auslegung* der Richtlinie und, damit zusammenhängend, der Grundsatz des *effet utile* eine nicht unerhebliche Rolle[46].

38 Das mit der Richtlinie angestrebte Ziel der Rechtsangleichung ließe sich nicht verwirklichen, stünde die Auslegung des Gemeinschaftsrechts in der alleinigen Verantwortung der nationalen Instanzen. Dies zeigt sich insbesondere am Beispiel der richtlinienkonformen Auslegung (Rdnr. 34ff): Sie würde von Mitgliedstaat zu Mitgliedstaat unterschiedlich praktiziert, gäbe es nicht auf der Ebene der EU eine Instanz, die sich der Auslegung des Sekundärrechts annimmt. Der EGV hat diese Rolle dem EuGH zugewiesen. Nach Art. 234 Abs. 1 lit. b EGV (Art. 177 a. F.) entscheidet der Gerichtshof im Wege der *Vorabentscheidung* unter anderem über die Gültigkeit und die Auslegung der Handlungen der Organe der Gemeinschaft und damit auch über die Auslegung der Richtlinien. Zur Vorlage berechtigt ist nach Art. 234 Abs. 2 EGV (Art. 177 Abs. 2 a. F.) jedes Gericht; Art. 234 Abs. 3 EGV (Art. 177 Abs. 3 a. F.) statuiert zudem eine *Vorlagepflicht* der Gerichte, deren Entscheidungen nicht mehr mit Rechtsmitteln des nationalen Rechts an-

---

[45] Näher zum Folgenden *Bleckmann/Pieper* in Dauses, B. I Rdnr. 5ff.; *Bleckmann* ZGR 1992, 364ff.; *Lutter* JZ 1992, 593, 598ff.
[46] Vgl. etwa EuGHE 1974, 1201, 1207, Tz. 6; EuGHE 1985, 2655, 2668; EuGHE 1996, 6017, 6035f., Tz. 19ff.; zum Grundsatz des effet utile s. *Müller-Graff* in Dauses, A. I Rdnr. 69; *Dauses* in Dauses, A. II Rdnr. 284.

gefochten werden können⁴⁷. Voraussetzung ist in jedem Fall, daß die Frage nach der Auslegung des Gemeinschaftsrechts entscheidungserheblich ist⁴⁸.

Bezweckt das Vorabentscheidungsverfahren, die einheitliche Anwendung des Gemeinschaftsrechts sicherzustellen, so kann auch das letztinstanzlich zuständige Gericht von der Vorlage an den EuGH absehen, wenn die Auslegung der Richtlinie klar ist und somit die Erfüllung der Vorlageverpflichtung als sinnlos erscheint. Nach Ansicht des EuGH liegt diese Voraussetzung nicht nur vor, wenn die Frage tatsächlich bereits in einem gleichgelagerten Fall Gegenstand einer Vorabentscheidung gewesen ist⁴⁹. Die sog. *acte-clair-Doktrin* reicht vielmehr sehr viel weiter⁵⁰: 39

„Die gleiche Wirkung kann sich für die Grenzen der in Artikel 177 Absatz 3 (scil.: Art. 234 Abs. 3 n. F.) aufgestellten Verpflichtung ergeben, wenn bereits eine gesicherte Rechtsprechung des Gerichtshofes vorliegt, durch die die betreffende Rechtsfrage gelöst ist, gleich in welcher Art von Verfahren sich diese Rechtsprechung gebildet hat, und selbst dann, wenn die strittigen Fragen nicht vollkommen identisch sind.

Dennoch bleibt es den innerstaatlichen Gerichten, einschließlich der in Artikel 177 Absatz 3 genannten Gerichte, in all diesen Fällen unbenommen, den Gerichtshof anzurufen, wenn sie es für angebracht halten.

Schließlich kann die richtige Anwendung des Gemeinschaftsrechts derart offenkundig sein, daß keinerlei Raum für einen vernünftigen Zweifel an der Entscheidung der gestellten Frage bleibt. Das innerstaatliche Gericht darf jedoch nur dann davon ausgehen, daß ein solcher Fall vorliegt, wenn es überzeugt ist, daß auch für die Gerichte der übrigen Mitgliedstaaten und den Gerichtshof die gleiche Gewißheit bestünde. Nur wenn diese Voraussetzungen erfüllt sind, darf das innerstaatliche Gericht davon absehen, diese Frage dem Gerichtshof vorzulegen, und sie stattdessen in eigener Verantwortung lösen."

4. Richtlinie und strengeres nationales Recht

Noch nicht abschließend geklärt ist die Frage, ob die auf dem Gebiet des Gesellschaftsrechts ergangenen Richtlinien lediglich Mindest- oder zugleich Höchstregelungen enthalten. Im ersten Fall wäre es den Mitgliedstaaten nicht nur gestattet, bereits bestehendes strengeres Recht aufrechtzuerhalten; sie könnten vielmehr auch noch nach Ablauf der Umsetzungsfrist strengere Vorschriften erlassen. Eine den Schutz der Gläubiger oder der Aktionäre bezweckende Richtlinie würde in diesem Fall lediglich das Bestehen eines *einheitlichen Mindestschutzes* sicherstellen. Wollte man dagegen annehmen, die Richtlinien strebten auch „nach oben" eine Harmonisierung der nationalen Rechte an, so stünde ein weitergehender Aktionärs- oder Gläubigerschutz durch das nationale Recht in Widerspruch zur Richtlinie. 40

Oftmals läßt sich zwar der Richtlinie selbst entnehmen, ob sie eine Min- 41

---
[47] Zur Frage, ob insoweit eine abstrakte oder eine konkrete Betrachtungsweise geboten ist, s. *Streinz* (Fn. 30), Rdnr. 562.
[48] Vgl. dazu insbesondere EuGHE 1992, I-4871, 4932 ff. – Meilicke.
[49] EuGHE 1963, 63, 80 f.; EuGHE 1982, 3415, 3429 f.
[50] EuGHE 1982, 3415, 3430, Tz. 15 ff.; sehr großzügige Interpretation durch BGHZ 110, 47, 68 ff. – IBH/Lemmerz; BGHZ 122, 123, 135 f. – TBB.

dest- oder eine Höchstregelung enthält. So bestimmt etwa Art. 6 der Kapitalrichtlinie (Rdnr. 150), daß sich das gezeichnete Kapital einer AG auf *mindestens* 25 000 ECU belaufen muß. Ganz offensichtlich wird dadurch lediglich der Mindestnennbetrag des Grundkapitals festgelegt, so daß sich die Vorschrift des § 7 AktG nicht dem Vorwurf der Richtlinienwidrigkeit ausgesetzt sieht. Des weiteren bestimmt Art. 11 der Publizitätsrichtlinie (Rdnr. 107 ff.) nicht weniger mißverständlich, daß die Einführung weiterer Nichtigkeitsgründe europarechtswidrig wäre. Die insbesondere in den Richtlinien zum Schutz der Verbraucher enthaltene Klarstellung, daß es den Mitgliedstaaten freisteht, strengere oder zusätzliche Vorschriften zu erlassen[51], findet sich dagegen in den gesellschaftsrechtlichen Richtlinien nicht.

42 Für eine Vielzahl von Fällen läßt sich deshalb die Frage nach der Zulässigkeit weitergehenden nationalen Rechts nur im Wege der *Auslegung der jeweiligen Richtlinienbestimmung* (Rdnr. 37 ff.) beantworten. Dabei wird man vor allem den Schutzzweck der Richtlinie berücksichtigen müssen. Ist dieser, wie etwa im Fall der Kapitalrichtlinie (Rdnr. 135 ff.), auf die Herbeiführung eines „Mindestmaßes an Gleichwertigkeit beim Schutz der Aktionäre einerseits und der Gläubiger der Gesellschaft andererseits" gerichtet, so mag dies für das Vorliegen einer Mindestregelung sprechen[52]. Wenig aussagekräftig ist dagegen der Umstand, daß die gesellschaftsrechtlichen Richtlinien auf Art. 44 Abs. 2 lit. g EGV (Art. 54 Abs. 3 lit. g a. F.) gestützt sind und der Verwirklichung der Niederlassungsfreiheit dienen (Rdnr. 9 ff., 19 ff.)[53]. Zwar spricht dies an sich für den Höchstcharakter der Richtlinien[54]: Geht es diesen nämlich darum, gleichartige Rahmenbedingungen herzustellen und damit den Standortwettbewerb vor Verzerrungen durch unterschiedliche Gesellschaftsrechte zu schützen (Rdnr. 20 ff.), so läßt sich dieser Zweck am ehesten durch eine Bindung der Mitgliedstaaten sowohl „nach unten" als auch „nach oben" verwirklichen. Indes ist dieser auf Art. 44 Abs. 2 lit. g EGV gestützte Gesichtspunkt wohl zu allgemein und zu pauschal, als daß er im Wege der Auslegung der einzelnen Richtlinie gewonnene Erkenntnisse verdrängen könnte.

---

[51] Vgl. etwa Art. 8 der Richtlinie über mißbräuchliche Klauseln (Fn. 36): „Die Mitgliedstaaten können auf dem durch diese Richtlinie geregelten Gebiet mit dem Vertrag vereinbare strengere Bestimmungen erlassen, um ein höheres Schutzniveau für die Verbraucher zu gewährleisten."; ähnlich Art. 15 der Richtlinie über den Verbraucherkredit (Fn. 36).
[52] So im Ergebnis denn auch EuGHE 1996, I-6017, 6034 ff., Tz. 13 ff. – Siemens/Nold; BGHZ 110, 47, 69 f. – IBH/Lemmerz; näher zum Ganzen in Rdnr. 161 ff., 196 ff. mit weit. Nachw.
[53] AA *Lutter*, Festschrift für Everling, S. 765, 775 ff.
[54] AA *Lutter*, Festschrift für Everling, S. 765, 775 ff., der darauf abstellt, daß die Richtlinien die Angleichung des Schutzniveaus für Gesellschafter und Gläubiger bezweckten, was zwar dem Wortlaut des Art. 44 Abs. 2 lit. g EGV entspricht, nicht aber dem zwischenzeitlich erreichten Stand der Politik (Rdnr. 19 ff.).

V. Die Verordnung als Instrument der Rechtsvereinheitlichung

1. Rechtsnatur und -wirkungen

Die Verordnung hat bislang auf dem Gebiet des Gesellschaftsrechts keine allzu große Bedeutung erlangt. Dies ist nicht darauf zurückzuführen, daß Art. 44 Abs. 2 lit. g EGV (Art. 54 Abs. 3 lit. g a. F.) allein zum Erlaß von Richtlinien berechtigt, ließen sich doch Verordnungen ohne weiteres auf Art. 95, 308 EGV (Art. 100a, 235 a. F.) stützen. Maßgebend ist vielmehr, daß den Verordnungen der den Richtlinien eigene Kompromißcharakter (Rdnr. 29) fehlt. Nach Art. 249 Abs. 2 EGV (Art. 189 Abs. 2 a. F.) hat nämlich die Verordnung allgemeine Geltung; „sie ist in allen ihren Teilen verbindlich und gilt unmittelbar in jedem Mitgliedstaat". Anders als die Richtlinie zielt also die Verordnung auf die *Vereinheitlichung* des Rechts. Sie schafft unmittelbar geltendes Recht und verdrängt entgegenstehendes nationales Recht, mag dieses vor oder nach Erlaß der Verordnung verabschiedet worden sein[55]. Die *Auslegung* der Verordnung entspricht derjenigen von Richtlinien (Rdnr. 37 ff.).

43

2. Regelungsgegenstand

Im Hinblick auf ihre Rechtswirkungen (Rdnr. 43) lassen sich durch Verordnung *supranationale Rechtsformen* schaffen, die sodann neben die dem nationalen Recht bekannten Rechtsformen des Gesellschaftsrechts treten. So hat die EWIV-Verordnung (Rdnr. 353 ff.) mit der Europäischen Wirtschaftlichen Interessenvereinigung eine Personengesellschaft hervorgebracht, die europäischen Ursprungs ist und als solche in sämtlichen Mitgliedstaaten zur Verfügung steht. Seit geraumer Zeit steht zudem die Schaffung einer Europäischen Aktiengesellschaft zur Diskussion (Rdnr. 392 ff.); auch sie ließe sich allein aufgrund einer Verordnung verwirklichen.

44

---

[55] Vgl. statt aller *Schweitzer/Hummer* (Fn. 19), Rdnr. 352 ff.

§ 4 Stand und Perspektiven des Europäischen Gesellschaftsrechts

Schrifttum: *Behrens*, Krisensymptome in der Gesellschaftsrechtsangleichung, Festschrift für Mestmäcker, 1996, S. 831; *Blaurock,* Europäisches und deutsches Gesellschaftsrecht – Bilanz und Perspektiven eines Anpassungsprozesses, ZEuP 1998, 460; *Großfeld*, Europäisches Gesellschaftsrecht, WM 1992, 2121; *Hommelhoff*, Konzernrecht für den Europäischen Binnenmarkt, ZGR 1992, 121; *ders.*, Die „Société fermée européenne", WM 1997, 2101; *Hopt*, Harmonisierung im europäischen Gesellschaftsrecht, ZGR 1992, 265; *ders.*, Europäisches Gesellschaftsrecht – Krise und neue Anläufe, ZIP 1998, 96; *Kolvenbach*, Neue Initiative zur Weiterentwicklung des Europäischen Gesellschaftsrechts, EuZW 1996, 229; *Lutter*, Stand und Entwicklung des Konzernrechts in Europa, ZGR 1987, 324 ff.; *ders.*, Perspektiven eines europäischen Unternehmensrechts – Versuch einer Summe, ZGR 1992, 435; *W. Pfister*, Europäisches Gesellschaftsrecht, 1993; *Wiesner*, Europäisches Unternehmensrecht im Umbruch, AG 1996, 390.

I. Stand der Angleichung des Gesellschaftsrechts

1. Überblick

45 Der Angleichung des Gesellschaftsrechts sind bislang neun Richtlinien sowie mehrere Ergänzungsrichtlinien gewidmet; sie werden im zweiten Teil dieses Buches dargestellt und erläutert. Hinzu kommen fünf Richtlinienvorhaben, die bislang das Stadium des Vorschlags oder Vorentwurfs nicht verlassen haben. Ein weiteres Vorhaben, nämlich der Erlaß einer Liquidationsrichtlinie, wurde offensichtlich fallengelassen. Die Frage, ob mit einer Realisierung der erwähnten fünf Angleichungsvorhaben gerechnet werden kann, läßt sich nicht pauschal beantworten. Gute Chancen auf Verabschiedung hat der überarbeitete Vorschlag einer 13. Richtlinie über Übernahmeangebote; er soll deshalb im zweiten Teil näher erläutert werden. Die übrigen Vorschläge und Entwürfe betreffen das Konzernrecht, die Struktur und Verfassung der Aktiengesellschaft, die internationale Verschmelzung und die Verlegung des Gesellschaftssitzes innerhalb der EU. Ihr weiteres Schicksal läßt sich derzeit nicht absehen; schon aus Raumgründen soll deshalb der Inhalt dieser Vorschläge und Entwürfe nur skizziert werden (Rdnr. 55 ff.).

46 Bei den *verabschiedeten Richtlinien* zur Angleichung des Gesellschaftsrechts handelt es sich um folgende[1]:
1. Erste Richtlinie vom 9. März 1968 (Publizitätsrichtlinie)
2. Zweite Richtlinie vom 13. Dezember 1976 (Kapitalrichtlinie), geändert durch die Richtlinie 92/101/EWG vom 23. November 1992
3. Dritte Richtlinie vom 9. Oktober 1978 (Fusionsrichtlinie)
4. Vierte Richtlinie vom 25. Juli 1978 (Jahresabschlußrichtlinie), geändert durch die Richtlinien 90/604/EWG und 90/605/EWG vom 8. November 1990 (GmbH & Co. KG – Richtlinie und Mittelstandsricht-

---

[1] Abdruck aller Texte nebst Nachw. im 2. Teil.

I. Stand der Angleichung des Gesellschaftsrechts

linie), durch die Richtlinie 84/569/EWG vom 17. November 1984 und durch die Richtlinie 94/8/EWG vom 21. März 1994
5. Sechste Richtlinie vom 17. Dezember 1982 (Spaltungsrichtlinie)
6. Siebente Richtlinie vom 13. Juni 1983 (Richtlinie über den konsolidierten Abschluß)
7. Achte Richtlinie vom 10. April 1984 (Prüferbefähigungsrichtlinie)
8. Elfte Richtlinie vom 22. Dezember 1989 (Zweigniederlassungsrichtlinie)
9. Zwölfte Richtlinie vom 22. Dezember 1989 (Einpersonen-GmbH-Richtlinie)

Hinzu kommen, wie bereits erwähnt, sechs *Richtlinienvorschläge* bzw. **47**
-vorentwürfe[2]:
1. Dritter geänderter Vorschlag einer fünften Richtlinie vom 20. November 1991 (Strukturrichtlinie)
2. Entwurf einer neunten Richtlinie von 1984 (Konzernrechtsrichtlinie)
3. Vorschlag einer zehnten Richtlinie vom 8. Januar 1985 (Internationale Fusionsrichtlinie)
4. Geänderter Vorschlag einer dreizehnten Richtlinie vom 10. November 1997 (Richtlinie über Übernahmeangebote)
5. Vorschlag einer vierzehnten Richtlinie vom 22. April 1997 (Richtlinie über die Verlegung des Gesellschaftssitzes)
6. Überarbeiteter Vorentwurf einer Richtlinie von 1987 (Liquidationsrichtlinie)

2. System

Bei Berücksichtigung der Richtlinienvorschläge und -entwürfe läßt sich **48**
klar erkennen, daß die Kommission vor allem zwei Regelungsziele verfolgt. Zum einen geht es ihr um die Angleichung des *Aktienrechts*, also des Rechts derjenigen Gesellschaftsform, die den Rechtsordnungen sämtlicher Mitgliedstaaten bekannt ist, die typischerweise europaweit agiert und zudem den Kapitalmarkt in Anspruch nimmt. Diesem Ziel dienen insbesondere die 2., 3. und 6. Richtlinie sowie die auf Verabschiedung einer 5., 9., 10. und 13. Richtlinie gerichteten Vorschläge. Im unmittelbaren Zusammenhang damit steht ferner das Vorhaben einer Europäischen Aktiengesellschaft (Rdnr. 392 ff.). Mit dem ehrgeizigen Vorhaben einer umfassenden Angleichung des Aktienrechts ist es freilich derzeit nicht allzu weit gediehen; wesentliche aktienrechtliche Fragen sind Gegenstand einer 5., 9. und 10. Richtlinie, deren Verabschiedung zumindest ungewiß, wenn nicht gar unwahrscheinlich ist.

Zum anderen ist es von Anfang an ein Anliegen der Kommission gewesen, den Grundsatz der *Publizität* gemeinschaftsweit durchzusetzen. Er soll **49**
für den Schutz der Gesellschaftsgläubiger und des Rechtsverkehrs in den Fällen sorgen, in denen die Gesellschafter nicht persönlich für die Gesell-

---

[2] Abdruck aller Texte bei *Lutter* S. 101 ff.; *Hopt/Wymeersch*, European Company and Financial Law, 2. Aufl. 1994, S. 781 ff.; s. ferner Rdnr. 55 ff.

§ 4 Stand und Perspektiven des Europäischen Gesellschaftsrechts

schaftsschulden haften, und zielt deshalb auch auf die Angleichung des Rechts der GmbH und vergleichbarer Gesellschaftsformen. Der Verwirklichung des Publizitätsgrundsatzes dienen die 1. und 11. Richtlinie, vor allem aber die 4. und 7. Richtlinie betreffend den Jahresabschluß und dessen Offenlegung. Auch der – derzeit allerdings nicht weiterverfolgte – Vorentwurf einer Liquidationsrichtlinie ist in diesem Zusammenhang zu nennen.

50 Man mag darüber streiten, ob die Kommission gut daran getan hat, sich partiell auf die Angleichung des Aktienrechts (Rdnr. 48) zu konzentrieren, oder ob sie nicht generell einen rechtsformübergreifenden Ansatz hätte wählen sollen. Fest steht jedenfalls, daß die Verbreitung der einzelnen Gesellschaftsformen von Mitgliedstaat zu Mitgliedstaat divergiert. So ist die Lage in Deutschland dadurch gekennzeichnet, daß es zwar mehrere hunderttausend Gesellschaften mit beschränkter Haftung, aber nur wenige tausend Aktiengesellschaften gibt[3]. Frankreich dagegen verfügt über mehr als 120 000 sociétés anonymes[4]. Angesichts dieses Gefälles und mit Blick auf den rechtsformübergreifenden Charakter der in den genannten Richtlinien geregelten Fragen ist die Ausblendung des GmbH-Rechts unbefriedigend. Es kommt hinzu, daß mehrere Mitgliedstaaten vor dem Hintergrund insbesondere der Kapitalrichtlinie, die für die AG – nicht dagegen für die GmbH oder vergleichbare Rechtsformen – das System des festen Kapitals festgeschrieben hat, eine der GmbH vergleichbare Rechtsform eingeführt oder von dem Recht der AG abgekoppelt[5] und dadurch die praktische Durchsetzung der Rechtsangleichung weiter beeinträchtigt haben. Die Kommission ist sich zwar dieses Problems bewußt und hat eine über die 12. Richtlinie hinausgehende Angleichung des GmbH-Rechts in's Auge gefaßt[6]. Die Chancen für eine alsbaldige Realisierung dieser Absicht sind jedoch gering (Rdnr. 72ff.).

51 Inhaltlich betreffen die verabschiedeten Richtlinien *weite Bereiche des nationalen Gesellschaftsrechts*. So handeln die 2. und 12. Richtlinie von der Gründung der Gesellschaft, die 2. Richtlinie darüber hinaus von der Aufbringung, der Erhaltung und der Veränderung des Garantiekapitals der Gesellschaft. Die allgemeine handelsrechtliche Publizität – insbesondere die Registrierung und Verlautbarung wesentlicher Daten über die Gesellschaften und deren Zweigniederlassungen, aber auch die Offenlegung des Jahresabschlusses – ist Gegenstand der 1. und der 11. Richtlinie. Des weiteren statuiert die 1. Richtlinie nicht nur den Grundsatz der unbeschränkten und unbeschränkbaren Vertretungsmacht des Vorstands; sie enthält vielmehr auch einen abschließenden Katalog von Tatbeständen, bei deren Vorliegen die Mitgliedstaaten die Nichtigkeit der Gesellschaft aussprechen dürfen. Wesentliche Umstrukturierungsvorgänge, nämlich Verschmel-

---

[3] Vgl. *Hansen* GmbH-Rdsch. 1995, 507 und 1997, 204f.; danach waren 1994 über 650 000 Gesellschaften mbH, aber nur 3550 Aktiengesellschaften registriert; 1996 waren es 770 000 Gesellschaften mbH und 4000 Aktiengesellschaften.
[4] Vgl. *Hopt* ZGR 1992, 265, 268.
[5] Näher dazu *Lutter*, Festschrift 100 Jahre GmbH-Gesetz, 1992, S. 49, 53 (betr. Dänemark und die Niederlande), 55 (Großbritannien).
[6] EG-Kommission, Vollendung des Binnenmarktes, Weißbuch der Kommission an den Europäischen Rat, 1985, Rdnr. 140; s. ferner Rdnr. 68 zur société fermée européenne.

I. Stand der Angleichung des Gesellschaftsrechts

zung und Spaltung, sind in der 3. und 6. Richtlinie geregelt. Die 12. Richtlinie will die Möglichkeit der Einpersonen-Gründung von Gesellschaften ohne persönliche Haftung des Gesellschafters europaweit sicherstellen und damit die Gründung und Entwicklung kleiner und mittlerer Unternehmen fördern. Rechnungslegung, Prüfung des Jahresabschlusses und Prüferbefähigung schließlich sind Gegenstand der 4., 7. und 8. Richtlinie.

Wenn auch gewichtige Angleichungsvorhaben bislang nicht realisiert werden konnten (Rdnr. 55ff.), so ist doch der Grad der Europäisierung der nationalen Gesellschaftsrechte beachtlich. Aus deutscher Sicht erscheinen zwar insbesondere die 1. und die 2. Richtlinie eher im Sinne einer Bestätigung denn im Sinne eines Anpassungszwangs. Völlig anders beurteilt sich die Lage dagegen etwa aus Sicht Großbritanniens, haben doch die genannten Richtlinien nicht nur zur Verabschiedung der ultra-vires-Lehre[7], sondern auch und vor allem zur Einführung eines festen Mindestkapitals der AG geführt[8]. Ähnlich ist es anderen Mitgliedstaaten, etwa den Niederlanden und Irland, ergangen. Umgekehrt haben die 4. und 7. Richtlinie eine – bislang freilich nur ansatzweise in das Bewußtsein der Praxis gerückte – grundlegende Änderung des deutschen Bilanzrechts herbeigeführt. Auch die jüngsten Bestrebungen der Kommission lassen erkennen, daß der Einfluß des englischen Rechts dominiert[9]. **52**

3. Gesellschaftsrecht als Teil des Europäischen Unternehmensrechts

Bereits einleitend wurde auf den Zusammenhang hingewiesen, der zwischen den gesellschaftsrechtlichen und den *kapitalmarktrechtlichen* Richtlinien besteht (Rdnr. 3f.)[10]. So weist insbesondere der Vorschlag einer 13. Richtlinie betreffend Übernahmeangebote starke Bezüge zum Kapitalmarktrecht auf (Rdnr. 340f.). Umgekehrt läßt sich der – auf Art. 44 Abs. 2 lit. g EGV (Art. 54 Abs. 3 lit. g a. F.) gestützten – Transparenzrichtlinie vom 12. Dezember 1988[11] ein Bezug zum Gesellschaftsrecht nicht **53**

---

[7] Dazu *Baumann*, Das Recht der Handelsgesellschaften im englischen Rechtskreis, 1961, S. 72ff.; *Hohloch* in Hohloch, Vereinigtes Königreich Rdnr. 196ff.
[8] S. dazu aus britischer Sicht *Davies*, in Gower's Principles of Modern Company Law, 6. Aufl. 1997, S. 239: The impact of the Second Directive on public companies is „the most fundamental adoption so far by English company law of civil law practices"; s. ferner *Hohloch* in Hohloch, Vereinigtes Königreich Rdnr. 133, 226ff.
[9] Näher zu dieser Entwicklung und zu den Gründen *Hopt* ZGR 1992, 265, 273f.
[10] Näher zu den sich daraus ergebenden Interdepenzproblemen *Hopt* ZGR 1992, 265, 280ff.
[11] Richtlinie des Rates der Europäischen Gemeinschaften vom 12. Dezember 1988 über die bei Erwerb und Veräußerung einer bedeutenden Beteiligung an einer börsennotierten Gesellschaft zu veröffentlichenden Informationen, ABl. Nr. L 348 vom 17. 12. 1988, S. 62ff.; in das deutsche Recht umgesetzt durch das als Teil des Zweiten Finanzmarktförderungsgesetzes verabschiedete Wertpapierhandelsgesetz (BGBl. 1994 I, S. 1749ff.); s. ferner Drittes Finanzmarktförderungsgesetz vom 24. 3. 1998 (BGBl. I, S. 529), das den Anwendungsbereich der §§ 20f. AktG dahin gehend eingeschränkt hat, daß börsennotierte Gesellschaften nunmehr ausschließlich nach Maßgabe der §§ 21ff. WpHG mitteilungspflichtig sind.

absprechen, sieht sie doch eine Meldepflicht für den Erwerb und die Veräußerung bedeutender Beteiligungen an börsennotierten Aktiengesellschaften und damit den Erlaß von Vorschriften nach Art der §§ 20f. AktG vor.

54 Neben der Transparenzrichtlinie gibt es eine Reihe weiterer Richtlinien zum Kapitalmarkt-, Bank- und Börsenrecht[12]. *Zusammen* mit den zum *Gesellschafts-, Wettbewerbs-, Arbeits- und Steuerrecht* ergangenen Richtlinien[13], dem Europäischen *Kartellrecht*[14] und den Vorschriften über den *Gewerblichen Rechtsschutz*[15] bilden sie das Europäische Unternehmensrecht[16]. Soweit dieses Europäische Unternehmensrecht nicht gar unmittelbar in den Mitgliedstaaten gilt, wirkt es zumindest mittelbar auf nahezu sämtliche Bereiche des nationalen Unternehmensrechts ein. Selbst die nationalen Vorschriften über die Höhe der Handelsregistergebühren werden nicht ausgespart, kann es sich doch bei diesen um mit Art. 12 Abs. 1 lit. e der Richtlinie 69/335/EWG unvereinbare indirekte Steuern auf die Ansammlung von Kapital handeln[17].

4. Bislang nicht realisierte Angleichungsvorhaben

a) Struktur der AG

55 Ein zentrales Angleichungsvorhaben betrifft die Organisationsverfassung der Gesellschaft, also die Bildung, Zuständigkeit und Haftung des Verwaltungs- und des Aufsichtsorgans, ferner die Einberufung und den Ablauf der Hauptversammlung sowie das Stimmrecht der Aktionäre. Diese Punkte sind Gegenstand des dritten geänderten Vorschlags einer *fünften Richtlinie* vom 20. November 1991[18]. Die diesbezüglichen Bemühungen der Kommission reichen freilich lange Zeit zurück; ein erster Ent-

---

[12] Texte, Nachweise und Erläuterungen bei *Lutter* S. 308ff., 528ff.; s. ferner den Überblick über den Stand des europäischen Unternehmensrechts bei *Wiesner* EuZW 1995, 820, 824ff.
[13] Texte, Nachweise und Erläuterungen zu den arbeitsrechtlichen und steuerrechtlichen Richtlinien bei *Lutter* S. 651ff., 782ff. Aus dem Bereich des Wettbewerbsrechts sind insbesondere die Richtlinie 84/450/EWG vom 10. September 1984 über irreführende Werbung, ABl. Nr. L 250 vom 19. September 1984, S. 17, und die Richtlinie 97/55/EG vom 6. Oktober 1997 zur Änderung der Richtlinie 84/450/EWG über irreführende Werbung zwecks Einbeziehung der vergleichenden Werbung, ABl. Nr. L 290 vom 23. Oktober 1997, S. 18, anzuführen; zu den Auswirkungen auf das deutsche Wettbewerbsrecht s. BGH NJW 1998, 2208.
[14] Geregelt in Art. 81, 82 EGV (Art. 85, 86 a. F.) und in den auf Art. 83 EGV (Art. 87 a. F.) gründenden Verordnungen, insbesondere den Gruppenfreistellungsverordnungen und der Fusionskontrollverordnung, allesamt abgedruckt bei *v. Borries/Winkel*, Europäisches Wirtschaftsrecht, Nr. 410ff., 460.
[15] Insbesondere Erste Richtlinie 89/104/EWG zur Angleichung der Rechtsvorschriften der Mitgliedstaaten über die Marken vom 21. Dezember 1988, ABl. Nr. L 40/1; ferner Verordnung Nr. 40/94 über die Gemeinschaftsmarke vom 20. Dezember 1993, ABl. 1994 Nr. L 11/1, geändert durch VO Nr. 3288/94 vom 22. Dezember 1994, ABl. Nr. L 349/83.
[16] S. den vorzüglichen Überblick bei *Lutter* S. 36ff.
[17] EuGHE 1997, I-6783; EuGH WM 1998, 2193; näher dazu *Gustavus* ZIP 1998, 502; *Schuck* DStR 1998, 820f.
[18] ABl. Nr. C 321 v. 12. 12. 1991, S. 9ff.; näher zu dem Vorhaben *Abeltshauser*, Strukturalternativen für eine europäische Unternehmensverfassung, 1990; *Kolvenbach* DB 1983, 2235ff.

I. Stand der Angleichung des Gesellschaftsrechts

wurf wurde bereits im September 1972 vorgelegt[19]. Von Anfang an hat sich dabei die Frage der Mitbestimmung, d. h. die Beteiligung der Arbeitnehmer an der Willensbildung der Gesellschaft, als Hindernis erwiesen – ein Punkt, auf dem in anderem Zusammenhang zurückzukommen ist (Rdnr. 72f.).

Neben der Frage der Mitbestimmung ist es vor allem diejenige nach der *Leitungsstruktur* der AG, deren Beantwortung auf unterschiedliche Systeme der Mitgliedstaaten Rücksicht zu nehmen hat. So unterscheiden etwa das deutsche und das niederländische Aktienrecht zwischen einem Leitungs- und einem Überwachungsorgan; demgegenüber kennen insbesondere das englische und das irische Recht nur ein einziges Verwaltungsorgan, das sich aus geschäftsführenden und aus nichtgeschäftsführenden Organwaltern zusammensetzt[20]. Der Vorschlag einer 5. Richtlinie gibt zwar weder das dualistische noch das monistische System zwingend vor. Der nationale Gesetzgeber soll vielmehr die *Wahl* haben zwischen (1) der Einführung des dualistischen Systems nach Art des deutschen AktG und (2) der Einführung eines Wahlrechts der Gesellschaft des Inhalts, daß diese zwischen dem dualistischen und dem monistischen System wählen kann. Im Ergebnis bedeutet dies aber, daß die Aktiengesellschaften sämtlicher Mitgliedstaaten zumindest die Möglichkeit haben müssen, das dualistische System einzuführen. **56**

Auch unabhängig von der Frage der Mitbestimmung scheint sich allerdings die Kommission von dem Vorschlag aus dem Jahre 1991 distanziert zu haben. Sie hat nämlich die Wirtschaftsprüfungsgesellschaft *Ernst & Young* mit einer Untersuchung über die erforderlichen Maßnahmen der Rechtsangleichung insbesondere auf dem Gebiet der Unternehmensleitung beauftragt. Der Abschlußbericht von *Ernst & Young* ist sodann von der Kommission mit einem eigenen Fragebogen versehen und veröffentlicht worden[21]. Vorgeschlagen wird eine Unterscheidung zwischen Publikumsgesellschaften, großen geschlossenen und kleinen geschlossenen Gesellschaften. Für sämtliche geschlossenen Gesellschaften wird eine Deregulierung in Sachen Mitgliederschutz, für kleine geschlossene Gesellschaften zudem eine Deregulierung in Sachen Gläubigerschutz empfohlen. Zudem schlagen die Berichtsverfasser vor, die GmbH in den Anwendungsbereich einer künftigen 5. Richtlinie einzubeziehen. Im Ergebnis hätte dies eine weitgehende Annäherung zwischen der kapitalmarktfähigen und deshalb durch zwingendes Recht gekennzeichneten Kapitalgesellschaft nach Art der deutschen AG und der flexiblen Rechts- **57**

---

[19] ABl. Nr. C 131 v. 13. 12. 1972, S. 49ff. (Dok. Kom. [72] 887 endg.); s. im übrigen das Verzeichnis der Fundstellen der Änderungsvorschläge und der jeweils ergangenen Stellungnahmen bei *Lutter* S. 175.

[20] Allg. dazu *Behrens* in Dauses, E. III Rdnr. 38ff.; speziell zum deutschen Aktienrecht s. §§ 76ff., 95ff. AktG; zum niederländischen Recht s. *Mehring* in Hohloch, Niederlande Rdnr. 240ff.; zum englischen Recht s. *Hohloch* in Hohloch, Vereinigtes Königreich Rdnr. 155ff., 173.

[21] European Commission, The Simplification of the Operating Regulations for Public Limited Companies in the European Union, Final Report, Luxemburg 1996; näher dazu *Lutter* AG 1995, 309; *ders.* AG 1997, 538ff.; *Hopt* ZIP 1998, 96, 101ff.

form nach Art der deutschen GmbH und damit eine erhebliche Einschränkung der Wahlfreiheit der Gesellschafter zur Folge[22].

b) Konzernrecht

58　Aktiengesellschaften sind überwiegend mit anderen Unternehmen zu Konzernen verbunden, so daß es naheliegt, die das Recht der unverbundenen AG betreffenden Richtlinien um eine solche über verbundene Unternehmen zu ergänzen. Das Recht der verbundenen Unternehmen war denn auch schon wiederholt Gegenstand von Rechtsangleichungs- und Rechtsvereinheitlichungsbemühungen der Kommission. So legte die Kommission in den Jahren 1974 und 1975 einen zweiteiligen Vorentwurf einer Konzernrechtsrichtlinie vor[23]. Er folgte dem Modell einer organischen Konzernverfassung, die das Eingreifen einheitlicher Schutzvorschriften zugunsten der Gläubiger und der außenstehenden Aktionäre an den Tatbestand der einheitlichen Leitung knüpft, anders als die Vorschriften der §§ 291 ff., 311 ff. AktG also nicht zwischen dem Vertragskonzern und vertragslosen Abhängigkeits- oder Konzernverhältnissen unterscheidet. Entsprechendes gilt für die 1970 und 1975 vorgelegten Vorschläge einer Verordnung über die Europäische Aktiengesellschaft (Rdnr. 392); sie enthielten detaillierte Regelungen über die Einbeziehung der Europäischen Aktiengesellschaft in einen Konzernverbund und lehnten sich inhaltlich an den Vorentwurf einer Konzernrechtsrichtlinie aus den Jahren 1974/75 an. In ihrem 1984 vorgelegten revidierten Vorentwurf einer neunten Richtlinie[24] ist die Kommission sodann von dem Modell der organischen Konzernverfassung abgerückt und unterscheidet nunmehr zwischen dem durch Beherrschungsvertrag begründeten Konzern, der Eingliederung und vertragslosen Abhängigkeits- und Konzernverhältnissen.

59　Schon dieser prinzipielle Richtungswechsel deutet an, welch' schwieriges Unterfangen die Angleichung des Konzernrechts ist. Die Probleme rühren vor allem daher, daß allein Deutschland und Portugal über ein kodifiziertes Aktienkonzernrecht verfügen, die anderen Mitgliedstaaten dagegen „das Konzernproblem" auf der Grundlage allgemeiner Institute und Vorschriften angehen[25]. Mögen auch die Sachfragen weitgehend übereinstimmen[26], so sieht sich doch eine am deutschen Recht der verbundenen Unternehmen angelehnte Konzernrechtsrichtlinie erheblichen Akzep-

---

[22] Berechtigte Kritik bei *Lutter* AG 1997, 538, 539 f.
[23] Abdruck bei *Lutter*, Europäisches Gesellschaftsrecht, 2. Aufl. 1984, S. 187 ff.; dazu *Schilling* ZGR 1978, 415 ff.
[24] Entwurf einer neunten Richtlinie von 1984 (Konzernrechtsrichtlinie), Abdruck bei *Lutter* S. 244 ff.; näher dazu *Hommelhoff*, Festschrift für Fleck, 1988, S. 125 ff.; *Lutter* ZGR 1985, 444 ff.; *Maul* DB 1985, 1749 ff.; s. ferner *Blaurock* ZEuP 1998, 460, 479 f.
[25] Eingehende Darstellung der einzelnen Rechtsordnungen bei *Lutter* (Hrsg.), Konzernrecht im Ausland, 1994; *Mestmäcker/Behrens* (Hrsg.), Das Gesellschaftsrecht der Konzerne im internationalen Vergleich, 1991; s. ferner *Lutter* ZGR 1987, 324 ff.; vgl. speziell zum portugiesischen Konzernrecht *Lutter/Overrath* ZGR 1991, 394 ff. Zur Bewältigung konzernrechtlicher Fragestellungen durch allgemeines Recht s. am Beispiel Englands *Schuberth*, Konzernrelevante Regelungen im britischen Recht, 1998, insbesondere S. 33 ff., 109 ff.
[26] S. den Überblick bei *Kindler* ZGR 1997, 449 ff.

tanzproblemen ausgesetzt, zumal insbesondere das rechtspolitische Urteil über die Vorschriften der §§ 311 ff. AktG sehr gespalten ist[27]. Dessen ungeachtet sollte an der Notwendigkeit eines angeglichenen Konzernrechts kein Zweifel bestehen[28]; weitere Bemühungen in diese Richtung, wie sie von Seiten der Wissenschaft insbesondere von dem „Arbeitskreis Konzernrecht" ausgehen, sind also sehr zu begrüßen. Eine umfassende Konzernrechtskodifikation ist freilich nicht zu erwarten. Das weitere Augenmerk sollte deshalb auf die Realisierung punktueller Angleichungsmaßnahmen gerichtet sein[29].

c) Internationale Verschmelzung

60 Von besonderer Dringlichkeit ist an sich die Verabschiedung einer 10. Richtlinie über die grenzüberschreitende Verschmelzung von Aktiengesellschaften. Auch dieses Vorhaben ist freilich über das Stadium eines Kommissionsvorschlags vom 8. Januar 1985 nicht hinausgelangt[30]. Der Vorschlag lehnt sich inhaltlich eng an die 3. Richtlinie über die nationale Verschmelzung (Rdnr. 207 ff.) an. Als grenzüberschreitende Verschmelzung bezeichnen Art. 3 und 4 des Vorschlags diejenige Verschmelzung im Sinne von Art. 3 und 4 der 3. Richtlinie (Rdnr. 214 ff.), bei dem zwei oder mehrere daran beteiligte Gesellschaften dem Recht verschiedener Mitgliedstaaten unterliegen. Es liegt auf der Hand, daß in einem Binnenmarkt die Möglichkeit einer solchen Fusion von Gesellschaften bestehen sollte. Die internationale Fusion bereitet denn auch weniger kollisions- und gesellschaftsrechtliche Probleme; denn zum einen erlischt die übertragende Gesellschaft infolge der Verschmelzung ohnehin, zum anderen ist das nationale Verschmelzungsrecht der Mitgliedstaaten infolge der 3. Richtlinie bereits angeglichen.

61 Als überaus problematisch hat sich aber erneut die Ausgestaltung der *Mitbestimmung* der Arbeitnehmer erwiesen. Die Problematik zeigt sich am Beispiel einer Verschmelzung einer deutschen mitbestimmten AG auf eine englische oder italienische Gesellschaft. Es würden in diesem Fall die deutsche AG erlöschen und die Aktionäre in Aktien der aufnehmenden Gesellschaft abgefunden; die aufnehmende Gesellschaft wiederum unterläge weiterhin dem für sie geltenden nationalen Recht. Im umgekehrten Fall käme es zwar nicht zu einer „Flucht" aus der Unternehmensmitbestimmung, wohl aber zu einem „Import" der deutschen Mitbestimmungsregelung: Würde etwa eine englische Gesellschaft auf eine deutsche AG verschmolzen, so bliebe es bei der Mitbestimmung dieser – nunmehr

---

[27] Vgl. *Habersack* in Emmerich/Habersack, Aktienkonzernrecht, 1998, vor § 311 Rdnr. 8 mit weit. Nachw.
[28] Überzeugend *Hommelhoff* ZGR 1992, 121 ff.; *ders.* ZGR 1992, 422 ff.
[29] So denn auch *Forum Europaeum Konzernrecht*, ZGR 1998, 672 ff.
[30] Vorschlag einer zehnten Richtlinie vom 8. Januar 1985 (Internationale Fusionsrichtlinie), ABl. Nr. C 23 vom 25. 1. 1985, S. 11 ff. (DOK. KOM [84] endg.); näher dazu *Behrens* ZGR 1994, 1 ff.; *Däubler* DB 1988, 1850 ff; *Ganske* DB 1985, 581 ff.; *Lutter* S. 257 ff.; *ders.* ZGR 1994, 87 ff.

vergrößerten – Gesellschaft, was aus Sicht der englischen Aktionäre nur schwer erträglich wäre.

62 Art. 1 Abs. 3 des Richtlinienvorschlags klammert deshalb die Mitbestimmungsproblematik bewußt aus, indem er es den Mitgliedstaaten gestattet, die 10. Richtlinie (im Fall ihrer Verabschiedung) bis zu einer Verabschiedung der 5. Richtlinie (Rdnr. 55 ff.) nicht anzuwenden, sofern die Anwendung zur Folge hätte, daß ein Unternehmen nicht mehr die Voraussetzungen für die Vertretung der Arbeitnehmer in Unternehmensorganen erfüllt. Käme es zum Erlaß der Richtlinie und zur Wahrnehmung des Nichtanwendungsvorbehalts durch die Bundesrepublik, so hätte dies zur Folge, daß deutsche Gesellschaften keine Möglichkeit zur Verschmelzung in das Ausland hätten. Mit einer vorgezogenen Verabschiedung der 10. Richtlinie ist allerdings nicht zu rechnen. Ungeachtet des Art. 1 Abs. 3 des Vorschlags zielen die Bemühungen der Kommission vielmehr auf einen Konsens hinsichtlich der nicht nur für die 5., 10. und 14. Richtlinie, sondern auch für das Vorhaben einer Europäischen Aktiengesellschaft bedeutsamen Frage der Mitbestimmung (Rdnr. 72 f.).

d) Sitzverlegung

63 Wir haben gesehen, daß der EGV den Gesellschaften kein Recht auf identitätswahrenden Umzug innerhalb der Gemeinschaft gewährt (Rdnr. 10 ff.). Unter Geltung der Sitztheorie hat vielmehr die Verlegung des Verwaltungssitzes in das Ausland die Auflösung der Gesellschaft und damit die Liquidationsbesteuerung nach §§ 11, 12 KStG zur Folge. Um die an sich erwünschte Mobilität der Gesellschaften ist es deshalb de lege lata schlecht bestellt. Die Kommission hat dies erkannt und als Vorentwurf einen „Vorschlag für eine Vierzehnte Richtlinie des Europäischen Parlaments und des Rates über die Verlegung des Sitzes einer Gesellschaft in einen anderen Mitgliedstaat mit Wechsel des für die Gesellschaft maßgebenden Rechts" vorgelegt[31].

64 Der Vorschlag zielt nicht auf die Angleichung des Kollisionsrechts der Mitgliedstaaten; auch künftig wird es also bei dem Nebeneinander von Sitz- und Gründungstheorie (Rdnr. 13) bleiben. Vorgesehen ist vielmehr, die Transparenz der Sitzverlegung und den Schutz der von der Sitzverlegung betroffenen Gesellschafter und Gläubiger durch ein besonderes Verfahren sicherzustellen. In den Erwägungsgründen heißt es diesbezüglich:

„Die Gesellschaft ist danach verpflichtet, sich im Gesellschaftsregister des Zuzugsstaats eintragen und ihre Eintragung im Register des Wegzugsstaats löschen zu lassen. Auf diese Weise kann die Gesellschaft ihren Sitz unter Wahrung ihrer Rechtspersönlichkeit transferieren. Nach Verlegung des satzungsmäßigen oder tatsächlichen Sitzes unterliegt die Gesellschaft dem Recht des Zuzugsstaats wie jede andere Gesellschaft dieses Staats. Sie hat daher ihre Satzung dem neuen Recht anzupassen und muß in Ländern, die als Anknüpfungspunkt den tatsächlichen Sitz ansehen, ihre Hauptverwaltung dorthin verlegen, bevor sie sich eintragen lassen kann. Diese gemeinschaftsrechtliche ‚Brücke' soll sicherstellen, daß in allen Mitgliedstaaten Verfahren vorhanden sind, die die Aufnahme von

---

[31] Abgedruckt in ZIP 1997, 1721; dazu *Meilicke* GmbH-Rdsch. 1998, 1053 ff.

Gesellschaften, die sich in anderen Mitgliedstaaten eintragen lassen wollen, ermöglichen. Dies dürfte sowohl den Gesellschaften entgegenkommen, die die Niederlassungsfreiheit in Anspruch nehmen wollen, als auch den Gesellschaftern und Gläubigern, denen daran gelegen ist, daß sich die betreffende Gesellschaft ihren Verpflichtungen nicht entziehen kann, ohne zuvor ausreichende Sicherheiten geleistet zu haben. Hierzu sieht der Richtlinienvorschlag – entsprechend Art. 54 Abs. 3 Buchst. g EGV (scil.: Art. 44 Abs. 2 lit. g n. F.) – vor, daß zugunsten der Gesellschafter und Dritter gewisse Garantien gegeben sein müssen."[32]

Der Entwurf berücksichtigt also, daß aus der Sitzverlegung und der damit verbundenen Maßgeblichkeit einer anderen Rechtsordnung Gefahren für die Gesellschafter und die Gesellschaftsgläubiger resultieren. Diese beruhen nicht zuletzt darauf, daß sich die bisherigen Angleichungsmaßnahmen ganz überwiegend auf das Aktienrecht beschränken, die Sitzverlegung etwa einer deutschen GmbH nach England also die Maßgeblichkeit des Rechts der private company und damit der Verzicht auf ein über 1 Pfund hinausgehendes Mindestkapital mit sich brächte[33]. Ein zentrales Problem der Sitzverlegung, nämlich die Frage der Mitbestimmung, blendet der Entwurf freilich aus. Mit einer Verabschiedung der 14. Richtlinie kann deshalb nur für den Fall gerechnet werden, daß sich die Mitgliedstaaten auf eine generelle Lösung der Mitbestimmungsproblematik verständigen (Rdnr. 72f.)[34]. 65

II. Stand der Vereinheitlichung des Gesellschaftsrechts

1. Grundlagen

Neben der Angleichung des Aktienrechts und der Verwirklichung eines Systems der Publizität bildet die Schaffung *supranationaler Gesellschaftsformen* einen dritten Schwerpunkt der Rechtssetzungsaktivitäten der Kommission. Vor dem Hintergrund, daß sich eine grenzüberschreitende Kooperation und Zusammenführung von Unternehmen infolge der Einbindung der nationalen Gesellschaftsformen in das jeweilige nationale Recht großen Hindernissen ausgesetzt sieht, geht es der Kommission um die Entwicklung von Rechtsformen, die auf unmittelbar geltendem Sekundärrecht, nämlich auf Verordnungen (Rdnr. 43f.) beruhen und als solche gemeinschaftsweit zur Verfügung stehen[35]. Freilich kann eine solche Verordnung nicht auf sämtliche Rechtsfragen, die durch die Gründung, Existenz und Abwicklung einer Gesellschaft aufgeworfen werden, eine Antwort geben. Wie die EWIV-Verordnung (Rdnr. 353ff.) auf besonders anschauliche Weise zeigt, bedarf vielmehr das Sekundärrecht der Ergänzung durch das nationale Recht des Sitzstaates. Die Notwendigkeit der Er- 66

---

[32] ZIP 1997, 1721, 1723.
[33] Dazu *Hohloch* in Hohloch, Vereinigtes Königreich Rdnr. 133, 226ff.
[34] So auch die Einschätzung durch *Neye* ZIP 1997, 1697, 1698.
[35] Vgl. Kommission, Memorandum zur Industriepolitik, 1970, S. 137ff.

§ 4 Stand und Perspektiven des Europäischen Gesellschaftsrechts

gänzung des Einheitsrechts durch nationales Recht – zumal solches, das nicht angeglichen ist – relativiert also den von einer supranationalen Gesellschaftsform erhofften Gewinn an Rechtssicherheit und Flexibilität nicht unerheblich.

2. Überblick

67 Bislang konnte mit der *EWIV* lediglich eine einzige supranationale Gesellschaftsform geschaffen werden. Sie dient der grenzüberschreitenden Kooperation von selbständig bleibenden Unternehmen (Rdnr. 356). Seit vielen Jahren bemüht sich die Kommission darüber hinaus um die Schaffung einer *Europäischen Aktiengesellschaft*, die vor allem den grenzüberschreitendenden Aufbau von Konzernen erleichtern soll. Bislang sind die Bemühungen vor allem an der Frage der Mitbestimmung gescheitert. Die Möglichkeit eines Kompromisses scheint jedoch in greifbare Nähe gerückt zu sein (Rdnr. 72 f.), so daß die Europäische Aktiengesellschaft zumindest in ihren Grundzügen dargestellt werden soll (Rdnr. 392 ff.). Weitere Verordnungsvorschläge der Kommission betreffen die Rechtsform des *Europäischen Vereins*,[36] diejenige der *Europäischen Genossenschaft*[37] und diejenige der *Europäischen Gegenseitigkeitsgesellschaft*.[38] Diese Vorschläge stammen indes nicht von der für das Gesellschaftsrecht zuständigen Generaldirektion der Kommission und haben derzeit keine realistische Chance auf Verwirklichung; auf eine nähere Erläuterung dieser Vorhaben wird deshalb verzichtet.

68 Erfolgversprechender scheinen die Bemühungen um eine *société fermée européenne* zu sein. Sie sind auf die Schaffung einer – der deutschen GmbH vergleichbaren – supranationalen Rechtsform gerichtet, die vor allem den kleinen und mittleren Unternehmen grenzüberschreitende Aktivitäten erleichtern soll. Der Anstoß zu diesem Projekt ging von der Chambre de commerce et d'industrie de Paris aus; Unterstützung fand sie durch die Wissenschaft[39]. Dem Vernehmen nach stößt das Projekt auf das Interesse der Kommission.

---

[36] Vorschlag vom 6. 3. 1992 für eine Verordnung des Rates über das Statut des Europäischen Vereins, ABl. 1992, C 99/1; näher dazu *Behrens* in Dauses, E. III Rdnr. 145 ff.; *Kilian*, Europäisches Wirtschaftsrecht, 1996, Rdnr. 513 f.; *Pfister* S. 81 ff., 104 ff.

[37] Vorschlag vom 6. 3. 1992 für eine Verordnung des Rates über das Statut der Europäischen Genossenschaft, ABl. 1992, C 99/17; dazu *Behrens* in Dauses, E. III Rdnr. 151 ff.; *Kessel* EuZW 1992, 475 ff.; *Kilian* (Fn. 36), Rdnr. 515 ff.; *Pfister* S. 81 ff., 90 ff.

[38] Vorschlag v. 6. 3. 1992 für eine Verordnung des Rates über das Statut der Europäischen Gegenseitigkeitsgesellschaft, ABl. 1992, C 99/40; dazu *Behrens* in Dauses, E. III Rdnr. 159 ff.; *Kilian* (Fn. 36), Rdnr. 518 f.; *Pfister* S. 81 ff., 98 ff.

[39] Vgl. insbesondere *Hommelhoff* WM 1997, 2101 ff.; *Kluiver/van Gerven* (Hrsg.), The European Private Company?, 1995; s. ferner *Hopt* ZIP 1998, 96, 103 f.; *Casper*, Blick durch die Wirtschaft v. 30. 4. 1998 (Nr. 83), S. 5.

III. Sonstige Maßnahmen

1. Anerkennung von Gesellschaften

Die Niederlassungsfreiheit gewährt zwar kein Recht auf identitätswahrende Verlegung des Gesellschaftssitzes von einem Mitgliedstaat in einen anderen (Rdnr. 10ff.). Aus den Grundfreiheiten und aus Art. 48 EGV ergibt sich aber, daß ausländische Gesellschaften auch im Inland anzuerkennen sind[40]. Voraussetzung ist, daß die ausländische Gesellschaft nach ihrem Personalstatut wirksam gegründet worden ist und die Verknüpfung mit dem Gründungsstaat fortbesteht. Nach dem in Deutschland geltenden Grundsatz der automatischen Anerkennung kann eine solche Gesellschaft auch im Inland Verträge schließen, Prozesse führen oder Niederlassungen gründen[41]. Entsprechendes gilt für deutsche Gesellschaften, soweit sie sich im Ausland betätigen[42].

69

Obschon ein bereits im Jahre 1968 von den – damals noch sechs – Mitgliedstaaten unterzeichnetes *Übereinkommen* über die gegenseitige Anerkennung von Gesellschaften und juristischen Personen[43] in Ermangelung einer Ratifizierung durch die Niederlande bislang nicht in Kraft getreten ist, stellt also der EGV sicher, daß die nach dem Recht eines Mitgliedstaats erworbene Rechtsfähigkeit gemeinschaftsweit anerkannt wird. Dazu gehört grundsätzlich auch der *Erwerb von Beteiligungen*. Stets muß allerdings die Verknüpfung zu der die Rechtsfähigkeit verleihenden Rechtsordnung fortbestehen (Rdnr. 13). Daran fehlt es, wenn sich eine ausländische Kapitalgesellschaft als Komplementärin an einer inländischen KG beteiligen will und – wie zumeist – ihren Verwaltungssitz am Sitz der KG hat[44].

70

2. Gesetz zur Einführung des Euro

Auch die mit Beginn der dritten Stufe der Währungsunion am 1. Januar 1999 erfolgte Einführung des Euro[45] ist nicht ohne Auswirkungen auf das Gesellschafts- und Bilanzrecht geblieben. Für die vom 1. Januar 1999 bis

71

---

[40] Vgl. bereits *Beitzke* ZHR 127 (1965), 1, 2; ferner *Timmermans* RabelsZ 48 (1984), 1, 38f.; *Lutter* S. 43f.; *Eyles*, Das Niederlassungsrecht der Kapitalgesellschaften in der Europäischen Gemeinschaft, 1990, S. 96ff.
[41] Vgl. neben den Nachw. in Fn. 40 noch BGHZ 78, 318, 334.
[42] Zu Besonderheiten des französischen Rechts s. aber *Pohlmann*, Das französische internationale Gesellschaftsrecht, 1988, S. 101 ff.
[43] BGBl. 1972 II, S. 370; deutsches Zustimmungsgesetz vom 18. 5. 1972, BGBl. II, S. 369; Abdruck des Übereinkommens auch bei Staudinger/*Großfeld*, Internationales Gesellschaftsrecht, Rdnr. 132 ff.; s. dazu auch KG NJW 1989, 3100.
[44] Näher dazu *Großfeld* WM 1992, 2121, 2126; *Ebke* ZGR 1987, 245, 265 ff.; MünchKomm-*Ebenroth/Kindler*, Bd. 11, Internationales Gesellschaftsrecht, Rdnr. 374; aA BayObLGZ 1986, 61, 68 = NJW 1986, 3029.
[45] Die Einführung ist auf der Grundlage des Art. 123 Abs. 4 EGV (Art. 109 l Abs. 4 a. F.) durch die Verordnung Nr. 974/98 vom 3. 5. 1998 über die Einführung des Euro, ABl. Nr. L 139 vom 11. 5. 1998, S. 1, erfolgt; s. ferner Verordnung Nr. 1103/97 vom 17. 6. 1997 „über bestimmte Vorschriften im Zusammenhang mit der Einführung des Euro", ABl. Nr. L 162 vom 19. 6. 1997, S. 1.

zum 31. Dezember 2002 laufende Übergangszeit existieren zwar die nationalen Währungen fort; sie bilden jedoch nur unselbständige Untereinheiten, sog. Denominationen, des Euro. Für den Bereich des Gesellschafts- und Bilanzrechts hat der nationale Gesetzgeber der Währungsumstellung durch Art. 3 und 4 des Gesetzes zur Einführung des Euro vom 9. Juni 1998 Rechnung getragen[46]. Danach besteht für die dreijährige Übergangszeit *Wahlfreiheit*: Die Gesellschaften sind zwar nicht gezwungen, wohl aber berechtigt, schon jetzt ihre Rechenwerke und ihr Kapital auf den Euro umzustellen.

IV. Perspektiven

1. Die Frage der Mitbestimmung der Arbeitnehmer

72 Der Überblick über den Stand der Angleichung und Vereinheitlichung des Gesellschaftsrechts hat gezeigt, daß die „großen" Harmonisierungsmaßnahmen, nämlich die 1., 2., 3., 4. und 7. Richtlinie, in der zweiten Dekade des Bestehens der Gemeinschaft erfolgt sind. Die danach getroffenen Maßnahmen haben ganz überwiegend nur ergänzenden oder punktuellen Charakter. Einen gewaltigen Schub würde der Prozeß der Europäisierung des Gesellschaftsrechts allerdings erfahren, könnten sich die Mitgliedstaaten auf ein Modell der *Mitbestimmung* der Arbeitnehmer einigen[47]. Zumindest die Verordnung über die Europäische Aktiengesellschaft, die Richtlinie über die internationale Verschmelzung und diejenige über die Sitzverlegung hätten dann gute Aussichten auf Verabschiedung. Bislang standen sich in dieser Frage die mitbestimmungsfreundlichen Mitgliedstaaten, allen voran Deutschland, und die übrigen Mitgliedstaaten, unversöhnlich gegenüber.

73 Die Kommission hatte sich zunächst für die Einführung eines betriebsverfassungsrechtlichen Informations- und Konsultationsverfahrens nach dem Vorbild der Euro-Betriebsräte-Richtlinie[48] ausgesprochen[49]. Unter dem Eindruck der Kritik an diesem Vorschlag hat sie sodann eine aus sieben Mitgliedern, darunter ihrem ehemaligen Vizepräsidenten *Davignon* und dem früheren Vorsitzenden des DGB und des europäischen Gewerkschaftsbundes *Breit*, bestehende Sachverständigengruppe eingesetzt. Diese

---

[46] BGBl. I, S. 1242; s. ferner Gesetz über die Zulassung von Stückaktien vom 25. 3. 1998, BGBl. I, S. 590; näher zu den gesellschafts- und bilanzrechtlichen Teilen des EuroEG *Seibert* ZGR 1998, 1 ff.; *Ernst* ZGR 1998, 20 ff.; *Ihrig/Streit* NZG 1998, 201 ff.; *Schneider* NJW 1998, 3158 ff.; *Schurmann* NJW 1998, 3162 ff.
[47] Eingehend zur Problematik *Behrens*, Festschrift für Mestmäcker, S. 831, 833 ff.; *Dreher* EuZW 1990, 476 ff.; *Heinze* AG 1997, 289 ff.; *Wiesner* AG 1996, 390, 391 ff.; *Zimmer*, Internationales Gesellschaftsrecht, 1996, S. 164 ff.
[48] ABl. Nr. L 254 vom 30. 9. 1994, S. 64.
[49] Mitteilung der Kommission zur Information und Konsultation der Arbeitnehmer vom 14. 11. 1995, KOM 1995, 547 endg.; dazu *Kolvenbach* EuZW 1996, 229 ff.; *Wiesner* AG 1996, 390, 392.

IV. Perspektiven

hat im Mai 1997 ihren Abschlußbericht vorgelegt[50]. Der Vorschlag zielt auf eine Verhandlungslösung; die Beteiligung der Arbeitnehmer soll also durch Vereinbarung zwischen den Sozialpartnern geregelt werden. Erst für den Fall des Scheiterns der Verhandlungen soll eine Auffangregelung greifen[51]. Die Beratungen der EU-Arbeitsminister haben gezeigt, daß über den Vorrang einer Verhandlungslösung Konsens erzielt werden könnte. Probleme bereitet dagegen der Inhalt der Auffanglösung. Nunmehr zeichnet sich auch insoweit ein Kompromiß ab[52].

2. Konzentration auf punktuelle Maßnahmen

Ob es in absehbarer Zeit über die bereits zu konkreten Entwürfen gereiften Vorhaben hinaus zu nennenswerten Harmonisierungsmaßnahmen kommen wird, läßt sich nicht mit Gewißheit sagen. Aus einer Reihe von Gründen erscheint Skepsis angebracht. So sieht sich die Angleichung des Gesellschaftsrechts derzeit dem Ruf zahlreicher Politiker nach Aktivierung des *Subsidiaritätsgrundsatzes* ausgesetzt[53]. Vor allem aber liegt es auf der Hand, daß sich Rechtsangleichung in einem Europa von 6 oder 9 Mitgliedstaaten sehr viel leichter betreiben läßt als in einem Europa von 15 oder mehr Mitgliedstaaten. Schon jetzt ist abzusehen, daß große *Kompromißbereitschaft* gefordert ist, soll es überhaupt zur Verabschiedung von Richtlinien oder gar Verordnungen kommen. 74

Der Entwurf einer 13. Richtlinie (Rdnr. 339 ff.) bestätigt dies überaus deutlich: Das noch im ersten Vorschlag vorgesehene Pflichtangebot an sämtliche außenstehenden Aktionäre der Zielgesellschaft kann nunmehr von den Mitgliedstaaten durch „andere geeignete und mindestens gleichwertige Vorkehrungen" und damit möglicherweise auch durch den – konzeptionell grundverschiedenen – Minderheitenschutz des deutschen Aktienkonzernrechts ersetzt werden. Von einem vormals zielstrebig und selbstbewußt verfolgten Projekt der Rechtsangleichung bleibt demnach nicht viel mehr als ein Akt der „Scheinharmonisierung" übrig. 75

Man wird sich deshalb von der Hoffnung auf eine umfassende Harmonisierung des Konzernrechts ebenso verabschieden müssen wie von der Idee einer Erstreckung der 2. Richtlinie auf die GmbH. Vorbehaltlich eines Durchbruchs in der Mitbestimmungsdebatte (Rdnr. 72 f.) gehört die Zukunft punktuellen Angleichungsmaßnahmen. 76

---

[50] „European Systems of Worker Involvement (with regard to the European Company Statute and the other pending proposals)" vom 15. 5. 1997.
[51] Näher zum Inhalt des Vorschlags und zu den Reaktionen *Hopt* ZIP 1998, 96, 100 f.; s. ferner Stellungnahme des Wirtschafts- und Sozialausschusses vom 8. 7. 1997, ABl. Nr. C 129/1 v. 27. 4. 1998.
[52] Frankfurter Allgemeine Zeitung vom 6. 5. 1998 (Nr. 104), S. 20, vom 20. 8. 1998 (Nr. 192), S. 13.
[53] Zur Rechtslage s. Rdnr. 22 f.

Zweiter Teil: Die gesellschaftsrechtlichen Richtlinien

§ 5 Handelsrechtliche Publizität

I. Die Publizitätsrichtlinie

Schrifttum: *Ankele*, Die Anpassung des deutschen Rechts an die Erste gesellschaftsrechtliche Richtlinie des Rates der Europäischen Gemeinschaften und ihre Auswirkungen für die GmbH, GmbH-Rdsch. 1969, 52; *Beuthien*, Sinn und Grenzen der Rechtsscheinhaftung nach § 15 Abs. 3 HGB, Festschrift für Reinhardt, 1972, S. 199; *Einmahl*, Die erste gesellschaftsrechtliche Richtlinie des Rates der Europäischen Gemeinschaften und ihre Bedeutung für das deutsche Aktienrecht, AG 1969, 131, 167 und 210; *Fischer-Zernin*, Der Rechtsangleichungserfolg der Ersten gesellschaftsrechtlichen Richtlinie der EWG, 1986; *Gustavus*, Die registerrechtlichen Bestimmungen des Gesetzes zur Durchführung der Ersten EWG-Richtlinie zur Koordinierung des Gesellschaftsrechts, BB 1969, 1335; *Kalss*, Die Bedeutung der Publizitäts-, Kapital-, Zweigniederlassungs- und Einpersonengesellschaftsrichtlinie der Europäischen Union für das Österreichische Gesellschaftsrecht (AG und GmbH), in: Koppensteiner (Hrsg.), Österreichisches und europäisches Wirtschaftsprivatrecht, Teil 1: Gesellschaftsrecht, 1994; *Kreplin*, Erweiterte Angabenpflicht auf Geschäftsbriefen für Aktiengesellschaften, Kommanditgesellschaften auf Aktien und Gesellschaften mit beschränkter Haftung, BB 1969, 1112; *Lutter*, Die erste Angleichungs-Richtlinie zu Art. 54 Abs. 3 lit. g) EWGV und ihre Bedeutung für das geltende deutsche Unternehmensrecht, EuR 1969, 1; *Meilicke*, Selbstkontrahieren nach europäischem Gemeinschaftsrecht, RIW 1996, 713 ff.; *Meyer-Ladewig*, Die Durchführung der Ersten Richtlinie des Rates der Europäischen Gemeinschaften zur Koordinierung des Gesellschaftsrechts in der Bundesrepublik, MDR 1969, 818; *v. Olshausen*, Neuerungen im System der handelsrechtlichen Rechtsscheingrundsätze, BB 1970, 137; *ders.*, Fragwürdige Rechtsscheingrenzen im neuen § 15 Abs. 3 HGB, NJW 1971, 966; *P. van Ommeslaghe*, La première directive du Conseil du 9 mars 1968 en matière de societés, Cah. dr. europ. 1969, 495, 619; *Chr. Schmid*, Die gemeinschaftsrechtliche Überlagerung der Tatbestände des Mißbrauchs der Vertretungsmacht und des Insichgeschäfts, AG 1998, 127.

1. Grundlagen

Die am 9. März 1968, also zehn Jahre nach Inkrafttreten der Römischen Verträge verabschiedete Publizitätsrichtlinie[1] ist nicht nur die erste Richtlinie auf dem Gebiet des Gesellschaftsrechts; sie ist vielmehr die erste Angleichungsmaßnahme auf dem Gebiet des Zivilrechts überhaupt. Ihrem Erlaß gingen langjährige Verhandlungen voraus[2] – ein Umstand, dem an-

---

[1] Erste Richtlinie des Rates vom 9. März 1968 zur Koordinierung der Schutzbestimmungen, die in den Mitgliedstaaten den Gesellschaften im Sinne des Artikels 58 Absatz 2 des Vertrages im Interesse der Gesellschafter sowie Dritter vorgeschrieben sind, um diese Bestimmungen gleichwertig zu gestalten (68/151/EWG), ABl. Nr. L 65/8; abgedruckt unter Rdnr. 133.

[2] Der erste Vorschlag der Kommission stammt vom 21. 2. 1964, Beilage 3 zum Bulletin der EG 1964, S. 13; s. dazu insbesondere die Stellungnahme des Wirtschafts- und Sozialausschusses, ABl. 1964, 3249; Stellungnahme des Europäischen Parlaments vom 11. 5. 1966, ABl. 1966, 1519; eingehend *Bärmann*, Europäische Integration im Gesellschaftsrecht, 1970, S. 97 ff.; *Stein*, Harmonization of European Company Laws, 1970, S. 195 ff.

gesichts der Tatsache, daß die Gemeinschaft damals nur aus den sechs Gründungsstaaten bestand, Hervorhebung verdient. Im Zuge des Beitritts der übrigen Mitgliedstaaten haben diese die erste Richtlinie als Teil des acquis communautaire übernommen; durch die jeweilige Beitrittsakte sind die Bestimmungen der Richtlinie, insbesondere deren Artikel 1[3] über die betroffenen Gesellschaften, der Erweiterung des Mitgliederkreises angepaßt worden[4].

78 Die Richtlinie ist, wie sämtliche gesellschaftsrechtlichen Richtlinien, auf Art. 44 Abs. 2 lit. g EGV (Art. 54 Abs. 3 lit. g a. F.) gestützt (Rdnr. 19 ff.). Sie bezweckt den Schutz Dritter, insbesondere der Vertragspartner der Gesellschaft. Diese sollen sich nicht nur die notwendigen Informationen über die Gesellschaft beschaffen können, sondern auch auf die Wirksamkeit der im Namen der Gesellschaft abgegebenen Willenserklärungen sowie auf den Bestand der in einem Register eingetragenen Gesellschaft vertrauen dürfen. Gegenstand der Richtlinie sind demnach die *Offenlegung* wesentlicher Angaben betreffend die Gesellschaft, die *Wirksamkeit* des Handelns für die Gesellschaft und die *Nichtigkeit* der Gesellschaft. Zwar waren den Rechtsordnungen sämtlicher Gründungsstaaten entsprechende Vorschriften zum Schutz des Rechtsverkehrs bekannt. Diese waren jedoch keineswegs gleichwertig.

79 Vor dem Hintergrund der zunehmenden Entfaltung grenzüberschreitender Aktivitäten der Gesellschaften erschien es den Mitgliedstaaten zu Recht als dringlich, die nationalen Vorschriften einander anzugleichen, um so gemeinschaftsweit für einen gleichwertigen Schutz des Rechtsverkehrs im allgemeinen und der Gläubiger im besonderen zu sorgen. So soll sich etwa auch der belgische Gläubiger einer deutschen AG darauf verlassen dürfen, daß, nicht anders als in dem ihm leicht zugänglichen belgischen Recht, der Vorstand der AG umfassende Vertretungsbefugnis besitzt und die wesentlichen Daten der Gesellschaft einem allgemein zugänglichen Register entnommen werden können. Dies wiederum soll den grenzüberschreitenden Handel fördern (s. noch Rdnr. 88). Zugleich will die Richtlinie verhindern, daß die Standortwahl der Gesellschaften durch sachfremde Erwägungen, nämlich durch Unterschiede hinsichtlich des Gläubiger- und Verkehrsschutzes, beeinflußt wird (Rdnr. 15 ff.).

80 Die 1. Richtlinie verwirklicht demnach gemeinschaftsweit den Grundsatz der Publizität. Sie wird ergänzt durch die Zweigniederlassungsrichtlinie (Rdnr. 117 ff.). Darüber hinaus statuieren zwar insbesondere die 2., 3. und 6. Richtlinie zahlreiche Publizitätspflichten, die die in der 1. Richtlinie geregelten Publizitätsgegenstände erweitern. Diese Pflichten dienen jedoch der Verwirklichung des spezifischen Anliegens der jeweiligen Richtlinie, sind also nicht Teil des auf die gemeinschaftsweite Durchsetzung des allgemeinen handelsrechtlichen Publizitätsgrundsatzes gerichteten Programms der Kommission (Rdnr. 49 ff.). Der Geltungsbereich der

---

[3] Artikelbezeichnungen ohne Angabe eines Gesetzes beziehen sich im folgenden auf die Erste Richtlinie.
[4] Vgl. die Nachw. in Rdnr. 133.

I. Die Publizitätsrichtlinie

2., 3. und 6. Richtlinie unterscheidet sich denn auch von demjenigen der 1. und 11. Richtlinie (Rdnr. 83, 120, 136, 212, 235).

Ein enger Zusammenhang besteht dagegen zwischen der Publizitätsrichtlinie und der Richtlinie über den *Jahresabschluß* (Rdnr. 260ff.). Nach Art. 2 Abs. 1 lit. f sind nämlich die Bilanz und die Gewinn- und Verlustrechnung offenzulegen (Rdnr. 90); Anlegern und Kreditgebern soll es dadurch ermöglicht werden, Informationen über die Gesellschaft einzuholen. Ein französischer Kreditgeber oder Anleger vermag freilich dem von einer deutschen Gesellschaft erstellten Jahresabschluß nur dann weiterführende Informationen zu entnehmen, wenn deutsches und französisches Bilanzrecht gleichwertig sind. Nur unter dieser Voraussetzung kann der nach deutschem Recht erstellte Jahresabschluß auch von einem mit dem französischen Recht vertrauten Kreditgeber oder Anleger verstanden und als Grundlage für sein Verhalten herangezogen werden. Dieses in der 1. Richtlinie angelegte Defizit ist durch die 4. Richtlinie beseitigt worden; sie soll dafür sorgen, daß die Jahresabschlüsse der europäischen Gesellschaften formell und materiell gleichwertig sind. 81

2. Umsetzung in das deutsche Recht

Die Bundesrepublik ist ihrer Verpflichtung zur Umsetzung der Richtlinie durch das Gesetz zur Durchführung der Ersten Richtlinie des Rates der Europäischen Gemeinschaften zur Koordinierung des Gesellschaftsrechts vom 15. August 1968 nachgekommen[5]. Da die Richtlinie ganz wesentlich durch das deutsche Recht beeinflußt ist, sah sich die Bundesrepublik im Unterschied zu einer Reihe anderer Mitgliedstaaten nicht zu grundlegenden Änderungen ihres Rechts veranlaßt. Die bedeutendsten Änderungen sind in der Ergänzung des § 15 HGB um einen neuen Abs. 3 (dazu Rdnr. 115f.) und in der Anpassung der Nichtigkeitsgründe des Aktien- und GmbH-Rechts an den Katalog des Art. 11 zu sehen[6]. Im übrigen konnte sich der Gesetzgeber auf Detailkorrekturen beschränken[7]. Da die Richtlinie den Mitgliedstaaten nur einen *Mindeststandard* an Schutzbestimmungen zugunsten der Gläubiger und des Rechtsverkehrs vorgibt[8], 82

---

[5] BGBl. 1969 I, S. 1146; s. dazu auch Begr. RegE, BT-Drucks. 5/3862, S. 8ff.; *Ankele* GmbH-Rdsch. 1969, 52ff. (betr. die GmbH); *Gustavus* BB 1969, 1335 (Registerrecht); *Kreplin* BB 1969, 1112ff. (Geschäftsbriefe); *Meyer-Ladewig* MDR 1969, 818ff. (allg.). Zu den Umsetzungsakten der übrigen Mitgliedstaaten s. den Überblick bei *Hohloch* in Hohloch, Supranationales Recht Rdnr. 12.

[6] Hervorhebung verdient der Art. 2 Nr. 14, 3 Nr. 6 des Durchführungsgesetzes (Fn. 5) erfolgte Ergänzung der §§ 262 Abs. 1 AktG, 60 Abs. 1 GmbHG um eine Nr. 5, der zufolge die Rechtskraft einer Verfügung des Registergerichts, durch welche nach den §§ 144a, 144b FGG ein Mangel der Satzung festgestellt worden ist, die Auflösung der Gesellschaft bewirkt. Diese Regelung ist an die Stelle der noch in §§ 275 AktG, 75 GmbHG a. F. vorgesehenen und mit Art. 11 nicht vereinbaren Nichtigkeitsgründe getreten. Durch das FGG-Verfahren soll die Gesellschaft veranlaßt werden, den Satzungsmangel zu beheben; § 274 Abs. 2 Nr. 2 AktG ermöglicht demgemäß die Fortsetzung der Gesellschaft; ein Verstoß gegen Art. 11 liegt deshalb nicht vor.

[7] Vgl. die Nachw. in Fn. 5; s. ferner die Hinweise zum deutschen Recht in Rdnr. 88ff., 96f., 99, 103ff.

[8] Vgl. noch Rdnr. 97, 99, 103, 109; allg. dazu bereits Rdnr. 40ff.

konnte der deutsche Gesetzgeber nicht nur von einer Änderung weitergehender nationaler Vorschriften absehen. Ihm war es vielmehr auch gestattet, im Zuge der Umsetzung der Richtlinie schärfere Vorschriften zu erlassen; von dieser Möglichkeit hat er insbesondere durch Erlaß des § 15 Abs. 3 HGB Gebrauch gemacht (Rdnr. 116).

3. Betroffene Gesellschaften

83   Von der Richtlinie betroffen sind sämtliche Kapitalgesellschaften, also Gesellschaften, bei denen die Gesellschafter grundsätzlich nicht persönlich für die Gesellschaftsschulden haften und deshalb ein Schutz der Gläubiger besonders dringlich ist. Aus deutscher Sicht sind dies nach Art. 1 Spiegelstrich 1 die AG, die GmbH und die KGaA. Atypische Personenhandelsgesellschaften, insbesondere die GmbH & Co. KG, werden dagegen nicht erfaßt. Der Wirtschafts- und Sozialausschuß hat zwar in seiner Stellungnahme betont, daß die Rechtsangleichung möglichst bald auf die anderen Gesellschaften auszudehnen sei[9]. Dazu ist es jedoch bis heute nicht gekommen.

4. Offenlegung

84   Art. 2 bis 6 regeln die „Offenlegung" und damit die handelsrechtliche Publizität und deren Wirkungen. Im einzelnen ist zwischen den Publizitätsmitteln, den Publizitätsgegenständen und den Publizitätswirkungen zu unterscheiden:

a) Publizitätsmittel

85   Was zunächst die Publizitätsmittel betrifft[10], so bestimmt Art. 3 Abs. 1, daß in jedem Mitgliedstaat entweder bei einem zentralen Register oder bei einem Handels- oder Gesellschaftsregister für jede der dort eingetragenen Gesellschaften eine Akte anzulegen ist. Nach Art. 3 Abs. 2 sind alle der Offenlegung unterliegenden Urkunden und Angaben (Rdnr. 87 ff.) in dieser Akte zu hinterlegen oder in das Register einzutragen; *Hinterlegung und Eintragung* sind also wahlweise zur Verfügung stehende Publizitätsmittel[11]. Die genannten Urkunden und Angaben sind nach Art. 3 Abs. 4 sodann in einem[12] von dem Mitgliedstaat zu bestimmenden Amtsblatt *bekanntzumachen*, wobei die Wahl zwischen einer vollständigen oder auszugsweisen Wiedergabe und einem Hinweis auf die Hinterlegung des Dokuments in der Akte oder auf seine Eintragung in das Register besteht.

---

[9] ABl. 1964, 3249, 3250.
[10] Eingehend zum Folgenden *Fischer-Zernin* S. 62 ff.
[11] *Lutter* EuR 1969, 1, 4.
[12] Es handelt sich um eine Mindestvorschrift; die Veröffentlichung in mehreren Amtsblättern ist also zulässig.

I. Die Publizitätsrichtlinie

Register (bzw. Akte) und Bekanntmachung verlautbaren die in Art. 2 **86** genannten Urkunden und Angaben (Rdnr. 87ff.) unmittelbar und sind somit *primäre Publizitätsmittel*. Art. 3 Abs. 3 und Art. 4 sehen darüber hinaus *sekundäre Publizitätsmittel* vor, die Dritte in die Lage versetzen sollen, sich über die veröffentlichten Umstände zu informieren. Im einzelnen handelt es sich dabei um das Recht, die Zusendung vollständiger oder auszugsweiser Abschriften der in Art. 2 bezeichneten Urkunden oder Angaben verlangen zu können, und um die Pflicht der Gesellschaft, auf Briefen und Bestellscheinen Register, Registernummer, Sitz und Rechtsform anzugeben. Ein Recht, das Register einzusehen, ist zwar in der Richtlinie nicht vorgesehen, kann aber durch nationales Recht begründet werden.

b) Publizitätsgegenstände

Die Gegenstände der Publizität sind im einzelnen in Art. 2 Abs. 1 gere- **87** gelt. Dabei handelt es sich allerdings nicht um eine abschließende Regelung. Vielmehr sehen auch die anderen gesellschaftsrechtlichen Richtlinien eine Reihe von Publizitätspflichten vor[13]; hervorzuheben sind insoweit Art. 2 und 3 der 2. Richtlinie (Rdnr. 142ff.). Nach Art. 2 Abs. 1 der 1. Richtlinie sind insbesondere die Satzung (nebst Änderungen), die Besetzung der Organe (nebst Änderungen), die Vertretungsbefugnis und der Jahresabschluß publizitätspflichtig. Namentlich die Eintragung der *Vertretungsbefugnis* hat schon verschiedentlich die Gerichte beschäftigt. So verlangt Art. 2 Abs. 1 lit. d S. 2 ausdrücklich und ohne Einschränkung die Angabe, ob die zur Vertretung der Gesellschaft befugten Personen die Gesellschaft allein oder nur gemeinschaftlich vertreten können. Einer entsprechenden Offenlegung bedarf es also auch in dem Fall, daß die Vertretungsbefugnis der Organwalter dem dispositiven nationalen Recht entspricht, sämtliche Vorstandsmitglieder einer AG also – entsprechend § 78 Abs. 2 S. 1 AktG – nur gesamtvertretungsbefugt sind. Dies erklärt sich daraus, daß sich die ausländischen Vertragspartner einer inländischen Gesellschaft, die in aller Regel mit dem inländischen Gesellschaftsrecht nicht vertraut sind, durch Einsichtnahme des Registers zuverlässig und schnell über die Vertretungsbefugnis der Vorstandsmitglieder informieren können sollen.

Nach Ansicht des EuGH gebietet Art. 2 Abs. 1 lit. d S. 2 die Angabe der **88** Vertretungsbefugnis auch in dem Fall, daß nur ein einziger vertretungsberechtigter Organwalter bestellt ist und somit ausschließlich Einzelvertretungsbefugnis vorliegen kann[14]:

„Diese Auslegung entspricht dem Zweck der Richtlinie, die Rechtssicherheit in den Beziehungen zwischen der Gesellschaft und Dritten im Hinblick auf eine Intensivierung des Geschäftsverkehrs zwischen den Mitgliedstaaten nach der Schaffung des Gemeinsamen Marktes zu gewährleisten. Für diese Zielsetzung ist es wichtig, daß sich jeder, der den Wunsch hat, Geschäftsverbindungen mit Gesellschaften in anderen Mitgliedstaaten

---

[13] S. die Zusammenstellung bei *Kalss* S. 139ff.
[14] EuGHE 1974, 1201, 1206, Tz. 6 – Haaga; s. auch den Vorlagebeschluß des BGH in WM 1974, 510 sowie die Abschlußentscheidung BGHZ 63, 261ff. S. ferner BGHZ 87, 59, 61f., wo der BGH im Wege der richtlinienkonformen Auslegung die Pflicht zur Eintragung einer Befreiung von § 181 BGB entwickelt.

aufzunehmen oder fortzusetzen, unschwer Kenntnis von den wesentlichen Angaben über die Gründung der Handelsgesellschaften und über die Befugnisse der mit ihrer Vertretung betrauten Personen verschaffen kann. Im Interesse des Rechtsverkehrs zwischen Angehörigen verschiedener Mitgliedstaaten müssen daher alle einschlägigen Angaben ausdrücklich in Registern oder amtlichen Unterlagen aufgeführt werden, selbst wenn sie sich zum Teil ohne weiteres aus den nationalen Rechtsvorschriften ergeben oder offenkundig erscheinen mögen; denn von Außenstehenden kann keine vollständige Kenntnis der Rechtsvorschriften eines anderen Mitgliedstaates oder der dort vorherrschenden Handelsbräuche erwartet werden. Es erscheint daher notwendig, hinsichtlich der Vertretungsbefugnis des Geschäftsführers einer Gesellschaft mit beschränkter Haftung zu verlangen, daß im Handelsregister eine zur Unterrichtung Dritter geeignete Angabe eingetragen wird, selbst wenn es möglich ist, ihren Inhalt in Ermangelung einer Eintragung durch logische Schlußfolgerung oder aus dem nationalen Recht abzuleiten."

89 Aus ähnlichen Erwägungen heraus hat der BGH im Wege der richtlinienkonformen Auslegung des nationalen Rechts (Rdnr. 34 ff.) entschieden, daß der stellvertretende Geschäftsführer einer GmbH – Entsprechendes hat für das stellvertretende Vorstandsmitglied einer AG zu gelten – ohne *Stellvertreterzusatz* in das Handelsregister einzutragen ist[15]. Die Eintragung des Stellvertreterzusatzes könnte nämlich denjenigen, der mit dem deutschen Recht nicht besonders vertraut ist, zu der Fehlvorstellung verleiten, er habe es mit einem nur nachrangig, d. h. allein bei Verhinderung des ordentlichen Organwalters zur Vertretung der Gesellschaft Befugten zu tun. Demgegenüber bestimmen §§ 44 GmbHG, 94 AktG, daß der stellvertretende Geschäftsführer und das stellvertretende Vorstandsmitglied dieselbe Stellung wie ein ordentliches Mitglied des Vertretungsorgans haben und somit insbesondere über unbeschränkte Vertretungsmacht verfügen. Die Eintragung des Stellvertreterzusatzes wäre somit zur Irreführung geeignet. Aus demselben Grund dürfen auch die in Art. 4 genannten sekundären Publizitätsmittel (Rdnr. 86), nämlich Geschäftsbriefe und Bestellscheine, keinen Stellvertreterzusatz enthalten[16].

90 Die in Art. 2 Abs. 1 lit. f vorgesehene Offenlegung der *Bilanz und der Gewinn- und Verlustrechnung* ist durch Art. 47 der 4. Richtlinie konkretisiert worden; zugleich ist dadurch der in Art. 2 Abs. 1 lit. f enthaltene Vorbehalt zugunsten der GmbH entfallen. Nunmehr haben sämtliche Kapitalgesellschaften (Rdnr. 83) und zudem atypische Personenhandelsgesellschaften (Rdnr. 263) nach Maßgabe des Art. 47 der 4. Richtlinie ihren Jahresabschluß zu veröffentlichen. Nach Art. 6 haben die Mitgliedstaaten *geeignete Sanktionen* für den Fall anzudrohen, daß die Offenlegung unterbleibt. Vor dem Hintergrund, daß in Deutschland ca. 80 bis 95% der „kleinen" (s. Rdnr. 273 f.) Gesellschaften mbH die Offenlegung des Jahresabschlusses verweigern[17], ist das Sanktionensystem des deutschen Rechts, welches vor allem durch das in § 335 S. 1 Nr. 6, S. 2 HGB vorgesehene Antragsrecht (nur) der Gesellschafter, der Gläubiger und des (Gesamt-)Betriebsrats ge-

---

[15] BGH NJW 1998, 1071, 1072; so auch BayObLGZ 1997, 107, 112; aA noch OLG Düsseldorf NJW 1969, 1259; OLG Stuttgart NJW 1960, 2150.
[16] Näher dazu *Habersack* in Großkomm. AktG, § 94 Rdnr. 16 mit weit. Nachw. zur abweichenden hM.
[17] Näher dazu *Streck* GmbH-Rdsch. 1991, 407 ff.

I. Die Publizitätsrichtlinie

kennzeichnet ist[18], alsbald auf das Interesse der Kommission gestoßen. Sowohl im Rahmen eines gegen die Bundesrepublik eingeleiteten Vertragsverletzungsverfahrens[19] als auch in seiner auf Vorlage des OLG Düsseldorf ergangenen „Daihatsu"-Entscheidung[20] hat der EuGH festgestellt, daß § 335 S. 1 Nr. 6, S. 2 HGB keine „geeigneten Sanktionen" im Sinne des Art. 6 androhe und deshalb nicht zur Umsetzung der Richtlinie geeignet sei. So heißt es in der "Daihatsu"-Entscheidung:

„Zu Art. 6 der 1. Richtlinie ergibt sich aus deren vierter Begründungserwägung, daß die Offenlegung des Jahresabschlusses hauptsächlich der Unterrichtung Dritter dient, die die buchhalterische und finanzielle Situation der Gesellschaft nicht hinreichend kennen oder kennen können. Die Bestimmungen des Art. 3 der Richtlinie ... bestätigen das Bestreben, diese Informationen jeder interessierten Person zugänglich zu machen....

Aufgrund all dessen ist zu antworten, daß Art. 6 der 1. Richtlinie dahin auszulegen ist, daß er den Rechtsvorschriften eines Mitgliedstaats entgegensteht, die nur den Gesellschaftern, den Gläubigern und dem Gesamtbetriebsrat bzw. dem Betriebsrat der Gesellschaft das Recht einräumen, die Verhängung der Maßregel zu beantragen, die das nationale Recht für den Fall vorsieht, daß eine Gesellschaft den durch die 1. Richtlinie aufgestellten Pflichten auf dem Gebiet der Offenlegung des Jahresabschlusses nicht nachkommt."

c) Publizitätswirkungen

91 Die Publizitätswirkungen sind in Art. 3 Abs. 5 bis 7 geregelt. Art. 3 Abs. 5 S. 1 enthält zunächst den Grundsatz der *negativen Publizität*: Publizitätspflichtige Urkunden und Angaben im Sinne des Art. 2 Abs. 1 kann die Gesellschaft Dritten erst nach der Bekanntmachung entgegensetzen, sofern sie nicht beweist, daß die Dritten die Urkunden und Angaben kannten. Nach Art. 3 Abs. 5 S. 2 gilt der Grundsatz der negativen Publizität bis zum Ablauf von 15 Tagen nach erfolgter Bekanntmachung fort, sofern die Dritten beweisen, daß es für sie trotz der Bekanntmachung nicht möglich war, die Urkunden oder Angaben zu kennen. Erst danach kann sich also die Gesellschaft ohne jede Einschränkung auf die publizierten Urkunden und Angaben berufen[21].

92 Da die Richtlinie eine Veröffentlichung der Angaben und Urkunden sowohl durch Eintragung in das Register bzw. Hinterlegung in der Akte

---

[18] Näher zu den Sanktionen *Gustavus* ZIP 1988, 1429 ff.; *Lück* GmbH-Rdsch. 1987, 42 ff.; zu beachten ist, daß die noch in § 2 Abs. 1 S. 2 LöschG enthaltene Sanktion infolge der Aufhebung des LöschG durch Art. 2 Nr. 9 EGInsO (BGBl. 1994 I, S. 2911, 2913) mit Wirkung zum 19. Oktober 1994 (s. Art. 110 Abs. 3 EGInsO) entfallen ist.
[19] EuGH ZIP 1998, 1716; s. ferner *Ehlig* Wpg. 1997, 513 ff.; *Biener* Wpg. 1993, 707, 713.
[20] EuGHE 1997, I-6858, 6865, Tz. 22 f.- Daihatsu; auch abgedruckt in ZIP 1998, 2155 mit Anm. *Schulze-Osterloh* = JZ 1998, 193 mit Anm. *Schön*; eingehend *Leible* ZHR 162 (1998), 594 ff.; s. auch OLG Düsseldorf EuZW 1996, 672 (Vorlagebeschluß); zur Entscheidung des EuGH s. bereits Rdnr. 20.
[21] Dies wird von *Behrens* (in Dauses, E. III Rdnr. 23) und *Kalss* (S. 159) als positive Publizität bezeichnet. Indes hat Art. 3 Abs. 5 den Fall im Auge, daß Eintragung und Bekanntmachung die wahre Rechtslage verlautbaren; mit „positiver" Publizität in dem Sinne, daß sich Dritte auf eine unrichtige Eintragung oder Bekanntmachung verlassen dürfen, hat dies also nichts zu tun; s. dazu noch Rdnr. 93, 99, 115 f.

als auch durch Bekanntmachung vorsieht (Rdnr. 85 f.), muß die Möglichkeit einer *Divergenz* zwischen beiden Publizitätsmitteln bedacht werden. Nach Art. 3 Abs. 6 S. 2 und 3 kann sich in einem solchen Fall zwar nicht die Gesellschaft, wohl aber der Dritte auf den Inhalt der Bekanntmachung berufen; auch der Dritte kann sich nicht auf den Inhalt der Bekanntmachung berufen, wenn die Gesellschaft beweist, daß ihm der Inhalt der Eintragung (bzw. Akte) bekannt war[22].

93   Davon zu unterscheiden ist der Fall, daß *Eintragung und Bekanntmachung* unrichtig sind, ferner der Fall, daß zwar die Eintragung unrichtig, die Bekanntmachung dagegen richtig ist. Aus Art. 3 Abs. 5 folgt zunächst, daß sich die Gesellschaft gutgläubigen Dritten gegenüber nicht auf die wahre Rechtslage berufen kann; denn diese ist nicht bekanntgemacht. Umgekehrt können sich die Dritten unzweifelhaft auf die wahre Rechtslage berufen (Rdnr. 94). Dagegen regelt Art. 3 nicht, ob sich gutgläubige Dritte auf die im Register verlautbarte Rechtslage berufen können[23]. Vorbehaltlich des Art. 8 (Rdnr. 98) hat es insoweit bei den Grundsätzen des nationalen Rechts sein Bewenden (dazu Rdnr. 115 f.).

94   Art. 3 Abs. 7 schließlich betont, daß sich Dritte stets auf Urkunden und Angaben im Sinne des Art. 2 Abs. 1 berufen können, für welche die Formalitäten der Offenlegung noch nicht erfüllt worden sind; doch gilt dies, wie Art. 3 Abs. 7 a. E. klarstellt, nur in den Fällen, in denen der Eintragung lediglich *deklaratorische Bedeutung* zukommt. Auf die *wahre Rechtslage*, so läßt sich der Inhalt des Art. 3 Abs. 7 zusammenfassen, können sich Dritte also stets berufen.

5. Gültigkeit der von der Gesellschaft eingegangenen Verpflichtungen

95   Abschnitt II der Richtlinie besteht aus den Artikeln 7 bis 9 und regelt die „Gültigkeit der von der Gesellschaft eingegangenen Verpflichtungen". Bezweckt ist der Schutz des Dritten, der mit der Gesellschaft in rechtsgeschäftlichen Kontakt tritt; er soll sich insbesondere darauf verlassen dürfen, daß das Leitungsorgan der Gesellschaft Vertretungsmacht besitzt. Die Richtlinie stärkt dadurch zugleich die Stellung des Leitungsorgans gegenüber den Gesellschaftern[24]: Letztere haben keine Möglichkeit, auf den Umfang der organschaftlichen Vertretungsbefugnis der Organwalter Einfluß zu nehmen. Freilich erschöpft sich der Inhalt der Art. 7 bis 9 nicht in der Statuierung des Grundsatzes der unbeschränkten und unbeschränkbaren Vertretungsmacht. Geregelt werden vielmehr auch die Haftung für die Verbindlichkeiten der werdenden juristischen Person und die Rechtslage bei mangelhafter Bestellung von Organwaltern.

---

[22] Eingehend dazu *Lutter* EuR 1969, 1, 13 ff.
[23] *Ankele* GmbH-Rdsch. 1969, 52, 54; Staub/*Hüffer* § 15 Rdnr. 5; aA *Einmahl* AG 1969, 131, 137 f.; *Lutter* EuR 1969, 1, 13.
[24] S. dazu auch den (auf die Zeit vor Erlaß der Richtlinie bezogenen) rechtsvergleichenden Überblick bei *Fischer-Zernin* S. 14 ff.

I. Die Publizitätsrichtlinie

a) Handeln im Namen der werdenden juristischen Person

Art. 7 ordnet die Haftung derjenigen Personen an, die im Namen einer in Gründung befindlichen, noch nicht eingetragenen Kapitalgesellschaft (Rdnr. 83) gehandelt haben; vorbehaltlich einer abweichenden Vereinbarung mit dem Gläubiger haften diese Personen als Gesamtschuldner, wenn die Gesellschaft die sich aus den in ihrem Namen erfolgten Handlungen ergebenden Verpflichtungen nicht übernimmt. Die Vorschrift regelt also einen Teilbereich aus dem Recht der werdenden juristischen Person. Unerheblich ist, ob bereits der Gesellschaftsvertrag ordnungsgemäß geschlossen und damit die Gesellschaft „errichtet" ist; nach der Terminologie und Systematik des deutschen Kapitalgesellschaftsrechts betrifft Art. 7 also sowohl die *Vorgründungs-* als auch die *Vorgesellschaft*[25]. **96**

Nach Wortlaut und Schutzzweck des Art. 7 kommt es entscheidend darauf an, daß im Namen der Vorgründungs- oder Vorgesellschaft gehandelt worden ist[26]. Bezweckt ist nämlich ein Schutz des Gläubigers für den Fall, daß es nach den Vorschriften des – insoweit nicht angeglichenen – nationalen Rechts *nicht* zum *Übergang* der Verbindlichkeit der Vorgesellschaft auf die juristische Person kommt; der Gläubiger soll dann zumindest[27] die Handelnden in Anspruch nehmen können. Sieht dagegen das nationale Recht den gesetzlichen Übergang der Verbindlichkeit auf die juristische Person vor[28] oder wird ein solcher Übergang rechtsgeschäftlich bewirkt, so kann sich der Gläubiger an die juristische Person sowie gegebenenfalls an die Gründer[29] halten. Nach Art. 7 kommt deshalb eine Inanspruchnahme des Handelnden erst in Betracht, wenn nach dem nationalen Recht ein Übergang der Verbindlichkeit auf die juristische Person nicht mehr ohne Mitwirkung des Gläubigers bewirkt werden kann; von Bedeutung ist dies insbesondere in den Fällen, in denen die Gründung der juristischen Person gescheitert ist[30]. Das nationale Recht kann freilich eine schärfere Haftung der Handelnden vorsehen[31]. **97**

---

[25] Eingehend dazu *K. Schmidt* § 11 I – IV (S. 297 ff.), § 34 III (S. 1009 ff.).
[26] AA *Kalss* S. 170 (Handeln im Namen der zukünftigen Gesellschaft).
[27] Die Haftung der Gesellschafter der Vorgründungs- oder Vorgesellschaft beurteilt sich nach dem jeweiligen nationalen Recht, s. für die Vor-GmbH BGHZ 134, 333, 334 ff. = NJW 1997, 1507; *Goette* DStR 1998, 179 ff.; *Kleindiek* ZGR 1997, 427 ff.; für die Vor-AG LG Heidelberg ZIP 1997, 2045; *Wiedenmann* ZIP 1997, 2029 ff.; *Hüffer* § 41 Rdnr. 2 ff.; für die Vorgründungsgesellschaft Hachenburg/*Ulmer* § 2 Rdnr. 51.
[28] So das deutsche GmbH- und Aktienrecht, s. BGHZ 80, 129, 140 = NJW 1981, 1373; BGH NJW 1982, 932; Hachenburg/*Ulmer* § 11 Rdnr. 74 f.; für die AG s. *Hüffer* § 41 Rdnr. 16, 28, dort auch zu dem überholten Wortlaut des § 41 Abs. 2 AktG.
[29] Vgl. die Nachw. in Fn. 27.
[30] So im Ergebnis auch die Rechtslage nach § 11 Abs. 2 GmbHG, s. BGHZ 80, 182, 183 f. = NJW 1981, 1452; Hachenburg/*Ulmer* § 11 Rdnr. 96 ff., 118 f. Zur Haftung der Gesellschafter der Vorgründungsgesellschaft s. Hachenburg/*Ulmer* § 2 Rdnr. 51; da die Vorgründungsgesellschaft Gesellschaft bürgerlichen Rechts oder OHG ist und somit der Grundsatz der Selbstorganschaft gilt, ist „Handelnder" stets einer der Gesellschafter.
[31] *Einmahl* AG 1969, 167, 168; *Kalss* S. 171; s. auch den rechtsvergleichenden Überblick bei *Fischer-Zernin* S. 110 ff.

b) Fehlerhafte Bestellung des Organwalters

98 Sind die Mitglieder des zur Vertretung der Gesellschaft berufenen Organs nicht wirksam bestellt worden, so sind sie an sich nicht befugt, die Gesellschaft zu vertreten; ihnen ist dann die organschaftliche Vertretungsbefugnis nicht wirksam verliehen worden. Freilich vermag der Rechtsverkehr zumeist nicht die Wirksamkeit der Bestellung verläßlich zu beurteilen, handelt es sich doch bei dieser um einen gesellschaftsinternen Vorgang. Dies gilt zumal für die Angehörigen anderer Mitgliedstaaten: Sie wissen in der Regel nicht einmal, unter welchen Voraussetzungen die Bestellung der Organwalter im allgemeinen Wirksamkeit erlangt und können somit erst recht nicht das Vorliegen dieser Voraussetzungen im Einzelfall überprüfen. Art. 8 bestimmt deshalb, daß ein Mangel der Bestellung gutgläubigen Dritten nicht entgegengehalten werden kann, wenn die Formalitäten der Offenlegung hinsichtlich der vertretungsbefugten Person erfüllt worden sind; die Beweislast hinsichtlich der Bösgläubigkeit des Dritten liegt bei der Gesellschaft.

99 Die Vorschrift des Art. 8 steht in unmittelbarem Zusammenhang mit den Vorschriften des 1. Abschnitts betreffend die Offenlegung. Obschon nach Art. 2 Abs. 1 lit. d die vertretungsbefugten Personen anzugeben sind und somit die allgemeinen Publizitätswirkungen des Art. 3 Abs. 5 bis 7 (Rdnr. 91 ff.) Anwendung finden, enthält Art. 8 keine überflüssige Vorschrift. Denn anders als Art. 3 sieht Art. 8 einen Schutz gutgläubiger Dritter nicht nur bei divergierender Eintragung und Bekanntmachung vor (Rdnr. 92 f.); der Dritte wird vielmehr auch dann geschützt, wenn *Eintragung und Bekanntmachung unrichtig* sind. Auch Art. 8 läßt freilich einen weitergehenden Schutz Dritter durch das nationale Recht zu; so liegt es etwa, wenn das deutsche Recht das in Vollzug gesetzte Organverhältnis unter Rückgriff auf die Lehre von der fehlerhaften Gesellschaft als wirksam ansieht[32].

c) Grundsatz der unbeschränkten und unbeschränkbaren Vertretungsmacht

100 Absätze 1 und 2 des Art. 9 statuieren den Grundsatz der unbeschränkten und unbeschränkbaren Vertretungsmacht der Mitglieder des Vertretungsorgans der Gesellschaft. Dieser Grundsatz entspricht zwar der Tradition des deutschen Handels- und Gesellschaftsrechts. Den Rechtsordnungen zahlreicher anderer Mitgliedstaaten war er dagegen nicht bekannt; insbesondere dem französischen und italienischen Recht lag vielmehr die Vorstellung zugrunde, daß die Organwalter Beauftragte der Gesellschafter seien und letztere somit als Auftraggeber die Befugnis hätten, die Kompetenzen der Organwalter auch mit Wirkung gegenüber Dritten festzulegen und zu begrenzen[33]. Auch die dem deutschen Recht seit langem zugrunde liegende Unterscheidung zwischen Innenverhältnis (Geschäftsführungsbefugnis) und Außenverhältnis (Vertretungsbefugnis) war den Rechtsord-

---

[32] *Hüffer* § 84 Rdnr. 10 mit weit. Nachw.
[33] Näher zu dieser sog. Mandatstheorie *Fischer-Zernin* S. 15 ff. mit weit. Nachw.; s. ferner *Werlauff* S. 266 ff.

nungen der anderen Mitgliedstaaten zumeist fremd[34]. Vor diesem Hintergrund kann der Harmonisierungseffekt, der von der in Art. 9 Abs. 1 und 2 getroffenen Regelung ausgegangen ist, nicht hoch genug veranschlagt werden (Rdnr. 52).

Nach Art. 9 Abs. 1 wird die Vertretungsmacht insbesondere nicht durch den *Gegenstand des Unternehmens* beschränkt; die davon abweichende ultra-vires-Lehre ist somit gemeinschaftsweit verabschiedet (Rdnr. 52). Die Mitglieder des Vertretungsorgans einer Gesellschaft, deren Unternehmensgegenstand auf die Herstellung von Reifen gerichtet ist, können somit namens der Gesellschaft Grundstücke kaufen und verkaufen, Terminkontrakte schließen oder der Herstellung von Bremsen dienende Maschinen erwerben, mag auch jeglicher Zusammenhang dieser Geschäfte mit dem Unternehmensgegenstand der Gesellschaft fehlen. Die somit grundsätzlich unbeschränkte Vertretungsmacht ist nach Art. 9 Abs. 2 auch *unbeschränkbar*: auf Gesellschafterbeschluß beruhende Beschränkungen können Dritten selbst dann nicht entgegengesetzt werden, wenn sie bekanntgemacht worden sind[35]. **101**

Nach Art. 9 Abs. 1 S. 2 kann das nationale Recht allerdings bestimmen, daß die Gesellschaft nicht verpflichtet wird, wenn sie beweist, daß dem Dritten bekannt war, daß die Handlung den *Unternehmensgegenstand überschritt*, oder daß er darüber nach den Umständen nicht in Unkenntnis sein konnte; allein die Bekanntmachung der Satzung nach Art. 2 Abs. 1 reicht allerdings zu diesem Beweis nicht aus. Die Vorschrift des Art. 9 Abs. 1 S. 2 hat eindeutig Kompromißcharakter: Sie ermöglicht es, die Bindung der Organwalter an den satzungsmäßigen Unternehmensgegenstand bösgläubigen und damit nicht schutzbedürftigen Dritten entgegenzusetzen. Nach dem Wortlaut scheint zwar bereits einfache Fahrlässigkeit die Bösgläubigkeit des Dritten begründen zu können[36]. Indes wird man der Klarstellung, daß allein die Bekanntmachung der Satzung den Nachweis der Bösgläubigkeit nicht erbringt, und dem Schutzzweck der Richtlinie entnehmen müssen, daß es dem Dritten nicht obliegt, seinerseits Nachforschungen über die internen Bindungen des Vertreters anzustellen. Erforderlich ist somit, daß die Überschreitung des Unternehmensgegenstands auch unabhängig von einer etwaigen Bekanntmachung *evident* ist. **102**

Art. 9 Abs. 1 S. 2 scheint allerdings Einschränkungen des Grundsatzes der unbeschränkten Vertretungsmacht nur für den Sonderfall des gegenstandsfremden Geschäfts zuzulassen. Die für das deutsche Recht allgemein anerkannte Lehre vom *Mißbrauch der Vertretungsmacht* geht demgegenüber wesentlich weiter; sie erfaßt insbesondere sämtliche Tatbestände einer Überschreitung des rechtlichen Dürfens im Rahmen des rechtlichen Könnens und damit auch Fallgestaltungen, in denen das Vertretungsorgan durch die Satzung oder durch Gesellschafterbeschluß Beschränkungen un- **103**

---

[34] *Einmahl* AG 1969, 167, 169; allg. dazu Staudinger/*Schilken* vor § 164 Rdnr. 33 f.; grundlegend *Laband* ZHR 10, 1 ff.
[35] Näher dazu *Einmahl* AG 1969, 167, 170.
[36] *Fischer-Zernin* S. 296 ff. mit rechtsvergleichendem Überblick.

terworfen wird[37]. Beschränkungen dieser Art können aber nach dem Wortlaut des Art. 9 Abs. 2 „Dritten nie entgegengesetzt werden, auch dann nicht, wenn sie bekanntgemacht worden sind." Demnach scheint es, als könne sich ein Vertragspartner einer GmbH auch dann auf Art. 9 Abs. 1 S. 1 berufen, wenn er positiv weiß, daß die Gesellschafter den Geschäftsführer angewiesen haben, das konkrete Geschäft nicht zu tätigen. Die Richtigkeit dieser Prämisse unterstellt, würde dies selbst dann gelten, wenn der Dritte und der Geschäftsführer kollusiv zu Lasten der Gesellschaft handeln oder wenn es sich bei dem Dritten um einen Gesellschafter handelt, der an dem Weisungsbeschluß mitgewirkt hat und nunmehr ein dem Beschluß zuwider laufendes Drittgeschäft tätigt.

Indes wird man den Verfassern der Richtlinie einen entsprechenden Willen wohl kaum unterstellen können. Eine am Schutzzweck der Richtlinie und den europäischen Standards orientierte Auslegung ergibt vielmehr, daß ein Schutz bösgläubiger Dritter weder veranlaßt noch gewollt ist. Auch im Rahmen des Art. 9 Abs. 2 ist allerdings Evidenz des Mißbrauchs zu fordern, die zudem allein durch die Bekanntmachung der Beschränkung noch nicht begründet wird[38]. Mit dieser Maßgabe erweist sich somit die Lehre vom Mißbrauch der Vertretungsmacht als richtlinienkonform. Aus Sicht der Richtlinie begegnete es auch keinen Bedenken, wollte man das Vorliegen eines Mißbrauchs von subjektiven Voraussetzungen in der Person des *Vertreters* abhängig machen[39]; denn Art. 9 Abs. 1 S. 2 erlaubt es den Mitgliedstaaten sogar, auf Ausnahmen von dem Grundsatz der unbeschränkten und unbeschränkbaren Vertretungsmacht gänzlich zu verzichten.

104 Auch unabhängig von den Voraussetzungen des Abs. 1 S. 2 schränkt Abs. 1 S. 1 des Art. 9 den Grundsatz der unbeschränkten Vertretungsmacht insoweit ein, als die Handlungen der Organe der Gesellschaft die Befugnisse überschreiten, „die nach dem Gesetz diesen Organen zugewiesen sind oder zugewiesen werden können." Die Vertretungsbefugnis ist demnach nur im Rahmen der *gesetzlichen Zuständigkeitsordnung* unbeschränkt. Ein Organhandeln, welches in den Zuständigkeitsbereich eines anderen Organs eingreift und somit kompetenzwidrig ist, braucht sich die Gesellschaft mit anderen Worten jedenfalls nach europäischem Recht nicht entgegenhalten lassen. Die Bedeutung dieses Vorbehalts ist vor dem Hintergrund zu sehen, daß die Vorschriften über die Organisation und Struktur der Gesellschaften bislang nicht angeglichen worden sind; auch für das Aktienrecht liegt nur ein – wohl als gescheitert anzusehender – Entwurf einer Strukturrichtlinie vor (Rdnr. 55 ff.). Art. 9 Abs. 1 relativiert somit den Schutz des Dritten: Wird die Gesellschaft durch ein Organ vertreten, das in casu nicht zuständig ist, so bestimmt es sich allein nach dem nationalen

---

[37] Allg. zu dieser Lehre BGH NJW 1996, 589, 590; BGH NJW 1984, 1461, 1462; Staub/*Habersack* § 126 Rdnr. 23 ff.
[38] So zu Recht *Schmid* AG 1998, 127, 129 ff.
[39] AA *Schmid* AG 1998, 127, 131. – Eine andere Frage ist es, ob eine solche Voraussetzung aus Sicht des nationalen Rechts sachgerecht wäre; dagegen zu Recht die neuere Rechtsprechung, s. die Nachw. in Fn. 37; näher Staub/*Habersack* § 126 Rdnr. 25 mit weit. Nachw.

I. Die Publizitätsrichtlinie

Recht, ob der gute Glaube an die Vertretungsbefugnis geschützt ist. Vorschriften nach Art der §§ 84 Abs. 1 und 3, 112, 147 Abs. 3 und 293 AktG begegnen somit aus Sicht der Richtlinie keinen Bedenken[40]. Ist dagegen das handelnde Organ durchaus zuständig, handelt es aber dem Unternehmensgegenstand zuwider, so gebietet Art. 9 Abs. 1 und 2 den Schutz des Dritten.

In einer Entscheidung vom 16. Dezember 1997 hat der EuGH den Anwendungsbereich des Art. 9 Abs. 1 S. 1, letzter Halbs. erheblich ausgeweitet. In casu ging es um die Frage, ob eine Vorschrift des niederländischen Rechts, nämlich Art. 2:256 BW, der zufolge das Mitglied des an sich zur Vertretung berufenen Organs dann nicht vertretungsbefugt ist, wenn zwischen ihm und der vertretenen Gesellschaft ein Interessenkonflikt besteht, mit Art. 9 Abs. 1 vereinbar ist. Eine durchaus vergleichbare Frage stellt sich aus Sicht des deutschen Rechts, entspricht es doch der wohl einhelligen Ansicht, daß der Vorstand der AG und der Geschäftsführer der GmbH ungeachtet des in §§ 82 Abs. 1 AktG, 37 Abs. 2 GmbHG kodifizierten Grundsatzes der unbeschränkten und unbeschränkbaren Vertretungsmacht den Beschränkungen des § 181 BGB unterliegen[41]. Der EuGH hat dem Art. 2:256 BW – und damit zugleich dem deutschen Recht, soweit nach ihm § 181 BGB Anwendung findet[42] – seine Vereinbarkeit mit der 1. Richtlinie bescheinigt[43]:

105

„Sowohl aus dem Wortlaut als auch aus dem Regelungsgehalt dieser Vorschrift ergibt sich, daß sie die Beschränkungen der den verschiedenen Organen der Gesellschaft gesetzlich zugewiesenen Befugnisse betrifft, nicht aber die Koordinierung der einzelstaatlichen Vorschriften bezweckt, die den Fall regeln, daß sich ein Mitglied eines Organs aufgrund seiner persönlichen Situation in einem Interessenkonflikt mit der von ihm vertretenen Gesellschaft befindet.

Zudem betrifft die in dieser Vorschrift enthaltene Regelung der Frage, welche Handlungen der Gesellschaft Dritten gegenüber wirksam sind, die Befugnisse, die nach dem Gesetz – auf das sich Dritte berufen können – dem Gesellschaftsorgan zugewiesen sind oder zugewiesen werden können, nicht dagegen die Frage, ob ein Dritter aufgrund der Umstände des betreffenden Falles wußte oder wissen mußte, daß ein Interessenkonflikt vorlag.

Somit ist die Frage, ob Handlungen, die von Mitgliedern der Organe der Gesellschaft in derartigen Fällen vorgenommen werden, Dritten gegenüber wirksam sind, nicht in der 1. Richtlinie geregelt, sondern fällt in die Zuständigkeit des einzelstaatlichen Gesetzgebers.

---

[40] Zu § 112 AktG s. etwa BGHZ 130, 108, 111f. = NJW 1995, 2559; BGH ZIP 1997, 1108; OLG München WM 1996, 1859; für die KGaA OLG München WM 1996, 782.

[41] BGHZ 56, 97, 101 = NJW 1971, 1355; *Hüffer* § 78 Rdnr. 6, dort auch zutr. Hinweis, daß im Rahmen des § 78 AktG im Hinblick auf § 112 AktG allein der Tatbestand der Mehrfachvertretung in Betracht kommt.

[42] AA – für Unvereinbarkeit mit Art. 9 Abs. 1 – *Meilicke* RIW 1996, 713ff. unter unzutreffender Vermengung mit der Lehre vom Mißbrauch der Vertretungsmacht.

[43] EuGHE 1997, I-7219, 7227, Tz. 22ff. Bemerkenswert ist, daß sich der EuGH unter anderem auf Art. 10 des – wohl als gescheitert anzusehenden – Entwurfs einer Strukturrichtlinie beruft (dazu Rdnr. 55ff.). Indes handelt es sich nur um eine Hilfserwägung, die die aus Art. 9 Abs. 1 entwickelte Lösung lediglich bestätigen soll.

Dem entspricht im übrigen auch der Vorschlag einer 5. Richtlinie zur Koordinierung der Schutzbestimmungen, die in den Mitgliedstaaten den Gesellschaften i. S. des Art. 58 Abs. 2 EWGV (scil.: Art. 48 Abs. 2 n. F.) im Interesse der Gesellschafter sowie Dritter hinsichtlich der Struktur der Aktiengesellschaft sowie der Befugnisse und der Verpflichtungen ihrer Organe vorgeschrieben sind."

106 Von der in Art. 9 Abs. 1 und 2 geregelten Frage nach der Reichweite der Vertretungsmacht zu unterscheiden ist die Frage, ob die Mitglieder des zur Vertretung befugten Organs einzeln oder nur gemeinschaftlich vertretungsberechtigt sind. Art. 9 Abs. 3 läßt insoweit dem nationalen Recht weitreichenden Gestaltungsspielraum: Bei ordnungsgemäßer Offenlegung kann auch eine vom nationalen Recht zugelassene satzungsmäßige Regelung der Frage Dritten entgegengehalten werden. Die Mitgliedstaaten haben somit die Möglichkeit, entweder selbst *Einzel- oder Gesamtvertretung*[44] einzuführen oder aber – im Sinne der §§ 78 Abs. 2 AktG, 35 Abs. 2 S. 2 GmbHG – den Gesellschaften ein entsprechendes Wahlrecht einzuräumen.

6. Nichtigkeit der Gesellschaft

107 Der dritte Abschnitt der Richtlinie handelt von der Nichtigkeit der Gesellschaft. Die Vorschriften dieses Abschnitts sind vor dem Hintergrund zu sehen, daß die einzelstaatlichen Regelungen über Tatbestand und Rechtsfolgen von Gründungsmängeln und nachträglich auftretenden Unwirksamkeitsgründen stark divergierten; dies wiederum war dem grenzüberschreitenden Handel abträglich, mußten doch die Gläubiger befürchten, daß die Gesellschaft nach dem auf sie anwendbaren Recht nicht wirksam gegründet und somit die Geltendmachung von Ansprüchen erheblich erschwert war. Im einzelnen regeln Art. 10 bis 12 die Kontrolle der Gründung der Gesellschaft sowie Voraussetzungen und Rechtsfolgen der Nichtigkeit.

108 Art. 10 sieht zunächst eine gewisse *Gründungskontrolle* vor. Danach müssen der Errichtungsakt, die Satzung und jede Änderung dieser Akte öffentlich beurkundet werden, wenn nicht das einzelstaatliche Recht die Gesellschaftsgründung einer vorbeugenden Verwaltungs- oder gerichtlichen Kontrolle unterwirft[45]. Auf diesem Weg soll nach Möglichkeit verhindert werden, daß das Register die Existenz von Gesellschaften verlautbart, die an einem Gründungsmangel leiden.

109 Die *Nichtigkeitsgründe* sind in Art. 11 S. 1 Nr. 2 lit. a bis f abschließend geregelt[46]; Art. 11 S. 2 bestimmt ausdrücklich, daß Gesellschaften aus keinem anderen Grund inexistent, absolut oder relativ nichtig sein oder für nichtig erklärt werden können. Auch Art. 11 gibt einen Mindeststandard an Gläubiger- und Verkehrsschutz vor: Den Mitgliedstaaten steht es frei, die Nichtigkeit von Gesellschaften noch stärker einzuschränken, indem sie

---

[44] Näher dazu Staub/*Habersack* § 125 Rdnr. 38ff., 56ff. (gemischte Gesamtvertretung); zur Vereinbarkeit gemischter Gesamtvertretung mit Art. 9 Abs. 3 zutr. *Kalss* S. 177.
[45] Vgl. dazu den rechtsvergleichenden Überblick bei *Einmahl* AG 1969, 210f.; zur Rechtslage nach deutschem Recht s. §§ 23 Abs. 1, 38 AktG, §§ 2, 8, 9c GmbHG.
[46] EuGHE 1990, I-4135, 4159, Tz. 9 – Marleasing.

I. Die Publizitätsrichtlinie

etwa einen oder mehrere der in S. 1 Nr. 2 genannten Tatbestände nicht übernehmen[47]. Auch das europäische Recht hat zwischenzeitlich zu einer Einschränkung der Nichtigkeitsgründe geführt. Nachdem nämlich die Mitgliedstaaten aufgrund der 12. Richtlinie verpflichtet sind, die Einpersonen-GmbH zuzulassen, kann der in lit. f) geregelte Tatbestand allenfalls durch eine AG verwirklicht werden (Rdnr. 319, 321).

Die Problematik des Art. 11 S. 1 Nr. 2 rührt daher, daß er Tatbestände enthält, deren Vorliegen sich nach dem *nicht angeglichenen* Recht der Mitgliedstaaten beurteilt. Dies gilt etwa für lit. e) betr. die Geschäftsunfähigkeit sämtlicher Gründer, vor allem aber für lit. b), wonach die Nichtigkeit ausgesprochen werden kann, wenn der tatsächliche Unternehmensgegenstand rechtswidrig ist oder gegen die öffentliche Ordnung verstößt. Zu Recht hat sich allerdings der EuGH in seiner „Marleasing"-Entscheidung für eine restriktive Auslegung ausgesprochen und dadurch die Problematik entschärft[48]: **110**

> „Die Kommission ist der Meinung, der Ausdruck ‚tatsächlicher Gegenstand des Unternehmens' sei so auszulegen, daß damit ausschließlich der im Errichtungsakt oder in der Satzung umschriebene Unternehmensgegenstand gemeint sei. Eine Gesellschaft könne daher nicht wegen der von ihr tatsächlich ausgeübten Tätigkeit, wie etwa der Vereitelung von Ansprüchen der Gläubiger der Gründungsgesellschafter, für nichtig erklärt werden.
>
> Dieser Auffassung ist zu folgen. Wie sich aus der Präambel der Richtlinie 68/151 ergibt, sollen die Fälle der Nichtigkeit sowie die Rückwirkung der Nichtigerklärung beschränkt werden, ‚um die Rechtssicherheit in den Beziehungen zwischen der Gesellschaft und Dritten sowie im Verhältnis der Gesellschafter untereinander zu gewährleisten' (sechste Begründungserwägung); außerdem ‚muß der Schutz Dritter ... durch Bestimmungen gewährleistet werden, welche die Gründe, aus denen im Namen der Gesellschaft eingegangene Verpflichtungen unwirksam sein können, soweit wie möglich beschränken'. Daraus folgt, daß jeder in Artikel 11 der Richtlinie vorgesehene Nichtigkeitsgrund eng auszulegen ist. Der Ausdruck ‚tatsächlicher Gegenstand des Unternehmens' ist somit dahin zu verstehen, daß er sich auf den im Errichtungsakt oder in der Satzung umschriebenen Unternehmensgegenstand bezieht."

Zumal unter Berücksichtigung des Gebots richtlinienkonformer Auslegung des angeglichenen Rechts (Rdnr. 34ff.) sollte sich somit die Gefahr einer uferlosen und zudem von Mitgliedstaat zu Mitgliedstaat divergierenden Auslegung des Art. 11 S. 1 Nr. 2 lit. b erledigt haben. In anderem Zusammenhang hat die Richtlinie das Problem einer fehlenden Angleichung des allgemeinen Zivilrechts durchaus gesehen. Indem nämlich Art. 11 S. 2 Nichtexistenz, absolute und relative Nichtigkeit[49] und Nichtigerklärung gleichstellt, hat er klargestellt, daß sich die Mitgliedstaaten den Vorschriften des Art. 11 S. 1 nicht durch Anordnung einer bestimmten Art der Unwirksamkeit entziehen können. **111**

---

[47] *Ommeslaghe* Cah. dr. europ. 1969, 619, 656; *Stein* (Fn. 2), S. 304; *Lutter* EuR 1969, 18.
[48] EuGHE 1990, I-4135, 4159f., Tz. 11f.; näher zu der Entscheidung *Stuyck/Wytinck* CMLR 1991, 205ff.; *Samara-Krispis/Steindorff* CMLR 1992, 615, 616ff.; *Brechmann*, Die richtlinienkonforme Auslegung, 1994, S. 66ff.; *Klinke* ZGR 1993, 1, 19ff. mit weit. Nachw.
[49] Gemeint ist die Anfechtbarkeit, s. *Einmahl* AG 1969, 210, 211.

112   Die Vorschriften der Art. 11 und 12 sind allerdings nur unter der Voraussetzung anwendbar, daß die Kapitalgesellschaft (Rdnr. 83) tatsächlich besteht oder ihr Bestehen nach Maßgabe des Art. 3 verlautbart wird. Unter Hinweis auf den Schutzzweck der Vorschriften über die Offenlegung und den Zusammenhang dieser Vorschriften mit Art. 11 hat deshalb der EuGH entschieden, daß die Art. 11 f. keine Anwendung finden, wenn im Namen einer GmbH gehandelt wurde, deren Bestehen sich nicht aus dem öffentlichen Register ergibt, weil die vom nationalen Recht geforderten Errichtungsformalitäten nicht erfüllt wurden[50]:

> „Die Richtlinie zielt also nicht darauf ab, Dritten die Möglichkeit zu eröffnen, dem Anschein Glauben zu schenken, den das Verhalten von Gesellschaftsorganen oder -vertretern erweckt hat, wenn dieser Anschein nicht mit den im öffentlichen Register publizierten Angaben übereinstimmt.
>
> Hieraus folgt, daß die Regelung des Abschnitts III der Ersten Richtlinie über die Nichtigkeit nur dann Anwendung findet, wenn Dritte durch die gemäß Abschnitt I offengelegten Angaben zu der Annahme veranlaßt wurden, es bestehe eine Gesellschaft im Sinne der Ersten Richtlinie.
>
> Anders ist die Lage der Dritten dagegen, wenn keinerlei Angaben über eine Gesellschaft im Sinne der Ersten Richtlinie offengelegt wurden, insbesondere wenn die vom nationalen Recht vorgeschriebenen Errichtungsformalitäten – authentischer Errichtungsakt und vorbeugende Verwaltungskontrolle – nicht erfüllt wurden und die Gesellschaft aus diesem Grunde im öffentlichen Register als in Gründung befindliche Gesellschaft erscheint."

113   Voraussetzungen und Folgen der Nichtigerklärung sind in Art. 11 S. 1 und Art. 12 geregelt. Art. 11 S. 1 bestimmt zunächst, daß die Nichtigkeit durch *gerichtliche Entscheidung* ausgesprochen werden muß. Diese gerichtliche Entscheidung kann nach Art. 12 Abs. 1 Dritten nur nach Offenlegung iSv. Art. 3 entgegengesetzt werden. Ein nach dem nationalen Recht zulässiger Einspruch gegen die Entscheidung darf von den Mitgliedstaaten nur innerhalb einer Frist von maximal 6 Monaten zugelassen werden.

114   Was die weiteren Rechtsfolgen betrifft, so bestimmt Art. 12 Abs. 2, daß die Gesellschaft in *Liquidation* tritt. Dies bedeutet, daß die Gesellschaft ungeachtet der Nichtigerklärung fortbesteht und nach Maßgabe des einzelstaatlichen Rechts abzuwickeln ist. Die Nichtigerklärung bewirkt also lediglich eine Änderung des Gesellschaftszwecks; diese erfolgt zudem nur mit Wirkung ex nunc. Nach Art. 12 Abs. 3 läßt denn auch der Eintritt in das Liquidationsstadium als solcher die Wirksamkeit der Verpflichtungen der Gesellschaft unberührt. Zum Schutze der Gläubiger bestimmt Art. 12 Abs. 5 zudem, daß die Gesellschafter zur Erbringung der gezeichneten, aber noch nicht geleisteten Einlage verpflichtet sind, soweit dies zur Befriedigung der Gläubiger erforderlich ist.

---

[50] EuGHE 1988, 4665, 4682f., Tz. 13ff. – Ubbink Isolatie BV.

I. Die Publizitätsrichtlinie

7. Umsetzungsdefizite des deutschen Rechts?

Abgesehen von der im Daihatsu-Urteil des EuGH festgestellten Unvereinbarkeit des § 335 S. 1 Nr. 6, S. 2 HGB mit Art. 6 der Richtlinie (Rdnr. 90) sind bislang keine Umsetzungsdefizite offen zutage getreten. Umstritten und bislang nicht abschließend geklärt ist freilich, ob die von der hM vertretene restriktive Auslegung des § 15 Abs. 3 HGB im Sinne einer Haftung für veranlaßten Rechtsschein mit Art. 3 Abs. 6 S. 2 der Richtlinie vereinbar ist. Nach dieser hM soll nämlich der in § 15 Abs. 3 HGB enthaltene Grundsatz der positiven Publizität des Handelsregisters nur gegenüber demjenigen zur Anwendung gebracht werden können, der den Antrag auf Eintragung gestellt hat oder sich einen solchen Antrag zurechnen lassen muß und dadurch zur Entstehung des Rechtsscheins beigetragen hat[51]. Demgegenüber scheint in Art. 3 Abs. 6 S. 2 von dem Erfordernis einer Veranlassung nicht die Rede zu sein.

115

Die Problematik rührt daher, daß Art. 3 Abs. 6 S. 2 lediglich den seltenen Fall einer Divergenz zwischen richtiger Eintragung und unrichtiger Bekanntmachung regelt (Rdnr. 92f.), während von § 15 Abs. 3 HGB auch der praktisch sehr bedeutendere Fall erfaßt wird, daß *Eintragung und Bekanntmachung* unrichtig sind[52]. Jedenfalls für den zuletzt genannten Fall[53] ist deshalb schon in Ermangelung einer jeden Vorgabe durch die Richtlinie eine einschränkende Interpretation des § 15 Abs. 3 HGB zulässig. Aber auch innerhalb des Anwendungsbereichs des Art. 3 Abs. 6 S. 2, also bei Divergenz zwischen richtiger Eintragung und unrichtiger Bekanntmachung, erscheint die herrschende Auslegung des § 15 Abs. 3 HGB als richtlinienkonform. Denn in dem von der Richtlinie vorausgesetzten Regelfall kommt es zu einer richtigen Eintragung nur aufgrund eines entsprechenden *Antrags* durch den Betroffenen. Eine Erstreckung der Wirkungen des Art. 3 Abs. 6 S. 2 auf unbeteiligte Gesellschaften wird deshalb auch durch die Richtlinie nicht gefordert; vielmehr liegt auch der Richtlinie das Veranlassungsprinzip zugrunde[54].

116

---

[51] Grundlegend *v. Olshausen* BB 1970, 137, 139ff.; ferner Staub/*Hüffer* § 15 Rdnr. 53ff.; *Baumbach/Hopt* § 15 Rdnr. 19; *Canaris*, Handelsrecht, 22. Aufl. 1995, § 5 III 2f.; im Ergebnis auch *Beuthien*, Festschrift für Reinhardt, S. 199ff.; ähnlich – § 15 Abs. 3 HGB entfalte Wirkungen nur gegenüber registerpflichtigen Personen – *Steckhan* DNotZ 1971, 211, 224ff.; *ders.* NJW 1971, 1594f.; *K. Schmidt*, Handelsrecht, 4. Aufl. 1994, § 14 III 2 d; aA – wegen Art. 3 Abs. 6 gegen jede Einschränkung des § 15 Abs. 3 HGB – *Hofmann* JA 1980, 264, 270; *Brox*, Handelsrecht und Wertpapierrecht, 13. Aufl. 1998, Rdnr. 132.

[52] Begr. RegE, BT-Drucks. 5/3862, S. 10f. (mit Hinweis darauf, daß es bei unrichtiger Eintragung und richtiger Bekanntmachung bei den Grundsätzen über die Rechtsscheinhaftung bewendet); *v. Olshausen* BB 1970, 137, 139; *Beuthien*, Festschrift für Reinhardt, S. 199, 201f.

[53] Zur Rechtslage in dem (wohl eher theoretischen) Fall, daß nur die Eintragung unrichtig ist, s. Begr. RegE, BT-Drucks. 5/3862, S. 11; *K. Schmidt* (Fn. 51), § 14 III 2b: Geltung der allg. Grundsätze über die Rechtsscheinhaftung.

[54] *Lutter* EuR 1969, 1, 13ff. (16); *Beuthien*, Festschrift für Reinhardt, S. 199, 202; *v. Olshausen* BB 1970, 137, 139 Fn. 29.

II. Die Zweigniederlassungsrichtlinie

Schrifttum: *Fey*, Die Angabe bestehender Zweigniederlassungen im Lagebericht nach § 289 Abs. 2 Nr. 4 HGB, DB 1994, 485; *Hahnefeld*, Neue Regelungen zur Offenlegung bei Zweigniederlassungen, DStR 1993, 1596; *Kindler*, Neue Offenlegungspflichten für Zweigniederlassungen deutscher Kapitalgesellschaften, NJW 1993, 3301; *Seibert*, Die Umsetzung der Zweigniederlassungs-Richtlinie der EG in das deutsche Recht, GmbH-Rdsch. 1992, 738; *ders.*, Neuordnung des Rechts der Zweigniederlassung im HGB, DB 1993, 1705.

1. Grundlagen

117 Die Richtlinie über die Offenlegung von Zweigniederlassungen[55] wurde am 21. Dezember 1989 verabschiedet. Im Juli 1986 stellte die Kommission einen ersten Entwurf einer Zweigniederlassungsrichtlinie vor[56]. Nach Stellungnahmen des Europäischen Parlaments und des Wirtschafts- und Sozialausschusses wurde am 5. April 1988 ein geänderter Vorschlag vorgelegt[57]. Er ist sodann vom Rat auf der Grundlage des Art. 44 Abs. 2 lit. g EGV (Art. 54 Abs. 3 lit. g a. F.) verabschiedet worden.

118 Die Zweigniederlassungsrichtlinie steht in unmittelbarem Zusammenhang mit der Publizitätsrichtlinie (Rdnr. 77 ff.) und den Bilanzrichtlinien (Rdnr. 81, 260 ff.) und ergänzt die von diesen statuierten Offenlegungspflichten. Sie trägt dem Umstand Rechnung, daß die Errichtung von Zweigniederlassungen neben der Gründung von Tochtergesellschaften eine der Möglichkeiten ist, die den Gesellschaften zur Ausübung des Niederlassungsrechts zur Verfügung stehen (Rdnr. 9 ff.). Während aber Tochtergesellschaften die in der Publizitätsrichtlinie und in den Bilanzrichtlinien (Rdnr. 260 ff.) vorgesehenen Publizitätspflichten zu beachten haben, fehlte es bis zur Verabschiedung der 11. Richtlinie an vergleichbaren Maßnahmen für den Fall, daß Gesellschaften in einem anderen Mitgliedstaat Zweigniederlassungen errichten. Diese Lücke wird durch die 11. Richtlinie geschlossen.

119 Die Zweigniederlassungsrichtlinie verfolgt einen *doppelten Schutzzweck*[58]. Sie will zum einen die Ausübung der Niederlassungsfreiheit erleichtern: Diejenige Gesellschaft, die in einem anderen Mitgliedstaat eine Zweigniederlassung errichten möchte, soll davon ausgehen dürfen, daß sie ihrem Heimatrecht vergleichbare Formalitäten zu beachten hat. Zum anderen sollen diejenigen Personen geschützt werden, die über eine Zweigniederlassung mit einer ausländischen Gesellschaft in rechtliche Beziehungen treten. Vor dem Hintergrund, daß die Zweigniederlassung mangels eigener Rechtspersönlichkeit dem Recht der Hauptniederlassung, d. h.

---

[55] Elfte Richtlinie des Rates vom 21. Dezember 1989 über die Offenlegung von Zweigniederlassungen, die in einem Mitgliedstaat von Gesellschaften bestimmter Rechtsformen errichtet wurden, die dem Recht eines anderen Staates unterliegen (89/666 EWG), ABl. Nr. L 395/36 v. 30. 12. 1989; abgedruckt unter Rdnr. 134.
[56] ABl. Nr. C 203/12 ff. v. 12. 8. 1986.
[57] ABl. Nr. C 105/6 ff. v. 21. 4. 1988.
[58] Vgl. Erwägungsgründe 5 und 6 (Rdnr. 134).

II. Die Zweigniederlassungsrichtlinie

dem Recht der Gesellschaft, unterliegt, kommt es nämlich durch die Errichtung von Zweigniederlassungen durch ausländische Gesellschaften zu einem Import ausländischen Gesellschaftsrechts. Aus Sicht der Gläubiger und des Rechtsverkehrs macht es aber keinen Unterschied, ob sie es mit einer Tochtergesellschaft oder mit einer Zweigniederlassung einer ausländischen Gesellschaft zu tun haben; auch im Fall einer Zweigniederlassung besteht die Notwendigkeit, sich schnell und zuverlässig Informationen über dieselbe beschaffen zu können.

2. Umsetzung in das deutsche Recht

120 Nach Art. 16 Abs. 1 und 2[59] war die Richtlinie bis zum 31. 12. 1991 umzusetzen; das angeglichene Recht sollte spätestens am 1. 1. 1993 in Kraft treten. Die Bundesrepublik ist ihrer Verpflichtung zur Umsetzung der Richtlinie erst durch das Gesetz zur Durchführung der Elften gesellschaftsrechtlichen Richtlinie des Rates der Europäischen Gemeinschaften und über Gebäudeversicherungsverhältnisse vom 22. Juli 1993 nachgekommen[60]. Durch Art. 1 Nr. 1 bis 3 des Durchführungsgesetzes sind die §§ 13 bis 13c HGB a. F. völlig neu gefaßt und ausgeweitet worden. Hervorzuheben sind insbesondere die neuen Vorschriften der §§ 13d bis g. Sie werden ergänzt durch § 325a HGB, der in Abs. 1 die Offenlegung der Unterlagen der Rechnungslegung der Gesellschaft in deutscher Sprache vorschreibt und in Abs. 2 die Zweigniederlassungen der in Art. 14 genannten Gesellschaften (Rdnr. 126) freistellt. Der Katalog des § 335 Abs. 1 HGB wurde um eine Nr. 7 erweitert. Danach kann nun zwar bei Nichtbefolgung der Pflichten aus § 325a HGB ein Zwangsgeld festgesetzt werden. Eine ordnungsgemäße Umsetzung des Art. 12 ist dadurch allerdings nicht erfolgt (Rdnr. 90).

121 Die weiteren Änderungen betreffen vor allem die §§ 35a GmbHG, 80 AktG. Nach Abs. 1 bis 3 dieser Vorschriften haben die *Geschäftsbriefe und Bestellscheine* von Aktiengesellschaften und Gesellschaften mbH grundsätzlich die in Art. 4 der Publizitätsrichtlinie genannten Angaben zu enthalten (Rdnr. 86, 89). Beide Vorschriften sind jeweils um einen Absatz 4 erweitert worden, dem zufolge nunmehr die Geschäftsbriefe und Bestellscheine einer Zweigniederlassung einer Gesellschaft mit Sitz im Ausland die in Art. 6 und 10 genannten Angaben enthalten müssen.

---

[59] Artikelbezeichnungen ohne Angabe eines Gesetzes beziehen sich im folgenden auf die Elfte Richtlinie.
[60] BGBl. I, 1282. Das Gesetz ist nach seinem Art. 7 am 1. 11. 1993 in Kraft getreten. Näher zu den Neuregelungen *Hahnefeld* DStR 1993, 1596 ff.; *Kindler* NJW 1993, 3301 ff.; *Seibert* DB 1993, 1705 ff.; speziell zu der neuen Vorschrift des § 289 Abs. 2 Nr. 4 HGB (Angabe bestehender Zweigniederlassungen im Lagebericht) s. *Fey* DB 1994, 485 ff. Zu den Umsetzungsakten der übrigen Mitgliedstaaten s. den Überblick bei *Hohloch* in Hohloch, Supranationales Recht Rdnr. 45.

3. Elfte Richtlinie und weitergehendes nationales Recht

122 Vor dem Hintergrund, daß die 11. Richtlinie auch die Ausübung der Niederlassungsfreiheit durch die Gesellschaften der Mitgliedstaaten erleichtern will (Rdnr. 119), versteht sie sich insoweit grundsätzlich als Maximalregelung[61]: Jede in einem Mitgliedstaat ansässige Gesellschaft soll sich also darauf verlassen können, daß sie bei Gründung von Zweigniederlassungen in einem anderen Mitgliedstaat nur ihrem Heimatrecht vergleichbare Offenlegungspflichten zu beachten hat. Allein Art. 2 Abs. 2 erlaubt es den Mitgliedstaaten, über den Katalog des Art. 2 Abs. 1 hinausgehende Offenlegungspflichten einzuführen. Die Vorschriften der Art. 7 ff. betreffend die Errichtung von Zweigniederlassungen von Gesellschaften aus Drittländern sind dagegen als Mindestregelungen konzipiert.

4. Anwendungsbereich

123 Vom Anwendungsbereich der 11. Richtlinie ist nach deren Art. 1 zunächst jede Zweigniederlassung erfaßt, die in einem Mitgliedstaat von einer Gesellschaft errichtet worden ist, welche dem Recht eines *anderen Mitgliedstaats* unterliegt und in den Anwendungsbereich der Publizitätsrichtlinie fällt. Voraussetzung ist danach also, daß sowohl die Gesellschaft als auch die Zweigniederlassung dem Gebiet der EG angehören. Beide müssen freilich verschiedenen Mitgliedstaaten angehören; die Gesellschaft muß also eine „ausländische" sein. Des weiteren muß es sich bei der Gesellschaft um eine *Kapitalgesellschaft* handeln. Diesbezüglich nimmt Art. 1 zwar auf Art. 1 der Publizitätsrichtlinie Bezug (Rdnr. 83). Doch ist dessen Katalog, was die GmbH und die ihr entsprechenden Rechtsformen der übrigen Mitgliedstaaten betrifft, überholt; insoweit ist vielmehr auf Art. 1 der zeitgleich mit der Zweigniederlassungsrichtlinie verabschiedeten 12. Richtlinie (Rdnr. 318 ff.) abzustellen[62].

124 Für Zweigniederlassungen von *Gesellschaften aus Drittländern* enthalten Art. 7 ff. besondere Vorschriften. Den Mitgliedstaaten obliegt es danach, für Zweigniederlassungen von Gesellschaften, welche nicht dem Recht eines Mitgliedstaats unterliegen, aber eine Rechtsform aufweisen, die mit den in Art. 1 der Publizitätsrichtlinie und Art. 1 der 12. Richtlinie genannten Rechtsformen (Rdnr. 83, 123) vergleichbar ist, Offenlegungspflichten nach Maßgabe der Art. 8 ff. einzuführen. Dadurch sollen Wettbewerbsverzerrungen und Diskriminierungen zu Lasten der Gesellschaften mit Sitz in einem Mitgliedstaat vermieden werden; zugleich trägt die Richtlinie dem Umstand Rechnung, daß die Gläubiger und der Rechtsverkehr unabhängig vom Sitz der Gesellschaft des Schutzes durch die Offenlegungspflichten bedürfen.

---

[61] *Seibert* GmbH-Rdsch. 1992, 738; allg. dazu Rdnr. 40 ff.
[62] So auch *Seibert* GmbH-Rdsch. 1992, 738, 741; *Baumbach/Hopt* § 13e Rdnr. 1; näher dazu *Kindler* NJW 1993, 3301, 3303 f.

II. Die Zweigniederlassungsrichtlinie

Zweigniederlassungen *inländischer Gesellschaften* werden demgegenüber **125** von der Richtlinie nicht erfaßt. Die Pflicht zur Offenlegung bestimmt sich somit nach dem nicht angeglichenen Recht des Mitgliedstaats, in dem die Gesellschaft ihren Sitz hat. Doch hat der nationale Gesetzgeber insoweit das Diskriminierungsverbot des Art. 12 Abs. 1 EGV (Art. 6 Abs. 1 a. F.) zu beachten.

Einschränkungen des Anwendungsbereichs sind in Art. 14 vorgesehen. **126** Nach Abs. 1 finden die Art. 3 und 9 betreffend die Offenlegung der Unterlagen der Rechnungslegung der Gesellschaft (Rdnr. 131) keine Anwendung auf Zweigniederlassungen von Kredit- und Finanzinstituten, die unter die Bankenzweigniederlassungsrichtlinie vom 13. Februar 1989[63] fallen. Zweigniederlassungen von ausländischen Versicherungsgesellschaften können zudem nach Art. 14 Abs. 2 durch das einzelstaatliche Recht von der Anwendung der Art. 3 und 9 ausgenommen werden.

5. Der Begriff der Zweigniederlassung

Der Begriff der Zweigniederlassung ist zwar in der Richtlinie nicht definiert. Die Begriffsbestimmung hat gleichwohl aus der Richtlinie heraus **127** zu erfolgen; es handelt sich mit anderen Worten um einen Begriff des europäischen Rechts. Fest steht zunächst, daß die Zweigniederlassung, anders als eine Tochtergesellschaft, nicht über eigene Rechtspersönlichkeit verfügt. Des weiteren besteht Einigkeit darüber, daß von einer Zweigniederlassung nur bei Vorliegen eines auf gewisse Dauer angelegten und sowohl in sachlicher als auch in personeller Hinsicht entsprechend ausgestatteten Geschäftsbetriebs gesprochen werden kann; erforderlich ist insbesondere eine Geschäftsleitung, die befugt ist, im Namen der Gesellschaft Rechtsgeschäfte vorzunehmen[64]. Dies deckt sich mit dem Begriff der Zweigniederlassung im Sinne der §§ 13ff. HGB[65].

6. Zweigniederlassungen von Gesellschaften aus anderen Mitgliedstaaten

Was *Publizitätsmittel* und *Publizitätswirkungen* betrifft, so enthält sich die **128** Richtlinie einer eigenen Regelung; Art. 1 bestimmt vielmehr, daß die Urkunden und Angaben über Zweigniederlassungen im Einklang mit Art. 3 der Publizitätsrichtlinie, d. h. unter Beachtung der darin enthaltenen Vorschriften über die Publizitätsmittel und -wirkungen offenzulegen sind (Rdnr. 85f., 91ff.). Eine entsprechende Regelungstechnik liegt dem Art. 6 zugrunde: er nimmt Art. 4 der Publizitätsrichtlinie in Bezug und erweitert die darin vorgesehenen Angaben, die auf den von der Zweig-

---

[63] ABl. Nr. L 44/40 v. 16. 2. 1989.
[64] EuGHE 1978, 2183, 2193, Tz. 12 – Somafer (betr. Art. 5 Nr. 5 EuGVÜ).
[65] Für Entbehrlichkeit einer Korrektur des handelsrechtlichen Niederlassungsbegriffs auch *Fey* DB 1994, 485, 486; *Kindler* NJW 1993, 3301, 3303f. Eingehend zu dem Begriff der Niederlassung iSv. §§ 13ff. HGB Staub/*Hüffer* vor § 13 Rdnr. 9ff.; *Baumbach/Hopt* § 13 Rdnr. 3ff.

niederlassung ausgehenden Geschäftsbriefen und Bestellscheinen der Gesellschaft enthalten sein müssen.

129 Kernstück des Abschnitts über Zweigniederlassungen von Gesellschaften aus anderen Mitgliedstaaten ist Art. 2 betreffend die *Publizitätsgegenstände*. Art. 2 Abs. 1 schränkt zunächst die offenzulegenden Urkunden und Angaben ein: Abgesehen von Angaben über die Vertretungsmacht, die Firma, die Rechtsform, die Auflösung und die Rechnungslegung der Gesellschaft wird die Pflicht zur Offenlegung auf *Angaben über die Zweigniederlassung* beschränkt. Im übrigen begnügt sich Art. 2 Abs. 1 mit der Angabe des Registers, bei dem die Gesellschaft geführt wird und weitere Informationen über die Gesellschaft eingeholt werden können. Der Mitgliedstaat der Zweigniederlassung kann freilich den Katalog des Art. 2 Abs. 1 um die in Art. 2 Abs. 2 genannten Angaben und Urkunden erweitern; besondere Hervorhebung verdient insoweit lit. b, wonach die Offenlegung der Satzung und ihrer Änderungen vorgeschrieben werden darf.

130 Aus dem Kreis der in Art. 2 Abs. 1 genannten Angaben und Urkunden verdient zunächst lit. e betreffend die *vertretungsbefugten Personen* Hervorhebung. Vorgeschrieben ist zum einen die Offenlegung der organschaftlichen Vertreter der Gesellschaft; wegen der Einzelheiten verweist Art. 2 Abs. 1 lit. e auf Art. 2 Abs. 1 lit. b der Publizitätsrichtlinie (Rdnr. 88). Zum anderen sind die Bestellung, das Ausscheiden, die Personalien und die Befugnisse derjenigen Personen offenzulegen, die „als ständige Vertreter der Gesellschaft für die Tätigkeit der Zweigniederlassung" zur gerichtlichen und außergerichtlichen Vertretung befugt sind. Gemeint sind die *Bevollmächtigten der Gesellschaft*[66], die am Ort der Zweigniederlassung tätig und zur Abgabe und Entgegennahme von Willenserklärungen berechtigt sind. Art. 2 Abs. 1 lit. e bestimmt ausdrücklich, daß die „Befugnisse" der Bevollmächtigten anzugeben sind; er geht somit davon aus, daß der Umfang der Vertretungsbefugnis von Mitgliedstaat zu Mitgliedstaat abweichen kann[67] und die Eintragung auch eines Beschränkungen unterliegenden Bevollmächtigten durchaus in Betracht kommt. Vorausgesetzt ist allein, daß der Bevollmächtigte ständig und zudem auch gerichtlich zur Vertretung der Gesellschaft befugt ist. Ungeachtet einer bislang fehlenden Harmonisierung der Vorschriften über Voraussetzungen und Inhalt handelsrechtlicher Vollmachten wird man deshalb Art. 2 Abs. 1 lit. e in dem Sinne verstehen müssen, daß die Mitgliedstaaten die Eintragung eines nicht umfassend Bevollmächtigten nicht ablehnen dürfen. Ausländische Gesellschaften müssen also die Möglichkeit haben, für ihre in Deutschland errichteten Zweigniederlassungen Bevollmächtigte, die zwar die Voraussetzungen des Art. 2 Abs. 1 lit. e, nicht aber diejenigen des § 49 HGB erfüllen, die mit anderen Worten nach dem – freilich nicht maßgeblichen –

---

[66] Die Zweigniederlassung verfügt über keine Rechtspersönlichkeit und hat deshalb auch keine Vertreter, s. Rdnr. 127.

[67] Insbesondere ist mit der Angabe der Befugnisse nicht allein die Frage der Einzel- oder Gesamtvertretung (dazu Rdnr. 88) gemeint, wie schon ein Vergleich zwischen Art. 2 Abs. 1 lit. e und Art. 8 lit. h zeigt.

deutschen Recht Handlungsbevollmächtige und damit nicht eintragungsfähig wären, eintragen zu lassen[68].

Nach Art. 2 Abs. 1 lit. g erstreckt sich die Pflicht zur Offenlegung auch auf die in Art. 3 genannten *„Unterlagen der Rechnungslegung"*[69]. Art. 3 wiederum bestimmt, daß sich die Pflicht zur Offenlegung lediglich auf die Unterlagen der Rechnungslegung bezieht, die im Einklang mit den Bilanzrichtlinien (4., 7. und 8. Richtlinie) erstellt, geprüft und offengelegt worden sind; denn nur diese Unterlagen entsprechen europäischen Standards und sind somit gemeinschaftsweit als Informationsquelle geeignet. Die Richtlinie ordnet also weder eine eigene Rechnungslegung der Zweigniederlassung noch eine auf die Zweigniederlassung bezogene Rechnungslegung der Gesellschaft an. Die Mitgliedstaaten müssen lediglich sicherstellen[70], daß die auf ihrem Gebiet errichteten Zweigniederlassungen die Unterlagen der Rechnungslegung der *Gesellschaft* offenlegen. Art. 4 bestimmt zudem, daß der Mitgliedstaat der Zweigniederlassung die Offenlegung dieser Unterlagen[71] in einer anderen Amtssprache der Gemeinschaft – im Regelfall in seiner eigenen Sprache – verlangen und eine Beglaubigung der Übersetzung verlangen kann[72]. **131**

7. Zweigniederlassungen von Gesellschaften aus Drittstaaten

Für Zweigniederlassungen von Gesellschaften aus Drittstaaten sehen Art. 7 bis 10 weitergehende und nur eine Mindestharmonisierung (Rdnr. 122) anstrebende Offenlegungspflichten vor. Die Abweichungen zu Art. 1 ff. betreffen vor allem den Kreis der Angaben über die Gesellschaft und die Unterlagen der Rechnungslegung. Was letztere angeht, so bestimmen zwar Art. 8 lit. j, Art. 9 Abs. 1 S. 1 in Übereinstimmung mit Art. 3, daß lediglich die Unterlagen der Rechnungslegung der *Gesellschaft* offenzulegen sind. Entsprechen diese Unterlagen aber nicht dem Standard der 4. und 7. Richtlinie, so *können* die Mitgliedstaaten nach Art. 9 Abs. 1 S. 2 vorschreiben, daß auf die Tätigkeit der Zweigniederlassung bezogene Unterlagen zu erstellen und offenzulegen sind. Für Zweigniederlassungen von Versicherungsgesellschaften und Kredit- und Finanzinstituten sind die Ausnahmebestimmungen des Art. 14 zu beachten (Rdnr. 126). **132**

---

[68] Vgl. *Seibert* DB 1993, 1705, 1706, *Kindler* NJW 1993, 3301, 3305 und *Hahnefeld* DStR 1993, 1596, 1597, die freilich zu Unrecht davon auszugehen scheinen, daß die Vertretungsmacht eine „umfassende", also grundsätzlich unbeschränkte sein muß.

[69] Zur Ausnahmevorschrift des Art. 14 s. Rdnr. 126.

[70] Nach Art. 12 haben die Mitgliedstaaten geeignete Maßnahmen für den Fall anzudrohen, daß die in der Richtlinie vorgeschriebene Offenlegung unterbleibt; Bedeutung kommt dem, wie die Erfahrungen mit der Publizitätsrichlinie gezeigt haben (Rdnr. 90), vor allem hinsichtlich der Pflicht zur Offenlegung der Unterlagen der Rechnungslegung zu.

[71] Ebenso die Satzung, sofern der Mitgliedstaat von seiner Option nach Art. 2 Abs. 2 lit. b Gebrauch macht (dazu Rdnr. 129).

[72] Der von der Bundesrepublik gemachte Vorschlag, die Stelle anzugeben, bei der die Rechnungslegungsunterlagen der Gesellschaft angefordert werden können, konnte keine Gefolgschaft finden; s. dazu „recht" 1989, 41.

§ 5 Handelsrechtliche Publizität

III. Text der Richtlinien

1. Publizitätsrichtlinie

133   **ERSTE RICHTLINIE 68/151/EWG zur Koordinierung der Schutzbestimmungen, die in den Mitgliedstaaten den Gesellschaften im Sinne des Artikels 58 Absatz 2 des Vertrages im Interesse der Gesellschafter sowie Dritter vorgeschrieben sind, um diese Bestimmungen gleichwertig zu gestalten**

Vom 9. März 1968

(ABl. Nr. L 65/8, geändert durch Beitrittsvertrag vom 27. 3. 1972 ABl. Nr. L 73/5, Beschluß Nr. 101/73/EWG ABl. Nr. L 2/1, Beitrittsvertrag vom 19. 11. 1979 ABl. Nr. L 291/9, Beitrittsvertrag vom 12. 6. 1985 ABl. Nr. L 302/9, Beitrittsvertrag vom 24. 6. 1994 ABl. Nr. C 241/194, Beschluß vom 1. Januar 1995 ABl. Nr. L 1/142)

DER RAT DER EUROPÄISCHEN GEMEINSCHAFTEN –

gestützt auf den Vertrag zur Gründung der Europäischen Wirtschaftsgemeinschaft, insbesondere auf Artikel 54 Absatz 3 Buchstabe g),

gestützt auf das Allgemeine Programm zur Aufhebung der Beschränkungen der Niederlassungsfreiheit[73], insbesondere auf Titel VI,

auf Vorschlag der Kommission,

nach Stellungnahme des Europäischen Parlaments[74],

nach Stellungnahme des Wirtschafts- und Sozialausschusses[75],

in Erwägung nachstehender Gründe:

Die in Artikel 54 Absatz 3 Buchstabe g) und im Allgemeinen Programm zur Aufhebung der Beschränkungen der Niederlassungsfreiheit vorgesehene Koordinierung ist insbesondere bei den Aktiengesellschaften, den Kommanditgesellschaften auf Aktien und den Gesellschaften mit beschränkter Haftung dringlich, da die Tätigkeit dieser Gesellschaften häufig über die Grenzen des nationalen Hoheitsgebiets hinausreicht.

Der Koordinierung der einzelstaatlichen Vorschriften über die Offenlegung, die Wirksamkeit eingegangener Verpflichtungen und die Nichtigkeit dieser Gesellschaften kommt insbesondere zum Schutz der Interessen Dritter eine besondere Bedeutung zu.

Auf diesen Gebieten müssen Vorschriften der Gemeinschaft für diese Gesellschaften gleichzeitig erlassen werden, da diese Gesellschaften zum Schutze Dritter lediglich das Gesellschaftsvermögen zur Verfügung stellen.

Die Offenlegung muß es Dritten erlauben, sich über die wesentlichen Urkunden der Gesellschaft sowie einige sie betreffende Angaben, insbesondere die Personalien derjenigen, welche die Gesellschaft verpflichten können, zu unterrichten.

Der Schutz Dritter muß durch Bestimmungen gewährleistet werden, welche die Gründe, aus denen im Namen der Gesellschaft eingegangene Verpflichtungen unwirksam sein können, so weit wie möglich beschränken.

Um die Rechtssicherheit in den Beziehungen zwischen der Gesellschaft und Dritten sowie im Verhältnis der Gesellschafter untereinander zu gewährleisten, ist es erforderlich, die Fälle der Nichtigkeit sowie die Rückwirkung der Nichtigerklärung zu beschränken und für den Einspruch Dritter gegen diese Erklärung eine kurze Frist vorzuschreiben –

---

[73] ABl. Nr. 2 vom 15. 1. 1962, S. 36/62.
[74] ABl. Nr. 96 vom 28. 5. 1966, S. 1519/66.
[75] ABl. Nr. 194 vom 27. 11. 1964, S. 3248/64.

III. Text der Richtlinien

HAT FOLGENDE RICHTLINIE ERLASSEN:

Art. 1 [Betroffene Gesellschaften] Die durch diese Richtlinie vorgeschriebenen Koordinierungsmaßnahmen gelten für die Rechts- und Verwaltungsvorschriften der Mitgliedstaaten für Gesellschaften folgender Rechtsformen:
- in *Deutschland:*
die Aktiengesellschaft, die Kommanditgesellschaft auf Aktien, die Gesellschaft mit beschränkter Haftung;
- in *Belgien:*
de naamloze vennootschap, la société anonyme,
de commanditaire vennootschap op aandelen, la société en commandite par actions,
de personenvennootschap met beperkte aansprakelijkheid; la société de personnes à responsabilité limitée;
- in *Frankreich:*
la société anonyme, la société en commandite par actions, la société à responsabilité limitée;
- in *Italien:*
società per azioni, società in accomandita per azioni, società a responsabilità limitata;
- in *Luxemburg:*
la société anonyme, la société en commandite par actions, la société à responsabilité limitée;
- in *den Niederlanden:*
de naamloze vennootschap, de commanditaire vennootschap op aandelen;
- im *Vereinigten Königreich:*
Companies incorporated with limited liability;
- in *Irland:*
Companies incorporated with limited liability;
- in *Dänemark:*
Aktieselskab, Kommandit-Aktieselskab;
- in *Griechenland:*
ανώνυμη εταιρία, εταιρία περιωρισμένης ευθύνης, ετερόρρυθμη κατά μετοχές εταιρία;
- in *Spanien:*
la sociedad anónima, la sociedad commanditaria por acciones, la sociedad de responsabilidad limitada;
- in *Portugal:*
a sociedade anónima de responsabilidade limitada, a sociedade em comandita por acções, a sociedade por quotas de responsabilidade limitada;
- in *Österreich:*
die Aktiengesellschaft, die Gesellschaft mit beschränkter Haftung;
- in *Finnland:*
osakeyhtiö/aktiebolag;
- in *Schweden:*
aktiebolag.

Abschnitt I. Offenlegung

Art. 2 [Publizität] (1) Die Mitgliedstaaten treffen die erforderlichen Maßnahmen, damit sich die Pflicht zur Offenlegung hinsichtlich der Gesellschaften mindestens auf folgende Urkunden und Angaben erstreckt:
a) den Errichtungsakt und, falls sie Gegenstand eines gesonderten Aktes ist, die Satzung;
b) Änderungen der unter Buchstabe a) genannten Akte, einschließlich der Verlängerung der Dauer der Gesellschaft;

§ 5 Handelsrechtliche Publizität

c) nach jeder Änderung des Errichtungsaktes oder der Satzung, den vollständigen Wortlaut des geänderten Aktes in der geltenden Fassung;
d) die Bestellung, das Ausscheiden sowie die Personalien derjenigen, die als gesetzlich vorgesehenes Gesellschaftsorgan oder als Mitglieder eines solchen Organs
  i) befugt sind, die Gesellschaft gerichtlich und außergerichtlich zu vertreten,
  ii) an der Verwaltung, Beaufsichtigung oder Kontrolle der Gesellschaft teilnehmen.
Bei der Offenlegung muß angegeben werden, ob die zur Vertretung der Gesellschaft befugten Personen die Gesellschaft allein oder nur gemeinschaftlich vertreten können;
e) zumindest jährlich den Betrag des gezeichneten Kapitals, falls der Errichtungsakt oder die Satzung ein genehmigtes Kapital erwähnt und falls die Erhöhung des gezeichneten Kapitals keiner Satzungsänderung bedarf,
f) die Bilanz und die Gewinn- und Verlustrechnung für jedes Geschäftsjahr. In das Dokument, das die Bilanz enthält, sind die Personalien derjenigen aufzunehmen, die aufgrund gesetzlicher Vorschriften einen Bestätigungsvermerk zu der Bilanz zu erteilen haben. Für die in Artikel 1 genannten Gesellschaften mit beschränkter Haftung des deutschen, des belgischen, des französischen, des griechischen, des italienischen, des luxemburgischen oder des portugiesischen Rechts sowie für geschlossene Aktiengesellschaften des niederländischen Rechts und ‚private companies' des irischen Rechts und ‚private companies' des nordirischen Rechts wird die Pflicht zur Anwendung dieser Bestimmung jedoch bis zum Zeitpunkt der Anwendung einer Richtlinie aufgeschoben, die sowohl Vorschriften über die Koordinierung des Inhalts der Bilanzen und der Gewinn- und Verlustrechnungen enthält als auch diejenigen dieser Gesellschaften, deren Bilanzsumme einen in der Richtlinie festzusetzenden Betrag nicht erreicht, von der Pflicht zur Offenlegung aller oder eines Teils dieser Schriftstücke befreit. Der Rat erläßt die genannte Richtlinie innerhalb von zwei Jahren nach der Annahme der vorliegenden Richtlinie;
g) jede Verlegung des Sitzes der Gesellschaft;
h) die Auflösung der Gesellschaft;
i) die gerichtliche Entscheidung, in der die Nichtigkeit der Gesellschaft ausgesprochen wird;
j) die Bestellung und die Personalien der Liquidatoren sowie ihre Befugnisse, sofern diese nicht ausdrücklich und ausschließlich aus dem Gesetz oder der Satzung hervorgehen;
k) den Abschluß der Liquidation sowie in solchen Mitgliedstaaten, in denen die Löschung Rechtswirkungen auslöst, die Löschung der Gesellschaft im Register.

(2) Für die Anwendung des Absatzes 1 Buchstabe f) gelten als geschlossene Aktiengesellschaften diejenigen, die folgende Bedingungen erfüllen:
a) sie können keine Inhaberaktien ausgeben;
b) von niemandem können „Inhaberzertifikate über Namensaktien" im Sinne von Artikel 42c des niederländischen Handelsgesetzbuchs ausgegeben werden;
c) die Aktien können an der Börse nicht notiert werden;
d) die Satzung enthält eine Bestimmung, wonach mit Ausnahme des Übergangs von Todes wegen und, sofern die Satzung dies vorsieht, mit Ausnahme der Übertragung an den Ehegatten oder an Verwandte in gerader aufsteigender oder absteigender Linie jede Übertragung von Aktien an einen Dritten der Zustimmung der Gesellschaft bedarf; die Übertragung muß unter Ausschluß jeder Blankoerklärung entweder in einer vom Veräußerer und Erwerber unterzeichneten privatschriftlichen oder in einer öffentlichen Urkunde erfolgen;
e) die Satzung enthält die Angabe, daß es sich um eine geschlossene Aktiengesellschaft handelt; die Firma der Gesellschaft enthält die Worte „Besloten Naamloze Vennootschap" oder die Abkürzung „B. N. V.".

III. Text der Richtlinien

Art. 3 [Register] (1) In jedem Mitgliedstaat wird entweder bei einem zentralen Register oder bei einem Handels- oder Gesellschaftsregister für jede der dort eingetragenen Gesellschaften eine Akte angelegt.

(2) Alle Urkunden und Angaben, die nach Artikel 2 der Offenlegung unterliegen, sind in dieser Akte zu hinterlegen oder in das Register einzutragen; der Gegenstand der Eintragungen in das Register muß in jedem Fall aus der Akte ersichtlich sein.

(3) Vollständige oder auszugsweise Abschriften der in Artikel 2 bezeichneten Urkunden oder Angaben sind auf schriftliches Verlangen zuzusenden. Die Gebühren für die Erteilung dieser Abschriften dürfen die Verwaltungskosten nicht übersteigen.

Die Richtigkeit der übersandten Abschriften ist zu beglaubigen, sofern der Antragsteller auf diese Beglaubigung nicht verzichtet.

(4) Die in Absatz 2 bezeichneten Urkunden und Angaben sind in einem von dem Mitgliedstaat zu bestimmenden Amtsblatt entweder in Form einer vollständigen oder auszugsweisen Wiedergabe oder in Form eines Hinweises auf die Hinterlegung des Dokuments in der Akte oder auf seine Eintragung in das Register bekanntzumachen.

(5) Die Urkunden und Angaben können Dritten von der Gesellschaft erst nach der Bekanntmachung gemäß Absatz 4 entgegengesetzt werden, es sei denn, daß die Gesellschaft beweist, daß die Dritten die Urkunden oder Angaben kannten. Bei Vorgängen, die sich vor dem sechzehnten Tag nach dem Tag dieser Bekanntmachung ereignen, können die Urkunden und Angaben jedoch den Dritten nicht entgegengesetzt werden, die beweisen, daß es für sie nicht möglich war, die Urkunden oder Angaben zu kennen.

(6) Die Mitgliedstaaten treffen die erforderlichen Maßnahmen, um zu verhindern, daß der Inhalt der Bekanntmachung in der Presse und der Inhalt des Registers oder der Akte voneinander abweichen.

Im Falle einer Abweichung kann jedoch der in der Presse bekanntgemachte Text Dritten nicht entgegengesetzt werden. Diese können sich jedoch auf den bekanntgemachten Text berufen, es sei denn, daß die Gesellschaft beweist, daß die Dritten den in der Akte hinterlegten oder im Register eingetragenen Text kannten.

(7) Dritte können sich im übrigen stets auf Urkunden und Angaben berufen, für welche die Formalitäten der Offenlegung noch nicht erfüllt worden sind, es sei denn, daß die Urkunden oder Angaben mangels Offenlegung nicht wirksam sind.

Art. 4 [Hinweise im Geschäftsverkehr] Die Mitgliedstaaten schreiben vor, daß auf Briefen und Bestellscheinen folgendes anzugeben ist:
- ein Register, bei dem die in Artikel 3 bezeichnete Akte angelegt worden ist, und die Nummer der Eintragung der Gesellschaft in dieses Register;
- die Rechtsform und der Sitz der Gesellschaft sowie gegebenenfalls, daß sich die Gesellschaft in Liquidation befindet.

Ist auf diesen Schriftstücken das Gesellschaftskapital angeführt, so ist das gezeichnete und eingezahlte Kapital anzugeben.

Art. 5 [Verantwortliche Personen] Jeder Mitgliedstaat bestimmt, welche Personen verpflichtet sind, die Formalitäten der Offenlegung zu erfüllen.

Art. 6 [Sanktionen] Die Mitgliedstaaten drohen geeignete Maßregeln für den Fall an
- daß die in Artikel 2 Absatz 1 Buchstabe f) vorgeschriebene Offenlegung der Bilanz und der Gewinn- und Verlustrechnung unterbleibt;
- daß die in Artikel 4 vorgesehenen obligatorischen Angaben auf den Geschäftspapieren fehlen.

Abschnitt II. Gültigkeit der von der Gesellschaft eingegangenen Verpflichtungen

Art. 7 [Haftung der Gründungspersonen] Ist im Namen einer in Gründung befindlichen Gesellschaft gehandelt worden, ehe diese die Rechtsfähigkeit erlangt hat, und übernimmt die Gesellschaft die sich aus diesen Handlungen ergebenden Verpflichtungen nicht, so haften die Personen, die gehandelt haben, aus diesen Handlungen unbeschränkt als Gesamtschuldner, sofern nichts anderes vereinbart worden ist.

Art. 8 [Mängel der Vertretungsmacht] Sind die Formalitäten der Offenlegung hinsichtlich der Personen, die als Organ zur Vertretung der Gesellschaft befugt sind, erfüllt worden, so kann ein Mangel ihrer Bestellung Dritten nur entgegengesetzt werden, wenn die Gesellschaft beweist, daß die Dritten den Mangel kannten.

Art. 9 [Wirksamkeit der Handlungen der Organe] (1) Die Gesellschaft wird Dritten gegenüber durch Handlungen ihrer Organe verpflichtet, selbst wenn die Handlungen nicht zum Gegenstand des Unternehmens gehören, es sei denn, daß diese Handlungen die Befugnisse überschreiten, die nach dem Gesetz diesen Organen zugewiesen sind oder zugewiesen werden können.

Für Handlungen, die den Rahmen des Gegenstands des Unternehmens überschreiten, können die Mitgliedstaaten jedoch vorsehen, daß die Gesellschaft nicht verpflichtet wird, wenn sie beweist, daß dem Dritten bekannt war, daß die Handlung den Unternehmensgegenstand überschritt, oder daß er darüber nach den Umständen nicht in Unkenntnis sein konnte; allein die Bekanntmachung der Satzung reicht zu diesem Beweis nicht aus.

(2) Satzungsmäßige oder auf einem Beschluß der zuständigen Organe beruhende Beschränkungen der Befugnisse der Organe der Gesellschaft können Dritten nie entgegengesetzt werden, auch dann nicht, wenn sie bekanntgemacht worden sind.

(3) Kann nach einzelstaatlichen Rechtsvorschriften die Befugnis zur Vertretung der Gesellschaft abweichend von der gesetzlichen Regel auf diesem Gebiet durch die Satzung einer Person allein oder mehreren Personen gemeinschaftlich übertragen werden, so können diese Rechtsvorschriften vorsehen, daß die Satzungsbestimmung, sofern sie die Vertretungsbefugnis generell betrifft, Dritten entgegengesetzt werden kann; nach Artikel 3 bestimmt sich, ob eine solche Satzungsbestimmung Dritten entgegengesetzt werden kann.

Abschnitt III. Nichtigkeit der Gesellschaft

Art. 10 [Öffentliche Beurkundung] In allen Mitgliedstaaten, nach deren Rechtsvorschriften die Gesellschaftsgründung keiner vorbeugenden Verwaltungs- oder gerichtlichen Kontrolle unterworfen ist, müssen der Errichtungsakt und die Satzung der Gesellschaft sowie Änderungen dieser Akte öffentlich beurkundet werden.

Art. 11 [Eingeschränkte Nichtigkeitsgründe] Die Rechtsvorschriften der Mitgliedstaaten können die Nichtigkeit der Gesellschaften nur nach Maßgabe folgender Bedingungen regeln:
1. Die Nichtigkeit muß durch gerichtliche Entscheidung ausgesprochen werden.
2. Die Nichtigkeit kann nur in folgenden Fällen ausgesprochen werden:
   a) wenn der Errichtungsakt fehlt oder wenn entweder die Formalitäten der vorbeugenden Kontrolle oder die Form der öffentlichen Beurkundung nicht beachtet wurden;
   b) wenn der tatsächliche Gegenstand des Unternehmens rechtswidrig ist oder gegen die öffentliche Ordnung verstößt;
   c) wenn der Errichtungsakt oder die Satzung die Firma der Gesellschaft, die Einlagen,

III. Text der Richtlinien

den Betrag des gezeichneten Kapitals oder den Gegenstand des Unternehmens nicht aufführt;
d) wenn die einzelstaatlichen Rechtsvorschriften über die Mindesteinzahlung auf das Gesellschaftskapital nicht beachtet wurden;
e) wenn alle an der Gründung beteiligten Gesellschafter geschäftsunfähig waren;
f) wenn entgegen den für die Gesellschaft geltenden einzelstaatlichen Rechtsvorschriften die Zahl der an der Gründung beteiligten Gesellschafter weniger als zwei betrug.

Abgesehen von diesen Nichtigkeitsfällen können die Gesellschaften aus keinem Grund inexistent, absolut oder relativ nichtig sein oder für nichtig erklärt werden.

Art. 12 [Wirkungen der Nichtigkeit] (1) Nach Artikel 3 bestimmt sich, ob eine gerichtliche Entscheidung, in der die Nichtigkeit ausgesprochen wird, Dritten entgegengesetzt werden kann. Sehen die einzelstaatlichen Rechtsvorschriften einen Einspruch Dritter vor, so ist dieser nur innerhalb einer Frist von sechs Monaten nach der Bekanntmachung der gerichtlichen Entscheidung zulässig.

(2) Die Nichtigkeit bewirkt, daß die Gesellschaft in Liquidation tritt, wie dies bei der Auflösung der Fall sein kann.

(3) Unbeschadet der Wirkungen, die sich daraus ergeben, daß sich die Gesellschaft in Liquidation befindet, beeinträchtigt die Nichtigkeit als solche die Gültigkeit von Verpflichtungen nicht, die die Gesellschaft eingegangen ist oder die ihr gegenüber eingegangen wurden.

(4) Die Regelung der Wirkungen der Nichtigkeit im Verhältnis der Gesellschafter untereinander bleibt den Rechtsvorschriften jedes Mitgliedstaats überlassen.

(5) Die Inhaber von Anteilen oder Aktien bleiben zur Einzahlung des gezeichneten, aber noch nicht eingezahlten Kapitals insoweit verpflichtet, als die den Gläubigern gegenüber eingegangenen Verpflichtungen dies erfordern.

Abschnitt IV. Allgemeine Bestimmungen

Art. 13 [Umsetzungsfrist] Die Mitgliedstaaten ändern innerhalb einer Frist von achtzehn Monaten nach der Bekanntgabe der Richtlinie ihre Rechts- und Verwaltungsvorschriften insoweit, als dies zur Anpassung an die Bestimmungen dieser Richtlinie erforderlich ist, und setzen die Kommission hiervon unverzüglich in Kenntnis.

Die in Artikel 2 Absatz 1 Buchstabe f) vorgesehene Pflicht zur Offenlegung tritt für andere als die im derzeitigen Artikel 42 c des niederländischen Handelsgesetzbuches bezeichneten Aktiengesellschaften des niederländischen Rechts erst dreißig Monate nach der Bekanntgabe dieser Richtlinie in Kraft.

Die Mitgliedstaaten können vorsehen, daß die erstmalige Offenlegung des vollständigen Wortlauts der Satzung in der Fassung, die sich aus den nach der Gründung der Gesellschaft vorgenommenen Änderungen ergibt, erst bei der nächsten Satzungsänderung oder, falls eine solche Änderung nicht erfolgt, spätestens am 31. Dezember 1970 erforderlich wird.

Die Mitgliedstaaten teilen der Kommission den Wortlaut der wichtigsten Bestimmungen des innerstaatlichen Rechts mit, die sie auf dem von dieser Richtlinie erfaßten Gebiet erlassen.

Art. 14 Diese Richtlinie ist an die Mitgliedstaaten gerichtet.

2. Zweigniederlassungsrichtlinie

134 **ELFTE RICHTLINIE 89/666/EWG über die Offenlegung von Zweigniederlassungen, die in einem Mitgliedstaat von Gesellschaften bestimmter Rechtsformen errichtet wurden, die dem Recht eines anderen Staates unterliegen**

Vom 21. Dezember 1989 (ABl. Nr. L 395/36)

DER RAT DER EUROPÄISCHEN GEMEINSCHAFTEN –
gestützt auf den Vertrag zur Gründung der Europäischen Wirtschaftsgemeinschaft, insbesondere auf Artikel 54,
auf Vorschlag der Kommission[76],
in Zusammenarbeit mit dem Europäischen Parlament[77],
nach Stellungnahme des Wirtschafts- und Sozialausschusses[78],
in Erwägung nachstehender Gründe:

Um die Ausübung der Niederlassungsfreiheit durch Gesellschaften im Sinne des Artikels 58 des Vertrages zu erleichtern, sehen Artikel 54 Absatz 3 Buchstabe g) des Vertrages und das allgemeine Programm zur Aufhebung der Beschränkungen der Niederlassungsfreiheit die Koordinierung der Schutzbestimmungen vor, die in den Mitgliedstaaten den Gesellschaften im Interesse der Gesellschafter sowie Dritter vorgeschrieben sind.

Die Koordinierung wurde hinsichtlich der Offenlegung bislang durch die Erste Richtlinie 68/151/EWG[79], zuletzt geändert durch die Beitrittsakte von 1985, für die Kapitalgesellschaften verwirklicht; sie wurde für den Bereich der Rechnungslegung durch die Vierte Richtlinie 78/660/EWG über den Jahresabschluß von Gesellschaften bestimmter Rechtsformen[80], zuletzt geändert durch die Beitrittsakte von 1985, die Siebte Richtlinie 83/349/EWG über den konsolidierten Abschluß[81], geändert durch die Beitrittsakte von 1985, und die Achte Richtlinie 84/253/EWG über die Zulassung der mit der Pflichtprüfung der Rechnungsunterlagen beauftragten Personen[82] fortgesetzt.

Diese Richtlinien sind anwendbar auf die Gesellschaften als solche, jedoch nicht auf ihre Zweigniederlassungen. Die Errichtung einer Zweigniederlassung ist jedoch neben der Gründung einer Tochtergesellschaft eine der Möglichkeiten, die derzeit einer Gesellschaft zur Ausübung des Niederlassungsrechts in einem anderen Mitgliedstaat zur Verfügung stehen.

Das Fehlen einer Koordinierung für die Zweigniederlassungen, insbesondere im Bereich der Offenlegung, hat im Hinblick auf den Schutz von Gesellschaftern und Dritten zu Unterschieden geführt zwischen den Gesellschaften, welche sich in anderen Mitgliedstaaten durch die Errichtung von Zweigniederlassungen betätigen, und den Gesellschaften, die dies durch die Gründung von Tochtergesellschaften tun.

Solche Unterschiede in den Rechtsvorschriften der Mitgliedstaaten können die Ausübung des Niederlassungsrechts stören und sind deshalb unter anderem zur Sicherung der Ausübung dieses Rechts zu beseitigen.

Zum Schutz der Personen, die über eine Zweigniederlassung mit einer Gesellschaft in Beziehung treten, müssen in dem Mitgliedstaat, in dem sich die Zweigniederlassung befindet, Maßnahmen der Offenlegung getroffen werden. Der wirtschaftliche und soziale

---

[76] ABl. Nr. C 105 vom 21. 4. 1988, S. 6.
[77] ABl. Nr. C 345 vom 21. 12. 1987, S. 76 und ABl. Nr. C 256 vom 9. 10. 1989, S. 72.
[78] ABl. Nr. C 319 vom 30. 11. 1987, S. 61.
[79] ABl. Nr. L 65 vom 14. 3. 1968, S. 8.
[80] ABl. Nr. L 222 vom 14. 8. 1978, S. 11.
[81] ABl. Nr. L 193 vom 18. 7. 1983, S. 1.
[82] ABl. Nr. L 126 vom 12. 5. 1984, S. 20.

III. Text der Richtlinien

Einfluß einer Zweigniederlassung kann in gewisser Hinsicht demjenigen einer Tochtergesellschaft vergleichbar sein, so daß ein öffentliches Interesse an einer Offenlegung der Gesellschaft bei der Zweigniederlassung besteht. Zu deren Regelung bietet es sich an, von dem Verfahren Gebrauch zu machen, das bereits für Kapitalgesellschaften in der Gemeinschaft eingeführt worden ist.

Die Offenlegung erstreckt sich auf eine Reihe von Urkunden und wichtigen Angaben sowie diesbezügliche Änderungen.

Die Offenlegung kann – von der Vertretungsmacht, der Firma und der Rechtsform sowie der Auflösung der Gesellschaft und dem Verfahren bei Insolvenz abgesehen – auf Angaben beschränkt werden, welche die Zweigniederlassung selbst betreffen, sowie auf Hinweise auf das Register der Gesellschaft, zu der die Zweigniederlassung gehört, da aufgrund der bestehenden Gemeinschaftsvorschriften bei diesem Register die Angaben über die Gesellschaft insgesamt zur Verfügung stehen.

Einzelstaatliche Vorschriften, welche die Offenlegung von Unterlagen der Rechnungslegung verlangen, die sich auf die Zweigniederlassung beziehen, haben ihre Berechtigung verloren, nachdem die einzelstaatlichen Vorschriften über die Erstellung, Prüfung und Offenlegung von Unterlagen der Rechnungslegung der Gesellschaft angeglichen worden sind. Deshalb genügt es, die von der Gesellschaft geprüften und offengelegten Rechnungslegungsunterlagen beim Register der Zweigniederlassung offenzulegen.

Geschäftsbriefe und Bestellscheine, die von der Zweigniederlassung benutzt werden, müssen mindestens die gleichen Angaben wie die Geschäftsbriefe und Bestellscheine der Gesellschaft sowie die Angabe des Registers, in das die Zweigniederlassung eingetragen ist, enthalten.

Damit die Ziele dieser Richtlinie erreicht werden können und damit jede diskriminierende Behandlung nach dem Herkunftsland der Gesellschaft vermieden wird, muß diese Richtlinie auch die Zweigniederlassungen von Gesellschaften erfassen, die dem Recht eines Drittlands unterliegen und eine Rechtsform haben, die derjenigen der unter die Richtlinie 68/151/EWG fallenden Gesellschaften vergleichbar ist. Allerdings sind für solche Zweigniederlassungen aufgrund der Tatsache, daß Gesellschaften aus Drittländern nicht in den Anwendungsbereich der oben erwähnten Richtlinien fallen, in gewissem Umfang unterschiedliche Vorschriften gegenüber denen erforderlich, die für Gesellschaften gelten, die dem Recht eines anderen Mitgliedstaats unterliegen.

Die vorliegende Richtlinie berührt nicht die Informationspflichten, denen die Zweigniederlassungen aufgrund anderer Vorschriften unterliegen, wie z. B. im Sozialrecht in bezug auf das Informationsrecht der Arbeitnehmer, im Steuerrecht oder im Hinblick auf statistische Angaben –

HAT FOLGENDE RICHTLINIE ERLASSEN:

ABSCHNITT I. Zweigniederlassungen von Gesellschaften aus anderen Mitgliedstaaten

Art. 1 [Grundsatz der Offenlegung] (1) Die Urkunden und Angaben über eine Zweigniederlassung, die in einem Mitgliedstaat von einer Gesellschaft errichtet worden ist, welche dem Recht eines anderen Mitgliedstaats unterliegt und auf welche die Richtlinie 68/151/EWG Anwendung findet, sind nach dem Recht des Mitgliedstaats der Zweigniederlassung im Einklang *mit Artikel*[83] 3 der genannten Richtlinie offenzulegen.

(2) Weicht die Offenlegung bei der Zweigniederlassung von der Offenlegung bei der Gesellschaft ab, so ist für den Geschäftsverkehr mit der Zweigniederlassung die Offenlegung bei der Zweigniederlassung maßgebend.

---

[83] Die beiden kursiv gesetzten Worte fehlen im EG-Amtsblatt; dies ist wohl auf ein Redaktionsversehen zurückzuführen.

Art. 2 [Gegenstände der Offenlegung] (1) Die Pflicht zur Offenlegung nach Artikel 1 erstreckt sich lediglich auf folgende Urkunden und Angaben:
a) die Anschrift der Zweigniederlassung;
b) die Tätigkeit der Zweigniederlassung;
c) das Register, bei dem die in Artikel 3 der Richtlinie 68/151/EWG bezeichnete Akte für die Gesellschaft angelegt worden ist, und die Nummer der Eintragung in dieses Register;
d) die Firma und die Rechtsform der Gesellschaft sowie die Firma der Zweigniederlassung, sofern diese nicht mit der Firma der Gesellschaft übereinstimmt;
e) die Bestellung, das Ausscheiden und die Personalien derjenigen, die befugt sind, die Gesellschaft gerichtlich und außergerichtlich zu vertreten, und zwar
 – als gesetzlich vorgeschriebenes Organ der Gesellschaft oder als Mitglied eines solchen Organs gemäß der Offenlegung, die nach Artikel 2 Absatz 1 Buchstabe d) der Richtlinie 68/151/EWG bei der Gesellschaft erfolgt,
 – als ständige Vertreter der Gesellschaft für die Tätigkeit der Zweigniederlassung, unter Angabe ihrer Befugnisse;
f) – die Auflösung der Gesellschaft, die Bestellung, die Personalien und die Befugnisse der Liquidatoren sowie den Abschluß der Liquidation gemäß der Offenlegung, die nach Artikel 2 Absatz 1 Buchstaben h), j) und k) der Richtlinie 68/151/EWG bei der Gesellschaft erfolgt,
 – ein die Gesellschaft betreffendes Konkursverfahren, Vergleichsverfahren oder ähnliches Verfahren;
g) die Unterlagen der Rechnungslegung gemäß Artikel 3;
h) die Aufhebung der Zweigniederlassung.
(2) Der Mitgliedstaat der Zweigniederlassung kann vorschreiben, daß folgendes gemäß Artikel 1 offenzulegen ist:
a) eine Unterschrift der in Absatz 1 Buchstaben e) und f) des vorliegenden Artikels bezeichneten Personen;
b) der Errichtungsakt und, sofern diese Gegenstand eines gesonderten Aktes gemäß Artikel 2 Absatz 1 Buchstaben a), b) und c) der Richtlinie 68/151/EWG ist, die Satzung sowie Änderungen dieser Unterlagen;
c) eine Bescheinigung aus dem in Absatz 1 Buchstabe c) des vorliegenden Artikels genannten Register in bezug auf das Bestehen der Gesellschaft;
d) Angaben über die Sicherheiten, bei denen Vermögenswerte der Gesellschaft belastet werden, die sich in diesem Mitgliedstaat befinden, sofern diese Offenlegung sich auf die Gültigkeit solcher Sicherheiten bezieht.

Art. 3 [Unterlagen der Rechnungslegung] Die Pflicht zur Offenlegung nach Artikel 2 Absatz 1 Buchstabe g) erstreckt sich lediglich auf die Unterlagen der Rechnungslegung der Gesellschaft, die nach dem Recht des Mitgliedstats, dem die Gesellschaft unterliegt, im Einklang mit den Richtlinien 78/660/EWG, 83/349/EWG und 84/253/EWG erstellt, geprüft und offengelegt worden sind.

Art. 4 [Sprachenfrage] Der Mitgliedstaat der Zweigniederlassung kann vorschreiben, daß die in Artikel 2 Absatz 2 Buchstabe b) und Artikel 3 bezeichneten Unterlagen in einer anderen Amtssprache der Gemeinschaft offengelegt werden und die Übersetzung dieser Unterlagen beglaubigt wird.

Art. 5 [Mehrere Zweigniederlassungen] Wenn in einem Mitgliedstaat mehrere Zweigniederlassungen ein und derselben Gesellschaft bestehen, kann die in Artikel 2 Absatz 2 Buchstabe b) und Artikel 3 genannte Offenlegung von dieser Gesellschaft nach ihrer Wahl bei dem Register einer dieser Zweigniederlassungen vorgenommen werden.
In diesem Fall erstreckt sich die Offenlegungspflicht der übrigen Zweigniederlassun-

III. Text der Richtlinien

gen auf die Angabe des Registers der Zweigniederlassung, bei dem die Offenlegung erfolgt ist, sowie auf die Nummer der Eintragung dieser Zweigniederlassung in dieses Register.

Art. 6 [Geschäftsbriefe] Die Mitgliedstaaten schreiben vor, daß auf Geschäftsbriefen und Bestellscheinen, die von der Zweigniederlassung benutzt werden, außer den in Artikel 4 der Richtlinie 68/151/EWG verlangten Angaben das Register, bei dem die Akte für die Zweigniederlassung angelegt worden ist, und die Nummer der Eintragung in dieses Register anzugeben sind.

ABSCHNITT II. Zweigniederlassungen von Gesellschaften aus Drittländern

Art. 7 [Grundsatz der Offenlegung] (1) Die Urkunden und Angaben über eine Zweigniederlassung, die in einem Mitgliedstaat von einer Gesellschaft errichtet worden ist, welche nicht dem Recht eines Mitgliedstaats unterliegt, jedoch eine Rechtsform hat, die mit den Rechtsformen vergleichbar ist, auf welche die Richtlinie 68/151/EWG Anwendung findet, sind nach dem Recht des Mitgliedstaats der Zweigniederlassung im Einklang mit Artikel 3 der genannten Richtlinie offenzulegen.

(2) Artikel 1 Absatz 2 findet Anwendung.

Art. 8 [Gegenstand der Offenlegung] Die Pflicht zur Offenlegung nach Artikel 7 erstreckt sich mindestens auf folgende Urkunden und Angaben:
a) die Anschrift der Zweigniederlassung;
b) die Tätigkeit der Zweigniederlassung;
c) das Recht des Staates, dem die Gesellschaft unterliegt;
d) sofern dieses Recht es vorsieht, das Register, in das die Gesellschaft eingetragen ist, und die Nummer der Eintragung in dieses Register;
e) den Errichtungsakt und, falls sie Gegenstand eines gesonderten Aktes ist, die Satzung sowie jede Änderung dieser Unterlagen;
f) die Rechtsform, den Sitz und den Gegenstand der Gesellschaft sowie mindestens jährlich den Betrag des gezeichneten Kapitals, sofern diese Angaben nicht in den unter Buchstabe e) genannten Urkunden gemacht werden;
g) die Firma der Gesellschaft sowie die Firma der Zweigniederlassung, sofern diese nicht mit der Firma der Gesellschaft übereinstimmt;
h) die Bestellung, das Ausscheiden und die Personalien derjenigen, die befugt sind, die Gesellschaft gerichtlich und außergerichtlich zu vertreten, und zwar
– als gesetzlich vorgeschriebenes Organ der Gesellschaft oder als Mitglied eines solchen Organs,
– als ständige Vertreter der Gesellschaft für die Tätigkeit der Zweigniederlassung.
Dabei ist anzugeben, welchen Umfang die Vertretungsmacht hat und ob die betreffenden Personen diese allein oder nur gemeinschaftlich ausüben können;
i) – die Auflösung der Gesellschaft, die Bestellung, die Personalien und die Befugnisse der Liquidatoren sowie den Abschluß der Liquidation;
– ein die Gesellschaft betreffendes Konkursverfahren, Vergleichsverfahren oder ähnliches Verfahren;
j) die Unterlagen der Rechnungslegung gemäß Artikel 9;
k) die Aufhebung der Zweigniederlassung.

Art. 9 [Unterlagen der Rechnungslegung] (1) Die Pflicht zur Offenlegung nach Artikel 8 Buchstabe j) erstreckt sich auf die Unterlagen der Rechnungslegung der Gesellschaft, die nach dem Recht des Staates, dem die Gesellschaft unterliegt, erstellt, geprüft und offengelegt worden sind. Werden diese Unterlagen nicht gemäß den Richtlinien 78/660/EWG bzw. 83/349/EWG oder in gleichwertiger Form erstellt, so können die Mitgliedstaaten die Erstellung und Offenlegung der Unterlagen der Rechnungslegung, die sich auf die Tätigkeiten der Zweigniederlassung beziehen, verlangen.

(2) Die Artikel 4 und 5 finden Anwendung.

Art. 10 [Geschäftsbriefe] Die Mitgliedstaaten schreiben vor, daß auf Geschäftsbriefen und Bestellscheinen, die von der Zweigniederlassung benutzt werden, das Register, bei dem die Akte für die Zweigniederlassung angelegt worden ist, und die Nummer der Eintragung in dieses Register anzugeben sind. Sofern das Recht des Staates, dem die Gesellschaft unterliegt, eine Eintragung in ein Register vorsieht, sind das Register, in das die Gesellschaft eingetragen ist, und die Nummer der Eintragung in dieses Register ebenfalls anzugeben.

ABSCHNITT III. Angabe der Zweigniederlassungen im Geschäftsbericht der Gesellschaft

Art. 11[84] *(nicht abgedruckt)*

ABSCHNITT IV. Übergangs- und Schlußbestimmungen

Art. 12 Die Mitgliedstaaten drohen geeignete Maßregeln für den Fall an, daß die in den Artikeln 1, 2, 3, 7, 8 und 9 vorgeschriebene Offenlegung unterbleibt oder die nach den Artikeln 6 und 10 vorgeschriebenen Angaben auf den Geschäftsbriefen und Bestellscheinen fehlen.

Art. 13 Jeder Mitgliedstaat bestimmt, welche Personen verpflichtet sind, die durch diese Richtlinie vorgeschriebenen Formalitäten der Offenlegung zu erfüllen.

Art. 14 (1) Die Artikel 3 und 9 finden keine Anwendung auf die Zweigniederlassungen von Kredit- und Finanzinstituten, die unter die Richtlinie 89/117/EWG[85] fallen.

(2) Bis zu einer späteren Koordinierung können die Mitgliedstaaten von der Anwendung der Artikel 3 und 9 auf Zweigniederlassungen absehen, die von Versicherungsgesellschaften errichtet werden.

Art. 15 Artikel 54 der Richtlinie 78/660/EWG und Artikel 48 der Richtlinie 83/349/EWG werden aufgehoben.

Art. 16 (1) Die Mitgliedstaaten erlassen die erforderlichen Rechts- und Verwaltungsvorschriften, um dieser Richtlinie vor dem 1. Januar 1992 nachzukommen. Sie setzen die Kommission unverzüglich davon in Kenntnis.

(2) Die Mitgliedstaaten schreiben vor, daß die in Absatz 1 bezeichneten Vorschriften ab 1. Januar 1993 und, was die Unterlagen für die Rechnungslegung betrifft, erstmals auf den Jahresabschluß für das am 1. Januar 1993 oder im Laufe des Jahres 1993 beginnende Haushaltsjahr Anwendung finden.

(3) Die Mitgliedstaaten teilen der Kommission den Wortlaut der innerstaatlichen Vorschriften mit, die sie auf dem unter diese Richtlinie fallenden Gebiet erlassen.

Art. 17 Der mit Artikel 52 der Richtlinie 78/660/EWG geschaffene Kontaktausschuß hat außerdem die Aufgabe,
a) unbeschadet der Artikel 169 und 170 des Vertrages eine gleichmäßige Anwendung der

---

[84] Artikel 11 ändert Artikel 46 Abs. 2 der RL 78/660/EWG – abgedruckt unter Rdnr. 315.
[85] ABl. Nr. L 44 vom 16. 2. 1989, S. 40.

III. Text der Richtlinien

vorliegenden Richtlinie durch eine regelmäßige Abstimmung, insbesondere in konkreten Anwendungsfragen, zu erleichtern;
b) die Kommission erforderlichenfalls bezüglich Ergänzungen und Änderungen der vorliegenden Richtlinie zu beraten.

Art. 18 Diese Richtlinie ist an die Mitgliedstaaten gerichtet.

§ 6 Die Kapitalrichtlinie

Schrifttum: *Ankele*, Zum Vorschlag der Kommission der Europäischen Gemeinschaften für eine Zweite gesellschaftsrechtliche Richtlinie, BB 1970, 988; *Buttaro/Griffi* (Hrsg.), La seconda direttiva CEE in materia Societaria, 1984; *Davies*, Legal Capital in Private Companies in Great Britain, AG 1998, 346; *Drinkuth*, Die Kapitalrichtlinie – Mindest- oder Höchstnorm, 1998; *Ebenroth/Neiß*, Zur Vereinbarkeit der Lehre von der verdeckten Sacheinlage mit EG-Recht, BB 1992, 2085; *Ganske*, Das Zweite gesellschaftsrechtliche Koordinierungsgesetz vom 13. Dezember 1978, DB 1978, 2461; *Hüffer*, Harmonisierung des aktienrechtlichen Kapitalschutzes, NJW 1979, 1065; *Kalss*, Die Bedeutung der Publizitäts-, Kapital-, Zweigniederlassungs- und Einpersonengesellschaftsrichtlinie der Europäischen Union für das österreichische Gesellschaftsrecht (AG und GmbH), in: Koppensteiner (Hrsg.), Österreichisches und europäisches Wirtschaftsprivatrecht, Teil 1: Gesellschaftsrecht, 1994, S. 119; *Kindl*, Der Erwerb eigener Aktien nach Europäischem Gemeinschaftsrecht, ZEuP 1994, 77; *Kindler*, Die sachliche Rechtfertigung des aktienrechtlichen Bezugsrechtsausschlusses im Lichte der Zweiten Gesellschaftsrechtlichen Richtlinie der Europäischen Gemeinschaft, ZHR 158 (1994), 339; *ders.*, Verdeckte Sacheinlage und Kapitalschutzrichtlinie – Zur Umwandlung von Geldkrediten in Nennkapital der AG, Festschrift für Boujong, 1996, S. 299; *ders.*, Bezugsrechtsausschluß und unternehmerisches Ermessen nach deutschem und europäischem Recht, ZGR 1998, 35; *Klinke*, Europäisches Unternehmensrecht und EuGH – Die Rechtsprechung in den Jahren 1991–1992, ZGR 1993, 1; *Knobbe-Keuk*, Niederlassungsfreiheit: Diskriminierungs- oder Beschränkungsverbot?, DB 1990, 2573; *Lutter*, Die Entwicklung des Gesellschaftsrechts in Europa, EuR 1975, 44; *ders.*, Zur Europäisierung des deutschen Aktienrechts, Festschrift für Ferid, 1978, S. 599; *ders.*, Zum Umfang der Bindung durch Richtlinien, Festschrift für Everling, Bd. I, 1995, S. 765; *ders./Gehling*, Verdeckte Sacheinlagen, WM 1989, 1445; *W. Meilicke*, Die „verschleierte" Sacheinlage – eine deutsche Fehlentwicklung, 1989; *ders.*, Die Kapitalaufbringungsvorschriften als Sanierungsbremse – Ist die deutsche Interpretation des § 27 Abs. 2 AktG richtlinienkonform?, DB 1989, 1067; *ders.*, „Verschleierte" Sacheinlage und EWG-Vertrag, DB 1990, 1173; *ders.*, Vereinbarkeit der Inhaltskontrolle des Bezugsrechtsausschlusses mit europäischem Recht, DB 1996, 513; *W. Müller*, Zum Entwurf eines Gesetzes zur Durchführung der zweiten Richtlinie des Rates der Europäischen Gemeinschaften zur Koordinierung des Gesellschaftsrechts (Kapitalschutzrichtlinie), Wpg. 1978, 565; *Natterer*, Bezugsrechtsausschluß und zweite gesellschaftsrechtliche Richtlinie, ZIP 1995, 1481; *Niessen*, Gründung und Kapital von Aktiengesellschaften im Gemeinsamen Markt – Zum Vorschlag der Kommission einer zweiten Richtlinie, AG 1970, 281; *v. Rosen/Helm*, Der Erwerb eigener Aktien durch die Gesellschaft, AG 1996, 434; *Schön*, Deutsches Konzernprivileg und europäischer Kapitalschutz – ein Widerspruch?, Festschrift für Kropff, 1997, S. 285; *Steindorff*, Gesellschaftsrechtliche Richtlinien der EG und strengeres staatliches Recht, EuZW 1990, 251; *Wymeersch*, Das Bezugsrecht der alten Aktionäre in der Europäischen Gemeinschaft: eine rechtsvergleichende Untersuchung, AG 1998, 382.

I. Grundlagen

1. Entwicklung

135 Die am 13. Dezember 1976 verabschiedete Zweite Richtlinie[1] bezweckt insbesondere die Angleichung der Vorschriften über die Aufbrin-

---

[1] Zweite Richtlinie des Rates vom 13. Dezember 1976 zur Koordinierung der Schutzbestimmungen, die in den Mitgliedstaaten den Gesellschaften im Sinne des Artikels 58 Absatz 2 des Vertrages im Interesse der Gesellschafter sowie Dritter für die Gründung der Aktiengesellschaft sowie für die Erhaltung und Änderung ihres Kapitals vorgeschrieben sind, um diese Bestimmungen gleichwertig zu gestalten (77/91/EWG), ABl. Nr. L 26/1 v. 31. 1. 1977; abgedruckt unter Rdnr. 206.

I. Grundlagen

gung und Erhaltung eines Mindestkapitals der Aktiengesellschaft und wird aus diesem Grund als Kapitalrichtlinie bezeichnet. Einen ersten Vorentwurf für eine Zweite Richtlinie hatte die Kommission bereits im Jahre 1965 vorgestellt[2]. Der sodann im März 1970 vorgelegte Entwurf[3] ist nach langwierigen Verhandlungen, die nicht zuletzt auf den zwischenzeitlich erfolgten Beitritt Großbritanniens, Irlands und Dänemarks zurückzuführen waren, im Dezember 1976 verabschiedet worden. Am 23. November 1992 hat der Rat eine Änderungsrichtlinie verabschiedet, durch die ein neuer Art. 24a in die Zweite Richtlinie eingefügt worden ist[4]. Danach finden die Regeln über den Erwerb eigener Aktien auch dann Anwendung, wenn der Erwerb durch eine Tochtergesellschaft erfolgt. Die Neuregelung erwies sich als notwendig, nachdem das Vorhaben einer Konzernrechtsrichtlinie (Rdnr. 58f.) als gescheitert anzusehen war und ist.

2. Anwendungsbereich

Anders als die Publizitätsrichtlinie (Rdnr. 83) gilt die Kapitalrichtlinie **136** nur für die *Aktiengesellschaft* und ihr entsprechende, im einzelnen in Art. 1 Abs. 1[5] aufgezählte Rechtsformen[6]. Ihnen gemeinsam ist, daß sie den allgemeinen Kapitalmarkt in Anspruch nehmen, die von ihnen ausgegebenen Anteile also grundsätzlich frei übertragbar sind. Nicht erfaßt werden die GmbH und ihr vergleichbare Rechtsformen, darunter die britische Private Company[7]. Die Kommission beabsichtigt zwar, den Anwendungsbereich der Zweiten Richtlinie auf diese Gesellschaftsformen auszudehnen (Rdnr. 50); mit einer alsbaldigen Realisierung dieses Vorhabens kann jedoch nicht gerechnet werden.

---

[2] Dok. Kom. 6063/III c 65-D vom 4. 5. 1965.
[3] ABl. C 48/1970 v. 24. 4. 1970, S. 8ff. = BT-Drucks. 6/595; dazu *Ankele* BB 1970, 988ff.; *Niessen* AG 1970, 281ff.; s. ferner Stellungnahme des Europäischen Parlaments, ABl. Nr. C 114 v. 11. 11. 1971, S. 18ff.; Stellungnahme des Wirtschafts- und Sozialausschusses, ABl. Nr. C 88 v. 6. 9. 1971, S. 1ff.; vgl. ferner die im Jahre 1972 vorgelegte revidierte Fassung, KOM (72) 1310 endg.
[4] Richtlinie 92/101/EWG des Rates vom 23. November 1992 zur Änderung der Richtlinie 77/91 EWG über die Gründung der Aktiengesellschaft sowie die Erhaltung und Änderung ihres Kapitals, ABl. Nr. L 347/64 v. 28. 11. 1992; s. auch Vorschlag der Kommission vom 20. Dezember 1990, ABl. Nr. C 8/5 v. 12. 1. 1991; Stellungnahme des Europäischen Parlaments, ABl. Nr. C 240/103 v. 10. 7. 1991; Stellungnahme des Wirtschafts- und Sozialausschusses, ABl. Nr. C 269/21 v. 14. 10. 1991.
[5] Artikelbezeichnungen ohne Angabe eines Gesetzes beziehen sich im folgenden auf die Zweite Richtlinie.
[6] Nach Art. 2 Abs. 2 brauchen die Mitgliedstaaten die Vorschriften der Richtlinie auf Investmentgesellschaften und Genossenschaften, die in einer der Art. 2 Abs. 1 genannten Rechtsformen gegründet worden sind, nicht anzuwenden. Für Investmentgesellschaften ist nunmehr eine Angleichung durch die Richtlinie vom 20. 12. 1985 (85/611/EWG) erfolgt; „Genossenschaften" in der Rechtsform der AG sind solche, die einen genossenschaftlichen, auf Förderung des Erwerbs der Genossen gerichteten Zweck verfolgen.
[7] Zu ihr bereits Rdnr. 50.

3. Inhalt der Richtlinie im Überblick

137 Die Richtlinie bezweckt in erster Linie die Angleichung der mitgliedstaatlichen Vorschriften über die Gründung der Aktiengesellschaft sowie über die Erhaltung und Änderung des Kapitals der Gesellschaft. Ihre wesentliche Bedeutung liegt zunächst in der gemeinschaftsweiten Festschreibung des kontinentaleuropäischen *Grundsatzes des festen Kapitals*[8]: Da die Aktionäre nicht persönlich für die Gesellschaftsschulden einzustehen haben, soll die Gesellschaft zum Schutz der Gläubiger über ein Mindestkapital verfügen, das zudem durch strenge Vorschriften über die Kapitalerhaltung gesichert wird. Die Richtlinie regelt deshalb nicht nur den Mindestbetrag des Kapitals, sondern auch und vor allem die Modalitäten der Leistung von Bar- und Sacheinlagen, den Erwerb eigener Aktien durch die Gesellschaft, die Einziehung von Aktien und Veränderungen des Kapitals im Wege der Kapitalerhöhung und -herabsetzung. Die Richtlinie bezweckt allerdings, auch soweit sie die Aufbringung und Erhaltung des Garantiekapitals regelt, nicht allein den Schutz der Gläubiger. Ausweislich ihres zweiten und fünften Erwägungsgrundes geht es ihr vielmehr auch um den *Schutz der Aktionäre*; diesem Zweck dienen insbesondere die Vorschriften über die Beteiligung der Hauptversammlung an Kapitalmaßnahmen und über die Informationspflichten bei schweren Verlusten, die Einführung eines Bezugsrechts der Aktionäre bei Kapitalerhöhungen und die Statuierung des Gleichbehandlungsgrundsatzes.

138 Neben der Aufbringung und Erhaltung des Garantiekapitals regelt die Richtlinie in ihren Art. 2 bis 5 wesentliche Fragen im Zusammenhang mit der *Gründung einer AG*. Insoweit versteht sie sich als Fortführung und Ergänzung der Publizitätsrichtlinie (Rdnr. 77 ff.). Hervorzuheben sind Art. 2 und 3 betreffend den *Mindestinhalt* der Satzung, des Errichtungsakts oder eines gesonderten Schriftstücks[9]. Die Offenlegung dieser Urkunden brauchte in Art. 2 und 3 nicht geregelt zu werden; sie ist bereits durch Art. 2 der Publizitätsrichtlinie vorgeschrieben. Die Zweite Richtlinie bezweckt demnach, die Aussagekraft der nach der Publizitätsrichtlinie offenzulegenden Urkunden und Angaben zu steigern; insoweit ist sie mit den Bilanzrichtlinien vergleichbar (Rdnr. 81, 260 ff.).

4. Die Kapitalrichtlinie als Mindestregelung

139 In ihren Einzelheiten noch nicht abschließend geklärt ist die Frage, ob die Kapitalrichtlinie Mindest- oder Höchstregelungen enthält[10]. Zahlreiche Vorschriften der Richtlinie enthalten zwar eine eindeutige Antwort auf diese Frage. So sind Art. 2 und 3 betreffend die Offenlegung ausdrück-

---

[8] S. dazu bereits Rdnr. 4, 52; zum Grundsatz des festen Kapitals s. ferner die auf dem Symposion „Unternehmensfinanzierung und gesetzliches Garantiekapital in Europa" gehaltenen Referate, abgedruckt in AG 1998, 345 ff.; speziell zum Schutz der Gläubiger einer (von der 2. Richtlinie nicht erfaßten, s. Rdnr. 136) Private Company des englischen Rechts *Davies* AG 1998, 346 ff.
[9] Zu dem „gesonderten Schriftstück" im Sinne des Art. 3 s. Rdnr. 142.
[10] Eingehend dazu *Drinkuth*, insbesondere S. 58 ff., 117 ff.; allg. dazu bereits Rdnr. 40 ff.

I. Grundlagen

lich als Mindestregelungen konzipiert. Entsprechendes gilt für Art. 6, der ein Mindestkapital von 25 000 Ecu vorschreibt, ferner für Art. 9, der eine Einzahlung von mindestens 25% des Nennbetrags der gezeichneten Aktien verlangt. Umgekehrt enthalten etwa Art. 7, 11 Abs. 2 und 17 Höchst- oder Ausschlußregelungen. Die Beispiele ließen sich vermehren.

Die Richtlinie enthält allerdings auch Vorschriften, deren Wortlaut sich nicht entnehmen läßt, ob es sich bei ihnen um Mindest- oder Höchstregelungen handelt. Nach allgemeinen Grundsätzen ist deshalb auf den *Schutzzweck* der jeweiligen Richtlinienbestimmung oder der Richtlinie im allgemeinen abzustellen (Rdnr. 40 ff.). Aufschlußreich könnte insoweit der 2. Erwägungsgrund sein; danach nämlich bezweckt die Richtlinie, „beim Schutz der Aktionäre einerseits und der Gläubiger der Gesellschaft andererseits ein Mindestmaß an Gleichwertigkeit sicherzustellen." Indes muß dies nicht für das Vorliegen einer generellen Mindestregelung sprechen; vielmehr läßt sich dies durchaus auch in dem Sinne verstehen, daß die Richtlinie für ein *Mindestmaß an Angleichung* und damit für eine Angleichung auch „nach oben" sorgen will[11]. Dem läßt sich zwar entgegenhalten, daß die Richtlinie selbst dieses (vermeintliche) Anliegen stark relativiert, enthält sie doch zahlreiche Vorschriften, die ausdrücklich Mindestnormcharakter haben (Rdnr. 139). Immerhin ist aber der 2. Erwägungsgrund wenig aussagekräftig, so daß es auf den Schutzzweck der jeweils in Frage stehenden Einzelnormen der Richtlinie ankommt. EuGH und BGH haben denn auch Art. 11 und 29 Abs. 4 im Sinne von Mindestregelungen ausgelegt[12]. Darauf ist im Zusammenhang mit den Ausführungen zum Bezugsrechtsausschluß und zur Leistung von Sacheinlagen zurückzukommen (Rdnr. 161 ff., 196 ff.). **140**

5. Umsetzung in das deutsche Recht

Die Bundesrepublik[13] ist ihrer Verpflichtung zur Umsetzung der Kapitalrichtlinie durch das am 1. Juli 1979 in Kraft getretene Durchführungsgesetz vom 13. Dezember 1978 nachgekommen[14]. Art. 1 des Durchführungsgesetzes hat zu zahlreichen Änderungen und Ergänzungen des AktG geführt; besonders betroffen waren die Vorschriften über die Sachgründung, die Kapitalerhöhung und den Erwerb eigener Aktien. Des weiteren ist mit § 53a AktG der allgemeine, über den Regelungsbereich der Kapitalrichtlinie hinaus geltende Grundsatz der Gleichbehandlung der Aktionäre eingefügt worden. Von einer Umsetzung der Änderungsrichtlinie **141**

---

[11] So insbesondere GA *Tesauro* WM 1992, 1570, 1571, Tz. 12; *Steindorff* EuZW 1990, 251, 252; *Kindler* ZHR 158 (1994), 339, 352 f.; zu weit. Nachw. s. Fn. 43 f., 100.
[12] EuGHE 1996, I-6017, 6034 ff., Tz. 15 ff. – Siemens/Nold; BGHZ 110, 47, 69 f. – IBH/Lemmerz.
[13] Zur Umsetzung in den übrigen Mitgliedstaaten s. den Überblick bei *Hohloch* in Hohloch, Supranationales Recht Rdnr. 17.
[14] Gesetz zur Durchführung der Zweiten Richtlinie des Rates der Europäischen Gemeinschaften zur Koordinierung des Gesellschaftsrechts, BGBl. I, S. 1959; näher dazu *Ganske* DB 1978, 2461 ff.; *Hüffer* NJW 1979, 1065 ff.; *W. Müller* Wpg. 1978, 565 ff.

(Rdnr. 135) konnte der deutsche Gesetzgeber dagegen absehen. Denn schon durch Art. 1 Nr. 15 des Durchführungsgesetzes hat er mit § 71d AktG eine dem Art. 24a entsprechende Vorschrift über den Erwerb von Aktien durch Tochtergesellschaften erlassen. Diese Vorschrift ist heute allerdings im Lichte des durch die Änderungsrichtlinie eingefügten Art. 24a auszulegen (Rdnr. 34ff.).

II. Die Vorschriften der Art. 1 bis 5

1. Mindestangaben über die Gesellschaft

142 Art. 2 und 3 bestimmen im einzelnen, welche Mindestangaben die Satzung, der Errichtungsakt oder ein gesondertes Schriftstück[15] enthalten muß. Die Vorschriften stehen im Zusammenhang mit den Publizitätsvorschriften der 1. Richtlinie und sollen die Aussagekraft und den Informationsgehalt der danach offenzulegenden Urkunden steigern (Rdnr. 138). Art. 2 versteht sich zudem als Ergänzung zu Art. 11 der 1. Richtlinie. Denn danach ist die Nichtigerklärung einer Gesellschaft gestattet, deren Satzung die in Art. 2 aufgezählten grundlegenden Angaben nicht enthält. Allerdings statuiert Art. 11 der 1. Richtlinie keine entsprechende *Angabepflicht*. Diese Lücke schließt Art. 2.

143 Im einzelnen sind nach Art. 2 lit. a bis e die Rechtsform und die Firma der Gesellschaft, der Unternehmensgegenstand, die Höhe des gezeichneten und eines etwaigen genehmigten Kapitals, eine etwaige Befristung der Gesellschaft und die Zahl und Art der Bestellung der Vorstands- und Aufsichtsratsmitglieder anzugeben. Was zunächst die *Firma* betrifft, so muß sie nach Art 1 Abs. 1 S. 2 eine Bezeichnung enthalten, die sich von den für andere Gesellschaftsformen vorgeschriebenen Bezeichnungen unterscheidet oder mit einer solchen Bezeichnung verbunden sein. In Betracht kommt insbesondere ein Rechtsformzusatz; doch ist ein solcher nicht zwingend, weshalb Art. 2 lit. a neben der Firma die *Rechtsform* der Gesellschaft eigens erwähnt. Im übrigen beurteilt sich die Wahl der Firma nach dem nationalen Recht. Die nach Art. 2 lit. c vorgeschriebene Angabe des *Unternehmensgegenstands* soll über den Schwerpunkt der unternehmerischen Betätigung der Gesellschaft informieren. Darüber hinaus kommt ihr im Rahmen des Art. 9 Abs. 1 der 1. Richtlinie Bedeutung zu, der bei gegenstandsfremden Geschäften Ausnahmen vom Grundsatz der unbeschränkten und unbeschränkbaren Vertretungsmacht zuläßt (Rdnr. 102f.).

144 Nach Art. 2 lit. c ist des weiteren die Angabe des *gezeichneten Kapitals* der Gesellschaft vorgeschrieben. Bei diesem Kapital handelt es sich um das in Art. 6ff. geregelte Garantiekapital der Gesellschaft; seine vollständige

---

[15] Die Richtlinie nimmt damit auf die Praxis einiger Mitgliedstaaten Rücksicht, bestimmte Angaben nicht in die Satzung oder in den – an die Stelle der Satzung tretenden – Errichtungsakt, sondern in einer zusätzlichen Urkunde aufzunehmen; s. etwa für die Aktienübernahmeerklärung § 23 Abs. 2 AktG und dazu *Röhricht* in Großkomm. AktG, § 23 Rdnr. 2, 65 mit weit. Nachw.

II. Die Vorschriften der Art. 1 bis 5

Zeichnung ist Voraussetzung für die Gründung der Gesellschaft (Rdnr. 150ff.). Die Angabe des Kapitals ist insbesondere aus Sicht der Gesellschaftsgläubiger von Interesse, entscheidet doch die Eigenkapitalausstattung der Gesellschaft ganz wesentlich über die Kreditwürdigkeit. Zusätzlich zu dem gezeichneten Kapital ist ein etwaiges *genehmigtes Kapital* anzugeben. Es ist in Art. 25 Abs. 2 geregelt und bezweckt die Erleichterung der Kapitalbeschaffung. Anders als das in Art. 6 geregelte Mindestkapital ist es noch nicht gezeichnet; das Verwaltungsorgan wird vielmehr durch die Hauptversammlung ermächtigt, das gezeichnete Kapital bis zu einem bestimmten Betrag durch Ausgabe neuer Aktien zu erhöhen. Die Mitgliedstaaten sind zur Einführung eines solchen genehmigten Kapitals nicht verpflichtet; lassen sie es aber zu, so müssen sie auch entsprechende Offenlegungspflichten einführen. Art. 2 lit. c betrifft die Einführung des genehmigten Kapitals durch die Gründungssatzung und die Änderung desselben; die nachträgliche Einführung des genehmigten Kapitals ist Kapitalerhöhung im Sinne des Art. 25 Abs. 1.

145 Nach Art. 2 lit. d haben die Mitgliedstaaten schließlich[16] Satzungsbestimmungen vorzuschreiben, welche die Zahl und die Art und Weise der Bestellung der *Mitglieder des Geschäftsführungs- und des Aufsichtsorgans* und die Verteilung der Zuständigkeiten zwischen diesen Organen festlegen; die Angaben sind allerdings entbehrlich, soweit sie sich dem Gesetz entnehmen lassen. Was zunächst die Verteilung der Zuständigkeiten zwischen den Organen der Gesellschaft betrifft, so erklärt sich dieses Angabeerfordernis daraus, daß es bislang an einer Angleichung der Vorschriften über die Struktur der AG fehlt (Rdnr. 55ff.). Art. 2 lit. d will deshalb sicherstellen, daß vom dispositiven Gesetzesrecht abweichende Kompetenzzuweisungen offengelegt werden; im übrigen obliegt es jedem Interessierten, sich über die jeweiligen mitgliedstaatlichen Vorschriften über die Organisationsverfassung der Gesellschaft zu informieren. Aus deutscher Sicht kommt diesem Angabeerfordernis angesichts des in § 23 Abs. 5 AktG enthaltenen Grundsatzes der Satzungsstrenge keine Bedeutung zu. Dies gilt auch unter Berücksichtigung des § 111 Abs. 4 S. 2 AktG, wonach der Aufsichtsrat auch unabhängig von einer entsprechenden Satzungsklausel bestimmte Arten von Geschäften des Vorstands unter den Vorbehalt seiner Zustimmung stellen kann. Denn bei diesem Zustimmungsvorbehalt handelt es sich nicht um eine „Zuständigkeit" im Sinne des Art. 2 lit. d[17].

146 Auch Satzungsbestimmungen über die *Art und Weise der Bestellung* der Mitglieder des Vorstands und des Aufsichtsrats kommt im deutschen Aktienrecht keine große Bedeutung zu; abgesehen von dem in § 101 Abs. 2 AktG vorgesehenen, durch die Satzung einzuführenden und damit offenzulegenden Entsenderecht beurteilt sich die Bestellung der Organwalter vielmehr nach den §§ 84, 101 Abs. 1 AktG und den Vorschriften über die Mitbestimmung der Arbeitnehmer. Was die Angabe der *Zahl* der Vorstands- und Aufsichtsratsmitglieder betrifft, so ist zu berücksichtigen, daß

---

[16] Die nach Art. 2 lit. e darüber hinaus vorgeschriebene Angabe der Dauer der Gesellschaft gilt nur für befristete Gesellschaften.
[17] So zu Recht *Lutter*, Festschrift für Ferid, S. 599, S. 614f.

die Personalien der Mitglieder des Vertretungsorgans bereits nach Art. 2 Abs. 1 lit. d der 1. Richtlinie offenzulegen sind (Rdnr. 87). Vor diesem Hintergrund erscheint es als ausreichend, daß die Satzung eine Mindest- und eine Höchstzahl vorgibt[18]. Nicht ausreichend dürfte dagegen eine Satzungsbestimmung sein, der zufolge das Aufsichtsorgan die konkrete Zahl der Mitglieder des Geschäftsführungsorgans festlegt[19]. Die davon abweichende gängige Auslegung des § 23 Abs. 3 Nr. 6 AktG[20] dürfte also den Vorgaben der Richtlinie widersprechen.

147 Die Vorschrift des *Art. 3* enthält zusätzliche Angaben, die allerdings – abweichend von denjenigen des Art. 2 – nicht notwendigerweise in der Satzung oder in dem Errichtungsakt enthalten sein müssen, sondern auch Bestandteil eines gesonderten Schriftstücks sein können, welches sodann nach Maßgabe des Art. 3 der Publizitätsrichtlinie offenzulegen ist (Rdnr. 142). Hervorzuheben sind der Sitz der Gesellschaft, der Nennbetrag und die Zahl der gezeichneten Aktien, der eingezahlte Betrag des gezeichneten Kapitals (Rdnr. 155), Gegenstand, Höhe und Schuldner von Sacheinlagen (Rdnr. 157 f.), die Personalien der Gründer, die Gründungskosten und etwaige Sondervorteile. Das AktG enthält in seinen §§ 23 Abs. 2 und 3, 25, 26, 27 entsprechende Vorschriften; Umsetzungsdefizite sind nicht ersichtlich.

2. Haftung der Gesellschaft bei einzelstaatlichem Genehmigungsvorbehalt

148 Nach Art. 4 Abs. 1 müssen die Mitgliedstaaten, sofern sie die Aufnahme der Geschäftstätigkeit der Gesellschaft von einer Genehmigung abhängig machen, über Vorschriften verfügen, die die Haftung für die von der Gesellschaft oder auf deren Rechnung vor der Erteilung oder der Ablehnung einer solchen Genehmigung eingegangenen Verbindlichkeiten regeln. Eine Ausnahme gilt nach Art. 4 Abs. 2 für Verbindlichkeiten aus Geschäften, die unter der Bedingung der Genehmigung stehen und somit bei Genehmigungsverweigerung unwirksam sind. Art. 4 geht offensichtlich davon aus, daß die AG auch bei Nichterteilung der Genehmigung entstanden ist[21]; andernfalls findet nämlich Art. 7 der 1. Richtlinie Anwendung (Rdnr. 95 ff.). Das nationale Recht kann deshalb bestimmen, daß zumindest die AG für die in ihrem Namen oder auf ihre Rechnung begründeten Verbindlichkeiten einzustehen hat. Darüber hinaus kann die Haftung weiterer Personen, etwa der Handelnden, eingeführt werden. Eine nationale Vorschrift, wonach nicht einmal die Gesellschaft haftet, wäre dagegen mit Art. 4 Abs. 1 nicht vereinbar. Die Bedeutung des Art. 4

---

[18] So auch *Lutter*, Festschrift für Ferid, S. 599, 613; *Kalss* S. 199; für § 23 Abs. 3 Nr. 6 AktG auch *Röhricht* in Großkomm. AktG, § 23 Rdnr. 158; *Hüffer* § 23 Rdnr. 31.
[19] So auch *Lutter*, Festschrift für Ferid, S. 599, 613, Fn. 58a; *Röhricht* in Großkomm. AktG, § 23 Rdnr. 160; aA die hM zu § 23 Abs. 3 Nr. 6 AktG, s. die Nachw. in Fn. 20.
[20] Begr. RegE, BT-Drucks. 8/1678, S. 12; *Ganske* DB 1978, 2461, 2462; *Hüffer* NJW 1979, 1065, 1066; *ders.*, § 23 Rdnr. 31.
[21] So auch *Kalss* S. 212 mit weit. Nachw.

ist jedenfalls aus deutscher Sicht gering. Selbst wenn es nämlich trotz fehlender Genehmigung zur Eintragung der Gesellschaft käme, wäre an deren Rechts- und Verpflichtungsfähigkeit nicht zu zweifeln. Den Vorgaben des Art. 4 wäre dadurch Rechnung getragen.

3. Absinken der Zahl der Aktionäre

Art. 5 regelt den Fall, daß die Zahl der Aktionäre unter die gesetzliche Mindestzahl der Gründer absinkt; er versteht sich als Ergänzung zu Art. 11 lit. f der 1. Richtlinie betreffend die Einpersonengründung. Nachdem § 2 AktG die Gründung der AG durch eine Person zuläßt[22], erfaßt Art. 5 aus deutscher Sicht allein die Entstehung einer sog. „Keinpersonen-AG"[23]. Sollte es je zur Entstehung eines solchen Gebildes kommen, so dürfte das nationale Recht nicht die automatische Auflösung der AG anordnen; zulässig wäre allein die Auflösung durch gerichtliche Entscheidung (etwa gem. § 262 Abs. 1 Nr. 5 AktG), wobei allerdings das Gericht der Gesellschaft Gelegenheit zur Abhilfe geben müßte.

III. Der Grundsatz des festen Kapitals

1. Funktion

Nach Art. 6 Abs. 1 hat die AG über ein gezeichnetes Kapital zu verfügen, dessen Betrag nicht unter 25000 Ecu liegen darf[24]. Dieses Kapital ist Eigenkapital und kann als solches, wie im einzelnen in Art. 15f., 22, 34 geregelt wird, von den Aktionären nicht abgezogen werden[25]. Eigenkapital ist also *gebundenes Kapital*. Es ist zugleich *Risikokapital*: Unternehmensverluste treffen zunächst das Eigenkapital, weshalb dieses im Insolvenzverfahren nur mit Nachrang gegenüber dem Fremdkapital bedient wird. Das allgemeine Risiko eines Kreditgebers, mit seinem Kredit auszufallen und damit das der Gesellschaft überlassene Fremdkapital ganz oder teilweise zu verlieren, realisiert sich also erst, wenn das gesamte Eigenkapital aufgezehrt ist; die Gesellschaft ist in diesem Fall überschuldet.

Diese Pufferfunktion übernimmt das Eigenkapital unabhängig davon, ob seine Aufbringung durch das Gesetz vorgeschrieben ist oder auf der Grundlage einer privatautonomen Finanzierungsentscheidung der Gesellschaft er-

---

[22] Diese Möglichkeit ist durch das Gesetz für kleine Aktiengesellschaften und zur Deregulierung des Aktienrechts vom 2. 8. 1994 (BGBl. I, S. 1961) eingeführt worden; s. dazu auch Art. 6 der 12. Richtlinie und Rdnr. 321f.
[23] Dazu *Brändel* in Großkomm. AktG, § 1 Rdnr. 156; allg. *Flume*, Allgemeiner Teil des Bürgerlichen Rechts, Bd. I/2: Die juristische Person, 1983, § 6 II; *K. Schmidt* § 33 V 2b; *Kreutz*, Festschrift für Stimpel, 1985, S. 379ff.
[24] Der Kommissionsentwurf aus dem Jahre 1970 (Fn. 3) hatte noch ein Mindest- und Höchstkapital in Höhe von 25000 Ecu vorgesehen; s. dazu sowie zu den im Entwurf vorgesehenen Ausnahmen *Ankele* BB 1970, 988, 990.
[25] Allgemein zu den Kriterien des Eigenkapitals *K. Schmidt*, Festschrift für Goerdeler, 1987, S. 487, 490ff.; *Habersack* ZHR 155 (1991), 378, 381ff.

folgt. Das Beispiel einer OHG zeigt dies sehr deutlich: Obschon die Vorschriften der §§ 105 ff. HGB im Hinblick auf die Haftung der Gesellschafter nach § 128 HGB auf die Statuierung eines gesetzlichen Mindestkapitals der Gesellschaft verzichten, verfügt doch auch eine solche Gesellschaft typischerweise über Eigenkapital. Denn Eigenkapital unterliegt stets einer gewinnabhängigen Verzinsung und ist somit auch aus Sicht der Gesellschaft von großem Nutzen. Art. 6 Abs. 1 geht es demgegenüber um den Schutz der Gläubiger, die sich in Ermangelung einer persönlichen Haftung der Aktionäre nur an das Gesellschaftsvermögen halten können. Zu ihrem Schutz schreibt die Vorschrift ein *gesetzliches Mindestkapital* vor. Dieses Mindestkapital muß bei Gründung der Gesellschaft *gezeichnet*, seine reale *Aufbringung* also nach Maßgabe der weiteren Vorschriften der Richtlinie weitgehend gesichert sein. Selbstverständlich haben die Gesellschaften die Möglichkeit, über das – durch das nationale Recht unter Beachtung des Art. 6 Abs. 1 vorgeschriebene – Mindestkapital hinaus Eigenkapital aufzunehmen; man spricht insoweit von *gewillkürtem* oder ergänzendem Eigenkapital[26]. So kann die Satzung ein höheres Grundkapital oder die Bildung freiwilliger Rücklagen vorsehen. In Betracht kommt ferner die Ausgabe von Genußrechten mit Eigenkapitalcharakter[27], aber auch die Aufnahme sogenannter Finanzplankredite[28]. All' dies ist in der Richtlinie nicht geregelt; sie befaßt sich allein mit dem gesetzlichen Mindestkapital.

2. Zerlegung in Aktien

152 Art. 8 Abs. 1 und weiteren Vorschriften der Richtlinie läßt sich entnehmen, daß das Mindestkapital der Gesellschaft in Aktien zerlegt ist und diese Aktien einen „Anteil an dem Kapital" verkörpern[29]. Nicht erforderlich ist, daß die Aktien auf einen Nennbetrag lauten. Art. 8 Abs. 1 läßt vielmehr auch die sogenannte *unechte Stückaktie* zu, bei der sich der Anteil am Kapital nach der ausgegebenen Stückzahl bestimmt[30]. Der Verkörperung eines

---

[26] Näher dazu *Hommelhoff/Kleindiek*, Festschrift 100 Jahre GmbH-Gesetz, 1992, S. 421, 438 ff.; *K. Schmidt* (Fn. 25); *Wiedemann*, Festschrift für Beusch, 1993, S. 893, 898 ff.; *Habersack* ZHR 161 (1997), 457, 460 ff.

[27] Dazu BGHZ 119, 305 ff.; KölnKomm-*Lutter* § 221 Rdnr. 196 ff.; *Hüffer* § 221 Rdnr. 22 ff., 31 ff.; *Habersack* ZHR 155 (1991), 378 ff.; unzutreffend *Hirte* ZIP 1991, 1461, 1462, der die Ausgabe solcher Genußrechte als richtlinienwidrig ansieht (dagegen zu Recht *Lutter*, aaO, Rdnr. 229 f.).

[28] Eingehend dazu *Habersack* ZHR 161 (1997), 457 ff.; speziell für die AG *ders.* ZHR 162 (1998), 201, 215 ff., 221.

[29] Dieser Anteil am Kapital ist nicht mehr als eine Rechengröße. Die Aktie verkörpert die mitgliedschaftliche Pflicht zur Leistung der Einlage; deren Höhe beurteilt sich nach dem „Anteil" des Aktionärs. Im übrigen richten sich die mitgliedschaftlichen Rechte des Aktionärs, insbesondere sein Stimmrecht, sein Gewinnbezugsrecht, sein Bezugsrecht auf junge Aktien (Rdnr. 196 ff.) und sein Anteil an dem Auseinandersetzungsguthaben nach Auflösung und Abwicklung der Gesellschaft, nach der Höhe seiner Beteiligung.

[30] Die durch das Gesetz über die Zulassung von Stückaktien vom 25. 3. 1998 (BGBl. I, S. 590) erfolgte Einführung der unechten nennwertlosen Aktie steht also durchaus im Einklang mit der Richtlinie; nicht zulässig wäre dagegen die Einführung einer echten nennwertlosen Aktie, s. dazu auch Begr. RegE, ZIP 1998, 130, 131.

"Anteils am Kapital" entspricht die mitgliedschaftliche Pflicht des Aktionärs, die auf die Aktie entfallende Einlage zu erbringen. Art. 8 Abs. 1 bestimmt insoweit, daß eine Unterpariemission nicht in Betracht kommt. Für jede Aktie muß also zumindest der Nennbetrag oder der rechnerische Wert, im Regelfall aber auch ein Aufgeld geleistet werden. Erst durch die Leistung der Einlage entfaltet sich die Pufferfunktion des Eigenkapitals: Der Gesellschaft fließen reale Vermögenswerte zu, die auf der Aktivseite der Bilanz erfaßt werden. Der weiterhin auf der Passivseite der Bilanz stehende Eigenkapitalposten stellt sicher, daß die Bilanz keinen Überschuß in Höhe der geleisteten Einlagen ausweist, letztere also noch keinen ausschüttungsfähigen Gewinn begründen.

IV. Die Aufbringung des Kapitals

1. Einlageverpflichtung des Aktionärs

Die Aufbringung des Mindestkapitals der Gesellschaft hat durch die Aktionäre zu erfolgen: Jede Aktie verkörpert die mitgliedschaftliche Verpflichtung zur Erbringung der auf sie entfallenden Einlage. Durch die Übernahme der Aktien werden also das Kapital „gezeichnet" und Einlageverpflichtungen mindestens in Höhe des Nennwerts oder des rechnerischen Werts der Aktien begründet (Rdnr. 152). Eines der zentralen Anliegen der Richtlinie besteht nun darin, die ordnungsgemäße Erfüllung dieser Einlagenverpflichtungen und damit die Aufbringung eines realen, dem Zugriff der Gläubiger unterliegenden Kapitals sicherzustellen. Dabei geht es der Richtlinie primär um den Schutz der Gläubiger. Sie enthält deshalb detaillierte Vorgaben hinsichtlich des möglichen Inhalts und der Erfüllung der Einlageverpflichtung. Außerdem bestimmt sie in Art. 12, daß die Aktionäre von der einmal übernommenen Verpflichtung zur Leistung von Einlagen nur im Wege der Kapitalherabsetzung befreit werden können. Art. 18 schließlich statuiert ein striktes Verbot des originären Erwerbs eigener Aktien (Rdnr. 180f.). 153

Darüber hinaus kommt auch im Zusammenhang mit der Kapitalaufbringung dem auf den Schutz der Aktionäre gerichteten *Gleichbehandlungsgrundsatz* des Art. 42 Bedeutung zu[31]. Art. 3 lit. e, 31 lassen zwar ausdrücklich Aktien unterschiedlicher Gattung zu; auch dürfen sowohl Bar- als auch Sacheinlageverpflichtungen begründet werden (Rdnr. 157f.). Soweit sich allerdings Aktionäre „in denselben Verhältnissen" befinden, ist Art. 42 zu beachten. Die Einlageverpflichtung ist deshalb an dem Nennbetrag oder dem rechnerischen Wert der übernommenen Aktien auszurichten. 154

In ihrem Art. 9 regelt die Richtlinie, *wann* die Einlageverpflichtungen der Aktionäre spätestens zu erfüllen sind. Für *Bareinlagen* (Rdnr. 157) bestimmt Abs. 1, daß mindestens 25% des Nennbetrags oder des rechnerischen Werts (nicht dagegen: des Ausgabebetrags) im Zeitpunkt der Grün- 155

---

[31] Näher zu ihm *Lutter*, Festschrift für Ferid, S. 599, 605 ff.

dung geleistet sein müssen. Hinsichtlich der restlichen 75% steht die Festlegung der Leistungszeit im Belieben des Mitgliedstaats; die offenen Einlagen sind in der Bilanz als Forderungen gegen die Aktionäre zu aktivieren und gleichen somit – ihre Vollwertigkeit unterstellt – den Passivposten Eigenkapital aus. Für *Sacheinlagen* (Rdnr. 158) macht Abs. 2 schärfere Vorgaben; sie müssen spätestens fünf Jahre nach der Gründung vollständig bewirkt sein.

156 Der deutsche Gesetzgeber ist seiner Verpflichtung zur Umsetzung des Art. 9 mit der durch das Durchführungsgesetz (Rdnr. 141) erfolgten Einfügung des § 36a AktG nachgekommen. Der Wortlaut des Abs. 2 dieser Vorschrift ist freilich mißglückt. So bestimmt zunächst § 36a Abs. 2 S. 1 AktG, daß Sacheinlagen vollständig zu leisten sind. Besteht aber die Sacheinlage in der Verpflichtung, einen Vermögensgegenstand auf die Gesellschaft zu übertragen, so genügt nach § 36a Abs. 2 S. 2 AktG die Leistung binnen fünf Jahren nach Eintragung. Der Entstehungsgeschichte des § 36a AktG läßt sich entnehmen, daß sein Abs. 2 S. 1 den „Grundsatz" der sofortigen Leistung regelt, während Abs. 2 S. 2 für den praktischen Regelfall, daß die Sacheinlageverpflichtung auf Überführung eines dinglichen Rechts in das Vermögen der Gesellschaft gerichtet ist, den Leistungszeitpunkt entsprechend Art. 9 Abs. 2 hinausschiebt[32]. § 36a Abs. 2 S. 1 AktG enthält somit zwar eine (zulässige) Verschärfung gegenüber der Richtlinie; sein Anwendungsbereich ist freilich denkbar gering.

2. Gegenstand der Einlage

a) Bar- und Sacheinlagen

157 Die Richtlinie unterscheidet zwischen Bareinlagen und Einlagen, die „nicht Bareinlagen sind" und gemeinhin als Sacheinlagen bezeichnet werden. Während Bareinlagen nur durch Zahlung von Geld erbracht werden können, sind Sacheinlageverpflichtungen auf die Erbringung anderer Leistungen gerichtet. Art. 7 S. 1 bestimmt insoweit, daß es sich um Vermögensgegenstände handeln muß, deren wirtschaftlicher Wert feststellbar sein muß[33]. Art. 7 S. 2 enthält freilich eine gewichtige Einschränkung; danach kann die Verpflichtung zur Erbringung von Diensten nicht Gegenstand einer Sacheinlage sein. Wortlaut und Zweck der Bestimmung legen es nahe, daß nicht nur Dienstleistungen der Gründer, sondern auch solche

---

[32] *Hüffer* NJW 1979, 1065, 1067f.; *ders.* § 36a Rdnr. 4; *Röhricht* in Großkomm. AktG, § 36a Rdnr. 6ff.; aA KölnKomm-*Kraft* § 36a Rdnr. 10ff., und *Mayer* ZHR 154 (1990), 535, 542ff., die davon ausgehen, daß sämtliche Sacheinlageversprechen unter § 36a Abs. 2 S. 1 AktG fallen und § 36a Abs. 2 S. 2 für den Fall, daß Gegenstand der Sacheinlage ein schuldrechtlicher Anspruch auf Übertragung eines Vermögensgegenstands ist, die Leistung des geschuldeten Gegenstands binnen fünf Jahren verlange; eingehend zur Problematik *Krebs/Wagner* AG 1998, 467ff. mit weit. Nachw.

[33] Auf die Bilanzierungsfähigkeit kommt es wohl nicht an (so auch *Kalss* S. 220; s. dazu für die entsprechende Vorschrift des § 27 Abs. 2 S. 1 AktG *Hüffer* NJW 1979, 1065, 1067; *Röhricht* in Großkomm. AktG, § 27 Rdnr. 22ff.), so daß es die Richtlinie erlaubt, obligatorische Nutzungsrechte zum Gegenstand einer Sacheinlage zu machen (s. dazu für § 27 Abs. 2 S. 1 AktG *Bork* ZHR 154 [1990], 205ff. einerseits, *K. Schmidt* ZHR 154 [1990], 237, 254ff. andererseits).

Dritter gemeint sind. Denn unabhängig von der Person des Dienstverpflichteten sind Bestand und Durchsetzbarkeit solcher Forderungen Unwägbarkeiten ausgesetzt, die einen zwangsweisen Zugriff der Gesellschaftsgläubiger zumindest erschweren. Auch gegen Dritte gerichtete Forderungen auf Erbringung von Diensten können mithin nicht eingebracht werden.

Für Sacheinlagen enthält die Richtlinie eine Reihe von *Sondervorschriften*. **158** Bereits erwähnt wurde Art. 9 Abs. 2 (Rdnr. 155 f.). Er wird ergänzt durch Art. 3 lit. h, wonach die Sacheinlage, ihr Einbringungswert und der Name des Inferenten in der – nach Art. 3 der 1. Richtlinie offenzulegenden – Satzung oder sonstigen Urkunde anzugeben sind; damit wird die Abweichung von dem Regelfall der Bargründung zum Schutze der Gläubiger und künftiger Aktionäre publik gemacht (Rdnr. 147). Vor allem aber ist der Gegenstand der Sacheinlage nach Art. 10 Abs. 1 bis 3 einer unabhängigen und sachverständigen *Wertprüfung* zu unterziehen. Dadurch soll zunächst im Interesse der Gläubiger sichergestellt werden, daß das Kapital durch zumindest gleichwertige Aktiva gedeckt ist (Rdnr. 150 f.). Sacheinlagen bergen aber auch für diejenigen Aktionäre, die Bareinlagen übernommen haben, große Risiken. Da nämlich die mitgliedschaftlichen Rechte an der Höhe der übernommenen Einlage ausgerichtet sind (Rdnr. 152), hat eine Überbewertung der Sacheinlage eine „Quersubventionierung" des Inferenten durch die anderen Aktionäre zur Folge. Nach Art. 10 Abs. 3 ist der Prüfungsbericht offenzulegen. Das AktG enthält den Vorgaben des Art. 10 Abs. 1 bis 3 entsprechende Vorschriften in seinen §§ 34, 40 Abs. 2.

b) *Nachgründung*

Die mit einer Sacheinlage verbundenen Kosten und sonstigen Unannehmlichkeiten (Rdnr. 158) laden zu Umgehungsversuchen ein. Die Verfasser der Richtlinie haben dies durchaus erkannt und in Art. 11 Abs. 1 für Umgehungsschutz sorgen wollen, indem sie in Anlehnung an § 52 AktG[34] den Erwerb eines Vermögensgegenstands von einem Gründer den Vorschriften über die Wertprüfung und Offenlegung und dem Erfordernis einer Genehmigung durch die Hauptversammlung unterstellt haben, sofern der Erwerb binnen einer Frist von mindestens zwei Jahren nach Gründung und für eine sich mindestens auf 10% des gezeichneten Kapitals belaufende Vergütung erfolgt[35]. **159**

Art. 11 Abs. 1 läßt zwar weitergehende einzelstaatliche Vorschriften zu, **160** soweit sie die Frist verlängern oder den Kreis der Veräußerer auf Aktionäre oder andere Personen ausdehnen. Im übrigen aber ist weder in Art. 11 noch in anderen Vorschriften von einem Schutz gegen Umgehungen der Regeln über Sacheinlagen die Rede; insbesondere die aus dem deutschen Recht bekannten Tatbestände der Sachübernahme und der verdeckten Sacheinlage (Rdnr. 161 ff.) haben keine Regelung erfahren. Art. 11 Abs. 2

---

[34] Vgl. *Niessen* AG 1970, 281, 288; *Lofoco/Manfredonia/Pellegrino* in Buttaro/Griffi, S. 101, 103 f.
[35] Für Erstreckung der Zweijahresfrist auch auf die Wertprüfung GA *Tesauro*, in EuGHE 1992, I-4897, 4913, Tz. 18; *Kalss* S. 229 f. mit weit. Nachw.

bestimmt gar, daß der Erwerb im Rahmen der *laufenden Geschäfte,* der Erwerb an der Börse und der auf Anordnung oder Aufsicht eines Gerichts oder einer Behörde erfolgende Erwerb nicht den Regeln des Art. 11 Abs. 1 unterstellt zu werden brauchen[36]. Entgegen der allgemeinen Tendenz des deutschen Aktienrechts (Rdnr. 161 f.) bleibt § 52 Abs. 9 AktG hinter diesen Vorgaben zurück, soweit er nicht nur den Erwerb im Rahmen der laufenden Geschäfte, sondern jeden vom Unternehmensgegenstand gedeckten Erwerb von den Vorschriften über die Nachgründung ausnimmt.

c) Sachübernahmen und verdeckte Sacheinlagen

161 Das deutsche Aktienrecht kennt seit jeher einen deutlich über Art. 11 hinausgehenden Schutz gegen Umgehungen der Sacheinlagevorschriften. So stellt § 27 Abs. 1 S. 1 AktG ausdrücklich die Sachübernahme, also eine im Rahmen der Gründung erfolgende Erwerbsabrede, der Sacheinlage gleich[37]; § 27 Abs. 1 S. 2 AktG fingiert darüber hinaus das Vorliegen einer Sacheinlage, wenn die für den zu übernehmenden Gegenstand geschuldete Vergütung auf die Einlageverpflichtung des Aktionärs angerechnet werden soll[38]. Vor allem aber kennt das deutsche Aktienrecht die bereits auf die Rechtsprechung des Reichsgerichts zurückgehende und über lange Zeit allgemein anerkannte Lehre von der verdeckten Sacheinlage[39]. Nach ihr finden die Vorschriften über die Sacheinlage auch dann Anwendung, wenn der Inferent zwar zunächst die geschuldete Geldeinlage erbringt, diese sodann aber gegen Übernahme anderer Vermögensgegenstände durch die Gesellschaft wieder zurückerhält[40]. Der Tatbestand ist also dadurch gekennzeichnet, daß der wirtschaftlich einheitliche Vorgang der Sacheinlage auf der Grundlage einer Vorabsprache[41] in rechtlich getrennte Geschäfte aufgespalten wird. Was die Rechtsfolgen betrifft, so findet § 27 Abs. 3 S. 3 AktG Anwendung: Vorbehaltlich einer Heilung der verdeckten Sacheinlage[42] bleibt der Inferent mangels satzungsmäßiger Vereinbarung der Sacheinlage zur Erbringung der von ihm übernommenen, bislang nicht geleisteten Bareinlage verpflichtet.

162 Was die Leistung von Sacheinlagen betrifft, so geht also das deutsche Aktienrecht nahezu durchweg über die Vorgaben der Richtlinie hinaus;

---

[36] Für zwingenden Charakter des Art. 11 Abs. 2 dagegen GA *Tesauro* (Fn. 35); *Meilicke* S. 101.
[37] Die berechtigte und vor Verabschiedung der Richtlinie erfolgte Empfehlung *Lutters* (in EuR 1975, 44, 56), auch die Richtlinie entsprechend zu erweitern, ist nicht aufgegriffen worden.
[38] Näher zum Ganzen *Röhricht* in Großkomm. AktG, § 27 Rdnr. 112 ff.
[39] RGZ 121, 99, 102; 157, 213, 224; BGHZ 28, 314; BGH NJW 1982, 2444, 2446; weit. Nachw. s. in Fn. 40 ff.
[40] Wegen sämtlicher Einzelheiten muß auf das einschlägige Schrifttum verwiesen werden, s. die Nachw. in Fn. 43 sowie namentlich *Röhricht* in Großkomm. AktG, § 27 Rdnr. 188 ff.; *Hüffer* § 27 Rdnr. 9 ff.; *K. Schmidt* § 29 II 1 c; *J. Wilhelm,* Kapitalgesellschaftsrecht, 1998, Rdnr. 127 ff.; zum GmbH-Recht Hachenburg/*Ulmer,* § 5 Rdnr. 143 ff.; aus der Rechtsprechung neben den Nachw. in Fn. 39 insbesondere BGHZ 110, 47 ff.; BGHZ 118, 83, 93 ff.; BGH ZIP 1997, 1337 (betr. das Schütt-aus-Hol-zurück-Verfahren).
[41] Zum Erfordernis dieser Absprache und zu den Voraussetzungen, unter denen sie zu vermuten ist, s. BGHZ 132, 133, 138 ff.
[42] Dazu BGH NJW 1996, 1473, 1475 f. mit weit. Nachw.

IV. Die Aufbringung des Kapitals

vorbehaltlich des § 52 Abs. 9 AktG (Rdnr. 160) lassen sich Umsetzungsdefizite nicht feststellen. Es fragt sich denn auch allein, ob Art. 11 die Umgehung der Vorschriften über die Sacheinlage abschließend regelt mit der Folge, daß die Grundsätze über die verdeckte Sacheinlage und über die Sachübernahme (Rdnr. 161) als richtlinienwidrig anzusehen wären. Dem BGH schien die Annahme, Art. 11 enthalte eine Mindestregelung, noch so offensichtlich, daß er unter beherztem Rückgriff auf die acte-clair-Doktrin (Rdnr. 39) von einer Vorlage an den EuGH abgesehen hat[43]. Zwischenzeitlich mehren sich freilich Stimmen, die dem Art. 11 den Charakter einer Höchstregelung zusprechen[44].

Eine abschließende Klärung der Frage ist dem EuGH vorbehalten **163** (Rdnr. 38), der freilich eine entsprechende Vorlage durch das LG Hannover (aus durchaus verständlichen Gründen) als unzulässig angesehen hat[45]. Die Entstehungsgeschichte der Richtlinie spricht allerdings gegen die Annahme, Art. 11 regele die Problematik einer Umgehung der Vorschriften über die Sacheinlage abschließend. Denn in ihrer Begründung zu dem 1970 vorgelegten Entwurf hat die Kommission ausdrücklich auf den fragmentarischen Charakter des Art. 11 hingewiesen und ausgeführt[46]:

„Sicherlich kann man Mittel und Wege finden, auch das in Art. 8 (scil: entspricht Art. 10 der verabschiedeten Fassung) vorgesehene Verfahren zu umgehen; es kann aber den nationalen Gesetzgebern, nachdem sie das Verfahren in ihr Recht übernommen haben, überlassen bleiben, es gegebenenfalls weiter auszubauen."

Man wird darüber hinausgehend sogar annehmen müssen, daß einer jeden Richtlinienbestimmung und damit auch den Vorschriften des Art. 10 ein *Umgehungsschutz immanent* ist. Denn schon aus Gründen des effet utile (Rdnr. 37) haben die Mitgliedstaaten dafür Sorge zu tragen, daß die Vorgaben der Richtlinie auch tatsächlich zur Geltung gebracht werden; sie dürfen sich deshalb nicht auf eine am Wortlaut der Richtlinie orientierte Auslegung beschränken (Rdnr. 37). Ein konkreter, d.h. auf das Vorliegen einer Verrechnungsabrede (Rdnr. 161) gestützter Schutz vor Umgehungen der Offenlegungs- und Wertprüfungsvorschriften ist deshalb mit der Richtlinie vereinbar und wohl auch geboten[47]. Fraglich ist allein, ob das nationale Recht das Vorliegen einer solchen Umgehungsabrede schon bei Vorliegen eines engen sachlichen und zeitlichen Zusammenhangs zwischen Einlage und Austauschgeschäft vermuten und damit

---

[43] BGHZ 110, 47, 68 ff.; s. ferner BGHZ 118, 83, 103 f.; *Röhricht* in Großkomm. AktG, § 27 Rdnr. 192; für Vereinbarkeit der genannten Grundsätze mit der 2. Richtlinie auch *Lutter/Gehling* WM 1989, 1445, 1456 ff.; *Ebenroth/Neiß* BB 1992, 2085 ff.; *Frey* ZIP 1990, 288, 294; *Kindler*, Festschrift für Boujong, S. 299, 309 ff.; *Wiedemann* ZIP 1991, 1257, 1268 f.; *Hüffer* § 27 Rdnr. 13; Nachw. zur Gegenansicht s. in Fn. 44.
[44] So namentlich GA *Tesauro*, in EuGHE 1992, I-4897, 4912 ff. = ZIP 1992, 1033 mit Anm. *Joost*; *Meilicke* S. 97 f.; *ders.* DB 1989, 1067 ff.; *ders.* DB 1990, 1173 ff.; *Einsele* NJW 1996, 2681, 2683 f.; s. ferner *Knobbe-Keuk* DB 1990, 2573, 2582 ff.
[45] EuGHE 1992, I-4919, 4933, Tz. 25 ff. – W. Meilicke; dazu *Ebenroth/Neiß* BB 1992, 2085, 2089 f.
[46] ABl. Nr. C 48/70 v. 24. 4. 1970, S. 11.
[47] Zutreffend namentlich *Lutter*, Festschrift für Everling, S. 765, 777 ff.; *Kindler*, Festschrift für Boujong, S. 299, 308 ff.; *Röhricht* in Großkomm. AktG, § 27 Rdnr. 192; *Drinkuth* S. 169 ff.

den konkreten Umgehungsschutz dem in Art. 11 geregelten abstrakten Umgehungsschutz annähern darf. Insoweit erscheint eine Korrektur der Rechtsprechung des BGH veranlaßt. Entsprechendes gilt für den weiten Begriff der Sachübernahme in § 27 Abs. 1 S. 1 AktG; er ist im Hinblick auf die abschließende Regelung des abstrakten Umgehungsschutzes in Art. 11 dahin gehend auszulegen, daß von ihm nur Geschäfte mit einem Erwerbspreis in Höhe von mindestens 10% des Grundkapitals erfaßt werden.

V. Die Erhaltung des Kapitals

1. Ausschüttungen an Aktionäre

a) Die Vorgaben der Art. 15 und 16

164 Das einmal aufgebrachte Kapital vermag nur dann den Schutz der Gläubiger zu gewährleisten, wenn sichergestellt ist, daß es nicht ohne weiteres an die Aktionäre zurückgezahlt werden kann. In dem Ausschluß eines jederzeitigen und willkürlichen Abzugs der überlassenen Mittel kommt denn auch ein wesentlicher Unterschied des Eigenkapitals gegenüber Fremdmitteln zum Ausdruck. Art. 15 Abs. 1 lit. a verbietet deshalb Ausschüttungen an die Aktionäre, durch die das „Nettoaktivvermögen" den Betrag des gezeichneten Kapitals zuzüglich etwaiger nicht angreifbarer Rücklagen[48] unterschreiten würde; eine Ausnahme gilt nur für Rückzahlungen aufgrund einer Kapitalherabsetzung nach Art. 30 ff.[49]. Die Vorschrift des Art. 15 Abs. 1 lit. a scheint auf einen bloßen Kapitalschutz gerichtet zu sein, wie ihn das deutsche Recht in § 30 GmbHG kennt: Der Gesellschaft wären danach lediglich solche Ausschüttungen verboten, die zur Folge hätten, daß das Grundkapital und die nicht angreifbaren Rücklagen nicht mehr gedeckt wären. Art. 15 Abs. 1 lit. c bringt aber eine gewichtige Verschärfung. Danach darf nämlich der Betrag der Ausschüttung an die Aktionäre den Gewinn[50] auch dann nicht überschreiten, wenn eine weitergehende Ausschüttung keine Unterbilanz zur Folge hätte. Im Ergebnis bedeutet dies, daß an die Aktionäre *nur der Gewinn* ausgezahlt werden darf[51].

165 Der Begriff der *Ausschüttung* wird in Art. 15 Abs. 1 lit. d zwar nicht definiert, wohl aber dahin gehend erläutert, daß er insbesondere die Zahlung von Dividenden und von Zinsen umfaßt. Dem läßt sich entnehmen, daß es der Richtlinie primär um „offene", also auf der Grundlage von Gewinnverwendungsbeschlüssen erfolgende Auszahlungen geht. Art. 15 Abs. 2 enthält zudem Regelungen für den Fall, daß die Mitgliedstaaten

---

[48] Erfaßt werden auch statutarische Rücklagen; s. dazu die Kritik von *Lutter* EuR 1975, 44, 57.
[49] Zum Erwerb eigener Aktien s. aber noch Rdnr. 168.
[50] Er ist in Art. 15 Abs. 1 lit. c genau definiert.
[51] So auch *Behrens* in Dauses, E. III Rdnr. 32; *Ankele* BB 1970, 988, 990; *Schön*, Festschrift für Kropff, S. 285, 293 f.; näher *Castellano* in Buttaro/Griffi, S. 127, 146 ff.

V. Die Erhaltung des Kapitals

Abschlagszahlungen auf Dividenden zulassen. Art. 15 Abs. 4 schließlich gestattet es den Mitgliedstaaten, für Investmentgesellschaften mit festem Kapital von den Vorgaben des Art. 15 Abs. 1 lit. a abzuweichen. Die Rechtsfolgen einer nach Art. 15 unzulässigen, aber gleichwohl erfolgten Ausschüttung sind in Art. 16 geregelt; danach sind die Aktionäre jedenfalls dann zur Rückgewähr verpflichtet, wenn die Gesellschaft beweist, daß die Unzulässigkeit aus Sicht der Aktionäre evident war.

b) Weitergehendes nationales Recht

166 Art. 15 Abs. 1 enthält keine abschließende Regelung des Kapitalschutzes; es handelt sich vielmehr um eine Mindestregelung, die Raum für weitergehendes nationales Recht läßt[52]. Das nationale Recht *kann* also insbesondere sogenannte *kapitalersetzende Aktionärsdarlehen* dem Eigenkapital gleichstellen und eine Rückzahlung der Valuta verbieten[53]. Auch kann das nationale Recht *„verdeckte"*, also außerhalb eines förmlichen Gewinnverwendungsbeschlusses erfolgende Vermögensverlagerungen als unzulässige Ausschüttungen qualifizieren und entsprechend sanktionieren[54]. In Ermangelung einer abschließenden Definition des Begriffs der Ausschüttung *gebietet* Art. 15 Abs. 1 wohl sogar einen entsprechenden Kapitalschutz, zumal verdeckte Vermögensverlagerungen an einzelne Aktionäre dem Gleichbehandlungsgebot des Art. 42 zuwiderlaufen und somit auch ein Schutz der übergangenen Aktionäre veranlaßt ist.

167 Auch die Sanktionsnorm des Art. 16 ist Mindestregelung. Verschärfungen kommen insbesondere hinsichtlich der Verteilung der Beweislast in Betracht. Nach Art. 16 darf das nationale Recht den Anspruch von der Bösgläubigkeit des Aktionärs abhängig machen und zudem die Beweislast der Gesellschaft zuweisen. Zulässig ist aber auch eine Regelung, die einen Rückgewähranspruch allein vom Vorliegen einer Vermögensverlagerung abhängig macht oder dem Aktionär den Nachweis seiner Gutgläubigkeit gestattet. In § 62 Abs. 1 AktG hat der Gesetzgeber zwar grundsätzlich von der zuletzt genannten Möglichkeit Gebrauch gemacht; für „offene", also auf der Grundlage eines Gewinnverwendungsbeschlusses erfolgte Zuwendungen hat er aber bei der Mindestvorgabe des Art. 16 bewenden lassen und somit den Schutz des gutgläubigen Aktionärs über den Kapital- und Gläubigerschutz gestellt. Aus Sicht des deutschen Rechts ist deshalb die Frage, ob Art. 16 mit Blick auf die in Art. 15 Abs. 1 lit. d genannten „Ausschüttungen" auszulegen ist und somit nur offene Zuwendungen erfaßt[55], ohne Belang.

---

[52] So auch *Drinkuth* S. 183 ff. – Anderes gilt für Art. 15 Abs. 2 und 4, die die möglichen Ausnahmetatbestände abschließend regeln.
[53] BGHZ 90, 381, 385 ff.; *Habersack* ZHR 162 (1998), 201, 215 ff. mit weit. Nachw.
[54] Vgl. für das deutsche Recht BGH NJW 1987, 1194, 1195 und NJW 1996, 589, 590, jew. für die GmbH; s. ferner *Bommert*, Verdeckte Vermögensverlagerungen im Aktienrecht, 1989, passim; *Geßler*, Festschrift für R. Fischer, 1979, S. 131 ff.; *Hüffer* § 57 Rdnr. 7 ff.
[55] In diesem Sinne zu Recht *Drinkuth* S. 191.

c) Umsetzungsdefizite?

168 Das AktG enthält in § 57 Abs. 1 S. 1, Abs. 3 eine ordnungsgemäße Umsetzung des Art. 15. Denn danach ist nicht nur die Rückgewähr von Einlagen verboten. Vielmehr darf unter die Aktionäre nur der förmlich festgestellte Bilanzgewinn verteilt werden. Die Rechtslage ändert sich erst mit *Auflösung* der Gesellschaft. Dann nämlich erhalten die Aktionäre nach § 271 Abs. 1 AktG ihren Anteil an dem Abwicklungsüberschuß. Doch sind, dem Eigenkapitalcharakter der von den Aktionären geleisteten Einlagen entsprechend, zuvor die Gesellschaftsgläubiger zu befriedigen; ein Verstoß gegen Art. 15 liegt mithin nicht vor. Richtlinienkonform ist auch die Vorschrift des § 57 Abs. 1 S. 2 AktG, wonach die Zahlung des Erwerbspreises bei zulässigem *Erwerb eigener Aktien* nicht als Einlagenrückgewähr gilt. Denn auch die Richtlinie läßt den Erwerb eigener Aktien unter bestimmten Voraussetzungen zu (Rdnr. 178 ff.); die Zahlung des Kaufpreises durch die Gesellschaft kann deshalb keine unzulässige Ausschüttung im Sinne des Art. 15 sein.

169 Für *verbundene Unternehmen* enthält allerdings das AktG eine Reihe von Ausnahmen von den §§ 57, 62. So bestimmt zunächst § 291 Abs. 3 AktG, daß auf der Grundlage eines Beherrschungs- oder Gewinnabführungsvertrags erfolgende Leistungen nicht als Verstoß gegen §§ 57, 58 und 60 AktG gelten. Für eingegliederte Gesellschaften enthält § 323 Abs. 2 AktG eine entsprechende Vorschrift. Bei einfacher Abhängigkeit im Sinne der §§ 311 ff. AktG fehlt es zwar an einer ausdrücklichen Befreiung von § 57 AktG; indes ist die ganz hM der Ansicht, daß §§ 57, 60, 62 AktG durch die in § 311 Abs. 2 AktG vorgesehene Möglichkeit des gestreckten Nachteilsausgleichs verdrängt werden[56]. In allen drei Fällen sorgt das AktG anderweitig für den notwendigen Kapitalschutz. So verpflichten §§ 302, 324 Abs. 3, 311 Abs. 2 AktG das herrschende Unternehmen zum Verlust- oder Nachteilsausgleich; § 322 AktG unterstellt die Hauptgesellschaft zudem der unmittelbaren Haftung gegenüber den Gläubigern der eingegliederten Gesellschaft.

170 Was zunächst die Rechtslage bei *Eingliederung* der Gesellschaft betrifft, so steht § 323 Abs. 2 AktG insoweit in Widerspruch zu Art. 15, als nach § 324 AktG sämtliche Rücklagen der eingegliederten Gesellschaft zur Disposition der Hauptgesellschaft stehen und Verlustausgleich nach § 324 Abs. 3 AktG nur insoweit geschuldet ist, als dies zur Deckung des Grundkapitals erforderlich ist[57]. Die in § 322 AktG vorgesehene Haftung der Hauptgesellschaft stellt zwar aus Sicht der Gläubiger eine zumindest gleichwertige Sicherung dar; konzeptionell widerspricht sie jedoch dem nach Art. 15 gebotenen Kapitalschutz[58]. Gleichwohl liegt ein Verstoß gegen die Richtlinie nicht vor. Denn wie nicht zuletzt die intensiven Bemü-

---

[56] OLG Stuttgart AG 1994, 411, 412; *Henze* BB 1996, 489, 498 f.; Emmerich/*Habersack*, Aktienkonzernrecht, 1998, § 311 Rdnr. 55 mit weit. Nachw.

[57] Näher zur Lockerung der Vermögensbindung nach §§ 323, 324 AktG Emmerich/*Habersack* (Fn. 56), § 323 Rdnr. 3, § 324 Rdnr. 3 ff., 9.

[58] Eine „Gleichwertigkeitsklausel", wie sie der Vorschlag einer 13. Richtlinie enthält (Rdnr. 349), ist in Art. 15 nicht vorgesehen.

V. Die Erhaltung des Kapitals

hungen um eine Angleichung des Konzernrechts belegen (Rdnr. 58f.), nimmt auch das Europäische Gesellschaftsrecht die Existenz von Unternehmensverbindungen zur Kenntnis und überläßt die Ausgestaltung dieser Verbindungen (bislang noch) dem nationalen Recht. Vor diesem Hintergrund ist es Sache des jeweiligen Mitgliedstaats, den Schutz der Gläubiger abhängiger Gesellschaften in Abweichung von den für die unverbundene AG geltenden Grundsätzen zu regeln. Dies hat jedenfalls dann zu gelten, wenn der abhängigen Gesellschaft durch Organisationsakt der Status einer „rechtlich selbständigen Betriebsabteilung" verliehen wird, wie dies im Fall der Eingliederung nach §§ 319 ff. AktG der Fall ist.

171 Auch für den *Vertragskonzern* ist an der Vereinbarkeit der nationalen Regelung mit Art. 15 nicht zu zweifeln[59]. Der in § 302 AktG vorgesehene Anspruch auf Verlustausgleich verlagert nämlich den gesamten Verlust der abhängigen Gesellschaft auf das herrschende Unternehmen. Er wird in der Bilanz der abhängigen Gesellschaft als Aktivposten geführt und hat zur Folge, daß ein etwaiger Verlust erst gar nicht ausgewiesen wird; der Wortlaut des § 302 Abs. 1 AktG spricht denn auch von einem fiktiven Verlust. Aus Sicht der abhängigen Gesellschaft ist die Lage derjenigen bei Hingabe eines Darlehens vergleichbar: Der Abfluß liquider Mittel wird durch Begründung eines Anspruchs kompensiert. Ungeachtet des § 291 Abs. 3 AktG wird also das Kapital der AG nicht angegriffen; über einen etwaigen Bilanzgewinn wird nach Maßgabe der allgemeinen Vorschriften verfügt. Nach § 291 Abs. 3 AktG hat zwar das herrschende Unternehmen die Möglichkeit des Zugriffs auf nicht förmlich festgestellte *Gewinne;* doch steht dies nicht im Widerspruch zu Art. 15 (Rdnr. 164 f.).

172 Entsprechendes gilt schließlich bei *einfacher Abhängigkeit*[60]. Zwar hat das herrschende Unternehmen keinen Anspruch auf Nachteilsausgleich[61]. Kommt es aber nicht zur Ausgleichszahlung, so haftet das herrschende Unternehmen nach § 317 AktG auf Schadensersatz; zudem entfällt die Befreiung von §§ 57, 62 AktG[62]. § 311 AktG enthält mithin nach der Auslegung durch die hM nur insoweit eine Abweichung von §§ 57, 62 AktG, als das herrschende Unternehmen die Möglichkeit des gestreckten Nachteilsausgleichs hat, ein Vermögensausgleich also erst zum Ende des Geschäftsjahres zu erfolgen braucht; bei Bemessung des Ausgleichs ist freilich der Liquiditätsgewinn des herrschenden Unternehmens zu berücksichtigen. Im übrigen ist nach §§ 311, 317 AktG eine Einflußnahme auf die abhängige Gesellschaft nur unter der Voraussetzung gestattet, daß die Vermögensinteressen der Gesellschaft gewahrt werden.

---

[59] So im Ergebnis auch *Schön,* Festschrift für Kropff, S. 285, 298 f., freilich unter überflüssiger Berufung auf den Charakter des Unternehmensvertrags als Organisationsvertrag; aA – gegen konzernrechtliche „Bereichsausnahmen" von Art. 15 – *Werlauff* S. 178.
[60] AA – für Unvereinbarkeit der hM (Fn. 56) mit Art. 15 – *Schön,* Festschrift für Kropff, S. 285, 298 ff.
[61] Emmerich/*Habersack* (Fn. 56), § 311 Rdnr. 49; *Hüffer* § 311 Rdnr. 38.
[62] Vgl. die Nachw. in Fn. 56.

2. Einberufungs- und Informationspflicht bei schweren Verlusten

a) Die Vorgaben des Art. 17

173 Die in Art. 17 geregelte Pflicht zur Einberufung einer Hauptversammlung bezweckt den Schutz der Gläubiger und der Aktionäre[63]. „Bei schweren Verlusten des gezeichneten Kapitals" sollen die Aktionäre Gelegenheit haben, über das weitere Schicksal der Gesellschaft zu entscheiden, etwa deren Auflösung, die Durchführung von Kapitalmaßnahmen oder die Abberufung von Organwaltern zu beschließen. Mittelbar kann dies auch den Gläubigern zugute kommen. Zwar sind die Aktionäre nicht zum Tätigwerden verpflichtet. Der typischerweise vorhandene Gleichlauf von Aktionärs- und Gläubigerinteressen läßt jedoch Maßnahmen erwarten, von denen auch die Gläubiger profitieren.

174 Art. 17 hat allerdings fragmentarischen Charakter. So überläßt er zunächst die *Frist*, innerhalb derer die Hauptversammlung einzuberufen ist, der Bestimmung durch die Mitgliedstaaten. Des weiteren ist es Sache der Mitgliedstaaten, die Höhe des als schwer zu erachtenden *Verlustes* zu bestimmen. Dabei müssen sie zwar Art. 17 Abs. 2 beachten, wonach der relevante Verlust nicht auf mehr als die Hälfte des gezeichneten Kapitals festgesetzt werden darf. Doch regelt die Richtlinie nicht näher, wie der Verlust zu ermitteln ist. Schließlich sieht Art. 17 keine Sanktionen für den Fall vor, daß der Vorstand untätig bleibt[64].

b) Richtlinienkonforme Auslegung des § 92 Abs. 1 AktG

175 Der deutsche Gesetzgeber konnte auf eine förmliche Umsetzung des Art. 17 verzichten, statutierte doch das AktG in seinem § 92 Abs. 1 eine entsprechende Einberufungs- und Verlustanzeigepflicht. Diese Vorschrift ist nun freilich im Lichte des Art. 17 und damit in einigen Punkten abweichend von der bislang ganz hM auszulegen. Zwar ist es mit der Richtlinie vereinbar, daß § 92 Abs. 1 AktG keine starre *Einberufungsfrist* vorsieht; denn die von § 92 Abs. 1 AktG geforderte unverzügliche Einberufung verwirklicht das Anliegen des Art. 17 auf besonders effektive Weise[65]. Auch geht die heute herrschende Lehre zu Recht davon aus, daß der Verlust nach den für den Jahresabschluß geltenden handelsrechtlichen Ansatz- und Bewertungsregeln zu ermitteln ist[66]; denn dies ist jedenfalls seit Verabschiedung der Bilanzrichtlinie (Rdnr. 260 ff.) auch die Sichtweise des Art. 17.

176 Als problematisch erscheint es jedoch, daß die ganz hM das Vorliegen eines „Verlusts in Höhe der Hälfte des Grundkapitals" im Sinne des § 92

---

[63] *Ankele* BB 1970, 988, 991; Nachw. zum nationalen Recht s. in Fn. 68.
[64] Berechtigte Kritik von *Lutter* EuR 1975, 44, 57 f.
[65] Näher *Habersack* in Großkomm. AktG, § 92 Rdnr. 21.
[66] KölnKomm-*Mertens* § 92 Rdnr. 3; *Hüffer* § 92 Rdnr. 3; *Habersack* in Großkomm. AktG, § 92 Rdnr. 18; aA noch BGH WM 1958, 1416, 1417 (Berücksichtigung stiller Reserven); wohl auch OLG Köln AG 1978, 17, 22.

V. Die Erhaltung des Kapitals

Abs. 1 AktG davon abhängig machen will, daß das Vermögen der Gesellschaft allenfalls noch die Hälfte des Nennkapitals deckt, eine Gegenüberstellung von Verlust und dem gesamten offen ausgewiesenen Eigenkapital also ergibt, daß das Vermögen nur noch die Hälfte des Grundkapitals erreicht[67]. Diese Auslegung steht bereits in Widerspruch zu den Grundsätzen des Art. 15. Denn diese Vorschrift ist gerade nicht auf einen bloßen Kapitalschutz im Sinne des § 30 GmbHG gerichtet (Rdnr. 164); eine systematische Auslegung des Art. 17 ergibt also, daß dem Vorliegen einer Unterbilanz keine Relevanz zukommt. Vor allem aber gebieten der Schutzzweck des Art. 17 und der Grundsatz des effet utile (Rdnr. 37) eine deutliche Vorverlagerung der Einberufungs- und Anzeigepflicht. Soll nämlich Art. 17 Abs. 1 den Aktionären die Möglichkeit offenhalten, der sich abzeichnenden Krise der Gesellschaft durch geeignete Maßnahmen zu begegnen, so setzt dies voraus, daß die Information in einem Stadium erfolgt, in dem sich die Krise noch bewältigen läßt. Daran fehlt es in der Regel, wenn auf der Grundlage der handelsrechtlichen Ansatz- und Bewertungsvorschriften bereits sämtliche Rücklagen und etwaige Gewinnvorträge aufgezehrt sind; die Gesellschaft ist dann häufig bereits überschuldet und damit insolvent. Der Verlust im Sinne des Art. 17 ist deshalb mit dem Jahresfehlbetrag gleichzusetzen; Gewinn- und Verlustvorträge sind also unbeachtlich. Der Jahresfehlbetrag ist sodann allein in Relation zum gezeichneten Kapital zu setzen; nicht entscheidend ist das Vorliegen einer Unterbilanz. Diesen Vorgaben ist bei Auslegung des § 92 Abs. 1 AktG Rechnung zu tragen.

177 Aus Gründen des effet utile hat das nationale Recht darüber hinaus sicherzustellen, daß eine Verletzung der Einberufungs- und Anzeigepflicht nicht sanktionslos bleibt (Rdnr. 37, 90). Die wohl hL trägt dem nicht Rechnung, wenn sie Ansprüche des einzelnen Aktionärs ablehnt und allein der Gesellschaft einen Schadensersatzanspruch zubilligt[68]. Jedenfalls mit Blick auf Art. 17 und das Gebot richtlinienkonformer Auslegung des nationalen Rechts (Rdnr. 34 ff.) sind deshalb die Aktionäre in den Schutzbereich dieser Vorschrift einzubeziehen, so daß sich der Vorstand bei Verletzung der Einberufungspflicht auch ihnen gegenüber nach § 823 Abs. 2 BGB schadensersatzpflichtig macht[69].

---

[67] BGH WM 1958, 1416; OLG Köln AG 1978, 12, 22; KölnKomm-*Mertens* § 92 Rdnr. 12 f.; *Hüffer* § 92 Rdnr. 2; aA *Habersack* in Großkomm. AktG, § 92 Rdnr. 13 ff.

[68] So KölnKomm-*Mertens* § 92 Rdnr. 24; *Hüffer* § 92 Rdnr. 15; aA aber *Hefermehl* in Geßler/Hefermehl/Eckardt/Kropff, AktG, § 92 Rdnr. 11; *Habersack* in Großkomm. AktG, § 92 Rdnr. 26.

[69] Vgl. die in Fn. 68 genannten Gegenstimmen; zu Ansprüchen aus § 823 Abs. 1 BGB unter dem Gesichtspunkt einer Vereitelung von Teilhaberechten des Aktionärs s. *Habersack*, Die Mitgliedschaft – subjektives und „sonstiges" Recht, 1996, S. 117 ff., 297 ff.

3. Eigene Aktien

a) Grundlagen

178 Besondere Aufmerksamkeit widmet die Richtlinie der Zeichnung und dem Erwerb eigener Aktien. Die Art. 18 ff. verfolgen insoweit eine strenge, am common law orientierte Linie[70] und haben den deutschen Gesetzgeber zu erheblichen Korrekturen gezwungen. Die Gefahren eines originären oder derivativen Erwerbs eigener Aktien liegen denn auch auf der Hand: Ist die Gesellschaft ihr eigener Aktionär, so ist ihr der auf den Nennwert oder rechnerischen Wert der eigenen Aktien entfallende Betrag der geschuldeten Einlagen nicht wirklich zugeflossen. Darüber hinaus greift der Erwerb eigener Aktien in das Kompetenzgefüge der AG ein. Da nämlich etwaige Rechte aus den Aktien der Gesellschaft durch den Vorstand ausgeübt werden, besteht die Gefahr, daß eine Überwachung und Kontrolle der Vorstandstätigkeit durch die Hauptversammlung vereitelt und die Willensbildung der Gesellschaft durch den Vorstand beeinflußt werden[71].

179 Die Vorschriften der Art. 18 ff. sind überaus komplex, was zunächst darauf zurückzuführen ist, daß sie naheliegende Umgehungsstrategien erfassen. In diesem Zusammenhang ist etwa der durch die Änderungsrichtlinie (Rdnr. 135) eingefügte Art. 24a zu nennen, der sich mit dem Erwerb durch abhängige Unternehmen beschäftigt. Darüber hinaus hat die Richtlinie darauf Rücksicht zu nehmen, daß Verschmelzungen, Eingliederungen, der Abschluß eines Unternehmensvertrags oder ähnliche Strukturmaßnahmen Abfindungsverpflichtungen in Aktien der Gesellschaft zur Folge haben können, so daß jedenfalls in Fällen dieser Art Ausnahmen von dem Erwerbsverbot anzuerkennen sind. Entsprechendes gilt, wenn die Gesellschaft ihren Mitarbeitern und Organwaltern Optionen auf den Erwerb von Aktien einräumt; auch diese Optionen müssen im Ausübungsfall durch zuvor erworbene eigene Aktien bedient werden können. Es kommt hinzu, daß der Erwerb eigener Aktien aus Sicht der Gesellschaft ein geeignetes und willkommenes Mittel zur Kurspflege ist[72]; dies und andere kapitalmarktrechtliche Erwägungen sprechen also dafür, Ausnahmen vom Verbot des Erwerbs eigener Aktien auch dann zuzulassen, wenn diese nicht der Erfüllung von Abfindungsverpflichtungen dienen. In dem Durchführungsgesetz vom 13. Dezember 1978 (Rdnr. 141) hat zwar der deutsche Gesetzgeber von den zahlreichen Optionen der Richtlinie Gebrauch gemacht. Umsetzungsdefizite lassen die §§ 56, 71 ff. AktG allerdings nicht erkennen; auch die durch das KonTraG[73] erfolgten Änderungen der §§ 71 ff. AktG sind unter Berücksichtigung der Vorgaben der Art. 19 ff. erfolgt.

---

[70] Vgl. insbesondere *Pennington*, Company Law, 6. Aufl. 1990, S. 190 ff.; *Schmitthoff* 15 CMLR (1978), 43, 49.
[71] Näher zu diesem Aspekt *Huber*, Festschrift für Duden, 1977, S. 137, 142 ff.
[72] Dazu *Martens*, *v. Rosen/Hahn* und *Nobel*, AG 1996, 337 ff., 434 ff. und 443 ff.
[73] Gesetz zur Kontrolle und Transparenz im Unternehmensbereich vom 27. 4. 1998, BGBl. I, S. 786.

V. Die Erhaltung des Kapitals

b) Zeichnung eigener Aktien

Die Zeichnung eigener Aktien ist der Gesellschaft nach Art. 18 Abs. 1 **180** strikt verboten. Dieses Verbot des originären Erwerbs eigener Aktien soll die *Aufbringung* des gezeichneten Kapitals sicherstellen und steht deshalb im Zusammenhang mit Art. 6ff. Schon aus Gründen des allgemeinen Zivilrechts muß eine Aufbringung des gezeichneten Kapitals durch die Gesellschaft selbst scheitern: Begründet nämlich die Zeichnung von Aktien entsprechende Einlageverpflichtungen, so wäre die Gesellschaft Gläubiger und Schuldner zugleich. Es kommt hinzu, daß die Gesellschaft die geschuldete Einlage nur aus den ihr ohnehin zur Verfügung stehenden Mitteln aufbringen könnte; zu einer realen Vermögensmehrung käme es also nicht.

Die Richtlinie sieht denn auch keine Ausnahmen von dem Verbot des **181** Art. 18 Abs. 1 vor. Sie sichert vielmehr das Verbot durch die Einbeziehung wichtiger *Umgehungstatbestände* ab. So nimmt Art. 18 Abs. 2 einem originären Erwerb der Aktien durch Dritte, die zwar im eigenen Namen, aber auf Rechnung der Gesellschaft handeln, jeden Reiz. Denn danach gilt die Zeichnung als eine solche des Handelnden, der somit ohne Rücksicht auf die mit der Gesellschaft getroffenen Vereinbarungen die volle Einlage schuldet. Dies wird man dahin gehend ergänzen müssen, daß auch ein vertraglicher oder gesetzlicher Aufwendungsersatzanspruch gegen die Gesellschaft nicht in Betracht kommt[74]. Der durch die Änderungsrichtlinie eingefügte Art. 24a erstreckt das Verbot des Art. 18 Abs. 1 zudem auf abhängige Gesellschaften[75]. Sollte es gleichwohl zu einer Zeichnung eigener Aktien kommen, so sind nach Art. 18 Abs. 3 die Gründer – im Fall einer Kapitalerhöhung: die Vorstandsmitglieder – verpflichtet, die Einlagen zu leisten. Das nationale Recht kann allerdings, wie in § 56 Abs. 4 S. 2 AktG geschehen, die Möglichkeit der Exkulpation einführen.

c) Erwerb eigener Aktien

Der derivative Erwerb eigener Aktien kommt nach den Ausführungen **182** in Rdnr. 180 allenfalls unter der Voraussetzung in Betracht, daß es sich um voll eingezahlte Aktien handelt, der Veräußerer oder ein Rechtsvorgänger also die Einlage bereits vollständig erbracht hat. Art. 19 Abs. 1 stellt dies in lit. d ausdrücklich klar und statuiert zudem in lit. a bis c weitere Mindestvoraussetzungen eines Erwerbs eigener Aktien. Bei Vorliegen dieser Voraussetzungen ist es den Mitgliedstaaten *gestattet*, den Erwerb eigener Aktien nach Maßgabe der Art. 19ff. zuzulassen. Ein striktes Verbot des derivativen Erwerbs eigener Aktien sieht also die Richtlinie aus den genannten Gründen (Rdnr. 179) nicht vor.

Gleichwohl birgt auch der derivative Erwerb voll eingezahlter eigener **183** Aktien erhebliche Gefahren. Denn zwar ist die geschuldete Einlage erbracht; in Gestalt des von der Gesellschaft geschuldeten Kaufpreises wird

---

[74] Zur entsprechenden Rechtslage nach § 56 Abs. 3 AktG s. *Hefermehl/Bungeroth* in Geßler/Hefermehl/Eckardt/Kropff, AktG, § 56 Rdnr. 50.
[75] Näher dazu *Neye* ZGR 1995, 191, 193ff.; *Kindl* ZEuP 1994, 77, 85ff.; *Kalss* S. 240ff.

sie aber dem Aktionär zurückgewährt und dieser aus dem unternehmerischen Risiko entlassen[76]. Sofern die Mitgliedstaaten den Erwerb eigener Aktien zulassen, haben sie deshalb nach Art. 19 Abs. 1 lit. c sicherzustellen, daß die Zahlung des Erwerbspreises nur aus dem freien, nicht zur Deckung des gezeichneten Kapitals und der Rücklagen erforderlichen Vermögen erbracht wird. Auch insoweit sorgt die Richtlinie für den notwendigen Umgehungsschutz. Könnte nämlich die Gesellschaft die erworbenen Aktien ohne weiteres aktivieren, so handelte es sich bei dem Erwerb um einen bilanzneutralen Vorgang. Dem Abfluß der Mittel stünde dann ein Vermögenszuwachs in Gestalt der erworbenen Aktien gegenüber. Eine Unterbilanz könnte deshalb nicht entstehen; die Mindestvoraussetzung des Art. 19 Abs. 1 lit. c würde leerlaufen. Nach der 2. und der 4. Richtlinie bleibt es dem nationalen Recht überlassen, ob eine Aktivierung eigener Aktien zu erfolgen hat[77]. Sieht aber das nationale Recht die Aktivierung eigener Aktien vor, so muß nach Art. 22 Abs. 1 lit. b auf der Passivseite eine nicht verfügbare Rücklage eingestellt werden. Dieser Passivposten neutralisiert den Aktivposten und stellt sicher, daß freies Vermögen nicht zum wiederholten Erwerb eigener Aktien eingesetzt wird. Der deutsche Gesetzgeber hat sich für die Aktivierung eigener Anteile entschieden und deshalb in § 272 Abs. 4 HGB die Bildung einer entsprechenden Rücklage vorgeschrieben.

184 Der weitere Inhalt der Art. 19 ff. soll im folgenden nicht in allen Einzelheiten dargestellt werden[78]. Hervorzuheben sind nur einige zentrale Punkte. *Art. 19 Abs. 1 lit. a* bestimmt zunächst, daß die Hauptversammlung über den Erwerb eigener Aktien zu entscheiden hat. Die danach erforderliche Einschaltung der Hauptversammlung soll für die Kontrolle des Erwerbspreises sorgen und die nach Art. 42 gebotene Gleichbehandlung der Aktionäre sicherstellen; insbesondere soll es dem Vorstand nicht möglich sein, an der Hauptversammlung vorbei einzelne Aktionäre aus dem unternehmerischen Risiko zu entlassen. Art. 19 Abs. 2 und 3, Art. 20 erlauben allerdings weitreichende Ausnahmen von dem Grundsatz des Art. 19 Abs. 1 lit. a. Für einen über Art. 19 Abs. 1 li. c, Art. 22 Abs. 1 lit. b (Rdnr. 183) hinausgehenden Kapitalschutz sorgt *Art. 19 Abs. 1 lit. b*. Danach darf der Nennbetrag oder der rechnerische Wert sämtlicher eigenen Aktien 10% des gezeichneten Kapitals nicht übersteigen. Auch davon kann allerdings das nationale Recht nach Maßgabe des Art. 20 befreien.

185 Dem mit dem Erwerb eigener Aktien verbundenen Kompetenz- und Strukturproblem (Rdnr. 178) begegnet die Vorschrift des Art. 22 Abs. 1 lit. a. Danach gewähren eigene Aktien in keinem Fall ein Stimmrecht; nach Art. 24a gilt dies auch für Aktien, die von einer abhängigen Gesellschaft gehalten werden. Art. 23 Abs. 1 verbietet es der Gesellschaft, den

---

[76] Der Erwerb eigener Aktien hat deshalb den Charakter einer Teilliquidation der Gesellschaft; s. dazu auch Rdnr. 168, aber auch *Escher-Weingart/Kübler* ZHR 162 (1998), 537 ff.
[77] Art. 9 der Bilanzrichtlinie enthält eine Regelung für den Fall, daß das nationale Recht die Aktivierung vorsieht.
[78] Näher zum Ganzen *Drinkuth* S. 198 ff.; *Kalss* S. 247 ff.; *Escher-Weingart/Kübler* ZHR 162 (1998), 537 ff.; ferner die Beiträge von *Sabatelli*, *Fortunato* und *Antonucci* in Buttaro/Griffi, S. 275 ff.

Erwerb ihrer Aktien durch Dritte finanziell zu unterstützen, und sorgt somit für Umgehungsschutz[79]. Art. 24 stellt des weiteren die Inpfandnahme eigener Aktien dem Erwerb gleich. Was schließlich die *Rechtsfolgen* eines unzulässigen Erwerbs eigener Aktien betrifft, so schreibt Art. 21 die Veräußerung der Aktien binnen einer Frist von einem Jahr vor; kommt es nicht zur Veräußerung, so müssen die Aktien für nichtig erklärt und gegebenenfalls das Kapital der Gesellschaft herabgesetzt werden. Darüber hinaus liegt eine unzulässige Einlagenrückgewähr vor, so daß der Empfänger nach Art. 16 zur Erstattung verpflichtet ist (Rdnr. 165).

VI. Kapitaländerungen

1. Überblick

Aus verschiedenen Gründen kann sich die Notwendigkeit ergeben, den Betrag des gezeichneten Kapitals zu ändern. Von großer praktischer Bedeutung ist die Erhöhung des Kapitals; sie kann sich insbesondere im Hinblick auf eine Ausweitung der Geschäftstätigkeit und dem damit verbundenen Wunsch nach einer angemessenen Eigenkapitalquote als notwendig erweisen. Die Richtlinie geht denn auch davon aus, daß der Betrag des gezeichneten Kapitals geändert werden kann, und regelt in den Art. 25 bis 39 Arten, Voraussetzungen und Rechtsfolgen von Kapitalveränderungen. Dabei sind die Art. 25 bis 29 der Kapitalerhöhung gewidmet; insoweit hat die Richtlinie vor allem die *Interessen der Altaktionäre* zu berücksichtigen. Die Herabsetzung des Kapitals ist Gegenstand der Art. 30 bis 39. Sie berührt vor allem die Interessen der Gesellschaftsgläubiger; die Richtlinie spricht ihnen deshalb ein Recht auf Sicherheitsleistung zu. Auch nach Gründung der Gesellschaft bleibt die Vorschrift des Art. 6 zu beachten; der Betrag des gezeichneten Kapitals darf deshalb, wie Art. 34 eigens betont, nicht unter das von dem jeweiligen Mitgliedstaat unter Beachtung des Art. 6 festgelegte Mindestkapital herabgesetzt werden.

186

2. Kapitalerhöhung

a) Zuständigkeit der Hauptversammlung

Die Erhöhung des gezeichneten Kapitals ist aus Sicht der Gläubiger ein erfreulicher Vorgang, wird doch der Gesellschaft zusätzliches Eigenkapital zugeführt und damit der „Puffer", der ein Durchschlagen von Verlusten auf die Kreditgeber verhindern soll, verstärkt. Wenn Art. 25 Abs. 1 die Zuständigkeit der Hauptversammlung zwingend vorgibt, so bezweckt er damit den *Schutz der Aktionäre*[80]. Vor dem Hintergrund nämlich, daß grundsätzlich jede Aktie ein Stimmrecht gewährt, spiegelt die Höhe der

187

---

[79] Dazu *Fleischer* AG 1996, 494 ff.; *Schroeder*, Finanzielle Unterstützung des Aktienerwerbs, 1995.
[80] S. die Nachweise zur Rechtsprechung des EuGH in Fn. 82 f.

Beteiligung den Einfluß des Aktionärs in der Gesellschaft wider. Das Maß des Einflusses kann sich zudem in der Bewertung der Aktien niederschlagen; so setzt sich der Kaufpreis, den der Erwerber einer Mehrheitsbeteiligung zu zahlen hat, regelmäßig aus dem üblichen Preis der Aktien und einer zusätzlichen „Kontrollprämie" zusammen (Rdnr. 343). Insbesondere derjenige Aktionär, der über ein bestimmtes Einflußpotential verfügt, kann sich deshalb im Fall einer Kapitalerhöhung genötigt sehen, zur Wahrung seines Besitzstandes neue Aktien zu zeichnen. Umgekehrt könnte es aus Sicht der Verwaltung oder des Großaktionärs reizvoll sein, einen Aktionär, der eine Sperrminorität hält oder das für die Geltendmachung von Minderheitsrechten erforderliche Quorum besitzt[81], durch die Aufnahme neuen Kapitals und neuer Aktionäre um seinen Einfluß zu bringen. Art. 25 Abs. 1 schreibt deshalb gemeinschaftsweit fest, daß die Aktionäre selbst über Kapitalerhöhungen zu entscheiden haben; eine entsprechende Kapitalmaßnahme der Verwaltung oder eines außenstehenden Dritten wäre demnach mit der Richtlinie unvereinbar.

188 In einer Reihe von Entscheidungen hat der EuGH den Grundsatz des Art. 25 Abs. 1 gegen Vorschriften des griechischen Rechts, die eine staatlich verordnete Zwangsverwaltung und Sanierung angeschlagener Unternehmen durch eine vom griechischen Staat gehaltene Aktiengesellschaft vorsahen, verteidigen müssen. Besonders hervorzuheben ist die „Karella"-Entscheidung des Gerichtshofes. In ihr hat der EuGH, nachdem er dem Art. 25 Abs. 1 unmittelbare Wirkung gegenüber öffentlichen Stellen bescheinigt hat (Rdnr. 32f.), im Wege der systematischen und teleologischen Auslegung die Unzulässigkeit einzelstaatlicher „Ausnahmebestimmungen" entwickelt, soweit diese die „Kollektivabwicklung" oder Sanierung von Gesellschaften vorsehen[82]:

„Dieses Ziel wäre ernstlich in Frage gestellt, wenn die Mitgliedstaaten von den Bestimmungen der Richtlinie abweichen könnten, indem sie Regelungen – mögen sie auch als Sonder- oder Ausnahmeregelungen bezeichnet werden – beibehielten, aufgrund deren durch eine Maßnahme der Geschäftsführung ohne jeden Beschluß der Hauptversammlung eine Erhöhung des Grundkapitals beschlossen werden kann, die dazu führt, daß die bisherigen Aktionäre gezwungen sind, ihre Einlagen zu erhöhen, oder daß ihnen der Eintritt neuer Aktionäre in die Gesellschaft aufgezwungen wird, so daß sich ihr Anteil an der Entscheidungsgewalt der Gesellschaft verringert. . . .

Insoweit ist festzustellen, daß weder im EWG-Vertrag noch in der Zweiten Richtlinie selbst Abweichungsbestimmungen vorgesehen sind, die es den Mitgliedstaaten erlauben, in Krisensituationen von Artikel 25 Absatz 1 dieser Richtlinie abzuweichen. Im Gegenteil sieht Artikel 17 Absatz 1 der Richtlinie ausdrücklich vor, daß bei schweren Verlusten des gezeichneten Kapitals die Hauptversammlung innerhalb einer durch die Rechtsvorschriften der Mitgliedstaaten zu bestimmenden Frist einberufen werden muß, um zu prüfen, ob die Gesellschaft aufzulösen ist oder andere Maßnahmen zu ergreifen sind. Diese Bestimmung bestätigt somit den durch den in Artikel 25 Absatz 1 aufgestellten Grundsatz und findet auch auf den Fall Anwendung, daß sich die betreffende Gesellschaft in ernstlichen finanziellen Schwierigkeiten befindet. . . .

---

[81] Vgl. etwa §§ 147, 315 S. 2 AktG, jeweils geändert durch das KonTraG (Fn. 73).
[82] EuGHE 1991, I-2710, 2717ff., Tz. 26ff.; dazu *Tellis* EuZW 1992, 657ff.; *Klinke* ZGR 1993, 1, 22ff.

VI. Kapitaländerungen

Die Richtlinie soll nämlich sicherstellen, daß insbesondere bei den Vorgängen der Gründung einer Gesellschaft sowie der Erhöhung und der Herabsetzung ihres Kapitals die Rechte der Gesellschafter und Dritter gewahrt werden. Diese Sicherheit ist nur wirksam, wenn sie den Gesellschaftern solange gewährt wird, wie die Gesellschaft mit ihren eigenen Strukturen fortbesteht. Die Richtlinie steht zwar nicht der Einführung von Zwangsvollstreckungsmaßnahmen und insbesondere von Abwicklungsregelungen entgegen, die die Gesellschaft zum Schutz der Rechte ihrer Gläubiger einer Zwangsverwaltungsregelung unterstellen, sie findet jedoch so lange weiter Anwendung, wie die Aktionäre und die satzungsmäßigen Organe der Gesellschaft nicht ihrer Rechte enthoben werden. Das ist mit Sicherheit bei einer bloßen Sanierungsregelung mit Beteiligung öffentlicher Einrichtungen oder privatrechtlicher Gesellschaften der Fall, wenn das Recht der Gesellschafter am Kapital und auf Teilhabe an der Entscheidungsgewalt in der Gesellschaft in Frage steht.

Daraus folgt, daß Artikel 25 Absatz 1 der Zweiten Richtlinie in Ermangelung einer vom Gemeinschaftsrecht vorgesehenen Abweichung dahin auszulegen ist, daß er es nicht zuläßt, daß die Mitgliedstaaten eine mit dem in dieser Vorschrift aufgestellten Grundsatz unvereinbare Regelung beibehalten, selbst wenn diese Regelung nur für außergewöhnliche Situationen gilt. Würde unabhängig von den besonderen Tatbestandsmerkmalen der Bestimmungen des EWG-Vertrags und der Zweiten Richtlinie ein allgemeiner Vorbehalt für außergewöhnliche Situationen anerkannt, so könnte dies zudem die Verbindlichkeit und die einheitliche Anwendung des Gemeinschaftsrechts beeinträchtigen (siehe in diesem Sinne Urteil vom 15. Mai 1986 in der Rechtssache 222/84, Johnston, Slg. 1986, 1651, Randnr. 26)."

189 In mehreren Folgeentscheidungen hat der EuGH diese Ausführungen bestätigt und ergänzt[83]. In der „Pafitis"-Entscheidung hat er die „Karella"-Grundsätze auf den *Banksektor* erstreckt und demgemäß den Einwand, insoweit existierten gemeinschaftsrechtliche Sonderregeln, als unberechtigt zurückgewiesen[84]. In derselben Entscheidung, vor allem aber in der „Kefalas"-Entscheidung, hat der Gerichtshof zudem einer allzu großzügigen Heranziehung des im einzelstaatlichen Recht wurzelnden *Einwands des Rechtsmißbrauchs* Grenzen gesetzt[85]:

Nach der Rechtsprechung des Gerichtshofes ist die mißbräuchliche oder betrügerische Berufung auf Gemeinschaftsrecht nicht gestattet (...).

Es kann daher nicht als gemeinschaftsrechtswidrig angesehen werden, daß nationale Gerichte eine innerstaatliche Rechtsvorschrift, wie Art. 281 des griechischen Zivilgesetzbuchs, anwenden, um zu beurteilen, ob ein sich aus einer Gemeinschaftsbestimmung ergebendes Recht mißbräuchlich ausgeübt wird.

Zwar kann der Gerichtshof nicht seine Beurteilung an die Stelle der Beurteilung der nationalen Gerichte setzen, die für die Feststellung des Sachverhalts der Rechtssache, mit der sie befaßt sind, allein zuständig sind; jedoch ist daran zu erinnern, daß die Anwendung einer solchen nationalen Rechtsvorschrift nicht die volle Wirksamkeit und die ein-

---

[83] EuGHE 1992, I-2134, 2142ff., Tz. 24ff. – Evangelikis Ekklisias; EuGHE 1992, I-5713, 5718ff., Tz. 13ff. – Kerafina; EuGHE 1996, I-1366, 1371ff., Tz. 18ff. – Pafitis; EuGH WM 1998, 1531, 1532f., Tz. 20ff. – Kefalas.

[84] EuGHE 1996, I-1366, 1376, Tz. 41ff.; dazu *Klinke* ZGR 1996, 567, 587ff.; *M. Ulmer* WuB II A. Art. 25 Richtlinie 77/91 1.96.

[85] EuGH WM 1998, 1531, 1532f., Tz. 20ff. – Kefalas; s. ferner EuGHE 1996, I-3166, 3182f., Tz. 67ff. – Pafitis.

§ 6 Die Kapitalrichtlinie

heitliche Anwendung des Gemeinschaftsrechts in den Mitgliedstaaten beeinträchtigen darf (vgl. Urteil Pafitis u. a., Randnr. 68). Insbesondere können die nationalen Gerichte bei der Beurteilung der Ausübung eines sich aus einer Gemeinschaftsbestimmung ergebenden Rechtes nicht die Tragweite dieser Bestimmung verändern oder die mit ihr verfolgten Zwecke vereiteln.

Im vorliegenden Fall würden die einheitliche Anwendung des Gemeinschaftsrechts und seine volle Wirksamkeit beeinträchtigt, wenn von einem Aktionär, der sich auf Artikel 25 Absatz 1 der Zweiten Richtlinie beruft, deshalb angenommen würde, daß er sein Recht mißbraucht, weil die von ihm bekämpfte Kapitalerhöhung angeblich die finanziellen Schwierigkeiten, die die betreffende Gesellschaft bedrohten, behoben und ihm eindeutige wirtschaftliche Vorteile verschafft hat.

Nach ständiger Rechtsprechung gilt nämlich die Entscheidungsbefugnis der Hauptversammlung nach Artikel 25 Absatz 1 auch für den Fall, daß sich die betreffende Gesellschaft in erheblichen finanziellen Schwierigkeiten befindet (...). Da eine Kapitalerhöhung ihrem Wesen nach bezweckt, die Vermögenslage der Gesellschaft zu verbessern, würde es schlechthin einer Versagung der Ausübung des sich aus dieser Bestimmung ergebenden Rechts gleichkommen, wenn eine auf Artikel 25 Absatz 1 gestützte Klage mit der in Randnummer 23 dieses Urteils angeführten Begründung als mißbräuchlich angesehen würde.

So könnte sich ein Aktionär bei einer finanziellen Krisensituation der Gesellschaft nie auf Artikel 25 Absatz 1 der Zweiten Richtlinie berufen. Die Tragweite dieser Bestimmung, die nach der genannten Rechtsprechung in einer solchen Situation anwendbar bleiben müßte, würde folglich verändert.

Ebensowenig kann, sollen nicht die einheitliche Anwendung des Gemeinschaftsrechts und seine volle Wirksamkeit beeinträchtigt werden, einem Aktionär, der sich auf Artikel 25 Absatz 1 der Zweiten Richtlinie beruft, eine mißbräuchliche Ausübung des sich aus dieser Bestimmung ergebenden Rechts deshalb zur Last gelegt werden, weil er nicht von seinem in Artikel 29 Absatz 1 der Zweiten Richtlinie vorgesehenen Bezugsrecht für die anläßlich der streitigen Kapitalerhöhung ausgegebenen neuen Aktien Gebrauch gemacht hat.

Die Ausübung des Bezugsrechts hätte bedeutet, daß der Aktionär an der Durchführung der Entscheidung, das Kapital ohne Genehmigung durch die Hauptversammlung zu erhöhen, hätte mitwirken wollen; gegen diese Entscheidung wendet er sich jedoch gerade unter Berufung auf Artikel 25 Absatz 1 der Zweiten Richtlinie. Daher würde es die Tragweite dieser Bestimmung verändern, wenn von einem Aktionär, der sich auf sie berufen will, verlangt würde, sich an einer Kapitalerhöhung zu beteiligen, die ohne durch die Hauptversammlung erteilte Genehmigung beschlossen worden ist.

Nach dem Gemeinschaftsrecht ist es jedoch nicht unzulässig, daß das vorlegende Gericht angesichts ernstzunehmender, hinreichender Anhaltspunkte prüft, ob der sich auf Artikel 25 Absatz 1 der Zweiten Richtlinie berufende Aktionär eine Klage auf Feststellung der Ungültigkeit der Kapitalerhöhung zu dem Zweck erhoben hat, widerrechtliche Vorteile zum Nachteil der Gesellschaft zu erlangen, die offensichtlich unvereinbar damit sind, daß den Aktionären durch diese Bestimmung Gewähr dafür geboten werden soll, daß eine Entscheidung, das Grundkapital zu erhöhen und damit die Proportionen der Anteile der Aktionäre zu verändern, nicht ohne ihre Beteiligung an der Ausübung der Entscheidungsbefugnis der Gesellschaft getroffen wird."

190 Art. 25 Abs. 1 regelt zwar nicht ausdrücklich, welcher *Mehrheit* ein Kapitalerhöhungsbeschluß bedarf. Dem Art. 40 Abs. 1 läßt sich allerdings entnehmen, daß eine *einfache Mehrheit* ausreicht. Freilich handelt es sich

VI. Kapitaländerungen

dabei um eine Mindestregelung; das nationale Recht kann also weitergehende Voraussetzungen aufstellen[86], insbesondere Kapitalmaßnahmen als Satzungsänderung qualifizieren und demgemäß eine satzungsändernde Mehrheit vorschreiben. Die Vorschriften des § 182 Abs. 1 S. 1 bis 3 AktG stehen somit im Einklang mit Art. 25 Abs. 1. Entsprechendes gilt für den in § 182 Abs. 2 AktG vorgesehenen Sonderbeschluß bei gattungsverschiedenen Aktien; er entspricht der Vorgabe des Art. 25 Abs. 3.

Nach Art. 25 Abs. 4 finden die Vorschriften des Art. 25 auch auf die Ausgabe aller Wertpapiere Anwendung, die in Aktien umgewandelt werden können oder mit einem Bezugsrecht auf Aktien verbunden sind. Davon betroffen sind *Wandel- und Optionsanleihen*. Auch insoweit bedarf es eines Schutzes der Aktionäre, haben doch auch diese Wertpapiere nach Ausübung des Umtausch- oder Optionsrechts Einfluß auf die Beteiligungsstruktur der Gesellschaft (Rdnr. 187). Art. 25 Abs. 4 bindet deshalb bereits die Ausgabe dieser Wertpapiere an die Zustimmung der Hauptversammlung; die Ausübung des Umwandlungs- oder Optionsrechts und die nachfolgende Erfüllung der Ansprüche auf Aktien können dagegen ohne Mitwirkung der Hauptversammlung erfolgen. Art. 25 Abs. 4 enthält allerdings keine abschließende Regelung der zulässigen Finanztitel; die Gesellschaft kann insbesondere auch Genußrechte mit Eigenkapitalcharakter ausgeben (Rdnr. 151). **191**

Eine Einschränkung des Grundsatzes, daß jede Kapitalerhöhung eines Beschlusses der Hauptversammlung bedarf, ist in Art. 25 Abs. 2 vorgesehen. Danach kann durch die Satzung oder durch Beschluß der Hauptversammlung ein sogenanntes *genehmigtes Kapital* eingeführt, der Vorstand also zur Durchführung einer Kapitalerhöhung ermächtigt werden. Dieses genehmigte Kapital dient der erleichterten Kapitalbeschaffung; insbesondere soll es dem Vorstand ermöglicht werden, schnell und flexibel reagieren zu können. Die rechtliche Grundlage wird aber auch in den Fällen des Art. 25 Abs. 2 durch die Hauptversammlung geschaffen; die Ausübung des genehmigten Kapitals durch den Vorstand ist zwar eine Maßnahme der Geschäftsführung, ihre Grundlage ist aber die Satzung oder der Ermächtigungsbeschluß. Die Hauptversammlung darf sich freilich nicht selbst entmündigen. Art. 25 Abs. 2 bestimmt deshalb, daß die Ermächtigung einen Höchstbetrag enthalten muß und zudem nur für eine Höchstdauer von fünf Jahren gilt; zulässig ist allerdings die ein- oder mehrmalige Verlängerung. Auch Art. 25 Abs. 2 enthält eine Mindestregelung in dem Sinne, daß er das Mindestmaß des Aktionärsschutzes vorgibt. Das einzelstaatliche Recht kann deshalb von der Zulassung eines genehmigten Kapitals absehen; es kann zudem die Fünfjahresfrist verkürzen, zusätzliche Vorausetzungen einführen oder die Möglichkeit der Verlängerung ausschließen[87]. **192**

---

[86] So auch *Meilicke* DB 1996, 513, 517; *Drinkuth* S. 224 ff.
[87] *Drinkuth* S. 228 ff.

§ 6 Die Kapitalrichtlinie

b) Publizität

193 Nach Art. 25 Abs. 1 S. 2 sind der Kapitalerhöhungsbeschluß und die Durchführung der Erhöhung nach Maßgabe des Art. 3 der Publizitätsrichtlinie offenzulegen (Rdnr. 84ff.). Dies gilt auch in den Fällen des genehmigten Kapitals. Die gesonderte Offenlegung der *Durchführung* der Kapitalerhöhung soll verlautbaren, inwieweit tatsächlich neue Einlageverpflichtungen begründet worden sind; dem Kapitalerhöhungsbeschluß läßt sich nämlich diesbezüglich nichts entnehmen. Die Umsetzung dieser Vorgaben der Richtlinie ist durch §§ 184, 188 und 203 AktG erfolgt.

c) Die Aufbringung des neuen Kapitals

194 Die Aufbringung des neuen Kapitals ist in Art. 26 und 27 geregelt. Diese Vorschriften unterscheiden zwischen Bar- und Sacheinlagen und entsprechen auch im übrigen weitgehend den Art. 9 und 10 betreffend die Aufbringung des Gründungskapitals (Rdnr. 153ff.). Insbesondere bedarf es nach Art. 27 Abs. 2 S. 3 iVm. Art. 10 Abs. 2 auch im Fall der Sachgründung grundsätzlich[88] einer *Wertprüfung*. Diese Wertprüfung hat sich gemäß ausdrücklicher Bestimmung in Art. 10 Abs. 2 auch auf ein etwaiges Aufgeld (Rdnr. 152) zu beziehen. Im Interesse der Altaktionäre ist deshalb zu prüfen, ob die Sacheinlage den Ausgabebetrag der jungen Aktien deckt[89]; andernfalls kommt es nämlich zu einer „Quersubventionierung" des Sacheinlegers durch die Altaktionäre.

Diesen Vorgaben vermag das deutsche Aktienrecht in der Auslegung durch die hM nicht zu genügen. Diese hM sieht nämlich in § 183 Abs. 3 AktG eine abschließende Aufzählung der anwendbaren Gründungsvorschriften; da die den Art. 27 Abs. 2 S. 3, 10 Abs. 2 entsprechende Vorschrift des § 34 Abs. 1 Nr. 2 AktG darin nicht enthalten sei, könne sich im Fall einer Kapitalerhöhung die Wertprüfung auf die Feststellung beschränken, daß der Nennwert oder der rechnerische Wert der jungen Aktien gedeckt sei[90].

195 Art. 27 verweist bewußt nicht auf Art. 11. Die Mitgliedstaaten sind deshalb zwar berechtigt, nicht aber verpflichtet, die Vorschriften über die Nachgründung (Rdnr. 159f.) auf Kapitalerhöhungen, die nach Ablauf von zwei Jahren nach Gründung erfolgen, zur Anwendung zu bringen. Unabhängig davon dürfen und müssen die Mitgliedstaaten auch die Vorgaben des Art. 27 gegen konkrete Umgehungen absichern; insbesondere die Lehre von der verdeckten Sacheinlage ist somit auch in den Fällen der Kapitalerhöhung grundsätzlich mit der Richtlinie vereinbar (Rdnr. 161ff.).

d) Bezugsrecht der Aktionäre

196 aa) *Funktion und Reichweite.* Nach Art. 25 sind zwar in die Beteiligungsstruktur eingreifende Maßnahmen des Vorstands oder außenstehen-

---

[88] Ausnahmen sind in Art. 27 Abs. 3 und 4 vorgesehen.
[89] So auch *Wiedemann,* in Großkomm. AktG, § 183 Rdnr. 82; *Hirte* DB 1995, 1113, 1114f.; *Meilicke* DB 1996, 513, 514.
[90] So *Hefermehl/Bungeroth* (Fn. 74), § 183 Rdnr. 90ff.; KölnKomm-*Lutter* § 183 Rdnr. 52; *Hüffer* § 183 Rdnr. 13; dagegen zu Recht die in Fn. 89 Genannten.

VI. Kapitaländerungen

der Dritter grundsätzlich ausgeschlossen. Auch die zwingende Zuständigkeit der Hauptversammlung vermag jedoch nicht zu verhindern, daß sich Minderheitsaktionäre einer von ihnen nicht gewollten Kapitalerhöhung ausgesetzt sehen. Insbesondere in Fällen dieser Art zeigt sich die Funktion des in Art. 29 geregelten Bezugsrechts: Es stellt sicher, daß sich jeder Aktionär entsprechend seiner Beteiligung an dem bislang gezeichneten Kapital auch an der Kapitalerhöhung beteiligen und dadurch seine Beteiligungsquote wahren *kann*[91]. Zugleich soll das Bezugsrecht vor einer Verwässerung des Anteilswerts schützen. Liegt nämlich der Emissionskurs der neuen Aktien unter dem Wert der Altaktien, so geht mit dem Bezugsrechtsausschluß eine „Quersubventionierung" der Bezugsberechtigten durch die Altaktionäre einher[92]. Das Bezugsrecht soll also einen Eingriff in die Besitzstände des Aktionärs ausschließen. Die Statuierung dieses mitgliedschaftlichen Individualrechts ist mehr als eine Ausprägung des *Gleichbehandlungsgrundsatzes*. Dies zeigt das Beispiel eines Ausschlusses sämtlicher Altaktionäre vom Bezug neuer Aktien, bei dem eine Ungleichbehandlung nicht vorliegt, Art. 29 aber dennoch Anwendung findet.

197 Art. 29 Abs. 1 gewährt das Bezugsrecht bei jeder *Barkapitalerhöhung* (Rdnr. 199ff.); für die Sachkapitalerhöhung enthält die Richtlinie dagegen keine Vorgaben (Rdnr. 202). Art. 29 Abs. 6 erstreckt das Bezugsrecht auf sämtliche Wertpapiere[93], die in Aktien umgewandelt werden können oder mit einem Bezugsrecht auf Aktien verbunden sind. Davon betroffen sind *Wandel- und Optionsanleihen*; nach Art. 29 Abs. 6 sind sie den Aktionären anzubieten, die durch den Erwerb und die spätere Ausübung des Umwandlungs- oder Optionsrechts ihren Besitzstand wahren können. Abs. 6 ist, wie der gesamte Art. 29, Mindestregelung (Rdnr. 200, 202); die Vorschrift des § 221 Abs. 4 AktG, wonach die Aktionäre auch ein Bezugsrecht auf von der Gesellschaft emittierte Genußrechte und Gewinnschuldverschreibungen haben, steht deshalb im Einklang mit der Richtlinie.

198 Art. 29 Abs. 7 trägt dem Umstand Rechnung, daß die Gesellschaften regelmäßig eine oder mehrere Emissionsbanken einschalten, die zunächst sämtliche neuen Aktien oder Anleihen (Rdnr. 197) übernehmen, um sie sodann den Aktionären nach Maßgabe des jeweiligen Bezugsrechts anzubieten. Bei dieser Vorgehensweise werden die Altaktionäre an sich vom originären Erwerb der neuen Aktien ausgeschlossen; der Umstand, daß ihnen die Möglichkeit des derivativen Erwerbs von den Emissionsbanken zugesagt wird, vermag daran nichts zu ändern. Unter den Voraussetzungen des Art. 29 Abs. 7 soll in Fällen dieser Art gleichwohl kein Bezugsrechtsausschluß vorliegen; das „mittelbare Bezugsrecht" wird vielmehr dem unmittelbaren gleichgestellt.

---

[91] Eingehend zum Bezugsrecht des Aktionärs *Wymeersch* AG 1998, 382ff. (rechtsvergleichend); ferner für das deutsche Recht *Lutter* ZGR 1979, 401 ff.; KölnKomm-*ders.* § 186 Rdnr. 2ff.; *Wiedemann* in Großkomm. AktG, § 186 Rdnr. 49ff.; *Martens,* Festschrift für R. Fischer, 1979, S. 437ff.; *ders.* ZIP 1994, 669ff.; *Kübler* ZBB 1993, 1ff.; zur Rechtsnatur s. ferner *Habersack* (Fn. 69), S. 258ff.

[92] Näher dazu *Lutter* § 186 Rdnr. 7; *Wiedemann* in Großkomm. AktG, § 186 Rdnr. 56.

[93] Der Systematik des Art. 29 entsprechend muß es sich um Finanztitel handeln, die den Einleger zur Leistung von Geld verpflichten.

199 bb) *Barkapitalerhöhung.* Nach Art. 29 Abs. 1 haben die Mitgliedstaaten den Aktionären bei jeder Barkapitalerhöhung ein Bezugsrecht auf die neuen Aktien zu gewähren; Entsprechendes gilt bei Begebung der in Art. 29 Abs. 6 genannten Finanztitel (Rdnr. 197). Das gesetzliche Bezugsrecht kann zwar nach Art. 29 Abs. 4 S. 1 nicht durch die Satzung ausgeschlossen oder beschränkt werden. Art. 29 Abs. 4 S. 2 erlaubt jedoch den *Ausschluß* oder die Beschränkung des Bezugsrechts *durch Beschluß der Hauptversammlung*[94]. In diesem Fall hat der Vorstand nach Art. 29 Abs. 4 S. 3 der Hauptversammlung einen schriftlichen Bericht über die Gründe für eine Beschränkung oder einen Ausschluß des Bezugsrechts zu erstatten und den vorgesehenen Ausgabekurs zu begründen. Dieser eigens vorgegebenen Berichts- und Begründungspflicht läßt sich entnehmen, daß die Richtlinie an einen Ausschluß des Bezugsrechts nicht nur formelle, sondern auch materielle Anforderungen stellt[95]. Dabei hat die Richtlinie beide Schutzrichtungen des Bezugsrechts im Auge (Rdnr. 196)[96]: Die Begründung des vorgeschlagenen Ausgabekurses soll „Quersubventionierungen" vermeiden helfen; die darüber hinaus geforderte allgemeine Begründung trägt der Gefahr einer Verwässerung der Teilhaberechte Rechnung.

200 Die von der Richtlinie geforderten materiellen Voraussetzungen eines Bezugsrechtsausschlusses werden von ihr freilich nicht im einzelnen vorgegeben[97]. Allein Art. 42 enthält eine zwingende inhaltliche Vorgabe; danach muß der Ausschluß dem Gleichbehandlungsgrundsatz genügen. Im übrigen ist es nach Art. 29 Abs. 4 Sache der Mitgliedstaaten, die inhaltlichen Schranken des Bezugsrechtsausschlusses zu konkretisieren[98]. Dabei hat das einzelstaatliche Recht zu berücksichtigen, daß dem Bezugsrecht nach der Richtlinie der Charakter eines mitgliedschaftlichen Individualrechts zukommt. Die Rechtsprechung des BGH, wonach der Ausschluß des Bezugsrechts einer strengen, am Grundsatz der Verhältnismäßigkeit orientierten Inhaltskontrolle zu unterwerfen und unter die Voraussetzung einer sachlichen Rechtfertigung zu stellen ist[99], befindet sich also durchaus im Einklang

---

[94] Erforderlich ist ein gesonderter Beschluß über den Bezugsrechtsausschluß; die Zuständigkeit der Hauptversammlung nach Art. 25 (Rdnr. 187 ff.) und das Bezugsrecht des einzelnen Aktionärs bilden zwei unabhängige Schutzinstrumentarien, s. EuGH WM 1998, 1531, 1532 f., Tz. 26 – Kefalas, dazu Rdnr. 189. Zudem bedarf der Beschluß nach Art. 40 zumindest einer Zwei-Drittel-Mehrheit.

[95] So im Grundsatz auch *Lutter* ZGR 1979, 401, 408; *Groß* EuZW 1994, 395, 399; *Kindler* ZHR 158 (1994), 339, 357 ff.; *Natterer* ZIP 1995, 1481, 1487.

[96] So auch *Drinkuth* S. 243 f.; näher *Habersack* (Fn. 69), 263 ff. in Auseinandersetzung mit *Mülbert*, Aktiengesellschaft, Unternehmensgruppe und Kapitalmarkt, 1995, S. 324 ff., der sich für einen bloßen Vermögensschutz ausspricht.

[97] AA namentlich *Kindler* ZHR 158 (1994), 339, 357 ff., dem zufolge die inhaltlichen Anforderungen der Richtlinie selbst zu entnehmen seien und es genüge, wenn der Ausschluß des Bezugsrechts im Gesellschaftsinteresse liege und der Gleichbehandlungsgrundsatz berücksichtigt werde; dagegen zu Recht *Natterer* ZIP 1995, 1481, 1487 f.

[98] So auch *Drinkuth* S. 245 ff.; *Natterer* ZIP 1995, 1481, 1487 f.

[99] Grundlegend BGHZ 71, 40, 43 f.; s. ferner BGHZ 83, 319, 321 ff.; BGHZ 125, 239, 241; für das genehmigte Kapital s. jetzt aber BGH JZ 1998, 47 mit krit. Anm. *Lutter* (s. dazu noch Rdnr. 201).

VI. Kapitaländerungen

mit der Richtlinie[100]. Zudem erscheint mit Blick auf Art. 29 Abs. 4 eine restriktive Auslegung des § 186 Abs. 3 S. 4 AktG veranlaßt. Der darin vorgesehene vereinfachte Bezugsrechtsausschluß erscheint nur in den Fällen als richtlinienkonform, in denen die übergangenen Aktionäre die realistische Möglichkeit des Zukaufs von Aktien über die Börse haben[101].

Für das *genehmigte Kapital* gestattet Art. 29 Abs. 5 die Ermächtigung des Vorstands zum Ausschluß des Bezugsrechts. Unklar ist insoweit, ob sich die von Art. 29 Abs. 4 geforderten inhaltlichen Voraussetzungen nur auf die Vorstandsentscheidung oder auch auf den Ermächtigungsbeschluß der Hauptversammlung beziehen. Für ersteres spricht, daß Art. 29 Abs. 5 einen den Ermächtigungsbeschluß vorbereitenden Vorstandsbericht offensichtlich nicht vorschreibt und somit die Entscheidung über den Bezugsrechtsausschluß in die Hände des Vorstands legt[102]. Indes hindert dies das nationale Recht nicht an der Einführung eines weitergehenden Aktionärsschutzes[103]. Der BGH hätte deshalb an den in der „Holzmann"-Entscheidung[104] entwickelten Grundsätzen festhalten können; der in der Abschlußentscheidung in Sachen „Siemens/Nold"[105] erfolgte, in der Sache nicht unproblematische weitgehende Verzicht auf eine Inhaltskontrolle des Ermächtigungsbeschlusses war mit anderen Worten nicht durch Art. 29 Abs. 5 vorgegeben.

201

cc) Sachkapitalerhöhung. Für Sachkapitalerhöhungen sieht Art. 29 kein Bezugsrecht der Altaktionäre vor. Dies ist darauf zurückzuführen, daß die Sacheinlageverpflichtung, sofern sie nicht auf die Einbringung marktgängiger Gegenstände gerichtet ist, nicht von jedermann erfüllt werden kann. Die Rechtsordnungen einiger Mitgliedstaaten bestimmen denn auch, daß die Aktionäre bei Sachkapitalerhöhungen per se kein Bezugsrecht haben[106]. Das deutsche Recht macht jedoch den Bezugsrechtsausschluß und damit letztlich die Sachkapitalerhöhung als solche davon abhängig, daß die Gesellschaft ein berechtiges Interesse am Erwerb des Einlagegenstands aufweisen und dieses Interesse nicht mittels Barkapitalerhöhung und anschließendem Erwerb des Gegenstands befriedigt werden kann[107]. Auf Vorlage

202

---

[100] In diesem Sinne wohl die zur Sachkapitalerhöhung ergangene Entscheidung des EuGH in Sachen Siemens/Nold, dazu Rdnr. 202; ferner GA *Tesauro*, EuGHE 1996, I-6019, 6024ff., Tz. 17ff.; OLG München AG 1993, 283, 285; OLG Dresden WM 1996, 2151, 2155f.; *Wiedemann* in Großkomm. AktG, § 186 Rdnr. 18f.; *Hüffer* Rdnr. 34a; *Meilicke* DB 1996, 513, 516; *Drinkuth* S. 245ff.; *Natterer* ZIP 1995, 1481 1487f.; aA namentlich *Kindler* ZHR 158 (1994), 339, 357ff. mit weit. Nachw.
[101] So zu Recht *Wiedemann* in Großkomm. AktG, § 186 Rdnr. 150; s. ferner *Lutter* AG 1994, 429, 443; *Zöllner* AG 1994, 336, 340ff.
[102] So auch *Kindler* ZHR 158 (1994), 339, 363ff.
[103] So zu Recht *Drinkuth* S. 251f.; aA *Kindler* ZHR 158 (1994), 339, 363ff.
[104] BGHZ 83, 319, 321ff.
[105] BGH JZ 1998, 47 mit Anm. *Lutter*; s. dazu auch *Habersack* DStR 1998, 533, 536f.; zur Geltung der Entscheidung auch für die Barkapitalerhöhung s. *Kindler* ZGR 1998, 35, 64.
[106] Vgl. für Italien Codice civile Art. 2441 Abs. 4; für Großbritannien Companies Act Art. 89 Abs. 4.
[107] BGHZ 71, 40, 46; s. ferner *Hefermehl/Bungeroth* (Fn. 74), § 183 Rdnr. 37; KölnKomm-*Lutter* § 186 Rdnr. 78ff.; *Wiedemann* in Großkomm. AktG, § 186 Rdnr. 168ff.; *Hüffer* § 186 Rdnr. 34; *Martens*, Festschrift für R. Fischer, 1979, S. 437, 447.

des BGH[108] hatte der EuGH darüber zu entscheiden, ob diese Grundsätze mit Art. 29 Abs. 1 und 4 vereinbar sind. Der EuGH hat die Frage zu Recht bejaht[109]:

> „Da die Zweite Richtlinie lediglich ein Bezugsrecht für Erhöhungen des gezeichneten Kapitals durch Bareinlagen vorschreibt und keine Regelung für den komplexen, in den meisten Mitgliedstaaten unbekannten Sachverhalt der Ausübung des Bezugsrechts bei Kapitalerhöhungen durch Sacheinlagen enthält, stellt sie es den Mitgliedstaaten im Gegenteil frei, ein Bezugsrecht für den letztgenannten Fall vorzusehen.
>
> Eine nationale Regelung, durch die der Grundsatz des Bezugsrechts der Aktionäre auf Erhöhungen des Grundkapitals durch Sacheinlagen ausgedehnt wird, gleichzeitig dieses Recht aber unter bestimmten Voraussetzungen eingeschränkt bzw. ausgeschlossen werden kann, entspricht einem der Ziele der Zweiten Richtlinie, das darin besteht, einen wirksameren Schutz der Aktionäre zu gewährleisten. Diese können dann nämlich auch in solchen Fällen eine Verringerung ihrer prozentualen Beteiligung am Grundkapital verhindern. ...
>
> Eine solche Inhaltskontrolle, die einen verstärkten Schutz der Aktionäre gewährleistet, steht jedoch ... nicht im Widerspruch zu den Zielen der Zweiten Richtlinie, selbst wenn sie zu Verzögerungen bei der Durchführung der Kapitalerhöhungen führen sollte. Im übrigen obliegt es den nationalen Gerichten, unter Wahrung der Ziele der Richtlinie mit den Mitteln des innerstaatlichen Rechts in angemessener Weise auf in Verzögerungsabsicht erhobene oder offensichtlich unbegründete Klagen zu reagieren."

3. Kapitalherabsetzung

203   Die Herabsetzung des gezeichneten Kapitals berührt in erster Linie die *Interessen der Gläubiger,* wird doch mit der Kapitalherabsetzung zugleich der Haftungspuffer der Gesellschaft geschwächt (Rdnr. 150ff.). Dies gilt insbesondere dann, wenn die Kapitalherabsetzung dazu dient, bislang gebundenes Vermögen an die Aktionäre auszuschütten; Art. 15 Abs. 1 lit. a bestimmt ausdrücklich, daß dies erlaubt ist. Nicht weniger gefährlich ist eine Kapitalherabsetzung, die den Zweck hat, die Aktionäre von noch offenen Einlageverpflichtungen zu befreien. Dient die Kapitalherabsetzung der Beseitigung einer Unterbilanz, so hat dies zur Folge, daß künftige Gewinne ausgeschüttet werden können; ohne Kapitalherabsetzung hätten sie zum Ausgleich der Unterbilanz herangezogen werden müssen. Die Kapitalherabsetzung berührt aber auch die *Interessen der Aktionäre.* Denn infolge der Zerlegung des gezeichneten Kapitals in Aktien und der Ausrichtung des Stimmrechts und der Vermögensrechte an dem Anteil des einzelnen Aktionärs geht mit der Kapitalherabsetzung zwangsläufig eine Verkürzung dieser mitgliedschaftlichen Befugnisse einher. Häufig kommt es sogar zu einem Verlust der Mitgliedschaft[110].

---

[108] BGH ZIP 1995, 372; s. dazu *Lutter* ZIP 1995, 648f.; *Hirte* DB 1995, 1113ff. – Abschlußentscheidung des BGH sodann in JZ 1998, 47, dazu Rdnr. 201.
[109] EuGHE 1996, I-6028, 6035ff., Tz. 19ff. – Siemens/Nold; s. ferner GA *Tesauro,* EuGHE 1996, I-6019, 6025ff., Tz. 16ff.; näher dazu *Drinkuth* IStR 1997, 312ff.; *Kindler* ZGR 1998, 35ff.; *Klinke* ZGR 1998, 212, 236ff.
[110] Vgl. etwa den Sachverhalt in BGH WM 1998, 813.

Nach Art. 30 muß deshalb jede Herabsetzung des gezeichneten Kapitals von der *Hauptversammlung* unter Beachtung der Art. 31, 36, 37 und 40 beschlossen werden. In der Einladung zur Hauptversammlung sind der Zweck der Herabsetzung und das Verfahren für ihre Durchführung anzugeben. Zudem ist der Grundsatz der Gleichbehandlung zu beachten. Der Beschluß, nicht dagegen seine Durchführung, ist nach Maßgabe des Art. 3 der 1. Richtlinie offenzulegen. Nach Art. 32 muß das einzelstaatliche Recht den Altgläubigern zumindest ein Recht auf *Sicherheitsleistung* einräumen; denn diese Gläubiger haben ihre Forderungen im berechtigten Vertrauen auf das noch nicht herabgesetzte Grundkapital erworben. Art. 33 gestattet allerdings Ausnahmen für die zum Zwecke der Rücklagenbildung oder des Verlustausgleichs erfolgende Kapitalherabsetzung. Eine wichtige Vorkehrung zum Schutz der Alt- wie der Neugläubiger enthält Art. 34 S. 1. Danach darf das Kapital grundsätzlich nicht unter den Betrag des Mindestkapitals im Sinne des Art. 6 Abs. 1 herabgesetzt werden. Art. 34 S. 2 läßt aber eine Ausnahme für den Fall zu, daß gleichzeitig eine Kapitalerhöhung auf diesen oder auf einen höheren Betrag erfolgt. **204**

Die weiteren Vorschriften der Richtlinie betreffen die Tilgung des gezeichneten Kapitals durch die Gesellschaft (Art. 35), die Kapitalherabsetzung durch Zwangseinziehung von Aktien (Art. 36ff.) und die Ausgabe sogenannter rückerwerbbarer Aktien. Das AktG enthält in seinen §§ 222ff. eine ordnungsgemäße Umsetzung der Vorgaben der Richtlinie; Umsetzungsdefizite sind nicht ersichtlich. **205**

VII. Text der Kapitalrichtlinie

ZWEITE RICHTLINIE 77/91/EWG zur Koordinierung der Schutzbestimmungen, die in den Mitgliedstaaten den Gesellschaften im Sinne des Artikels 58 Absatz 2 des Vertrages im Interesse der Gesellschafter sowie Dritter für die Gründung der Aktiengesellschaft sowie für die Erhaltung und Änderung ihres Kapitals vorgeschrieben sind, um diese Bestimmungen gleichwertig zu gestalten **206**

Vom 13. Dezember 1976

(ABl. Nr. L 26/1, geändert durch Beitrittsvertrag vom 19. 11. 1979 ABl. Nr. L 291/9, Beitrittsvertrag vom 12. 6. 1985 ABl. Nr. L 302/9, RL 92/101 EWG vom 23. November 1992 ABl. Nr. L 347/64, Beitrittsvertrag vom 24. 6. 1994 ABl. Nr. C 241/194, Beschluß vom 1. Januar 1995 ABl. Nr. L 1/142)

DER RAT DER EUROPÄISCHEN GEMEINSCHAFTEN –
gestützt auf den Vertrag zur Gründung der Europäischen Wirtschaftsgemeinschaft, insbesondere auf Artikel 54 Absatz 3 Buchstabe g),
auf Vorschlag der Kommission,
nach Stellungnahme des Europäischen Parlaments,[111]
nach Stellungnahme des Wirtschafts- und Sozialausschusses,[112]
in Erwägung nachstehender Gründe:

---

[111] ABl. Nr. C 114 vom 11. 11. 1971, S. 18.
[112] ABl. Nr. C 88 vom 6. 9. 1971, S. 1.

§ 6 Die Kapitalrichtlinie

Die Fortführung der Koordinierung, die Artikel 54 Absatz 3 Buchstabe g) sowie das Allgemeine Programm zur Aufhebung der Beschränkungen der Niederlassungsfreiheit vorsehen und die mit der Richtlinie 68/151/EWG[113] begonnen wurde, ist bei den Aktiengesellschaften besonders wichtig, weil in der Wirtschaft der Mitgliedstaaten die Tätigkeit dieser Gesellschaften vorherrscht und häufig die Grenzen des nationalen Hoheitsgebiets überschreitet.

Die Koordinierung der einzelstaatlichen Vorschriften über die Gründung der Aktiengesellschaft sowie die Aufrechterhaltung, die Erhöhung und die Herabsetzung ihres Kapitals ist vor allem bedeutsam, um beim Schutz der Aktionäre einerseits und der Gläubiger der Gesellschaft andererseits ein Mindestmaß an Gleichwertigkeit sicherzustellen.

Die Satzung oder der Errichtungsakt einer Aktiengesellschaft muß im Gebiet der Gemeinschaft jedem Interessierten die Möglichkeit bieten, die wesentlichen Merkmale der Gesellschaft und insbesondere die genaue Zusammensetzung des Gesellschaftskapitals zu kennen.

Die Gemeinschaft muß deshalb Vorschriften erlassen, um das Kapital als Sicherheit für die Gläubiger zu erhalten, indem insbesondere untersagt wird, daß das Kapital durch nicht geschuldete Ausschüttungen an die Aktionäre verringert wird, und indem die Möglichkeit einer Gesellschaft, eigene Aktien zu erwerben, begrenzt wird.

Im Hinblick auf die in Artikel 54 Absatz 3 Buchstabe g) verfolgten Ziele ist es erforderlich, daß die Rechtsvorschriften der Mitgliedstaaten bei Kapitalerhöhungen und Kapitalherabsetzungen die Beachtung der Grundsätze über die Gleichbehandlung der Aktionäre, die sich in denselben Verhältnissen befinden, und den Schutz der Gläubiger von Forderungen, die bereits vor der Entscheidung über die Herabsetzung bestanden, sicherstellen und für die harmonisierte Durchführung dieser Grundsätze Sorge tragen –

HAT FOLGENDE RICHTLINIE ERLASSEN:

Art. 1 [Betroffene Gesellschaften] (1) Die durch diese Richtlinie vorgeschriebenen Maßnahmen der Koordinierung gelten für die Rechts- und Verwaltungsvorschriften der Mitgliedstaaten für Gesellschaften folgender Rechtsformen:
– *in Deutschland:*
die Aktiengesellschaft
– *in Belgien:*
de naamloze vennootschap/la société anonyme
– *in Dänemark:*
aktieselskab
– *in Frankreich:*
la société anonyme
– *in Irland:*
the public company limited by shares und the public company limited by guarantee and having a share capital
– *in Italien:*
la societá per azioni
– *in Luxemburg:*
la société anonyme
– *in den Niederlanden:*
de naamloze vennotschap
– *im Vereinigten Königreich:*
the public company limited by shares und the public company limited by guarantee and having a share capital
– *in Griechenland:*

---
[113] ABl. Nr. L 65 vom 14. 3. 1968, S. 8, abgedruckt unter Rdnr. 133.

VII. Text der Kapitalrichtlinie

ή ἀνώνυμη ἑταιρία
– *in Spanien:*
la sociedad anónima
– *in Portugal:*
a sociedade anónima de responsabilidade limitada
– *in Österreich:*
die Aktiengesellschaft
– *in Finnland:*
osakeyhtiö/aktiebolag
– *in Schweden:*
aktiebolag

Die Firma jeder Gesellschaft der vorgenannten Rechtsformen muß eine Bezeichnung enthalten, die sich von den für andere Gesellschaftsformen vorgeschriebenen Bezeichnungen unterscheidet, oder muß mit einer solchen Bezeichnung verbunden sein.

(2) Die Mitgliedstaaten brauchen diese Richtlinie auf Investmentgesellschaften mit veränderlichem Kapital und auf Genossenschaften, die in einer der in Absatz 1 genannten Rechtsformen gegründet worden sind, nicht anzuwenden. Soweit die Rechtsvorschriften der Mitgliedstaaten von dieser Möglichkeit Gebrauch machen, verpflichten sie diese Gesellschaften, die Bezeichnung „Investmentgesellschaft mit veränderlichem Kapital" oder „Genossenschaft" auf allen in Artikel 4 der Richtlinie 68/151/EWG genannten Schriftstücken anzugeben.

Unter Investmentgesellschaften mit veränderlichem Kapital im Sinne dieser Richtlinien sind nur Gesellschaften zu verstehen,
– deren Gegenstand es ausschließlich ist, ihre Mittel in verschiedenen Wertpapieren, in verschiedenen Grundstücken oder in anderen Werten anzulegen mit dem einzigen Ziel, das Risiko der Investitionen zu verteilen und ihre Aktionäre an dem Gewinn aus der Verwaltung ihres Vermögens zu beteiligen,
– die sich an die Öffentlichkeit wenden, um ihre eigenen Aktien unterzubringen, und
– deren Satzung bestimmt, daß ihre Aktien in den Grenzen eines Mindest- und eines Höchstkapitals jederzeit von der Gesellschaft ausgegeben, zurückgekauft oder weiterveräußert werden können.

Art. 2 [Mindestangaben der Satzung (Art. 2–3)] Die Satzung oder der Errichtungsakt der Gesellschaft enthält mindestens folgende Angaben:
a) die Rechtsform der Gesellschaft und ihre Firma;
b) den Gegenstand des Unternehmens;
c) – sofern die Gesellschaft kein genehmigtes Kapital hat, die Höhe des gezeichneten Kapitals;
– sofern die Gesellschaft ein genehmigtes Kapital hat, die Höhe des genehmigten Kapitals und die Höhe des gezeichneten Kapitals im Zeitpunkt der Gründung der Gesellschaft oder der Erteilung der Genehmigung zur Aufnahme ihrer Geschäftstätigkeit sowie bei jeder Änderung des genehmigten Kapitals; Artikel 2 Absatz 1 Buchstabe e) der Richtlinie 68/151/EWG bleibt unberührt;
d) die Bestimmungen, welche die Zahl und die Art und Weise der Bestellung der Mitglieder derjenigen Organe, die mit der Vertretung gegenüber Dritten, mit der Verwaltung, der Leitung, der Aufsicht oder der Kontrolle der Gesellschaft betraut sind, sowie die Verteilung der Zuständigkeiten zwischen diesen Organen festlegen, soweit sich dies nicht aus dem Gesetz ergibt;
e) die Dauer der Gesellschaft, sofern sie nicht unbestimmt ist.

Art. 3 Die Satzung, der Errichtungsakt oder ein gesondertes Schriftstück, das nach den in den Rechtsvorschriften der einzelnen Mitgliedstaaten gemäß Artikel 3 der Richtlinie

§ 6 Die Kapitalrichtlinie

68/151/EWG vorgesehenen Verfahren offenzulegen ist, müssen mindestens folgende Angaben enthalten:
a) den Sitz der Gesellschaft;
b) den Nennbetrag der gezeichneten Aktien und zumindest jährlich deren Zahl;
c) die Zahl der gezeichneten Aktien ohne Angabe des Nennbetrags, soweit die einzelstaatlichen Rechtsvorschriften die Ausgabe solcher Aktien erlauben;
d) gegebenenfalls die besonderen Bedingungen, welche die Übertragung der Aktien beschränken;
e) sofern es mehrere Gattungen von Aktien gibt, die Angaben unter den Buchstaben b), c) und d) für jede von ihnen und die Angabe der Rechte, die mit den Aktien jeder der Gattungen verbunden sind;
f) die Form der Aktien, Namens- oder Inhaberaktien, sofern die einzelstaatlichen Rechtsvorschriften diese beiden Formen vorsehen, sowie alle Vorschriften über deren Umwandlung, es sei denn, daß das Gesetz die Einzelheiten festlegt;
g) den eingezahlten Betrag des gezeichneten Kapitals im Zeitpunkt der Gründung der Gesellschaft oder der Erteilung der Genehmigung zur Aufnahme ihrer Geschäftstätigkeit;
h) den Nennbetrag der Aktien oder, wenn ein Nennbetrag nicht vorhanden ist, die Zahl der Aktien, die als Gegenleistung für eine Einlage ausgegeben werden, die nicht in bar bewirkt wird, sowie den Gegenstand dieser Einlage und den Namen des Einlegers;
i) die Personalien der natürlichen Personen oder die Bezeichnung der juristischen Personen oder Gesellschaften, durch die oder in deren Namen die Satzung oder der Errichtungsakt oder, sofern die Gründung der Gesellschaft nicht in einem Vorgang einheitlich erfolgt, die Entwürfe der Satzung oder des Errichtungsaktes unterzeichnet worden sind;
j) mindestens annähernd den Gesamtbetrag aller Kosten, die aus Anlaß der Gründung der Gesellschaft von dieser zu tragen sind oder ihr in Rechnung gestellt werden, und zwar gegebenenfalls auch, wenn sie vor dem Zeitpunkt entstehen, in dem die Gesellschaft die Genehmigung zur Aufnahme ihrer Geschäftstätigkeit erhält;
k) jeder besondere Vorteil, der bei der Gründung der Gesellschaft oder bis zu dem Zeitpunkt, zu dem diese die Genehmigung zur Aufnahme ihrer Geschäftstätigkeit erhält, jemandem gewährt wird, der an der Gründung der Gesellschaft oder an Vorgängen beteiligt ist, welche die Genehmigung herbeiführen.

Art. 4 [Haftung für Verbindlichkeiten vor Genehmigung der Geschäftstätigkeit] (1) Schreiben die Rechtsvorschriften eines Mitgliedsstaats vor, daß eine Gesellschaft ihre Geschäftstätigkeit nicht ohne eine entsprechende Genehmigung aufnehmen darf, so müssen sie auch Vorschriften über die Haftung für die Verbindlichkeiten enthalten, die von der Gesellschaft oder für ihre Rechnung vor der Erteilung oder der Ablehnung einer solchen Genehmigung eingegangen werden.

(2) Absatz 1 gilt nicht für Verbindlichkeiten aus Verträgen, welche die Gesellschaft unter der Bedingung geschlossen hat, daß ihr die Genehmigung zur Aufnahme der Geschäftstätigkeit erteilt wird.

Art. 5 [Zahl der Gründungs-Gesellschafter] (1) Verlangen die Rechtsvorschriften eines Mitgliedsstaats für die Gründung einer Gesellschaft das Zusammenwirken mehrerer Gesellschafter, so hat die Vereinigung aller Aktien in einer Hand oder das Absinken der Zahl der Gesellschafter unter die gesetzliche Mindestzahl nach der Gründung der Gesellschaft nicht ohne weiteres deren Auflösung zur Folge.

(2) Kann in den Fällen des Absatzes 1 die gerichtliche Auflösung der Gesellschaft nach den Rechtsvorschriften eines Mitgliedsstaats ausgesprochen werden, so muß das zuständige Gericht dieser Gesellschaft eine ausreichende Frist einräumen können, um den Mangel zu beheben.

VII. Text der Kapitalrichtlinie

(3) Wenn die Auflösung der Gesellschaft durch das Gericht ausgesprochen worden ist, tritt die Gesellschaft in Liquidation.

Art. 6 [Mindestkapital] (1) Die Rechtsvorschriften der Mitgliedstaaten fordern für die Gründung der Gesellschaft oder für die Erteilung der Genehmigung zur Aufnahme ihrer Geschäftstätigkeit die Zeichnung eines Mindestkapitals, dessen Betrag nicht auf weniger als 25 000 Europäische Rechnungseinheiten festgesetzt werden darf.

Als Europäische Rechnungseinheit gilt die Rechnungseinheit, die durch die Entscheidung Nr. 3289/75/EGKS der Kommission[114] festgelegt worden ist. Der Gegenwert in nationaler Währung ist bei der ersten Festsetzung derjenige, welcher am Tag der Annahme dieser Richtlinie gilt.

(2) Verändert sich der Gegenwert der Europäischen Rechnungseinheit in einer nationalen Währung derart, daß der Betrag des in nationaler Währung ausgedrückten Mindestkapitals während eines Jahres unter dem Wert von 22 500 Europäischen Rechnungseinheiten bleibt, so teilt die Kommission dem betreffenden Mitgliedstaat mit, daß er seine Rechtsvorschriften innerhalb von zwölf Monaten nach Ablauf des genannten Zeitraums den Vorschriften des Absatzes 1 anpassen muß. Der Mitgliedstaat kann jedoch vorsehen, daß die Anpassung seiner Rechtsvorschriften auf bereits bestehende Gesellschaften erst achtzehn Monate nach Inkrafttreten dieser Anpassung anzuwenden ist.

(3) Auf Vorschlag der Kommission prüft der Rat alle fünf Jahre die in Europäischer Rechnungseinheit ausgedrückten Beträge dieses Artikels unter Berücksichtigung der wirtschaftlichen und monetären Entwicklung in der Gemeinschaft sowie der Tendenzen, die Wahl der in Artikel 1 Absatz 1 bezeichneten Gesellschaftsformen großen und mittleren Unternehmen vorzubehalten, und ändert diese Beträge gegebenenfalls.

Art. 7 [Zusammensetzung des gezeichneten Kapitals] Das gezeichnete Kapital darf nur aus Vermögensgegenständen bestehen, deren wirtschaftlicher Wert feststellbar ist. Jedoch können diese Vermögensgegenstände nicht aus Verpflichtungen zu Arbeits- oder Dienstleistungen bestehen.

Art. 8 [Verbot der Ausgabe unter Nennbetrag] (1) Die Aktien dürfen nicht unter dem Nennbetrag oder, wenn ein Nennbetrag nicht vorhanden ist, nicht unter dem rechnerischen Wert ausgegeben werden.

(2) Die Mitgliedstaaten können jedoch zulassen, daß diejenigen, die sich berufsmäßig mit der Unterbringung von Aktien befassen, weniger als den Gesamtbetrag der Aktien zahlen, die sie bei diesem Vorgang zeichnen.

Art. 9 [Mindesteinlagen] (1) Die Einlagen auf ausgegebene Aktien müssen im Zeitpunkt der Gründung der Gesellschaft oder der Erteilung der Genehmigung zur Aufnahme ihrer Geschäftstätigkeit in Höhe von mindestens 25 v. H. des Nennbetrags der Aktien oder, wenn ein Nennbetrag nicht vorhanden ist, ihres rechnerischen Wertes geleistet werden.

(2) Jedoch müssen Einlagen, die nicht Bareinlagen sind, für Aktien, die im Zeitpunkt der Gründung der Gesellschaft oder im Zeitpunkt der Erteilung der Genehmigung zur Aufnahme ihrer Geschäftstätigkeit ausgegeben werden, innerhalb von fünf Jahren nach diesem Zeitpunkt vollständig geleistet werden.

Art. 10 [Sachverständigenbericht bei Nicht-Bareinlagen] (1) Die Einlagen, die nicht Bareinlagen sind, sind Gegenstand eines besonderen Berichts, der vor der Gründung der Gesellschaft oder vor dem Zeitpunkt, zu dem sie die Genehmigung zur Auf-

---

[114] ABl. Nr. L 327 vom 19. 12. 1975, S. 4.

nahme ihrer Geschäftstätigkeit erhält, durch einen oder mehrere von ihr unabhängige Sachverständige, die durch eine Verwaltungsbehörde oder ein Gericht bestellt oder zugelassen sind, erstellt wird. Sachverständige können nach den Rechtsvorschriften jedes Mitgliedstaats natürliche Personen, juristische Personen oder Gesellschaften sein.

(2) Der Sachverständigenbericht muß mindestens jede Einlage beschreiben, die angewandten Bewertungsverfahren nennen und angeben, ob die Werte, zu denen diese Verfahren führen, wenigstens der Zahl und dem Nennbetrag oder, wenn ein Nennbetrag nicht vorhanden ist, dem rechnerischen Wert und gegebenenfalls dem Mehrbetrag der dafür auszugebenden Aktien entsprechen.

(3) Der Sachverständigenbericht ist nach den in den Rechtsvorschriften der einzelnen Mitgliedstaaten gemäß Artikel 3 der Richtlinie 68/151/EWG vorgesehenen Verfahren offenzulegen.

(4) Die Mitgliedstaaten brauchen diesen Artikel nicht anzuwenden, wenn 90 v. H. des Nennbetrags oder, wenn ein Nennbetrag nicht vorhanden ist, des rechnerischen Wertes aller Aktien an eine oder mehrere Gesellschaften gegen Sacheinlagen, die nicht Bareinlagen sind, ausgegeben werden und wenn folgende Voraussetzungen erfüllt sind:

a) bei der Gesellschaft, an welche die Einlagen geleistet werden, haben die in Artikel 3 Buchstabe i) genannten Personen oder Gesellschaften auf die Erstellung des Sachverständigenberichts verzichtet;

b) dieser Verzicht ist nach Absatz 3 offengelegt worden;

c) die Gesellschaften, welche die Einlagen leisten, verfügen über Rücklagen, die nach Gesetz oder Satzung nicht ausgeschüttet werden dürfen und deren Höhe mindestens dem Nennbetrag oder, wenn ein Nennbetrag nicht vorhanden ist, dem rechnerischen Wert der gegen solche Einlagen ausgegebenen Aktien entspricht, die nicht Bareinlagen sind;

d) die Gesellschaften, welche die Einlagen leisten, verpflichten sich bis zu dem unter Buchstabe c) genannten Betrag, für diejenigen Schulden der empfangenden Gesellschaft einzustehen, die zwischen dem Zeitpunkt der Ausgabe der Aktien gegen Einlagen, die nicht Bareinlagen sind, und einem Jahr nach der Bekanntmachung des Jahresabschlusses dieser Gesellschaft entstehen, der sich auf das Geschäftsjahr bezieht, in dem die Einlagen geleistet worden sind. Jede Übertragung dieser Aktien innerhalb dieser Frist ist unzulässig;

e) die unter Buchstabe d) genannte Verpflichtung ist nach Absatz 3 offengelegt worden;

f) die Gesellschaften, welche die Einlagen leisten, stellen einen Betrag in Höhe des unter Buchstabe c) genannten Betrags in eine Rücklage ein, die erst ausgeschüttet werden darf nach Ablauf einer Frist von drei Jahren nach Bekanntmachung des Jahresabschlusses der empfangenden Gesellschaft, der sich auf das Geschäftsjahr bezieht, in dem die Einlagen geleistet worden sind, oder gegebenenfalls nach einem späteren Zeitpunkt, zu dem alle innerhalb der Frist geltend gemachten Ansprüche aus der unter Buchstabe d) genannten Verpflichtung erfüllt sind.

Art. 11 [Erwerb von Vermögensgegenständen von Gründungsmitgliedern]
(1) Der Erwerb jedes Vermögensgegenstands, der einer unter Artikel 3 Buchstabe i) fallenden Person oder Gesellschaft gehört, durch die Gesellschaft für einen Gegenwert von mindestens $1/10$ des gezeichneten Kapitals muß Gegenstand einer Prüfung und Offenlegung entsprechend der in Artikel 10 vorgesehenen sein; er unterliegt der Zustimmung der Hauptversammlung, falls er vor Ablauf einer Frist erfolgt, die in den einzelstaatlichen Rechtsvorschriften auf mindestens zwei Jahre nach der Gründung der Gesellschaft oder nach dem Zeitpunkt festzusetzen ist, in dem die Gesellschaft die Genehmigung zur Aufnahme ihrer Geschäftstätigkeit erhält.

Die Mitgliedstaaten können die Anwendung dieser Vorschriften auch vorsehen, wenn der Vermögensgegenstand einem Aktionär oder einer anderen Person gehört.

VII. Text der Kapitalrichtlinie

(2) Absatz 1 ist weder auf den Erwerb im Rahmen der laufenden Geschäfte der Gesellschaft noch auf den Erwerb, der auf Anordnung oder unter Aufsicht einer Verwaltungsbehörde oder eines Gerichts erfolgt, noch auf den Erwerb an der Börse anzuwenden.

Art. 12 [Kein Verzicht auf Leistung der Einlage] Unbeschadet der Vorschriften über die Herabsetzung des gezeichneten Kapitals dürfen die Aktionäre nicht von der Verpflichtung befreit werden, ihre Einlage zu leisten.

Art. 13 [Gleiche Garantien bei Umwandlung] Bis zur späteren Koordinierung der einzelstaatlichen Rechtsvorschriften treffen die Mitgliedstaaten die notwendigen Maßnahmen, damit zumindest gleiche Garantien, wie sie in den Artikeln 2 bis 12 vorgesehen sind, bei der Umwandlung einer Gesellschaft einer anderen Rechtsform in eine Aktiengesellschaft gegeben sind.

Art. 14 [Nationale Verfahren bei Änderung der Satzung] Die Artikel 2 bis 13 lassen die Vorschriften der Mitgliedstaaten über die Zuständigkeit und das Verfahren bei Änderungen der Satzung oder des Errichtungsaktes unberührt.

Art. 15 [Begrenzung der Ausschüttungen] (1) a) Ausgenommen in den Fällen einer Kapitalherabsetzung darf keine Ausschüttung an die Aktionäre erfolgen, wenn bei Abschluß des letzten Geschäftsjahres das Nettoaktivvermögen, wie es der Jahresabschluß ausweist, den Betrag des gezeichneten Kapitals zuzüglich der Rücklagen, deren Ausschüttung das Gesetz oder die Satzung nicht gestattet, durch eine solche Ausschüttung unterschreitet oder unterschreiten würde.
b) Der Betrag des unter Buchstabe a) genannten gezeichneten Kapitals wird um den Betrag des gezeichneten Kapitals, der noch nicht eingefordert ist, vermindert, sofern der letztere nicht auf der Aktivseite der Bilanz ausgewiesen wird.
c) Der Betrag einer Ausschüttung an die Aktionäre darf den Betrag des Ergebnisses des letzten abgeschlossenen Geschäftsjahres, zuzüglich des Gewinnvortrags und der Entnahmen aus hierfür verfügbaren Rücklagen, jedoch vermindert um die Verluste aus früheren Geschäftsjahren sowie um die Beträge, die nach Gesetz oder Satzung in Rücklagen eingestellt worden sind, nicht überschreiten.
d) Der Begriff „Ausschüttung" unter den Buchstaben a) und c) umfaßt insbesondere die Zahlung von Dividenden und von Zinsen für Aktien.
(2) [Abschlagszahlungen auf Dividenden] Gestatten die Rechtsvorschriften eines Mitgliedstaats Abschlagszahlungen auf Dividenden, so unterwerfen sie diese mindestens folgenden Bedingungen:
a) Eine Zwischenbilanz wird erstellt, aus der hervorgeht, daß für die Ausschüttungen genügend Mittel zur Verfügung stehen;
b) der auszuschüttende Betrag darf den Betrag des Ergebnisses, das seit dem Ende des letzten Geschäftsjahres, für das der Jahresabschluß aufgestellt worden ist, erzielt worden ist, zuzüglich des Gewinnvortrags und der Entnahmen aus hierfür verfügbaren Rücklagen, jedoch vermindert um die Verluste aus früheren Geschäftsjahren sowie um die nach Gesetz oder Satzung in eine Rücklage einzustellenden Beträge, nicht überschreiten.
(3) Die Absätze 1 und 2 berühren nicht die Vorschriften der Mitgliedstaaten über die Erhöhung des gezeichneten Kapitals aus Gesellschaftsmitteln.
(4) [Sonderbestimmungen für Investmentgesellschaften] Die Rechtsvorschriften eines Mitgliedstaats können von Absatz 1 Buchstabe a) für Investmentgesellschaften mit festem Kapital abweichen.
Unter Investmentgesellschaften mit festem Kapital im Sinne dieses Absatzes sind nur Gesellschaften zu verstehen,

§ 6 Die Kapitalrichtlinie

– deren Gegenstand es ausschließlich ist, ihre Mittel in verschiedenen Wertpapieren, in verschiedenen Grundstücken oder in anderen Werten anzulegen mit dem einzigen Ziel, das Risiko der Investitionen zu verteilen und ihre Aktionäre an dem Gewinn aus der Verwaltung ihres Vermögens zu beteiligen, und
– die sich an die Öffentlichkeit wenden, um ihre eigenen Aktien unterzubringen.

Soweit die Rechtsvorschriften der Mitgliedstaaten von dieser Möglichkeit Gebrauch machen,

a) verpflichten sie diese Gesellschaften, die Bezeichnung „Investmentgesellschaft" auf allen in Artikel 4 der Richtlinie 68/151/EWG genannten Schriftstücken anzugeben;
b) gestatten sie es einer solchen Gesellschaft, deren Nettoaktivvermögen den in Absatz 1 Buchstabe a) beschriebenen Betrag unterschreitet, nicht, eine Ausschüttung an die Aktionäre vorzunehmen, wenn bei Abschluß des letzten Geschäftsjahres das gesamte Aktivvermögen, wie es der Jahresabschluß ausweist, den eineinhalbfachen Betrag der gesamten Verbindlichkeiten der Gesellschaft, wie sie der Jahresabschluß ausweist, durch eine solche Ausschüttung unterschreitet oder unterschreiten würde;
c) verpflichten sie diese Gesellschaften, die eine Ausschüttung vornehmen, wenn ihr Nettoaktivvermögen den in Absatz 1 Buchstabe a) beschriebenen Betrag unterschreitet, einen entsprechenden Vermerk in den Jahresabschluß aufzunehmen.

Art. 16 [Zurückgewährung rechtswidriger Ausschüttungen] Jede Ausschüttung, die entgegen Artikel 15 erfolgt, ist von den Aktionären, die sie empfangen haben, zurückzugewähren, wenn die Gesellschaft beweist, daß diesen Aktionären die Unzulässigkeit der an sie erfolgten Ausschüttung bekannt war oder sie darüber nach den Umständen nicht in Unkenntnis sein konnten.

Art. 17 [Schwere Verluste des gezeichneten Kapitals] (1) Bei schweren Verlusten des gezeichneten Kapitals muß die Hauptversammlung innerhalb einer durch die Rechtsvorschriften der Mitgliedstaaten zu bestimmenden Frist einberufen werden, um zu prüfen, ob die Gesellschaft aufzulösen ist oder andere Maßnahmen zu ergreifen sind.

(2) Die Rechtsvorschriften eines Mitgliedstaats können die Höhe des als schwer zu erachtenden Verlustes im Sinne des Absatzes 1 nicht auf mehr als die Hälfte des gezeichneten Kapitals festsetzen.

Art. 18 [Verbot der Zeichnung eigener Aktien] (1) Die Gesellschaft darf keine eigenen Aktien zeichnen.

(2) Sind die Aktien der Gesellschaft durch eine Person gezeichnet worden, die im eigenen Namen, aber für Rechnung der Gesellschaft handelt, so gilt die Zeichnung als für eigene Rechnung des Zeichners vorgenommen.

(3) Die in Artikel 3 Buchstabe i) genannten Personen oder Gesellschaften oder, im Falle der Erhöhung des gezeichneten Kapitals, die Mitglieder des Verwaltungs- oder Leitungsorgans sind verpflichtet, die Einlagen auf Aktien zu leisten, die unter Verstoß gegen den vorliegenden Artikel gezeichnet worden sind.

Die Rechtsvorschriften der Mitgliedstaaten können jedoch vorsehen, daß jeder Betroffene sich von dieser Verpflichtung befreien kann, indem er beweist, daß ihn persönlich kein Verschulden trifft.

Art. 19 [Erwerb eigener Aktien (Art. 19–20)] (1) Gestatten die Rechtsvorschriften eines Mitgliedstaats einer Gesellschaft den Erwerb eigener Aktien, sei es selbst, sei es durch eine im eigenen Namen aber für Rechnung der Gesellschaft handelnde Person, so unterwerfen sie diesen Erwerb mindestens folgenden Bedingungen:

a) Die Genehmigung für den Erwerb wird von der Hauptversammlung erteilt, welche die Einzelheiten des vorgesehenen Erwerbs und insbesondere die Höchstzahl der zu erwerbenden Aktien, die Geltungsdauer der Genehmigung, die achtzehn Monate

VII. Text der Kapitalrichtlinie

nicht überschreiten darf, und bei entgeltlichem Erwerb den niedrigsten und höchsten Gegenwert festlegt. Die Mitglieder des Verwaltungs- oder Leistungsorgans sind verpflichtet, darauf zu achten, daß im Zeitpunkt jedes genehmigten Erwerbs die unter den Buchstaben b), c) und d) genannten Bedingungen beachtet werden;

b) der Nennbetrag oder, wenn ein Nennbetrag nicht vorhanden ist, der rechnerische Wert der erworbenen Aktien einschließlich der Aktien, welche die Gesellschaft früher erworben hat und noch hält, sowie der Aktien, die eine Person im eigenen Namen, jedoch für Rechnung der Gesellschaft erworben hat, darf nicht höher als 10 v. H. des gezeichneten Kapitals sein;

c) der Erwerb darf nicht dazu führen, daß das Nettoaktivvermögen den in Artikel 15 Absatz 1 Buchstabe a) genannten Betrag unterschreitet;

d) der Vorgang darf nur voll eingezahlte Aktien betreffen.

(2) Die Rechtsvorschriften eines Mitgliedstaats können von Absatz 1 Buchstabe a) Satz 1 abweichen, sofern der Erwerb eigener Aktien notwendig ist, um einen schweren unmittelbar bevorstehenden Schaden von der Gesellschaft abzuwenden. In diesem Fall muß die nächste Hauptversammlung durch das Verwaltungs- oder Leitungsorgan über die Gründe und den Zweck der getätigten Ankäufe, über die Zahl und den Nennbetrag oder, wenn ein Nennbetrag nicht vorhanden ist, den rechnerischen Wert der erworbenen Aktien, über deren Anteil am gezeichneten Kapital sowie über den Gegenwert der Aktien unterrichtet werden.

(3) Die Mitgliedstaaten brauchen Absatz 1 Buchstabe a) Satz 1 nicht auf Aktien anzuwenden, die von der Gesellschaft selbst oder von einer Person, die im eigenen Namen, aber für Rechnung der Gesellschaft handelt, im Hinblick auf eine Ausgabe an die Arbeitnehmer der Gesellschaft oder an die Arbeitnehmer einer mit dieser verbundenen Gesellschaft erworben werden. Die Ausgabe derartiger Aktien muß innerhalb von zwölf Monaten, vom Erwerb dieser Aktien an gerechnet, erfolgen.

Art. 20 (1) Die Mitgliedstaaten brauchen Artikel 19 nicht anzuwenden
a) auf Aktien, die in Durchführung einer Entscheidung über eine Kapitalherabsetzung oder im Falle des Artikels 39 erworben werden;
b) auf Aktien, die durch eine Vermögensübertragung im Wege der Gesamtrechtsnachfolge erworben werden;
c) auf voll eingezahlte Aktien, die unentgeltlich oder die von Banken und anderen Finanzinstituten auf Grund einer Einkaufskommission erworben werden;
d) auf Aktien, die auf Grund einer gesetzlichen Verpflichtung oder einer gerichtlichen Entscheidung zum Schutz der Minderheitsaktionäre, insbesondere im Falle der Verschmelzung, der Änderung des Gegenstands oder der Rechtsform der Gesellschaft, der Verlegung des Sitzes der Gesellschaft ins Ausland oder der Einführung von Beschränkungen der Übertragbarkeit von Aktien erworben werden;
e) auf Aktien, die aus der Hand eines Aktionärs erworben werden, weil er seine Einlage nicht leistet;
f) auf Aktien, die erworben werden, um Minderheitsaktionäre verbundener Gesellschaften zu entschädigen;
g) auf voll eingezahlte Aktien, die bei einer gerichtlichen Versteigerung zum Zwecke der Erfüllung einer Forderung der Gesellschaft gegen den Eigentümer dieser Aktien erworben werden;
h) auf voll eingezahlte Aktien, die von einer Investmentgesellschaft mit festem Kapital im Sinne von Artikel 15 Absatz 4 Unterabsatz 2 ausgegeben worden sind und von dieser oder einer mit ihr verbundenen Gesellschaft auf Wunsch der Anleger erworben werden. Artikel 15 Absatz 4 Unterabsatz 3 Buchstabe a) ist anzuwenden. Dieser Erwerb darf nicht dazu führen, daß das Nettoaktivvermögen den Betrag des gezeichneten Kapitals zuzüglich der Rücklagen, deren Ausschüttung das Gesetz nicht gestattet, unterschreitet.

(2) Die in den Fällen des Absatzes 1 Buchstaben b) bis g) erworbenen Aktien müssen jedoch innerhalb einer Frist von höchstens drei Jahren nach ihrem Erwerb veräußert werden, es sei denn, daß der Nennbetrag oder, wenn ein Nennbetrag nicht vorhanden ist, der rechnerische Wert der erworbenen Aktien einschließlich der Aktien, die von einer Person im eigenen Namen, aber für Rechnung der Gesellschaft erworben worden sind, 10 v. H. des gezeichneten Kapitals nicht übersteigt.

(3) Werden die Aktien innerhalb der in Absatz 2 festgesetzten Frist nicht veräußert, so müssen sie für nichtig erklärt werden. Die Rechtsvorschriften eines Mitgliedstaats können diese Nichtigerklärung von einer Herabsetzung des gezeichneten Kapitals um einen entsprechenden Betrag abhängig machen. Eine derartige Herabsetzung muß vorgeschrieben werden, soweit der Erwerb von für nichtig zu erklärenden Aktien dazu geführt hat, daß das Nettoaktivvermögen den in Artikel 15 Absatz 1 Buchstabe a) genannten Betrag unterschreitet.

Art. 21 [Veräußerungspflicht bei rechtswidrig erworbenen eigenen Aktien]
Die unter Verletzung der Artikel 19 und 20 erworbenen Aktien müssen innerhalb einer Frist von einem Jahr, vom Zeitpunkt ihres Erwerbs an gerechnet, veräußert werden. Geschieht dies nicht, ist Artikel 20 Absatz 3 anzuwenden.

Art. 22 [Bestimmungen über das Halten eigener Aktien] (1) Gestatten die Rechtsvorschriften eines Mitgliedstaats einer Gesellschaft den Erwerb eigener Aktien, sei es selbst, sei es durch eine im eigenen Namen, aber für Rechnung der Gesellschaft handelnde Person, so unterwerfen sie das Halten dieser Aktien jederzeit mindestens folgenden Bedingungen:
a) Von den mit Aktien verbundenen Rechten ist in jedem Fall das an eigene Aktien gebundene Stimmrecht aufgehoben;
b) werden diese Aktien auf der Aktivseite der Bilanz ausgewiesen, so muß auf der Passivseite ein gleich hoher Betrag in eine nicht verfügbare Rücklage eingestellt werden.

(2) Gestatten die Rechtsvorschriften eines Mitgliedstaats einer Gesellschaft den Erwerb eigener Aktien, sei es selbst, sei es durch eine im eigenen Namen, aber für Rechnung der Gesellschaft handelnde Person, so verlangen sie, daß der Lagebericht der Gesellschaft mindestens folgende Angaben enthält:
a) die Gründe für die während des Geschäftsjahres getätigten Ankäufe;
b) die Zahl und den Nennbetrag oder, wenn ein Nennbetrag nicht vorhanden ist, den rechnerischen Wert der während des Geschäftsjahres erworbenen und veräußerten Aktien sowie deren Anteil am gezeichneten Kapital;
c) bei entgeltlichem Erwerb oder entgeltlicher Veräußerung den Gegenwert der Aktien;
d) die Zahl und den Nennbetrag oder, wenn ein Nennbetrag nicht vorhanden ist, den rechnerischen Wert aller erworbenen und gehaltenen Aktien sowie deren Anteil am gezeichneten Kapital.

Art. 23 [Keine Finanzierungshilfe bei Erwerb von Aktien durch Dritte]
(1) Eine Gesellschaft darf im Hinblick auf den Erwerb ihrer Aktien durch einen Dritten weder Vorschüsse geben noch Darlehen gewähren noch Sicherheiten leisten.

(2) Absatz 1 gilt nicht für Rechtsgeschäfte, die im Rahmen der laufenden Geschäfte der Banken und anderer Finanzinstitute getätigt werden, und auch nicht für Geschäfte, die im Hinblick auf den Erwerb von Aktien durch oder für Arbeitnehmer der Gesellschaft oder einer mit ihr verbundenen Gesellschaft getätigt werden. Diese Geschäfte dürfen jedoch nicht dazu führen, daß das Nettoaktivvermögen der Gesellschaft den in Artikel 15 Absatz 1 Buchstabe a) genannten Betrag unterschreitet.

(3) Absatz 1 gilt nicht für Geschäfte, die im Hinblick auf den Erwerb von Aktien nach Artikel 20 Absatz 1 Buchstabe h) getätigt werden.

VII. Text der Kapitalrichtlinie

Art. 24 [Inpfandnahme eigener Aktien] (1) Die Inpfandnahme eigener Aktien durch die Gesellschaft selbst oder durch eine im eigenen Namen, aber für Rechnung der Gesellschaft handelnde Person ist den in Artikel 19, Artikel 20 Absatz 1 und den Artikeln 22 und 23 genannten Arten des Erwerbs gleichgestellt.

(2) Die Mitgliedstaaten brauchen Absatz 1 nicht auf die laufenden Geschäfte von Banken und anderen Finanzinstituten anzuwenden.

Art. 24a [Aktien einer Aktiengesellschaft] (1) a) Zeichnet, erwirbt oder besitzt eine andere Gesellschaft im Sinne von Artikel 1 der Richtlinie 68/151/EWG Aktien einer Aktiengesellschaft und verfügt die Aktiengesellschaft unmittelbar oder mittelbar über die Mehrheit der Stimmrechte der erstgenannten Gesellschaft oder kann sie auf diese unmittelbar oder mittelbar einen beherrschenden Einfluß ausüben, so wird dieser Sachverhalt so behandelt, als wenn die Aktiengesellschaft selbst die betreffenden Aktien zeichnet, erwirbt oder besitzt.

b) Buchstabe a) findet auch Anwendung, wenn die andere Gesellschaft dem Recht eines Drittlands unterliegt und eine Rechtsform besitzt, die den in Artikel 1 der Richtlinie 68/151/EWG genannten Rechtsformen vergleichbar ist.

(2) Verfügt die Aktiengesellschaft mittelbar über die Mehrheit der Stimmrechte oder kann sie den beherrschenden Einfluß mittelbar ausüben, so können die Mitgliedstaaten von der Anwendung des Absatzes 1 jedoch absehen, sofern sie vorsehen, daß die mit den Aktien der Aktiengesellschaft, über die die andere Gesellschaft verfügt, verbundenen Stimmrechte ausgesetzt werden.

(3) In Ermangelung einer Koordinierung der einzelstaatlichen Vorschriften über das Konzernrecht können die Mitgliedstaaten

a) die Fälle definieren, in denen davon ausgegangen wird, daß eine Aktiengesellschaft einen beherrschenden Einfluß auf eine andere Gesellschaft ausüben kann; macht ein Mitgliedstaat von dieser Möglichkeit Gebrauch, so muß sein Recht auf jeden Fall vorsehen, daß die Möglichkeit, beherrschenden Einfluß auszuüben, dann besteht, wenn die Aktiengesellschaft

– das Recht hat, die Mehrheit der Mitglieder des Verwaltungs-, Leitungs- oder Aufsichtsorgans zu bestellen oder abzuberufen und wenn sie gleichzeitig Aktionär oder Gesellschaft der anderen Gesellschaft ist oder

– Aktionär oder Gesellschafter der anderen Gesellschaft ist und aufgrund einer mit anderen Aktionären oder Gesellschaftern dieser Gesellschaft getroffenen Vereinbarung allein die Mehrheit der Stimmrechte der Aktionäre oder Gesellschafter dieser Gesellschaft kontrolliert.

Die Mitgliedstaaten sind nicht dazu verpflichtet, andere als die in den vorstehenden Gedankenstrichen genannten Fälle vorzusehen;

b) die Fälle definieren, in denen davon ausgegangen wird, daß eine Aktiengesellschaft mittelbar über die Stimmrechte verfügt oder einen beherrschenden Einfluß mittelbar ausüben kann;

c) die Umstände präzisieren, bei denen davon ausgegangen wird, daß eine Aktiengesellschaft über die Stimmrechte verfügt.

(4) a) Die Mitgliedstaaten können von der Anwendung des Absatzes 1 absehen, wenn die Zeichnung, der Erwerb oder der Besitz auf Rechnung einer anderen Person als des Zeichners, Erwerbers oder Besitzers gehen und die betreffende Person weder die Aktiengesellschaft gemäß Absatz 1 noch eine andere Gesellschaft ist, an der die Aktiengesellschaft unmittelbar oder mittelbar über die Mehrheit der Stimmrechte verfügt oder auf die sie unmittelbar oder mittelbar einen beherrschenden Einfluß ausüben kann.

b) Ferner können die Mitgliedstaaten von der Anwendung des Absatzes 1 absehen, wenn die andere Gesellschaft in ihrer Eigenschaft oder im Rahmen ihrer Tätigkeit als berufsmäßiger Wertpapierhändler Aktien zeichnet, erwirbt oder besitzt, sofern sie Mitglied einer in einem Mitgliedstaat ansässigen oder tätigen Wertpapierbörse ist oder von einer für die Beaufsichtigung von berufsmäßigen Wertpapierhändlern – zu denen im Sinne dieser Richtlinie auch Kreditinstitute gehören können – zuständigen Stelle eines Mitgliedstaats zugelassen ist oder beaufsichtigt wird.

(5) Die Mitgliedstaaten sind zur Anwendung des Absatzes 1 nicht verpflichtet, wenn die andere Gesellschaft Aktien der Aktiengesellschaft aufgrund eines Erwerbs besitzt, der erfolgte, bevor das Verhältnis zwischen den beiden Gesellschaften den Kriterien des Absatzes 1 entsprach.

Die mit den betreffenden Aktien verbundenen Stimmrechte werden jedoch ausgesetzt und die Aktien werden bei der Entscheidung, ob die Bedingung gemäß Artikel 19 Absatz 1 Buchstabe b) erfüllt ist, in Betracht gezogen.

(6) Erwirbt die andere Gesellschaft Aktien einer Aktiengesellschaft, so können die Mitgliedstaaten von der Anwendung des Artikels 20 Absätze 2 und 3 sowie des Artikels 21 absehen, sofern sie folgendes vorsehen:

a) die Aussetzung der Stimmrechte, die mit den im Besitz der anderen Gesellschaft befindlichen Aktien der Aktiengesellschaft verbunden sind, sowie

b) die Verpflichtung für die Mitglieder des Verwaltungsrats der Aktiengesellschaft, von der anderen Gesellschaft die in Artikel 20 Absätze 2 und 3 sowie Artikel 21 genannten Aktien zu dem Preis zurückzuerwerben, zu dem diese andere Gesellschaft sie erworben hatte; diese Sanktion ist lediglich in dem Falle nicht anwendbar, in dem die Verwaltungsratsmitglieder nachweisen, daß die Aktiengesellschaft an der Zeichnung oder dem Erwerb der betreffenden Aktien gänzlich unbeteiligt ist.

Art. 25 [Kapitalerhöhung (Art. 25–29)] (1) [Genehmigung durch Hauptversammlung] Jede Kapitalerhöhung muß von der Hauptversammlung beschlossen werden. Dieser Beschluß sowie die Durchführung der Erhöhung des gezeichneten Kapitals sind nach den in den Rechtsvorschriften der Mitgliedstaaten gemäß Artikel 3 der Richtlinie 68/151/EWG vorgesehenen Verfahren offenzulegen.

(2) Die Satzung, der Errichtungsakt oder die Hauptversammlung, deren Entscheidung gemäß Absatz 1 offenzulegen ist, kann jedoch zu einer Erhöhung des gezeichneten Kapitals bis zu einem Höchstbetrag ermächtigen, den sie unter Beachtung des gegebenenfalls gesetzlich vorgeschriebenen Höchstbetrags festlegt. In den Grenzen des festgelegten Betrags beschließt das hierzu berufene Organ der Gesellschaft gegebenenfalls eine Erhöhung des gezeichneten Kapitals. Diese Ermächtigung des Organs gilt für eine Höchstdauer von fünf Jahren; sie kann von der Hauptversammlung ein- oder mehrmals für einen Zeitraum, der jeweils fünf Jahre nicht überschreiten darf, verlängert werden.

(3) Sind mehrere Gattungen von Aktien vorhanden, so ist der Beschluß der Hauptversammlung über die Kapitalerhöhung nach Absatz 1 oder die Ermächtigung zu einer Kapitalerhöhung nach Absatz 2 von einer gesonderten Abstimmung zumindest jeder Gattung derjenigen Aktionäre abhängig, deren Rechte durch die Maßnahme berührt werden.

(4) Dieser Artikel gilt für die Ausgabe aller Wertpapiere, die in Aktien umgewandelt werden können oder mit einem Bezugsrecht auf Aktien verbunden sind, nicht aber für die Umwandlung dieser Wertpapiere und die Ausübung des Bezugsrechts.

Art. 26 [Mindesteinlagen] Die Einlagen auf Aktien, die bei einer Erhöhung des gezeichneten Kapitals ausgegeben werden, müssen in Höhe von mindestens 25 v. H. des Nennbetrags der Aktien oder, wenn ein Nennbetrag nicht vorhanden ist, ihres rechnerischen Wertes geleistet werden. Ist ein Mehrbetrag vorgesehen, muß dieser in voller Höhe gezahlt werden.

Art. 27 [Nicht-Bareinlagen] (1) Einlagen, die nicht Bareinlagen sind, auf Aktien, die bei einer Erhöhung des gezeichneten Kapitals ausgegeben werden, müssen innerhalb einer Frist von fünf Jahren nach dem Beschluß über die Erhöhung des gezeichneten Kapitals vollständig geleistet werden.

VII. Text der Kapitalrichtlinie

(2) Die Einlagen nach Absatz 1 sind Gegenstand eines besonderen Berichts, der durch einen oder mehrere von der Gesellschaft unabhängige Sachverständige, die durch eine Verwaltungsbehörde oder ein Gericht bestellt oder zugelassen sind, vor der Durchführung der Erhöhung des gezeichneten Kapitals erstellt wird. Sachverständige können nach den Vorschriften jedes Mitgliedstaats natürliche Personen, juristische Personen oder Gesellschaften sein.
Artikel 10 Absätze 2 und 3 ist anzuwenden.

(3) Die Mitgliedstaaten brauchen Absatz 2 nicht im Falle der Erhöhung des gezeichneten Kapitals anzuwenden, die zur Durchführung einer Verschmelzung oder eines öffentlichen Übernahme- oder Umtauschangebots zu dem Zweck erfolgt, das Entgelt an die Aktionäre einer übertragenden Gesellschaft oder einer Gesellschaft zu leisten, die Gegenstand des öffentlichen Übernahme- oder Umtauschangebots ist.

(4) Die Mitgliedstaaten brauchen Absatz 2 nicht anzuwenden, wenn bei einer Erhöhung des gezeichneten Kapitals alle Aktien gegen Sacheinlage durch eine oder mehrere Gesellschaften ausgegeben werden, sofern alle Aktionäre der empfangenden Gesellschaft auf die Erstellung des Sachverständigenberichts verzichtet haben und die Bedingungen in Artikel 10 Absatz 4 Buchstaben b) bis f) erfüllt sind.

Art. 28 [Keine volle Zeichnung] Wird eine Kapitalerhöhung nicht voll gezeichnet, so wird das Kapital nur dann um den Betrag der eingegangenen Zeichnungen erhöht, wenn die Ausgabebedingungen diese Möglichkeit ausdrücklich vorgesehen haben.

Art. 29 [Bezugsrecht] (1) Bei jeder Erhöhung des gezeichneten Kapitals durch Bareinlagen müssen die Aktien vorzugsweise den Aktionären im Verhältnis zu dem durch ihre Aktien vertretenen Teil des Kapitals angeboten werden.

(2) Die Rechtsvorschriften eines Mitgliedstaats
a) brauchen Absatz 1 nicht auf Aktien anzuwenden, bei denen das Recht eingeschränkt ist, an den Ausschüttungen im Sinne des Artikels 15 und/oder an der Verteilung des Gesellschaftsvermögens im Falle der Liquidation teilzunehmen; oder
b) können gestatten, daß, wenn das gezeichnete Kapital einer Gesellschaft, die mehrere Aktiengattungen hat, bei denen das Stimmrecht oder die Rechte hinsichtlich der Ausschüttungen im Sinne des Artikels 15 oder der Verteilung des Gesellschaftsvermögens im Falle der Liquidation unterschiedlich sind, durch Ausgabe neuer Aktien nur in einer dieser Gattungen erhöht wird, die Ausübung des Bezugsrechts durch die Aktionäre der anderen Gattungen erst nach Ausübung dieses Rechts durch die Aktionäre der Gattung erfolgt, in der die neuen Aktien ausgegeben werden.

(3) Das Angebot zur vorzugsweisen Zeichnung sowie die Frist, innerhalb deren dieses Recht ausgeübt werden muß, sind Gegenstand einer Bekanntmachung in dem gemäß der Richtlinie 68/151/EWG bestimmten einzelstaatlichen Amtsblatt. Die Rechtsvorschriften eines Mitgliedstaats brauchen jedoch diese Bekanntmachung nicht vorzuschreiben, wenn sämtliche Aktien der Gesellschaft Namensaktien sind. In diesem Fall sind alle Aktionäre schriftlich zu unterrichten. Das Bezugsrecht muß innerhalb einer Frist ausgeübt werden, die nicht kürzer sein darf als vierzehn Tage nach Bekanntmachung des Angebots oder nach Absendung der Schreiben an die Aktionäre.

(4) Dieses Bezugsrecht darf durch die Satzung oder den Errichtungsakt weder beschränkt noch ausgeschlossen werden. Dies kann jedoch durch Beschluß der Hauptversammlung geschehen. Das Verwaltungs- oder Leitungsorgan hat der Hauptversammlung einen schriftlichen Bericht über die Gründe für eine Beschränkung oder einen Ausschluß des Bezugsrechts zu erstatten und den vorgeschlagenen Ausgabekurs zu begründen. Die Hauptversammlung entscheidet nach den Vorschriften, die in Artikel 40 über Beschlußfähigkeit und Mehrheitserfordernisse festgelegt sind. Der Beschluß ist nach den in den Rechtsvorschriften der einzelnen Mitgliedstaaten gemäß Artikel 3 der Richtlinie 68/151/EWG vorgesehenen Verfahren offenzulegen.

§ 6 Die Kapitalrichtlinie

(5) Die Rechtsvorschriften eines Mitgliedstaats können vorsehen, daß die Satzung, der Errichtungsakt oder die Hauptversammlung, die nach den in Absatz 4 genannten, die Beschlußfähigkeit, Mehrheitserfordernisse und Offenlegung betreffenden Vorschriften entscheidet, dem Organ der Gesellschaft, das zur Entscheidung über die Erhöhung des gezeichneten Kapitals innerhalb der Grenzen des genehmigten Kapitals berufen ist, die Befugnis einräumen kann, das Bezugsrecht zu beschränken oder auszuschließen. Diese Befugnis darf für keinen längeren Zeitraum gelten als die Befugnis nach Artikel 25 Absatz 2.

(6) Die Absätze 1 bis 5 gelten für die Ausgabe aller Wertpapiere, die in Aktien umgewandelt werden können oder mit einem Bezugsrecht auf Aktien verbunden sind, nicht aber für die Umwandlung dieser Wertpapiere und die Ausübung des Bezugsrechts.

(7) Ein Ausschluß des Bezugsrechts im Sinne der Absätze 4 und 5 liegt nicht vor, wenn die Aktien nach dem Beschluß über die Erhöhung des gezeichneten Kapitals an Banken oder andere Finanzinstitute ausgegeben werden, damit diese sie den Aktionären der Gesellschaft nach Maßgabe der Absätze 1 und 3 anbieten.

Art. 30 [Kapitalherabsetzung (Art. 30–38)] [Beschlußfassung durch Hauptversammlung] Jede Herabsetzung des gezeichneten Kapitals mit Ausnahme der durch eine gerichtliche Entscheidung angeordneten muß zumindest von der Hauptversammlung beschlossen werden, die vorbehaltlich der Artikel 36 und 37 nach den Vorschriften entscheidet, die in Artikel 40 über die Beschlußfähigkeit und die Mehrheitserfordernisse festgelegt sind. Dieser Beschluß ist nach den in den Rechtsvorschriften der einzelnen Mitgliedstaaten gemäß Artikel 3 der Richtlinie 68/151/EWG vorgesehenen Verfahren offenzulegen.

In der Mitteilung über die Einberufung der Hauptversammlung müssen zumindest der Zweck der Herabsetzung und das Verfahren für ihre Durchführung angegeben werden.

Art. 31 [Getrennte Abstimmung bei mehreren Aktiengattungen] Sind mehrere Gattungen von Aktien vorhanden, so ist der Beschluß der Hauptversammlung über die Herabsetzung des gezeichneten Kapitals von einer gesonderten Abstimmung zumindest jeder Gattung derjenigen Aktionäre abhängig, deren Rechte durch die Maßnahme berührt werden.

Art. 32 [Sicherheitsleistung für Gläubiger] (1) Im Falle einer Herabsetzung des gezeichneten Kapitals haben zumindest die Gläubiger, deren Forderungen vor der Bekanntmachung der Entscheidung über die Herabsetzung entstanden sind, mindestens das Recht, eine Sicherheit für die im Zeitpunkt dieser Bekanntmachung noch nicht fälligen Forderungen zu erhalten. Die Rechtsvorschriften der Mitgliedstaaten bestimmen die Bedingungen für die Ausübung dieses Rechts. Sie können dieses Recht nur dann ausschließen, wenn der Gläubiger bereits angemessene Sicherheiten hat oder wenn diese in Anbetracht des Gesellschaftsvermögens nicht notwendig sind.

(2) Die Rechtsvorschriften der Mitgliedstaaten schreiben mindestens weiter vor, daß die Herabsetzung unwirksam ist oder daß keine Zahlungen zugunsten der Aktionäre geleistet werden dürfen, solange den Gläubigern nicht Genüge getan worden ist oder solange ein Gericht nicht entschieden hat, daß ihrem Antrag nicht entsprochen zu werden braucht.

(3) Dieser Artikel gilt auch, wenn die Herabsetzung des gezeichneten Kapitals durch einen vollständigen oder teilweisen Verzicht auf die Leistung von Einlagen der Aktionäre vorgenommen wird.

Art. 33 [Sonderregelung bei Verlustausgleich und Rücklagenbildung] (1) Die Mitgliedstaaten brauchen Artikel 32 nicht bei einer Herabsetzung des gezeichneten Kapitals anzuwenden, die zum Zweck hat, Verluste auszugleichen oder Beträge einer Rück-

VII. Text der Kapitalrichtlinie

lage zuzuführen, unter der Voraussetzung, daß infolge dieses Vorgangs der Betrag dieser Rücklage nicht 10 v. H. des herabgesetzten gezeichneten Kapitals übersteigt. Diese Rücklage darf außer im Falle der Herabsetzung des gezeichneten Kapitals nicht an die Aktionäre ausgeschüttet werden; sie darf ferner nur dazu verwendet werden, Verluste auszugleichen oder durch Umwandlung von Rücklagen das gezeichnete Kapital zu erhöhen, soweit die Mitgliedstaaten einen solchen Vorgang zulassen.

(2) Die Rechtsvorschriften der Mitgliedstaaten müssen in den Fällen des Absatzes 1 mindestens geeignete Maßnahmen vorschreiben, damit die aus der Herabsetzung des gezeichneten Kapitals gewonnenen Beträge nicht zu Zahlungen oder Ausschüttungen an die Aktionäre oder zur Befreiung der Aktionäre von der Verpflichtung zur Leistung ihrer Einlagen verwendet werden.

Art. 34 [Erhaltung des Mindestkapitals] Das gezeichnete Kapital darf nicht unter das nach Artikel 6 festgelegte Mindestkapital herabgesetzt werden. Jedoch können die Mitgliedstaaten eine derartige Herabsetzung zulassen, wenn sie zugleich vorschreiben, daß der Beschluß über die Herabsetzung nur dann wirksam wird, wenn das gezeichnete Kapital auf einen Betrag erhöht wird, der zumindest dem vorgeschriebenen Mindestbetrag entspricht.

Art. 35 [Herabsetzung durch Tilgung] Lassen die Rechtsvorschriften eines Mitgliedstaats die vollständige oder teilweise Tilgung des gezeichneten Kapitals ohne dessen Herabsetzung zu, so verlangen sie mindestens die Beachtung folgender Voraussetzungen:
a) Sofern die Satzung oder der Errichtungsakt die Tilgung vorsieht, wird diese durch die Hauptversammlung beschlossen, die mindestens die allgemeinen Voraussetzungen über Anwesenheit und Mehrheit zu beachten hat. Sofern die Satzung oder der Errichtungsakt die Tilgung nicht vorsieht, wird diese durch die Hauptversammlung beschlossen, die mindestens die in Artikel 40 festgelegten Voraussetzungen über Anwesenheit und Mehrheit zu beachten hat. Der Beschluß ist nach den in den Rechtsvorschriften der einzelnen Mitgliedstaaten gemäß Artikel 3 der Richtlinie 68/151/EWG vorgesehenen Verfahren offenzulegen;
b) die Tilgung kann nur mit Mitteln erfolgen, die nach Artikel 15 Absatz 1 ausgeschüttet werden dürfen;
c) die Aktionäre, deren Aktien getilgt wurden, behalten ihre Rechte gegenüber der Gesellschaft mit Ausnahme der Rechte auf Rückgewähr der Einlagen und auf Teilnahme an der Ausschüttung einer ersten Dividende für nicht getilgte Aktien.

Art. 36 [Kapitalherabsetzung durch Zwangseinziehung von Aktien]
(1) Gestatten die Rechtsvorschriften eines Mitgliedstaats, daß Gesellschaften ihr gezeichnetes Kapital durch Zwangseinziehung von Aktien herabsetzen, so verlangen sie mindestens die Beachtung folgender Voraussetzungen:
a) Die Zwangseinziehung ist vor der Zeichnung der einzuziehenden Aktien durch die Satzung oder den Errichtungsakt vorgeschrieben oder zugelassen;
b) sofern die Zwangseinziehung durch die Satzung oder den Errichtungsakt lediglich zugelassen ist, wird sie von der Hauptversammlung beschlossen, es sei denn, daß die betroffenen Aktionäre sie einstimmig genehmigt haben;
c) das Gesellschaftsorgan, das über die Zwangseinziehung beschließt, legt Bedingungen und Durchführung dieser Maßnahme fest, soweit dies nicht bereits in der Satzung oder im Errichtungsakt geschehen ist;
d) Artikel 32 ist anzuwenden, es sei denn, es handelt sich um voll eingezahlte Aktien, die der Gesellschaft unentgeltlich zur Verfügung gestellt oder die mit Hilfe von Mitteln, die nach Artikel 15 Absatz 1 ausgeschüttet werden dürfen, eingezogen werden; in diesen Fällen ist ein Betrag in Höhe des Nennbetrags oder, wenn ein Nennbetrag nicht vorhanden ist, des rechnerischen Wertes aller eingezogenen Aktien in eine Rücklage

§ 6 Die Kapitalrichtlinie

einzustellen. Diese Rücklage darf, außer im Falle der Herabsetzung des gezeichneten Kapitals, nicht an die Aktionäre ausgeschüttet werden; sie darf nur dazu verwendet werden, Verluste auszugleichen oder durch Umwandlung von Rücklagen das gezeichnete Kapital zu erhöhen, soweit die Mitgliedstaaten einen solchen Vorgang zulassen;
e) der Beschluß über die Zwangseinziehung wird nach den in den Rechtsvorschriften der einzelnen Mitgliedstaaten gemäß Artikel 3 der Richtlinie 68/151/EWG vorgesehenen Verfahren offengelegt.

(2) Artikel 30 Absatz 1 sowie die Artikel 31, 33 und 40 sind in den Fällen des Absatzes 1 nicht anzuwenden.

Art. 37 [Beschlußfassung durch Hauptversammlung bei Aktieneinziehung]
(1) Im Fall der Herabsetzung des gezeichneten Kapitals durch Einziehung von Aktien, die von einer Gesellschaft oder einer im eigenen Namen, aber für Rechnung der Gesellschaft handelnden Person erworben worden sind, muß die Einziehung stets durch die Hauptversammlung beschlossen werden.

(2) Artikel 32 ist anzuwenden, es sei denn, es handelt sich um voll eingezahlte Aktien, die unentgeltlich oder mit Mitteln erworben werden, die nach Artikel 15 Absatz 1 ausgeschüttet werden dürfen; in diesen Fällen ist ein Betrag in Höhe des Nennbetrags oder, wenn ein Nennbetrag nicht vorhanden ist, des rechnerischen Wertes aller eingezogenen Aktien in eine Rücklage einzustellen. Diese Rücklage darf, außer im Falle der Herabsetzung des gezeichneten Kapitals, nicht an die Aktionäre ausgeschüttet werden; sie darf nur dazu verwendet werden, Verluste auszugleichen oder durch Umwandlung von Rücklagen das gezeichnete Kapital zu erhöhen, soweit die Rechtsvorschriften der Mitgliedstaaten einen solchen Vorgang zulassen.

(3) Die Artikel 31, 33 und 40 sind in den Fällen des Absatzes 1 nicht anzuwenden.

Art. 38 [Getrennte Abstimmung bei mehreren Aktiengattungen] In den Fällen des Artikels 35, des Artikels 36 Absatz 1 Buchstabe b) und des Artikels 37 Absatz 1 ist, sofern mehrere Gattungen von Aktien vorhanden sind, der Beschluß der Hauptversammlung über die Tilgung des gezeichneten Kapitals oder über dessen Herabsetzung durch Einziehung von Aktien von einer gesonderten Abstimmung zumindest jeder Gattung derjenigen Aktionäre abhängig, deren Rechte durch die Maßnahmen berührt werden.

Art. 39 [Rückerwerbbare Aktien] Gestatten die Rechtsvorschriften eines Mitgliedstaats, daß Gesellschaften rückerwerbbare Aktien ausgeben, so verlangen sie für den Rückerwerb dieser Aktien mindestens die Beachtung folgender Voraussetzungen:
a) Der Rückerwerb muß vor der Zeichnung der rückerwerbbaren Aktien in der Satzung oder dem Errichtungsakt zugelassen sein;
b) diese Aktien müssen vollständig eingezahlt worden sein;
c) die Bedingungen und die Durchführung des Rückerwerbs sind in der Satzung oder dem Errichtungsakt festgelegt;
d) der Rückerwerb darf nur mit Hilfe von Mitteln erfolgen, die nach Artikel 15 Absatz 1 ausgeschüttet werden dürfen, oder mit Erträgen aus einer Ausgabe neuer Aktien, die zum Zwecke dieses Rückerwerbs ausgegeben werden;
e) ein Betrag in Höhe des Nennbetrags oder, wenn ein Nennbetrag nicht vorhanden ist, des rechnerischen Wertes aller zurückerworbenen Aktien ist in eine Rücklage einzustellen, die, außer im Falle der Herabsetzung des gezeichneten Kapitals, nicht an die Aktionäre ausgeschüttet werden darf; sie darf nur dazu verwendet werden, durch Umwandlung von Rücklagen das gezeichnete Kapital zu erhöhen;
f) Buchstabe e) ist nicht anzuwenden, sofern die Aktien mit Hilfe von Erträgen aus einer Ausgabe neuer Aktien zurückerworben werden, die zum Zweck dieses Rückerwerbs ausgegeben werden;
g) sofern als Folge des Rückerwerbs die Zahlung eines Mehrbetrags zugunsten der Ak-

VII. Text der Kapitalrichtlinie

tionäre vorgesehen ist, darf dieser nur aus Mitteln entnommen werden, die entweder nach Artikel 15 Absatz 1 ausgeschüttet werden dürfen oder einer anderen als der unter Buchstabe e) genannten Rücklage entnommen werden, die, außer im Falle der Herabsetzung des gezeichneten Kapitals, nicht an die Aktionäre ausgeschüttet werden darf; diese Rücklage darf nur zum Zwecke einer Erhöhung des gezeichneten Kapitals durch Umwandlung von Rücklagen oder zur Deckung der in Artikel 3 Buchstabe j) genannten Kosten oder der Kosten für die Ausgabe von Aktien oder von Schuldverschreibungen oder für die Zahlung eines Mehrbetrags zugunsten der Inhaber von zurückzuerwerbenden Aktien oder Schuldverschreibungen verwendet werden;
h) der Rückerwerb ist nach den in den Rechtsvorschriften der einzelnen Mitgliedstaaten gemäß Artikel 3 der Richtlinie 68/151/EWG vorgesehenen Verfahren offenzulegen.

Art. 40 [Mehrheitsbestimmungen] (1) Die Rechtsvorschriften der Mitgliedstaaten schreiben vor, daß die in Artikel 29 Absätze 4 und 5 sowie den Artikeln 30, 31, 35 und 38 vorgesehenen Beschlüsse zumindest eine Mehrheit von nicht weniger als zwei Dritteln der Stimmen der vertretenen Wertpapiere oder des vertretenen gezeichneten Kapitals erfordern.
(2) Die Rechtsvorschriften der Mitgliedstaaten können jedoch vorschreiben, daß die einfache Mehrheit der in Absatz 1 bezeichneten Stimmen ausreicht, sofern mindestens die Hälfte des gezeichneten Kapitals vertreten ist.

Art. 41 [Sonderregelung bei Belegschaftsaktien] (1) Die Mitgliedstaaten können von Artikel 9 Absatz 1, Artikel 19 Absatz 1 Buchstabe a) Satz 1 und Buchstabe b) sowie von den Artikeln 25, 26 und 29 abweichen, soweit dies für den Erlaß oder die Anwendung von Vorschriften erforderlich ist, welche die Beteiligung der Arbeitnehmer oder anderer durch einzelstaatliches Recht festgelegter Gruppen von Personen am Kapital der Unternehmen fördern sollen.
(2) Die Mitgliedstaaten brauchen Artikel 19 Absatz 1 Buchstabe a) Satz 1 sowie die Artikel 30, 31, 36, 37, 38 und 39 nicht auf Gesellschaften anzuwenden, die auf Grund einer besonderen Regelung neben Kapitalaktien Arbeitsaktien ausgeben, und zwar die letzteren zugunsten der Gesamtheit der Arbeitnehmer, die auf der Hauptversammlung der Aktionäre durch Bevollmächtigte mit Stimmrecht vertreten wird.

Art. 42 [Gleichbehandlung von Aktionären] Für die Anwendung dieser Richtlinie müssen die Rechtsvorschriften der Mitgliedstaaten die Gleichbehandlung der Aktionäre sicherstellen, die sich in denselben Verhältnissen befinden.

Art. 43 [Umsetzungsfrist] (1) Die Mitgliedstaaten erlassen die erforderlichen Rechts- und Verwaltungsvorschriften, um dieser Richtlinie innerhalb von zwei Jahren nach ihrer Bekanntgabe nachzukommen. Sie setzen die Kommission hiervon unverzüglich in Kenntnis.
(2) Die Mitgliedstaaten brauchen Artikel 3 Buchstaben g), i), j) und k) nicht auf Gesellschaften anzuwenden, die bei Inkrafttreten der in Absatz 1 genannten Vorschriften bereits bestehen.
Sie können vorsehen, daß die anderen Vorschriften dieser Richtlinie erst 18 Monate nach diesem Zeitpunkt auf diese Gesellschaften anzuwenden sind.
Diese Frist kann jedoch, was die Artikel 6 und 9 betrifft, drei Jahre und in bezug auf die „unregistered companies" im Vereinigten Königreich und Irland fünf Jahre betragen.
(3) Die Mitgliedstaaten teilen der Kommission den Wortlaut der wichtigsten Vorschriften des innerstaatlichen Rechts mit, die sie auf dem von dieser Richtlinie erfaßten Gebiet erlassen.

Art. 44 Diese Richtlinie ist an die Mitgliedstaaten gerichtet.

§ 7 Verschmelzung und Spaltung von Aktiengesellschaften

I. Die Verschmelzungsrichtlinie

Schrifttum: *Bayer*, Informationsrechte bei der Verschmelzung von Aktiengesellschaften, AG 1988, 323; *Ganske*, Änderungen des Verschmelzungsrechts, DB 1981, 1551; *Harrer*, Die EG-gesellschaftsrechtlichen Vorgaben für die Regelung der Verschmelzung und der Spaltung von Aktiengesellschaften, in: Koppensteiner (Hrsg.), Österreichisches und europäisches Wirtschaftsprivatrecht, Teil 1: Gesellschaftsrecht, 1994, S. 307; *Kalss*, Europarechtliche und verfassungsrechtliche Rahmenbedingungen für das Umwandlungsrecht, JBl. 1995, 420; *Keil/Wagner*, Verschmelzungsrecht und Art. 177 EWG-Vertrag, ZIP 1989, 214; *Kindler*, Neuere italienische Gesetzgebung auf dem Gebiet des Gesellschaftsrechts, ZGR 1995, 225; *Lutter*, Die Entwicklung des Gesellschaftsrechts in Europa, EuR 1975, 44; *van Ommeslaghe*, Unternehmenskonzentration und Rechtsangleichung in der EWG, ZHR 132 (1969), 201; *Priester*, Das neue Verschmelzungsrecht, NJW 1983, 1459; *Schwarz*, Das neue Umwandlungsrecht, DStR 1994, 1694; *Sonnenberger*, Interne Fusion von Aktiengesellschaften im Gemeinsamen Markt, AG 1971, 76; *Timm*, Zur Bedeutung des „Hoesch"-Urteils für die Fortentwicklung des Konzern- und Verschmelzungsrechts, JZ 1982, 403.

1. Grundlagen

207   Die am 9. Oktober 1978 verabschiedete, auf Art. 44 Abs. 2 lit. g EGV (Art. 54 Abs. 3 lit. g a. F.) gestützte Dritte Richtlinie[1] bezweckt die Angleichung der mitgliedstaatlichen Regelungen über die Verschmelzung von Aktiengesellschaften. Das mit einer solchen Umstrukturierung verbundene Erlöschen der übertragenden Gesellschaft läßt einen Schutz der Aktionäre und der Gläubiger[2] als besonders dringlich erscheinen. Die Richtlinie beabsichtigt deshalb in erster Linie die Einführung eines *Mindestschutzes* zugunsten dieser Personen: Auch die einem anderen Mitgliedstaat angehörenden Aktionäre und Gläubiger einer verschmolzenen Aktiengesellschaft finden nunmehr also zumindest dem Standard der Richtlinie entsprechende Schutzbestimmungen vor. Ausweislich ihres 3. Erwägungsgrundes und ihres Art. 2[3] geht das Anliegen der Richtlinie allerdings weiter. Danach sind nämlich sämtliche Mitgliedstaaten verpflichtet, das Institut der Verschmelzung in ihr nationales Recht einzuführen[4]. Davon

---

[1] Dritte Richtlinie des Rates vom 9. Oktober 1978 gemäß Artikel 54 Absatz 3 Buchstabe g) des Vertrages betreffend die Verschmelzung von Aktiengesellschaften (78/855/EWG), ABl. Nr. L 295/36 vom 20. 10. 1978; abgedruckt unter Rdnr. 258.
[2] Für den Schutz der Arbeitnehmer hat die am 14. 2. 1977 verabschiedete Richtlinie über die Wahrung von Ansprüchen der Arbeitnehmer beim Übergang von Unternehmen, Betrieben oder Betriebsteilen (77/187/EWG, ABl. Nr. L 61/26 v. 5. 3. 1977) gesorgt (vgl. Art. 12 der 3. Richtlinie).
[3] Artikelbezeichnungen ohne Angabe eines Gesetzes beziehen sich im folgenden auf die Dritte Richtlinie.
[4] Berechtigte Kritik bei *Lutter* EuR 1975, 44, 60 f. – Zur davon abweichenden Regelungstechnik der Spaltungsrichtlinie s. Rdnr. 234.

I. Die Verschmelzungsrichtlinie

betroffen waren insbesondere die Niederlande, die bis zur Umsetzung[5] der Richtlinie die Verschmelzung von Aktiengesellschaften nicht kannten.

208 Auch der Verabschiedung der Fusionsrichtlinie gingen langwierige Verhandlungen voraus. Einen ersten Entwurf hatte die Kommission bereits im Jahre 1970 vorgelegt[6]. Geänderte Vorschläge wurden in den Jahren 1973 und 1975 unterbreitet[7]; der zweite geänderte Vorschlag wurde sodann vom Rat in erheblich geänderter Fassung verabschiedet. Im Zuge des Beitritts der übrigen Mitgliedstaaten haben diese die Richtlinie als Teil des acquis communautaire übernommen; durch die jeweilige Beitrittsakte ist Art. 1 über die betroffenen Gesellschaften der Erweiterung des Mitgliederkreises angepaßt worden[8].

2. Umsetzung in das deutsche Recht

209 Die Bundesrepublik ist ihrer Verpflichtung zur Umsetzung der Richtlinie durch das am 1. 1. 1983 in Kraft getretene Verschmelzungsrichtlinie-Gesetz vom 25. 10. 1982 nachgekommen[9]. Das Gesetz hat sich, über die Vorgaben der Richtlinie hinausgehend, nicht auf die Angleichung der aktienrechtlichen Vorschriften über die Verschmelzung von *Aktiengesellschaften* beschränkt; mit ihm wurden vielmehr auch die Vorschriften über die Verschmelzung von Gesellschaften anderer Rechtsform weitgehend den angeglichenen aktienrechtlichen Bestimmungen angepaßt. Durch Art. 1 des Gesetzes zur Bereinigung des Umwandlungsrechts vom 28. 10. 1994[10] hat der Gesetzgeber die auf viele Gesetze verstreuten[11] Vorschriften über die Umwandlung und Verschmelzung von Unternehmen zusammengeführt und in der Sache zum Teil erheblich geändert und ergänzt. Nunmehr enthält das UmwG 1994 eine Kodifikation des gesamten Umwandlungsrechts. Schon in dem Begriff der „Umwandlung" kommt das diesem Gesetz eigene Streben nach Zusammenfassung und Systematisierung zum Ausdruck; er ist Oberbegriff für die Verschmelzung, die Spaltung, die Vermögensübertragung und den Formwechsel und umfaßt somit unter anderem die in der 3. und 6. Richtlinie geregelten Tatbestände.

---

[5] Wet van 19. 1. 1983 van Fusie van Naameloze en Besloten Venootschappen, Staatsblad Nr. 1983–59.
[6] ABl. Nr. C 89/20 v. 14. 7. 1970; dazu *Sonnenberger* AG 1971, 76 ff.; *Meyer-Ladewig* BB 1970, 1517 ff.; eingehend zu den Erwägungen der Kommission und zu dem 1968 vorgelegten Vorentwurf *van Ommeslaghe* ZHR 132 (1969), 201, 205 ff.
[7] Erster geänderter Vorschlag vom 4. 1. 1973, Dok. Kom. (72) 1668 endg.; Zweiter geänderter Vorschlag vom 22. 12. 1975, Dok. Kom. (75) 671 endg.
[8] Vgl. die Nachw. in Rdnr. 258.
[9] Gesetz zur Durchführung der Dritten Richtlinie des Rates der Europäischen Gemeinschaften zur Koordinierung des Gesellschaftsrechts (Verschmelzungsrichtlinie-Gesetz), BGBl. 1982 I, S. 1425 ff.; s. ferner RegE, BT-Drucks. 9/1065; Beschlußempfehlung und Bericht des Rechtsausschusses, BT-Drucks. 9/1785; eingehend zu dem Durchführungsgesetz *Priester* NJW 1983, 1459 ff.; *Timm* JZ 1982, 403, 406 ff. Zu den Umsetzungsakten der übrigen Mitgliedstaaten s. den Überblick bei *Hohloch* in Hohloch, Supranationales Recht Rdnr. 22.
[10] BGBl. I, S. 3210.
[11] Vgl. den Überblick bei *Raiser*, Recht der Kapitalgesellschaften, 2. Aufl., § 47 Rdnr. 4 ff.

210 Jedem Umwandlungsvorgang hat der Gesetzgeber ein eigenes Buch gewidmet; in diesem hat er zunächst allgemeine, für sämtliche „Rechtsträger" geltende Vorschriften „vor die Klammer gezogen", um sodann Sondervorschriften für die einzelnen Rechtsformen anzufügen. Infolge dieser Technik ist das UmwG durch eine Vielzahl von Verweisungen und Verschachtelungen gekennzeichnet. Die bereits durch das Verschmelzungsrichtlinie-Gesetz (Rdnr. 209) an die Richtlinie angepaßten §§ 339 bis 353 AktG a. F. finden sich nunmehr in den §§ 2 bis 38 und 60 bis 77 UmwG. Die Vorschriften der §§ 2 bis 38 UmwG enthalten allgemeine, für sämtliche verschmelzungsfähigen Rechtsträger geltende Vorschriften; diese werden durch die besonderen Vorschriften der §§ 60ff. UmwG über die Verschmelzung unter Beteiligung von Aktiengesellschaften ergänzt. Wenn auch die genannten Vorschriften sowohl in redaktioneller als auch in sachlicher Hinsicht zum Teil erheblich von den §§ 339ff. AktG a. F. abweichen, so sind sie gleichwohl angeglichenes und damit im Lichte der Richtlinie auszulegendes Recht[12].

211 Es versteht sich nun von selbst, daß nicht nur die §§ 60ff. UmwG, sondern auch die §§ 2 bis 38 UmwG richtlinienkonform auszulegen sind (Rdnr. 34ff.), soweit es um die – in der Richtlinie allein geregelte – Verschmelzung von Aktiengesellschaften geht. Wie aber ist bei der Verschmelzung unter Beteiligung anderer Rechtsträger zu verfahren? Schon die Erwägung, daß der deutsche Gesetzgeber einen Großteil der vormals nur die Verschmelzung von Aktiengesellschaften betreffenden, bereits durch das Verschmelzungsrichtlinie-Gesetz angeglichenen Vorschriften der §§ 339ff. AktG verallgemeinert hat, spricht gegen eine gespaltene, je nach Art des beteiligten Rechtsträgers differenzierende Auslegung der §§ 2ff. UmwG[13]. Vor allem aber hat der EuGH entschieden, daß er nach Art. 234 EGV (Art. 177 a. F.) für die Auslegung des Gemeinschaftsrechts auch dann zuständig ist, wenn dieses den fraglichen Sachverhalt zwar nicht unmittelbar regelt, das der Umsetzung der Richtlinie dienende nationale Recht aber die von der Richtlinie erfaßten Sachverhalte und andere Sachverhalte gleichbehandelt[14]. Eine solche Gleichbehandlung ist aber in §§ 2ff. UmwG erfolgt, mögen auch die §§ 46ff. UmwG Sondervorschriften für einzelne Rechtsträger enthalten. Nach Ansicht des EuGH wäre demnach eine gespaltene Auslegung der §§ 2ff. UmwG aus Gründen des europäischen Rechts selbst dann nicht möglich, wenn der nationale Gesetzgeber eine solche in Kauf genommen hätte. Dies bedeutet, daß die der Umsetzung der 3. Richtlinie dienenden §§ 2ff. UmwG auch dann richt-

---

[12] In einer Fußnote zu dem Titel des Gesetzes weist der Gesetzgeber denn auch selbst darauf hin, daß das UmwG der Umsetzung des Art. 13 der 2. Richtlinie (er betrifft nach der Terminologie des UmwG den Formwechsel in die AG) sowie der 3. und der 6. Richtlinie dient, s. BR-Drucks. 599/94, 1.

[13] Für einheitliche und damit richtlinienkonforme Auslegung der allgemeinen Vorschriften auch *Schwarz* DStR 1994, 1694, 1697.

[14] EuGHE 1990, I-3783, 3792f., Tz. 29ff. – Dzodzi; EuGHE 1997, I-4190, 4200ff., Tz. 25ff. – Leur-Bloem.; s. aber auch EuGHE 1995, I-633, 639ff., Tz. 14ff. – Kleinwort Benson; s. dazu *Betlem* CMLR 1996, 137ff.; *Bishop* ELRev 1995, 495ff. AA – freilich ohne Berücksichtigung der Rechtsprechung des EuGH – *Lutter* in Lutter, UmwG, 1996, Einleitung Rdnr. 30, § 8 Rdnr. 57.

I. Die Verschmelzungsrichtlinie

linienkonform auszulegen sind, wenn eine Verschmelzung unter Beteiligung anderer Rechtsträger zu beurteilen ist; auch in diesen Fällen besteht die Möglichkeit und die Pflicht zur Vorlage nach Art. 234 EGV (Art. 177 a. F.).

3. Betroffene Gesellschaften

Nach Art. 1 Abs. 1 gilt die Richtlinie nur für die Aktiengesellschaft und ihr entsprechende Rechtsformen des Rechts der anderen Mitgliedstaaten; ihr Anwendungsbereich deckt sich also mit dem der Kapitalrichtlinie (Rdnr. 140). Art. 1 Abs. 2 und 3 enthält Ausnahmen; danach brauchen die Mitgliedstaaten die Richtlinie auf Aktiengesellschaften, die einen genossenschaftlichen Zweck verfolgen, und auf Gesellschaften, die Gegenstand eines Insolvenz- oder Vergleichsverfahrens sind, nicht anzuwenden. Für *aufgelöste* und außerhalb eines Insolvenzverfahrens abzuwickelnde Gesellschaften darf nach Art. 3 Abs. 2 und 4 Abs. 2 das nationale Recht bestimmen, daß sie sich als übertragende Gesellschaft an einer Verschmelzung beteiligen können. Um eine Umgehung des Art. 15 der 2. Richtlinie (Rdnr. 164ff.) auszuschließen, muß allerdings das nationale Recht diese Möglichkeit auf Gesellschaften beschränken, die noch nicht mit der Verteilung ihres Vermögens an die Aktionäre begonnen haben. In § 3 Abs. 3 UmwG hat der deutsche Gesetzgeber von der durch Art. 3 Abs. 2 und Art. 4 Abs. 2 eröffneten Möglichkeit Gebrauch gemacht. Danach kann sich eine aufgelöste AG als übertragender Rechtsträger an einer Verschmelzung beteiligen, wenn ihre Fortsetzung beschlossen werden könnte; letzteres setzt nach § 274 Abs. 1 S. 1 AktG voraus, daß noch nicht mit der Verteilung des Vermögens unter die Aktionäre begonnen worden ist.

212

4. Innerstaatliche Verschmelzung

Nach ihrem Art. 2 erfaßt die Fusionsrichtlinie nur Verschmelzungen, bei denen alle daran beteiligten Aktiengesellschaften dem Recht ein und desselben Mitgliedstaats unterliegen. Die grenzüberschreitende Fusion bildet den Gegenstand einer 10. Richtlinie, deren Verabschiedung bislang freilich an der Frage der Mitbestimmung gescheitert ist (Rdnr. 60). Das nationale Recht kann zwar über die Vorgaben der Richtlinie hinausgehen und die grenzüberschreitende Fusion zulassen; die steuerrechtlichen Folgen eines solchen Vorgangs sind denn auch bereits in der Fusionsbesteuerungsrichtlinie geregelt[15]. Das deutsche Recht bestimmt jedoch in § 1

213

---

[15] Richtlinie des Rates über das gemeinsame Steuersystem für Fusionen, Spaltungen, die Einbringung von Unternehmensteilen und den Austausch von Anteilen, die Gesellschaften verschiedener Mitgliedstaaten betreffen, vom 23. 7. 1990 (90/434/EWG), ABl. Nr. L 225/1 vom 25. 8. 1990; dazu *Sarrazin* ZGR 1994, 66ff.

Abs. 1 UmwG, daß nur Rechtsträger mit Sitz im Inland umgewandelt werden können[16].

5. Die erfaßten Verschmelzungsvorgänge und ihre Rechtsfolgen

a) Verschmelzung durch Aufnahme und Verschmelzung durch Neugründung

214 Die Richtlinie unterscheidet zwischen der Verschmelzung durch Aufnahme und der Verschmelzung durch Gründung einer neuen Gesellschaft. Beide Verschmelzungsformen werden zunächst in Art. 3 und 4 definiert (Rdnr. 215 f.). Art. 5 bis 22 regeln sodann ausführlich Voraussetzungen, Verfahren und Rechtsfolgen der Verschmelzung durch Aufnahme. Die Verschmelzung durch Neugründung ist Gegenstand des Art. 23, der in Abs. 1 weitgehend auf die Vorschriften über die Verschmelzung durch Aufnahme verweist und in Abs. 2 bis 4 ergänzende Vorschriften enthält. Nach Art. 23 Abs. 2 muß der Verschmelzungsplan die Rechtsform, den Sitz und die Firma der neuen Gesellschaft angeben. Art. 23 Abs. 3 bestimmt zudem, daß der Verschmelzungsplan und die Satzung der neuen Gesellschaft der Zustimmung der Hauptversammlung jeder der „untergehenden" Gesellschaften bedürfen. Im übrigen geht Art. 23 Abs. 4 zwar davon aus, daß die Vorschriften der 1. und 2. Richtlinie über die Gründung von Aktiengesellschaften zur Anwendung gelangen; eine Wertprüfung im Sinne des Art. 10 der 2. Richtlinie (Rdnr. 158) ist nach Art. 23 Abs. 4 allerdings nicht erforderlich.

215 Art. 3 Abs. 1 bezeichnet als *Verschmelzung durch Aufnahme* den Vorgang, durch den eine oder mehrere Gesellschaften (übertragende Gesellschaften) ihr gesamtes Aktiv- und Passivvermögen auf eine andere Gesellschaft (übernehmende Gesellschaft) gegen Gewährung von Aktien der übernehmenden Gesellschaft an die Aktionäre der übertragenden Gesellschaft(en) übertragen. Diese Form der Verschmelzung ist also dadurch gekennzeichnet, daß die übernehmende Gesellschaft bereits existiert. Die Aktionäre der übertragenden, infolge der Verschmelzung erlöschenden Gesellschaft (Rdnr. 220) werden sodann ipso iure Aktionäre der übernehmenden Gesellschaft; daraus erklärt sich ihr Schutzbedürfnis (Rdnr. 222 ff.). Die Richtlinie berücksichtigt zudem, daß eine Abfindung ausschließlich in Aktien häufig an den unterschiedlichen Wertverhältnissen scheitert. Für sogenannte „Spitzenbeträge" müssen deshalb *bare Zuzahlungen* geleistet werden. Art. 3 Abs. 1 verpflichtet die Mitgliedstaaten, Verschmelzungen durch Aufnahme jedenfalls dann zuzulassen, wenn die bare Zuzahlung den zehnten Teil des Nennwerts oder des rechnerischen Werts der gewährten Aktien nicht übersteigt. Nach Art. 30 ist es den Mitgliedstaaten zudem gestattet, Verschmelzungen auch dann zuzulassen, wenn die bare Zuzahlung 10% übersteigt (Rdnr. 218).

---

[16] Vgl. dazu Begr. RegE, BT-Drucks. 12/6699, S. 80; ferner *Lutter* (Fn. 14), § 2 Rdnr. 34 ff.; *Behrens* ZGR 1994, 1, 13 ff.; *Kronke* ZGR 1994, 26, 28 ff. mit rechtsvergleichenden Hinweisen; speziell zur Mitbestimmungsproblematik *Heinze* ZGR 1994, 47 ff.

I. Die Verschmelzungsrichtlinie

Die *Verschmelzung durch Neugründung* ist nach Art. 4 Abs. 1 dadurch gekennzeichnet, daß eine übernehmende Gesellschaft noch nicht besteht. Das Vermögen zweier oder mehrerer Gesellschaften wird vielmehr auf eine von ihnen nach Maßgabe der 2. Richtlinie neu zu gründende Gesellschaft übertragen (Rdnr. 214); die neue Gesellschaft ist nach Art. 23 Abs. 1 S. 2 keine „sich verschmelzende Gesellschaft" im Sinne der Richtlinie. Die Aktionäre der übertragenden Gesellschaften werden Aktionäre der neuen Gesellschaft; gegebenenfalls erhalten sie eine bare Zuzahlung. Anders als die Verschmelzung durch Aufnahme (Rdnr. 215) setzt die Verschmelzung durch Neugründung die Existenz von *zwei oder mehr übertragenden* Gesellschaften voraus; denn nur in diesem Fall kommt es zu einer die Verschmelzung kennzeichnenden Verbindung von mindestens zwei Gesellschaften.

216

b) Verschmelzung im Konzern

Art. 24 bis 29 enthalten besondere Vorschriften über konzerninterne Verschmelzungen. Art. 24 betrifft die Verschmelzung einer *100%-igen Tochtergesellschaft* auf die Muttergesellschaft. Auf diesen Vorgang sind grundsätzlich die allgemeinen Vorschriften über die Verschmelzung durch Aufnahme anzuwenden. Da die übertragende Gesellschaft allerdings über keine außenstehenden Aktionäre verfügt, erübrigt sich die Anwendung der entsprechenden Schutzvorschriften. Nach Art. 24 S. 2 ist es deshalb den Mitgliedstaaten *untersagt*, bestimmte Schutzvorschriften zur Anwendung zu bringen und dadurch die Verschmelzung unnötig zu erschweren. Die Vorschrift des Art. 25 *erlaubt* es zudem den Mitgliedstaaten, Art. 7 auf die in Art. 24 geregelte Verschmelzung für nicht anwendbar zu erklären. Für die Verschmelzung durch Aufnahme einer Gesellschaft, an der die übernehmende Gesellschaft *90% oder mehr*, jedoch nicht alle Aktien besitzt, können die Mitgliedstaaten nach Maßgabe der Art. 27 ff. von Art. 5 ff. abweichende Vorschriften einführen. So kann unter den Voraussetzungen des Art. 27 auf einen Beschluß der Hauptversammlung der übernehmenden Gesellschaft verzichtet werden; von dieser Möglichkeit hat § 62 UmwG Gebrauch gemacht. Nach Art. 28 kann zudem für Verschmelzungen im Sinne des Art. 27 von einer Umsetzung der Art. 9 bis 11 abgesehen werden, wenn die Minderheitsaktionäre der übertragenden Gesellschaft das Recht haben, zwischen der Gewährung von Aktien und einer angemessenen Barabfindung zu wählen[17]. Die Möglichkeit der gerichtlichen Überprüfung der Barabfindung tritt dann an die Stelle der in Art. 9 ff. vorgesehenen Schutzvorkehrungen.

217

c) Der Verschmelzung gleichgestellte Vorgänge

In Art. 30 f. regelt die Richtlinie zwei der Verschmelzung (im Sinne des Art. 2) vergleichbare Vorgänge. Art. 30 betrifft zunächst den Fall, daß die *bare Zuzahlung* den Satz von 10% übersteigt (Rdnr. 215). Verschmelzungen dieser Art können von den Mitgliedstaaten zugelassen werden, unter-

218

---

[17] Näher dazu *Kalss* JBl. 1995, 420, 426 ff.

§ 7 *Verschmelzung und Spaltung von Aktiengesellschaften*

liegen dann aber den Art. 5 bis 23, 27 und 28. Vorausgesetzt ist, daß den Aktionären eine „Zuzahlung" gewährt wird; eine Abfindung ausschließlich in Geld darf also grundsätzlich nicht eingeführt werden[18]. Von der durch Art. 30 eröffneten Möglichkeit hat der deutsche Gesetzgeber keinen Gebrauch gemacht; § 68 Abs. 3 UmwG verbietet vielmehr ausdrücklich höhere Zuzahlungen. Art. 31 schließlich betrifft *fusionsähnliche Vorgänge*, die sich von den in Art. 2, 24 und 30 geregelten Vorgängen dadurch unterscheiden, daß nicht sämtliche übertragenden Gesellschaften erlöschen. Auch diese Vorgänge können von den Mitgliedstaaten zugelassen werden; mit Ausnahme des Art. 19 Abs. 1 lit. c sind auf sie die Art. 5 bis 29 anzuwenden. Davon betroffen waren etwa die noch in § 15 UmwG 1969 vorgesehene verschmelzende Umwandlung und – bis zur Verabschiedung der 6. Richtlinie – die Teilfusion des französischen Rechts[19]. Die Vermögensübertragung im Sinne der §§ 174 ff. UmwG ist dagegen kein Anwendungsfall des Art. 31; ihr fehlt es nämlich an dem sämtliche Fusionsvorgänge im Sinne der 3. Richtlinie kennzeichnenden mitgliedschaftserhaltenden Charakter[20].

d) Die Rechtsfolgen der Verschmelzung

219 Die Problematik einer Verschmelzung und die Notwendigkeit von Vorschriften zum Schutz der Aktionäre, Gläubiger und Arbeitnehmer treten klar zutage, wenn man die Rechtsfolgen eines solchen Vorgangs berücksichtigt. Sie sind in Art. 19 Abs. 1 lit. a bis c geregelt. Danach bewirkt die Verschmelzung zunächst, daß das gesamte Aktiv- und Passivvermögen der übertragenden Gesellschaft uno actu, d. h. im Wege der *Gesamtrechtsnachfolge*, und mit Wirkung gegenüber jedermann auf die übernehmende Gesellschaft übergeht. Der Verschmelzungsplan kann also nicht einzelne Vermögensgegenstände von dem Übergang ausnehmen. Art. 19 Abs. 3 stellt zwar die Gesamtrechtsnachfolge unter den Vorbehalt des allgemeinen Zivilrechts, soweit dieses für die Wirksamkeit der Übertragung einzelner Gegenstände die Einhaltung „besonderer Förmlichkeiten" vorsieht. Auch die Existenz solcher Vorschriften vermag allerdings das in Art. 19 Abs. 1 lit. c angeordnete Erlöschen der übertragenden Gesellschaft nicht zu verhindern; das nationale Recht kann deshalb allenfalls das Erlöschen nicht übertragbarer Gegenstände anordnen[21].

220 Nach Art. 19 Abs. 1 lit. b werden die *Aktionäre* der übertragenden Gesellschaft Aktionäre der übernehmenden Gesellschaft. Den Inhabern anderer Wertpapiere sind nach Art. 15 gleichwertige Rechte in der überneh-

---

[18] AA *Kalss* JBl. 1995, 420, 423 ff. Eine Ausnahme ist allenfalls für sogenannte Kleinstbeteiligungen anzuerkennen, bei denen der Aktionär trotz Ausschöpfung aller Möglichkeiten der Stückelung von Aktien den gesetzlichen Mindestnennbetrag nicht erreicht; weitergehend – freilich ohne Berücksichtigung der Richtlinie – *Ihrig* ZHR 160 (1996), 317 ff.
[19] Näher *Lutter* EuR 1975, 44, 62 f.; *Kropff*, Festschrift für Geßler, 1971, S. 111, 113 ff.; ferner Rdnr. 238 ff. betreffend die Auf- und Abspaltung.
[20] Vgl. bereits *Lutter* EuR 1975, 44, 63; ferner *Harrer* S. 356 ff.; *Kalss* JBl. 1995, 420, 423.
[21] Näher zum Ganzen *Grunewald*, in Lutter (Fn. 14), § 20 Rdnr. 11 ff.; s. noch Rdnr. 241 f., 246 im Zusammenhang mit der Spaltung.

I. Die Verschmelzungsrichtlinie

menden Gesellschaft einzuräumen; davon betroffen sind insbesondere die Inhaber von Wandel- oder Optionsanleihen, von Gewinnschuldverschreibungen und von Genußrechten (Rdnr. 151). Art. 19 Abs. 2 enthält eine wichtige Ausnahme von dem in Art. 19 Abs. 1 lit. b statuierten Anteilstausch. Danach werden für Aktien der übertragenden Gesellschaft, die sich im Besitz der übernehmenden oder der übertragenden Gesellschaft selbst befinden oder von einem Dritten für Rechnung einer der beiden Gesellschaften gehalten werden, keine Aktien der übernehmenden Gesellschaft gewährt. In beiden Fällen käme es nämlich zum Erwerb eigener Anteile durch die übernehmende Gesellschaft, was den Wertungen der Art. 19 ff. der 2. Richtlinie widerspräche (Rdnr. 178 ff.). Die dritte und wesentliche Rechtsfolge der Verschmelzung ist in Art. 19 Abs. 1 lit. c geregelt; danach erlischt die um ihr Vermögen und um ihre Aktionäre gebrachte *übertragende Gesellschaft*, ohne daß es einer Abwicklung bedarf. Die in Art. 19 Abs. 1 lit. a bis c genannten Rechtsfolgen treten „ipso iure" ein; das einzelstaatliche Recht darf also den Eintritt der Rechtsfolgen nicht von weiteren Voraussetzungen abhängig machen. Die Umsetzung in das deutsche Recht ist durch §§ 20 Abs. 1, 23 UmwG erfolgt.

e) Das Schutzbedürfnis auf seiten der Gläubiger und der Aktionäre

221 Vor dem Hintergrund der in Art. 19 Abs. 1 geregelten Rechtsfolgen einer Verschmelzung erscheint ein Schutz der Gläubiger und der Aktionäre der sich verschmelzenden Gesellschaften als überaus dringlich[22]. Was zunächst die *Gläubiger* betrifft, so sind sie an der Verschmelzung nicht beteiligt und sehen sich nunmehr entweder mit einem anderen, möglicherweise weniger solventen Schuldner oder mit einer Vielzahl konkurrierender Gläubiger konfrontiert (Rdnr. 231). Die *Aktionäre der übertragenden Gesellschaft*, mögen sie für oder gegen die Verschmelzung gestimmt haben, haben einen Anteilstausch hinzunehmen, so daß insbesondere die Angemessenheit des Umtauschverhältnisses sicherzustellen ist. Der Anteilstausch berührt aber auch die Belange der *Altaktionäre der übernehmenden Gesellschaft*; eine überhöhte Abfindung in Aktien der übernehmenden Gesellschaft hat nämlich zwangsläufig eine „Quersubventionierung" der neuen Aktionäre durch die Altaktionäre zur Folge[23]. Schließlich ist dafür zu sorgen, daß die einmal vollzogene Verschmelzung und damit der Eintritt der in Art. 19 Abs. 1 genannten Rechtsfolgen möglichst von Bestand ist; diesem Anliegen dient die Vorschrift des Art. 22 (Rdnr. 232 f.).

6. Der Schutz der Aktionäre

a) Vorgaben der Richtlinie

222 *aa) Überblick.* Die Richtlinie enthält eine Vielzahl von Vorschriften zum Schutz der Aktionäre der sich verschmelzenden Gesellschaften. Be-

---

[22] Zum Schutz der Arbeitnehmer durch die Betriebsübergangsrichtlinie s. Fn. 2.
[23] Eingehend *Lutter* (Fn. 14), § 5 Rdnr. 10 ff., 15 ff. mit weit. Nachw.

sondern Wert legt sie darauf, daß die Aktionäre ausreichende Informationen über das Verschmelzungsvorhaben und den damit verbundenen Anteilstausch erhalten[24]. Diese Informationssicherung ist freilich nicht Selbstzweck. Sie steht vielmehr im Zusammenhang mit der nach Art. 7 erforderlichen Beteiligung der Hauptversammlungen der sich verschmelzenden Gesellschaften und basiert auf der zutreffenden Erwägung, daß eine den Grundsätzen der Privatautonomie genügende Ausübung des Stimmrechts die Kenntnis der relevanten Tatsachen voraussetzt. Die Richtlinie setzt also ganz wesentlich auf die „Richtigkeitsgewähr"[25] der Willensbildung der beteiligten Gesellschaften und sichert aus diesem Grund die Funktionsvoraussetzungen des Beschlußverfahrens. Die Informationsbeschaffung ist zwar Aufgabe der Verwaltungs- oder Leitungsorgane der beteiligten Gesellschaften; die Richtlinie schreibt aber eine Prüfung dieser Informationen durch unabhängige Sachverständige vor. Die Organwalter und die Sachverständigen sind zudem nach Art. 20 f. einer verschuldensabhängigen Haftung gegenüber den Aktionären zu unterstellen.

223 *bb) Pflichten der Organwalter und Prüfer.* Grundlage der Verschmelzung ist der nach Art. 5 von den Verwaltungs- oder Leitungsorganen der sich verschmelzenden Gesellschaften zu erstellende *Verschmelzungsplan.* Dieser Plan bedarf der Schriftform. Nach Art. 6 ist er zudem nach Maßgabe des Art. 3 der 1. Richtlinie (Rdnr. 84 ff.) offenzulegen[26]. Der Verschmelzungsplan muß die in Art. 5 Abs. 2 genannten Mindestangaben enthalten; hervorzuheben sind das Umtauschverhältnis der Aktien, die Einzelheiten hinsichtlich der Übertragung der Aktien der übernehmenden Gesellschaft und der Zeitpunkt, von dem an diese Aktien das Recht auf Teilnahme am Gewinn gewähren. Nach Art. 9 haben die Verwaltungs- oder Leitungsorgane der sich verschmelzenden Gesellschaften einen *Verschmelzungsbericht* zu erstellen, „in dem der Verschmelzungsplan und insbesondere das Umtauschverhältnis der Aktien rechtlich und wirtschaftlich erläutert und begründet werden."[27] Nach Art. 10 ist der Verschmelzungsplan zudem für jede Gesellschaft von mindestens einem unabhängigen *Sachverständigen* zu prüfen; dieser hat einen schriftlichen Bericht für die Aktionäre zu erstellen, der die in Art. 10 Abs. 2 genannten Angaben zum Umtauschverhältnis zu enthalten hat.

224 *cc) Informations- und Beteiligungsrecht der Aktionäre.* Art. 11 gewährt jedem Aktionär der sich verschmelzenden Gesellschaften ein umfassendes Informationsrecht. Diesem Informationsrecht kommt nach der Konzeption der Richtlinie eine Schlüsselrolle zu, steht es doch im unmittelbaren Zusammenhang mit dem in Art. 7 geregelten Erfordernis einer Zustimmung der Hauptversammlungen der sich verschmelzenden Gesellschaften

---

[24] Näher zum Folgenden *Werlauff* S. 379 ff.; aus Sicht des deutschen Rechts *Bayer* AG 1988, 323 ff.
[25] Im Sinne von *Schmidt-Rimpler* AcP 147 (1941), 130 ff.; näher dazu *Habersack* AcP 189 (1989), 403 ff.
[26] Die Offenlegung des Verschmelzungsplans läuft der Systematik des deutschen Rechts zuwider. Das UmwG verzichtet demgemäß auf eine allgemeine Vorschrift dieser Art; die Umsetzung des Art. 6 ist vielmehr durch § 61 UmwG und damit beschränkt auf die AG erfolgt.
[27] Zu den Anforderungen s. BGHZ 107, 296, 302 ff., auch in Auseinandersetzung mit Art. 9; ferner BGH ZIP 1990, 168 und 1560; BGH ZIP 1989, 1388 mit BVerfG ZIP 1990, 228 ff.

I. Die Verschmelzungsrichtlinie

(Rdnr. 222). Dieses Zustimmungserfordernis trägt wiederum dem Grundlagencharakter der Verschmelzung Rechnung. Grundsätzlich bedarf es nämlich mindestens einer Mehrheit von zwei Dritteln des erschienenen Kapitals; zudem sind die Vorschriften über die Satzungsänderung anzuwenden.

dd) Haftung der Organwalter und der Berichtsprüfer. Die nach Art. 20 und 21 einzuführende Haftung sowohl der Mitglieder des Verwaltungs- oder Leitungsorgans der übertragenden Gesellschaft als auch der sachverständigen Prüfer im Sinne des Art. 10 soll diese Personen zur gewissenhaften Erfüllung ihrer Pflichten anhalten und damit das Schutzkonzept der Richtlinie (Art. 221) effektivieren. Die Richtlinie schreibt deshalb die Einführung einer Haftung der genannten Personen „gegenüber den Aktionären" vor. Sie hat dabei vor allem den Fall im Auge, daß das Umtauschverhältnis zum Nachteil der Aktionäre der übertragenden Gesellschaft berechnet worden ist. Dann fehlt es in der Tat an einem Schaden der Gesellschaft, so daß nur ein eigener Anspruch der Aktionäre in Betracht kommt[28]. Indes ist es auch denkbar, daß die übernehmende Gesellschaft selbst – ihren Fortbestand unterstellt – aus der Pflichtverletzung einen Schaden davonträgt. Art. 20 und 21 scheinen auch für diese atypischen Sachverhalte einen eigenen Anspruch der Aktionäre vorzuschreiben. Dies aber widerspräche dem in der 2. Richtlinie kodifizierten Grundsatz der Kapitalerhaltung (Rdnr. 164 ff.). Danach nämlich ist es insbesondere aus Gründen des Gläubigerschutzes geboten, eine Schädigung der Gesellschaft über das Gesellschaftsvermögen abzuwickeln[29]; eigene Ansprüche der Aktionäre kommen deshalb im allgemeinen nur insoweit in Betracht, als diese einen über den sogenannten Reflexschaden hinausgehenden eigenen Schaden vorzuweisen haben. Eine Vorschrift des nationalen Rechts, die, wie etwa § 25 Abs. 1 und 3 UmwG, den Fortbestand der übertragenden Gesellschaft fingiert und dieser eigene Ansprüche zuweist, steht deshalb im Einklang mit den Art. 20 und 21.

225

Die Ausgestaltung der Haftung ist Sache der Mitgliedstaaten. Diese haben dabei allerdings den *Grundsatz der Gleichwertigkeit und der Effektivität* zu beachten[30]. Die Haftungsregelung darf also den Kläger nicht schlechter stellen als bei ähnlichen, aber nur nationales Recht betreffenden Klagen; zudem darf sie es nicht praktisch unmöglich machen, eine Entschädigung zu verlangen. Vor diesem Hintergrund begegnet der in § 11 Abs. 2 UmwG iVm. § 323 Abs. 2 HGB vorgesehene Haftungshöchstbetrag Bedenken; eine abschließende Entscheidung ist freilich dem EuGH vorbehalten. Richtlinienkonform sind dagegen die Verjährungsregelung des § 25 Abs. 3 UmwG – sie entspricht dem Standard des AktG, insbesondere dessen § 93 Abs. 5 – und die Vorschrift des § 26 UmwG, wonach der An-

226

---

[28] *Martens* AG 1986, 57, 63; *Grunewald* in Lutter (Fn. 14), § 25 Rdnr. 14.
[29] Näher dazu *Brandes*, Festschrift für Fleck, 1988, S. 13 ff.; *G. Müller*, Festschrift für Kellermann, 1991, S. 317 ff.
[30] Näher dazu im Zusammenhang mit der Haftung des Mitgliedstaats für die nicht ordnungsgemäße Umsetzung von Richtlinien (Rdnr. 33) EuGHE 1991, I-5403, 5415 f., Tz. 41 ff.; EuGHE 1997, I-4037, 4045 ff., Tz. 24 ff.

spruch gegen die Organwalter der übertragenden Gesellschaft nur durch einen besonderen Vertreter geltend gemacht werden kann[31]. Das einzelstaatliche Recht kann selbstverständlich, wie in §§ 11 Abs. 2, 27 UmwG geschehen, in der Richtlinie nicht geregelte Ansprüche der Aktionäre der übernehmenden Gesellschaft gegen deren Organwalter und gegen die sachverständigen Prüfer vorsehen. Solche Ansprüche kommen insbesondere in Betracht, wenn das Umtauschverhältnis zum Nachteil dieser Aktionäre bemessen worden ist und somit eine Wertverschiebung zugunsten der Aktionäre der übertragenden Gesellschaft eingetreten ist (Rdnr. 221).

227 *ee) Gerichtliche Kontrolle, Wirksamwerden und Offenlegung der Verschmelzung.* Nach Art. 16 Abs. 1 S. 1 haben die Mitgliedstaaten entweder eine vorbeugende gerichtliche oder behördliche Kontrolle der Rechtmäßigkeit der Verschmelzung oder die öffentliche (notarielle) Beurkundung der Niederschriften der Hauptversammlungen und eines im Anschluß an diese Hauptversammlungen geschlossenen Verschmelzungsvertrags vorzusehen. Macht ein Mitgliedstaat von der in Art. 7 und 25 f. vorgesehenen Möglichkeit eines Verzichts auf die Mitwirkung der Hauptversammlungen der Gesellschaften Gebrauch, so ist nach Art. 16 Abs. 1 S. 2 der Verschmelzungsplan öffentlich zu beurkunden. In jedem Fall sollen also das Verschmelzungsvorhaben, bevor es Wirksamkeit erlangt, einer staatlichen oder notariellen Kontrolle unterzogen und der Vollzug einer rechtswidrigen, gleichwohl grundsätzlich bestandskräftigen (Rdnr. 232 f.) Verschmelzung verhindert werden. Auch Art. 16 statuiert nur einen Mindestschutz und läßt somit die im deutschen Recht[32] vorgesehene Kumulation von Beurkundungserfordernis und gerichtlicher Kontrolle zu. Nach Art. 17 ist es Sache der Mitgliedstaaten, den Zeitpunkt der Wirksamkeit der Verschmelzung und des Eintritts der in Art. 19 bestimmten Rechtsfolgen (Rdnr. 219 ff.) zu bestimmen. Da nach Art. 18 für jede Gesellschaft die Verschmelzung nach Maßgabe des Art. 3 der 1. Richtlinie offenzulegen ist (Rdnr. 84 ff.), bietet es sich an, den Zeitpunkt der Eintragung oder Bekanntmachung zu wählen; § 20 Abs. 1 UmwG hat sich für die Maßgeblichkeit der Eintragung entschieden.

b) Umsetzungsdefizite des deutschen Rechts?

228 Wie die bisherigen Ausführungen gezeigt haben, tragen die Vorschriften der §§ 2 ff., 60 ff. UmwG den Vorgaben der Richtlinie grundsätzlich Rechnung; ein Vorbehalt ist allein hinsichtlich des Haftungshöchstbetrags des § 323 Abs. 2 HGB anzumelden (Rdnr. 226). Richtlinienkonform ist auch die Vorschrift des § 4 Abs. 1 UmwG, wonach die Vorstände der sich ver-

---

[31] Die Einschaltung des Vertreters soll eine einheitliche Anspruchsdurchsetzung ermöglichen und dafür sorgen, daß ein etwaiger Erlös gleichmäßig unter die geschädigten Aktionäre verteilt wird, s. *Dehmer,* UmwG, UmwStG, 2. Aufl. 1996, § 26 Rdnr. 2.

[32] Zur notariellen Beurkundung s. § 6 UmwG (dazu, daß es sich bei dem Verschmelzungsvertrag um den Verschmelzungsplan im Sinne der Richtlinie handelt, s. Rdnr. 228) und § 130 Abs. 1 S. 1, 3 AktG iVm. § 65 UmwG. Zur Prüfungspflicht des Registergerichts s. OLG Düsseldorf DB 1998, 1399 f.; *Bork* in Lutter (Fn. 14), § 5 Rdnr. 5 ff.; *Bokelmann* DB 1994, 1341 ff.; *Kort,* Bestandsschutz fehlerhafter Strukturänderungen im Kapitalgesellschaftsrecht, 1998, S. 74 ff.

I. Die Verschmelzungsrichtlinie

schmelzenden Gesellschaften regelmäßig[33] bereits vor Zustimmung der Hauptversammlung einen Verschmelzungsvertrag schließen[34]. Demgegenüber geht zwar die Richtlinie, wie sich ihren Art. 5 Abs. 1, 16 Abs. 1 S. 1 entnehmen läßt, davon aus, daß zunächst ein *Verschmelzungsplan* aufgestellt wird, der erst nach Zustimmung der Hauptversammlungen (Rdnr. 224) in den Abschluß eines *Verschmelzungsvertrags* mündet. Nach § 13 Abs. 1 UmwG erlangt freilich auch der nach § 4 Abs. 1 UmwG geschlossene Verschmelzungsvertrag nur mit Zustimmung der Anteilseigner der beteiligten Gesellschaften Wirksamkeit; die Position der Aktionäre wird somit durch den Abschluß des Verschmelzungsvertrags nicht berührt[35]. Auch etwaige Willensmängel sind, den Vorgaben des Art. 22 entsprechend, mit Eintragung der Verschmelzung unbeachtlich; zudem lassen sie sich auch bei einem Vorgehen nach § 4 Abs. 2 UmwG nicht ausschließen.

Nach der Rechtsprechung des EuGH[36] begegnet es auch keinen Bedenken, daß der BGH gegen fehlerhafte Verschmelzungsbeschlüsse gerichtete und damit an sich begründete *Anfechtungsklagen* unter dem Gesichtspunkt des *individuellen Rechtsmißbrauchs* als unbegründet abweist[37]. Da nämlich der BGH das Vorliegen eines Rechtsmißbrauchs im wesentlichen auf die Fälle beschränkt, in denen der Kläger eine ihm nicht gebührende Sonderleistung erstrebt, kann von einer Beeinträchtigung der einheitlichen Anwendung und vollen Wirksamkeit der Art. 9, 22 Abs. 1 lit. b im Sinne der Rechtsprechung des EuGH (Rdnr. 189) nicht die Rede sein. Vor dem Hintergrund der gefestigten EuGH-Rechtsprechung konnte der BGH auch von einer Vorlage nach Art. 234 EGV (Art. 177 a. F.) absehen[38]. **229**

Nicht mit der Richtlinie vereinbar ist dagegen die in §§ 8 Abs. 3 S. 1, 9 Abs. 3 UmwG vorgesehene Möglichkeit eines allseitigen *Verzichts* der Aktionäre auf den Verschmelzungsbericht und auf die Verschmelzungsprüfung[39]. Dies folgt schon aus dem Schutzzweck dieser Informationsrechte (Rdnr. 222), aber auch daraus, daß zwar Art. 10 der Spaltungsrichtlinie (Rdnr. 249), nicht aber die 3. Richtlinie die Möglichkeit eines entsprechenden Verzichts ausdrücklich vorsieht. Eine abschließende Entscheidung ist allerdings dem EuGH vorbehalten. Richtlinienkonform ist dage- **230**

---

[33] § 4 Abs. 2 UmwG läßt allerdings auch den Abschluß nach Zustimmung der Hauptversammlungen zu einem Vertragsentwurf zu.
[34] Eingehend zu Rechtsnatur, Rechtsfolgen und Mängeln dieses Vertrags *Lutter* (Fn. 14), § 4 Rdnr. 4 ff., § 5 Rdnr. 89 ff.
[35] Ein Vorgehen nach § 4 Abs. 2 UmwG hat zwar den Vorteil, daß sich unnötige Beurkundungskosten vermeiden lassen (s. *Priester* NJW 1983, 1459, 1460, Fn. 41); indes ist die in § 6 UmwG vorgesehene notarielle Beurkundung von Art. 16 ohnehin nicht zwingend vorgeschrieben (s. Rdnr. 227).
[36] S. etwa EuGH WM 1998, 1531, 1532 f., Tz. 20 ff. mit weit. Nachw. (abgedruckt in Rdnr. 189); EuGHE 1996, I-6028, 6036, Tz. 21 (abgedruckt in Rdnr. 202).
[37] Grundlegend BGHZ 107, 296, 308 ff.; s. ferner BGH ZIP 1990, 168, 171 f.; AG 1992, 448; eingehend dazu *K. Schmidt* in Großkomm. AktG, 4. Aufl., § 245 Rdnr. 47 ff.; *Hüffer* § 245 Rdnr. 22 ff.; *Boujong*, Festschrift für Kellermann, 1991, S. 1 ff.
[38] BGH DB 1993, 927 f.; s. ferner BVerfG ZIP 1990, 228; aA Keil/Wagner ZIP 1989, 214 ff.
[39] AA *Lutter* (Fn. 14), § 8 Rdnr. 45 f., § 9 Rdnr. 17, unter anderem unter Hinweis auf Art. 27 lit. b, der freilich nur die Entbehrlichkeit des Zustimmungsbeschlusses regelt; eine Befreiung von Art. 9 und 10 ist zwar in Art. 28 vorgesehen, der allerdings das Angebot einer Barabfindung vorschreibt (Rdnr. 217).

gen wohl die in § 8 Abs. 2 UmwG vorgesehene, einem höherrangigen Interesse der Gesellschaft Rechnung tragende Einschränkung der Berichtspflicht; mit Rücksicht auf den Schutzzweck des Art. 9 erscheint jedoch eine restriktive Auslegung geboten.

7. Der Schutz der Gläubiger

231 Die Gesellschaftsgläubiger können die Verschmelzung ihres Schuldners nicht verhindern. Insbesondere die Gläubiger der *übertragenden Gesellschaft* haben es also hinzunehmen, daß ihr Schuldner nach Art. 19 Abs. 1 lit. c erlischt und die Verbindlichkeit auf die übernehmende Gesellschaft übergeht (Rdnr. 219ff.). Entsprechendes gilt in den Fällen des Art. 23 für die Gläubiger der sich verschmelzenden Gesellschaften; sie sehen sich nunmehr mit einer neu gegründeten Gesellschaft als Schuldner konfrontiert. Aber auch die Gläubiger der *übernehmenden Gesellschaft* im Sinne des Art. 3 sind schutzbedürftig; denn sie haben es hinzunehmen, daß ihr Schuldner nunmehr für die Verbindlichkeiten der übertragenden Gesellschaft einzustehen hat. Nach Art. 13 Abs. 1 muß deshalb das einzelstaatliche Recht für einen Schutz derjenigen Gesellschaftsgläubiger sorgen, deren Forderungen vor der Bekanntmachung des Verschmelzungsplans nach Art. 6 (Rdnr. 223) entstanden und nicht erloschen sind. Das *Mindestmaß* des Schutzes ist in Art. 13 Abs. 2 umschrieben; danach müssen die Gläubiger der sich verschmelzenden Gesellschaften (und damit auch die Gläubiger der übernehmenden Gesellschaft, Rdnr. 215f.) zumindest Anspruch auf Sicherheitsleistung haben, wenn die finanzielle Lage der Gesellschaften einen solchen Schutz erfordert und die Gläubiger nicht bereits anderweitig gesichert sind. Für Anleihegläubiger und die Inhaber von anderen Wertpapieren enthalten Art. 14f. besondere Bestimmungen (Rdnr. 220); auch diese Personen sind aber regelmäßig „Gläubiger" im Sinne des Art. 13. Das UmwG hat die Vorgaben der Art. 13 und 15 durch seine §§ 22, 23 UmwG umgesetzt. Umsetzungsdefizite sind nicht ersichtlich. Dies gilt auch hinsichtlich der Ausschlußfrist des § 22 Abs. 1 S. 1 UmwG; sie genügt dem Grundsatz der Gleichwertigkeit und der Effektivität (Rdnr. 226)[40].

8. Fehlerhafte Verschmelzung

232 Angesichts der in Art. 19 Abs. 1 vorgesehenen Rechtsfolgen ist eine Rückabwicklung der einmal vollzogenen Verschmelzung, also eine „Entschmelzung", nahezu ausgeschlossen[41]. Ausweislich ihres 9. Erwägungsgrundes besteht deshalb eines der Anliegen der Richtlinie darin, im Interesse der „Rechtssicherheit in den Beziehungen zwischen den beteiligten Gesellschaften, zwischen diesen und Dritten sowie unter den Aktionären" die Fälle der Nichtigkeit der Verschmelzung zu beschrän-

---

[40] Vgl. die entsprechenden Vorschriften in §§ 303 Abs. 1 S. 1, 321 Abs. 1 S. 1 AktG betreffend die Beendigung des Unternehmensvertrags und die Eingliederung.
[41] Vgl. Begr. RegE, BT-Drucks. 12/6699, S. 91f. (zu § 20 UmwG); ferner *Kort* (Fn. 32), S. 279ff.

ken. Nach Art. 16 haben zwar die Mitgliedstaaten entweder eine vorbeugende gerichtliche oder behördliche Kontrolle oder das Erfordernis der öffentlichen Beurkundung einzuführen (Rdnr. 227). Erlangt aber die Verschmelzung Wirksamkeit (Rdnr. 227), so können die Mitgliedstaaten die Nichtigkeit der Verschmelzung nur unter den Voraussetzungen des Art. 22 anordnen.

Auch Art. 22 enthält eine *Mindestregelung*; das einzelstaatliche Recht kann also auch dann, wenn die Voraussetzungen dieser Vorschriften vorliegen, der Verschmelzung Bestandskraft verleihen. Die Vorschriften des § 20 Abs. 1 Nr. 4, Abs. 2 UmwG, denen zufolge bei Eintragung[42] etwaige Mängel der notariellen Beurkundung geheilt werden und etwaige Mängel der Verschmelzung den Eintritt der Rechtsfolgen des § 20 Abs. 1 UmwG unberührt lassen[43], stehen deshalb durchaus im Einklang mit Art. 22. Die weiteren Rechtsfolgen des § 20 Abs. 2 UmwG sind zwar umstritten. So geht die hM davon aus, daß die Eintragung den Verschmelzungsmangel endgültig heilt[44]; nach anderen ist dagegen nur eine Rückabwicklung mit Wirkung ex tunc, nicht dagegen eine Beendigung der Verschmelzung mit Wirkung ex nunc ausgeschlossen[45]. Mit der Richtlinie vereinbar ist jedoch nur die hM. Die von der Gegenansicht befürwortete Entschmelzung mit Wirkung ex nunc könnte dagegen allenfalls bei Vorliegen der Voraussetzungen des Art. 22 zugelassen werden; eine Nichtigkeitsklage im Sinne des Art. 22 Abs. 1 lit. a sieht das deutsche Recht aber nicht vor.

233

II. Die Spaltungsrichtlinie

Schrifttum: *Engelmeyer*, Die Spaltung von Aktiengesellschaften nach dem neuen Umwandlungsrecht, 1995; *Harrer*, Die EG-gesellschaftsrechtlichen Vorgaben für die Regelung der Verschmelzung und der Spaltung von Aktiengesellschaften, in: Koppensteiner (Hrsg.), Österreichisches und europäisches Wirtschaftsprivatrecht, Teil 1: Gesellschaftsrecht, 1994, S. 307; *Heidenhain*, Fehlerhafte Umsetzung der Spaltungs-Richtlinie, EuZW 1995, 327; *ders.*, Sonderrechtsnachfolge bei der Spaltung, ZIP 1995, 801; *Herzig/Förster*, Grenzüberschreitende Spaltung von Kapitalgesellschaften, BB 1992, 1251; *Teichmann*, Die Spaltung einer Aktiengesellschaft als gesetzgeberische Aufgabe, AG 1980, 85; *Wirth*, Auseinanderspaltung als Mittel zur Trennung von Familienstämmen und zur Filialabspaltung, AG 1997, 455.

Fortsetzung S. 138

---

[42] Sie ist stets erforderlich; bei Nichteintragung gelangen auch die Grundsätze über die fehlerhafte Gesellschaft nicht zur Anwendung, s. BGH NJW 1996, 659.
[43] Zur entsprechenden Rechtslage in Italien s. *Kindler* ZGR 1995, 225, 231 f.
[44] So *Dehmer* (Fn. 31), § 20 Rdnr. 95 ff.; *Grunewald* in Lutter (Fn. 14), § 20 Rdnr. 64; zu § 352a AktG bereits *Köhler* ZGR 1985, 307, 324; *Priester* NJW 1983, 1459, 1465.
[45] So *Martens* AG 1986, 57, 63 ff.; *K. Schmidt* AG 1991, 131 ff.; *ders.* ZGR 1991, 373, 375 ff., 391 ff.; *ders.* ZIP 1998, 181, 187 ff.

1. Grundlagen

234 Die am 17. Dezember 1982 verabschiedete, auf Art. 44 Abs. 2 lit. g EGV (Art. 54 Abs. 3 lit. g a. F.) gestützte Sechste Richtlinie[46] ergänzt die Dritte Richtlinie. Sie trägt dem Umstand Rechnung, daß Spaltungsvorgänge eine Nähe zur Verschmelzung aufweisen und somit die *Gefahr einer Umgehung* der Schutzvorschriften der – nur die Verschmelzung, nicht aber die Spaltung regelnden – Dritten Richtlinie (Rdnr. 207, 218) besteht[47]. Auch die Spaltungsrichtlinie bezweckt deshalb vor allem den Schutz der Gläubiger und der Aktionäre der sich spaltenden Gesellschaft[48]; auch sie strebt die Einführung eines gemeinschaftsweiten *Mindestschutzes* dieser Personen an. Anders als die Verschmelzungsrichtlinie (Rdnr. 207) stellt aber die Spaltungsrichtlinie die Einführung des Instituts der Spaltung in das Belieben der Mitgliedstaaten. Sie ist also nur von den Mitgliedstaaten zu beachten, deren Recht die Spaltung von Gesellschaften vorsieht.

235 Ihrem auf Umgehungsschutz gerichteten Anliegen entsprechend (Rdnr. 234) weist die Spaltungsrichtlinie, was ihren Aufbau und die Schutzinstrumentarien betrifft, große Ähnlichkeit mit der Verschmelzungsrichtlinie auf. Sie enthält deshalb auch keinen Katalog der von ihr erfaßten Gesellschaften. Art. 1 Abs. 1[49] nimmt vielmehr auf Art. 1 Abs. 1 der 3. Richtlinie (Rdnr. 212) Bezug; Art. 1 Abs. 4, 2 Abs. 2 erklären zudem Art. 1 Abs. 2, 3 und Art. 3 Abs. 2 der 3. Richtlinie für anwendbar, so daß der *persönliche Anwendungsbereich* beider Richtlinien übereinstimmt (Rdnr. 212). Wie die Verschmelzungsrichtlinie (Rdnr. 213) erfaßt schließlich auch die Spaltungsrichtlinie ausweislich ihres Art. 1 Abs. 1 nur innerstaatliche Spaltungsvorgänge[50]. Auch die Spaltungsrichtlinie geht auf den Kommissionsvorschlag aus dem Jahre 1970 zurück[51].

2. Umsetzung in das deutsche Recht

236 Die Umsetzung der Richtlinie in das deutsche Recht ist erst durch Art. 1 des Gesetzes zur Bereinigung des Umwandlungsrechts vom 28. 10. 1994 erfolgt (Rdnr. 209); bis dahin kannte das deutsche Recht das Institut der Spaltung im Sinne der 6. Richtlinie nicht[52]. Das UmwG widmet der

---

[46] Sechste Richtlinie des Rates vom 17. Dezember 1982 gemäß Art. 54 Abs. 3 Buchstabe g) des Vertrages betreffend die Spaltung von Aktiengesellschaften (82/891/EWG), ABl. Nr. L 378/47 vom 31. 12. 1982; abgedruckt unter Rdnr. 259.
[47] Eingehend zu dem die 6. Richtlinie prägenden französischen Recht der scission *Bärmann* ZVglRWiss 81 (1982), 251 ff.; *Duden/Schilling* AG 1974, 204 ff.; *Teichmann* AG 1980, 85 ff.; *Micheler* RIW 1993, 15 ff.
[48] Hinsichtlich des Schutzes der Arbeitnehmer verweist auch Art. 11 der Spaltungsrichtlinie auf die Betriebsübergangsrichtlinie (Fn. 2).
[49] Artikelbezeichnungen ohne Angabe eines Gesetzes beziehen sich im folgenden auf die Sechste Richtlinie.
[50] Zur grenzüberschreitenden Spaltung nach deutschem Recht s. *Herzig/Förster* BB 1992, 1251.
[51] Vgl. die Nachw. in Fn. 6.
[52] Zur Umsetzung in den übrigen Mitgliedstaaten s. den Überblick bei *Hohloch* in Hohloch, Supranationales Recht, Rdnr. 31; speziell zum österreichischen Recht *Harrer* S. 372 ff.; zum italienischen Recht *Kindler* ZGR 1995, 225, 227 ff.; zum französischen Recht s. die Nachw. in Fn. 47.

II. Die Spaltungsrichtlinie

Spaltung ein eigenes Buch. Dessen *erster Teil* besteht aus den §§ 123 bis 137 UmwG und enthält allgemeine, rechtsformunabhängige Vorschriften über die Spaltung; § 125 UmwG erklärt zudem die ganz überwiegende Zahl der Vorschriften des zweiten Buches betreffend die Verschmelzung für entsprechend anwendbar und bringt dadurch auch für das nationale Recht die sachliche Nähe zwischen Verschmelzung und Spaltung deutlich zum Ausdruck. Der *zweite* (besondere) Teil enthält in den §§ 141 bis 146 UmwG ergänzende Vorschriften über die Spaltung unter Beteiligung von Aktiengesellschaften. Diese Regelungstechnik bringt es mit sich, daß die der Umsetzung der Spaltungsrichtlinie dienenden §§ 123 bis 137 UmwG auch dann richtlinienkonform auszulegen sind, wenn die Spaltung einer Gesellschaft anderer Rechtsform zur Beurteilung ansteht; auch in diesen Fällen ist zudem das Vorabentscheidungsverfahren des Art. 234 EGV (Art. 177 a. F.) gegeben (Rdnr. 211).

3. Die erfaßten Spaltungsvorgänge und ihre Rechtsfolgen

a) Spaltung und Verschmelzung

Auf den ersten Blick handelt es sich bei der Spaltung um das Gegenstück zur Verschmelzung: Während die Verschmelzung Vermögen zusammenführt, kommt es bei der Spaltung zur Aufteilung von Vermögen. Die Spaltung ist denn auch rechtstechnisches Mittel zur *Unternehmensteilung*. Die sachliche Nähe zur Verschmelzung ist gleichwohl nicht zu verkennen[53] und hat ganz wesentlich zur Verabschiedung der 6. Richtlinie beigetragen (Rdnr. 234). Denn wie bei der Verschmelzung kommt es auch bei dem Grundtypus der Spaltung, der sogenannten Aufspaltung, zum Übergang des gesamten Vermögens des sich spaltenden Rechtsträgers, zum Anteilstausch und zum Erlöschen des Rechtsträgers (Rdnr. 241 ff.). Der Unterschied zur Verschmelzung besteht allein darin, daß das Vermögen der sich spaltenden Gesellschaft nach Maßgabe eines Spaltungsplans geteilt wird und *auf mindestens zwei* bestehende oder neu gegründete Gesellschaften übergeht, eine Gesamtrechtsnachfolge in dem Sinne, daß das gesamte Vermögen *uno actu und ungeteilt* auf eine oder mehrere Personen übergeht, also nicht stattfindet. Aus Sicht der Aktionäre und der Gläubiger der an der Spaltung beteiligten Gesellschaften ist diese Abweichung freilich unbeachtlich: ihre Interessen werden durch diese Form der Spaltung nicht weniger berührt als durch eine Verschmelzung (Rdnr. 248 ff.).

237

b) Spaltung zur Aufnahme und Spaltung zur Neugründung

aa) Überblick. Die Richtlinie unterscheidet zwischen der Spaltung durch Übernahme und der Spaltung durch Gründung neuer Gesellschaften; in der Sache entspricht dies der Unterscheidung zwischen der Verschmelzung durch Aufnahme und der Verschmelzung durch Neugründung (Rdnr. 214 ff.). Art. 2 bis 20 regeln zunächst Voraussetzungen,

238

---

[53] Zutreffend *Teichmann* in Lutter (Fn. 14), § 123 Rdnr. 11.

§ 7 Verschmelzung und Spaltung von Aktiengesellschaften

Verfahren und Rechtsfolgen der Spaltung durch Übernahme. Die Spaltung durch Gründung neuer Gesellschaften ist Gegenstand der Art. 21 f., die weitgehend auf die Vorschriften über die Spaltung durch Übernahme verweisen und zudem einige ergänzende Bestimmungen enthalten. Nach Art. 1 Abs. 3 können die Mitgliedstaaten zudem eine Kombination beider Spaltungsverfahren zulassen[54]; dieser Vorgang ist dann den Art. 2 bis 20 und 22 zu unterwerfen. Für Spaltungen, die unter der Aufsicht eines Gerichts erfolgen, können die Mitgliedstaaten schließlich unter den Voraussetzungen des Art. 23 von der Einhaltung einiger Schutzvorschriften befreien.

239 *bb) Spaltung durch Übernahme.* Als Spaltung durch Übernahme bezeichnet Art. 2 Abs. 1 den Vorgang, durch den eine Gesellschaft ihr gesamtes Aktiv- und Passivvermögen im Wege der Auflösung ohne Abwicklung auf mehrere („begünstigte") Gesellschaften überträgt, und zwar gegen Gewährung von Aktien der begünstigten Gesellschaften an die Aktionäre der gespaltenen Gesellschaft. Wie die Verschmelzung hat somit auch die Spaltung einen Anteilstausch zur Folge. Ungeachtet ihres mitgliedschaftserhaltenden Charakters soll zudem auch die Spaltung nicht daran scheitern, daß eine Abfindung ausschließlich in Aktien häufig an den unterschiedlichen Wertverhältnissen scheitert. Gestattet ein Mitgliedstaat die Spaltung, so hat er deshalb nach Art. 2 Abs. 1 *bare Zuzahlungen* bis zu 10% des Nennwerts oder des rechnerischen Werts der gewährten Aktien zuzulassen (Rdnr. 215, 218). Nach Art. 24 darf er auch höhere Zuzahlungen zulassen; in diesem Fall finden die Art. 2 bis 23 Anwendung[55].

240 *cc) Spaltung durch Gründung neuer Gesellschaften.* Die Spaltung durch Neugründung unterscheidet sich von der Spaltung durch Übernahme allein dadurch, daß die begünstigten Gesellschaften noch nicht existieren. Bei ihr kommt es deshalb zur Übertragung des gesamten Vermögens einer Gesellschaft auf mindestens zwei neugegründete Gesellschaften. Die sich spaltende Gesellschaft erlischt liquidationslos; die Aktionäre erhalten Aktien der neuen Gesellschaften sowie gegebenenfalls eine bare Zuzahlung (Rdnr. 239). Nach Art. 22 Abs. 1 unterliegt die Spaltung durch Neugründung grundsätzlich den Art. 2 bis 20. Die Abs. 2 bis 4 des Art. 22 enthalten besondere Vorschriften, die denjenigen des Art. 23 Abs. 2 bis 4 entsprechen (Rdnr. 214). Art. 22 Abs. 5 ermöglicht es zudem den Mitgliedstaaten, für die verhältniswahrende Spaltung (Rdnr. 243) von der Prüfung des Spaltungsberichts abzusehen.

241 *dd) Rechtsfolgen. (1.) Übergang des gesamten Vermögens.* Die Rechtsfolgen der Spaltung sind in Art. 17 Abs. 1 geregelt; sie entsprechen denjenigen einer Verschmelzung (Rdnr. 219 ff., 237). Nach Art. 17 Abs. 1 lit. a geht das Vermögen der gespaltenen Gesellschaft *ipso iure* auf die begünstigten Gesellschaften über. Da es sich um mindestens zwei Rechtsnachfolger handelt und diese das Vermögen der gespaltenen Gesellschaft nicht gemeinschaftlich erwerben sollen, muß der Spaltungsplan eine genaue

---

[54] Vgl. für das deutsche Recht § 123 Abs. 4 UmwG und dazu *Teichmann* in Lutter (Fn. 14), § 123 Rdnr. 16 ff.
[55] Dies entspricht der Rechtslage nach Art. 30 der 3. Richtlinie, s. dazu Rdnr. 218.

II. Die Spaltungsrichtlinie

Beschreibung und Aufteilung der Vermögensgegenstände enthalten (Rdnr. 248). Mit Wirksamkeit der Spaltung und unabhängig von der Vornahme weiterer Übertragungsakte kommt es demnach zu einer „Gesamtrechtsnachfolge" einer jeden begünstigten Gesellschaft in das Vermögen der gespaltenen Gesellschaft, die allerdings nicht das gesamte Vermögen, sondern lediglich die im Spaltungsplan bezeichneten Gegenstände erfaßt. Für das deutsche Recht hat sich zur Kennzeichnung dieses Vorgangs der Begriff *„partielle Gesamtrechtsnachfolge"* eingebürgert[56]. Er bringt zum Ausdruck, daß es einerseits keiner Einzelübertragung der im Spaltungsplan bezeichneten Gegenstände bedarf, der Erwerb vielmehr uno actu erfolgt, andererseits jede der begünstigten Gesellschaften nur den ihr im Spaltungsplan zugewiesenen Teil des Gesamtvermögens der gespaltenen Gesellschaft erwirbt und es somit zu einer Vermögensteilung kommt.

Wie Art. 19 Abs. 3 der 3. Richtlinie (Rdnr. 219) stellt auch Art. 17 Abs. 3 **242** der 6. Richtlinie die „partielle Gesamtrechtsnachfolge" unter den *Vorbehalt des allgemeinen Zivilrechts*, soweit dieses für die Wirksamkeit der Übertragung bestimmter Vermögensgegenstände „besondere Förmlichkeiten" vorsieht. Die Richtlinie berücksichtigt demnach, daß der in Art. 17 Abs. 1 lit. a angeordnete Übergang des Vermögens und diejenigen Vorschriften des allgemeinen Zivilrechts, die für die rechtsgeschäftliche Übertragung bestimmter Gegenstände besondere Voraussetzungen statuieren, miteinander in Konflikt geraten können. Da die zivilrechtlichen Vorschriften noch nicht angeglichen sind, läßt Art. 17 Abs. 3 Einschränkungen des Art. 17 Abs. 1 lit. a durch das einzelstaatliche Recht zu. Ungeachtet dessen hat es allerdings bei dem in Art. 17 Abs. 1 lit. c angeordneten Erlöschen der gespaltenen Gesellschaft zu bewenden; das einzelstaatliche Recht kann deshalb allenfalls das Erlöschen nicht übertragbarer Gegenstände anordnen, nicht dagegen den Fortbestand der gespaltenen Gesellschaft. Im deutschen Umwandlungsrecht findet sich ein entsprechender Vorbehalt in § 132 S. 1 UmwG. Die Reichweite dieser Vorschrift ist zwar noch nicht abschließend geklärt[57]. Ihre Anwendung darf jedoch in keinem Fall zur praktischen Wirkungslosigkeit des europäischen Rechts führen. So läßt sich etwa den Art. 12, 17 Abs. 1 lit. a entnehmen, daß es ohne Mitwirkung der Gesellschaftsgläubiger und damit abweichend von dem allgemeinen Zivilrecht zu einem Übergang von Verbindlichkeiten und von gesamten Rechtsverhältnissen kommen muß; die im allgemeinen für die Schuld- oder Vertragsübernahme erforderliche Zustimmung des Gläubigers oder Vertragspartners ist also keine „Förmlichkeit" im Sinne des Art. 17 Abs. 3. Umgekehrt wird man der Richtlinie nicht entnehmen können, daß das einzelstaatliche Recht einen Übergang höchstpersönlicher oder aus anderen Gründen unübertragbarer Rechte anzuordnen hat. Die Vorschrift des § 132 S. 1 UmwG ist deshalb keineswegs

---

[56] *Teichmann* in Lutter (Fn. 14), § 123 Rdnr. 8f.; *Dehmer* (Fn. 31), § 131 Rdnr. 1; *Engelmeyer* S. 333ff.; eingehend zu diesem Institut *K. Schmidt* AcP 191 (1991), 495ff.
[57] Eingehend *Schäfer* und *Wiesner*, jeweils in Habersack/Koch/Winter (Hrsg.), Die Spaltung im neuen Umwandlungsrecht und ihre Rechtsfolgen, 1999, S. 114ff., 168ff.; *Engelmeyer* S. 333ff.; ferner *Teichmann* in Lutter (Fn. 14), § 132 Rdnr. 5ff.

unvereinbar mit Art. 17 Abs. 1 lit. a[58]; erforderlich ist aber eine richtlinienkonforme und zudem dem allgemeinen Grundsatz des effet utile Rechnung tragende Auslegung.

243 (2.) *Aktientausch.* Die Aktionäre der gespaltenen Gesellschaft werden nach Art. 17 Abs. 1 lit. b ipso iure Aktionäre einer oder mehrerer begünstigter Gesellschaften. Entsprechend der Rechtslage bei der Verschmelzung kommt es also grundsätzlich[59] zu einem Aktientausch. Da allerdings das Vermögen der gespaltenen Gesellschaft auf *mindestens zwei* begünstigte Gesellschaften übergeht, kommen mehrere Modalitäten des Aktientauschs in Betracht. Die Richtlinie überläßt die Ausgestaltung des Aktientauschs den Beteiligten. In Betracht kommt zunächst eine sogenannte *verhältniswahrende Spaltung,* bei der die Aktionäre der gespaltenen Gesellschaft Aktien sämtlicher begünstigten Gesellschaften erhalten und ihr Anteil an den begünstigen Gesellschaften ihrem Anteil an der gespaltenen Gesellschaft entspricht. Nach Art. 5 Abs. 2 müssen die Mitgliedstaaten, die sich für die Einführung des Instituts der Spaltung entscheiden, darüber hinaus die *nichtverhältniswahrende,* die Beteiligungsverhältnisse verschiebende Spaltung zulassen. Für diesen Fall kann allerdings das einzelstaatliche Recht den Minderheitsaktionären die Wahl zwischen einem Aktientausch und einer Abfindung in Geld einräumen; auch kann, wie in § 128 UmwG vorgesehen, die Wirksamkeit des Spaltungsplans von der Zustimmung sämtlicher Aktionäre der sich spaltenden Gesellschaft abhängig gemacht werden[60]. Nach Art. 17 Abs. 1 lit. b schließlich muß es möglich sein, daß ein Aktionär der gespaltenen Gesellschaft *nur an einer* der begünstigten Gesellschaften beteiligt ist; dadurch soll die Trennung von Gesellschaftergruppen ermöglicht werden[61]. Unabhängig von den Modalitäten des Anteilstauschs müssen allerdings die Aktionäre der gespaltenen Gesellschaften stets eine angemessene Gegenleistung erhalten; der Wert der ihnen zugewiesenen Aktien einschließlich einer etwaigen Zuzahlung muß also dem Wert ihrer Aktien der gespaltenen Gesellschaft entsprechen.

244 (3.) *Erlöschen der Gesellschaft.* Als weitere Rechtsfolge der Spaltung ordnet Art. 17 Abs. 1 lit. c das liquidationslose Erlöschen der *gespaltenen Gesellschaft* an. Dies geschieht vor dem Hintergrund, daß für den Fortbestand der um ihr gesamtes Vermögen und um ihre Aktionäre gebrachten Gesellschaft kein Raum ist. Auch das Erlöschen der gespaltenen Gesellschaft erfolgt ipso iure; § 131 Abs. 1 Nr. 2 UmwG bestimmt deshalb ausdrücklich, daß es einer besonderen Löschung nicht bedarf.

---

[58] AA *Heidenhain* ZIP 1995, 801, 805; *ders.* EuZW 1995, 327, 328 f.
[59] Art. 17 Abs. 2 schließt allerdings eine Abfindung in eigenen Aktien aus; dies entspricht der Rechtslage nach Art. 19 Abs. 2 der 3. Richtlinie, dazu Rdnr. 220. Zum Sonderfall der nichtverhältniswahrenden Spaltung s. sogleich im Text.
[60] AA *Heidenhain* EuZW 1995, 327, 328, der freilich nicht den Mindestnormcharakter des Art. 5 Abs. 1 und 2 berücksichtigt.
[61] Seiner Verpflichtung zur Einführung dieser Form der Spaltung ist der deutsche Gesetzgeber durch Erlaß des § 128 UmwG nachgekommen; zur entsprechenden Auslegung dieser Vorschrift s. *Priester* in Lutter (Fn. 14), § 128 Rdnr. 10 (freilich ohne Berücksichtigung der Richtlinie).

II. Die Spaltungsrichtlinie

c) Abspaltung

Art. 25 regelt die sogenannte Abspaltung. Sie ist dadurch gekennzeichnet, daß es zwar zu einer Spaltung durch Übernahme oder zu einer Spaltung durch Neugründung kommt, die gespaltene Gesellschaft aber einen Teil ihres Vermögens sowie ihre Aktionäre behält und deshalb fortbesteht. Die Abspaltung hat demnach, nicht anders als die Aufspaltung, einen Vermögenstransfer gegen Gewährung von Aktien zur Folge; auch sie ist somit ein verschmelzungsähnlicher Vorgang. Infolge des Fortbestehens der gespaltenen Gesellschaft kommt es allerdings nicht zu einem Aktientausch. Die Aktionäre der gespaltenen Gesellschaft erhalten vielmehr *zusätzlich* zu ihren Aktien der gespaltenen Gesellschaft Aktien der begünstigten Gesellschaften. Auch insoweit schreiben Art. 25, 17 Abs. 1 lit. b und 5 Abs. 2 die Einführung der in Rdnr. 243 genannten Spaltungsvarianten vor (Rdnr. 243)[62].

245

Nach Art. 25 steht es im Belieben eines jeden Mitgliedstaats, ob er die Abspaltung zuläßt. Entscheidet sich aber ein Mitgliedstaat für die Einführung dieses Instituts, so ist er verpflichtet, die Art. 2 bis 23 zur Anwendung zu bringen. Eine Ausnahme gilt allein hinsichtlich des Art. 17 Abs. 1 lit. c; er sieht das Erlöschen der gespaltenen Gesellschaft vor und kann deshalb per definitionem keine Anwendung finden. Der deutsche Gesetzgeber hat von dem Wahlrecht aus Art. 25 Gebrauch gemacht und in den §§ 123 ff. UmwG die Abspaltung neben der Aufspaltung zugelassen. Nach § 131 Abs. 1 Nr. 1 S. 2 UmwG verbleiben die nicht übertragbaren Gegenstände im Sinne des § 132 UmwG im Eigentum oder in Inhaberschaft der gespaltenen Gesellschaft[63]; auch insoweit gilt aber, daß die Gläubiger den Übergang von Verbindlichkeiten und Rechtsverhältnissen hinzunehmen haben (Rdnr. 242).

246

d) Kein abschließender Charakter der 6. Richtlinie

Die 6. Richtlinie enthält keine abschließende Aufzählung der in Betracht kommenden Spaltungsvorgänge. Mit der Auf- und der Abspaltung regelt sie vielmehr diejenigen Tatbestände, die eine besondere Nähe zur Verschmelzung aufweisen; dies entspricht ihrem allgemeinen, auf Umgehungsschutz gerichteten Anliegen (Rdnr. 234). Den Mitgliedstaaten bleibt es deshalb unbenommen, weitere Spaltungsvorgänge einzuführen. So begegnet es aus Sicht der Richtlinie keinen Bedenken, daß die §§ 123 ff. UmwG neben der Aufspaltung und der Abspaltung die soge-

247

---

[62] Auch eine Änderung der Beteiligungsverhältnisse innerhalb der sich spaltenden Gesellschaft ist wohl mit der Richtlinie vereinbar, so für das deutsche Recht (freilich ohne Berücksichtigung der Richtlinie) *Priester* in Lutter (Fn. 14), § 126 Rdnr. 48; aA *Wirth* AG 1997, 455, 458 ff. mit weit. Nachw.

[63] Näher zur Reichweite des § 132 UmwG im Fall der Abspaltung *Jesch* in Habersack/Koch/Winter (Fn. 57), S. 148 ff.

nannte *Ausgliederung* regeln⁶⁴. Des gleichen ist es mit der Richtlinie vereinbar, daß die Ausgliederung auch im Wege der Einzelrechtsübertragung und damit grundsätzlich ohne Beachtung der Vorschriften der §§ 123ff. UmwG erfolgen kann⁶⁵.

e) Der Schutz der Aktionäre

248 *aa) Die Vorgaben der Richtlinie.* Auf- und Abspaltung sind zumal aus Sicht der Aktionäre der sich spaltenden Gesellschaft verschmelzungsähnliche Vorgänge. Es ist deshalb nur konsequent, daß die Spaltungsrichtlinie die Schutzkonzeption der Verschmelzungsrichtlinie (Rdnr. 222ff.) auf die besonderen Verhältnisse der Spaltung überträgt. Dabei geht sie davon aus, daß bei einer Spaltung durch Übernahme (Rdnr. 239) auch die Aktionäre der begünstigten Gesellschaften schutzbedürftig sind (Rdnr. 221). Die Spaltungsrichtlinie stellt mithin sicher, daß die Aktionäre der beteiligten Gesellschaften in Kenntnis aller relevanten Umstände über die Spaltung entscheiden können, dem Aktionärsentscheid also „Richtigkeitsgewähr" zukommt. Nach Art. 3 haben deshalb die Verwaltungs- und Leitungsorgane der an der Spaltung beteiligten Gesellschaften einen schriftlichen *Spaltungsplan* zu erstellen. Dieser muß die in Art. 3 Abs. 2 genannten Mindestangaben enthalten. Neben dem aus Sicht der Aktionäre aller beteiligten Gesellschaften besonders interessierenden Umtauschverhältnis (Rdnr. 221) gehören dazu vor allem die genaue Beschreibung und Aufteilung der Gegenstände des Aktiv- und Passivvermögens, die an jede der begünstigten Gesellschaften übertragen werden. Dies ist mit Blick auf die in Art. 17 Abs. 1 lit. a vorgesehene Rechtsfolge von besonderer Bedeutung. Danach gehen zwar die im Spaltungsplan bezeichneten Gegenstände ipso iure auf die begünstigen Gesellschaften über. Da es sich aber nicht um eine Gesamtrechtsnachfolge im herkömmlichen Sinne handelt, das Vermögen vielmehr auf mindestens zwei Rechtsnachfolger aufgeteilt wird (Rdnr. 241), bedarf es schon aus Gründen der Rechtssicherheit, aber auch zur Information der Aktionäre einer verläßlichen Zuordnung der Einzelgegenstände. Für den Fall, daß der Spaltungsplan nicht sämtliche Vermögensgegenstände berücksichtigt, enthält Art. 3 Abs. 3 eine ergänzende Regelung.

249 Art. 4 bis 9 sehen die Offenlegung des Spaltungsplans, die Erstellung und Prüfung eines Spaltungsberichts⁶⁶, ein umfassendes Informationsrecht der Aktionäre und das Erfordernis einer qualifizierten⁶⁷ Zustim-

---

⁶⁴ Bei ihr kommt es nicht zu einem die Verschmelzung kennzeichnenden Anteilstausch; die Anteile an den übernehmenden Rechtsträgern stehen vielmehr dem übertragenden Rechtsträger zu. Die Regelungstechnik des UmwG bringt es allerdings mit sich, daß die §§ 123ff., 141ff. auch in den Fällen der Ausgliederung richtlinienkonform auszulegen sind (Rdnr. 211).

⁶⁵ Näher dazu Emmerich/*Habersack*, Aktienkonzernrecht, 1998, vor § 311 Rdnr. 13ff., dort auch zur Frage der analogen Anwendung der §§ 123ff. UmwG (die dann wiederum richtlinienkonform auszulegen wären, s. Rdnr. 211).

⁶⁶ Art. 7 Abs. 1 läßt wohl die Erstellung eines gemeinsamen Berichts zu, so auch *Harrer* S. 367; für das deutsche Recht s. § 127 S. 1 Halbs. 2 UmwG.

⁶⁷ Art. 5 Abs. 1 verweist auf Art. 7 der 3. Richtlinie (dazu Rdnr. 224); zu Art. 5 Abs. 2 betreffend die nichtverhältniswahrende Spaltung s. bereits Rdnr. 243.

mung durch die Hauptversammlungen aller beteiligten Gesellschaften vor; sie stimmen im wesentlichen mit den Art. 6 bis 11 der 3. Richtlinie überein (Rdnr. 222 ff.). Art. 10 erlaubt es den Mitgliedstaaten allerdings, von der Erstellung und Prüfung eines Spaltungsberichts abzusehen, wenn sämtliche Aktionäre der an der Spaltung beteiligten Gesellschaften darauf verzichten. Art. 15 und 16 regeln den Zeitpunkt der Wirksamkeit und die Offenlegung der Spaltung und entsprechen den Art. 17 und 18 der 3. Richtlinie (Rdnr. 227). Die Haftung der Organwalter und Prüfer regelt Art. 18 in Übereinstimmung mit Art. 20 f. der 3. Richtlinie (Rdnr. 225 f.). Nach Art. 14 schließlich ist Art. 16 der 3. Richtlinie anzuwenden, falls ein Mitgliedstaat auf eine umfassende vorbeugende gerichtliche oder behördliche Kontrolle der Spaltung verzichtet (Rdnr. 227).

250 *bb) Umsetzung in das deutsche Recht.* Das UmwG enthält eine Umsetzung der Vorgaben der Richtlinie in seinen §§ 125 ff.[68]. Vorbehaltlich des in §§ 125 S. 1, 11 Abs. 2 UmwG iVm. § 323 Abs. 2 HGB vorgesehenen Haftungshöchstbetrags (Rdnr. 226) lassen diese Vorschriften Umsetzungsdefizite nicht erkennen. Insbesondere begegnet es keinen Bedenken, daß es nach § 126 Abs. 1 UmwG bereits vor Zustimmung der Hauptversammlungen zum Abschluß eines Spaltungsvertrags kommen kann (Rdnr. 228). Auch verbietet es die Richtlinie nicht, gegen fehlerhafte Spaltungsbeschlüsse gerichtete Anfechtungsklagen als rechtsmißbräuchlich abzuweisen (Rdnr. 229). Der in §§ 127 S. 2, 125 S. 1, 8 Abs. 3 S. 1, 9 Abs. 3 UmwG vorgesehene Verzicht auf die Erstellung und Prüfung eines Spaltungsberichts schließlich findet seine Grundlage in Art. 10 der Richtlinie[69].

f) Der Schutz der Gläubiger

251 *aa) Die Vorgaben der Richtlinie.* Ein Schutz der *Gläubiger der sich spaltenden Gesellschaft* ist besonders dringlich. Da nämlich die Gläubiger der Spaltung ihres Schuldners nicht widersprechen können, müssen sie an sich diejenige Gesellschaft in Anspruch nehmen, der die jeweilige Verbindlichkeit im Spaltungsplan zugewiesen worden ist. Dabei konkurrieren sie nicht nur mit den Eigengläubigern dieser Gesellschaft. Die Gläubiger sind vielmehr auch der „Spaltungswillkür" der Beteiligten ausgesetzt; insbesondere müssen sie es hinnehmen, daß der Gesellschaft, auf die die Verbindlichkeit übergeht, kein entsprechendes Aktivvermögen zugewiesen wird. Ein Schutzbedürfnis besteht darüber hinaus auf seiten der *Altgläubiger der begünstigten Gesellschaften*, also in den Fällen der Spaltung durch Übernahme (Rdnr. 239). Denn auch diese Gläubiger unterliegen der „Spaltungswillkür", müssen es also hinnehmen, daß ihrem Schuldner Verbindlichkeiten ohne entsprechendes Aktivvermögen zugeführt werden. Die Richtlinie schreibt in Art. 12 Abs. 1 und 2 einen Schutz der „Gläubiger der an der Spaltung beteiligten Gesellschaften" vor und bezieht insoweit

---

[68] Eingehend zu dem Verfahren der Spaltung nach §§ 125 ff. UmwG *Engelmeyer* S. 24 ff.
[69] Zur Vereinbarkeit der §§ 8 Abs. 3 S. 1, 9 Abs. 3 UmwG mit der Verschmelzungsrichtlinie s. Rdnr. 230.

auch die Altgläubiger der begünstigten Gesellschaften ein. Dies entspricht dem Ansatz der Art. 5 ff., die den Schutz der Aktionäre aller beteiligten Gesellschaften bezwecken. Art. 12 Abs. 3 enthält dagegen eine Sondervorschrift zum Schutz der Altgläubiger der gespaltenen Gesellschaft.

252 Nach Art. 12 Abs. 1 hat das einzelstaatliche Recht für einen „angemessenen" Schutz der Altgläubiger[70] der an der Spaltung beteiligten Gesellschaften (Rdnr. 251) zu sorgen. Das *Mindestmaß* dieses Schutzes ist in Art. 12 Abs. 2 umschrieben. Danach ist den nicht bereits anderweit gesicherten Gläubigern zumindest ein Anspruch auf „angemessene Garantien" einzuräumen; dies entspricht der Vorschrift des Art. 13 Abs. 2 der 3. Richtlinie (Rdnr. 231). Zugunsten der Altgläubiger der gespaltenen Gesellschaft schreibt Art. 12 Abs. 3 S. 1 darüber hinaus für den Fall, daß die im Spaltungsplan bestimmte Gesellschaft nicht leisten kann oder will, die gesamtschuldnerische Haftung der anderen begünstigten Gesellschaften vor. Diese *Ausfallhaftung* kann allerdings nach Art. 12 Abs. 3 S. 2 durch das einzelstaatliche Recht auf das jeweils übernommene Nettoaktivvermögen beschränkt werden.

253 Nach Art. 12 Abs. 6 können die Mitgliedstaaten anstelle des in Art. 12 Abs. 1 bis 5 vorgesehenen Schutzsystems die gesamtschuldnerische und gleichrangige Haftung aller begünstigten Gesellschaften für die Verpflichtungen der gespaltenen Gesellschaft anordnen. Die Gläubiger können sich in diesem Fall unmittelbar an sämtliche begünstigten Gesellschaften halten; diese haften zudem unbeschränkt, also nicht nur mit dem übernommenen Nettoaktivvermögen. Ein Anspruch auf Sicherheitsleistung braucht dem Gläubiger in diesem Fall nicht eingeräumt zu werden. Art. 12 Abs. 7 schließlich erlaubt es, das System des Gläubigerschutzes nach Art. 12 Abs. 1 bis 5 mit der in 12 Abs. 6 vorgesehenen Haftung zu kombinieren; die Haftung kann in diesem Fall auf das Nettoaktivvermögen beschränkt werden. Der Sache nach handelt es sich bei dieser Variante um eine Verschärfung der Haftung nach Art. 12 Abs. 3; diese ist dann nicht nachrangig, sondern gleichrangig.

254 *bb) Umsetzungsdefizite des deutschen Rechts?* Das UmwG hat sich des Schutzes der Gläubiger der an der Spaltung beteiligten Gesellschaften im wesentlichen in seinem § 133 angenommen; für die Betriebsaufspaltung enthält § 134 UmwG eine Sondervorschrift. Die Vorschrift des § 133 UmwG geht in einigen Punkten über die Mindestvorgaben des Art. 12 hinaus. So haben die Gläubiger des übertragenden („gespaltenen") und des aufnehmenden („begünstigten") Rechtsträgers nach §§ 133 Abs. 1 S. 2, 125 S. 1, 22 UmwG Anspruch auf Sicherheitsleistung[71]. Zum Schutz der Gläubiger der gespaltenen Gesellschaft unterwirft § 133 Abs. 1 S. 1 UmwG darüber hinaus sämtliche beteiligten Rechtsträger einer gesamtschuldneri-

---

[70] Also der Gläubiger (einschließlich der Anleihegläubiger, s. Art. 12 Abs. 5), deren Forderungen vor der Bekanntmachung des Spaltungsplans entstanden und zum Zeitpunkt dieser Bekanntmachung noch nicht fällig sind (s. noch Rdnr. 255). Die Inhaber von Sonderrechten sind zusätzlich nach Art. 13 geschützt; diese Vorschrift wiederum entspricht dem Art. 15 der 3. Richtlinie (dazu Rdnr. 220, 231).
[71] *Hommelhoff* in Lutter (Fn. 14), § 133 Rdnr. 70 ff.

II. Die Spaltungsrichtlinie

schen und unbeschränkten Haftung für die Verbindlichkeiten des übertragenden Rechtsträgers; von der in Art. 12 Abs. 3 und 7 vorgesehenen Möglichkeit, die Haftung derjenigen Gesellschaften, denen die jeweilige Verbindlichkeit im Spaltungsplan nicht zugewiesen ist, auf das übernommene Nettoaktivvermögen zu beschränken, hat also der Gesetzgeber keinen Gebrauch gemacht.

Auch der Kreis der *geschützten Gläubiger* wird durch § 133 Abs. 1 S. 1 **255** UmwG weiter als in der Richtlinie gezogen. Während nämlich nach Art. 12 Abs. 1 nur diejenigen Gläubiger zu schützen sind, deren Forderungen vor der Bekanntmachung nach Art. 4 *entstanden* und noch nicht fällig sind, stellt § 133 Abs. 1 S. 1 – unter teleologischen Gesichtspunkten vorzugswürdig – auf den Zeitpunkt der *Begründung* der Forderung ab. Maßgebend ist danach der Zeitpunkt, zu dem der Rechtsgrund für den Anspruch gelegt worden ist; nicht entscheidend ist dagegen die Entstehung oder Fälligkeit des Anspruchs[72]. Des weiteren soll es nach § 133 Abs. 1 S. 1 UmwG darauf ankommen, daß die Verbindlichkeit vor dem *Wirksamwerden der Spaltung* – nach § 131 Abs. 1 UmwG also vor Eintragung der Umwandlung – begründet worden ist. Demgegenüber stellt Art. 12 Abs. 1 auf den Zeitpunkt der Bekanntmachung des Spaltungsplans im Sinne des Art. 4 ab. Die Bekanntmachung des Spaltungsplans läuft freilich der Systematik des deutschen Handels- und Gesellschaftsrechts zuwider; der Gesetzgeber hat sie zwar, seiner Verpflichtung aus Art. 4 nachkommend, in §§ 125 S. 1, 61 UmwG für die Spaltung unter Beteiligung einer AG vorgesehen, im übrigen aber keine weiteren Rechtsfolgen an diesen Vorgang geknüpft. Dies bringt es mit sich, daß auch diejenigen Gläubiger, deren Forderungen nach erfolgter Bekanntmachung des Spaltungsplans, aber vor Eintragung der Spaltung begründet worden sind, nach § 133 Abs. 1 UmwG geschützt sind.

Die Haftung derjenigen Gesellschaften, denen die fragliche Verbind- **256** lichkeit im Spaltungsplan nicht zugewiesen worden ist, unterliegt allerdings einer *fünfjährigen Ausschlußfrist*. Nach § 133 Abs. 3 UmwG und entsprechend der Rechtslage nach §§ 26, 28, 160 HGB, §§ 45, 224 UmwG[73] haften diese Gesellschaften nämlich nur, wenn die Verbindlichkeit vor Ablauf von fünf Jahren nach der Spaltung fällig und daraus Ansprüche gegen sie gerichtlich geltend gemacht sind. Gläubiger, deren Forderungen erst nach Ablauf von fünf Jahren nach Eintragung der Spaltung fällig werden, können sich somit nur an die Gesellschaft halten, der die fragliche Verbindlichkeit im Spaltungsplan zugewiesen worden ist. Mit den Vorgaben des Art. 12 steht dies nicht im Einklang[74]. Dieser erlaubt es zwar, die einmal begründete Haftung der anderen Gesellschaften einer Verjährungs-

---

[72] *Hommelhoff* in Lutter (Fn. 14), § 133 Rdnr. 29f.; näher dazu im Zusammenhang mit §§ 128, 160 HGB Staub/*Habersack* § 128 Rdnr. 62ff., § 160 Rdnr. 10f.

[73] Die Neufassung der genannten Vorschriften des HGB sowie der Vorgängervorschriften des UmwG geht zurück auf das Gesetz zur zeitlichen Begrenzung der Nachhaftung von Gesellschaftern vom 18. März 1994, BGBl. I, S. 560; näher zu Voraussetzungen und Rechtsfolgen der Enthaftung Staub/*Habersack* § 160 Rdnr. 16ff. mit weit. Nachw.

[74] So zu Recht *Heidenhain* EuZW 1995, 327, 329f.; aA *Hommelhoff* in Lutter (Fn. 14), § 133 Rdnr. 8.

oder Ausschlußfrist zu unterstellen[75]. § 133 Abs. 3 UmwG geht jedoch sehr viel weiter und stellt diejenigen Gläubiger, deren Forderungen erst nach fünf Jahren fällig werden, völlig rechtlos. Zugegeben sei, daß der deutsche Gesetzgeber vor allem eine Endloshaftung für vor der Spaltung begründete Dauerschuldverhältnisse ausschließen wollte, insoweit aber nach Art. 12, der auf die Entstehung und nicht auf die Begründung der Forderung abstellt (Rdnr. 255), ein Gläubigerschutz ohnehin nicht geboten ist. Doch erfaßt § 133 Abs. 3 UmwG etwa auch den Verkäufer oder Darlehensgläubiger, dessen Anspruch zwar vor Bekanntmachung des Spaltungsplans entstanden, aber nicht binnen fünf Jahren fällig wird; dieser Gläubiger ist aber nach Art. 12 durch das einzelstaatliche Recht zu schützen. Da eine richtlinienkonforme Auslegung des § 133 Abs. 3 UmwG wohl kaum in Betracht kommt, sieht sich die Bundesrepublik dem Risiko der Staatshaftung ausgesetzt (Rdnr. 33).

g) Fehlerhafte Spaltung

257 Die Rückabwicklung einer bereits vollzogenen Spaltung bereitet kaum zu überwindende Schwierigkeiten. Wie Art. 22 der Verschmelzungsrichtlinie (Rdnr. 232 f.) will deshalb auch Art. 19 die Tatbestände der Nichtigkeit der Spaltung beschränken. Dabei handelt es sich um eine Mindestregelung. Es steht deshalb im Einklang mit der Richtlinie, daß §§ 131 Abs. 1 Nr. 4, Abs. 2 UmwG der eingetragenen Spaltung eine über Art. 19 hinausgehende Bestandskraft verleihen (Rdnr. 233).

III. Text der Richtlinien

1. Verschmelzungsrichtlinie

258 **DRITTE RICHTLINIE 78/855/EWG gemäß Artikel 54 Absatz 3 Buchstabe g) des Vertrages betreffend die Verschmelzung von Aktiengesellschaften**

Vom 9. Oktober 1978

(ABl. Nr. L 295/36, geändert durch Beitrittsvertrag vom 19. 11. 1979 ABl. Nr. L 29 1/9, Beitrittsvertrag vom 12. 6. 1985 ABl. Nr. L 302/9, Beitrittsvertrag vom 24. 6. 1994 ABl. Nr. C 241/194, Beschluß vom 1. Januar 1995 ABl. Nr. L 1/142)

DER RAT DER EUROPÄISCHEN GEMEINSCHAFTEN –

gestützt auf den Vertrag zur Gründung der Europäischen Wirtschaftsgemeinschaft, insbesondere auf Artikel 54 Absatz 3 Buchstabe g),
auf Vorschlag der Kommission[76],
nach Stellungnahme des Europäischen Parlaments[77],
nach Stellungnahme des Wirtschafts- und Sozialausschusses,[78]
in Erwägung nachstehender Gründe:

---

[75] Vgl. Rdnr. 226, dort auch zu den Voraussetzungen der Gleichwertigkeit und der Effektivität.
[76] ABl. Nr. C 89 vom 14. 7. 1970, S. 20.
[77] ABl. Nr. C 129 vom 11. 12. 1972, S. 50; ABl. Nr. C 95 vom 28. 4. 1975, S. 12.
[78] ABl. Nr. 88 vom 6. 9. 1971, S. 18.

III. Text der Richtlinien

Die Koordinierung, die Artikel 54 Absatz 3 Buchstabe g) und das Allgemeine Programm zur Aufhebung der Beschränkungen der Niederlassungsfreiheit[79] vorsehen, wurde mit der Richtlinie 68/151/EWG[80] begonnen.

Diese Koordinierung wurde für die Gründung der Aktiengesellschaft sowie die Erhaltung und Änderung ihres Kapitals durch die Richtlinie 77/91/EWG[81] und für die Jahresabschlüsse von Gesellschaften bestimmter Rechtsformen durch die Richtlinie 78/660/EWG[82] fortgesetzt.

Der Schutz der Interessen von Gesellschaftern und Dritten erfordert es, die Rechtsvorschriften der Mitgliedstaaten über die Verschmelzung von Aktiengesellschaften zu koordinieren; gleichzeitig erscheint es zweckmäßig, in die nationalen Rechte der Mitgliedstaaten die Institution der Verschmelzung einzuführen.

Im Rahmen der Koordinierung ist es besonders wichtig, die Aktionäre der sich verschmelzenden Gesellschaften angemessen und so objektiv wie möglich zu unterrichten und ihre Rechte in geeigneter Weise zu schützen.

Die Wahrung von Ansprüchen der Arbeitnehmer beim Übergang von Unternehmen, Betrieben oder Betriebsteilen ist zur Zeit durch die Richtlinie 77/187/EWG[83] geregelt.

Die Gläubiger einschließlich der Inhaber von Schuldverschreibungen sowie die Inhaber anderer Rechte der sich verschmelzenden Gesellschaften müssen dagegen geschützt werden, daß sie durch die Verschmelzung Schaden erleiden.

Die Offenlegung, wie sie die Richtlinie 68/151/EWG sicherstellt, muß auf die Maßnahmen zur Durchführung der Verschmelzung ausgedehnt werden, damit hierüber auch Dritte ausreichend unterrichtet werden.

Ferner ist es notwendig, daß die Garantien, die Gesellschaftern und Dritten bei der Durchführung der Verschmelzung gewährt werden, auch für bestimmte andere rechtliche Vorgänge gelten, die in wesentlichen Punkten ähnliche Merkmale wie die Verschmelzung aufweisen, um Umgehungen des Schutzes zu vermeiden.

Schließlich müssen, um die Rechtssicherheit in den Beziehungen zwischen den beteiligten Gesellschaften, zwischen diesen und Dritten sowie unter den Aktionären zu gewährleisten, die Fälle der Nichtigkeit der Verschmelzung beschränkt werden; außerdem muß einerseits der Grundsatz, daß dem Mangel der Verschmelzung soweit wie möglich abgeholfen werden soll, und andererseits eine kurze Frist zur Geltendmachung der Nichtigkeit festgelegt werden –

HAT FOLGENDE RICHTLINIE ERLASSEN:

Art. 1 Anwendungsbereich (1) Die durch diese Richtlinie vorgeschriebenen Maßnahmen der Koordinierung gelten für die Rechts- und Verwaltungsvorschriften der Mitgliedstaaten für Gesellschaften folgender Rechtsformen:
– *in Deutschland:*
  die Aktiengesellschaft,
– *in Belgien:*
  de naamloze vennootschap/la société anonyme,
– *in Dänemark:*
  aktieselskaber,
– *in Frankreich:*
  la société anonyme,

---

[79] ABl. Nr. 2 vom 15. 1. 1962, S. 36/62.
[80] ABl. Nr. L 65 vom 14. 3. 1968, S. 8.
[81] ABl. Nr. L 26 vom 31. 1. 1977, S. 1.
[82] ABl. Nr. L 222 vom 14. 8. 1978, S. 11.
[83] ABl. Nr. L 61 vom 5. 3. 1977, S. 26.

§ 7 *Verschmelzung und Spaltung von Aktiengesellschaften*

— *in Irland:*
public companies limited by shares und public companies limited by guarantee and having a share capital,
— *in Italien:*
la società per azioni,
— *in Luxemburg:*
la société anonyme,
— *in den Niederlanden:*
de naamloze vennotschap,
— *im Vereinigten Königreich:*
public companies limited by shares und the public companies limited by guarantee and having a share capital,
— *in Griechenland:*
ή ανώνυμη ε ταιρία,
— *in Spanien:*
la sociedad anónima,
— *in Portugal:*
a sociedade anónima de responsabilidade limitada,
— *in Österreich:*
die Aktiengesellschaft,
— *in Finnland:*
osakeyhtiö/aktiebolag,
— *in Schweden:*
aktiebolag.

(2) Die Mitgliedstaaten brauchen diese Richtlinie auf Genossenschaften, die in einer der in Absatz 1 genannten Rechtsformen gegründet worden sind, nicht anzuwenden. Soweit die Rechtsvorschriften der Mitgliedstaaten von dieser Möglichkeit Gebrauch machen, verpflichten sie diese Gesellschaften, die Bezeichnung „Genossenschaft" auf allen in Artikel 4 der Richtlinie 68/151/EWG genannten Schriftstücken anzugeben.

(3) Die Mitgliedstaaten brauchen diese Richtlinie nicht anzuwenden, wenn eine oder mehrere der übertragenden oder untergehenden Gesellschaften Gegenstand eines Konkurs-, Vergleichs- oder ähnlichen Verfahrens ist bzw. sind.

Kapitel I. Regelung der Verschmelzung durch Aufnahme einer oder mehrerer Gesellschaften durch eine andere und der Verschmelzung durch Gründung einer neuen Gesellschaft

Art. 2 Die Mitgliedstaaten regeln für die Gesellschaften, die ihrem Recht unterliegen, die Verschmelzung durch Aufnahme einer oder mehrerer Gesellschaften durch eine andere und die Verschmelzung durch Gründung einer neuen Gesellschaft.

Art. 3 [Definitionen (Art. 3–4)] (1) Im Sinne dieser Richtlinie ist die Verschmelzung durch Aufnahme der Vorgang, durch den eine oder mehrere Gesellschaften ihr gesamtes Aktiv- und Passivvermögen im Wege der Auflösung ohne Abwicklung auf eine andere Gesellschaft übertragen, und zwar gegen Gewährung von Aktien der übernehmenden Gesellschaft an die Aktionäre der übertragenden Gesellschaft oder Gesellschaften und gegebenenfalls einer baren Zuzahlung, die den zehnten Teil des Nennbetrags oder, wenn ein Nennbetrag nicht vorhanden ist, des rechnerischen Wertes der gewährten Aktien nicht übersteigt.

(2) Die Rechtsvorschriften eines Mitgliedstaats können vorsehen, daß die Verschmelzung durch Aufnahme auch dann erfolgen kann, wenn sich eine oder mehrere der übertragenden Gesellschaften in Abwicklung befinden, sofern diese Möglichkeit auf Gesell-

III. Text der Richtlinien

schaften beschränkt wird, die noch nicht mit der Verteilung ihres Vermögens an ihre Aktionäre begonnen haben.

Art. 4 (1) Im Sinne dieser Richtlinie ist die Verschmelzung durch Gründung einer neuen Gesellschaft der Vorgang, durch den mehrere Gesellschaften ihr gesamtes Aktiv- und Passivvermögen im Wege der Auflösung ohne Abwicklung auf eine Gesellschaft, die sie gründen, übertragen, und zwar gegen Gewährung von Aktien der neuen Gesellschaft an ihre Aktionäre und gegebenenfalls einer baren Zuzahlung, die den zehnten Teil des Nennbetrags oder, wenn der Nennbetrag nicht vorhanden ist, des rechnerischen Wertes der gewährten Aktien nicht übersteigt.

(2) Die Rechtsvorschriften eines Mitgliedstaats können vorsehen, daß die Verschmelzung durch Gründung einer neuen Gesellschaft auch dann erfolgen kann, wenn sich eine oder mehrere der untergehenden Gesellschaften in Abwicklung befinden, sofern diese Möglichkeit auf Gesellschaften beschränkt wird, die noch nicht mit der Verteilung ihres Vermögens an ihre Aktionäre begonnen haben.

Kapitel II. Verschmelzung durch Aufnahme

Art. 5 [Verschmelzungsplan] (1) Die Verwaltungs- oder Leitungsorgane der sich verschmelzenden Gesellschaften erstellen einen schriftlichen Verschmelzungsplan.

(2) Der Verschmelzungsplan muß mindestens folgende Angaben enthalten:
a) die Rechtsform, die Firma und den Sitz der sich verschmelzenden Gesellschaften;
b) das Umtauschverhältnis der Aktien und gegebenenfalls die Höhe der baren Zuzahlung;
c) die Einzelheiten hinsichtlich der Übertragung der Aktien der übernehmenden Gesellschaft;
d) den Zeitpunkt, von dem an diese Aktien das Recht auf Teilnahme am Gewinn gewähren, sowie alle Besonderheiten in bezug auf dieses Recht;
e) den Zeitpunkt, von dem an die Handlungen der übertragenden Gesellschaft unter dem Gesichtspunkt der Rechnungslegung als für Rechnung der übernehmenden Gesellschaft vorgenommen gelten;
f) die Rechte, welche die übernehmende Gesellschaft den Aktionären mit Sonderrechten und den Inhabern anderer Wertpapiere als Aktien gewährt, oder die für diese Personen vorgeschlagenen Maßnahmen;
g) jeden besonderen Vorteil, der den Sachverständigen im Sinne des Artikels 10 Absatz 1 sowie den Mitgliedern der Verwaltungs-, Leitungs-, Aufsichts- oder Kontrollorgane der sich verschmelzenden Gesellschaften gewährt wird.

Art. 6 [Offenlegung, Frist] Der Verschmelzungsplan ist mindestens einen Monat vor dem Tage der Hauptversammlung, die über den Verschmelzungsplan zu beschließen hat, für jede der sich verschmelzenden Gesellschaften nach den in den Rechtsvorschriften der einzelnen Mitgliedstaaten gemäß Artikel 3 der Richtlinie 68/151/EWG vorgesehenen Verfahren offenzulegen.

Art. 7 [Zustimmung der Hauptversammlungen] (1) Die Verschmelzung bedarf zumindest der Zustimmung der Hauptversammlung jeder der sich verschmelzenden Gesellschaften. Die Rechtsvorschriften der Mitgliedstaaten schreiben vor, daß dieser Beschluß mindestens eine Mehrheit von nicht weniger als zwei Dritteln der Stimmen der vertretenen Wertpapiere oder des vertretenen gezeichneten Kapitals erfordert.

Die Rechtsvorschriften der Mitgliedstaaten können jedoch vorschreiben, daß die einfache Mehrheit der in Unterabsatz 1 bezeichneten Stimmen ausreicht, sofern mindestens die Hälfte des gezeichneten Kapitals vertreten ist. Ferner sind gegebenenfalls die Vorschriften über die Satzungsänderung anzuwenden.

(2) Sind mehrere Gattungen von Aktien vorhanden, so ist der Beschluß über die Ver-

schmelzung von einer gesonderten Abstimmung zumindest jeder Gattung derjenigen Aktionäre abhängig, deren Rechte durch die Maßnahme beeinträchtigt werden.

(3) Der zu fassende Beschluß erstreckt sich auf die Genehmigung des Verschmelzungsplans und gegebenenfalls auf die zu seiner Durchführung erforderlichen Satzungsänderungen.

Art. 8 [Ausnahme von Zustimmungspflicht] Die Rechtsvorschriften eines Mitgliedstaats brauchen die Zustimmung der Hauptversammlung der übernehmenden Gesellschaft nicht vorzuschreiben, wenn folgende Bedingungen erfüllt sind:

a) Die in Artikel 6 vorgeschriebene Offenlegung ist für die übernehmende Gesellschaft mindestens einen Monat vor dem Tage derjenigen Hauptversammlung der übertragenden Gesellschaft oder Gesellschaften, die über den Verschmelzungsplan zu beschließen hat, zu bewirken;

b) jeder Aktionär der übernehmenden Gesellschaft hat mindestens einen Monat vor dem unter Buchstabe a) genannten Zeitpunkt das Recht, am Sitz der übernehmenden Gesellschaft von den in Artikel 11 Absatz 1 genannten Unterlagen Kenntnis zu nehmen;

c) ein oder mehrere Aktionäre der übernehmenden Gesellschaft, die über Aktien in einem Mindestprozentsatz des gezeichneten Kapitals verfügen, müssen das Recht haben, die Einberufung einer Hauptversammlung der übernehmenden Gesellschaft, in der über die Zustimmung zu der Verschmelzung beschlossen wird, zu verlangen. Dieser Mindestprozentsatz darf nicht auf mehr als 5% festgesetzt werden. Die Mitgliedstaaten können jedoch vorsehen, daß die Aktien ohne Stimmrecht von der Berechnung dieses Prozentsatzes ausgenommen sind.

Art. 9 [Bericht über Verschmelzungsplan] Die Verwaltungs- oder Leitungsorgane jeder der sich verschmelzenden Gesellschaften erstellen einen ausführlichen schriftlichen Bericht, in dem der Verschmelzungsplan und insbesondere das Umtauschverhältnis der Aktien rechtlich und wirtschaftlich erläutert und begründet werden.

In dem Bericht ist außerdem auf besondere Schwierigkeiten bei der Bewertung, soweit solche aufgetreten sind, hinzuweisen.

Art. 10 [Prüfung des Verschmelzungsplans durch Sachverständige] (1) Für jede der sich verschmelzenden Gesellschaften prüfen ein oder mehrere von diesen unabhängige Sachverständige, welche durch ein Gericht oder eine Verwaltungsbehörde bestellt oder zugelassen sind, den Verschmelzungsplan und erstellen einen schriftlichen Bericht für die Aktionäre. Die Rechtsvorschriften eines Mitgliedstaats können jedoch die Bestellung eines oder mehrerer unabhängiger Sachverständiger für alle sich verschmelzenden Gesellschaften vorsehen, wenn die Bestellung auf gemeinsamen Antrag dieser Gesellschaften durch ein Gericht oder eine Verwaltungsbehörde erfolgt. Diese Sachverständigen können entsprechend den Rechtsvorschriften jedes Mitgliedstaats sowohl natürliche oder juristische Personen als auch Gesellschaften sein.

(2) In dem Bericht nach Absatz 1 müssen die Sachverständigen in jedem Fall erklären, ob das Umtauschverhältnis ihrer Ansicht nach angemessen ist. In dieser Erklärung ist zumindest anzugeben,

a) nach welcher oder welchen Methoden das vorgeschlagene Umtauschverhältnis bestimmt worden ist;

b) ob diese Methode oder Methoden im vorliegenden Fall angemessen sind und welche Werte sich bei jeder dieser Methoden ergeben; zugleich ist dazu Stellung zu nehmen, welche relative Bedeutung diesen Methoden bei der Bestimmung des zugrunde gelegten Wertes beigemessen wurde.

In dem Bericht ist außerdem auf besondere Schwierigkeiten bei der Bewertung, soweit solche aufgetreten sind, hinzuweisen.

(3) Jeder Sachverständige hat das Recht, bei den sich verschmelzenden Gesellschaften

III. Text der Richtlinien

alle zweckdienlichen Auskünfte und Unterlagen zu erhalten und alle erforderlichen Nachprüfungen vorzunehmen.

Art. 11 [Informationsrechte der Aktionäre] (1) Mindestens einen Monat vor dem Tag der Hauptversammlung, die über den Verschmelzungsplan zu beschließen hat, hat jeder Aktionär das Recht, am Sitz der Gesellschaft zumindest von folgenden Unterlagen Kenntnis zu nehmen:
a) dem Verschmelzungsplan;
b) den Jahresabschlüssen und den Geschäftsberichten der sich verschmelzenden Gesellschaften für die letzten drei Geschäftsjahre;
c) einer Zwischenbilanz, die für einen Zeitpunkt erstellt ist, der nicht vor dem ersten Tag des dritten der Aufstellung des Verschmelzungsplans vorausgehenden Monats liegen darf, sofern der letzte Jahresabschluß sich auf ein mehr als sechs Monate vor der Aufstellung des Verschmelzungsplans abgelaufenes Geschäftsjahr bezieht;
d) den in Artikel 9 genannten Berichten der Verwaltungs- oder Leitungsorgane der sich verschmelzenden Gesellschaften;
e) den in Artikel 10 genannten Berichten.

(2) Die Zwischenbilanz nach Absatz 1 Buchstabe c) ist nach denselben Methoden und in derselben Gliederung zu erstellen wie die letzte Jahresbilanz.

Die Rechtsvorschriften eines Mitgliedstaats können jedoch vorsehen, daß
a) es nicht erforderlich ist, eine neue körperliche Bestandsaufnahme durchzuführen;
b) die Bewertungen der letzten Bilanz nur nach Maßgabe der Bewegungen in den Büchern verändert zu werden brauchen, wobei jedoch zu berücksichtigen sind:
– Abschreibungen, Wertberichtigungen und Rückstellungen für die Zwischenzeit,
– wesentliche, aus den Büchern nicht ersichtliche Veränderungen der wirklichen Werte.

(3) Vollständige oder, falls gewünscht, auszugsweise Abschriften der in Absatz 1 genannten Unterlagen sind jedem Aktionär auf formlosen Antrag kostenlos zu erteilen.

Art. 12 [Wahrung der Ansprüche der Arbeitnehmer] Die Wahrung von Ansprüchen der Arbeitnehmer der sich verschmelzenden Gesellschaften wird gemäß der Richtlinie 77/187/EWG geregelt.

Art. 13 [Gläubigerschutz] (1) Die Rechtsvorschriften der Mitgliedstaaten müssen ein angemessenes Schutzsystem für die Interessen der Gläubiger der sich verschmelzenden Gesellschaften vorsehen, deren Forderungen vor der Bekanntmachung des Verschmelzungsplans entstanden und zum Zeitpunkt dieser Bekanntmachung noch nicht erloschen sind.

(2) Zu diesem Zweck sehen die Rechtsvorschriften der Mitgliedstaaten zumindest vor, daß diese Gläubiger Anspruch auf angemessene Garantien haben, wenn die finanzielle Lage der sich verschmelzenden Gesellschaften einen solchen Schutz erforderlich macht und die Gläubiger nicht schon derartige Garantien haben.

(3) Der Schutz kann für die Gläubiger der übernehmenden Gesellschaft und für die Gläubiger der übertragenden Gesellschaft unterschiedlich sein.

Art. 14 [Schutz der Anleihegläubiger] Unbeschadet der Vorschriften über die gemeinsame Ausübung der Rechte der Anleihegläubiger der sich verschmelzenden Gesellschaften ist Artikel 13 auf diese Gläubiger anzuwenden, es sei denn, eine Versammlung der Anleihegläubiger – sofern die einzelstaatlichen Rechtsvorschriften eine solche Versammlung vorsehen – oder jeder einzelne Anleihegläubiger hat der Verschmelzung zugestimmt.

Art. 15 [Schutz der Inhaber von Wertpapieren mit Sonderrechten] Die Inhaber anderer Wertpapiere, die mit Sonderrechten verbunden, jedoch keine Aktien sind, müssen in der übernehmenden Gesellschaft Rechte erhalten, die mindestens denen gleichwertig sind, die sie in der übertragenden Gesellschaft hatten, es sei denn, daß eine Versammlung der Inhaber – sofern die einzelstaatlichen Rechtsvorschriften eine solche Versammlung vorsehen – der Änderung dieser Rechte oder daß jeder einzelne Inhaber der Änderung seines Rechts zugestimmt hat oder daß diese Inhaber einen Anspruch auf Rückkauf ihrer Wertpapiere durch die übernehmende Gesellschaft haben.

Art. 16 [Öffentliche Beurkundung der Niederschrift] (1) Falls die Rechtsvorschriften eines Mitgliedstaats für Verschmelzungen eine vorbeugende gerichtliche oder Verwaltungskontrolle der Rechtmäßigkeit nicht vorsehen oder sich diese Kontrolle nicht auf alle für die Verschmelzung erforderlichen Rechtshandlungen erstreckt, sind die Niederschriften der Hauptversammlungen, die über die Verschmelzung beschließen, und gegebenenfalls der nach diesen Hauptversammlungen geschlossene Verschmelzungsvertrag öffentlich zu beurkunden. Falls die Verschmelzung nicht von den Hauptversammlungen aller sich verschmelzenden Gesellschaften gebilligt werden muß, ist der Verschmelzungsplan öffentlich zu beurkunden.

(2) Der Notar oder die für die öffentliche Beurkundung zuständige Stelle hat das Vorliegen und die Rechtmäßigkeit der Rechtshandlungen und Förmlichkeiten, die der Gesellschaft obliegen, bei der er tätig wird, sowie das Vorliegen und die Rechtmäßigkeit des Verschmelzungsplans zu prüfen und zu bestätigen.

Art. 17 [Wirksamwerden der Verschmelzung] Die Rechtsvorschriften der Mitgliedstaaten bestimmen den Zeitpunkt, zu dem die Verschmelzung wirksam wird.

Art. 18 [Offenlegung der Verschmelzung in Register] (1) Für jede der sich verschmelzenden Gesellschaften muß die Verschmelzung nach den in den Rechtsvorschriften eines jeden Mitgliedstaats vorgesehenen Verfahren in Übereinstimmung mit Artikel 3 der Richtlinie 68/151/EWG offengelegt werden.

(2) Die übernehmende Gesellschaft kann die für die übertragende Gesellschaft oder die übertragenden Gesellschaften vorzunehmenden Förmlichkeiten der Offenlegung selbst veranlassen.

Art. 19 [Rechtswirkungen der Verschmelzung] (1) Die Verschmelzung bewirkt ipso jure gleichzeitig folgendes:
a) Sowohl zwischen der übertragenden Gesellschaft und der übernehmenden Gesellschaft als auch gegenüber Dritten geht das gesamte Aktiv- und Passivvermögen der übertragenden Gesellschaft auf die übernehmende Gesellschaft über;
b) die Aktionäre der übertragenden Gesellschaft werden Aktionäre der übernehmenden Gesellschaft;
c) die übertragende Gesellschaft erlischt.

(2) Es werden keine Aktien der übernehmenden Gesellschaft im Austausch für Aktien der übertragenden Gesellschaft begeben, die sich
a) im Besitz der übernehmenden Gesellschaft selbst oder einer Person befinden, die im eigenen Namen, aber für Rechnung der Gesellschaft handelt;
b) im Besitz der übertragenden Gesellschaft selbst oder einer Person befinden, die im eigenen Namen, aber für Rechnung der Gesellschaft handelt.

(3) Unberührt bleiben die Rechtsvorschriften der Mitgliedstaaten, die für die Wirksamkeit der Übertragung bestimmter, von der übertragenden Gesellschaft eingebrachter Vermögensgegenstände, Rechte und Pflichten gegenüber Dritten besondere Förmlichkeiten erfordern. Die übernehmende Gesellschaft kann diese Förmlichkeiten selbst veranlassen; die Rechtsvorschriften der Mitgliedstaaten können jedoch der übertragenden Gesellschaft gestatten, während eines begrenzten Zeitraums diese Förmlichkeiten weiter

III. Text der Richtlinien

zu vollziehen; dieser Zeitraum kann nur in Ausnahmefällen auf mehr als sechs Monate nach dem Zeitpunkt, in dem die Verschmelzung wirksam wird, festgesetzt werden.

Art. 20 [Haftung für schuldhaftes Verhalten der Organe] Die Rechtsvorschriften der Mitgliedstaaten regeln zumindest die zivilrechtliche Haftung der Mitglieder des Verwaltungs- oder Leitungsorgans der übertragenden Gesellschaft gegenüber den Aktionären dieser Gesellschaft für schuldhaftes Verhalten von Mitgliedern dieses Organs bei der Vorbereitung und dem Vollzug der Verschmelzung.

Art. 21 [Haftung der Sachverständigen] Die Rechtsvorschriften der Mitgliedstaaten regeln zumindest die zivilrechtliche Haftung der Sachverständigen, die den in Artikel 10 Absatz 1 vorgesehenen Bericht für die übertragende Gesellschaft erstellen, gegenüber den Aktionären dieser Gesellschaft für schuldhaftes Verhalten dieser Sachverständigen bei der Erfüllung ihrer Aufgaben.

Art. 22 [Eingeschränkte Nichtigkeitsgründe] (1) Die Rechtsvorschriften der Mitgliedstaaten können die Nichtigkeit der Verschmelzung von Gesellschaften nur nach Maßgabe folgender Bestimmungen regeln:
a) Die Nichtigkeit muß durch gerichtliche Entscheidung ausgesprochen werden;
b) für nichtig erklärt werden kann eine im Sinne von Artikel 17 wirksam gewordene Verschmelzung nur wegen Fehlens einer vorbeugenden gerichtlichen oder verwaltungsmäßigen Kontrolle der Rechtmäßigkeit oder einer öffentlichen Beurkundung oder wenn festgestellt wird, daß der Beschluß der Hauptversammlung nach innerstaatlichem Recht nichtig oder anfechtbar ist;
c) die Nichtigkeitsklage kann nicht mehr erhoben werden, wenn eine Frist von sechs Monaten verstrichen ist, nachdem die Verschmelzung demjenigen gegenüber wirksam geworden ist, der sich auf die Nichtigkeit beruft, oder wenn der Mangel behoben worden ist;
d) kann der Mangel, dessentwegen die Verschmelzung für nichtig erklärt werden kann, behoben werden, so räumt das zuständige Gericht den beteiligten Gesellschaften dazu eine Frist ein;
e) die gerichtliche Entscheidung, durch welche die Nichtigkeit der Verschmelzung ausgesprochen wird, wird in Übereinstimmung mit Artikel 3 der Richtlinie 68/151/EWG nach den in den Rechtsvorschriften jedes Mitgliedstaats vorgesehenen Verfahren offengelegt;
f) falls die Rechtsvorschriften der Mitgliedstaaten gegen die gerichtliche Entscheidung einen Einspruch Dritter vorsehen, so kann dieser nach Ablauf einer Frist von sechs Monaten seit Offenlegung der gerichtlichen Entscheidung gemäß der Richtlinie 68/151/EWG nicht mehr erhoben werden;
g) die gerichtliche Entscheidung, durch welche die Nichtigkeit der Verschmelzung ausgesprochen wird, berührt für sich allein nicht die Wirksamkeit der Verpflichtungen, die vor der Offenlegung der gerichtlichen Entscheidung, jedoch nach dem in Artikel 17 bezeichneten Zeitpunkt, zu Lasten oder zugunsten der übernehmenden Gesellschaft entstanden sind;
h) die an der Verschmelzung beteiligten Gesellschaften haften als Gesamtschuldner für die in Buchstabe g) genannten Verpflichtungen der übernehmenden Gesellschaft.
(2) Abweichend von Absatz 1 Buchstabe a) können die Rechtsvorschriften eines Mitgliedstaats auch gestatten, daß die Nichtigkeit der Verschmelzung durch eine Verwaltungsbehörde ausgesprochen wird, wenn gegen eine solche Entscheidung ein Rechtsbehelf bei einem Gericht eingelegt werden kann. Die Buchstaben b), d), e), f), g) und h) gelten entsprechend für die Verwaltungsbehörde. Dieses Nichtigkeitsverfahren kann nach Ablauf einer Frist von 6 Monaten nach dem in Artikel 17 genannten Zeitpunkt nicht mehr eingeleitet werden.

§ 7 *Verschmelzung und Spaltung von Aktiengesellschaften*

(3) Unberührt bleiben die Rechtsvorschriften der Mitgliedstaaten über die Nichtigkeit einer Verschmelzung, die im Wege einer anderen Kontrolle der Verschmelzung als der vorbeugenden gerichtlichen oder verwaltungsmäßigen Kontrolle der Rechtmäßigkeit ausgesprochen wird.

Kapitel III. Verschmelzung durch Gründung einer neuen Gesellschaft

Art. 23 (1) Die Artikel 5, 6 und 7 sowie die Artikel 9 bis 22 sind unbeschadet der Artikel 11 und 12 der Richtlinie 68/151/EWG auf die Verschmelzung durch Gründung einer neuen Gesellschaft anwendbar. Hierbei sind unter „sich verschmelzenden Gesellschaften" oder „übertragender Gesellschaft" die untergehenden Gesellschaften und unter „übernehmender Gesellschaft" die neue Gesellschaft zu verstehen.
(2) Artikel 5 Absatz 2 Buchstabe a) ist auch auf die neue Gesellschaft anzuwenden.
(3) Der Verschmelzungsplan und, falls sie Gegenstand eines getrennten Aktes sind, der Errichtungsakt oder der Entwurf des Errichtungsaktes und die Satzung oder der Entwurf der Satzung der neuen Gesellschaft bedürfen der Zustimmung der Hauptversammlung jeder der untergehenden Gesellschaften.
(4) Die Mitgliedstaaten brauchen bei der Gründung der neuen Gesellschaft die in Artikel 10 der Richtlinie 77/91/EWG vorgesehenen Vorschriften für die Prüfung von Einlagen, die nicht Bareinlagen sind, nicht anzuwenden.

Kapitel IV. Verschmelzung einer Gesellschaft mit einer anderen, der mindestens 90 % der Aktien der ersteren gehören

Art. 24 Die Mitgliedstaaten regeln für die Gesellschaften, die ihrem Recht unterliegen, den Vorgang, durch den eine oder mehrere Gesellschaften ihr gesamtes Aktiv- und Passivvermögen im Wege der Auflösung ohne Abwicklung auf eine andere Gesellschaft übertragen, der alle Aktien sowie alle sonstigen Anteile der übertragenden Gesellschaft oder Gesellschaften gehören, die in der Hauptversammlung ein Stimmrecht gewähren. Auf diesen Vorgang sind die Bestimmungen des Kapitels II anzuwenden mit Ausnahme von Artikel 5 Absatz 2 Buchstaben b), c) und d), der Artikel 9 und 10, des Artikels 11 Absatz 1 Buchstaben d) und e), des Artikels 19 Absatz 1 Buchstabe b) sowie der Artikel 20 und 21.

Art. 25 Die Mitgliedstaaten brauchen Artikel 7 auf den in Artikel 24 bezeichneten Vorgang nicht anzuwenden, wenn mindestens folgende Bedingungen erfüllt sind:
a) Die in Artikel 6 vorgeschriebene Offenlegung ist für die an dem Vorgang beteiligten Gesellschaften mindestens einen Monat vor dem Zeitpunkt, zu dem der Vorgang wirksam wird, zu bewirken;
b) alle Aktionäre der übernehmenden Gesellschaft haben das Recht, mindestens einen Monat vor dem Zeitpunkt, zu dem der Vorgang wirksam wird, am Sitz dieser Gesellschaft von den in Artikel 11 Absatz 1 Buchstaben a), b) und c) bezeichneten Unterlagen Kenntnis zu nehmen. Artikel 11 Absätze 2 und 3 ist anzuwenden;
c) Artikel 8 Buchstabe c) ist anzuwenden.

Art. 26 Die Mitgliedstaaten können die Artikel 24 und 25 auf Vorgänge anwenden, durch die eine oder mehrere Gesellschaften ihr gesamtes Aktiv- und Passivvermögen im Wege der Auflösung ohne Abwicklung auf eine andere Gesellschaft übertragen, wenn alle in Artikel 24 genannten Aktien und sonstigen Anteile der übertragenden Gesellschaft oder Gesellschaften der übernehmenden Gesellschaft und/oder Personen gehören, welche diese Aktien und Anteile im eigenen Namen, aber für Rechnung der übernehmenden Gesellschaft besitzen.

III. Text der Richtlinien

Art. 27 Im Falle der Verschmelzung durch Aufnahme einer oder mehrerer Gesellschaften durch eine andere Gesellschaft, der 90% oder mehr, jedoch nicht alle Aktien sowie alle sonstigen Anteile der übertragenden Gesellschaft oder Gesellschaften gehören, die in der Hauptversammlung ein Stimmrecht gewähren, brauchen die Mitgliedstaaten die Genehmigung der Verschmelzung durch die Hauptversammlung der übernehmenden Gesellschaft nicht vorzuschreiben, wenn mindestens folgende Bedingungen erfüllt sind:
a) Die in Artikel 6 vorgeschriebene Offenlegung ist für die übernehmende Gesellschaft mindestens einen Monat vor dem Tage derjenigen Hauptversammlung der übertragenden Gesellschaft oder Gesellschaften, die über den Verschmelzungsplan zu beschließen hat bzw. haben, zu bewirken;
b) alle Aktionäre der übernehmenden Gesellschaft haben das Recht, mindestens einen Monat vor dem unter Buchstabe a) angegebenen Zeitpunkt am Sitz dieser Gesellschaft von den in Artikel 11 Absatz 1 Buchstaben a), b) und c) bezeichneten Unterlagen Kenntnis zu nehmen. Artikel 11 Absätze 2 und 3 ist anzuwenden;
c) Artikel 8 Buchstabe c) ist anzuwenden.

Art. 28 Die Mitgliedstaaten brauchen die Artikel 9, 10 und 11 auf eine Verschmelzung im Sinne des Artikels 27 nicht anzuwenden, wenn mindestens folgende Bedingungen erfüllt sind:
a) Die Minderheitsaktionäre der übertragenden Gesellschaft können ihre Aktien von der übernehmenden Gesellschaft aufkaufen lassen;
b) in diesem Fall haben sie Anspruch auf ein dem Wert ihrer Aktien entsprechendes Entgelt;
c) sofern hierüber keine Einigung erzielt wird, muß das Entgelt durch das Gericht festgesetzt werden können.

Art. 29 Die Mitgliedstaaten können die Artikel 27 und 28 auf Vorgänge anwenden, durch die eine oder mehrere Gesellschaften ihr gesamtes Aktiv- und Passivvermögen im Wege der Auflösung ohne Abwicklung auf eine andere Gesellschaft übertragen, wenn 90% oder mehr, jedoch nicht alle der in Artikel 27 genannten Aktien und sonstigen Anteile der übertragenden Gesellschaft oder Gesellschaften der übernehmenden Gesellschaft und/oder Personen gehören, welche diese Aktien und Anteile im eigenen Namen, aber für Rechnung der übernehmenden Gesellschaft besitzen.

Kapitel V. Andere der Verschmelzung gleichgestellte Vorgänge

Art. 30 Gestatten die Rechtsvorschriften eines Mitgliedstaats für einen der in Artikel 2 vorgesehenen Vorgänge, daß die bare Zuzahlung den Satz von 10% übersteigt, so sind die Kapitel II und III sowie die Artikel 27, 28 und 29 anzuwenden.

Art. 31 Gestatten die Rechtsvorschriften eines Mitgliedstaats einen der in den Artikeln 2, 24 oder 30 vorgesehenen Vorgänge, ohne daß alle übertragenden Gesellschaften aufhören zu bestehen, so sind das Kapitel II mit Ausnahme des Artikels 19 Absatz 1 Buchstabe c) und die Kapitel III und IV anzuwenden.

Kapitel VI. Schlußbestimmungen

Art. 32 [Umsetzungsfrist] (1) Die Mitgliedstaaten erlassen die erforderlichen Rechts- und Verwaltungsvorschriften, um dieser Richtlinie innerhalb von drei Jahren nach ihrer Bekanntgabe nachzukommen. Sie setzen die Kommission unverzüglich davon in Kenntnis.
(2) Für die Anwendung der in Absatz 1 genannten Vorschriften auf die „unregistered companies" im Vereinigten Königreich und in Irland kann jedoch eine Frist von fünf Jahren vorgesehen werden, die mit Inkrafttreten dieser Vorschriften beginnt.

(3) Die Mitgliedstaaten brauchen die Artikel 13, 14 und 15 auf Inhaber von Wandelschuldverschreibungen und anderen Wertpapieren, die in Aktien umgewandelt werden können, nicht anzuwenden, wenn bei Inkrafttreten der Vorschriften nach Absatz 1 in den Ausgabebedingungen die Stellung dieser Inhaber bei einer Verschmelzung vorab festgelegt worden ist.

(4) Die Mitgliedstaaten brauchen diese Richtlinie nicht auf Verschmelzungen oder diesen gleichgestellte Vorgänge anzuwenden, für deren Vorbereitung oder Durchführung eine durch die einzelstaatlichen Rechtsvorschriften vorgesehene Handlung oder Formalität bereits zum Zeitpunkt des Inkrafttretens der in Absatz 1 genannten Vorschriften vorgenommen worden ist.

Art. 33 Diese Richtlinie ist an die Mitgliedstaaten gerichtet.

2. Spaltungsrichtlinie

259   **SECHSTE RICHTLINIE 82/891/EWG gemäß Artikel 54 Absatz 3 Buchstabe g) des Vertrages betreffend die Spaltung von Aktiengesellschaften**

Vom 17. Dezember 1982
(ABl. Nr. L 378/47)

DER RAT DER EUROPÄISCHEN GEMEINSCHAFTEN –
gestützt auf den Vertrag zur Gründung der Europäischen Wirtschaftsgemeinschaft, insbesondere auf Artikel 54 Absatz 3 Buchstabe g),
auf Vorschlag der Kommission[84],
nach Stellungnahme des Europäischen Parlaments[85],
nach Stellungnahme des Wirtschafts- und Sozialausschusses[86],
in Erwägung nachstehender Gründe:

Die Koordinierung, die Artikel 54 Absatz 3 Buchstabe g) und das Allgemeine Programm zur Aufhebung der Beschränkungen der Niederlassungsfreiheit[87] vorsehen, wurde mit der Richtlinie 68/151/EWG[88] begonnen.

Diese Koordinierung wurde für die Gründung der Aktiengesellschaft sowie die Erhaltung und Änderung ihres Kapitals durch die Richtlinie 77/91/EWG[89], für die Jahresabschlüsse von Gesellschaften bestimmter Rechtsformen durch die Richtlinie 78/660/EWG[90] und für die Verschmelzung von Aktiengesellschaften durch die Richtlinie 78/855/EWG[91] fortgesetzt.

Die Richtlinie 78/855/EWG hat nur die Verschmelzung von Aktiengesellschaften und einige gleichgestellte Vorgänge geregelt. Der Vorschlag der Kommission zielte aber auch auf die Spaltung ab. Das Europäische Parlament und der Wirtschafts- und Sozialausschuß befürworten auch eine Regelung dieses Vorgangs.

Angesichts der Verwandtschaft zwischen Verschmelzung und Spaltung kann eine etwaige Umgehung der durch die Richtlinie 78/855/EWG bezüglich der Verschmelzung eingeräumten Garantien nur dadurch verhindert werden, daß für den Fall der Spaltung ein gleichwertiger Schutz vorgesehen wird.

---

[84] ABl. Nr. C 89 vom 14. 7. 1970, S. 20.
[85] ABl. Nr. C 129 vom 11. 12. 1972, S. 50 und ABl. Nr. C 95 vom 28. 4. 1975, S. 12.
[86] ABl. Nr. C 88 vom 6. 9. 1971, S. 18.
[87] ABl. Nr. 2 vom 15. 1. 1962, S. 36/62.
[88] ABl. Nr. L 65 vom 14. 3. 1968, S. 8.
[89] ABl. Nr. L 26 vom 31. 1. 1977, S. 1.
[90] ABl. Nr. L 222 vom 14. 8. 1978, S. 11.
[91] ABl. Nr. L 295 vom 20. 10. 1978, S. 36.

III. Text der Richtlinien

Der Schutz der Interessen von Gesellschaftern und Dritten erfordert es, die Rechtsvorschriften der Mitgliedstaaten über die Spaltung von Aktiengesellschaften zu koordinieren, sofern die Mitgliedstaaten die Spaltung zulassen.

Im Rahmen der Koordinierung ist es besonders wichtig, die Aktionäre der an der Spaltung beteiligten Gesellschaften angemessen und so objektiv wie möglich zu unterrichten und ihre Rechte in geeigneter Weise zu schützen.

Die Wahrung von Ansprüchen der Arbeitnehmer beim Übergang von Unternehmen, Betrieben oder Betriebsteilen ist zur Zeit durch die Richtlinie 77/187/EWG[92] geregelt.

Die Gläubiger einschließlich der Inhaber von Schuldverschreibungen sowie die Inhaber anderer Rechte der an der Spaltung beteiligten Gesellschaften müssen dagegen geschützt werden, daß sie durch die Spaltung Schaden erleiden.

Die Offenlegung, wie sie die Richtlinie 68/151/EWG vorsieht, muß auf die Maßnahmen zur Durchführung der Spaltung ausgedehnt werden, damit hierüber auch Dritte ausreichend unterrichtet werden.

Ferner ist es notwendig, daß die Garantien, die Gesellschaftern und Dritten bei der Durchführung der Spaltung gewährt werden, auch für bestimmte andere rechtliche Vorgänge gelten, die in wesentlichen Punkten ähnliche Merkmale wie die Spaltung aufweisen, um Umgehungen des Schutzes zu vermeiden.

Schließlich müssen, um die Rechtssicherheit in den Beziehungen zwischen den an der Spaltung beteiligten Gesellschaften, zwischen diesen und Dritten sowie unter den Aktionären zu gewährleisten, die Fälle der Nichtigkeit der Spaltung beschränkt werden; außerdem müssen der Grundsatz, daß Mängeln der Spaltung soweit wie möglich abgeholfen werden soll, und eine kurze Frist zur Geltendmachung der Nichtigkeit festgelegt werden –

HAT FOLGENDE RICHTLINIE ERLASSEN:

Art. 1 [Anwendungsbereich] (1) Gestatten die Mitgliedstaaten für die in Artikel 1 Absatz 1 der Richtlinie 78/855/EWG genannten, ihrem Recht unterliegenden Gesellschaften die in Artikel 2 der vorliegenden Richtlinie beschriebene Spaltung durch Übernahme, so unterwerfen sie diesen Vorgang den Vorschriften des Kapitels 1 der vorliegenden Richtlinie.

(2) Gestatten die Mitgliedstaaten für die in Absatz 1 bezeichneten Gesellschaften die in Artikel 21 definierte Spaltung durch Gründung neuer Gesellschaften, so unterwerfen sie diesen Vorgang den Vorschriften des Kapitels II.

(3) Gestatten die Mitgliedstaaten für die in Absatz 1 bezeichneten Gesellschaften den Vorgang, durch den eine Spaltung durch Übernahme im Sinne von Artikel 2 Absatz 1 mit einer Spaltung durch Gründung einer oder mehrerer neuer Gesellschaften im Sinne von Artikel 21 Absatz 1 verbunden wird, so unterwerfen sie diesen Vorgang den Vorschriften des Kapitels 1 und des Artikels 22.

(4) Artikel 1 Absätze 2 und 3 der Richtlinie 78/855/EWG ist anzuwenden.

Kapitel I. Spaltung durch Übernahme

Art. 2 [Definition] (1) Im Sinne dieser Richtlinie ist die Spaltung durch Übernahme der Vorgang, durch den eine Gesellschaft ihr gesamtes Aktiv- und Passivvermögen im Wege der Auflösung ohne Abwicklung auf mehrere Gesellschaften überträgt, und zwar gegen Gewährung von Aktien der Gesellschaften, denen die sich aus der Spaltung ergebenden Einlagen zugute kommen, – im folgenden „begünstigte Gesellschaften" genannt – an die Aktionäre der gespaltenen Gesellschaft und gegebenenfalls Gewährung einer ba-

---

[92] ABl. Nr. L 61 vom 5. 3. 1977, S. 26.

ren Zuzahlung, die den zehnten Teil des Nennbetrags oder, wenn ein Nennbetrag nicht vorhanden ist, des rechnerischen Wertes der gewährten Aktien nicht übersteigt.

(2) Artikel 3 Absatz 2 der Richtlinie 78/855/EWG ist anzuwenden.

(3) Soweit in dieser Richtlinie auf die Richtlinie 78/855/EWG verwiesen wird, bezeichnen der Ausdruck „sich verschmelzende Gesellschaften" die an der Spaltung beteiligten Gesellschaften, der Ausdruck „übertragende Gesellschaft" die gespaltene Gesellschaft, der Ausdruck „übernehmende Gesellschaft" jede begünstigte Gesellschaft und der Ausdruck „Verschmelzungsplan" den Spaltungsplan.

Art. 3 [Spaltungsplan] (1) Die Verwaltungs- oder Leistungsorgane der an der Spaltung beteiligten Gesellschaften erstellen einen schriftlichen Spaltungsplan.

(2) Der Spaltungsplan muß mindestens folgende Angaben enthalten:
a) die Rechtsform, die Firma und den Sitz der an der Spaltung beteiligten Gesellschaften,
b) das Umtauschverhältnis der Aktien und gegebenenfalls die Höhe der baren Zuzahlung,
c) die Einzelheiten hinsichtlich der Übertragung der Aktien der begünstigten Gesellschaften,
d) den Zeitpunkt, von dem an diese Aktien das Recht auf Teilnahme am Gewinn gewähren, sowie alle Besonderheiten in bezug auf dieses Recht,
e) den Zeitpunkt, von dem an die Handlungen der gespaltenen Gesellschaft unter dem Gesichtspunkt der Rechnungslegung als für Rechnung der einen oder anderen begünstigten Gesellschaft vorgenommen gelten,
f) die Rechte, welche die begünstigten Gesellschaften den Aktionären mit Sonderrechten und den Inhabern anderer Wertpapiere als Aktien gewähren, oder die für diese Personen vorgeschlagenen Maßnahmen,
g) jeden besonderen Vorteil, der den Sachverständigen im Sinne des Artikels 8 Absatz 1 sowie den Mitgliedern der Verwaltungs-, Leistungs-, Aufsichts- oder Kontrollorgane der an der Spaltung beteiligten Gesellschaften gewährt wird,
h) die genaue Beschreibung und Aufteilung der Gegenstände des Aktiv- und Passivvermögens, das an jede der begünstigten Gesellschaften zu übertragen ist,
i) die Aufteilung der begünstigten Gesellschaften auf die Aktionäre der gespaltenen Gesellschaft sowie den Aufteilungsmaßstab.

(3) a) Wird ein Gegenstand des Aktivvermögens im Spaltungsplan nicht zugeteilt und läßt auch dessen Auslegung eine Entscheidung über die Zuteilung nicht zu, so wird der Gegenstand oder sein Gegenwert auf alle begünstigten Gesellschaften anteilig im Verhältnis zu dem nach dem Spaltungsplan auf sie entfallenden Nettoaktivvermögen übertragen.
b) Wird ein Gegenstand des Passivvermögens im Spaltungsplan nicht zugeteilt und läßt auch dessen Auslegung eine Entscheidung über die Zuteilung nicht zu, so haftet jede der begünstigten Gesellschaften als Gesamtschuldner. Die Mitgliedstaaten können vorsehen, daß die gesamtschuldnerische Haftung auf das Nettoaktivvermögen beschränkt wird, das jeder begünstigten Gesellschaft zugeteilt wird.

Art. 4 [Offenlegung, Frist] Der Spaltungsplan ist mindestens einen Monat vor dem Tag der Hauptversammlung, die über den Spaltungsplan zu beschließen hat, für jede der an der Spaltung beteiligten Gesellschaften nach den in den Rechtsvorschriften der einzelnen Mitgliedstaaten gemäß Artikel 3 der Richtlinie 68/151/EWG[93] vorgesehenen Verfahren offenzulegen.

Art. 5 [Zustimmung der Hauptversammlungen] (1) Die Spaltung bedarf zumindest der Zustimmung der Hauptversammlung jeder an der Spaltung beteiligten Gesell-

---

[93] ABl. Nr. L 65 vom 14. 3. 1968, S. 9.

schaften. Artikel 7 der Richtlinie 78/855/EWG ist bezüglich der für diesen Beschluß erforderlichen Mehrheit, dessen Tragweite sowie des Erfordernisses einer gesonderten Abstimmung anzuwenden.

(2) Werden die Aktien der begünstigten Gesellschaften den Aktionären der gespaltenen Gesellschaft nicht im Verhältnis zu ihren Rechten an deren Kapital gewährt, so können die Mitgliedstaaten vorsehen, daß die Minderheitsaktionäre der gespaltenen Gesellschaft ihre Aktien aufkaufen lassen können. In diesem Fall haben sie Anspruch auf ein dem Wert ihrer Aktien entsprechendes Entgelt. Sofern hierüber keine Einigung erzielt wird, muß das Entgelt durch ein Gericht festgesetzt werden können.

Art. 6 [Ausnahme von Zustimmung der Hauptversammlung der begünstigten Gesellschaft] Die Rechtsvorschriften eines Mitgliedstaats brauchen die Zustimmung der Hauptversammlung einer begünstigten Gesellschaft nicht vorzuschreiben, wenn folgende Bedingungen erfüllt sind:
a) Die in Artikel 4 vorgeschriebene Offenlegung ist für die begünstigte Gesellschaft mindestens einen Monat vor dem Tag derjenigen Hauptversammlung der gespaltenen Gesellschaft, die über den Spaltungsplan zu beschließen hat, zu bewirken;
b) jeder Aktionär der begünstigten Gesellschaft hat mindestens einen Monat vor dem unter Buchstabe a) genannten Zeitpunkt das Recht, am Sitz dieser Gesellschaft von den in Artikel 9 Absatz 1 genannten Unterlagen Kenntnis zu nehmen;
c) ein oder mehrere Aktionäre der begünstigten Gesellschaft, die über Aktien in einem Mindestprozentsatz des gezeichneten Kapitals verfügen, müssen das Recht haben, die Einberufung einer Hauptversammlung der begünstigten Gesellschaft, in der über die Zustimmung zu der Spaltung beschlossen wird, zu verlangen. Dieser Mindestprozentsatz darf nicht auf mehr als 5 % festgesetzt werden. Die Mitgliedstaaten können jedoch vorsehen, daß die Aktien ohne Stimmrecht von der Berechnung dieses Prozentsatzes ausgenommen sind.

Art. 7 [Bericht über Spaltungsplan] (1) Die Verwaltungs- oder Leistungsorgane jeder der an der Spaltung beteiligten Gesellschaften erstellen einen ausführlichen schriftlichen Bericht, in dem der Spaltungsplan, insbesondere das Umtauschverhältnis der Aktien und der Maßstab für ihre Aufteilung, rechtlich und wirtschaftlich erläutert und begründet wird.

(2) In dem Bericht ist außerdem auf besondere Schwierigkeiten bei der Bewertung, soweit solche aufgetreten sind, hinzuweisen.

Zu erwähnen sind darin ferner die Erstellung des Berichtes über die Prüfung der Einlagen, die nicht Bareinlagen sind, nach Artikel 27 Absatz 2 der Richtlinie 77/91/EWG[94] für die begünstigten Gesellschaften sowie das Register, bei dem dieser Bericht zu hinterlegen ist.

(3) Die Verwaltungs- oder Leitungsorgane der gespaltenen Gesellschaft sind verpflichtet, über jede zwischen der Aufstellung des Spaltungsplans und dem Tag der Hauptversammlung der gespaltenen Gesellschaft, die über den Spaltungsplan zu beschließen hat, eingetretene wesentliche Veränderung des Aktiv- oder Passivvermögens die Hauptversammlung der gespaltenen Gesellschaft sowie die Verwaltungs- oder Leitungsorgane der begünstigten Gesellschaften zu unterrichten, damit diese die Hauptversammlung ihrer Gesellschaft unterrichten.

Art. 8 [Prüfung durch Sachverständige] (1) Für jede der an der Spaltung beteiligten Gesellschaften prüfen ein oder mehrere von diesen unabhängige Sachverständige, welche durch ein Gericht oder eine Verwaltungsbehörde bestellt oder zugelassen sind,

---

[94] ABl. Nr. L 26 vom 31. 1. 1977, S. 1.

den Spaltungsplan und erstellen einen schriftlichen Bericht für die Aktionäre. Die Rechtsvorschriften eines Mitgliedstaats können jedoch die Bestellung eines oder mehrerer unabhängiger Sachverständiger für alle an der Spaltung beteiligten Gesellschaften vorsehen, wenn die Bestellung auf gemeinsamen Antrag dieser Gesellschaften durch ein Gericht oder eine Verwaltungsbehörde erfolgt. Diese Sachverständigen können entsprechend den Rechtsvorschriften jedes Mitgliedstaats sowohl natürliche oder juristische Personen als auch Gesellschaften sein.

(2) Artikel 10 Absätze 2 und 3 der Richtlinie 78/855/EWG ist anzuwenden.

(3) Die Mitgliedstaaten können vorsehen, daß der Bericht über die Prüfung von Einlagen, die nicht Bareinlagen sind, nach Artikel 27 Absatz 2 der Richtlinie 77/91/EWG sowie der Bericht über den Spaltungsplan nach Absatz 1 des vorliegenden Artikels von demselben bzw. denselben Sachverständigen erstellt werden.

Art. 9 [Information der Aktionäre] (1) Mindestens einen Monat vor dem Tag der Hauptversammlung, die über den Spaltungsplan zu beschließen hat, hat jeder Aktionär das Recht, am Sitz der Gesellschaft zumindest von folgenden Unterlagen Kenntnis zu nehmen:
a) dem Spaltungsplan,
b) den Jahresabschlüssen und den Geschäftsberichten der an der Spaltung beteiligten Gesellschaften für die letzten drei Geschäftsjahre,
c) einer Zwischenbilanz, die für einen Zeitpunkt erstellt ist, der nicht vor dem ersten Tag des dritten der Aufstellung des Spaltungsplans vorausgehenden Monats liegen darf, sofern der letzte Jahresabschluß sich auf ein mehr als sechs Monate vor der Aufstellung des Spaltungsplans abgelaufenes Geschäftsjahr bezieht,
d) den in Artikel 7 Absatz 1 genannten Berichten der Verwaltungs- oder Leitungsorgane der an der Spaltung beteiligten Gesellschaften,
e) den in Artikel 8 genannten Berichten.

(2) Die Zwischenbilanz nach Absatz 1 Buchstabe c) ist nach denselben Methoden und in derselben Gliederung zu erstellen wie die letzte Jahresbilanz.

Die Rechtsvorschriften eines Mitgliedstaats können jedoch vorsehen, daß
a) es nicht erforderlich ist, eine neue körperliche Bestandsaufnahme durchzuführen,
b) die Bewertungen der letzten Bilanz nur nach Maßgabe der Bewegungen in den Büchern verändert zu werden brauchen, wobei jedoch zu berücksichtigen sind:
  – Abschreibungen, Wertberichtigungen und Rückstellungen für die Zwischenzeit,
  – wesentliche, aus den Büchern nicht ersichtliche Veränderungen der wirklichen Werte.

(3) Vollständige oder, falls gewünscht, auszugsweise Abschriften der in Absatz 1 genannten Unterlagen sind jedem Aktionär auf formlosen Antrag kostenlos zu erteilen.

Art. 10 [Ausnahmen bei Verzicht der Aktionäre] Die Mitgliedstaaten können gestatten, daß Artikel 7, Artikel 8 Absätze 1 und 2 sowie Artikel 9 Absatz 1 Buchstaben c), d) und e) keine Anwendung finden, wenn alle Aktionäre und Inhaber anderer mit einem Stimmrecht verbundener Wertpapiere der an der Spaltung beteiligten Gesellschaften darauf verzichtet haben.

Art. 11 [Wahrung der Arbeitnehmerrechte] Die Wahrung von Ansprüchen der Arbeitnehmer der an der Spaltung beteiligten Gesellschaften wird gemäß der Richtlinie 77/187/EWG[95] geregelt.

---

[95] ABl. Nr. L 61 vom 5. 3. 1977, S. 26.

III. Text der Richtlinien

Art. 12 [Gläubigerschutz] (1) Die Rechtsvorschriften der Mitgliedstaaten müssen ein angemessenes Schutzsystem für die Interessen der Gläubiger der an der Spaltung beteiligten Gesellschaften vorsehen, deren Forderungen vor der Bekanntmachung des Spaltungsplans entstanden und zum Zeitpunkt dieser Bekanntmachung noch nicht fällig sind.

(2) Zu diesem Zweck sehen die Rechtsvorschriften der Mitgliedstaaten zumindest vor, daß diese Gläubiger Anspruch auf angemessene Garantien haben, wenn die finanzielle Lage der gespaltenen Gesellschaft sowie der Gesellschaft, auf die die Verpflichtung nach dem Spaltungsplan übertragen wird, einen solchen Schutz erforderlich machen und die Gläubiger nicht schon derartige Garantien haben.

(3) Soweit ein Gläubiger von der Gesellschaft, auf welche die Verpflichtung nach dem Spaltungsplan übertragen wurde, keine Befriedigung erlangt hat, haften die begünstigten Gesellschaften für diese Verpflichtung als Gesamtschuldner. Die Mitgliedstaaten können diese Haftung auf das jeder dieser Gesellschaften mit Ausnahme der Gesellschaft, auf die die Verpflichtung übertragen wurde, zugeteilte Nettoaktivvermögen beschränken. Sie brauchen diesen Absatz nicht anzuwenden, wenn der Vorgang der Spaltung der Aufsicht eines Gerichtes nach Artikel 23 unterliegt und in einer Versammlung nach Artikel 23 Absatz 1 Buchstabe c) die Mehrzahl der Gläubiger, auf die Dreiviertel des Betrages der Forderungen entfallen, oder die Mehrzahl einer Kategorie von Gläubigern der gespaltenen Gesellschaft, auf die Dreiviertel des Betrages der Forderungen dieser Kategorie entfallen, darauf verzichtet haben, die gesamtschuldnerische Haftung geltend zu machen.

(4) Artikel 13 Absatz 3 der Richtlinie 78/855/EWG ist anzuwenden.

(5) Unbeschadet der Vorschriften über die gemeinsame Ausübung der Rechte der Anleihegläubiger der an der Spaltung beteiligten Gesellschaften sind die Absätze 1 bis 4 auf diese Gläubiger anzuwenden, es sei denn, eine Versammlung der Anleihegläubiger – sofern die einzelstaatlichen Rechtsvorschriften eine solche Versammlung vorsehen – oder jeder einzelne Anleihegläubiger hat der Spaltung zugestimmt.

(6) Die Mitgliedstaaten können vorsehen, daß die begünstigten Gesellschaften für die Verpflichtungen der gespaltenen Gesellschaft als Gesamtschuldner haften. In diesem Fall brauchen sie die vorstehenden Absätze nicht anzuwenden.

(7) Verbindet ein Mitgliedstaat das System des Gläubigerschutzes nach den Absätzen 1 bis 5 mit der gesamtschuldnerischen Haftung der begünstigten Gesellschaften nach Absatz 6, so kann er diese Haftung auf das jeder dieser Gesellschaften zugeteilte Nettoaktivvermögen beschränken.

Art. 13 [Schutz der Inhaber von Wertpapieren mit Sonderrechten] Die Inhaber anderer Wertpapiere, die mit Sonderrechten verbunden, jedoch keine Aktien sind, müssen in den begünstigten Gesellschaften, denen gegenüber ihre Rechte nach dem Spaltungsplan geltend gemacht werden können, Rechte erhalten, die mindestens denen gleichwertig sind, die sie in der gespaltenen Gesellschaft hatten, es sei denn, daß eine Versammlung der Inhaber – sofern die einzelstaatlichen Rechtsvorschriften eine solche Versammlung vorsehen – der Änderung dieser Rechte oder daß jeder einzelne Inhaber der Änderung seines Rechts zugestimmt hat oder daß diese Inhaber einen Anspruch auf Rückkauf ihrer Wertpapiere haben.

Art. 14 [Öffentliche Beurkundung der Niederschrift] Falls die Rechtsvorschriften eines Mitgliedstaats für Spaltungen eine vorbeugende gerichtliche oder verwaltungsmäßige Kontrolle der Rechtmäßigkeit nicht vorsehen oder sich diese Kontrolle nicht auf alle für die Spaltung erforderlichen Rechtshandlungen erstreckt, ist Artikel 16 der Richtlinie 78/855/EWG anzuwenden.

Art. 15 [Wirksamwerden der Spaltung] Die Rechtsvorschriften der Mitgliedstaaten bestimmen den Zeitpunkt, zu dem die Spaltung wirksam wird.

Art. 16 [Offenlegung der Spaltung im Register] (1) Für jede der an der Spaltung beteiligten Gesellschaften muß die Spaltung nach den in den Rechtsvorschriften eines jeden Mitgliedstaates in Übereinstimmung mit Artikel 3 der Richtlinie 68/151/EWG vorgesehenen Verfahren offengelegt werden.

(2) Jede begünstigte Gesellschaft kann die für die gespaltene Gesellschaft vorzunehmenden Förmlichkeiten der Offenlegung selbst veranlassen.

Art. 17 [Rechtswirkungen der Spaltung] (1) Die Spaltung bewirkt ipso iure gleichzeitig folgendes:
a) Sowohl zwischen der gespaltenen Gesellschaft und den begünstigten Gesellschaften als auch gegenüber Dritten geht das gesamte Aktiv- und Passivvermögen der gespaltenen Gesellschaft auf die begünstigten Gesellschaften über, und zwar entsprechend der im Spaltungsplan oder in Artikel 3 Absatz 3 vorgesehenen Aufteilung;
b) Die Aktionäre der gespaltenen Gesellschaft werden entsprechend der im Spaltungsplan vorgesehenen Aufteilung Aktionäre einer oder mehrerer begünstigter Gesellschaften;
c) die gespaltene Gesellschaft erlischt.

(2) Es werden keine Aktien einer begünstigten Gesellschaft im Austausch für Aktien der gespaltenen Gesellschaft gegeben, die sich
a) im Besitz dieser begünstigten Gesellschaft selbst oder einer Person befinden, die im eigenen Namen, aber für Rechnung der Gesellschaft handelt;
b) im Besitz der gespaltenen Gesellschaft selbst oder einer Person befinden, die im eigenen Namen, aber für Rechnung der Gesellschaft handelt.

(3) Unberührt bleiben die Rechtsvorschriften der Mitgliedstaaten, die für die Wirksamkeit der Übertragung bestimmter, von der gespaltenen Gesellschaft eingebrachter Vermögensgegenstände, Rechte und Pflichten gegenüber Dritten besondere Förmlichkeiten erfordern. Die begünstigte(n) Gesellschaft(en), der (denen) diese Vermögensgegenstände, Rechte und Pflichten nach dem Spaltungsplan oder nach Artikel 3 Absatz 3 übertragen werden, kann (können) diese Förmlichkeiten selbst veranlassen; die Rechtsvorschriften der Mitgliedstaaten können jedoch der gespaltenen Gesellschaft gestatten, während eines begrenzten Zeitraums diese Förmlichkeiten weiter zu vollziehen; dieser Zeitraum kann nur in Ausnahmefällen auf mehr als sechs Monate nach dem Zeitpunkt, in dem die Spaltung wirksam wird, festgesetzt werden.

Art. 18 [Haftung für schuldhaftes Verhalten der Organe] Die Rechtsvorschriften der Mitgliedstaaten regeln zumindest die zivilrechtliche Haftung der Mitglieder des Verwaltungs- oder Leitungsorgans der gespaltenen Gesellschaft gegenüber den Aktionären dieser Gesellschaft für schuldhaftes Verhalten von Mitgliedern dieses Organs bei der Vorbereitung und dem Vollzug der Spaltung sowie die zivilrechtliche Haftung der Sachverständigen, die beauftragt sind, für diese Gesellschaft den in Artikel 8 vorgesehenen Bericht zu erstellen, für schuldhaftes Verhalten bei der Erfüllung ihrer Aufgaben.

Art. 19 [Eingeschränkte Nichtigkeitsgründe] (1) Die Rechtsvorschriften der Mitgliedstaaten können die Nichtigkeit der Spaltung von Gesellschaften nur nach Maßgabe folgender Bestimmungen regeln:
a) Die Nichtigkeit muß durch gerichtliche Entscheidung ausgesprochen werden;
b) für nichtig erklärt werden kann eine im Sinne von Artikel 15 wirksam gewordene Spaltung nur wegen Fehlens einer vorbeugenden gerichtlichen oder verwaltungsmäßigen Kontrolle der Rechtmäßigkeit oder einer öffentlichen Beurkundung oder wenn festgestellt wird, daß der Beschluß der Hauptversammlung nach innerstaatlichem Recht nichtig oder anfechtbar ist;
c) die Nichtigkeitsklage kann nicht mehr erhoben werden, wenn eine Frist von sechs Monaten verstrichen ist, nachdem die Spaltung demjenigen gegenüber wirksam geworden ist, der sich auf die Nichtigkeit beruft, oder wenn der Mangel behoben worden ist;

d) kann der Mangel, dessentwegen die Spaltung für nichtig erklärt werden kann, behoben werden, so räumt das zuständige Gericht den beteiligten Gesellschaften dazu eine Frist ein;
e) die gerichtliche Entscheidung, durch welche die Nichtigkeit der Spaltung ausgesprochen wird, wird in Übereinstimmung mit Artikel 3 der Richtlinie 68/151/EWG nach den in den Rechtsvorschriften jedes Mitgliedstaats vorgesehenen Verfahren offengelegt;
f) falls die Rechtsvorschriften der Mitgliedstaaten gegen die gerichtliche Entscheidung einen Einspruch Dritter vorsehen, so kann dieser nach Ablauf einer Frist von sechs Monaten seit Offenlegung der gerichtlichen Entscheidung gemäß der Richtlinie 68/151/EWG nicht mehr erhoben werden;
g) die gerichtliche Entscheidung, durch welche die Nichtigkeit der Spaltung ausgesprochen wird, berührt für sich allein nicht die Wirksamkeit der Verpflichtungen, die vor der Offenlegung der gerichtlichen Entscheidung, jedoch nach dem in Artikel 15 bezeichneten Zeitpunkt, zu Lasten oder zugunsten der begünstigten Gesellschaften entstanden sind;
h) jede begünstigte Gesellschaft haftet für die Verpflichtungen zu ihren Lasten, die nach dem Zeitpunkt des Wirksamwerdens der Spaltung und vor dem Zeitpunkt, zu dem der Beschluß über die Nichtigkeit der Spaltung offengelegt worden ist, entstanden sind. Die gespaltene Gesellschaft haftet ebenfalls für diese Verpflichtungen; die Mitgliedstaaten können vorsehen, daß diese Haftung auf den Teil des Nettoaktivvermögens beschränkt ist, welcher auf die begünstigte Gesellschaft entfällt, zu deren Lasten diese Verpflichtungen entstanden sind.

(2) Abweichend von Absatz 1 Buchstabe a) können die Rechtsvorschriften eines Mitgliedstaats auch gestatten, daß die Nichtigkeit der Spaltung durch eine Verwaltungsbehörde ausgesprochen wird, wenn gegen eine solche Entscheidung ein Rechtsbehelf bei einem Gericht eingelegt werden kann. Die Buchstaben b), d), e), f), g) und h) gelten entsprechend für die Verwaltungsbehörde. Dieses Nichtigkeitsverfahren kann nach Ablauf einer Frist von 6 Monaten nach dem in Artikel 15 genannten Zeitpunkt nicht mehr eingeleitet werden.

(3) Unberührt bleiben die Rechtsvorschriften der Mitgliedstaaten über die Nichtigkeit einer Spaltung, die im Wege einer anderen Kontrolle der Spaltung als der vorbeugenden gerichtlichen oder verwaltungsmäßigen Kontrolle der Rechtmäßigkeit ausgesprochen wird.

Art. 20 [Ausnahme von Zustimmung der Hauptversammlung der gespaltenen Gesellschaft] Gehören den begünstigten Gesellschaften insgesamt alle Aktien sowie sonstigen Anteile der gespaltenen Gesellschaft, die in der Hauptversammlung ein Stimmrecht gewähren, so brauchen die Mitgliedstaaten unbeschadet des Artikels 6 die Zustimmung der Hauptversammlung der gespaltenen Gesellschaft zur Spaltung nicht vorzuschreiben, wenn mindestens folgende Bedingungen erfüllt sind:
a) Die in Artikel 4 vorgeschriebene Offenlegung ist für die an dem Vorgang beteiligten Gesellschaften mindestens einen Monat vor dem Zeitpunkt, zu dem der Vorgang wirksam wird, zu bewirken;
b) alle Aktionäre der an dem Vorgang beteiligten Gesellschaften haben das Recht, mindestens einen Monat vor dem Zeitpunkt, zu dem der Vorgang wirksam wird, am Sitz ihrer Gesellschaft von den in Artikel 9 Absatz 1 bezeichneten Unterlagen Kenntnis zu nehmen. Artikel 9 Absätze 2 und 3 ist anzuwenden;
c) ein oder mehrere Aktionäre der gespaltenen Gesellschaft, die über Aktien in einem Mindestprozentsatz des gezeichneten Kapitals verfügen, müssen das Recht haben, die Einberufung einer Hauptversammlung der gespaltenen Gesellschaft, in der über die Zustimmung zu der Spaltung beschlossen wird, zu verlangen. Dieser Mindestprozentsatz darf nicht auf mehr als 5% festgesetzt werden. Die Mitgliedstaaten können jedoch

§ 7 *Verschmelzung und Spaltung von Aktiengesellschaften*

vorsehen, daß die Aktien ohne Stimmrecht von der Berechnung dieses Prozentsatzes ausgenommen sind;
d) wird eine Hauptversammlung der gespaltenen Gesellschaft, in der über die Zustimmung zur Spaltung beschlossen wird, nicht einberufen, so erstreckt sich die in Artikel 7 Absatz 3 vorgesehene Unterrichtung auf jede nach der Aufstellung des Spaltungsplans eingetretene wesentliche Veränderung des Aktiv- und Passivvermögens.

Kapitel II. Spaltung durch Gründung neuer Gesellschaften

Art. 21 (1) Im Sinne dieser Richtlinie ist die Spaltung durch Gründung neuer Gesellschaften der Vorgang, durch den eine Gesellschaft ihr gesamtes Aktiv- und Passivvermögen im Wege der Auflösung ohne Abwicklung auf mehrere neugegründete Gesellschaften überträgt, und zwar gegen Gewährung von Aktien der begünstigten Gesellschaften an die Aktionäre der gespaltenen Gesellschaft und gegebenenfalls Gewährung einer baren Zuzahlung, die den zehnten Teil des Nennbetrags oder, wenn ein Nennbetrag nicht vorhanden ist, des rechnerischen Wertes der gewährten Aktien nicht übersteigt.

(2) Artikel 4 Absatz 2 der Richtlinie 78/855/EWG ist anzuwenden.

Art. 22 (1) Die Artikel 3, 4, 5 und 7, Artikel 8 Absätze 1 und 2 und die Artikel 9 bis 19 sind unbeschadet der Artikel 11 und 12 der Richtlinie 68/151/EWG auf die Spaltung durch Gründung neuer Gesellschaften anzuwenden. Für diese Anwendung bedeuten der Ausdruck „an der Spaltung beteiligte Gesellschaften" die gespaltene Gesellschaft, der Ausdruck „begünstigte Gesellschaft" jede der neuen Gesellschaften.

(2) Der Spaltungsplan erwähnt außer den Angaben nach Artikel 3 Absatz 2 die Rechtsform, die Firma und den Sitz jeder der neuen Gesellschaften.

(3) Der Spaltungsplan und, falls sie Gegenstand eines getrennten Aktes sind, der Errichtungsakt oder der Entwurf des Errichtungsaktes und die Satzung oder der Entwurf der Satzung jeder der neuen Gesellschaften bedürfen der Zustimmung der Hauptversammlung der gespaltenen Gesellschaft.

(4) Die Mitgliedstaaten können vorsehen, daß der Bericht über die Prüfung von Einlagen, die nicht Bareinlagen sind, nach Artikel 10 der Richtlinie 77/91/EWG sowie der Bericht über den Spaltungsplan nach Artikel 8 Absatz 1 der vorliegenden Richtlinie von demselben bzw. denselben Sachverständigen erstellt werden.

(5) Die Mitgliedstaaten können vorsehen, daß Artikel 8 und – in bezug auf den Sachverständigenbericht – Artikel 9 keine Anwendung finden, wenn die Aktien jeder der neuen Gesellschaften den Aktionären der gespaltenen Gesellschaft im Verhältnis zu ihren Rechten am Kapital dieser Gesellschaft gewährt werden.

Kapitel III. Spaltung unter Aufsicht eines Gerichtes

Art. 23 (1) Die Mitgliedstaaten können Absatz 2 anwenden, wenn die Spaltung unter der Aufsicht eines Gerichtes erfolgt, das befugt ist,
a) die Hauptversammlung der Aktionäre der gespaltenen Gesellschaft einzuberufen, damit sie über die Spaltung beschließt;
b) sich zu vergewissern, daß die Aktionäre jeder der an der Spaltung beteiligten Gesellschaften zumindest die in Artikel 9 bezeichneten Unterlagen binnen einer Frist erhalten haben oder sich beschaffen können, die es ihnen ermöglicht, sie rechtzeitig vor dem Tag der Hauptversammlung ihrer Gesellschaft, die über die Spaltung zu beschließen hat, zu prüfen; macht ein Mitgliedstaat von der in Artikel 6 vorgesehenen Möglichkeit Gebrauch, so muß die Frist ausreichen, um es den Aktionären der begünstigten Gesellschaften zu ermöglichen, die ihnen durch Artikel 6 zuerkannten Rechte auszuüben;
c) eine Versammlung der Gläubiger jeder der an der Spaltung beteiligten Gesellschaften einzuberufen, damit sie über die Spaltung beschließt;

d) sich zu vergewissern, daß die Gläubiger jeder der an der Spaltung beteiligten Gesellschaften zumindest den Spaltungsplan binnen einer Frist erhalten haben oder sich beschaffen können, die es ihnen ermöglicht, ihn rechtzeitig vor dem unter Buchstabe b) genannten Zeitpunkt zu prüfen;
e) den Spaltungsplan zu genehmigen.

(2) Stellt das Gericht fest, daß die in Absatz 1 Buchstaben b) und d) bezeichneten Bedingungen erfüllt sind und den Aktionären und den Gläubigern kein Schaden entstehen kann, so kann es die an der Spaltung beteiligten Gesellschaften befreien von der Anwendung

a) des Artikels 4 unter der Bedingung, daß das in Artikel 12 Absatz 1 bezeichnete angemessene Schutzsystem für die Interessen der Gläubiger sich auf alle Forderungen erstreckt, unabhängig von dem Zeitpunkt, zu dem sie entstanden sind;
b) der in Artikel 6 Buchstaben a) und b) bezeichneten Bedingungen, wenn ein Mitgliedstaat von der in Artikel 6 vorgesehenen Möglichkeit Gebrauch macht;
c) des Artikels 9 hinsichtlich der Frist und der Einzelheiten, die darin für die Möglichkeit festgelegt sind, daß die Aktionäre von den bezeichneten Unterlagen Kenntnis nehmen.

Kapitel IV. Andere der Spaltung gleichgestellte Vorgänge

Art. 24 Gestatten die Rechtsvorschriften eines Mitgliedstaats für einen der in Artikel 1 vorgesehenen Vorgänge, daß die bare Zuzahlung den Satz von 10% übersteigt, so sind die Kapitel I, II und III anzuwenden.

Art. 25 Gestatten die Rechtsvorschriften eines Mitgliedstaats einen der in Artikel 1 vorgesehenen Vorgänge, ohne daß die gespaltene Gesellschaft aufhört zu bestehen, so sind die Kapitel I, II und III mit Ausnahme des Artikels 17 Absatz 1 Buchstabe c) anzuwenden.

Kapitel V. Schlußbestimmungen

Art. 26 [Umsetzungsfrist] (1) Die Mitgliedstaaten erlassen vor dem 1. Januar 1986 die erforderlichen Rechts- und Verwaltungsvorschriften, um dieser Richtlinie nachzukommen, soweit sie zu diesem Zeitpunkt Vorgänge, auf die diese Richtlinie anwendbar ist, gestatten. Sie setzen die Kommission unverzüglich davon in Kenntnis.

(2) Gestattet ein Mitgliedstaat nach dem in Absatz 1 vorgesehenen Zeitpunkt die Spaltung, so erläßt er die in Absatz 1 genannten Vorschriften an dem Tag, an dem er diesen Vorgang gestattet. Er setzt die Kommission unverzüglich davon in Kenntnis.

(3) Für die Anwendung der in Absatz 1 genannten Vorschriften auf die „unregistered companies" im Vereinigten Königreich und in Irland kann jedoch eine Frist von fünf Jahren vorgesehen werden, die mit Inkrafttreten dieser Vorschriften beginnt.

(4) Die Mitgliedstaaten brauchen die Artikel 12 und 13 auf Inhaber von Wandelschuldverschreibungen und anderen Wertpapieren, die in Aktien umgewandelt werden können, nicht anzuwenden, wenn bei Inkrafttreten der Vorschriften nach Absatz 1 oder 2 in den Ausgabebedingungen die Stellung dieser Inhaber bei einer Spaltung vorab festgelegt worden ist.

(5) Die Mitgliedstaaten brauchen diese Richtlinie nicht auf Spaltungen oder diesen gleichgestellte Vorgänge anzuwenden, für deren Vorbereitung oder Durchführung eine durch die einzelstaatlichen Rechtsvorschriften vorgesehene Handlung oder Förmlichkeit bereits zum Zeitpunkt des Inkrafttretens der in Absatz 1 oder 2 genannten Vorschriften vorgenommen worden ist.

Art. 27 Diese Richtlinie ist an die Mitgliedstaaten gerichtet.

§ 8 Die Rechnungslegung der Gesellschaften

I. Einführung

1. Der Regelungszweck der Bilanzrichtlinien

260　Nach Art. 2 Abs. 1 lit. f der Publizitätsrichtlinie (Rdnr. 77 ff.) haben sämtliche Kapitalgesellschaften ihre Bilanz und ihre Gewinn- und Verlustrechnung offenzulegen. Interessierten Dritten, insbesondere künftigen Geschäftspartnern oder Anlegern, soll dadurch die Möglichkeit verschafft werden, Informationen über die Vermögens-, Finanz- und Ertragslage der in einem anderen Mitgliedstaat ansässigen Gesellschaft einzuholen. Bereits bei Verabschiedung der Publizitätsrichtlinie war jedoch klar, daß die Bestimmungen über die Offenlegung des Jahresabschlusses der Ergänzung durch eine Richtlinie bedürfen, die die einzelstaatlichen Vorschriften über den Inhalt und die Gliederung des Jahresabschlusses und über die Bewertung der einzelnen Bilanzpositionen angleicht. Die Richtlinien über den Jahresabschluß und über den konsolidierten Abschluß wollen diese Lücke schließen: Im Interesse der Gläubiger und Anleger bezwecken sie die Errichtung eines *gemeinschaftsweit gleichwertigen und verläßlichen Systems von Informationen* über diejenigen Gesellschaften, die typischerweise grenzüberschreitend agieren und zudem durch das Fehlen einer persönlichen Haftung ihrer Mitglieder für die Gesellschaftsschulden gekennzeichnet sind. Zugleich wollen sie gleichwertige rechtliche Mindestbedingungen für miteinander im Wettbewerb stehende Gesellschaften schaffen; dadurch wiederum sollen Wettbewerbsverzerrungen und im einzelstaatlichen Recht wurzelnde Handelshemmnisse abgebaut werden[1].

261　Nach den Richtlinien über den Jahresabschluß und über den konsolidierten Abschluß ist die Erstellung der Rechenwerke zwar Sache der Gesellschaften; beide Richtlinien schreiben jedoch grundsätzlich die *Prüfung* der Rechenwerke durch unabhängige Sachverständige vor. Eine weitere Richtlinie will deshalb sicherstellen, daß die nach dem nationalen Recht zur Durchführung der Pflichtprüfung befugten Personen sowohl über entsprechende Fähigkeiten als auch über die erforderliche Unabhängigkeit gegenüber der zu prüfenden Gesellschaft verfügen. Nur unter diesen Voraussetzungen ist nämlich gewährleistet, daß die der Information des Rechtsverkehrs dienenden Abschlüsse die Verhältnisse der Gesellschaft objektiv und zutreffend wiedergeben.

262　Nach der Systematik des deutschen Rechts ist das Bilanzrecht Teil des allgemeinen Handels- und Unternehmensrechts und somit zwar auch, aber nicht nur von den Kapitalgesellschaften zu beachten. Die Systematik

---

[1] Vgl. zu diesem Aspekt insbesondere den ursprünglichen Vorschlag der Kommission für eine 4. Richtlinie vom 16. 11. 1971, ABl. Nr. C 7 v. 28. 1. 1972, S. 11.

I. Einführung

des europäischen Rechts ist dagegen eine andere; sie wird ganz entscheidend durch die Ermächtigungsgrundlagen des EG-Vertrags geprägt. Die bereits erläuterte Vorschrift des Art. 44 Abs. 2 lit. g EGV (Art. 54 Abs. 3 lit. g EGV) ermächtigt denn auch allgemein zum Erlaß von Richtlinien, die darauf gerichtet sind, die einzelstaatlichen *Schutzbestimmungen* gleichwertig zu gestalten und damit die Niederlassungsfreiheit zu verwirklichen (Rdnr. 19 ff.). Auch die Bilanzrichtlinien bezwecken die Koordinierung von Schutzbestimmungen; sie sind auf Art. 44 Abs. 2 lit. g EGV gestützt und somit solche auf dem Gebiet des Gesellschaftsrechts.

2. Das europäische Bilanzrecht im Überblick

Das europäische Bilanzrecht besteht im wesentlichen aus drei Richtlinien, nämlich aus der 4. Richtlinie über den Jahresabschluß, der 7. Richtlinie über den konsolidierten Jahresabschluß und der 8. Richtlinie über die Prüferbefähigung. Ursprünglich beschränkte sich ihr Anwendungsbereich auf die in Art. 1 Abs. 1 der 4. Richtlinie und in Art. 4 Abs. 1 der 7. Richtlinie genannten *Kapitalgesellschaften*; aus deutscher Sicht waren dies die AG, die KGaA und die GmbH. Doch haben die 4. und die 7. Richtlinie seit ihrer Verabschiedung eine Reihe von Änderungen erfahren[2]. Ein spezifisch deutsches Phänomen, nämlich die große Verbreitung der *GmbH & Co. KG*, bildete den Anlaß für die – gegen die Stimmen der Bundesrepublik und Luxemburgs angenommene – Änderungsrichtlinie 90/605/EWG[3], durch die atypische Personenhandelsgesellschaften in den Anwendungsbereich der 4. und 7. Richtlinie einbezogen worden sind[4]. Durch die *Mittelstandsrichtlinie*[5] sind vor allem eine Reihe von Erleichterungen für sogenannte kleine und mittlere Gesellschaften eingeführt worden; diese betreffen unter anderem die Erstellung und Offenlegung des Anhangs und die Verpflichtung zur Aufstellung eines Lageberichts[6]. Des weiteren hat diese Änderungsrichtlinie sämtlichen Gesellschaften die Möglichkeit eröffnet, ihre Abschlüsse in Ecu offenzulegen[7]. Schließlich sind die Schwellenwerte, die für die Klassifizierung als „kleine", „mittlere" oder „große" Gesellschaft im Sinne der Art. 11 und 27 der 4. Richtlinie maßgebend sind

263

---

[2] S. neben den Angaben in Fn. 3 bis 8 die Nachw. in Rdnr. 315, 316.
[3] Richtlinie des Rates vom 8. November 1990 zur Änderung der Richtlinien 78/660/EWG und 83/349/EWG über den Jahresabschluß bzw. den konsolidierten Abschluß hinsichtlich ihres Anwendungsbereichs (90/605/EWG), ABl. Nr. L 317/60 v. 16. 11. 1990.
[4] S. noch Rdnr. 271; eingehend zum Inhalt der Richtlinie *Biener* Wpg. 1993, 707, 709 ff.; zur Entwicklung und Vorgeschichte s. *Lutter* S. 143 f.; *Lutter/Mertens/Ulmer* BB 1983, 1737 ff.
[5] Richtlinie des Rates vom 8. November 1990 zur Änderung der Richtlinie 78/660/EWG über den Jahresabschluß und der Richtlinie 83/349/EWG über den konsolidierten Abschluß hinsichtlich der Ausnahme für kleine und mittlere Gesellschaften sowie der Offenlegung von Abschlüssen in Ecu (90/604/EWG), ABl. Nr. L 317/57 v. 16. 11. 1990.
[6] Zu den Einzelheiten s. *Biener* Wpg. 1993, 707 ff.
[7] Vgl. Art. 50a der 4. Richtlinie, Art. 38a der 7. Richtlinie. Zur Einführung des Euro s. Rdnr. 71.

(Rdnr. 273f.), erhöht worden. Entsprechende Erhöhungen sind durch zwei weitere Änderungsrichtlinien erfolgt[8].

264 Nach Art. 1 Abs. 2 der 4. Richtlinie war es den Mitgliedstaaten gestattet, für Banken, andere Finanzinstitute und Versicherungsgesellschaften einstweilen von einer Umsetzung der Richtlinie abzusehen. Auch Art. 40 der 7. Richtlinie sah entsprechende Bereichsausnahmen vor. Zwischenzeitlich ist es zur Verabschiedung *branchenspezifischer Bilanzrichtlinien* gekommen[9], so daß sich die erwähnten Ausnahmetatbestände erledigt haben.

II. Die Jahresabschlußrichtlinie

Schrifttum: *Albach/Klein* (Hrsg.), Harmonisierung der Rechnungslegung in Europa, 1988; *Ballwieser*, Grenzen des Vergleichs von Rechnungslegungssystemen – dargestellt anhand von HGB, US-GAAP und IAS, Festschrift für Kropff, 1997, S. 371; Beck'scher Bilanzkommentar, Der Jahresabschluß nach Handels- und Steuerrecht, 3. Aufl. 1995; *Beine*, Scheinkonflikte mit dem True and Fair View, Wpg. 1995, 467; *Beisse*, Grundsatzfragen der Auslegung des neuen Bilanzrechts, BB 1990, 2007; *ders.*, Zehn Jahre „True and fair view", Festschrift für Clemm, 1996, S. 27; *Biener*, Die Transformation der Mittelstands- und der GmbH & Co.-Richtlinie, Wpg. 1994, 707; *Groh*, Bilanzrecht vor dem EuGH, DStR 1996, 1206; *ders.*, Der Fall Tomberger – Nachlese und Ausblick, DStR 1998, 813; *Großfeld*, Bilanzrecht, 3. Aufl. 1997; *ders.*, Bilanzrecht für Juristen – Das Bilanzrichtlinien-Gesetz vom 19. 12. 1985, NJW 1986, 955; *Hennrichs*, Die Bedeutung der EG-Bilanzrichtlinie für das deutsche Handelsbilanzrecht, ZGR 1997, 66; *Henssler*, Die phasengleiche Aktivierung von Gewinnansprüchen im GmbH-Konzern, JZ 1998, 701; *Herzig* (Hrsg.), Europäisierung des Bilanzrechts, 1997; *Herlinghaus*, „Tomberger" und die Folgen – ein Beitrag zur Frage der Entscheidungskompetenz des EuGH im Handels- und Steuerbilanzrecht, IStR 1997, 529; *van Hulle*, „True and Fair View", im Sinne der 4. Richtlinie, Festschrift für Budde, 1995, S. 313; *Kübler*, Institutioneller Gläubigerschutz oder Kapitalmarkttransparenz?, ZHR 159 (1995), 550; *Kleindiek*, Geschäftsleitertätigkeit und Geschäftsleitungskontrolle: Treuhänderische Vermögensverwaltung und Rechnungslegung, ZGR 1998, 466; *Klinke*, Europäisches Unternehmensrecht und EuGH – Die Rechtsprechung in den Jahren 1996–1997, ZGR 1998, 212; *Kloos*, Die Transformation der 4. EG-Richtlinie (Bilanzrichtlinie) in den Mitgliedstaaten der Europäischen Gemeinschaft, 1993; *Kropff*, Phasengleiche Gewinnvereinnahmung aus der Sicht des Europäischen Gerichtshofs, ZGR 1997, 115; *Küting*, Europäisches Bilanzrecht und Internationalisierung der Rechnungslegung, BB 1993, 30; *Meyer-Arndt*, Die Zuständigkeit des Europäischen Gerichtshofs für das Bilanzrecht, BB 1993, 1623; *Moxter*, Zum Verhältnis von handelsrechtlichen Grundsätzen ordnungsgemäßer Bilanzierung und True-and-fair-view-Gebot bei Kapitalgesellschaften, Festschrift für Budde, 1995, S. 419; *W. Müller*, Der Europäische Gerichtshof und die deutschen Grundsätze ordnungsgemäßer Buchführung, Festschrift für Claussen, 1997, S. 707; *Niehus*, Zur Transformation der 4. EG-(Bilanz-)Richtlinie in den Mitgliedstaaten der Europäischen Gemeinschaft, ZGR 1985, 536; *Schön*, Entwicklung und Perspektiven des Handelsbilanzrechts: vom ADHGB zum IASC, ZHR 161 (1997), 133; *ders.*, Steuerliche Einkünfteermittlung, Maßgeblichkeitsprinzip und Europäisches Bilanzrecht, Festschrift für Flick, 1997, S. 573; *Schruff* (Hrsg.), Bilanzrecht unter dem Einfluß internationaler Reformzwänge, 1996; *Schulze-Osterloh*, Vorabentscheidungen des Europäischen Gerichtshofs zum Handelsbilanzrecht,

---

[8] Richtlinie des Rates vom 27. November 1984 zur Änderung der in Ecu ausgedrückten Beträge der Richtlinie 78/660/EWG (84/569/EWG), ABl. Nr. L 314/28 v. 4. 12. 1984; Richtlinie des Rates vom 21. März 1994 zur Änderung der in Ecu ausgedrückten Beträge der Richtlinie 78/660/EWG (94/8/EG), ABl. Nr. L 82/33 v. 25. 3. 1994.

[9] Richtlinie des Rates vom 8. Dezember 1986 über den Jahresabschluß und den konsolidierten Abschluß von Banken und anderen Finanzinstituten (86/635/EWG), ABl. Nr. 372/1 v. 31. 12. 1986; Richtlinie des Rates vom 19. Dezember 1991 über den Jahresabschluß und den konsolidierten Abschluß von Versicherungsunternehmen (91/674/EWG), ABl. Nr. 374/7 v. 31. 12. 1991.

II. Die Jahresabschlußrichtlinie

ZGR 1995, 170; *ders.*, Der Europäische Gerichtshof zur phasengleichen Aktivierung von Dividendenansprüchen, ZIP 1996, 1453; *ders.*, Deutsches Bilanzrecht und Ertragsteuerrecht vor dem Europäischen Gerichtshof, DStZ 1997, 281; *Streim*, Die Generalnorm des § 264 Abs. 2 HGB – Eine kritische Analyse, Festschrift für Moxter, 1994, S. 391; *F. Vogel*, Die Rechnungslegungsvorschriften des HGB für Kapitalgesellschaften und die 4. EG-Richtlinie (Bilanzrichtlinie), 1993; *Weber-Grellet*, Europäisiertes Steuerrecht?, StuW 1995, 336; *Winnefeld*, Bilanz-Handbuch, 1997.

1. Grundlagen

Die Jahresabschluß- oder Bilanzrichtlinie vom 25. Juli 1978[10] geht auf **265** einen Vorschlag der Kommission vom November 1971 zurück[11]. Die langwierigen und zähen Verhandlungen, die der Verabschiedung vorausgingen, waren nicht zuletzt auf die konträren Grundpositionen des deutschen und des englischen Bilanzrechts zurückzuführen. Während nämlich das deutsche Bilanzrecht seit jeher an dem gläubigerschützenden Prinzip vorsichtiger Bilanzierung ausgerichtet ist und der Bilanz vor allem die Funktion zuweist, den realisierten und damit ausschüttungsfähigen Gewinn zu bemessen, ist das englische Bilanzrecht vom Gebot des „true and fair view"[12] beherrscht[13]; danach kommt der Bilanz vor allem die Aufgabe zu, den gegenwärtigen oder künftigen Gläubigern und Anlegern einen sicheren und zuverlässigen Einblick in die Finanz-, Vermögens- und Ertragslage der Gesellschaft zu ermöglichen (Rdnr. 283 ff.). Im Text der Richtlinie hat sich dieser Prinzipienwiderstreit nicht nur in einer Vielzahl von Wahlrechten niedergeschlagen[14]. Vielmehr ist auch eine ausdrückliche Entscheidung für den Vorrang eines der beiden Prinzipien unterblieben. Wenn auch die jüngsten Entwicklungen darauf hindeuten, daß die Richtlinie und mit ihr die Bilanzrechte der Mitgliedstaaten ganz wesentlich durch britische Vorstellungen geprägt sind (Rdnr. 283 ff.), so ist doch festzustellen, daß eine substantielle Angleichung des Bilanzrechts bislang nicht erreicht ist.

---

[10] Vierte Richtlinie des Rates vom 25. Juli 1978 aufgrund von Artikel 54 Absatz 3 Buchstabe g) des Vertrages über den Jahresabschluß von Gesellschaften bestimmter Rechtsformen (78/660/EWG), ABl. Nr. L 222/11 v. 14. 8. 1978; abgedruckt unter Rdnr. 315.
[11] ABl. Nr. C 7/11 v. 28. 1. 1972; s. ferner den geänderten Vorschlag der Kommission v. 21. 2. 1974, in Beilage 6/74 zum Bulletin der EG.
[12] Vgl. Section 226 (2) Companies Act 1985: „The balance sheet shall give a true and fair view...".
[13] Eingehend zu diesen unterschiedlichen Bilanztraditionen *Ballwieser*, Festschrift für Kropff, S. 371 ff.; *Kübler* ZHR 159 (1995), 550, 552 ff.; *Schön* ZHR 161 (1997), 133 ff.; *Streim*, Festschrift für Moxter, S. 391, 393 ff.
[14] Vgl. speziell zu diesen Wahlrechten und zur Ausübung derselben durch die Mitgliedstaaten *Niehus* ZGR 1985, 536 ff.; *Niessen*, Festschrift für Everling, 1995, S. 971, 987 ff.; *Küting* BB 1993, 30, 31 ff.

§ 8 Die Rechnungslegung der Gesellschaften

2. Umsetzung in das deutsche Recht

a) Der Inhalt des Bilanzrichtlinien-Gesetzes im Überblick

266 Die Bundesrepublik ist ihrer Verpflichtung zur Umsetzung der 4., 7. und 8. Richtlinie durch das sogenannte Bilanzrichtlinien-Gesetz vom 19. 12. 1985 nachgekommen[15]. Dieses Gesetz hat zu einer einschneidenden Änderung des HGB geführt: Die bis dahin im HGB und in zahlreichen anderen Gesetzen verstreuten Vorschriften über die Rechnungslegung sind im wesentlichen in einem eigenen *Dritten Buch des HGB* zusammengefaßt und zum Teil erheblich modifiziert worden; zugleich mußten zahlreiche andere Gesetze mit dem neuen Bilanzrecht abgestimmt werden[16]. Das Dritte Buch des HGB enthält nunmehr eine Kodifikation des Rechts der Buchführung, der Bilanzierung und Rechnungslegung, der Prüfung und der Offenlegung. Es geht insofern über die Vorgaben der Richtlinie hinaus, als es in seinem ersten, aus den §§ 238 bis 263 HGB bestehenden Abschnitt „*Vorschriften für alle Kaufleute*" enthält. Dieser Abschnitt bildet gewissermaßen einen „Allgemeinen Teil", der für sämtliche Kaufleute und damit – vorbehaltlich besonderer Bestimmungen in den weiteren Abschnitten – auch für die von der 4. Richtlinie erfaßten Gesellschaften gilt; dadurch wird erneut die Frage einer gespaltenen Auslegung des nationalen Rechts aufgeworfen (Rdnr. 211, 269f.).

267 Der zweite Abschnitt des Dritten Buches besteht aus den §§ 264 bis 335 und enthält „*ergänzende Vorschriften für Kapitalgesellschaften*". Sein Anwendungsbereich deckt sich mit demjenigen der Bilanzrichtlinien; zu einer Vermengung von „autonomem" und angeglichenem Recht kommt es *insoweit* also nicht. Der erste Unterabschnitt betrifft den Einzelabschluß der Kapitalgesellschaft und den Lagebericht; die Unterabschnitte drei und vier regeln die Prüfung und Offenlegung des Jahresabschlusses. Die Umsetzung der 4. Richtlinie ist demnach im wesentlichen durch den ersten Abschnitt und die erwähnten Unterabschnitte des zweiten Abschnitts erfolgt. Der zweite Unterabschnitt des zweiten Abschnitts betrifft dagegen den Konzernabschluß und den Konzernlagebericht; zusammen mit den Vorschriften über die Prüfung und Offenlegung dient er mithin der Umsetzung der 7. Richtlinie (Rdnr. 291 ff.).

268 In der Sache ist das Bilanzrichtlinien-Gesetz durch die nahezu umfassende Ausschöpfung der in der 4. Richtlinie enthaltenen *Wahlrechte* gekennzeichnet. Der deutsche Gesetzgeber hat nicht nur von 41 Wahlrechten, die die Richtlinie den Mitgliedstaaten eröffnet, Gebrauch gemacht; er hat vielmehr auch die 35 Wahlrechte, die der nationale Gesetzgeber den

---

[15] Gesetz zur Durchführung der Vierten, Siebenten und Achten Richtlinie des Rates der Europäischen Gemeinschaften zur Koordinierung des Gesellschaftsrechts (Bilanzrichtlinien-Gesetz – BiRiLiG) vom 19. 12 1985, BGBl. I, S. 2355; s. dazu insbesondere die Beiträge in *Albach/Klein*. – Zur Umsetzung der drei Richtlinien durch die übrigen Mitgliedstaaten s. den Überblick bei *Hohloch* in Hohloch, Supranationales Recht Rdnr. 26, 36 und 40; ferner *Niehus* ZGR 1985, 536, 537 ff.; *Kloos*, passim.

[16] Guter Überblick bei Baumbach/*Hopt* vor § 238 Rdnr. 39 ff.; *Großfeld* JuS 1986, 955 ff.; *Schulze-Osterloh* ZHR 150 (1986), 403 ff.

II. Die Jahresabschlußrichtlinie

betroffenen Gesellschaften einräumen kann, an diese weitergegeben[17]. Allein die Möglichkeit, eine dem Vorsichtsprinzip zuwiderlaufende Bewertung zu Wiederbeschaffungskosten zuzulassen, hat die Bundesrepublik nicht wahrgenommen (Rdnr. 276). Zu sachlichen Änderungen des deutschen Bilanzrechts ist es demnach nur im Rahmen des Notwendigen gekommen. Das Bestreben des Gesetzgebers, Eingriffe in das deutsche Bilanzrecht möglichst gering zu halten, zeigt sich besonders deutlich an der Vorschrift des § 264 Abs. 2 HGB, die zwar in Umsetzung des Art. 2 Abs. 3 und 4[18] das Gebot des true and fair view kodifiziert, dessen Beachtung aber nur für die von der 4. Richtlinie erfaßten Kapitalgesellschaften vorschreibt; jedenfalls für andere Kaufleute sollte es somit nach der Vorstellung des Gesetzgebers bei der unmodifizierten Anwendung der Grundsätze des deutschen Rechts über die ordnungsmäßige Rechnungslegung bewenden (Rdnr. 265, 269, 286f.).

b) Einheitliche Auslegung der §§ 238ff. HGB

269 Die Systematik des Dritten Buches des HGB hat eine Gemengelage von autonomem und angeglichenem Recht zur Folge; da nämlich die §§ 238 bis 263 HGB auch auf Kapitalgesellschaften Anwendung finden, dienen sie insoweit der Umsetzung der 4. Richtlinie. Nach Ansicht des EuGH kommt jedoch eine gespaltene Auslegung dieser Vorschriften aus Gründen des europäischen Rechts nicht in Betracht (Rdnr. 211). Die §§ 238ff. HGB sind nach dieser Rechtsprechung vielmehr auch insoweit richtlinienkonform auszulegen, als ihre Anwendung auf *Einzelkaufleute* und *Personenhandelsgesellschaften* in Frage steht[19]; auch in Fällen dieser Art besteht zudem die Möglichkeit und die Pflicht zur Vorlage nach Art. 234 EGV (Art. 177 a. F.). Dem Grundsatz des true and fair view im Sinne des Art. 2 Abs. 3 kommt insoweit allerdings keine Bedeutung zu. Für das deutsche Recht findet er sich nämlich in § 264 Abs. 2 HGB und damit in dem nur für Kapitalgesellschaften geltenden Unterabschnitt. Ungeachtet des Gebots richtlinienkonformer Auslegung der §§ 238ff. HGB kann also das deutsche Recht für die Rechnungslegung der Einzelkaufleute und der typischen Personenhandelsgesellschaften an dem Vorrang des Vorsichtsprinzips festhalten.

270 Vor dem Hintergrund des Grundsatzes der Maßgeblichkeit der Handels- für die Steuerbilanz[20] kommt den Bilanzrichtlinien des weiteren für das *Steuerbilanzrecht* Bedeutung zu. Soweit § 5 Abs. 1 EStG auf die Vorschriften der §§ 238ff. HGB verweist, sind diese auch für die Zwecke der

---

[17] Vgl. die Nachw. in Fn. 14; für entsprechende Korrekturen namentlich *Weber-Grellet* in Herzig, S. 95, 99f.; *Kropff*, Festschrift für Claussen, 1997, S. 659, 675; s. ferner *Claussen* AG 1993, 278ff. mit Bericht über Bestrebungen, zahlreiche Wahlrechte abzuschaffen.

[18] Artikelbezeichnungen ohne Angabe eines Gesetzes beziehen sich im folgenden auf die 4. Richtlinie.

[19] So im Ergebnis auch *Beisse* BB 1990, 2007, 2011; *Herlinghaus* IStR 1997, 529, 535ff.; *Meyer-Arndt* BB 1993, 1623, 1624f.; *Schulze-Osterloh* ZGR 1995, 170, 176f.; aA *Hennrichs* ZGR 1997, 66, 74ff.; *Müller*, Festschrift für Claussen, 1997, 707, 715ff., 722; *Schulze-Osterloh* DStZ 1997, 281, 284f.; unentschieden *Groh* DStR 1998, 813, 817f.

[20] Vgl. § 5 Abs. 1 EStG, § 8 Abs. 1 KStG und dazu *Großfeld* Rdnr. 77ff.

Steuerbilanz im Lichte der Richtlinie auszulegen; zudem ist das Vorabentscheidungsverfahren nach Art. 234 EGV (Art. 177 a. F.) eröffnet[21]. Allerdings nimmt § 5 Abs. 1 EStG ausdrücklich auf die „handelsrechtlichen Grundsätze ordnungsmäßiger Buchführung" Bezug, was wohl im Sinne eines Verweises allein auf die allgemeinen Vorschriften der §§ 242 ff. HGB (und nicht auf den Grundsatz des true and fair view) zu verstehen ist. Dafür spricht bereits der Wortlaut des § 264 Abs. 2 HGB, der zwischen den Grundsätzen ordnungsmäßiger Buchführung und dem Prinzip des true and fair view unterscheidet. Vor allem aber war der deutsche Gesetzgeber bestrebt, die 4. Richtlinie steuerneutral umzusetzen; eine Bezugnahme des § 5 Abs. 1 EStG auch auf § 264 Abs. 2 HGB würde jedoch dieser Absicht zuwiderlaufen[22].

c) Umsetzungsdefizite des deutschen Rechts?

271 Der Gesetzgeber zeigte sich bei Verabschiedung des Bilanzrichtlinien-Gesetzes ernsthaft bemüht, die Vorgaben der 4. Richtlinie im Rahmen des Notwendigen umzusetzen. Umsetzungsdefizite sind denn auch zunächst nicht offen zutage getreten[23]. Dies hat sich mit der Verabschiedung der *GmbH & Co. KG*-Richtlinie geändert (Rdnr. 263). Ihre Umsetzung hätte zwar bis zum 1. 1. 1993 erfolgen sollen; doch ist der deutsche Gesetzgeber bis heute untätig geblieben[24]. Schon jetzt steht allerdings fest, daß es, wenn überhaupt, zu einer Minimalumsetzung kommen wird, mag dies auch der Systematik des deutschen Rechts zuwiderlaufen und zu „ungewöhnlichen Ergebnissen führen"[25]. Davon könnte sogar der Anwendungsbereich der Richtlinie betroffen sein. So verpflichtet Art. 1 Abs. 1 Unterabs. 2 zur Einbeziehung nur solcher Personenhandelsgesellschaften, deren Komplementäre allesamt Kapitalgesellschaften im Sinne von Art. 1 Abs. 1 Unterabs. 1 oder diesen vergleichbare Gesellschaften sind. Demgegenüber stellen §§ 125a, 129a, 130a, 177a HGB darauf ab, daß die Gesellschaft über keine natürliche Person als Komplementär verfügt. Käme es also auch insoweit zu einer Minimalumsetzung, so könnte sich die atypische Personenhandelsgesellschaft den Vorgaben der 4. Richtlinie schon durch die Aufnahme einer Genossenschaft, eines Vereins oder einer ausländischen, mit einer Kapitalgesellschaft im Sinne des Art. 1 Abs. 1 Unterabs. 1 nicht vergleichbaren Rechtsform entziehen. Dies wäre dann zwar

---

[21] *Groh* DStR 1996, 1206, 1209 f.; *Herlinghaus* IStR 1997, 529, 537 ff.; *Kropff* ZGR 1997, 115, 128; *Schön*, Festschrift für Flick, S. 573, 579 ff.; aA *Beisse*, Festschrift für Clemm, S. 27, 52 f.; *Schulze-Osterloh* DStZ 1997, 281, 285 f.; *Weber-Grellet* StuW 1995, 336, 349.

[22] So überzeugend *Großfeld* Rdnr. 84; im Ergebnis ebenso *Beisse*, Festschrift für Clemm, S. 27, 52 f. Zu den Auswirkungen einer Bilanzierung nach dem true and fair view-Prinzip auf das Jahresergebnis der Gesellschaft s. *Claussen* AG 1993, 278, 280.

[23] Beachte aber auch die Abhandlung von *Vogel*, der eine Reihe von Umsetzungsdefiziten herausarbeitet (Zusammenfassung auf S. 124 f.); s. ferner Rdnr. 90 zur nicht ordnungsgemäßen Umsetzung des Art. 6 der 1. Richtlinie betreffend die Sanktionen bei Nichtoffenlegung des Jahresabschlusses.

[24] Zu den Rechtsfolgen s. Rdnr. 32 ff.; ferner *Hennrichs* ZGR 1997, 66, 84 ff.

[25] *Biener* Wpg. 1995, 707, 709 f.

mit dem Text der Richtlinie, aber nicht mit der Systematik des deutschen Rechts der Personenhandelsgesellschaften vereinbar.

Was dagegen den Grundsatz des *true and fair view* betrifft, so findet sich eine den Vorgaben des Art. 2 Abs. 3 und 4 durchaus Rechnung tragende Umsetzung in § 264 Abs. 2 HGB. Der Gesetzgeber ist insoweit also seiner Pflicht zur Umsetzung der Richtlinie nachgekommen[26]. Aus Sicht der Richtlinie problematisch ist dagegen die Auslegung des § 264 Abs. 2 HGB durch die noch hM; sie wird, wie die „Tomberger"-Entscheidung des EuGH gezeigt hat, den Vorgaben der Richtlinie nicht gerecht (Rdnr. 283ff.). **272**

3. Größenspezifische Rechnungslegung

Innerhalb ihres persönlichen Anwendungsbereichs (Rdnr. 263) enthalten die 4. und 7. Richtlinie zwar grundsätzlich[27] *keine rechtsformspezifischen Sondervorschriften*; sämtliche Kapitalgesellschaften und atypischen Personenhandelsgesellschaften unterliegen also einem einheitlichen Recht der Rechnungslegung. Beide Richtlinien gestatten es allerdings den Mitgliedstaaten, für „kleine" oder „mittlere" Unternehmen eine Reihe von Erleichterungen vorzusehen, und sind somit durch eine nach Größenklassen abgestufte Anwendbarkeit gekennzeichnet. Der Kreis der „kleinen" Unternehmen bestimmt sich nach Art. 11, derjenige der „mittleren" Unternehmen nach Art. 27; beide Vorschriften enthalten drei – mehrfach angehobene (Rdnr. 263) – Größenmerkmale, von denen jeweils mindestens zwei nicht überschritten werden dürfen, soll die Gesellschaft als „kleines" oder „mittleres" Unternehmen gelten. **273**

Die nach der 4. Richtlinie zulässigen Erleichterungen betreffen zunächst die *Gliederung* der Bilanz und der Gewinn- und Verlustrechnung; so gestattet Art. 11 „kleinen" Unternehmen die Aufstellung einer verkürzten Bilanz, während Art. 27 für „kleine" und „mittlere" Unternehmen die Zusammenfassung verschiedener Positionen der Gewinn- und Verlustrechnung erlaubt. Art. 44 und 45 sehen Erleichterungen hinsichtlich des *Anhangs* vor. Von großer praktischer Bedeutung ist Art. 47 Abs. 1a bis 3 betreffend die *Offenlegung*. Er gestattet es den Mitgliedstaaten nicht nur, atypische Personenhandelsgesellschaften von der Pflicht zur Offenlegung gemäß Art. 3 der 1. Richtlinie (Rdnr. 90) zu befreien; vielmehr sieht er auch Erleichterungen für „kleine" und „mittlere" Kapitalgesellschaften vor. Nach Art. 51 Abs. 2 schließlich können „kleine" Gesellschaften von der *Pflichtprüfung* befreit werden. **274**

---

[26] Zutr. für Einordnung als Auslegungs- und Anwendungsproblem *Groh* DStR 1998, 813, 815ff.; *Beine* Wpg. 1995, 467ff.; aA – für Unzulänglichkeit des § 264 Abs. 2 HGB – *Müller*, Festschrift für Claussen, S. 707, 710, 719ff.

[27] Eine Ausnahme enthält Art. 47 Abs. 1a, s. dazu Rdnr. 274.

4. Die Bestandteile der Rechnungslegung

a) Jahresabschluß

275 aa) *Bilanz.* Die Rechnungslegung der Gesellschaften (Rdnr. 260, 269, 271) hat nach der Richtlinie durch den Jahresabschluß und durch den Lagebericht zu erfolgen. Der Jahresabschluß wiederum setzt sich nach Art. 2 Abs. 1 aus der Bilanz, der Gewinn- und Verlustrechnung und aus dem Anhang zum Jahresabschluß zusammen. Was zunächst die Bilanz betrifft, so handelt es sich bei ihr um einen das Vermögen und die Schulden der Gesellschaft gegenüberstellenden Abschluß. Die Passivseite[28] der Bilanz zeigt die *Mittelherkunft*; auf ihr werden deshalb Fremd- und Eigenmittel angeführt (Rdnr. 150). Die Aktivseite dagegen gibt Auskunft über die *Mittelverwendung*; ihr lassen sich also die einzelnen Gegenstände des Gesellschaftsvermögens entnehmen. Soll die Bilanz, wie es Art. 2 Abs. 3 für den Jahresabschluß insgesamt vorschreibt, ein den tatsächlichen Verhältnissen entsprechendes Bild der Vermögens-, Finanz- und Ertragslage der Gesellschaft vermitteln, so bedarf es insbesondere Regeln über den Ansatz und die Bewertung einzelner Bilanzpositionen; darüber hinaus muß die Bilanz auch formalen Ordnungsprinzipien genügen. Die Richtlinie enthält zahlreiche Vorgaben dieser Art. So betreffen die Art. 3 bis 21 den Ansatz einzelner Positionen und die Bilanzgliederung; Art. 31 bis 42 regeln die Bewertung einzelner Bilanzpositionen.

276 Aus dem Kreis der genannten Vorschriften verdienen die Art. 32 und 33 Hervorhebung. Art. 32 statuiert zunächst das *Anschaffungskostenprinzip*. Vermögensgegenstände sind danach höchstens mit den – in Art. 35 Abs. 2 bis 4, Art. 39 Abs. 2 konkretisierten – Anschaffungs- oder Herstellungskosten anzusetzen; diese sind zudem nach Maßgabe der Art. 35 und 39 um Wertberichtigungen zu vermindern, also „abzuschreiben". Das Anschaffungskostenprinzip ist Ausprägung des Vorsichtsprinzips (Rdnr. 282), käme doch eine die Anschaffungs- oder Herstellungskosten übersteigende Bewertung einem Ausweis nicht realisierter Gewinne gleich. Schon hier zeigt sich allerdings, daß das Vorsichtsprinzip dem Grundsatz des true and fair view zuwiderlaufen kann. Denn es läßt sich wohl kaum bestreiten, daß es infolge der Geldentwertung und veränderter Marktverhältnisse zu einer Unterbewertung der zu Herstellungs- oder Anschaffungskosten ausgewiesenen Vermögensgegenstände kommen kann. Art. 33 erlaubt es deshalb den Mitgliedstaaten, einen Ansatz mit den Wiederbeschaffungskosten oder eine Neubewertung zuzulassen und damit dem Grundsatz des true and fair view auch insoweit den Vorrang gegenüber dem Vorsichtsprinzip einzuräumen. Die Bundesrepublik hat von dieser Möglichkeit allerdings keinen Gebrauch gemacht; auch § 280 Abs. 1 S. 1 HGB ermöglicht Zuschreibungen nur bis zur Höhe der ursprünglichen Anschaffungskosten.

277 bb) *Gewinn- und Verlustrechnung.* Zweiter Bestandteil des Jahresabschlusses ist die sogenannte Gewinn- und Verlustrechnung. Bei ihr handelt es

---

[28] Art. 9 und 10 überlassen den Mitgliedstaaten die Wahl zwischen der Kontoform und der Staffelform.

II. Die Jahresabschlußrichtlinie

sich um eine Gegenüberstellung der *Aufwendungen und Erträge* eines Geschäftsjahres. Ihr kommt eine die Bilanz ergänzende Funktion zu. Während nämlich die Bilanz das Aktivvermögen den Eigen- und Fremdmitteln gegenüberstellt und das Jahresergebnis grundsätzlich pauschal als Differenz zwischen beiden Seiten ausweist, werden in der Gewinn- und Verlustrechnung Erträge und Aufwendungen aufgegliedert; ihr läßt sich somit entnehmen, worauf das Jahresergebnis, also der Gewinn oder der Verlust, im einzelnen beruht. Art. 22 bis 27 regeln ausführlich die *Gliederung* der Gewinn- und Verlustrechnung. Vorgesehen sind vier Schemata, zwischen denen die Mitgliedstaaten wählen können. Die Umsetzung in das deutsche Recht ist durch § 275 HGB erfolgt. Danach ist den Gesellschaften zwar die Staffelform vorgeschrieben; das Recht, zwischen dem Gesamtkosten- und dem Umsatzkostenverfahren zu wählen, hat der deutsche Gesetzgeber jedoch an die Gesellschaften weitergegeben[29].

cc) Anhang. Der Anhang dient der Erläuterung der Bilanz und der Gewinn- und Verlustrechnung; mit diesen beiden bildet er eine Einheit, nämlich den Jahresabschluß. Er soll zum Ausdruck bringen, was sich mit den beiden anderen Bestandteilen des Jahresabschlusses nicht zum Ausdruck bringen läßt; ihm kommt mithin *ergänzende Funktion* zu (Rdnr. 286 f.). Der Inhalt des Anhangs ist im wesentlichen in den Art. 43 bis 45 geregelt; doch schreibt die Richtlinie an zahlreichen weiteren Stellen, insbesondere im Zusammenhang mit der Gewährung von Wahlrechten, eine nähere Erläuterung im Anhang vor. Zu erläutern sind nach Art. 43 die angewandten Bewertungsmethoden[30], aber auch Positionen, die, wie etwa der Beteiligungsbesitz, die Bezüge der Organwalter[31] und etwaige Vorschüsse und Kredite an Organwalter, Bestandteil der Bilanz oder der Gewinn- und Verlustrechnung sind. Vor allem aber muß der Anhang die *nicht aus der Bilanz ersichtlichen Verpflichtungen* der Gesellschaft angeben und erläutern, sofern dies für die Beurteilung der Finanzlage von Bedeutung ist. Davon betroffen sind etwa Verpflichtungen aus laufenden Dauerschuldverhältnissen oder sonstigen schwebenden Geschäften, Verlustübernahmeverpflichtungen oder Verpflichtungen infolge der Beteiligung als persönlich haftender Gesellschafter[32]. **278**

b) *Lagebericht*

Der Lagebericht tritt neben den Jahresabschluß. Nach Art. 46 Abs. 1 hat er zumindest den Geschäftsverlauf und die Lage der Gesellschaft so darzustellen, daß ein den tatsächlichen Verhältnissen entsprechendes Bild entsteht; Art. 46 Abs. 2 nennt weitere Sollangaben, die allerdings teilweise schon nach Art. 46 Abs. 1 geschuldet sind. Insbesondere dem Art. 46 Abs. 2 lit. b läßt sich entnehmen, daß der Lagebericht auch dem mit dem Bilanzrecht nicht vertrauten Leser, losgelöst von den förmlichen Regeln **279**

---

[29] Näher zu diesen Verfahren Baumbach/*Hopt* § 275 Rdnr. 2; *Winnefeld* Rdnr. G 60 ff.
[30] Eingehend dazu *Winnefeld* Rdnr. J 60 ff.
[31] Art. 43 Abs. 3 enthält allerdings eine nicht unerhebliche Einschränkung.
[32] Näher dazu Baumbach/*Hopt* § 285 Rdnr. 3; *Winnefeld* Rdnr. J 135 ff.

der Rechnungslegung und dem Stichtagsprinzip des Bilanzrechts, ein *zukunftsorientiertes* Bild von den Verhältnissen der Gesellschaft vermitteln soll; namentlich soll er es ermöglichen, Chancen und Risiken der Gesellschaft abzuschätzen.

5. Die Grundsätze ordnungsmäßiger Buchführung und ihr Verhältnis zum Einblicksgebot

a) Die einzelnen Grundsätze

280 Die Richtlinie kodifiziert eine Vielzahl sogenannter Grundsätze ordnungsmäßiger Buchführung, die für sich genommen überwiegend weder Auslegungs- noch Umsetzungsprobleme bergen und deshalb im folgenden nur kurz erwähnt werden sollen[33]. Nach Art. 2 Abs. 2 ist der Jahresabschluß „*klar und übersichtlich*" aufzustellen; andernfalls vermag er seine Informationsfunktion nicht zu erfüllen. Der Einhaltung dieses Grundsatzes dienen die Vorschriften über die Gliederung der Bilanz und der Gewinn- und Verlustrechnung.

281 Die weiteren Grundsätze sind in Art. 31 Abs. 1 aufgelistet; sie stehen durchweg unter dem Vorbehalt des § 31 Abs. 2, wonach Abweichungen in Ausnahmefällen zwar zulässig, aber im Anhang zu begründen sind. Art. 31 Abs. 1 lit. a statuiert zunächst den Grundsatz des *going concern*; danach hat die Bewertung der einzelnen Vermögensgegenstände zu Fortführungswerten zu erfolgen. Nach Art. 31 Abs. 2 kann allerdings das nationale Recht den Übergang zu Einzelveräußerungswerten anordnen, wenn der Geschäftsbetrieb eingestellt ist oder eine Unternehmensfortführung objektiv ausgeschlossen ist[34]. Art. 3 und Art. 31 Abs. 1 lit. b verpflichten zu *formeller und materieller Bilanzkontinuität* und wollen es dadurch ermöglichen, die Geschäftsentwicklung der Gesellschaft über einen längeren Zeitraum zu verfolgen. Im engen sachlichen Zusammenhang steht Art. 31 Abs. 1 lit. f, der die *Identität* von Eröffnungsbilanz eines Geschäftsjahres mit der Schlußbilanz des Vorjahres vorschreibt; dadurch ist sichergestellt, daß sich sämtliche Wertveränderungen in den Jahresabschlüssen niederschlagen und es im Lauf der Jahre zu einer zutreffenden Erfassung des Totalgewinns des Unternehmens kommt[35].

282 Der gläubigerschützende *Grundsatz der Vorsicht* muß nach Art. 31 Abs. 1 lit. c „in jedem Fall beachtet werden". Ausprägungen dieses Grundsatzes sind das Realisationsprinzip, das den Ausweis nicht realisierter Gewinne verbietet (Rdnr. 276), und das Imparitäts- und Niederstwertprinzip, das für Wertminderungen grundsätzlich[36] die gegenteilige Vorgehensweise

---

[33] Näher für das deutsche Recht *Leffson*, Die Grundsätze ordnungsmäßiger Buchführung, 7. Aufl. 1987; *Winnefeld* Rdnr. D 1 ff.; *Großfeld* Rdnr. 87 ff.

[34] Für das deutsche Recht s. Baumbach/*Hopt* § 252 Rdnr. 7; ferner Staub/*Habersack* § 154 Rdnr. 23 mit weit. Nachw.

[35] *Großfeld* Rdnr. 92.

[36] S. aber auch Art. 35 Abs. 1 lit. c, bb, wonach bei Gegenständen des Anlagevermögens nur dauernde Wertminderungen zu berücksichtigen sind.

II. Die Jahresabschlußrichtlinie

gebietet, und zwar unabhängig davon, ob das Geschäftsjahr mit einem Gewinn oder einem Verlust abschließt. Eng mit dem Realisations- und Imparitätsprinzip zusammen hängt der in Art. 31 Abs. 1 lit. d kodifizierte Grundsatz der *Periodenabgrenzung*; nach ihm ist für Aufwendungen und Erträge der Zeitpunkt der Verursachung maßgebend. Der Grundsatz der *Einzelbewertung* schließlich besagt, daß jeder Gegenstand gesondert zu erfassen und unabhängig von den Wertverhältnissen anderer Bilanzpositionen zu bewerten ist. Ein Teilaspekt dieses Grundsatzes ist bereits in Art. 7 kodifiziert; danach sind Verrechnungen zwischen Aktiv- und Passivposten sowie zwischen Aufwands- und Ertragsposten unzulässig. Ausnahmen von Art. 31 Abs. 1 lit. e sieht die Richtlinie in Art. 38 und 40 vor.

b) True and fair view als vorrangiges Ziel der Rechnungslegung

Die Richtlinie regelt nicht ausdrücklich das Verhältnis zwischen den Grundsätzen und Zielen ordnungsmäßiger Rechnungslegung. Die Frage stellt sich vor allem im Zusammenhang mit dem Grundsatz des *true and fair view* im Sinne des Art. 2 Abs. 3 und dem *Vorsichtsprinzip* im Sinne des Art. 31 Abs. 1 lit. c; sie sind Ausprägungen gegensätzlicher Bilanzzwecke und -traditionen (Rdnr. 265), so daß die Richtlinie, würde sie ein gleichrangiges Nebeneinander beider Grundsätze anordnen, die Gefahr eines Zielkonflikts bergen würde. Indes läßt sich wohl schon dem Art. 2 Abs. 4 und 5 entnehmen, daß die Richtlinie dem Grundsatz des true and fair view den Charakter eines „overriding principle" zuspricht. Denn nach Art. 2 Abs. 4 sind nicht nur zusätzliche Angaben zu machen, wenn die Anwendung der Richtlinie nicht ausreicht, um dem Grundsatz des Art. 2 Abs. 3 zu genügen. Vielmehr *muß* nach Art. 2 Abs. 5 von der Richtlinie *abgewichen* werden, wenn die Anwendung einer Vorschrift mit dem Grundsatz des true and fair view unvereinbar wäre; die Richtlinie fordert also ausdrücklich dazu auf, ihre Einzelbestimmungen nicht nach dem Wortlaut, sondern im Lichte der Zielvorgabe des Art. 2 Abs. 3 auszulegen[37]. **283**

Auch der EuGH scheint den Zielkonflikt zwischen den beiden Prinzipien im Sinne eines Vorrangs des true and fair view-Grundsatzes entschieden zu haben. In casu ging es um die – vom BGH vorgelegte[38] – Frage, ob die „phasengleiche"[39] Aktivierung von Gewinnansprüchen im Konzern gegen das Realisationsprinzip des Art. 31 Abs. 1 lit. c aa verstößt. Die Problematik rührt daher, daß es sich bei dem Gewinnanspruch, bezogen auf den Bilanzstichtag, um eine *künftige Forderung* handelt, eine Aktivierung **284**

---

[37] Zur „golden rule" des englischen Rechts, wonach Gesetze restriktiv auszulegen sind, als Entstehungshintergrund des Art. 2 Abs. 5 s. *Großfeld* Rdnr. 57, 61; s. ferner Begr. RegE, BT-Drucks. 10/317, S. 77: „Auf die ausdrückliche Übernahme von Art. 2 Abs. 5 ... wurde verzichtet, weil nach allgemeinen Grundsätzen des deutschen Rechts die Anwendung gesetzlicher Vorschriften jeweils so zu erfolgen hat, daß der den gesetzlichen Vorschriften vom Gesetzgeber beigelegte Sinn und Zweck erfüllt wird."

[38] BGH ZIP 1994, 1259; dazu *Schulze-Osterloh* ZGR 1995, 170 ff.; s. ferner BGHZ 65, 230, wo der BGH die Zulässigkeit phasengleicher Gewinnaktivierung erstmals anerkannt hat; für Aktivierungspflicht nun BGH ZIP 1998, 467, 469.

[39] Gemeint ist, daß der Ausweis in der Bilanz der Muttergesellschaft bereits in dem Geschäftsjahr erfolgt, in dem der Gewinn bei der Tochtergesellschaft angefallen ist.

deshalb nach Art. 31 Abs. 1 lit. c aa an sich nur unter der Voraussetzung statthaft ist, daß die Forderung bereits als realisiert anzusehen ist. Bei rechtlicher Betrachtungsweise bestehen diesbezüglich Zweifel, entsteht doch der Gewinnanspruch erst mit Vornahme eines Gewinnverwendungsbeschlusses innerhalb der abhängigen Gesellschaft und damit *nach* dem Bilanzstichtag. Eine wirtschaftliche Betrachtungsweise muß dagegen berücksichtigen, daß der beherrschende oder alleinige Gesellschafter die Gewinnverwendung steuern kann, so daß der im Tochterunternehmen realisierte Gewinn als zum Vermögen der Muttergesellschaft gehörig anzusehen sein könnte. Der EuGH hat die ihm gestellte Frage unter Einbeziehung des Grundsatzes des true and fair view beantwortet und weitreichende Feststellungen zu dessen Verhältnis zum Vorsichtsprinzip getroffen[40]:

„Was Artikel 31 der Vierten Richtlinie betrifft, so soll mit dieser Richtlinie eine Koordinierung der einzelstaatlichen Vorschriften über die Gliederung und den Inhalt des Jahresabschlusses von Gesellschaften bestimmter Rechtsformen erreicht werden (vgl. die erste Begründungserwägung). Zur Koordinierung des Inhalts der Jahresabschlüsse sieht diese Richtlinie den Grundsatz der Bilanzwahrheit vor, dessen Beachtung ihre Hauptzielsetzung darstellt. Nach diesem Grundsatz müssen die Jahresabschlüsse der Gesellschaften, für die die Vierte Richtlinie gilt, ein den tatsächlichen Verhältnissen entsprechendes Bild ihrer Vermögens-, Finanz- und Ertragslage vermitteln (vgl. vierte Begründungserwägung und Artikel 2 Absätze 3 und 5 der Vierten Richtlinie).

Die Anwendung des Grundsatzes der Bilanzwahrheit hat sich möglichst weitgehend an den in Artikel 31 der Vierten Richtlinie enthaltenen allgemeinen Grundsätzen zu orientieren. . . .

Nach diesen Bestimmungen gestattet es die Berücksichtigung aller Faktoren – realisierte Gewinne, Aufwendungen, Erträge, Risiken und Verluste –, die sich tatsächlich auf das fragliche Geschäftsjahr beziehen, die Beachtung des Grundsatzes der Bilanzwahrheit sicherzustellen.

Im vorliegenden Fall ergibt sich jedoch aus dem Jahresabschluß der Tochtergesellschaft, daß sie die fraglichen Gewinne im Geschäftsjahr 1989 realisiert und der Muttergesellschaft am 31. Dezember 1989, also vor Abschluß dieses Geschäftsjahres, zugewiesen hat. . . .

Sofern der Jahresabschluß der Tochtergesellschaft selbst dem Grundsatz der Bilanzwahrheit entspricht, verstößt es somit nicht gegen Artikel 31 Absatz 1 Buchstabe c Unterabsatz aa der Vierten Richtlinie, wenn das nationale Recht befindet, daß die fraglichen Gewinne im beschriebenen Zusammenhang in der Bilanz der Muttergesellschaft für das Geschäftsjahr auszuweisen sind, in dem sie von der Tochtergesellschaft zugewiesen wurden."

285 Über den Einzelfall hinaus und unabhängig von der Frage, ob der EuGH nur einem Recht zur phasengleichen Aktivierung die Vereinbarkeit mit Art. 31 Abs. 1 bescheinigt oder gar eine entsprechende Pflicht ausge-

---

[40] EuGHE 1996, I-3145, 3153 f., Tz. 17 ff. – Tomberger; s. ferner den Berichtigungsbeschluß v. 10. 7. 1997, ZIP 1997, 1374. Zur Entscheidung des EuGH s. etwa *Haselmann/Schick* DB 1996, 1529 ff.; *Klinke* ZGR 1998, 212, 228 ff.; *Kropff* ZGR 1997, 115 ff.; *Schulze-Osterloh* ZIP 1996, 1453 ff.; *Weber-Grellet* DB 1996, 2089 ff.; ferner die Beiträge in dem von *Herzig* herausgegebenen Sammelband. Zur Abschlußentscheidung des BGH (BGHZ 137, 378) s. *Groh* DStR 1998, 813 ff.; *Henssler* JZ 1998, 701 ff.

sprochen hat⁴¹, ist die Entscheidung bemerkenswert: Sie gründet auf dem Grundsatz des true and fair view und billigt diesem den Charakter eines „overriding principle" zu. Bilanzwahrheit ist „Hauptzielsetzung" der Richtlinie; ihr sind die anderen Grundsätze ordnungsmäßiger Buchführung verpflichtet⁴². Zwar läßt sich der Entscheidung nicht ausdrücklich entnehmen, daß auch eine Verletzung des Vorsichtsprinzips oder eines anderen Grundsatzes ordnungsmäßiger Buchführung hinzunehmen ist, sollte dies zur Verwirklichung der Bilanzwahrheit erforderlich sein; denn in casu konnte beiden Grundsätzen Rechnung getragen werden. Indes legen die Entscheidungsgründe die Annahme nahe, daß der EuGH in einem solchen Fall Art. 2 Abs. 5 zur Anwendung bringen und somit dem Wahrheitsgrundsatz den Vorrang einräumen wird.

c) Folgerungen für das deutsche Recht

Der deutsche Gesetzgeber hat den Grundsatz des true and fair view in **286** § 264 Abs. 2 HGB kodifiziert. Nach dessen Satz 1 hat der Jahresabschluß einer Kapitalgesellschaft⁴³ „unter Beachtung der Grundsätze ordnungsmäßiger Buchführung" ein den tatsächlichen Verhältnissen entsprechendes Bild der Vermögens-, Finanz- und Ertragslage der Gesellschaft zu vermitteln; ist dies nicht möglich, so sind nach Satz 2 im Anhang zusätzliche Angaben zu machen. Abweichend von Art. 2 Abs. 3 scheint § 264 Abs. 2 S. 1 HGB den Grundsatz des true and fair view unter den Vorbehalt der Grundsätze ordnungsmäßiger Buchführung zu stellen; für eine am Grundsatz des true and fair view orientierte Rechnungslegung scheint also nur insoweit Raum zu sein, als diese im Einklang mit dem Vorsichtsprinzip steht. Die Praxis folgt denn auch der sogenannten *Abkopplungsthese*⁴⁴. Danach hat die Bilanz auch der Kapitalgesellschaft weiterhin dem gläubigerschützenden Vorsichtsprinzip zu genügen; die Informationsfunktion einer jeden Rechnungslegung wird dagegen von der Bilanz abgekoppelt und in den Anhang verwiesen. Dem Anhang kommt nach dieser Ansicht die Aufgabe zu, dem Grundsatz des true and fair view insoweit zum Durchbruch zu verhelfen, als die nach dem Vorsichtsprinzip erstellte Bilanz dazu nicht imstande ist.

Spätestens mit Erlaß der „Tomberger"-Entscheidung (Rdnr. 284f.) **287** sollte feststehen, daß diese Auslegung des § 264 Abs. 2 HGB mit der Richtlinie nicht vereinbar ist⁴⁵. Insbesondere die nicht ausdrücklich in das deut-

---

⁴¹ Der Entscheidung läßt sich diesbezüglich wohl nichts entnehmen, so zutr. *Klinke* ZGR 1998, 212, 229 mit weit. Nachw.; aA – für Aktivierungspflicht – *Groh* DStR 1998, 813, 816; wohl auch BGH ZIP 1998, 467, 469; *Kropff* ZGR 1997, 115, 122f.
⁴² So auch *Groh* DStR 1998, 813, 815f.; *Klinke* ZGR 1998, 212, 231; *Weber-Grellet* DB 1996, 2089.
⁴³ Zur Systematik des HGB und zu deren Folgen s. bereits Rdnr. 265ff.
⁴⁴ Grundlegend *Moxter* BB 1978, 1629, 1630; *ders.*, Festschrift für Budde, S. 419, 426ff.; s. ferner *Beisse*, Festschrift für Beusch, 1993, S. 77, 79ff.; *ders.*, Festschrift für Clemm, S. 27ff.
⁴⁵ So im Grundsatz und mit zahlreichen Unterschieden im Detail *Beine* Wpg. 1995, 467ff.; *Groh* DStR 1998, 813, 815ff.; *Großfeld* Rdnr. 65, 506f.; *Hennrichs* ZGR 1997, 66, 78ff.; *Herlinghaus* IStR 1997, 529, 533f.; *Kleindiek* ZGR 1998, 466, 475ff.; *Müller*, Festschrift für Claussen, S. 707, 719ff.; *Streim*, Festschrift für Moxter, S. 391ff.; *Weber-Grellet* in Herzig, S. 95ff.; s. ferner *van Hulle*, Festschrift für Budde, S. 313ff.

sche Recht umgesetzte[46] Vorschrift des Art. 2 Abs. 5 S. 2 zeigt, daß der Grundsatz des true and fair view nach Möglichkeit bereits durch die *Bilanz* zu verwirklichen ist. Denn nach dieser Vorschrift sind *Abweichungen* von der Richtlinie, die sich als notwendig erweisen, um dem Einblicksgebot des Art. 2 Abs. 3 zu genügen, zu erläutern. Keinesfalls ist es dagegen gestattet, durch Erläuterungen im Anhang eine von Art. 2 Abs. 3 abweichende Bilanzierung zu ersetzen. Haben sich somit insbesondere der Ansatz und die Bewertung von Bilanzpositionen und damit das „Zahlenwerk" an dem Wahrheitsgrundsatz zu orientieren, so geht von dem europäischen Recht zwar tendenziell eine Höherbewertung und damit eine Erhöhung des Jahresgewinns aus[47]. Indes darf nicht unberücksichtigt bleiben, daß die Richtlinie selbst eine Vielzahl von Wahlrechten einräumt und somit eine Relativierung des Grundsatzes des Art. 2 Abs. 3 durch die Mitgliedstaaten und die Gesellschaften bewußt in Kauf nimmt. Diese der Richtlinie immanente Schwäche läßt sich nicht durch undifferenzierte Heranziehung des Art. 2 Abs. 3 beseitigen; vielmehr reicht die Anwendung des in Umsetzung der Art. 3ff. geschaffenen angeglichenen Rechts im allgemeinen aus, um ein den tatsächlichen Verhältnissen entsprechendes Bild zur Entstehung zu bringen[48].

6. Prüfung und Offenlegung

288 Der Jahresabschluß ist nach Art. 51 Abs. 1 einer *Pflichtprüfung* durch unabhängige, den Anforderungen der 8. Richtlinie genügende Sachverständige zu unterziehen. Dadurch soll sichergestellt werden, daß die Rechnungslegung der Gesellschaften den Vorgaben des angeglichenen Rechts entspricht und somit den Anlegern und Gläubigern ein zutreffendes Bild der Lage der Gesellschaft vermittelt. Nach Art. 51 Abs. 2 kann allerdings das einzelstaatliche Recht „kleine" Gesellschaften von dem Erfordernis der Prüfung befreien (Rdnr. 274). Die *Offenlegung* der Bilanz und der Gewinn- und Verlustrechnung ist bereits in Art. 2 Abs. 1 lit. f vorgesehen (Rdnr. 260). Art. 47 Abs. 1 erstreckt die Pflicht zur Offenlegung auf den Anhang, den Lagebericht und den Bericht des Abschlußprüfers, erlaubt es aber zugleich den Mitgliedstaaten, den Lagebericht von der Pflicht zur Offenlegung auszunehmen[49]. Für atypische Personenhandelsgesellschaften sowie für „kleine" und „mittlere" Kapitalgesellschaften können nach Art. 47 Abs. 1a bis 3 Erleichterungen eingeführt werden (Rdnr. 274).

7. Perspektiven

289 Wollen europäische Gesellschaften den US-amerikanischen oder einen anderen außereuropäische Kapitalmarkt in Anspruch nehmen, so müssen

---

[46] Zu den Gründen s. Fn. 37.
[47] Vgl. *Claussen* AG 1993, 278, 280.
[48] In diesem Sinne auch das bei *Großfeld* (Rdnr. 61) wiedergegebene Ratsprotokoll.
[49] Zur nicht ordnungsgemäßen Umsetzung des Art. 6 der 1. Richtlinie s. Rdnr. 90.

II. Die Jahresabschlußrichtlinie

sie regelmäßig einen Jahresabschluß vorlegen, der den am Börsenplatz geltenden Standards entspricht. Im Fall des Börsenplatzes New York sind dies noch die Generally Accepted Accounting Principles (GAAP)[50]. Schon jetzt ist freilich abzusehen, daß die Bemühungen des – von großen Wirtschaftsprüfungsgesellschaften getragenen – International Accounting Standards Committee (IASC) um die Entwicklung und Anerkennung von *International Accounting Standards* (IAS)[51] von Erfolg gekrönt sein werden. Für das europäische Bilanzrecht ist demgegenüber ein weitgehender Stillstand der Entwicklung zu konstatieren; seit Verabschiedung der 4. und 7. Richtlinie ist die Harmonisierung nicht weiter vorangeschritten. Vor dem Hintergrund dieser Entwicklung, an deren Ende eine völlige Abkoppelung des europäischen Bilanzrechts von den internationalen Gepflogenheiten stehen könnte, hat die Europäische Kommission im November 1995 mitgeteilt, daß ihre Bemühungen auf dem Gebiet des materiellen Bilanzrechts künftig ganz der Mitwirkung bei der Entwicklung und Durchsetzung der IAS gelten[52]. Anders verhält es sich hinsichtlich des Rechts der *Abschlußprüfung*; hier sieht die Kommission erheblichen Angleichungsbedarf[53].

290 Auf der Ebene einiger Mitgliedstaaten wird den jüngsten Entwicklungen durch Maßnahmen Rechnung getragen, die es den Gesellschaften, die den US-amerikanischen oder einen anderen außereuropäischen Kapitalmarkt in Anspruch nehmen wollen, ersparen sollen, sowohl einen Abschluß nach den mitgliedstaatlichen Regeln als auch einen solchen nach den am jeweiligen Kapitalmarkt geltenden Gepflogenheiten zu erstellen. Die Bundesrepublik hat eine entsprechende Befreiung von den §§ 290 ff. HGB betreffend den Konzernabschuß und den Konzernlagebericht durch das Kapitalaufnahmeerleichterungsgesetz[54] eingeführt. Die Einzelheiten sind in § 292a HGB geregelt. Nach § 292a Abs. 2 Nr. 2 lit. b steht die Befreiung zwar unter dem Vorbehalt, daß der Konzernabschluß und der Konzernlagebericht im Einklang mit der Richtlinie über den konsolidierten Jahresabschluß stehen. Die Europäische Kommission ist jedoch zu der Überzeugung gelangt, daß ein Abschluß nach den IAS (Rdnr. 289) grundsätzlich mit den Bilanzrichtlinien im Einklang steht und somit durch das einzelstaatliche Recht eine entsprechende Befreiung erteilt werden kann[55].

---

[50] Näher dazu *Küting/Weber*, Internationale Bilanzierung, 1996, S. 44 ff.
[51] Erster Überblick bei *Emmerich/Sonnenschein*, Konzernrecht, 6. Aufl. 1997, § 30 VI; *Großfeld* Rdnr. 830 f.; s. ferner *Carsberg* in Schruff, S. 41 ff.; *Ballwieser*, Festschrift für Kropff, S. 371 ff.; *Kirsch* DB 1995, 1773; *Goebel* DB 1994, 2457; zur aktuellen Lage s. F.A.Z. vom 11. 11. 1998 (Nr. 262), S. 28.
[52] Mitteilung der (EU-)Kommission, Harmonisierung auf dem Gebiet der Rechnungslegung: Eine neue Strategie im Hinblick auf die internationale Harmonisierung, Dok. Kom. 95 (508), auch abgedruckt in Schruff, S. 27 f.; eingehend *van Hulle* Wpg. 1998, 138 ff.; *ders.* in Schruff, S. 7 ff.; s. ferner *Wiesner* AG 1996, 390, 395.
[53] Kommission, Grünbuch über die Rolle, Stellung und Haftung des Abschlußprüfers in der Europäischen Union, Dok. Kom. 96 (338).
[54] Gesetz zur Verbesserung der Wettbewerbsfähigkeit deutscher Konzerne an Kapitalmärkten und zur Erleichterung der Aufnahme von Gesellschafterdarlehen (Kapitalaufnahmeerleichterungsgesetz – KapAEG) vom 20. April 1998, BGBl. I, S. 707; s. dazu im Vorfeld des Erlasses des Gesetzes *Niehus*, Festschrift für Claussen, 1997, S. 623 ff.
[55] *Van Hulle* Wpg. 1998, 138, 139 ff.; s. aber auch *IDW* Wpg. 1998, 183 ff.

III. Die Richtlinie über den konsolidierten Abschluß

Schrifttum: *Albach/Klein* (Hrsg.), Harmonisierung der Konzernrechnungslegung in Europa, 1990; Beck'scher Bilanz-Kommentar, Der Jahresabschluß nach Handels- und Steuerrecht, 3. Aufl. 1995; *Biener/Schatzmann*, Konzern-Rechnungslegung, 1983; *Großfeld*, Bilanzrecht, 3. Aufl. 1997; *Kirchner*, Zur Funktion eines harmonisierten Konzernrechnungslegungsrechts für die Niederlassungsfreiheit in der Europäischen Gemeinschaft – Konsequenzen für die Interpretation von Konzernrechnungslegungsvorschriften, Festschrift für Moxter, 1994, S. 601; *Kropff*, Der Konzernabschluß – eine Randerscheinung im Gesellschaftsrecht?, Festschrift für Claussen, 1997, S. 659; *Niehus*, Zur Entwicklung von „konzernarteigenen" GoB durch Paradigmawechsel – Auch ein Beitrag zur Diskussion über die Internationalisierung der deutschen Konzernrechnungslegung, Festschrift für Moxter, 1994, S. 623.

1. Grundlagen

291 Die am 13. Juni 1983 verabschiedete, auf Art. 44 Abs. 2 lit. g EGV (Art. 54 Abs. 3 lit. g a. F.) gestützte Siebente Richtlinie über den konsolidierten Abschluß[56] ergänzt die Vierte Richtlinie. Ausweislich ihres ersten Erwägungsgrundes trägt sie dem Umstand Rechnung, daß eine bedeutende Zahl von Gesellschaften Konzernen angehören und die Aussagekraft des nach Maßgabe der Vierten Richtlinie erstellten Einzelabschlusses dieser Gesellschaften infolge der Einbeziehung konzerninterner Beziehungen, aber auch infolge der Maßgeblichkeit verschiedener Rechtsordnungen[57], häufig leidet. Der „Konzernabschluß" ist deshalb nicht einfach eine Summe der Einzelabschlüsse der konzernzugehörigen Unternehmen. Es hat vielmehr eine Konsolidierung, also eine Zusammenfassung oder Vereinigung zu erfolgen, die sich nach Art. 26[58] an dem Grundsatz des „einzigen Unternehmens" zu orientieren hat: Die Vermögens-, Finanz- und Ertragslage ist so darzustellen, als wäre der Konzern eine *rechtliche Einheit* (Rdnr. 305 ff.). Nach dem Recht sämtlicher Mitgliedstaaten besitzt allerdings der Konzern als solcher keine Rechtsfähigkeit; Träger von Rechten und Pflichten sind vielmehr die einzelnen Konzernunternehmen. Dem konsolidierten Abschluß kommt deshalb ausschließlich *Informationsfunktion* zu; materiell-rechtliche Folgen, wie sie das einzelstaatliche Recht an den Einzelabschluß knüpft[59], zeitigt er dagegen nicht[60]. Der konsolidierte Abschluß ersetzt denn auch nicht die Einzelabschlüsse. Die Konzerngesellschaften bleiben vielmehr nach Maßgabe des angeglichenen Rechts zur Erstellung von Einzelabschlüssen verpflichtet.

---

[56] Siebente Richtlinie 83/349/EWG aufgrund von Artikel 54 Absatz 3 Buchstabe g) des Vertrages über den konsolidierten Abschluß, ABl. Nr. L 193/1 vom 18. 7. 1993; abgedruckt unter Rdnr. 316.

[57] Im Hinblick auf die zahlreichen Wahlrechte der 4. Richtlinie gilt dies auch für den Fall, daß die Rechtsordnungen mehrerer Mitgliedstaaten zur Anwendung gelangen, s. Rdnr. 265.

[58] Artikelbezeichnungen ohne Angabe eines Gesetzes beziehen sich im folgenden auf die 7. Richtlinie.

[59] Vgl. etwa §§ 57 Abs. 3, 58 ff., 174 AktG.

[60] Näher und weiterführend *Kropff*, Festschrift für Claussen, S. 659, 662 ff., 673 ff.; s. ferner OLG Köln AG 1998, 525: keine Nichtigkeit des Konzernabschlusses.

III. Die Richtlinie über den konsolidierten Abschluß

Der Verabschiedung der 7. Richtlinie gingen heftige Kontroversen voraus[61]. Diese beruhten ganz wesentlich darauf, daß es an einer Harmonisierung des Konzernrechts und damit an einem Konsens hinsichtlich des Anknüpfungspunktes konzernrechtlicher Regelungen fehlt (Rdnr. 58f.). Es herrschte deshalb schon über die Voraussetzungen einer Konsolidierungspflicht Uneinigkeit[62]; der deutschen Konzeption, die an das Vorliegen einheitlicher Leitung und damit an die Ausübung von Herrschaftsmacht anknüpfte, stand das englische „control"-Konzept gegenüber. Letztlich hat sich auch im Rahmen der 7. Richtlinie die englische Konzeption durchgesetzt (Rdnr. 294).

2. Umsetzung in das deutsche Recht

Die Umsetzung der 7. Richtlinie in das deutsche Recht ist durch das Bilanzrichtlinien-Gesetz erfolgt (Rdnr. 266ff.)[63]. Die §§ 290 bis 315 HGB enthalten nunmehr eine eingehende Regelung des Konzernabschlusses und des Konzernlageberichts[64]; sie haben das bis dahin geltende Recht der Konzernrechnungslegung ganz erheblich geändert. Der deutsche Gesetzgeber hat sich, wie auch im Zusammenhang mit der 4. Richtlinie, auf eine Minimalumsetzung beschränkt; insbesondere hat er von dem in Art. 4 Abs. 2 vorgesehenen Wahlrecht Gebrauch gemacht und die Pflicht zur Erstellung eines Konzernabschlusses auf Kapitalgesellschaften beschränkt. Durch die *GmbH & Co. KG – Richtlinie* (Rdnr. 263) ist allerdings Art. 4 Abs. 2 dahin gehend geändert worden, daß nunmehr auch Muttergesellschaften in der Rechtsform einer atypischen Personenhandelsgesellschaft einen Konzernabschluß aufzustellen haben. Insoweit ist der deutsche Gesetzgeber seiner Pflicht zur Umsetzung der 7. Richtlinie noch nicht nachgekommen (Rdnr. 271, 297). Im übrigen aber sind Umsetzungsdefizite bislang nicht offen zutage getreten.

3. Anwendungsbereich

a) Beherrschungsmöglichkeit und einheitliche Leitung

Die Konsoldierungspflicht knüpft, abweichend von den bis zur Verabschiedung der 7. Richtlinie geltenden Grundsätzen des deutschen Rechts, an das Vorliegen eines der in Art. 1 Abs. 1 enumerativ aufgezählten Tatbestände der *Möglichkeit der Beherrschung* eines oder mehrerer Tochterunter-

---

[61] Einen ersten Vorschlag hatte die Kommission am 28. 4. 1976 vorgelegt, s. ABl. Nr. C 212/2 v. 2. 6. 1976; der geänderte Vorschlag stammt vom 10. 12. 1978, ABl. Nr. C 14/2 v. 17. 1. 1979.
[62] S. dazu auch *Werlauff* S. 360f.
[63] Zur Umsetzung in den übrigen Mitgliedstaaten s. den Überblick bei *Hohloch* in Hohloch, Supranationales Recht Rdnr. 36; speziell zum englischen Recht *Scholtissek* RIW 1989, 797, 798ff.; *ders.* RIW 1990, 32ff.; *ders.* RIW 1990, 291f.; zum spanischen Recht s. *Selling* RIW 1989, 965, 966ff.
[64] Zu allen Einzelheiten s. *Emmerich/Sonnenschein* (Fn. 51), §§ 30, 31; *Großfeld* Rdnr. 524ff.; ferner die Beiträge in dem von *Albach/Klein* herausgegebenen Sammelband.

nehmen durch ein Mutterunternehmen an. Die Richtlinie führt im einzelnen die Stimmenmehrheit, die Möglichkeit, die Mehrheit der Organwalter des Tochterunternehmens zu bestellen oder abzuberufen, und die durch Vertrag oder Satzung eingeräumte Möglichkeit der Beherrschung an[65]; Art. 2 enthält ergänzende Berechnungsregeln. Nach Art. 1 Abs. 2 ist es den Mitgliedstaaten gestattet, über die Tatbestände des Art. 1 Abs. 1 hinaus das Mutterunternehmen zur Erstellung eines konsolidierten Abschlusses zu verpflichten, wenn es *tatsächlich* einen beherrschenden Einfluß auf das Tochterunternehmen ausübt oder Mutter- und Tochterunternehmen unter einheitlicher Leitung des Mutterunternehmens stehen. Der deutsche Gesetzgeber hat das durch Art. 1 Abs. 1 vorgegebene *control-Konzept* in § 290 Abs. 2 HGB geregelt[66]. Zugleich hat er von dem Wahlrecht des Art. 1 Abs. 2 Gebrauch gemacht und in § 290 Abs. 1 HGB die Konsolidierungspflicht an das Vorliegen einheitlicher Leitung im Sinne des § 18 Abs. 1 AktG geknüpft. Auf die Einbeziehung auch des Abhängigkeitstatbestands im Sinne des § 17 AktG hat er dagegen ebenso verzichtet wie auf die – nach Art. 12 Abs. 1 zulässige – Einbeziehung des Gleichordnungskonzerns[67].

b) Sitzunabhängige Konsolidierung

295 Nach Art. 1 Abs. 1 ist jedes Mutterunternehmen, das dem Recht eines Mitgliedstaats unterliegt, zur Erstellung eines konsolidierten Abschlusses und eines konsolidierten Lageberichts nach Maßgabe des angeglichenen Rechts des Sitzstaates verpflichtet; die Konsolidierungspflicht knüpft also an den *Sitz des Mutterunternehmens* an. Auf den Sitz der Tochterunternehmen kommt es dagegen nicht an. Nach Art. 3 sind vielmehr grundsätzlich sämtliche Tochterunternehmen zu konsolidieren, mögen sie ihren Sitz in einem anderen Mitgliedstaat oder in einem Drittstaat haben (Rdnr. 300f.). Es ist also ein Weltabschluß zu erstellen.

c) Die erfaßten Rechtsformen

296 Die der Konsolidierung unterliegenden Rechtsformen sind in Art. 4 geregelt. Nach Art. 4 Abs. 1 besteht die Konsolidierungspflicht, wenn entweder das Mutterunternehmen oder mindestens eines seiner Tochterun-

---

[65] Näher dazu *Werlauff* S. 361f., dort auch zu dem Tatbestand des Art. 1 Abs. 1 lit. d; zur entsprechenden Vorschrift des § 290 Abs. 2 HGB s. *Schnicke/Kilgert* in Beck'scher Bilanzkommentar § 290 Rdnr. 35ff.

[66] Der Begriff der verbundenen Unternehmen im Sinne der §§ 15ff., 291ff. AktG entspricht danach nicht mehr demjenigen der §§ 271, 290 HGB; näher dazu *Kropff* DB 1986, 364ff.; *Küting* DStR 1987, 347ff.; *Niessen*, Festschrift für Havermann, 1995, S. 581ff.; *Ulmer*, Festschrift für Goerdeler, 1987, S. 623ff.

[67] S. dazu Rechtsausschuß, BT-Drucks. 10/4628, S. 113: „Der Ausschuß hat dem Vorschlag, auch Gleichordnungskonzerne in die Konzernrechnungsregelung einzubeziehen, nicht entsprochen. Die Mitgliedstaaten der EG konnten sich auf diesen Vorschlag der Kommission nicht einigen, so daß Art. 12 der Siebenten Richtlinie nur ein Mitgliedstaatenwahlrecht enthält. Auch in der Bundesrepublik Deutschland ist die Frage umstritten, ob eine gesetzliche Verpflichtung zur Aufstellung von Gleichordnungskonzernabschlüssen zweckmäßig ist. Da insoweit keine Erfahrungen bestehen, sieht der Ausschuß zum jetzigen Zeitpunkt keine Veranlassung für eine gesetzliche Regelung."

III. Die Richtlinie über den konsolidierten Abschluß

ternehmen die Rechtsform einer Kapitalgesellschaft oder einer atypischen Personenhandelsgesellschaft (Rdnr. 271) aufweist. Schon bei Vorliegen dieser Voraussetzung sind also das Mutterunternehmen und sämtliche Tochterunternehmen in die Konsolidierung einzubeziehen. Dieser weitgehend rechtsformunabhängige Ansatz der 7. Richtlinie wird allerdings durch Art. 4 Abs. 2 ganz erheblich relativiert. Danach können nämlich die Mitgliedstaaten von der Konsolidierungspflicht befreien, wenn das *Mutterunternehmen* weder Kapitalgesellschaft noch atypische Personenhandelsgesellschaft ist.

Der deutsche Gesetzgeber hat von dem Wahlrecht des Art. 4 Abs. 2 Gebrauch gemacht, indem er in § 290 Abs. 1 HGB nur Mutterunternehmen in der Rechtsform einer Kapitalgesellschaft der Konsolidierungspflicht unterworfen hat. Die an sich gebotene Einbeziehung der GmbH & Co. KG in den Kreis der konsolidierungspflichtigen Mutterunternehmen ist dagegen bislang unterblieben (Rdnr. 263, 293). Da die GmbH & Co. KG, wie sich der amtlichen Bezeichnung des Zweiten Abschnitts des Dritten Buches des HGB entnehmen läßt, keine Kapitalgesellschaft im Sinne der §§ 264ff., 290ff. HGB ist[68] und die Komplementär-GmbH im Verhältnis zur KG grundsätzlich nicht als Mutterunternehmen qualifiziert werden kann[69], besteht deshalb insoweit ein Umsetzungsdefizit (Rdnr. 271).

297

d) Größenspezifische Rechnungslegung

Art. 6 Abs. 1 erlaubt es den Mitgliedstaaten, „kleine" und „mittlere" Konzerne von der Konsolidierungspflicht zu befreien. Voraussetzung ist, daß zum Bilanzstichtag des Mutterunternehmens die zu konsolidierenden Unternehmen (Rdnr. 300f.) insgesamt zwei der in Art. 27 der 4. Richtlinie genannten Größenmerkmale nicht überschreiten. Einzelheiten zur Berechnung sind in Art. 6 Abs. 2 und 3 geregelt. Wichtig ist Art. 6 Abs. 4; danach darf die Befreiung nicht erteilt werden, wenn die Anteile eines der zu konsolidierenden Unternehmen zum amtlichen Handel an einer Wertpapierbörse in einem Mitgliedstaat zugelassen sind. Der deutsche Gesetzgeber hat in § 293 HGB von dem Wahlrecht des Art. 6 Gebrauch gemacht.

298

e) Befreiende Konzernabschlüsse

Das control-Konzept des Art. 1 Abs. 1 (Rdnr. 294) bringt es mit sich, daß ein Unternehmen zugleich Mutter- und Tochterunternehmen sein kann, so daß an sich auf allen Stufen eines Unternehmensverbunds ein konsolidierter Abschluß nebst Lagebericht zu erstellen ist[70]. Hält etwa eine

299

---

[68] Auch aus gesellschaftsrechtlicher Sicht ist die GmbH & Co. KG (atypische) Personenhandelsgesellschaft, s. *K. Schmidt* § 56 I mit weit. Nachw.; aA namentlich *Raiser*, Recht der Kapitalgesellschaften, 2. Aufl. 1992, § 1 Rdnr. 5ff.

[69] Näher dazu *Schnicke/Kilgert* in Beck'scher Bilanzkommentar § 290 Rdnr. 63ff.

[70] Zu der umstrittenen Frage, ob die einheitliche Leitung im Sinne des Art. 1 Abs. 2 teilbar in dem Sinne ist, daß eine Tochtergesellschaft die „einheitliche Leitung" über ein Enkelunternehmen haben kann und deshalb zur Erstellung eines Teilkonzernabschlusses verpflichtet ist, s. Begr. RegE zu § 290 Abs. 1 HGB, BT-Drucks. 10/4268, S. 113; *Großfeld* Rdnr. 546; allg. zur Frage eines Konzerns im Konzern *Emmerich/Habersack*, Aktienkonzernrecht, § 18 Rdnr. 17ff. mit weit. Nachw.

Muttergesellschaft die Mehrheit der Anteile an einer Tochtergesellschaft, die wiederum mehrheitlich an einer Enkelgesellschaft beteiligt ist, so hätte die Muttergesellschaft einen Gesamtkonzernabschluß und die Tochtergesellschaft einen Teilkonzernabschluß zu erstellen. Da der Informationsgehalt solcher ergänzenden Teilkonzernabschlüsse gering ist, sehen Art. 7, 8 und 11 unter bestimmten Voraussetzungen sogenannte „befreiende Konzernabschlüsse" vor. Danach befreit die Erstellung eines den Anforderungen der 7. Richtlinie entsprechenden Konzernabschlusses durch ein Mutterunternehmen die Tochterunternehmen von der Pflicht, ihrerseits einen Teilkonzernabschluß zu erstellen. Der deutsche Gesetzgeber hat die befreienden Konzernabschlüsse im einzelnen in § 291 HGB geregelt.

4. Konsolidierungskreis

300   Nach Art. 3 Abs. 1 sind in den konsolidierten Abschluß neben dem Mutterunternehmen grundsätzlich *sämtliche Tochterunternehmen* einzubeziehen; auf deren Sitz kommt es nicht an (Rdnr. 295)[71]. Dahinter steht die zutreffende Erwägung, daß dem Einflußpotential zumeist ein entsprechendes unternehmerisches Risiko entspricht und deshalb der konsolidierte Abschluß nur bei Einbeziehung sämtlicher Tochterunternehmen einen zuverlässigen Einblick in die Verhältnisse der wirtschaftlichen Einheit „Konzern" ermöglicht. Aus demselben Grund bestimmt Art. 3 Abs. 2, daß auch Enkelunternehmen und deren Tochterunternehmen einzubeziehen sind; der konsolidierte Abschluß der Muttergesellschaft befreit allerdings unter Umständen die Tochtergesellschaft von der Pflicht, ihrerseits einen konsolidierten Abschluß zu erstellen (Rdnr. 299). Ist ein Unternehmen nicht Tochterunternehmen im Sinne des Art. 3, so kommt seine Einbeziehung als Gemeinschaftsunternehmen oder als *assoziiertes Unternehmen* in Betracht (Rdnr. 308 ff.); liegen auch die diesbezüglichen Voraussetzungen nicht vor, so ist der Beteiligungsbesitz nach Maßgabe der allgemeinen Vorschriften auszuweisen.

301   Art. 13 bis 15 enthalten *Ausnahmen* von Art. 3. Was zunächst die Vorschrift des Art. 14 betrifft, so statuiert sie in ihrem Abs. 1 ein *Konsolidierungsverbot* für den Fall, daß ein oder mehrere an sich zu konsolidierende Unternehmen derart unterschiedliche Tätigkeiten ausüben, daß ihre Einbeziehung dem Grundsatz des true and fair view (Rdnr. 303) zuwiderliefe[72]. Das Vollständigkeitsgebot wird somit ausdrücklich dem Einblicksgebot des Art. 16 Abs. 3 untergeordnet. Allein das Vorliegen eines Mischkonzerns rechtfertigt allerdings, wie sich Art. 14 Abs. 2 entnehmen läßt, noch nicht den Verzicht auf die Einbeziehung. Findet Art. 14 Abs. 1 Anwendung, so ist dies nach Art. 14 Abs. 3 im Anhang anzugeben und zu begründen; gegebenenfalls kommt die Einbeziehung des branchen-

---

[71] Zur Stichtagsregelung des Art. 27 Abs. 2, § 299 Abs. 2 HGB s. *Kirchner*, Festschrift für Moxter, S. 601, 620 f.
[72] Näher dazu für das deutsche Recht *Großfeld* Rdnr. 554 ff.; *Budde/Seif* in Beck'scher Bilanzkommentar, § 295 Rdnr. 1 ff.

III. Die Richtlinie über den konsolidierten Abschluß

fremden Unternehmens als assoziiertes Unternehmen in Betracht (Rdnr. 309f.). Von dem Einbeziehungsverbot des Art. 14 sind die *Wahlrechte der Art. 13 und 15* zu unterscheiden. Auch insoweit bleibt die Einbeziehung als assoziiertes Unternehmen unberührt; im Hinblick auf Art. 33 Abs. 9 ist dies allerdings nur für die in Art. 13 Abs. 3 geregelten Tatbestände von Bedeutung. Der deutsche Gesetzgeber hat das Verbot des Art. 14 in § 295 HGB geregelt; von den Wahlrechten hat er in § 296 HGB nur dasjenige aus Art. 13 weitergegeben.

5. Art und Weise der Konzernrechnungslegung

a) Bestandteile der Konzernrechungslegung

Die Konzernrechnungslegung hat nach Art. 16 und 36 durch den konsolidierten Jahresabschluß und durch den konsolidierten Lagebericht zu erfolgen; der konsolidierte Abschluß wiederum besteht aus der konsolidierten Bilanz, der konsolidierten Gewinn- und Verlustrechnung und dem Anhang[73]. Was die Gliederung des konsolidierten Abschlusses betrifft, so finden nach Art. 17 die Art. 3 bis 10, 13 bis 26 und 28 bis 30 der 4. Richtlinie entsprechende Anwendung, sofern nicht die 7. Richtlinie davon abweichende Regelungen trifft[74]. **302**

b) true and fair view

Nach Art. 16 Abs. 3 bis 5, die nahezu wörtlich mit Art. 2 Abs. 3 bis 5 der 4. Richtlinie übereinstimmen, hat auch der konsolidierte Abschluß dem Grundsatz des true and fair view zu entsprechen; auf die Ausführungen in Rdnr. 283ff. kann deshalb verwiesen werden. Auch im Rahmen der Konzernrechnungslegung ist dem Wahrheitsgebot primär durch die konsolidierte Bilanz und durch die konsolidierte Gewinn- und Verlustrechnung nachzukommen. Die im deutschen Recht vorherrschende „Abkoppelungsthese" ist deshalb mit den Vorgaben des europäischen Rechts nicht vereinbar (Rdnr. 286f.). Im übrigen gilt auch für die 7. Richtlinie, daß es „normalerweise ausreicht, die Richtlinie anzuwenden, damit das gewünschte, den tatsächlichen Verhältnissen entsprechende Bild entsteht."[75] **303**

c) Grundsätze ordnungsmäßiger Konzernrechnungslegung

Auch für den konsolidierten Abschluß gelten die „Grundsätze ordnungsmäßiger Buchführung" (Rdnr. 280ff.)[76]. Zum Teil sind diese in der 7. Richtlinie eigens geregelt. So ist nach Art. 16 Abs. 2 auch der konsolidierte Abschluß „klar und übersichtlich" aufzustellen (Rdnr. 280), wes- **304**

---

[73] Näher zur Konzern-Gewinn- und Verlustrechnung *Riese* in Albach/Klein, S. 96ff.; zum Konzernanhang *Wienkötter* in Albach/Klein, S. 117ff.
[74] Näher dazu, insbesondere zur Umsetzung in einzelnen Mitgliedstaaten, *Klein* in Albach/Klein, S. 59ff.
[75] So das bei *Großfeld* Rdnr. 568 zitierte Ratsprotokoll.
[76] Zur Entwicklung von „konzernarteigenen" GoB s. *Niehus*, Festschrift für Moxter, S. 623ff.

halb Art. 17 die Vorschriften der 4. Richtlinie über die Gliederung der Bilanz und der Gewinn- und Verlustrechnung für entsprechend anwendbar erklärt. Der Grundsatz der Stetigkeit (Rdnr. 281) wird in Art. 25 auf die Konsolidierungsmethoden erstreckt. Nach Art. 18 und 22 ist der Grundsatz der Vollständigkeit auch bei Aufstellung der konsolidierten Bilanz und der konsolidierten Gewinn- und Verlustrechnung zu beachten[77]. Im übrigen verweist Art. 29 Abs. 1, was die Bewertung der in die Konsolidierung einbezogenen Aktiva und Passiva betrifft, unter anderem auf Art. 31 der 4. Richtlinie, so daß insbesondere der Grundsatz des going concern, der Grundsatz der Stetigkeit in der Bewertung und der Grundsatz der Vorsicht zur Anwendung gelangen (Rdnr. 281 f.).

d) Der Grundsatz der Vollkonsolidierung

305 *aa) Bedeutung.* Nach Art. 26 Abs. 1 S. 1 sind die Vermögens-, Finanz- und Ertragslage der einbezogenen Unternehmen so auszuweisen, als ob sie ein *einziges Unternehmen* wären. Die rechtliche Selbständigkeit der Tochterunternehmen wird also negiert; für die Zwecke der Konzernrechnungslegung kommt ihnen vielmehr der Status einer unselbständigen Betriebsabteilung zu. Dem entspricht es, daß sämtliche Positionen der einbezogenen Unternehmen auch dann *in voller Höhe* und nicht nur anteilmäßig in den konsolidierten Abschluß zu übernehmen sind, wenn das Mutterunternehmen nicht sämtliche Anteile an dem Tochterunternehmen hält. Für nicht dem Mutterunternehmen gehörende Anteile ist allerdings nach Art. 21 ein Ausgleichsposten zu bilden. Der deutsche Gesetzgeber hat den Grundsatz der Vollkonsolidierung und die einzelnen Ausprägungen des Grundsatzes des „einzigen Unternehmens" in §§ 300 ff. HGB geregelt.

306 *bb) Einzelne Ausprägungen.* Der Grundsatz des „einzigen Unternehmens" bringt es mit sich, daß der Einzelabschluß des Mutterunternehmens und die Abschlüsse der Tochterunternehmen nicht einfach zusammengefaßt werden können. Da es nämlich zwischen unselbständigen Betriebsabteilungen keine rechtlichen Beziehungen gibt, müssen die Einzelabschlüsse um konzerninterne Vorgänge bereinigt werden. Davon betroffen ist zunächst der Ausweis der Beteiligungen des Mutterunternehmens an den Tochterunternehmen; ihm entspricht das in den Abschlüssen der Tochterunternehmen ausgewiesene Eigenkapital. Um eine Doppelerfassung zu vermeiden, bedarf es deshalb einer *Kapitalkonsolidierung*. Sie hat nach Art. 19 f. durch Verrechnung der Buchwerte des Anteilsbesitzes des Mutterunternehmens mit dem auf sie entfallenden Teil des Eigenkapitals der in die Konsolidierung einbezogenen Unternehmen zu erfolgen[78].

307 Nach Art. 26 Abs. 1 lit. a sind in dem konsolidierten Abschluß des weiteren Forderungen und Verbindlichkeiten zwischen in die Konsolidierung

---

[77] Dazu *Biener/Schatzmann* S. 33 f. mit zutr. Hinweis, daß die Vollständigkeit nach dem Recht des Unternehmens zu beurteilen ist, das den konsolidierten Abschluß aufstellt.
[78] Zu sämtlichen Einzelheiten s. *Förschle* in Beck'scher Bilanzkommentar, § 301 Rdnr. 1 ff.; *Schindler*, Kapitalkonsolidierung nach dem Bilanzrichtlinien-Gesetz, 1986; *Großfeld* Rdnr. 602 ff.

III. Die Richtlinie über den konsolidierten Abschluß

einbezogenen Unternehmen wegzulassen[79]. Auch diese *Schuldenkonsolidierung* erklärt sich daraus, daß in einem einzigen Unternehmen Gläubiger- und Schuldnerstellung zusammenfallen; der konsolidierte Abschluß weist deshalb nur noch Forderungen und Schulden gegenüber nicht einbezogenen Unternehmen aus. Entsprechendes gilt nach Art. 26 Abs. 1 lit. b für *Aufwendungen und Erträge* aus verbundinternen Geschäften; sie dürfen in der konsolidierten Gewinn- und Verlustrechnung nicht ausgewiesen werden. Art. 26 Abs. 1 lit. c betrifft *Gewinne und Verluste* aus Geschäften zwischen in die Konsolidierung einbezogenen Unternehmen. Soweit diese Gewinne und Verluste in die Buchwerte eingehen, sind sie wegzulassen; der Ansatz hat vielmehr zu den Anschaffungs- oder Herstellungskosten zu erfolgen, die dem Einheitsunternehmen entstanden sind[80]. Auf eine Eliminierung der konzerninternen Zwischenergebnisse kann allerdings unter den Voraussetzungen des Art. 26 Abs. 2 verzichtet werden. Art. 26 Abs. 3 läßt zudem Abweichungen von den Grundsätzen des Art. 26 Abs. 1 lit. a bis c zu, wenn die betreffenden Beträge für die Vermittlung eines den tatsächlichen Verhältnissen entsprechenden Bildes (Rdnr. 303) nur von untergeordneter Bedeutung sind. Der Grundsatz des „einzigen Unternehmens" gebietet es schließlich, daß die in den konsolidierten Abschluß übernommenen Vermögensgegenstände und Schulden nach *einheitlichen Methoden bewertet* werden; die Einzelheiten sind in Art. 29 geregelt.

cc) Ausnahmen. Eine wichtige Ausnahme vom Grundsatz der Vollkonsolidierung gestattet Art. 32. Danach können die Mitgliedstaaten gestatten oder vorschreiben, daß bei gemeinsamer Leitung eines in die Konsolidierung einbezogenen Tochterunternehmens mit einem nicht einbezogenen Unternehmen das Tochterunternehmen anteilmäßig erfaßt wird. Von der danach zulässigen anteilmäßigen Konsolidierung sind sogenannte *Gemeinschaftsunternehmen* betroffen. Die anteilmäßige Konsolidierung unterscheidet sich von der Vollkonsolidierung dadurch, daß Vermögenswerte und Verbindlichkeiten, Aufwendungen und Erträge nur in Höhe des Anteils des konzernrechnungslegungspflichtigen Unternehmens übernommen werden; auch der Grundsatz des „einzigen Unternehmens" findet deshalb nur sinngemäß Anwendung[81]. Macht ein Mitgliedstaat oder ein Mutterunternehmen[82] von dem Wahlrecht des Art. 32 keinen Gebrauch, so hat entweder die Einbeziehung als assoziiertes Unternehmen (Rdnr. 309f.) oder die Erfassung des Beteiligungsbesitzes im Einzelabschluß des Mutterunternehmens zu erfolgen. Eine Vollkonsolidierung ist dagegen in Ermangelung einer Beherrschungsmöglichkeit im Sinne des Art. 1 Abs. 1 ausgeschlossen[83].

308

---

[79] Näher dazu *Budde/Dreissig* in Beck'scher Bilanzkommentar, § 303 Rdnr. 1ff.; *Großfeld* Rdnr. 650ff.
[80] Näher *Budde/Dreissig* in Beck'scher Bilanzkommentar, § 304 Rdnr. 10ff.
[81] Vgl. im einzelnen *Budde/Suhrbier* in Beck'scher Bilanzkommentar, § 310 Rdnr. 50ff.
[82] Art. 32 räumt den Mitgliedstaaten ein Wahlrecht ein, das diese selbst ausüben oder (wie in § 310 HGB geschehen) an die Gesellschaft weitergeben können.
[83] *Biener/Schatzmann* S. 50. Zur Frage, ob ein Gemeinschaftsunternehmen unter der einheitlichen Leitung mehrerer Mutterunternehmen stehen kann und deshalb der Konzerntatbestand des Art. 1 Abs. 2, § 18 AktG verwirklicht ist, s. für § 310 HGB *Budde/Suhrbier* in Beck'scher Bilanzkommentar, § 310 Rdnr. 5ff. mit weit. Nachw.; allg. dazu *Hüffer* § 18 Rdnr. 16; *Emmerich*/Habersack (Fn. 70), § 18 Rdnr. 18f.

e) Assoziierte Unternehmen

309 Häufig begegnet es, daß von dem Mutterunternehmen oder einem anderen in die Konsolidierung einbezogenen Unternehmen ein „maßgeblicher Einfluß" auf die Geschäfts- und Finanzpolitik eines weiteren Unternehmens ausgeübt wird, die Voraussetzungen des Art. 1 Abs. 1 und 2 aber nicht erfüllt sind und deshalb eine Vollkonsolidierung nicht in Betracht kommt. Vorbehaltlich einer anteilmäßigen Konsolidierung nach Art. 32 (Rdnr. 308) bleibt in diesem Fall an sich nur der Ausweis des Beteiligungsbesitzes; nach dem Vorsichtsprinzip hat dieser allenfalls zu den Anschaffungskosten zu erfolgen (Rdnr. 282). Dies hat freilich zur Folge, daß die ausgewiesenen Beteiligungswerte stille Reserven enthalten, wenn das Tochterunternehmen Gewinne thesauriert; kommt es zur Gewinnausschüttung, so können sie bei der Obergesellschaft nicht „phasengleich", sondern erst im Zeitpunkt des Zuflusses erfaßt werden[84]. Im Fall gewöhnlicher Beteiligungsunternehmen erscheinen diese Konsequenzen durchaus angemessen und sachgerecht. Anders verhält es sich aber bei Bestehen eines „maßgeblichen Einflusses" auf das Beteiligungsunternehmen. Mit Rücksicht auf das Gebot des true and fair view schreibt Art. 33 deshalb für den konsolidierten Abschluß eine Bewertung der einen maßgeblichen Einfluß vermittelnden Beteiligungen des Mutterunternehmens nach der sogenannten *Equity-Methode* vor; zugleich bezeichnet er die Unternehmen, an denen eine solche Beteiligung besteht, als assoziierte Unternehmen.

310 Auch die Equity-Methode geht zwar von den Anschaffungskosten der Beteiligung aus; sie schreibt aber den Wertansatz entsprechend der Entwicklung des *anteiligen bilanziellen Eigenkapitals* des assoziierten Unternehmens fort[85]. Während also nach dem Prinzip der Vollkonsolidierung die einzelnen Vermögensgegenstände und Schulden des Tochterunternehmens angesetzt werden, ist nach der Equity-Methode die Beteiligung an dem assoziierten Unternehmen mit dem auf sie entfallenden Eigenkapital dieses Unternehmens anzusetzen. Dadurch können einbehaltene Gewinne erfaßt und Gewinnausschüttungen „phasengleich" berücksichtigt werden. Nach Art. 33 Abs. 1 S. 2 ist das Bestehen eines „maßgeblichen Einflusses" bei einem Stimmrechtsanteil von 20% oder mehr zu vermuten; die Berechnungsregeln des Art. 2 finden Anwendung. Der deutsche Gesetzgeber hat die Vorgaben des Art. 33 in §§ 311 f. HGB umgesetzt.

6. Prüfung und Offenlegung

311 Der konsolidierte Abschluß ist nach Art. 37 Abs. 1 einer Pflichtprüfung zu unterziehen; nach Art. 37 Abs. 2 haben die Prüfer dabei auch zu prü-

---

[84] Eine „phasengleiche" Aktivierung von Gewinnansprüchen im Einzelabschluß der Muttergesellschaft ist in der „Tomberger"-Entscheidung (Rdnr. 284 f.) nur für den Fall zugelassen worden, daß die Muttergesellschaft Alleingesellschafterin der Tochtergesellschaft ist.
[85] Näher zur Equity-Methode *Sahner/Gersenich* in Albach/Klein S. 175 ff.; *Großfeld* Rdnr. 699 ff.; zum Begriff des Eigenkapitals im Sinne der Richtlinie s. Art. 17 iVm. Art. 9 und 10 der 4. Richtlinie.

fen, ob der konsolidierte Lagebericht mit dem konsolidierten Abschluß in Einklang steht. Der konsolidierte Abschluß, der konsolidierte Lagebericht und der Prüfungsbericht sind sodann nach Art. 38 von dem Unternehmen, das den konsolidierten Abschluß aufstellt, nach Maßgabe des Art. 3 der 1. Richtlinie offenzulegen; das einzelstaatliche Recht kann jedoch nach Art. 38 Abs. 2 iVm. Art. 47 Abs. 1 Unterabs. 2 der 4. Richtlinie von der Offenlegung des konsolidierten Lageberichts befreien. Die entsprechenden Vorschriften des deutschen Rechts finden sich in §§ 316 Abs. 2, 325 Abs. 3 HGB.

IV. Die Prüferbefähigungsrichtlinie

Schrifttum: *Everling*, Zur Unzulässigkeit von Übergangsmaßnahmen für Abschlußprüfer bei der Umsetzung der GmbH & Co. KG – Richtlinie, ZGR 1993, 153; *Lück*, Zur Harmonisierung nationaler Rechtsvorschriften bei der Zulassung der Abschlußprüfer in der EG, DB 1979, 317; *Schatzmann*, Die Auswirkungen der Achten gesellschaftsrechtlichen Richtlinie auf die Bestellung des Abschlußprüfers, RIW 1984, 614; *v. Wysocki*, Zur endgültigen Fassung der 7. und 8. EG-Richtlinie, DB 1979, 1472.

1. Grundlagen

Die 8. Richtlinie[86], auch Prüferbefähigungsrichtlinie genannt, steht in unmittelbarem Zusammenhang mit der 4. und der 7. Richtlinie, die zwar die Pflichtprüfung des Abschlusses vorschreiben (Rdnr. 288, 311), den Mitgliedstaaten aber keine Vorgaben hinsichtlich der Qualifikation der Abschlußprüfer machen. Diese Lücke wird durch die 8. Richtlinie geschlossen. Ausweislich ihres 3. Erwägungsgrundes will sie sicherstellen, daß die zur Pflichtprüfung befugten Personen unabhängig sind und einen guten Leumund haben; nur unter diesen Voraussetzungen, so läßt sich die Erwägung fortführen, ist nämlich gewährleistet, daß die offengelegten Abschlüsse die ihnen zugedachte Schutzwirkung entfalten. Derzeit nicht geregelt sind das Verfahren und der Inhalt der Prüfung. Der Entwurf einer 5. Richtlinie enthält zwar diesbezüglich eingehende Regelungen, doch ist mit einer Verabschiedung der Richtlinie nicht zu rechnen (Rdnr. 55 ff.).

312

---

[86] Achte Richtlinie 84/253/EWG aufgrund von Artikel 54 Absatz 3 Buchstabe g) des Vertrages über die Zulassung der mit der Pflichtprüfung der Rechnungslegungsunterlagen beauftragten Personen vom 10. April 1984, ABl. Nr. L 126/20 v. 12. 5. 1984; abgedruckt unter Rdnr. 317. S. ferner den Vorschlag der Kommission vom 24. 4. 1978, ABl. Nr. C 112/6 v. 13. 5. 1978; ferner den geänderten Vorschlag vom 5. 2. 1979, ABl. Nr. C 317/6 v. 18. 12. 1979; dazu *Lück* DB 1979, 317; *v. Wysocki* DB 1979, 1472.

2. Der Inhalt der Richtlinie

313 Die erforderliche Qualifikation des Pflichtprüfers ist im wesentlichen in Art. 2 bis 8[87] geregelt. Danach darf die Pflichtprüfung nur von zugelassenen natürlichen Personen oder Prüfungsgesellschaften durchgeführt werden. Was zunächst *natürliche Personen* betrifft, so darf die Zulassung nur solchen Personen erteilt werden, die nach Erlangung der Hochschulreife eine theoretische Ausbildung auf Universitätsniveau erhalten, zudem eine praktische Ausbildung von mindestens drei Jahren absolviert und sich sodann mit Erfolg einer beruflichen Eignungsprüfung unterzogen haben. Art. 9 und 10 erlauben den Mitgliedstaaten die Zulassung von Personen, die die genannten Voraussetzungen nicht erfüllen. Die Zulassung von Personen, die ihre Befähigung in einem Drittstaat erworben haben, ist in Art. 11 geregelt[88]. Art. 12 ff. dienen der Wahrung des Besitzstands von Personen, die nach altem Recht prüfungsbefugt waren. Für *Prüfungsgesellschaften* sind die Zulassungsvoraussetzungen in Art. 2 Abs. 1 lit. b geregelt. Danach müssen die natürlichen Personen, welche die Pflichtprüfung durchführen, die in Art. 3 bis 19 genannten Voraussetzungen erfüllen. Zudem muß grundsätzlich die Mehrheit der Stimmrechte im Besitz der solchermaßen qualifizierten Personen sein. Schließlich muß die Mehrheit der Mitglieder des Verwaltungs- oder Leitungsorgans aus nach Art. 3 ff. qualifizierten natürlichen Personen bestehen. Die Anforderungen an die *berufliche Sorgfalt* und die *Unabhängigkeit* der Prüfer sind nach Art. 23 ff. durch das einzelstaatliche Recht zu regeln.

3. Umsetzung in das deutsche Recht

314 Der deutsche Gesetzgeber hat die 8. Richtlinie durch Art. 6 des Bilanzrichtlinien-Gesetzes umgesetzt (Rdnr. 266)[89]. Die Zulassungsvoraussetzungen sind im einzelnen in §§ 131 ff. WPO geregelt; wesentliche Änderungen waren nicht veranlaßt. Nach § 319 Abs. 1 S. 1 HGB gilt der Grundsatz, daß Abschlußprüfer *nur Wirtschaftsprüfer* und Wirtschaftsprüfungsgesellschaften sein können. Zur Prüfung des Jahresabschlusses und des Lageberichts mittelgroßer Gesellschaften mit beschränkter Haftung läßt § 319 Abs. 1 S. 2 HGB aber auch die – durch das Bilanzrichtlinien-

---

[87] Artikelbezeichnungen ohne Angabe eines Gesetzes beziehen sich im folgenden auf die 8. Richtlinie.
[88] Angehörige anderer Mitgliedstaaten haben Anspruch auf Anerkennung ihrer Zulassung nach Maßgabe der Richtlinie des Rates vom 21. Dezember 1988 über die allgemeine Regelung zur Anerkennung der Hochschuldiplome, die eine mindestens dreijährige Berufsausbildung abschließen (89/48/EWG), ABl. Nr. L 19/16 v. 24. 1. 1989; s. dazu *Stumpf* in Dauses, E II Rdnr. 35 ff.; zum Aspekt der Niederlassungs- und Dienstleistungsfreiheit s. ferner *Schatzmann* RIW 1984, 614, 617 f.
[89] Dazu *Schatzmann* RIW 1984, 614, 619 f.; zur Umsetzung der 8. Richtlinie in den übrigen Mitgliedstaaten s. den Überblick bei *Hohloch* in Hohloch, Supranationales Recht Rdnr. 40.

Gesetz aus Gründen der Besitzstandswahrung geschaffenen[90] – vereidigten Buchprüfer und Buchprüfungsgesellschaften zu.

V. Text der Richtlinien

1. Jahresabschlußrichtlinie

VIERTE RICHTLINIE 78/660/EWG aufgrund von Artikel 54 Absatz 3 Buchstabe g) des Vertrages über den Jahresabschluß von Gesellschaften bestimmter Rechtsformen 315

Vom 25. Juli 1978

(ABl. Nr. L 222/11, geändert durch Beitrittsvertrag vom 19. 11. 1979 ABl. Nr. L 291/9, RL 83/349/EWG vom 13. Juni 1983 ABl. Nr. L 193/1, RL 84/569/EWG vom 27. November 1984 ABl. Nr. L 314/28, Beitrittsvertrag vom 12. 6. 1985 ABl. Nr. L 302/9, RL 89/666/EWG vom 21. Dezember 1989 ABl. Nr. L 395/36, RL 90/604/EWG vom 8. November 1990 ABl. Nr. L 317/57, RL 90/605/EWG vom 8. November 1990 ABl. Nr. L 317/60, RL 94/8/EG vom 21. März 1994 ABl. Nr. L 82/33, Beitrittsvertrag vom 24. 6. 1994 ABl. Nr. C 241/195, Beschluß vom 1. Januar 1995 ABl. Nr. L 1/143)

DER RAT DER EUROPÄISCHEN GEMEINSCHAFTEN –

gestützt auf den Vertrag zur Gründung der Europäischen Wirtschaftsgemeinschaft, insbesondere auf Artikel 54 Absatz 3 Buchstabe g),
auf Vorschlag der Kommission,
nach Stellungnahme des Europäischen Parlaments[91],
nach Stellungnahme des Wirtschafts- und Sozialausschusses[92],
in Erwägung nachstehender Gründe:

Der Koordinierung der einzelstaatlichen Vorschriften über die Gliederung und den Inhalt des Jahresabschlusses und des Lageberichts sowie über die Bewertungsmethoden und die Offenlegung dieser Unterlagen, insbesondere bei der Aktiengesellschaft und der Gesellschaft mit beschränkter Haftung, kommt im Hinblick auf den Schutz der Gesellschafter sowie Dritter besondere Bedeutung zu.

Eine gleichzeitige Koordinierung auf diesen Gebieten ist bei den vorgenannten Gesellschaftsformen deswegen erforderlich, weil die Tätigkeit der betreffenden Gesellschaften einerseits häufig über das nationale Hoheitsgebiet hinaus reicht und die Gesellschaften andererseits Dritten eine Sicherheit nur durch ihr Gesellschaftsvermögen bieten. Die Notwendigkeit und die Dringlichkeit einer solchen Koordinierung wurden im übrigen durch Artikel 2 Absatz 1 Buchstabe f) der Richtlinie 68/151/EWG[93] anerkannt und bestätigt.

Außerdem ist es erforderlich, daß hinsichtlich des Umfangs der zu veröffentlichenden finanziellen Angaben in der Gemeinschaft gleichwertige rechtliche Mindestbedingungen für miteinander im Wettbewerb stehende Gesellschaften hergestellt werden.

Der Jahresabschluß muß ein den tatsächlichen Verhältnissen entsprechendes Bild der Vermögens-, Finanz- und Ertragslage der Gesellschaft vermitteln.

---

[90] Beachte in diesem Zusammenhang *Everling* ZGR 1993, 153 ff., dem zufolge im Fall einer Umsetzung der GmbH & Co. – Richtlinie (Rdnr. 263) Übergangsregeln im Sinne des Art. 16 der 8. Richtlinie unzulässig sind.
[91] ABl. Nr. C 129 vom 11. 12. 1972, S. 38.
[92] ABl. Nr. C 39 vom 7. 6. 1973, S. 31.
[93] ABl. Nr. L 65 vom 14. 3. 1968, S. 8.

Zu diesem Zweck müssen für die Aufstellung der Bilanz sowie der Gewinn- und Verlustrechnung zwingend vorgeschriebene Gliederungsschemata vorgesehen und muß der Mindestinhalt des Anhangs sowie des Lageberichts festgelegt werden. Jedoch können für bestimmte Gesellschaften wegen ihrer geringeren wirtschaftlichen und sozialen Bedeutung Ausnahmen zugelassen werden.

Die verschiedenen Bewertungsmethoden müssen, soweit erforderlich, vereinheitlicht werden, um die Vergleichbarkeit und die Gleichwertigkeit der in den Jahresabschlüssen gemachten Angaben zu gewährleisten.

Der Jahresabschluß aller Gesellschaften, für die diese Richtlinie gilt, muß gemäß der Richtlinie 68/151/EWG offengelegt werden. Jedoch können auch in dieser Hinsicht Ausnahmen zugunsten kleiner und mittlerer Gesellschaften gemacht werden.

Der Jahresabschluß muß von dazu befugten Personen geprüft werden; hinsichtlich dieser Personen werden die für ihre Befähigung zu verlangenden Mindestanforderungen zu einem späteren Zeitpunkt koordiniert werden; lediglich bei kleinen Gesellschaften soll eine Befreiung von dieser Prüfungspflicht möglich sein.

Gehört eine Gesellschaft zu einem Konzern, so ist es wünschenswert, daß der Konzernabschluß, der ein den tatsächlichen Verhältnissen entsprechendes Bild von der Tätigkeit des Konzerns insgesamt vermittelt, offengelegt wird. Jedoch sind bis zum Inkrafttreten der Richtlinie des Rates über die Konzernabschlüsse Ausnahmen von einzelnen Bestimmungen der vorliegenden Richtlinien notwendig.

Um den Schwierigkeiten zu begegnen, die sich aus den gegenwärtigen Rechtsvorschriften einiger Mitgliedstaaten ergeben, muß die Frist, die für die Anwendung einzelner Bestimmungen dieser Richtlinie eingeräumt wird, länger sein als die in solchen Fällen sonst vorgesehene Frist —

HAT FOLGENDE RICHTLINIE ERLASSEN:

Art. 1 [Betroffene Gesellschaften] (1) Die durch diese Richtlinie vorgeschriebenen Maßnahmen der Koordinierung gelten für die Rechts- und Verwaltungsvorschriften der Mitgliedstaaten für Gesellschaften folgender Rechtsformen:
— *in der Bundesrepublik Deutschland:*
die Aktiengesellschaft, die Kommanditgesellschaft auf Aktien, die Gesellschaft mit beschränkter Haftung;
— *in Belgien:*
la société anonyme/de naamloze vennootschap,
la société en commandite par actions/de commanditaire vennootschap op aandelen,
la société de personnes à responsabilité limitée/de personenvennootschap met beperkte aansprakelijkheid;
— *in Dänemark:*
aktieselskaber, kommanditaktieselskaber, anpartsselskaber;
— *in Frankreich:*
la société anonyme, la société en commandite par actions, la société à responsabilité limitée;
— *in Irland:*
public companies limited by shares or by guarantee, private companies limited by shares or by guarantee;
— *in Italien:*
la società per azioni, la società in accomandita per azioni, la società a responsabilità limitata;
— *in Luxemburg:*
la société anonyme, la société en commandite par actions, la société à responsabilité limitée;

V. Text der Richtlinien

- *in den Niederlanden:*
  de naamloze vennootschap, de besloten vennootschap met beperkte aansprakelijkheid;
- *im Vereinigten Königreich:*
  public companies limited by shares or by guarantee, private companies limited by shares or by guarantee;
- *in Griechenland:*
  ή άνώνυμος έταιρία
  ή έταιρία περιωρισμένης εύθύνης
  ή έτερόρρυθμος κατά μετοχάς έταιρία;
- *in Spanien:*
  la sociedad anónima, la sociedad cornanditaria por acciones, la sociedad de responsabilidad limitada;
- *in Portugal:*
  a sociedade anónima de responsabilidade limitada, a sociedade em comandita por acções, a sociedade por quotas de responsabilidade limitada;
- *in Österreich:*
  die Aktiengesellschaft, die Gesellschaft mit beschränkter Haftung;
- *in Finnland:*
  osakeyhtiö, aktiebolag;
- *in Schweden:*
  aktiebolag.

Die durch diese Richtlinie vorgeschriebenen Maßnahmen der Koordinierung gelten auch für die Rechts- und Verwaltungsvorschriften der Mitgliedstaaten für Gesellschaften folgender Rechtsformen:
a) in Deutschland:
   die offene Handelsgesellschaft, die Kommanditgesellschaft;
b) in Belgien:
   la société en nom collectif/de vennootschap onder firma,
   la société en commandité simple/de gewone commanditaire vennootschap;
c) in Dänemark:
   interessentskaber, kommanditselskaber;
d) in Frankreich:
   la société en nom collectif, la société en commandite simple;
e) in Griechenland:
   η ομόρρυθμος εταιρια, η ετερόρρυθμος εταιρία;
f) in Spanien:
   sociedad colectiva, sociedad en comandita simple;
g) in Irland:
   the partnership, the limited partnership, the unlimited company;
h) in Italien:
   la società in nome collettivo, la società in accomandita semplice;
i) in Luxemburg:
   la société en nom collectif, la société en commandite simple;
j) in den Niederlanden:
   de vennootschap onder firma, de commanditaire vennootschap;
k) in Portugal:
   sociedade em nome colectivo, sociedade em comandita simples;
l) im Vereinigten Königreich:
   the partnership, the limited partnership, the unlimited company;
m) in Österreich:
   die offene Handelsgesellschaft, die Kommanditgesellschaft;
n) in Finnland:
   avoin yhtiö/öppet bolag, kommandiittiyhtiö/kommanditbolag;

o) in Schweden:
handelsbolag, kommanditbolag,
sofern alle ihre unbeschränkt haftenden Gesellschafter Gesellschaften im Sinne von Unterabsatz 1 oder Gesellschaften sind, welche nicht dem Recht eines Mitgliedstaates unterliegen, deren Rechtsform jedoch den Rechtsformen im Sinne der Richtlinie 68/151/EWG vergleichbar ist.

Die Richtlinie findet auch auf die Gesellschaftsformen im Sinne von Unterabsatz 2 Anwendung, sofern alle deren unbeschränkt haftenden Gesellschafter eine Rechtsform im Sinne von Unterabsatz 2 oder 1 haben.

(2) Bis zu einer späteren Koordinierung können die Mitgliedstaaten von einer Anwendung dieser Richtlinie auf Banken und andere Finanzinstitute sowie auf Versicherungsgesellschaften absehen.

Abschnitt 1. Allgemeine Vorschriften

Art. 2 [Bestandteile des Jahresabschlusses] (1) Der Jahresabschluß besteht aus der Bilanz, der Gewinn- und Verlustrechnung und dem Anhang zum Jahresabschluß. Diese Unterlagen bilden eine Einheit.

(2) Der Jahresabschluß ist klar und übersichtlich aufzustellen; er muß dieser Richtlinie entsprechen.

(3) Der Jahresabschluß hat ein den tatsächlichen Verhältnissen entsprechendes Bild der Vermögens-, Finanz- und Ertragslage der Gesellschaft zu vermitteln.

(4) Reicht die Anwendung dieser Richtlinie nicht aus, um ein den tatsächlichen Verhältnissen entsprechendes Bild im Sinne des Absatzes 3 zu vermitteln, so sind zusätzliche Angaben zu machen.

(5) Ist in Ausnahmefällen die Anwendung einer Vorschrift dieser Richtlinie mit der in Absatz 3 vorgesehenen Verpflichtung unvereinbar, so muß von der betreffenden Vorschrift abgewichen werden, um sicherzustellen, daß ein den tatsächlichen Verhältnissen entsprechendes Bild im Sinne des Absatzes 3 vermittelt wird. Die Abweichung ist im Anhang anzugeben und hinreichend zu begründen; ihr Einfluß auf die Vermögens-, Finanz- und Ertragslage ist darzulegen. Die Mitgliedstaaten können die Ausnahmefälle bezeichnen und die entsprechende Ausnahmeregelung festlegen.

(6) Die Mitgliedstaaten können gestatten oder vorschreiben, daß in dem Jahresabschluß neben den Angaben, die aufgrund dieser Richtlinie erforderlich sind, weitere Angaben gemacht werden.

Abschnitt 2. Allgemeine Vorschriften über die Bilanz und die Gewinn- und Verlustrechnung

Art. 3 [Grundsatz der Stetigkeit] Hinsichtlich der Gliederung der aufeinanderfolgenden Bilanzen und Gewinn- und Verlustrechnungen, insbesondere in der Wahl der Darstellungsform, muß Stetigkeit gewahrt werden. Abweichungen von diesem Grundsatz sind in Ausnahmefällen zulässig. Finden derartige Abweichungen statt, so sind sie im Anhang anzugeben und hinreichend zu begründen.

Art. 4 [Gesonderter Ausweis bestimmter Posten] (1) In der Bilanz sowie in der Gewinn- und Verlustrechnung sind die Posten, die in den Artikeln 9, 10 und 23 bis 26 vorgesehen sind, gesondert und in der angegebenen Reihenfolge auszuweisen. Eine weitere Untergliederung der Posten ist gestattet; dabei ist jedoch die Gliederung der Schemata zu beachten. Neue Posten dürfen hinzugefügt werden, soweit ihr Inhalt nicht von einem der in den Schemata vorgesehenen Posten gedeckt wird. Die Mitgliedstaaten können eine solche weitere Untergliederung oder die Hinzufügung eines neuen Postens vorschreiben.

(2) Eine Anpassung der Gliederung, Nomenklatur und Terminologie bei mit arabischen Zahlen versehenen Posten der Bilanz und der Gewinn- und Verlustrechnung muß erfolgen, wenn dies aufgrund der Besonderheit des Unternehmens erforderlich ist. Eine solche Anpassung kann von den Mitgliedstaaten für die Unternehmen eines bestimmten Wirtschaftszweigs vorgeschrieben werden.

(3) Die mit arabischen Zahlen versehenen Posten der Bilanz und der Gewinn- und Verlustrechnung können zusammengefaßt ausgewiesen werden,
a) wenn sie in bezug auf die Zielsetzung des Artikels 2 Absatz 3 einen nicht nennenswerten Betrag darstellen oder
b) wenn dadurch die Klarheit vergrößert wird; die zusammengefaßten Posten müssen jedoch gesondert im Anhang ausgewiesen werden. Eine solche Zusammenfassung kann durch die Mitgliedstaaten vorgeschrieben werden.

(4) In der Bilanz sowie in der Gewinn- und Verlustrechnung ist zu jedem Posten die entsprechende Zahl des vorhergehenden Geschäftsjahres anzugeben. Die Mitgliedstaaten können vorsehen, daß die Zahl des vorhergehenden Geschäftsjahres angepaßt werden muß, wenn diese Zahlen nicht vergleichbar sind. Besteht diese Vergleichbarkeit nicht und werden die Zahlen gegebenenfalls angepaßt, so ist dies im Anhang anzugeben und hinreichend zu erläutern.

(5) Ein Posten der Bilanz oder der Gewinn- und Verlustrechnung, der keine Zahl aufweist, wird nicht aufgeführt, es sei denn, daß im vorhergehenden Geschäftsjahr eine entsprechende Zahl gemäß Absatz 4 ausgewiesen wurde.

Art. 5 [Sondergliederungen bei Investmentgesellschaften] (1) Die Mitgliedstaaten können abweichend von Artikel 4 Absätze 1 und 2 Sondergliederungen für den Jahresabschluß von Investmentgesellschaften sowie von Beteiligungsgesellschaften vorsehen, sofern diese Sondergliederungen ein dem Artikel 2 Absatz 3 entsprechendes Bild von diesen Gesellschaften vermitteln.

(2) Als Investmentgesellschaften im Sinne dieser Richtlinie gelten ausschließlich
a) Gesellschaften, deren einziger Zweck darin besteht, ihre Mittel in Wertpapieren oder Immobilien verschiedener Art oder in anderen Werten anzulegen mit dem einzigen Ziel, das Risiko der Investitionen zu verteilen und ihre Aktionäre oder Gesellschafter an dem Gewinn aus der Verwaltung ihres Vermögens zu beteiligen;
b) Gesellschaften, die mit Investmentgesellschaften verbunden sind, die ein festes Kapital haben, sofern der einzige Zweck dieser verbundenen Gesellschaften darin besteht, voll eingezahlte Aktien, die von diesen Investmentgesellschaften ausgegeben worden sind, zu erwerben, unbeschadet des Artikels 20 Absatz 1 Buchstabe h) der Richtlinie 77/91/EWG .

(3) Als Beteiligungsgesellschaften im Sinne dieser Richtlinie gelten ausschließlich Gesellschaften, deren einziger Zweck darin besteht, Beteiligungen an anderen Unternehmen zu erwerben sowie die Verwaltung und Verwertung dieser Beteiligungen wahrzunehmen, ohne daß diese Gesellschaften unmittelbar oder mittelbar in die Verwaltung dieser Unternehmen eingreifen, unbeschadet der Rechte, die den Beteiligungsgesellschaften in ihrer Eigenschaft als Aktionärin oder Gesellschafterin zustehen. Die Einhaltung der für die Tätigkeit dieser Gesellschaften bestehenden Beschränkungen muß durch ein Gericht oder eine Verwaltungsbehörde überwacht werden können.

Art. 6 [Ausweis der Ergebnisverwendung] Die Mitgliedstaaten können gestatten oder vorschreiben, daß die Gliederung der Bilanz und der Gewinn- und Verlustrechnung für den Ausweis der Verwendung der Ergebnisse angepaßt werden kann.

---

[94] ABl. Nr. L 26 vom 31. 1. 1977, S. 1.

§ 8 Die Rechnungslegung der Gesellschaften

Art. 7 [Verrechnungsverbote] Eine Verrechnung zwischen Aktiv- und Passivposten sowie zwischen Aufwands- und Ertragsposten ist unzulässig.

Abschnitt 3. Gliederung der Bilanz

Art. 8 Für die Aufstellung der Bilanz sehen die Mitgliedstaaten eine oder beide der in den Artikeln 9 und 10 vorgesehenen Gliederungen vor. Sieht ein Mitgliedstaat beide Gliederungen vor, so kann er den Gesellschaften die Wahl zwischen diesen Gliederungen überlassen.

Art. 9

Aktiva

A. Ausstehende Einlagen auf das gezeichnete Kapital
davon eingefordert
(sofern nicht die einzelstaatlichen Rechtsvorschriften den Ausweis des eingeforderten Kapitals auf der Passivseite vorsehen. In diesem Fall muß derjenige Teil des Kapitals, der eingefordert aber noch nicht eingezahlt ist, entweder unter dem Posten A. oder unter dem Posten D. II. 5 auf der Aktivseite ausgewiesen werden).

B. Aufwendungen für die Errichtung und Erweiterung des Unternehmens
wie in den entsprechenden einzelstaatlichen Rechtsvorschriften festgelegt und soweit diese eine Aktivierung gestatten. Die einzelstaatlichen Rechtsvorschriften können ebenfalls vorsehen, daß die Aufwendungen für die Errichtung und Erweiterung des Unternehmens als erster Posten unter „Immaterielle Anlagewerte" ausgewiesen werden.

C. Anlagevermögen
  I. *Immaterielle Anlagewerte*
   1. Forschungs- und Entwicklungskosten, soweit die einzelstaatlichen Rechtsvorschriften eine Aktivierung gestatten;
   2. Konzessionen, Patente, Lizenzen, Warenzeichen und ähnliche Rechte und Werte, soweit sie
      a) entgeltlich erworben wurden und nicht unter dem Posten C. I. 3 auszuweisen sind oder
      b) von dem Unternehmen selbst erstellt wurden, soweit die einzelstaatlichen Rechtsvorschriften eine Aktivierung gestatten;
   3. Geschäfts- oder Firmenwert, sofern er entgeltlich erworben wurde;
   4. Geleistete Anzahlungen.
  II. *Sachanlagen*
   1. Grundstücke und Bauten.
   2. Technische Anlagen und Maschinen.
   3. Andere Anlagen, Betriebs- und Geschäftsausstattung.
   4. Geleistete Anzahlungen und Anlagen im Bau.
  III. *Finanzanlagen*
   1. Anteile an verbundenen Unternehmen.
   2. Forderungen gegen verbundene Unternehmen.
   3. Beteiligungen.
   4. Forderungen gegen Unternehmen, mit denen ein Beteiligungsverhältnis besteht.
   5. Wertpapiere des Anlagevermögens.
   6. Sonstige Ausleihungen.

V. Text der Richtlinien

7. Eigene Aktien oder Anteile (unter Angabe ihres Nennbetrages oder, wenn ein Nennbetrag nicht vorhanden ist, ihres rechnerischen Wertes), soweit die einzelstaatlichen Rechtsvorschriften eine Bilanzierung gestatten.

D. Umlaufvermögen
I. *Vorräte*
   1. Roh-, Hilfs- und Betriebsstoffe.
   2. Unfertige Erzeugnisse.
   3. Fertige Erzeugnisse und Waren.
   4. Geleistete Anzahlungen.

II. *Forderungen*
(Bei den folgenden Posten ist jeweils gesondert anzugeben, in welcher Höhe Forderungen mit einer Restlaufzeit von mehr als einem Jahr enthalten sind)
   1. Forderungen aus Lieferungen und Leistungen.
   2. Forderungen gegen verbundene Unternehmen.
   3. Forderungen gegen Unternehmen, mit denen ein Beteiligungsverhältnis besteht.
   4. Sonstige Forderungen.
   5. Gezeichnetes Kapital, das eingefordert, aber noch nicht eingezahlt ist (sofern nicht die einzelstaatlichen Rechtsvorschriften den Ausweis des eingeforderten Kapitals unter dem Posten A. auf der Aktivseite vorsehen).
   6. Rechnungsabgrenzungsposten (sofern nicht die einzelstaatlichen Rechtsvorschriften den Ausweis der Rechnungsabgrenzungsposten unter dem Posten E. auf der Aktivseite vorsehen).

III. *Wertpapiere*
   1. Anteile an verbundenen Unternehmen.
   2. Eigene Aktien oder Anteile (unter Angabe ihres Nennbetrages oder, wenn ein Nennbetrag nicht vorhanden ist, ihres rechnerischen Wertes), soweit die einzelstaatlichen Rechtsvorschriften eine Bilanzierung gestatten.
   3. Sonstige Wertpapiere.

IV. *Guthaben bei Kreditinstituten, Postscheckguthaben, Schecks und Kassenbestand*

E. Rechnungsabgrenzungsposten
(sofern nicht die einzelstaatlichen Rechtsvorschriften den Ausweis der Rechnungsabgrenzungsposten unter den Posten D. II. 6 auf der Aktivseite vorsehen).

F. Verlust des Geschäftsjahres
(sofern nicht die einzelstaatlichen Rechtsvorschriften den Ausweis unter dem Posten A. VI auf der Passivseite vorsehen).

Passiva

A. Eigenkapital
I. *Gezeichnetes Kapital*
(sofern nicht die einzelstaatlichen Rechtsvorschriften den Ausweis des eingeforderten Kapitals unter diesem Posten vorsehen. In diesem Fall müssen das gezeichnete und das eingezahlte Kapital gesondert ausgewiesen werden).

II. *Agio*

III. *Neubewertungsrücklage*

IV. *Rücklagen*
   1. Gesetzliche Rücklage, soweit einzelstaatliche Rechtsvorschriften die Bildung einer derartigen Rücklage vorschreiben.
   2. Rücklage für eigene Aktien oder Anteile, soweit einzelstaatliche Rechtsvor-

schriften die Bildung einer derartigen Rücklage vorschreiben, unbeschadet des Artikels 22 Absatz 1 Buchstabe b) der Richtlinie 77/91/EWG.
3. Satzungsmäßige Rücklagen.
4. Sonstige Rücklagen.
V. *Ergebnisvortrag*
VI. *Ergebnis des Geschäftsjahres*
(sofern nicht die einzelstaatlichen Rechtsvorschriften den Ausweis dieses Postens unter dem Posten F. auf der Aktivseite oder unter dem Posten E. auf der Passivseite vorschreiben).

B. Rückstellungen
1. Rückstellungen für Pensionen und ähnliche Verpflichtungen.
2. Steuerrückstellungen.
3. Sonstige Rückstellungen.

C. Verbindlichkeiten
(Bei den folgenden Posten ist jeweils gesondert und für diese Posten insgesamt anzugeben, in welcher Höhe Verbindlichkeiten mit einer Restlaufzeit von bis zu einem Jahr und Verbindlichkeiten mit einer Restlaufzeit von mehr als einem Jahr enthalten sind):
1. Anleihen, davon konvertibel.
2. Verbindlichkeiten gegenüber Kreditinstituten.
3. Erhaltene Anzahlungen auf Bestellungen, soweit diese nicht von dem Posten Vorräte offen abgesetzt werden.
4. Verbindlichkeiten aus Lieferungen und Leistungen.
5. Verbindlichkeiten aus Wechseln.
6. Verbindlichkeiten gegenüber verbundenen Unternehmen.
7. Verbindlichkeiten gegenüber Unternehmen, mit denen ein Beteiligungsverhältnis besteht.
8. Sonstige Verbindlichkeiten, davon Verbindlichkeiten aus Steuern und Verbindlichkeiten im Rahmen der sozialen Sicherheit.
9. Rechnungsabgrenzungsposten (sofern nicht die einzelstaatlichen Rechtsvorschriften den Ausweis der Rechnungsabgrenzungsposten unter dem Posten D. auf der Passivseite vorsehen).

D. Rechnungsabgrenzungsposten
(sofern nicht die einzelstaatlichen Rechtsvorschriften den Ausweis der Rechnungsabgrenzungsposten unter dem Posten C. 9 auf der Passivseite vorsehen).

E. Gewinn des Geschäftsjahres
(sofern nicht die einzelstaatlichen Rechtsvorschriften den Ausweis unter dem Posten A. VI auf der Passivseite vorsehen).

Art. 10

A. Ausstehende Einlagen auf das gezeichnete Kapital
davon eingefordert
(sofern nicht die einzelstaatlichen Rechtsvorschriften den Ausweis des eingeforderten Kapitals unter dem Posten L. vorsehen. In diesem Fall muß derjenige Teil des Kapitals, der eingefordert, aber noch nicht eingezahlt ist, entweder unter dem Posten A. oder unter dem Posten D. II. 5 ausgewiesen werden).

B. Aufwendungen für die Errichtung und Erweiterung des Unternehmens
wie in den entsprechenden einzelstaatlichen Rechtsvorschriften festgelegt und soweit

V. Text der Richtlinien

diese eine Aktivierung gestatten. Die einzelstaatlichen Rechtsvorschriften können ebenfalls vorsehen, daß die Aufwendungen für die Errichtung und Erweiterung des Unternehmens als erster Posten unter „Immaterielle Anlagewerte" ausgewiesen werden.

C. Anlagevermögen
  I. *Immaterielle Anlagewerte*
  1. Forschungs- und Entwicklungskosten, soweit die einzelstaatlichen Rechtsvorschriften eine Aktivierung gestatten.
  2. Konzessionen, Patente, Lizenzen, Warenzeichen und ähnliche Rechte und Werte, soweit sie
     a) entgeltlich erworben wurden und nicht unter dem Posten G. 1. 3 auszuweisen sind oder
     b) von dem Unternehmen selbst erstellt wurden, soweit die einzelstaatlichen Rechtsvorschriften eine Aktivierung gestatten.
  3. Geschäfts- oder Firmenwert, sofern er entgeltlich erworben wurde.
  4. Geleistete Anzahlungen.
  II. *Sachanlagen*
  1. Grundstücke und Bauten.
  2. Technische Anlagen und Maschinen.
  3. Andere Anlagen, Betriebs- und Geschäftsausstattung.
  4. Geleistete Anzahlungen und Anlagen im Bau.
  III. *Finanzanlagen*
  1. Anteile an verbundenen Unternehmen.
  2. Forderungen gegen verbundene Unternehmen.
  3. Beteiligungen.
  4. Forderungen gegen Unternehmen, mit denen ein Beteiligungsverhältnis besteht.
  5. Wertpapiere des Anlagevermögens.
  6. Sonstige Ausleihungen.
  7. Eigene Aktien oder Anteile (unter Angabe ihres Nennbetrages oder, wenn ein Nennbetrag nicht vorhanden ist, ihres rechnerischen Wertes), soweit die einzelstaatlichen Rechtsvorschriften eine Bilanzierung gestatten.

D. Umlaufvermögen
  I. *Vorräte*
  1. Roh-, Hilfs- und Betriebsstoffe.
  2. Unfertige Erzeugnisse.
  3. Fertige Erzeugnisse und Waren.
  4. Geleistete Anzahlungen.
  II. *Forderungen*
  (Bei den folgenden Posten ist jeweils gesondert anzugeben, in welcher Höhe Forderungen mit einer Restlaufzeit von mehr als einem Jahr enthalten sind)
  1. Forderungen aus Lieferungen und Leistungen.
  2. Forderungen gegen verbundene Unternehmen.
  3. Forderungen gegen Unternehmen, mit denen ein Beteiligungsverhältnis besteht.
  4. Sonstige Forderungen.
  5. Gezeichnetes Kapital, das eingefordert, aber noch nicht eingezahlt ist (sofern nicht die einzelstaatlichen Rechtsvorschriften den Ausweis des eingeforderten Kapitals unter dem Posten A. vorsehen).
  6. Rechnungsabgrenzungsposten (sofern nicht die einzelstaatlichen Rechtsvorschriften den Ausweis der Rechnungsabgrenzungsposten unter dem Posten E. vorsehen).

§ 8 Die Rechnungslegung der Gesellschaften

III. *Wertpapiere*
1. Anteile an verbundenen Unternehmen.
2. Eigene Aktien oder Anteile (unter Angabe ihres Nennbetrages oder, wenn ein Nennbetrag nicht vorhanden ist, ihres rechnerischen Wertes), soweit die einzelstaatlichen Rechtsvorschriften eine Bilanzierung gestatten.
3. Sonstige Wertpapiere.

IV. *Guthaben bei Kreditinstituten, Postscheckguthaben, Schecks und Kassenbestand.*

E. Rechnungsabgrenzungsposten
(sofern nicht die einzelstaatlichen Rechtsvorschriften den Ausweis der Rechnungsabgrenzungsposten unter dem Posten D. II. 6 vorsehen)

F. Verbindlichkeiten mit einer Restlaufzeit bis zu einem Jahr
1. Anleihen, davon konvertibel.
2. Verbindlichkeiten gegenüber Kreditinstituten.
3. Erhaltene Anzahlungen auf Bestellungen, soweit diese nicht von dem Posten Vorräte offen abgesetzt werden.
4. Verbindlichkeiten aus Lieferungen und Leistungen.
5. Verbindlichkeiten aus Wechseln.
6. Verbindlichkeiten gegenüber verbundenen Unternehmen.
7. Verbindlichkeiten gegenüber Unternehmen, mit denen ein Beteiligungsverhältnis besteht.
8. Sonstige Verbindlichkeiten, davon Verbindlichkeiten aus Steuern und Verbindlichkeiten im Rahmen der sozialen Sicherheit.
9. Rechnungsabgrenzungsposten (sofern nicht die einzelstaatlichen Rechtsvorschriften den Ausweis der Rechnungsabgrenzungsposten unter dem Posten K. vorsehen).

G. Umlaufvermögen (einschließlich der Rechnungsabgrenzungsposten, sofern unter Posten E. angegeben), **das die Verbindlichkeiten mit einer Restlaufzeit von bis zu einem Jahr** (einschließlich der Rechnungsabgrenzungsposten, sofern unter Posten K. angegeben) **übersteigt**.

H. Gesamtbetrag des Vermögens nach Abzug der Verbindlichkeiten mit einer Restlaufzeit von bis zu einem Jahr

I. Verbindlichkeiten mit einer Restlaufzeit von über einem Jahr
1. Anleihen, davon konvertibel.
2. Verbindlichkeiten gegenüber Kreditinstituten.
3. Erhaltene Anzahlungen auf Bestellungen, soweit sie nicht von den Vorräten gesondert abgezogen werden.
4. Verbindlichkeiten aus Lieferungen und Leistungen.
5. Verbindlichkeiten aus Wechseln.
6. Verbindlichkeiten gegenüber verbundenen Unternehmen.
7. Verbindlichkeiten gegenüber Unternehmen, mit denen ein Beteiligungsverhältnis besteht.
8. Sonstige Verbindlichkeiten, davon Verbindlichkeiten aus Steuern und Verbindlichkeiten im Rahmen der sozialen Sicherheit.
9. Rechnungsabgrenzungsposten (sofern nicht die einzelstaatlichen Rechtsvorschriften den Ausweis der Rechnungsabgrenzungsposten unter dem Posten K. vorsehen).

V. Text der Richtlinien

J. Rückstellungen
1. Rückstellungen für Pensionen und ähnliche Verpflichtungen.
2. Steuerrückstellungen.
3. Sonstige Rückstellungen.

K. Rechnungsabgrenzungsposten
(sofern nicht die einzelstaatlichen Rechtsvorschriften den Ausweis der Rechnungsabgrenzungsposten unter dem Posten F. 9 oder I. 9 vorsehen)

L. Eigenkapital
  I. *Gezeichnetes Kapital*
  (sofern nicht die einzelstaatlichen Rechtsvorschriften den Ausweis des eingeforderten Kapitals unter diesem Posten vorsehen. In diesem Fall müssen das gezeichnete und das eingezahlte Kapital gesondert ausgewiesen werden).
  II. *Agio*
  III. *Neubewertungsrücklage*
  IV. *Rücklagen*
  1. Gesetzliche Rücklage, soweit einzelstaatliche Rechtsvorschriften die Bildung einer derartigen Rücklage vorschreiben.
  2. Rücklage für eigene Aktien oder Anteile, soweit einzelstaatliche Rechtsvorschriften die Bildung einer derartigen Rücklage vorschreiben, unbeschadet des Artikels 22 Absatz 1 Buchstabe b) der Richtlinie 77/91/EWG.
  3. Satzungsmäßige Rücklagen.
  4. Sonstige Rücklagen.
  V. *Ergebnisvortrag*
  VI. *Ergebnis des Geschäftsjahres*

Art. 11 [Verkürzte Bilanz bei kleinen Unternehmen (Art. 11–12)] Die Mitgliedstaaten können zulassen, daß Gesellschaften, bei denen am Bilanzstichtag die Grenzen von zwei der drei folgenden Größenmerkmale, nämlich
– Bilanzsumme: 2 500 000 ECU;
– Nettoumsatzerlöse: 5 000 000 ECU;
– durchschnittliche Anzahl der während des Geschäftsjahrs Beschäftigten: 50,
nicht überschritten werden, eine verkürzte Bilanz aufstellen, in die nur die in den Artikeln 9 und 10 vorgesehenen mit Buchstaben und römischen Zahlen bezeichneten Posten aufgenommen werden, wobei die bei dem Posten D. II der Aktiva und dem Posten C. der Passiva des Artikels 9 sowie bei dem Posten D. II des Artikels 10 in Klammern verlangten Angaben gesondert, jedoch zusammengefaßt für jeden betroffenen Posten, zu machen sind.

Die Mitgliedstaaten können zulassen, daß Artikel 15 Absatz 3 Buchstabe a) und Absatz 4 nicht für die verkürzte Bilanz gilt.

Art. 12 (1) Überschreitet eine Gesellschaft zum Bilanzstichtag die Grenzen von zwei der drei in Artikel 11 genannten Größenmerkmale oder überschreitet sie diese nicht mehr, so wirken sich diese Umstände auf die Anwendung der in dem genannten Artikel vorgesehenen Ausnahmen nur dann aus, wenn sie während zwei aufeinanderfolgenden Geschäftsjahren fortbestanden haben.

(2) Bei der Umrechnung in nationale Währungen darf von den in Artikel 11 genannten und in Europäischen Rechnungseinheiten ausgedrückten Beträgen nur um höchstens 10% nach oben abgewichen werden.

(3) Die in Artikel 11 bezeichnete Bilanzsumme setzt sich bei der Gliederung nach Artikel 9 aus den Posten A. bis E. der Aktiva und bei der Gliederung nach Artikel 10 aus den Posten A. bis E. zusammen.

§ 8 Die Rechnungslegung der Gesellschaften

Art. 13 [Unter mehrere Posten fallender Vermögensgegenstand] (1) Fällt ein Vermögensgegenstand auf der Aktiv- oder Passivseite unter mehrere Posten des Gliederungsschemas, so ist die Mitzugehörigkeit zu den anderen Posten bei dem Posten, unter dem er ausgewiesen wird, oder im Anhang zu vermerken, wenn eine solche Angabe zur Aufstellung eines klaren und übersichtlichen Jahresabschlusses nötig ist.

(2) Eigene Aktien und Anteile sowie Anteile an verbundenen Unternehmen dürfen nur unter den dafür vorgesehenen Posten ausgewiesen werden.

Art. 14 [Ausweis der Garantieverpflichtungen] Unter der Bilanz oder im Anhang sind, sofern sie nicht auf der Passivseite auszuweisen sind, alle Garantieverpflichtungen, gegliedert nach den Garantiearten, die die einzelstaatlichen Rechtsvorschriften vorsehen, und unter Angabe der gewährten dinglichen Sicherheiten anzugeben. Bestehen die Garantieverpflichtungen gegenüber verbundenen Unternehmen, so ist dies gesondert anzugeben.

Abschnitt 4. Vorschriften zu einzelnen Posten der Bilanz

Art. 15 [Zuordnung zum Anlage- oder Umlaufvermögen] (1) Für die Zuordnung der Vermögenswerte zum Anlage- oder Umlaufvermögen ist ihre Zweckbestimmung maßgebend.

(2) Das Anlagevermögen umfaßt die Vermögensgegenstände, die dazu bestimmt sind, dauernd dem Geschäftsbetrieb zu dienen.

(3) a) Die Entwicklung der einzelnen Posten des Anlagevermögens ist in der Bilanz oder im Anhang darzustellen. Dabei müssen, ausgehend von den Anschaffungs- oder Herstellungskosten, die Zu- und Abgänge sowie die Umbuchungen in dem Geschäftsjahr, die bis zum Bilanzstichtag vorgenommenen Wertberichtigungen sowie die Zuschreibungen von Wertberichtigungen früherer Geschäftsjahre für jeden Posten des Anlagevermögens gesondert aufgeführt werden. Die Wertberichtigungen sind entweder in der Bilanz von dem betreffenden Posten offen abgesetzt oder im Anhang auszuweisen.

b) Wenn zum Zeitpunkt der erstmals nach dieser Richtlinie vorgenommenen Aufstellung des Jahresabschlusses die Anschaffungs- oder Herstellungskosten eines Gegenstandes des Anlagevermögens nicht ohne ungerechtfertigte Kosten oder Verzögerungen festgestellt werden können, kann der Restbuchwert am Anfang des Geschäftsjahres als Anschaffungs- oder Herstellungskosten betrachtet werden. Die Anwendung dieses Buchstabens b) ist im Anhang zu erwähnen.

c) Bei Anwendung von Artikel 33 ist der durch Buchstabe a) dieses Absatzes vorgeschriebene Ausweis der Entwicklung der einzelnen Posten des Anlagevermögens aufgrund der neu bewerteten Anschaffungs- oder Herstellungskosten vorzunehmen.

(4) Die Vorschriften des Absatzes 3 Buchstaben a) und b) gelten entsprechend für die Darstellung des Postens „Aufwendungen für die Errichtung und Erweiterung des Unternehmens".

Art. 16 [Grundstücke und Bauten] Unter dem Posten „Grundstücke und Bauten" sind Rechte an Grundstücken sowie grundstücksgleiche Rechte auszuweisen, wie sie das nationale Recht festlegt.

Art. 17 [Beteiligungen] Beteiligungen im Sinne dieser Richtlinie sind Anteile an anderen Unternehmen, die dazu bestimmt sind, dem eigenen Geschäftsbetrieb durch Herstellung einer dauernden Verbindung zu jenen Unternehmen zu dienen; dabei ist es gleichgültig, ob die Anteile in Wertpapieren verbrieft sind oder nicht. Es wird eine Beteiligung an einer anderen Gesellschaft vermutet, wenn der Anteil an ihrem Kapital über einem Vomhundertsatz liegt, der von den Mitgliedstaaten auf höchstens 20% festgesetzt werden darf.

V. Text der Richtlinien

Art. 18 [Aktive Rechnungsabgrenzungsposten] Als Rechnungsabgrenzungsposten auf der Aktivseite sind Ausgaben vor dem Abschlußstichtag auszuweisen, soweit sie Aufwendungen für eine bestimmte Zeit nach diesem Tag darstellen, sowie Erträge, die erst nach dem Abschlußstichtag fällig werden. Die Mitgliedstaaten können jedoch vorsehen, daß diese Erträge unter den Forderungen ausgewiesen werden; erreichen sie einen größeren Umfang, so müssen sie im Anhang näher erläutert werden.

Art. 19 [Wertberichtigungen] Wertberichtigungen beinhalten alle Wertänderungen von Vermögensgegenständen; sie dienen der Berücksichtigung endgültiger oder nicht endgültiger Wertminderungen, welche am Bilanzstichtag festgestellt werden.

Art. 20 [Rückstellungen] (1) Als Rückstellungen sind ihrer Eigenart nach genau umschriebene Verluste oder Verbindlichkeiten auszuweisen, die am Bilanzstichtag wahrscheinlich oder sicher, aber hinsichtlich ihrer Höhe oder dem Zeitpunkt ihres Eintritts unbestimmt sind.

(2) Die Mitgliedstaaten können außerdem die Bildung von Rückstellungen für ihrer Eigenart nach genau umschriebene, dem Geschäftsjahr oder einem früheren Geschäftsjahr zuzuordnende Aufwendungen zulassen, die am Bilanzstichtag als wahrscheinlich oder sicher, aber hinsichtlich ihrer Höhe oder dem Zeitpunkt ihres Eintritts unbestimmt sind.

(3) Rückstellungen dürfen keine Wertberichtigungen zu Aktivposten darstellen.

Art. 21 [Passive Rechnungsabgrenzungsposten] Als Rechnungsabgrenzungsposten auf der Passivseite sind Einnahmen vor dem Abschlußstichtag auszuweisen, soweit sie Erträge für eine bestimmte Zeit nach diesem Tag darstellen, sowie Aufwendungen vor dem Abschlußstichtag, welche erst nach diesem Tag zu Ausgaben führen. Die Mitgliedstaaten können jedoch vorsehen, daß diese Aufwendungen unter den Verbindlichkeiten ausgewiesen werden; erreichen sie einen größeren Umfang, so müssen sie im Anhang näher erläutert werden.

Abschnitt 5. Gliederung der Gewinn- und Verlustrechnung

Art. 22 Für die Aufstellung der Gewinn- und Verlustrechnung sehen die Mitgliedstaaten eine oder mehrere der in den Artikeln 23 bis 26 aufgeführten Gliederungen vor. Sieht ein Mitgliedstaat mehrere Gliederungen vor, so kann er den Gesellschaften die Wahl zwischen diesen Gliederungen überlassen.

Art. 23
1. Nettoumsatzerlöse,
2. Veränderung des Bestandes an fertigen und unfertigen Erzeugnissen.
3. Andere aktivierte Eigenleistungen.
4. Sonstige betriebliche Erträge.
5. a) Materialaufwand.
   b) Sonstige externe Aufwendungen.
6. Personalaufwand:
   a) Löhne und Gehälter.
   b) Soziale Aufwendungen, davon für Altersversorgung.
7. a) Wertberichtigungen zu Aufwendungen für die Errichtung und Erweiterung des Unternehmens und zu Sachanlagen und immateriellen Anlagewerten.
   b) Wertberichtigungen zu Gegenständen des Umlaufvermögens, soweit diese die in dem Unternehmen üblichen Wertberichtigungen überschreiten.
8. Sonstige betriebliche Aufwendungen.
9. Erträge aus Beteiligungen, davon aus verbundenen Unternehmen.

10. Erträge aus sonstigen Wertpapieren und Forderungen des Anlagevermögens, davon aus verbundenen Unternehmen.
11. Sonstige Zinsen und ähnliche Erträge, davon aus verbundenen Unternehmen.
12. Wertberichtigungen zu Finanzanlagen und zu Wertpapieren des Umlaufvermögens.
13. Zinsen und ähnliche Aufwendungen, davon betreffend verbundene Unternehmen.
14. Steuern auf das Ergebnis der normalen Geschäftstätigkeit.
15. Ergebnis der normalen Geschäftstätigkeit nach Abzug der Steuern.
16. Außerordentliche Erträge.
17. Außerordentliche Aufwendungen.
18. Außerordentliches Ergebnis.
19. Steuern auf das außerordentliche Ergebnis.
20. Sonstige Steuern, soweit nicht unter obigen Posten enthalten.
21. Ergebnis des Geschäftsjahres.

Art. 24

A. Aufwendungen
1. Verringerung des Bestandes an fertigen und unfertigen Erzeugnissen.
2. a) Materialaufwand.
   b) Sonstige externe Aufwendungen.
3. Personalaufwand:
   a) Löhne und Gehälter.
   b) Soziale Aufwendungen, davon für Altersversorgung.
4. a) Wertberichtigungen zu Aufwendungen für die Errichtung und Erweiterung des Unternehmens und zu Sachanlagen und immateriellen Anlagewerten.
   b) Wertberichtigungen zu Gegenständen des Umlaufvermögens, soweit diese die in den Unternehmen üblichen Wertberichtigungen überschreiten.
5. Sonstige betriebliche Aufwendungen.
6. Wertberichtigungen zu Finanzanlagen und zu Wertpapieren des Umlaufvermögens.
7. Zinsen und ähnliche Aufwendungen, davon an verbundene Unternehmen.
8. Steuern auf das Ergebnis der normalen Geschäftstätigkeit.
9. Ergebnis der normalen Geschäftstätigkeit nach Abzug der Steuern.
10. Außerordentliche Aufwendungen.
11. Steuern auf das außerordentliche Ergebnis.
12. Sonstige Steuern, soweit nicht unter obigen Posten enthalten.
13. Ergebnis des Geschäftsjahres.

B. Erträge
1. Nettoumsatzerlöse.
2. Erhöhung des Bestandes an fertigen und unfertigen Erzeugnissen.
3. Andere aktivierte Eigenleistungen.
4. Sonstige betriebliche Erträge.
5. Erträge aus Beteiligungen, davon aus verbundenen Unternehmen.
6. Erträge aus sonstigen Wertpapieren und Forderungen des Anlagevermögens, davon aus verbundenen Unternehmen.
7. Sonstige Zinsen und ähnliche Erträge, davon aus verbundenen Unternehmen.
8. Ergebnis der normalen Geschäftstätigkeit nach Abzug der Steuern.
9. Außerordentliche Erträge.
10. Ergebnis des Geschäftsjahrs.

Art. 25
1. Nettoumsatzerlöse.
2. Herstellungskosten der zur Erzielung der Umsatzerlöse erbrachten Leistungen (einschließlich der Wertberichtigungen).

3. Bruttoergebnis vom Umsatz.
4. Vertriebskosten (einschließlich der Wertberichtigungen).
5. Allgemeine Verwaltungskosten (einschließlich der Wertberichtigungen).
6. Sonstige betriebliche Erträge.
7. Erträge aus Beteiligungen, davon aus verbundenen Unternehmen.
8. Erträge aus sonstigen Wertpapieren und Forderungen des Anlagevermögens, davon aus verbundenen Unternehmen.
9. Sonstige Zinsen und ähnliche Erträge, davon aus verbundenen Unternehmen.
10. Wertberichtigungen zu Finanzanlagen und zu Wertpapieren des Umlaufvermögens.
11. Zinsen und ähnliche Aufwendungen, davon an verbundene Unternehmen.
12. Steuern auf das Ergebnis der normalen Geschäftstätigkeit.
13. Ergebnis der normalen Geschäftstätigkeit nach Abzug der Steuern.
14. Außerordentliche Erträge.
15. Außerordentliche Aufwendungen.
16. Außerordentliches Ergebnis.
17. Steuern auf das außerordentliche Ergebnis.
18. Sonstige Steuern, soweit nicht unter obigen Posten enthalten.
19. Ergebnis des Geschäftsjahres.

Art. 26

A. Aufwendungen
1. Herstellungskosten der zur Erzielung der Umsatzerlöse erbrachten Leistungen (einschließlich der Wertberichtigungen).
2. Vertriebskosten (einschließlich der Wertberichtigungen).
3. Allgemeine Verwaltungskosten (einschließlich der Wertberichtigungen).
4. Wertberichtigungen zu Finanzanlagen und zu Wertpapieren des Umlaufvermögens.
5. Zinsen und ähnliche Aufwendungen, davon an verbundene Unternehmen.
6. Steuern auf das Ergebnis der normalen Geschäftstätigkeit.
7. Ergebnis der normalen Geschäftstätigkeit nach Abzug der Steuern.
8. Außerordentliche Aufwendungen.
9. Steuern auf das außerordentliche Ergebnis.
10. Sonstige Steuern, soweit nicht unter obigen Posten enthalten.
11. Ergebnis des Geschäftsjahres.

B. Erträge
1. Nettoumsatzerlöse.
2. Sonstige betriebliche Erträge.
3. Erträge aus Beteiligungen, davon aus verbundenen Unternehmen.
4. Erträge aus sonstigen Wertpapieren und Forderungen des Anlagevermögens, davon aus verbundenen Unternehmen.
5. Sonstige Zinsen und ähnliche Erträge, davon aus verbundenen Unternehmen.
6. Ergebnis der normalen Geschäftstätigkeit nach Abzug der Steuern.
7. Außerordentliche Erträge.
8. Ergebnis des Geschäftsjahres.

Art. 27 [Erleichterungen für mittlere Unternehmen] Die Mitgliedstaaten können für Gesellschaften, bei denen am Bilanzstichtag die Grenzen von zwei der drei folgenden Größenmerkmale, nämlich
– Bilanzsumme: 10 000 000 ECU,
– Nettoumsatzerlöse: 20 000 000 ECU,
– durchschnittliche Anzahl der während des Geschäftsjahrs Beschäftigten: 250,
nicht überschritten werden, folgende Abweichungen von den in den Artikeln 23 bis 26 aufgeführten Gliederungen gestatten:

a) in Artikel 23: Zusammenfassung der Posten 1 bis 5 zu einem Posten unter der Bezeichnung „Rohergebnis";
b) in Artikel 24: Zusammenfassung der Posten A.1, A.2 und B.1 bis B.4 zu einem Posten unter der Bezeichnung „Rohertrag" oder gegebenenfalls „Rohaufwand",
c) in Artikel 25: Zusammenfassung der Posten 1, 2, 3 und 6 zu einem Posten unter der Bezeichnung „Rohergebnis";
d) in Artikel 26: Zusammenfassung der Posten A.1, B.1 und B.2 zu einem Posten unter der Bezeichnung „Rohertrag" oder gegebenenfalls „Rohaufwand".
Artikel 12 findet Anwendung.

Abschnitt 6. Vorschriften zu einzelnen Posten der Gewinn- und Verlustrechnung

Art. 28 [Nettoumsatzerlöse] Zu den Nettoumsatzerlösen zählen die Erlöse aus dem Verkauf von für die normale Geschäftstätigkeit der Gesellschaft typischen Erzeugnissen und der Erbringung von für die Tätigkeit der Gesellschaft typischen Dienstleistungen nach Abzug von Erlösschmälerungen, der Mehrwertsteuer und anderer unmittelbar auf den Umsatz bezogener Steuern.

Art. 29 [Außerordentliche Erträge/Aufwendungen (Art. 29–30)] (1) Unter den Posten „Außerordentliche Erträge" und „Außerordentliche Aufwendungen" sind Erträge und Aufwendungen zu erfassen, die außerhalb der normalen Geschäftstätigkeit der Gesellschaft anfallen.

(2) Sind die in Absatz 1 genannten Erträge und Aufwendungen für die Beurteilung der Ertragslage nicht von untergeordneter Bedeutung, so sind sie hinsichtlich ihres Betrags und ihrer Art im Anhang zu erläutern.

Dies gilt auch für die Erträge und Aufwendungen, die einem anderen Geschäftsjahr zuzurechnen sind.

Art. 30 Die Mitgliedstaaten können zulassen, daß die Steuern auf das Ergebnis der normalen Geschäftstätigkeit und die Steuern auf das außerordentliche Ergebnis zusammengefaßt und in der Gewinn- und Verlustrechnung unter einem Posten ausgewiesen werden, der vor dem Posten „Sonstige Steuern, soweit nicht unter obigem Posten enthalten" steht. In diesem Fall wird der Posten „Ergebnis der normalen Geschäftstätigkeit nach Abzug der Steuern" in den Gliederungen der Artikel 23 bis 26 gestrichen.

Wird diese Ausnahmeregelung angewandt, so müssen die Gesellschaften im Anhang angeben, in welchem Umfang die Steuern auf das Ergebnis das Ergebnis der normalen Geschäftstätigkeit und das außerordentliche Ergebnis belasten.

Abschnitt 7. Bewertungsregeln

Art. 31 [Allgemeine Bewertungsgrundsätze] (1) Die Mitgliedstaaten stellen sicher, daß für die Bewertung der Posten im Jahresabschluß folgende allgemeine Grundsätze gelten:
a) Eine Fortsetzung der Unternehmenstätigkeit wird unterstellt.
b) In der Anwendung der Bewertungsmethoden soll Stetigkeit bestehen.
c) Der Grundsatz der Vorsicht muß in jedem Fall beachtet werden. Das bedeutet insbesondere:
   aa) Nur die am Bilanzstichtag realisierten Gewinne werden ausgewiesen.
   bb) Es müssen alle voraussehbaren Risiken und zu vermutenden Verluste berücksichtigt werden, die in dem Geschäftsjahr oder einem früheren Geschäftsjahr entstanden sind, selbst wenn diese Risiken oder Verluste erst zwischen dem Bilanzstichtag und dem Tag der Aufstellung der Bilanz bekanntgeworden sind.

cc) Wertminderungen sind unabhängig davon zu berücksichtigen, ob das Geschäftsjahr mit einem Gewinn oder einem Verlust abschließt.
d) Aufwendungen und Erträge für das Geschäftsjahr, auf das sich der Jahresabschluß bezieht, müssen berücksichtigt werden, ohne Rücksicht auf den Zeitpunkt der Ausgabe oder Einnahme dieser Aufwendungen oder Erträge.
e) Die in den Aktiv- und Passivposten enthaltenen Vermögensgegenstände sind einzeln zu bewerten.
f) Die Eröffnungsbilanz eines Geschäftsjahres muß mit der Schlußbilanz des vorhergehenden Geschäftsjahres übereinstimmen.
(2) Abweichungen von diesen allgemeinen Grundsätzen sind in Ausnahmefällen zulässig. Die Abweichungen sind im Anhang anzugeben und hinreichend zu begründen; ihr Einfluß auf die Vermögens-, Finanz- und Ertragslage ist gesondert anzugeben.

Art. 32 [Anwendbare Vorschriften] Für die Bewertung der Posten im Jahresabschluß gelten die Artikel 34 bis 42, die die Anschaffungs- und Herstellungskosten zur Grundlage haben.

Art. 33 [Ausnahmemöglichkeiten] (1) Die Mitgliedstaaten können gegenüber der Kommission erklären, daß sie sich bis zu einer späteren Koordinierung die Möglichkeit vorbehalten, in Abweichung von Artikel 32 allen Gesellschaften oder einzelnen Gruppen von Gesellschaften zu gestatten oder vorzuschreiben:
a) die Bewertung auf der Grundlage des Wiederbeschaffungswertes für Sachanlagen, deren Nutzung zeitlich begrenzt ist, und für Vorräte;
b) die Bewertung der Posten im Jahresabschluß, einschließlich des Eigenkapitals, auf der Grundlage anderer Methoden als der unter Buchstabe a) bezeichneten Methode, die der Inflation Rechnung tragen sollen;
c) die Neubewertung der Sachanlagen sowie der Finanzanlagen.
Sehen die einzelstaatlichen Rechtsvorschriften Bewertungsmethoden nach Buchstabe a), b) oder c) vor, so sind der Inhalt, der Anwendungsbereich und das Verfahren dieser Methoden festzulegen.
Wird eine solche Methode angewandt, so ist dies unter Angabe der betreffenden Posten der Bilanz und der Gewinn- und Verlustrechnung sowie der für die Berechnung der ausgewiesenen Werte angewandten Methode im Anhang zu erwähnen.
(2) a) Bei Anwendung des Absatzes 1 ist der Unterschiedsbetrag, welcher sich aus der Bewertung auf der Grundlage der angewandten Methode und der Bewertung nach dem Grundsatz des Artikels 32 ergibt, auf der Passivseite unter dem Posten „Neubewertungsrücklage" auszuweisen. Die steuerliche Behandlung dieses Postens ist in der Bilanz oder im Anhang zu erläutern.
Zur Anwendung des letzten Unterabsatzes von Absatz 1 veröffentlichen die Gesellschaften im Anhang insbesondere eine Übersicht, aus der bei jeder Änderung der Rücklage während des Geschäftsjahres folgendes ersichtlich ist:
– der Betrag der Neubewertungsrücklage zu Beginn des Geschäftsjahres;
– die Unterschiedsbeträge aus der Neubewertung, die während des Geschäftsjahres auf die Neubewertungsrücklage übertragen worden sind;
– die Beträge, die während des Geschäftsjahres in Kapital umgewandelt oder auf andere Weise von der Neubewertungsrücklage übertragen worden sind, sowie die Angabe der Art einer solchen Übertragung;
– der Betrag der Neubewertungsrücklage am Ende des Geschäftsjahres.
b) Die Neubewertungsrücklage kann jederzeit ganz oder teilweise in Kapital umgewandelt werden.
c) Die Neubewertungsrücklage ist aufzulösen, soweit die darin enthaltenen Beträge nicht mehr für die Anwendung der benutzten Bewertungsmethode und die Erfüllung ihres Zwecks erforderlich sind.

Die Mitgliedstaaten können Vorschriften über die Verwendung der Neubewertungsrücklage vorsehen, sofern Übertragungen aus der Neubewertungsrücklage auf die Gewinn- und Verlustrechnung nur insoweit vorgenommen werden dürfen, als die übertragenen Beträge zu Lasten der Gewinn- und Verlustrechnung verbucht worden sind oder einen tatsächlich realisierten Gewinn darstellen. Diese Beträge sind gesondert in der Gewinn- und Verlustrechnung auszuweisen. Die Neubewertungsrücklage darf, außer wenn sie einen realisierten Gewinn darstellt, weder unmittelbar noch mittelbar auch nicht zum Teil ausgeschüttet werden.

d) Außer in den unter den Buchstaben b) und c) erwähnten Fällen darf die Neubewertungsrücklage nicht aufgelöst werden.

(3) Die Wertberichtigungen sind jährlich anhand des für das betreffende Geschäftsjahr zugrunde gelegten Wertes zu berechnen. Die Mitgliedstaaten können jedoch in Abweichung von den Artikeln 4 und 22 gestatten oder vorschreiben, daß nur der sich aus der Anwendung des Grundsatzes des Artikels 32 ergebende Betrag der Wertberichtigungen unter den betreffenden Posten in den Gliederungen der Artikel 23 bis 26 ausgewiesen wird und daß die Differenz, die sich aus der nach diesem Artikel vorgenommenen Bewertungsmethode ergibt, in den Gliederungen gesondert ausgewiesen wird. Im übrigen sind die Artikel 34 bis 42 entsprechend anzuwenden.

(4) Bei Anwendung von Absatz 1 ist in der Bilanz oder im Anhang für jeden Posten der Bilanz, mit Ausnahme der Vorräte, nach den in den Artikeln 9 und 10 aufgeführten Gliederungen folgendes getrennt auszuweisen:

a) entweder der Betrag der Bewertungen nach dem Grundsatz des Artikels 32 und der Betrag der bis zum Bilanzstichtag vorgenommenen Wertberichtigungen.

b) oder der sich am Bilanzstichtag ergebende Betrag aus der Differenz zwischen der Bewertung nach diesem Artikel und der Bewertung, die sich bei Anwendung des Artikels 32 ergeben würde, sowie gegebenenfalls der Betrag aus zusätzlichen Wertberichtigungen.

(5) Unbeschadet von Artikel 52 nimmt der Rat auf Vorschlag der Kommission innerhalb von 7 Jahren nach der Bekanntgabe dieser Richtlinie eine Prüfung und gegebenenfalls eine Änderung dieses Artikels unter Berücksichtigung der Wirtschafts- und Währungsentwicklung in der Gemeinschaft vor.

Art. 34 [Aufwendungen für Errichtung/Erweiterung] (1) a) Soweit die einzelstaatlichen Rechtsvorschriften eine Aktivierung der Aufwendungen für die Errichtung und Erweiterung des Unternehmens gestatten, müssen sie spätestens nach fünf Jahren abgeschrieben sein.

b) Solange diese Aufwendungen nicht vollständig abgeschrieben worden sind, ist die Ausschüttung von Gewinnen verboten, es sei denn, daß die dafür verfügbaren Rücklagen und der Gewinnvortrag wenigstens so hoch wie der nicht abgeschriebene Teil dieser Aufwendungen sind.

(2) Der Inhalt des Postens „Aufwendungen für die Errichtung und Erweiterung des Unternehmens" ist im Anhang zu erläutern.

Art. 35 [Bewertung des Anlagevermögens] (1) a) Die Gegenstände des Anlagevermögens sind unbeschadet der Buchstaben b) und c) zu den Anschaffungs- oder Herstellungskosten zu bewerten.

b) Bei den Gegenständen des Anlagevermögens, deren wirtschaftliche Nutzung zeitlich begrenzt ist, sind die Anschaffungs- und Herstellungskosten um Wertberichtigungen zu vermindern, die so berechnet sind, daß der Wert des Vermögensgegenstandes während dieser Nutzungszeit planmäßig zur Abschreibung gelangt.

c) aa) Bei Finanzanlagen können Wertberichtigungen vorgenommen werden, um sie mit dem niedrigeren Wert anzusetzen, der ihnen am Bilanzstichtag beizulegen ist.

V. Text der Richtlinien

bb) Bei einem Gegenstand des Anlagevermögens sind ohne Rücksicht darauf, ob seine Nutzung zeitlich begrenzt ist, Wertberichtigungen vorzunehmen, um ihn mit dem niedrigeren Wert anzusetzen, der ihm am Bilanzstichtag beizulegen ist, wenn es sich voraussichtlich um eine dauernde Wertminderung handelt.

cc) Die unter den Unterabsätzen aa) und bb) genannten Wertberichtigungen sind in der Gewinn- und Verlustrechnung aufzuführen und gesondert im Anhang anzugeben, wenn sie nicht gesondert in der Gewinn- und Verlustrechnung ausgewiesen sind.

dd) Der niedrigere Wertansatz nach den Unterabsätzen aa) und bb) darf nicht beibehalten werden, wenn die Gründe der Wertberichtigungen nicht mehr bestehen.

d) Wenn bei einem Gegenstand des Anlagevermögens allein für die Anwendung von Steuervorschriften außerordentliche Wertberichtigungen vorgenommen werden, ist der Betrag dieser Wertberichtigungen im Anhang zu erwähnen und hinreichend zu begründen.

(2) Zu den Anschaffungskosten gehören neben dem Einkaufspreis auch die Nebenkosten.

(3) a) Zu den Herstellungskosten gehören neben den Anschaffungskosten der Roh-, Hilfs- und Betriebsstoffe die dem einzelnen Erzeugnis unmittelbar zurechenbaren Kosten.

b) Den Herstellungskosten dürfen angemessene Teile der dem einzelnen Erzeugnis nur mittelbar zurechenbaren Kosten, welche auf den Zeitraum der Herstellung entfallen, hinzugerechnet werden.

(4) Zinsen für Fremdkapital, das zur Finanzierung der Herstellung von Gegenständen des Anlagevermögens gebraucht wird, dürfen in die Herstellungskosten einbezogen werden, sofern sie auf den Zeitraum der Herstellung entfallen. Ihre Aktivierung ist im Anhang zu erwähnen.

Art. 36 [Sonderregelung für Investmentgesellschaften] Die Mitgliedstaaten können abweichend von Artikel 35 Absatz 1 Buchstabe c) Unterabsatz cc) den Investmentgesellschaften im Sinne des Artikels 5 Absatz 2 gestatten, Wertberichtigungen bei Wertpapieren unmittelbar aus dem Eigenkapital vorzunehmen. Die betreffenden Beträge müssen auf der Passivseite der Bilanz gesondert ausgewiesen werden.

Art. 37 [Forschungs- und Entwicklungskosten] (1) Artikel 34 gilt entsprechend für den Posten „Forschungs- und Entwicklungskosten". Die Mitgliedstaaten können jedoch für Ausnahmefälle Abweichungen von Artikel 34 Absatz 1 Buchstabe a) gestatten. In diesem Fall können sie auch Abweichungen von Artikel 34 Absatz 1 Buchstabe b) zulassen. Diese Abweichungen sind im Anhang zu erwähnen und hinreichend zu begründen.

(2) [Geschäfts- oder Firmenwert] Artikel 34 Absatz 1 Buchstabe a) gilt entsprechend für den Posten „Geschäfts- oder Firmenwert". Die Mitgliedstaaten können jedoch Gesellschaften gestatten, ihren Geschäfts- oder Firmenwert im Verlauf eines befristeten Zeitraums von mehr als fünf Jahren planmäßig abzuschreiben, sofern dieser Zeitraum die Nutzungsdauer dieses Gegenstands des Anlagevermögens nicht überschreitet und im Anhang erwähnt und begründet wird.

Art. 38 [Ständig ersetzte Gegenstände des Sachanlagevermögens] Gegenstände des Sachanlagevermögens sowie Roh-, Hilfs- und Betriebsstoffe, die ständig ersetzt werden und deren Gesamtwert für das Unternehmen von nachrangiger Bedeutung ist, können mit einer gleichbleibenden Menge und einem gleichbleibenden Wert angesetzt werden, wenn ihr Bestand in seiner Größe, seinem Wert und seiner Zusammensetzung nur geringfügigen Veränderungen unterliegt.

Art. 39 [Umlaufvermögen] (1) a) Gegenstände des Umlaufvermögens sind unbeschadet der Buchstaben b) und c) zu den Anschaffungs- oder Herstellungskosten zu bewerten.

b) Bei Gegenständen des Umlaufvermögens sind Wertberichtigungen vorzunehmen, um diese Gegenstände mit dem niedrigeren Marktpreis oder in Sonderfällen mit einem anderen niedrigeren Wert anzusetzen, der ihnen am Bilanzstichtag beizulegen ist.

c) Die Mitgliedstaaten können außerordentliche Wertberichtigungen gestatten, soweit diese bei vernünftiger kaufmännischer Beurteilung notwendig sind, um zu verhindern, daß in der nächsten Zukunft der Wertansatz dieser Gegenstände infolge von Wertschwankungen geändert werden muß. Der Betrag dieser Wertberichtigungen ist gesondert in der Gewinn- und Verlustrechnung oder im Anhang auszuweisen.

d) Der niedrigere Wertansatz nach den Buchstaben b) und c) darf nicht beibehalten werden, wenn die Gründe der Wertberichtigungen nicht mehr bestehen.

e) Werden bei einem Gegenstand des Umlaufvermögens außerordentliche Wertberichtigungen allein für die Anwendung von Steuervorschriften vorgenommen, so ist ihre Höhe im Anhang zu erwähnen und hinreichend zu begründen.

(2) Für die Feststellung der Anschaffungs- oder Herstellungskosten gilt Artikel 35 Absätze 2 und 3. Die Mitgliedstaaten können auch Artikel 35 Absatz 4 anwenden. Die Vertriebskosten dürfen nicht in die Herstellungskosten einbezogen werden.

Art. 40 [Gleichartige Gegenstände des Vorratsvermögens/bewegliche Gegenstände] (1) Die Mitgliedstaaten können zulassen, daß die Anschaffungs- oder Herstellungskosten gleichartiger Gegenstände des Vorratsvermögens sowie alle beweglichen Vermögensgegenstände einschließlich der Wertpapiere nach den gewogenen Durchschnittswerten oder aufgrund des „First in-First out (Fifo)"- oder „Last in-First out (Lifo)"-Verfahrens oder eines vergleichbaren Verfahrens berechnet werden.

(2) Weist am Bilanzstichtag die Bewertung in der Bilanz wegen der Anwendung der Berechnungsmethoden nach Absatz 1 im Vergleich zu einer Bewertung auf der Grundlage des letzten vor dem Bilanzstichtag bekannten Marktpreises einen beträchtlichen Unterschied auf, so ist dieser Unterschiedsbetrag im Anhang pauschal für die jeweilige Gruppe auszuweisen.

Art. 41 [Rückzahlungsbetrag von Verbindlichkeiten] (1) Ist der Rückzahlungsbetrag von Verbindlichkeiten höher als der erhaltene Betrag, so kann der Unterschiedsbetrag aktiviert werden. Er ist gesondert in der Bilanz oder im Anhang auszuweisen.

(2) Dieser Betrag ist jährlich mit einem angemessenen Betrag und spätestens bis zum Zeitpunkt der Rückzahlung der Verbindlichkeiten abzuschreiben.

Art. 42 [Rückstellungen] Rückstellungen sind nur in Höhe des notwendigen Betrages anzusetzen.

Rückstellungen, die in der Bilanz unter dem Posten „Sonstige Rückstellungen" ausgewiesen werden, sind im Anhang zu erläutern, sofern sie einen gewissen Umfang haben.

Abschnitt 8. Inhalt des Anhangs

Art. 43 (1) Im Anhang sind außer den in anderen Bestimmungen dieser Richtlinie vorgeschriebenen Angaben zumindest Angaben zu machen über:
1. [Bewertungsmethoden] die auf die verschiedenen Posten des Jahresabschlusses angewandten Bewertungsmethoden sowie die Methoden zur Berechnung der Wertberichtigungen. Für die in dem Jahresabschluß enthaltenen Werte, welche in fremder Währung lauten oder ursprünglich in fremder Währung lauteten, ist anzugeben, auf welcher Grundlage sie in Landeswährung umgerechnet worden sind;

V. Text der Richtlinien

2. [Beteiligungsbesitz] Name und Sitz der Unternehmen, bei denen die Gesellschaft entweder selbst oder durch eine im eigenen Namen, aber für Rechnung der Gesellschaft handelnde Person mit mindestens einem Prozentsatz am Kapital beteiligt ist, den die Mitgliedstaaten auf höchstens 20% festsetzen dürfen, unter Angabe des Anteils am Kapital sowie der Höhe des Eigenkapitals und des Ergebnisses des letzten Geschäftsjahres, für das das betreffende Unternehmen einen Jahresabschluß festgestellt hat. Diese Angaben können unterbleiben. wenn sie in bezug auf die Zielsetzung des Artikels 2 Absatz 3 von untergeordneter Bedeutung sind. Die Angabe des Eigenkapitals und des Ergebnisses kann ebenfalls unterbleiben, wenn das betreffende Unternehmen seine Bilanz nicht veröffentlicht und es sich mittelbar oder unmittelbar zu weniger als 50% im Besitz der Gesellschaft befindet.

   Name, Sitz und Rechtsform der Unternehmen, deren unbeschränkt haftender Gesellschafter die Gesellschaft ist. Diese Angabe kann unterbleiben, wenn sie in bezug auf die Zielsetzung des Artikels 2 Absatz 3 von untergeordneter Bedeutung ist.

3. [Gezeichnete Aktien im Rahmen genehmigten Kapitals] die Zahl und den Nennbetrag oder, wenn ein Nennbetrag nicht vorhanden ist, den rechnerischen Wert der während des Geschäftsjahres im Rahmen eines genehmigten Kapitals gezeichneten Aktien, unbeschadet der Bestimmungen des Artikels 2 Absatz 1 Buchstabe e) der Richtlinie 68/151/EWG und des Artikels 2 Buchstabe c) der Richtlinie 77/91/EWG über den Betrag dieses Kapitals;

4. [Verschiedene Gattungen von Aktien] sofern es mehrere Gattungen von Aktien gibt, die Zahl und den Nennbetrag oder, falls ein Nennbetrag nicht vorhanden ist, den rechnerischen Wert für jede von ihnen;

5. [Genußscheine, Wandelschuldverschreibungen] das Bestehen von Genußscheinen, Wandelschuldverschreibungen und vergleichbaren Wertpapieren oder Rechten, unter Angabe der Zahl und der Rechte, die sie verbriefen;

6. [Langfristige Verbindlichkeiten] die Höhe der Verbindlichkeiten der Gesellschaft mit einer Restlaufzeit von mehr als fünf Jahren sowie die Höhe aller Verbindlichkeiten der Gesellschaft, die dinglich gesichert sind, unter Angabe ihrer Art und Form. Diese Angaben sind jeweils gesondert für jeden Posten der Verbindlichkeiten gemäß den in den Artikeln 9 und 10 aufgeführten Gliederungen zu machen;

7. [Nicht aus Bilanz ersichtliche Verpflichtungen] den Gesamtbetrag der finanziellen Verpflichtungen, die nicht in der Bilanz erschienen, sofern diese Angabe für die Beurteilung der Finanzlage von Bedeutung ist. Davon sind Pensionsverpflichtungen und Verpflichtungen gegenüber verbundenen Unternehmen gesondert zu vermerken;

8. [Aufgliederung der Nettoumsatzerlöse nach Märkten] die Aufgliederung der Nettoumsatzerlöse im Sinne des Artikels 28 nach Tätigkeitsbereichen sowie nach geographisch bestimmten Märkten soweit sich, unter Berücksichtigung der Organisation des Verkaufs von für die normale Geschäftstätigkeit der Gesellschaft typischen Erzeugnissen und der Erbringung von für die normale Geschäftstätigkeit der Gesellschaft typischen Dienstleistungen, die Tätigkeitsbereiche und geographisch bestimmten Märkte untereinander erheblich unterscheiden;

9. [Personalbestand] den durchschnittlichen Personalbestand während des Geschäftsjahres getrennt nach Gruppen, sowie, falls sie nicht gesondert in der Gewinn- und Verlustrechnung erscheinen, die gesamten in dem Geschäftsjahr verursachten Personalaufwendungen gemäß Artikel 23 Nummer 6;

10. [Abweichung von Bewertungsgrundsätzen] das Ausmaß, in dem die Berechnung des Jahresergebnisses von einer Bewertung der Posten beinflußt wurde, die in Abweichung von den Grundsätzen der Artikel 31 und 34 bis 42 während des Geschäftsjahres oder eines früheren Geschäftsjahres im Hinblick auf Steuererleichterungen durchgeführt wurde. Wenn eine solche Bewertung die künftige steuerliche Belastung erheblich beinflußt, muß dies angegeben werden;

11. [Steueraufwand] den Unterschied zwischen dem Steueraufwand, der dem Geschäftsjahr und den früheren Geschäftsjahren zugerechnet wird, und den für diese Geschäftsjahre gezahlten oder zu zahlenden Steuern, sofern dieser Unterschied für den künftigen Steueraufwand von Bedeutung ist. Dieser Betrag kann auch als Gesamtbetrag in der Bilanz unter einem gesonderten Posten mit entsprechender Bezeichnung ausgewiesen werden;
12. [Bezüge der Verwaltungs- und Aufsichtsorgane] die für ihre Tätigkeit im Geschäftsjahr gewährten Bezüge der Mitglieder der Verwaltungs-, Geschäftsführungs- oder Aufsichtsorgane sowie die entstandenen oder eingegangenen Pensionsverpflichtungen gegenüber früheren Mitgliedern der genannten Organe. Diese Angaben sind zusammengefaßt für jede dieser Personengruppen zu machen;
13. [Vorschüsse und Kredite an Organe] die Beträge der den Mitgliedern der Verwaltungs-, und Geschäftsführungs- oder Aufsichtsorgane gewährten Vorschüsse und Kredite unter Angabe der Zinsen, der wesentlichen Bedingungen und der gegebenenfalls zurückgezahlten Beträge sowie die Garantieverpflichtungen zugunsten dieser Personen. Diese Angaben sind zusammengefaßt für jede dieser Personengruppen zu machen.

(2) Bis zu einer späteren Koordinierung brauchen die Mitgliedstaaten Absatz 1 Nummer 2 auf Beteiligungsgesellschaften im Sinne von Artikel 5 Absatz 3 nicht anzuwenden.

(3) Die Mitgliedstaaten können zulassen, daß die in Absatz 1 Nummer 12 vorgesehenen Angaben nicht gemacht werden, wenn sich anhand dieser Angaben der Status eines bestimmten Mitglieds dieser Organe feststellen läßt.

Art. 44 (1) Die Mitgliedstaaten können gestatten, daß die in Artikel 11 bezeichneten Gesellschaften einen verkürzten Anhang aufstellen, der die in Artikel 43 Absatz 1 Nummern 5 bis 12 verlangten Angaben nicht enthält. Jedoch sind im Anhang zusammengefaßt für alle betreffenden Posten die in Artikel 43 Absatz 1 Nummer 6 verlangten Angaben zu machen.

(2) Die Mitgliedstaaten können die in Absatz 1 bezeichneten Gesellschaften darüber hinaus von der Verpflichtung befreien, die in Artikel 15 Absatz 3 Buchstabe a) und Absatz 4, den Artikeln 18 und 21 und Artikel 29 Absatz 2, Artikel 30 Absatz 2, Artikel 34 Absatz 2, Artikel 40 Absatz 2 und Artikel 42 Absatz 2 verlangten Angaben zu machen.

(3) Artikel 12 ist anzuwenden.

Art. 45 (1) Die Mitgliedstaaten können gestatten, daß die in Artikel 43 Absatz 1 Nummer 2 geforderten Angaben
a) in einer Aufstellung gemacht werden, die gemäß Artikel 3 Absätze 1 und 2 der Richtlinie 68/151/EWG hinterlegt wird; im Anhang ist auf diese Aufstellung zu verweisen;
b) nicht gemacht zu werden brauchen, soweit sie geeignet sind, einem in Artikel 43 Absatz 1 Nummer 2 bezeichneten Unternehmen einen erheblichen Nachteil zuzufügen. Die Mitgliedstaaten können dazu die vorherige Zustimmung einer Verwaltungsbehörde oder eines Gerichts verlangen. Das Unterlassen dieser Angaben ist im Anhang zu erwähnen.

(2) Absatz 1 Buchstabe b) findet ebenfalls Anwendung auf die in Artikel 43 Absatz 1 Nummer 8 geforderten Angaben.

Die Mitgliedstaaten können den in Artikel 27 bezeichneten Gesellschaften gestatten, die in Artikel 43 Absatz 1 Nummer 8 geforderten Angaben nicht zu machen. Artikel 12 ist anzuwenden.

V. Text der Richtlinien

Abschnitt 9. Inhalt des Lageberichts

Art. 46 (1) Der Lagebericht hat zumindest den Geschäftsverlauf und die Lage der Gesellschaft so darzustellen, daß ein den tatsächlichen Verhältnissen entsprechendes Bild entsteht.

(2) Der Lagebericht soll auch eingehen auf
a) Vorgänge von besonderer Bedeutung, die nach Schluß des Geschäftsjahres eingetreten sind;
b) die voraussichtliche Entwicklung der Gesellschaft;
c) den Bereich Forschung und Entwicklung;
d) die in Artikel 22 Absatz 2 der Richtlinie 77/91/EWG bezeichneten Angaben über den Erwerb eigener Aktien;
e) bestehende Zweigniederlassungen der Gesellschaft.

(3) Die Mitgliedstaaten können gestatten, daß die in Artikel 11 bezeichneten Gesellschaften nicht zur Aufstellung eines Lageberichtes verpflichtet sind, sofern sie die in Artikel 22 Absatz 2 der Richtlinie 77/91/EWG verlangten Angaben betreffend den Erwerb eigener Aktien im Anhang machen.

Abschnitt 10. Offenlegung

Art. 47 [Offenlegungspflicht] (1) Der ordnungsgemäß gebilligte Jahresabschluß und der Lagebericht sowie der Bericht der mit der Abschlußprüfung beauftragten Person sind nach den in den Rechtsvorschriften der einzelnen Mitgliedstaaten gemäß Artikel 3 der Richtlinie 68/151/EWG vorgesehenen Verfahren offenzulegen.

Die Rechtsvorschriften eines Mitgliedstaates können jedoch den Lagebericht von der genannten Offenlegung freistellen. In diesem Fall ist der Lagebericht am Sitz der Gesellschaft in dem betreffenden Mitgliedstaat zur Einsichtnahme für jedermann bereitzuhalten. Eine vollständige oder teilweise Ausfertigung dieses Berichts muß auf bloßen Antrag kostenfrei erhältlich sein.

(1a) Der Mitgliedstaat der in Artikel 1 Absatz 1 Unterabsätze 2 und 3 bezeichneten Gesellschaft (betroffene Gesellschaft) kann diese Gesellschaft von der Pflicht, ihren Abschluß gemäß Artikel 3 der Richtlinie 68/151/EWG zu veröffentlichen, mit der Maßgabe befreien, daß ihr Abschluß am Sitz der Gesellschaft zur Einsicht für jedermann bereitgehalten wird, sofern:
a) alle ihre unbeschränkt haftenden Gesellschafter Gesellschaften nach Artikel 1 Absatz 1 Unterabsatz 1 sind, die dem Recht eines anderen Mitgliedstaates als dem Mitgliedstaat der betroffenen Gesellschaft unterliegen, und keine dieser Gesellschaften den Abschluß der betroffenen Gesellschaft mit ihrem eigenen Abschluß veröffentlicht oder
b) alle unbeschränkt haftenden Gesellschafter Gesellschaften sind, welche nicht dem Recht eines Mitgliedstaates unterliegen, deren Rechtsform jedoch den Rechtsformen im Sinne der Richtlinie 68/151/EWG vergleichbar ist.

Ausfertigungen des Abschlusses müssen auf Antrag erhältlich sein. Das dafür berechnete Entgelt darf die Verwaltungskosten nicht übersteigen. Geeignete Sanktionen sind für den Fall vorzusehen, daß die in diesem Absatz vorgesehene Offenlegung nicht erfolgt.

(2) [Erleichterung für kleine Unternehmen] Abweichend von Absatz 1 können die Mitgliedstaaten zulassen, daß die in Artikel 11 bezeichneten Gesellschaften folgendes offenlegen:
a) eine verkürzte Bilanz, in die nur die in den Artikeln 9 und 10 vorgesehenen mit Buchstaben und römischen Zahlen bezeichneten Posten aufgenommen werden, wobei die bei dem Posten D. II der Aktiva und dem Posten C. der Passiva des Artikels 9 sowie bei dem Posten D. II des Artikels 10 in Klammern verlangten Angaben gesondert, jedoch zusammengefaßt für alle betreffenden Posten, zu machen sind;
b) einen gemäß Artikel 44 gekürzten Anhang.
Artikel 12 ist anzuwenden.

§ 8 Die Rechnungslegung der Gesellschaften

Die Mitgliedstaaten können diesen Gesellschaften ferner gestatten, die Gewinn- und Verlustrechnung, den Lagebericht sowie den Bericht der mit der Abschlußprüfung beauftragten Person nicht offenzulegen.

(3) [Erleichterungen für mittlere Unternehmen] Die Mitgliedstaaten können zulassen, daß die in Artikel 27 bezeichneten Gesellschaften folgendes offenlegen:
a) eine verkürzte Bilanz, welche nur die in den Artikeln 9 und 10 vorgesehenen mit Buchstaben und römischen Zahlen bezeichneten Posten enthält, wobei entweder in der Bilanz oder im Anhang gesondert anzugeben sind:
– die Posten C. 1. 3, C. II. 1, 2, 3 und 4, C. III. 1, 2, 3, 4 und 7, D. II. 2, 3 und 6 und D. III. 1 und 2 der Aktiva sowie C. 1, 2, 6, 7 und 9 der Passiva des Artikels 9;
– die Posten C. 1. 3, C. II. 1, 2, 3 und 4, C. III. 1, 2, 3, 4 und 7, D. II. 2, 3 und 6, D. III. 1 und 2, F. 1, 2, 6, 7 und 9 sowie I. 1, 2, 6, 7 und 9 des Artikels 10;
– die bei den Posten D. II der Aktiva und C. der Passiva des Artikels 9 in Klammern verlangten Angaben, jedoch zusammengefaßt für alle betreffenden Posten und gesondert für die Posten D. II. 2 und 3 der Aktiva sowie C. 1, 2, 6, 7 und 9 der Passiva;
– die bei dem Posten D. II des Artikels 10 in Klammern verlangten Angaben, jedoch zusammengefaßt für die betreffenden Posten, und gesondert für die Posten D. II. 2 und 3;
b) einen verkürzten Anhang, der die in Artikel 43 Absatz 1 Nummern 5, 6, 8, 10 und 11 verlangten Angaben nicht enthält. Jedoch sind im Anhang die in Artikel 43 Absatz 1 Nummer 6 vorgesehenen Angaben zusammengefaßt für alle betreffenden Posten zu machen.

Dieser Absatz berührt nicht die Bestimmungen des Absatzes 1 hinsichtlich der Gewinn- und Verlustrechnung, des Lageberichts sowie des Berichts der mit der Abschlußprüfung beauftragten Person.

Artikel 12 ist anzuwenden.

Art. 48 [Form der Veröffentlichung/Bestätigungsvermerk] Jede vollständige Veröffentlichung des Jahresabschlusses und des Lageberichts ist in der Form und mit dem Wortlaut wiederzugeben, auf deren Grundlage die mit der Abschlußprüfung beauftragte Person ihren Bericht erstellt hat. Der Bestätigungsvermerk muß im vollen Wortlaut beigefügt sein. Hat die mit der Abschlußprüfung beauftragte Person die Bestätigung eingeschränkt oder verweigert, so ist dies unter Angabe der Gründe gleichfalls bekanntzugeben.

Art. 49 [Unvollständige Veröffentlichung] Bei einer unvollständigen Veröffentlichung des Jahresabschlusses ist zu erwähnen, daß es sich um eine gekürzte Wiedergabe handelt; es ist auf das Register hinzuweisen, bei welchem der Jahresabschluß nach Artikel 47 Absatz 1 hinterlegt worden ist. Ist diese Hinterlegung noch nicht erfolgt, so ist dies zu erwähnen. Der Bestätigungsvermerk der mit der Abschlußprüfung beauftragten Person darf nicht beigefügt werden; es ist jedoch anzugeben, ob der Bestätigungsvermerk uneingeschränkt oder eingeschränkt erteilt oder ob er verweigert wurde.

Art. 50 [Verwendung des Ergebnisses] Gleichzeitig mit dem Jahresabschluß und in derselben Weise sind offenzulegen
– der Vorschlag zur Verwendung des Ergebnisses,
– die Verwendung des Ergebnisses,
falls diese Angaben nicht im Jahresabschluß enthalten sind.

Art. 50a Die Jahresabschlüsse können neben der Währung, in der sie aufgestellt wurden, auch in Ecu offengelegt werden. Dabei ist der am Bilanzstichtag gültige Umrechnungskurs zugrunde zu legen. Dieser Kurs ist im Anhang anzugeben.

V. Text der Richtlinien

Abschnitt 11. Prüfung

Art. 51 [Pflichtprüfung] (1) a) Die Gesellschaften sind verpflichtet, ihren Jahresabschluß durch eine oder mehrere Personen prüfen zu lassen, die nach einzelstaatlichem Recht zur Prüfung des Jahresabschlusses zugelassen sind.
b) Die mit der Abschlußprüfung beauftragte Person hat auch zu prüfen, ob der Lagebericht mit dem Jahresabschluß des betreffenden Geschäftsjahres in Einklang steht.

(2) [Befreiungsmöglichkeit für kleine Unternehmen] Die Mitgliedstaaten können die in Artikel 11 bezeichneten Gesellschaften von der in Absatz 1 genannten Verpflichtung befreien.
Artikel 12 ist anzuwenden.

(3) Im Falle des Absatzes 2 nehmen die Mitgliedstaaten in ihre Rechtsvorschriften geeignete Sanktionen für den Fall auf, daß der Jahresabschluß oder der Lagebericht dieser Gesellschaften nicht nach dieser Richtlinie erstellt sind.

Abschnitt 12. Schlußbestimmungen

Art. 52[95] **[Kontaktausschuß]** (1) Bei der Kommission wird ein Kontaktausschuß eingesetzt, der zur Aufgabe hat,
a) unbeschadet der Bestimmungen der Artikel 169 und 170 des Vertrags eine gleichmäßige Anwendung dieser Richtlinie durch eine regelmäßige Abstimmung, insbesondere in konkreten Anwendungsfragen, zu erleichtern;
b) die Kommission, falls dies erforderlich sein sollte, bezüglich Ergänzungen oder Änderungen dieser Richtlinie zu beraten.

(2) Der Kontaktausschuß setzt sich aus Vertretern der Mitgliedstaaten sowie Vertretern der Kommission zusammen. Der Vorsitz ist von einem Vertreter der Kommission wahrzunehmen. Die Sekretariatsgeschäfte werden von den Dienststellen der Kommission wahrgenommen.

(3) Der Vorsitzende beruft den Ausschuß von sich aus oder auf Antrag eines der Mitglieder des Ausschusses ein.

Art. 53 [Europäische Rechnungseinheit] (1) Als Ecu im Sinne dieser Richtlinie gilt die Rechnungseinheit, die durch die Verordnung (EWG) Nr. 3180/78[96], in der Fassung der Verordnungen (EWG) Nr. 2626/84[97], und (EWG) Nr. 1971/89[98], festgelegt worden ist.
Der Gegenwert in Landeswährung ist derjenige, welcher am 8. November gilt.

(2) Der Rat prüft auf Vorschlag der Kommission alle fünf Jahre die in Europäischen Rechnungseinheiten ausgedrückten Beträge dieser Richtlinie unter Berücksichtigung der wirtschaftlichen und monetären Entwicklung in der Gemeinschaft und ändert diese Beträge gegebenenfalls.

Art. 54 *(aufgehoben)*

---

[95] Aufgabenerweiterung des Kontaktausschusses in Artikel 47 der RL 83/349/EWG – abgedruckt unter Rdnr. 316 und in Artikel 17 der RL 89/666/EWG – abgedruckt unter Rdnr. 134.
[96] ABl. Nr. L 379 vom 30. 12. 1978, S. 1.
[97] ABl. Nr. L 247 vom 16. 9. 1984, S. 1.
[98] ABl. Nr. L 189 vom 4. 7. 1989, S. 1.

§ 8 Die Rechnungslegung der Gesellschaften

Art. 55[99] **[Umsetzungsfrist]** (1) Die Mitgliedstaaten erlassen die erforderlichen Rechts- und Verwaltungsvorschriften, um dieser Richtlinie innerhalb von zwei Jahren nach ihrer Bekanntgabe nachzukommen. Sie setzen die Kommission davon unverzüglich in Kenntnis.

(2) Die Mitgliedstaaten können vorsehen, daß die in Absatz 1 bezeichneten Vorschriften erst 18 Monate nach dem in Absatz 1 bezeichneten Zeitpunkt anzuwenden sind.
Diese 18 Monate können jedoch auf fünf Jahre verlängert werden:
a) bei den „unregistered companies" im Vereinigten Königreich und in Irland;
b) für die Anwendung der Artikel 9 und 10 sowie der Artikel 23 bis 26 hinsichtlich der Gliederungen der Bilanz und der Gewinn- und Verlustrechnung, soweit ein Mitgliedstaat in den letzten drei Jahren vor der Bekanntgabe dieser Richtlinie andere Gliederungen für die bezeichneten Unterlagen in Kraft gesetzt hat;
c) für die Anwendung der Bestimmungen dieser Richtlinie über die Berechnung und die Bilanzierung von Abschreibungen für Vermögensgegenstände, die unter Artikel 9, Posten C. II. 2 und 3 der Aktiva und unter Artikel 10, Posten C. II. 2 und 3 fallen;
d) für die Anwendung von Artikel 47 Absatz 1, außer bei Gesellschaften, die aufgrund von Artikel 2 Absatz 1 Buchstabe f) der Richtlinie 68/151/EWG bereits zur Offenlegung verpflichtet sind; in diesem Fall findet Artikel 47 Absatz 1 Unterabsatz 2 dieser Richtlinie auf den Jahresabschluß und auf den Bericht der mit der Abschlußprüfung beauftragten Person Anwendung;
e) für die Anwendung von Artikel 51 Absatz 1.
Im übrigen kann diese Frist für die Gesellschaften, deren Hauptzweck die Schiffahrt ist und die im Zeitpunkt des Inkrafttretens der in Absatz 1 bezeichneten Vorschriften bereits gegründet sind, von 18 Monaten auf acht Jahre verlängert werden.

(3) Die Mitgliedstaaten teilen der Kommission den Wortlaut der wichtigsten innerstaatlichen Rechtsvorschriften mit, die sie auf dem von dieser Richtlinie erfaßten Gebiet erlassen.

Art. 56 [Verhältnis zur Richtlinie Konzernabschluß (Art. 56–58)] (1) Die Verpflichtung zur Angabe der in den Artikeln 9, 10 und 23 bis 26 vorgesehenen Posten bezüglich verbundener Unternehmen im Sinne des Artikels 41 der Richtlinie 83/349/EWG im Jahresabschluß sowie die Verpflichtung, die in Artikel 13 Absatz 2, Artikel 14 und Artikel 43 Absatz 1 Nr. 7 hinsichtlich verbundener Unternehmen vorgesehenen Angaben zu machen, treten zu dem in Artikel 49 Absatz 2 der bezeichneten Richtlinie genannten Zeitpunkt in Kraft.

(2) Im Anhang sind auch Angaben zu machen über:
a) Name und Sitz des Unternehmens, das den konsolidierten Abschluß für den größten Kreis von Unternehmen aufstellt, dem die Gesellschaft als Tochterunternehmen angehört.
b) Name und Sitz des Unternehmens, das den konsolidierten Abschluß für den kleinsten Kreis von Unternehmen aufstellt, der in den unter Buchstabe a) bezeichneten Kreis von Unternehmen einbezogen ist und dem die Gesellschaft als Tochterunternehmen angehört.

---

[99] Gemäß Art. 10 der RL 90/604/EWG v. 8. 11. 1990 (ABl. Nr. L 317/57) sind die Bestimmungen der Artikel 11 Unterabs. 1 1. und 2. Gedankenstrich und Unterabs. 2, Art. 27 1. und 2. Gedankenstrich, Art. 43 Abs. 3, Art. 44, Art. 46 Abs. 3, Art. 47 Abs. 2 Buchst. b, Art. 50a und Art. 53 Abs. 1 bis zum 31. 12. 1992 in nationales Recht umzusetzen. Die Mitgliedstaaten können vorsehen, daß benannte Vorschriften erstmals auf die Abschlüsse des am 1. 1. 1995 oder im Laufe des Jahres 1995 beginnenden Geschäftsjahres anzuwenden sind. Dieselben Fristen gelten gemäß Art. 3 der RL 90/605/EWG v. 8. 11. 1990 (ABl. Nr. L 317/60) für die Bestimmungen der Artikel 1 Abs. 1 Unterabs. 2 und 3, Art. 43 Abs. 1 Nr. 2 Unterabs. 2, Art. 47 Abs. 1 a und Art. 57a.

V. Text der Richtlinien

c) den Ort, wo der konsolidierte Abschluß erhältlich ist, es sei denn, daß ein solcher nicht zur Verfügung steht.

Art. 57 Unbeschadet der Richtlinien 68/151/EWG und 77/91/EWG brauchen die Mitgliedstaaten die Bestimmungen der vorliegenden Richtlinie über den Inhalt, die Prüfung und die Offenlegung des Jahresabschlusses nicht auf Gesellschaften anzuwenden, die ihrem Recht unterliegen und Tochterunternehmen im Sinne der Richtlinie 83/349/EWG sind, sofern folgende Voraussetzungen erfüllt sind:
a) das Mutterunternehmen unterliegt dem Recht eines Mitgliedstaats;
b) alle Aktionäre oder Gesellschafter des Tochterunternehmens haben sich mit der bezeichneten Befreiung einverstanden erklärt; diese Erklärung muß für jedes Geschäftsjahr abgegeben werden;
c) das Mutterunternehmen hat sich bereit erklärt, für die von dem Tochterunternehmen eingegangenen Verpflichtungen einzustehen;
d) die Erklärungen nach Buchstabe b) und c) sind nach den in den Rechtsvorschriften der einzelnen Mitgliedstaaten vorgesehenen Verfahren gemäß Artikel 3 der Richtlinie 68/151/EWG offenzulegen;
e) das Tochterunternehmen ist in den von dem Mutterunternehmen nach der Richtlinie 83/349/EWG aufgestellten konsolidierten Jahresabschluß einbezogen;
f) die bezeichnete Befreiung wird im Anhang des von dem Mutterunternehmen aufgestellten konsolidierten Abschlusses angegeben;
g) der unter Buchstabe e) bezeichnete konsolidierte Abschluß, der konsolidierte Lagebericht sowie der Bericht der mit der Prüfung beauftragten Person werden für das Tochterunternehmen nach den in den Rechtsvorschriften der einzelnen Mitgliedstaaten vorgesehenen Verfahren gemäß Artikel 3 der Richtlinie 68/151/EWG offengelegt.

Art. 57a (1) Die Mitgliedstaaten können von den ihrem Recht unterliegenden Gesellschaften nach Artikel 1 Absatz 1 Unterabsatz 1, die unbeschränkt haftende Gesellschafter einer der in Artikel 1 Absatz 1 Unterabsätze 2 und 3 genannten Gesellschaften (betroffene Gesellschaften) sind, verlangen, daß der Abschluß der betroffenen Gesellschaft gemeinsam mit ihrem eigenen Abschluß gemäß dieser Richtlinie aufgestellt, geprüft und offengelegt wird.

In diesem Fall gelten die Anforderungen dieser Richtlinie nicht für die betroffene Gesellschaft.

(2) Die Mitgliedstaaten brauchen die Bestimmungen dieser Richtlinie nicht auf die betroffene Gesellschaft anzuwenden, sofern
a) der Abschluß dieser Gesellschaft im Einklang mit dieser Richtlinie von einer Gesellschaft nach Artikel 1 Absatz 1 Unterabsatz 1, die unbeschränkt haftender Gesellschafter der betroffenen Gesellschaft ist und dem Recht eines anderen Mitgliedstaates unterliegt, aufgestellt, geprüft und offengelegt wird;
b) die betroffene Gesellschaft in einen konsolidierten Abschluß einbezogen ist, der im Einklang mit der Richtlinie 83/349/EWG von einem unbeschränkt haftenden Gesellschafter aufgestellt, geprüft und offengelegt wird oder, sofern die betroffene Gesellschaft in den konsolidierten Abschluß einer größeren Gesamtheit von Unternehmen einbezogen ist, der im Einklang mit der Richtlinie 83/349/EWG von einem Mutterunternehmen, das dem Recht eines Mitgliedstaates unterliegt, aufgestellt, geprüft und offengelegt wird. Diese Befreiung ist im Anhang zum konsolidierten Abschluß anzugeben.

(3) In diesen Fällen ist die betroffene Gesellschaft gehalten, jedermann auf Anfrage den Namen der Gesellschaft zu nennen, die den Abschluß offenlegt.

Art. 58 Die Mitgliedstaaten brauchen die Bestimmungen der vorliegenden Richtlinie über die Prüfung und Offenlegung der Gewinn- und Verlustrechnung nicht auf Gesell-

schaften anzuwenden, die ihrem Recht unterliegen und Mutterunternehmen im Sinne der Richtlinie 83/349/EWG sind, sofern folgende Voraussetzungen erfüllt sind:
a) das Mutterunternehmen stellt einen konsolidierten Abschluß nach der Richtlinie 83/349/EWG auf und ist in diesen Abschluß einbezogen;
b) die bezeichnete Befreiung wird im Anhang des Jahresabschlusses des Mutterunternehmens angegeben;
c) die bezeichnete Befreiung wird im Anhang des vom Mutterunternehmen aufgestellten konsolidierten Abschlusses angegeben;
d) das nach der vorliegenden Richtlinie errechnete Ergebnis des Geschäftsjahres des Mutterunternehmens wird in der Bilanz des Mutterunternehmens ausgewiesen.

Art. 59 [Bewertung von Beteiligungen an verbundenen Unternehmen]
(1) Die Mitgliedstaaten können gestatten oder vorschreiben, daß eine Beteiligung im Sinne des Artikels 17 am Kapital eines Unternehmens, auf dessen Geschäfts- und Finanzpolitik ein maßgeblicher Einfluß ausgeübt wird, in der Bilanz nach den folgenden Absätzen 2 bis 9 je nach Lage des Falles entweder als Unterposten des Postens ‚Anteile an verbundenen Unternehmen' oder als Unterposten des Postens ‚Beteiligungen' ausgewiesen wird. Es wird vermutet, daß ein Unternehmen einen maßgeblichen Einfluß auf ein anderes Unternehmen ausübt, sofern jenes Unternehmen 20% oder mehr der Stimmrechte der Aktionäre oder Gesellschafter dieses Unternehmens besitzt. Artikel 2 der Richtlinie 83/349/ EWG findet Anwendung.
(2) Bei der erstmaligen Anwendung des vorliegenden Artikels auf eine Beteiligung im Sinne von Absatz 1 wird diese in der Bilanz wie folgt ausgewiesen:
a) entweder mit dem Buchwert nach den Artikeln 31 bis 42; dabei wird der Unterschiedsbetrag zwischen diesem Wert und dem Betrag, der dem auf die Beteiligung entfallenden Teil des Eigenkapitals entspricht, in der Bilanz oder im Anhang gesondert ausgewiesen. Bei der Berechnung dieses Unterschiedsbetrags wird der Zeitpunkt der erstmaligen Anwendung dieser Methode zugrunde gelegt;
b) oder mit dem Betrag, der dem auf die Beteiligung entfallenden Teil des Eigenkapitals entspricht; dabei wird der Unterschiedsbetrag zwischen diesem Wert und dem nach den Bewertungsvorschriften der Artikel 31 bis 42 ermittelten Buchwert in der Bilanz oder im Anhang gesondert ausgewiesen. Bei der Berechnung dieses Unterschiedsbetrags wird der Zeitpunkt der erstmaligen Anwendung dieser Methode zugrunde gelegt.
c) Die Mitgliedstaaten können die Anwendung nur eines der Buchstaben a) und b) vorschreiben. In der Bilanz oder im Anhang ist anzugeben, ob von Buchstabe a) oder b) Gebrauch gemacht worden ist.
d) Die Mitgliedstaaten können ferner im Hinblick auf die Anwendung der Buchstaben a) und b) gestatten oder vorschreiben, daß die Berechnung des Unterschiedsbetrags zum Zeitpunkt des Erwerbs der Beteiligung im Sinne von Absatz 1 erfolgt oder beim Erwerb zu verschiedenen Zeitpunkten zu dem Zeitpunkt, zu dem die Anteile oder Aktien Beteiligungen im Sinne des Absatzes 1 geworden sind.
(3) Sind Gegenstände des Aktiv- oder Passivvermögens des Unternehmens, an dem eine Beteiligung nach Absatz 1 besteht, nach anderen Methoden bewertet worden, als sie die Gesellschaft anwendet, die den Jahresabschluß aufstellt, so können diese Vermögenswerte für die Berechnung des Unterschiedsbetrags nach Absatz 2 Buchstabe a) oder Absatz 2 Buchstabe b) nach den Methoden neu bewertet werden, welche die Gesellschaft anwendet, die den Jahresabschluß aufstellt. Wird eine solche Neubewertung nicht vorgenommen, so ist dies im Anhang zu erwähnen. Die Mitgliedstaaten können eine solche Neubewertung vorschreiben.
(4) Der Buchwert nach Absatz 2 Buchstabe a) oder der Betrag, der dem auf die Beteiligung entfallenden Teil des Eigenkapitals nach Absatz 2 Buchstabe b) entspricht, wird um die während des Geschäftsjahres eingetretenen Änderungen des auf die Beteiligung

V. Text der Richtlinien

entfallenden Eigenkapitals erhöht oder vermindert; er vermindert sich außerdem um den Betrag der auf die Beteiligung entfallenden Dividenden.

(5) Sofern ein positiver Unterschiedsbetrag nach Absatz 2 Buchstabe a) oder Absatz 2 Buchstabe b) nicht einer bestimmten Kategorie von Gegenständen des Aktiv- oder Passivvermögens zugerechnet werden kann, wird dieser nach den Vorschriften für den Posten ‚Firmen- oder Geschäftswert' behandelt.

(6) a) Der auf die Beteiligung im Sinne von Absatz 1 entfallende Teil des Ergebnisses wird unter einen gesonderten Posten mit entsprechender Bezeichnung in der Gewinn- und Verlustrechnung ausgewiesen.

b) Sofern dieser Betrag denjenigen übersteigt, der als Dividende bereits eingegangen ist oder auf deren Zahlung ein Anspruch besteht, ist der Unterschiedsbetrag in eine Rücklage einzustellen, die nicht an die Aktionäre ausgeschüttet werden darf.

c) Die Mitgliedstaaten können gestatten oder vorschreiben, daß der auf die Beteiligung im Sinne von Absatz 1 entfallende Teil des Ergebnisses in der Gewinn- und Verlustrechnung nur ausgewiesen wird, soweit er Dividenden entspricht, die bereits eingegangen sind oder auf deren Zahlung ein Anspruch besteht.

(7) Die Weglassungen nach Artikel 26 Absatz 1 Buchstabe c) der Richtlinie 83/349/EWG werden nur insoweit vorgenommen, als die betreffenden Tatbestände bekannt oder zugänglich sind. Artikel 26 Absätze 2 und 3 der genannten Richtlinie sind anwendbar.

(8) Sofern das Unternehmen, an dem eine Beteiligung im Sinne von Absatz 1 besteht, einen konsolidierten Abschluß aufstellt, sind die vorstehenden Absätze auf das in diesem konsolidierten Abschluß ausgewiesene Eigenkapital anzuwenden.

(9) Auf die Anwendung des vorliegenden Artikels kann verzichtet werden, wenn die Beteiligung im Sinne von Absatz 1 im Hinblick auf die Zielsetzung des Artikels 2 Absatz 3 nur von untergeordneter Bedeutung ist.

Art. 60 [Bewertung der Anlagewerte von Investmentgesellschaften] Bis zu einer späteren Koordinierung können die Mitgliedstaaten vorsehen, daß die Werte, in denen die Investmentgesellschaften im Sinne des Artikel 5 Absatz 2 ihre Mittel angelegt haben, auf der Grundlage des Marktpreises bewertet werden.

In diesem Falle können die Mitgliedstaaten auch die Investmentgesellschaften mit veränderlichem Kapital davon freistellen, die in Artikel 36 erwähnten Beträge der Wertberichtigungen gesondert auszuweisen.

Art. 61 [Herrschende Gesellschaft eines Konzerns] Die Mitgliedstaaten brauchen die Vorschriften des Artikels 43 Absatz 1 Nummer 2 hinsichtlich der Höhe des Eigenkapitals sowie des Ergebnisses der betroffenen Unternehmen nicht anzuwenden auf Unternehmen, die ihrem Recht unterliegen und Mutterunternehmen im Sinne der Richtlinie 83/349/EWG sind, sofern

a) diese Unternehmen in den von dem Mutterunternehmen erstellten konsolidierten Abschluß oder in den konsolidierten Abschluß eines größeren Kreises von Unternehmen nach Artikel 7 Absatz 2 der Richtlinie 83/349/EWG einbezogen worden sind, oder

b) die Beteiligungen am Kapital der betroffenen Unternehmen entweder im Jahresabschluß des Mutterunternehmens gemäß Artikel 59 oder in dem konsolidierten Abschluß des Mutterunternehmens nach Artikel 33 der Richtlinie 83/349/EWG behandelt werden.

Art. 62 Diese Richtlinie ist an die Mitgliedstaaten gerichtet.

2. Richtlinie über den konsolidierten Abschluß

316 **SIEBENTE RICHTLINIE 83/349/EWG aufgrund von Artikel 54 Absatz 3 Buchstabe g) des Vertrages über den konsolidierten Abschluß**

Vom 13. Juni 1983

(ABl. Nr. L 193/1, geändert durch Beitrittsvertrag vom 12. 6. 1985 ABl. Nr. L 302/9, RL 89/666/ EWG vom 21. Dezember 1989 ABl. Nr. L 395/36, RL 90/604/EWG vom 8. November 1990 ABl. Nr. L 317/57, RL 90/605/EWG vom 8. November 1990 ABl. Nr. L 317/60, Beitrittsvertrag vom 24. 6. 1994 ABl. Nr. C 941/195 Beschluß vom 1. Januar 1995 ABl. Nr. L 1/143)

DER RAT DER EUROPÄISCHEN GEMEINSCHAFTEN –
gestützt auf den Vertrag zu Gründung der Europäischen Wirtschaftsgemeinschaft und insbesondere auf Artikel 54 Absatz 3 Buchstabe g),
auf Vorschlag der Kommission[100],
nach Stellungnahme des Europäischen Parlaments[101],
nach Stellungnahme des Wirtschafts- und Sozialausschusses[102],
in Erwägung nachstehender Gründe:
Der Rat hat am 25. Juli 1978 die Richtlinie 78/660/EWG[103] zur Koordinierung der einzelstaatlichen Vorschriften über den Jahresabschluß von Gesellschaften bestimmter Rechtsformen erlassen. Eine bedeutende Anzahl von Gesellschaften gehört Unternehmenszusammenschlüssen an. Damit die Informationen über die finanziellen Verhältnisse dieser Unternehmenszusammenschlüsse zur Kenntnis der Gesellschafter und Dritter gebracht wird, muß ein konsolidierter Abschluß erstellt werden. Eine Koordinierung der nationalen Vorschriften über den konsolidierten Abschluß ist daher geboten, um die Vergleichbarkeit und Gleichwertigkeit der Informationen zu verwirklichen.

Um die Bedingungen der Konsolidierung zu bestimmen, müssen sowohl die Fälle berücksichtigt werden, in denen die Beherrschungsbefugnis auf einer Mehrheit der Stimmrechte beruht, als auch jene, in denen dies aufgrund von Vereinbarungen, sofern sie zulässig sind, geschieht. Den Mitgliedstaaten ist weiterhin zu gestatten, daß sie gegebenenfalls den Fall regeln, daß unter bestimmten Umständen aufgrund einer Minderheitsbeteiligung eine tatsächliche Beherrschung ausgeübt wird. Es ist den Mitgliedstaaten weiterhin die Möglichkeit einzuräumen, den Fall von auf gleichberechtigter Ebene zustandegekommenen Unternehmenszusammenschlüssen zu regeln.

Die Koordinierung im Bereich des konsolidierten Abschlusses ist abgestellt auf den Schutz der Interessen, die gegenüber Kapitalgesellschaften bestehen. Dieser Schutz beinhaltet den Grundsatz der Aufstellung eines konsolidierten Abschlusses, wenn eine solche Gesellschaft zu einem Unternehmenszusammenschluß gehört; dieser konsolidierte Abschluß ist zumindest dann zwingend zu erstellen, wenn eine solche Gesellschaft ein Mutterunternehmen ist. In Fällen, in denen ein Tochterunternehmen selbst Mutterunternehmen ist, ist es im Interesse einer vollständigen Information weiterhin erforderlich, einen konsolidierten Abschluß aufzustellen. Indessen kann – beziehungsweise in bestimmten Fällen muß – ein Mutterunternehmen von der Pflicht, einen konsolidierten Teilabschluß aufzustellen, befreit werden, sofern seine Gesellschafter und Dritte hinreichend geschützt sind.

Bei Unternehmenszusammenschlüssen, die eine bestimmte Größe nicht überschreiten, ist eine Ausnahme von der Verpflichtung zur Erstellung eines konsolidierten Abschlusses gerechtfertigt. Es ist daher erforderlich, Höchstgrenzen für eine solche Freistellung festzu-

---

[100] ABl. Nr. C 121 vom 2. 6. 1976, S. 2.
[101] ABl. Nr. C 163 vom 10. 7. 1978, S. 60.
[102] ABl. Nr. C 75 vom 26. 3. 1977, S. 5.
[103] ABl. Nr. L 222 vom 14. 8. 1978, S. 11.

V. Text der Richtlinien

legen. Daraus ergibt sich, daß die Mitgliedstaaten schon das Überschreiten eines der drei Größenmerkmale für die Nichtanwendung der Ausnahme als ausreichend ansehen oder aber niedrigere Größenmerkmale als die in der Richtlinie vorgesehenen festlegen können.

Der konsolidierte Abschluß muß ein den tatsächlichen Verhältnissen entsprechendes Bild der Vermögens-, Finanz- und Ertragslage der insgesamt in die Konsolidierung einbezogenen Unternehmen geben. Zu diesem Zweck muß die Konsolidierung grundsätzlich alle Unternehmen des Zusammenschlusses einbeziehen. Im Rahmen dieser Konsolidierung müssen die betreffenden Gegenstände des Aktiv- und Passivvermögens, die Erträge und Aufwendungen dieser Unternehmen voll in den konsolidierten Abschluß übernommen werden; dabei sind die Anteile der außerhalb dieses Zusammenschlusses stehenden Personen gesondert anzugeben. Es sind jedoch die erforderlichen Berichtigungen vorzunehmen, um die Auswirkungen finanzieller Beziehungen zwischen den konsolidierten Unternehmen wegzulassen.

Eine bestimmte Anzahl von Grundsätzen für die Erstellung der konsolidierten Abschlüsse und die Bewertung im Rahmen dieser Abschlüsse müssen festgelegt werden, um sicherzustellen, daß diese übereinstimmende und vergleichbare Vermögenswerte umfassen, sowohl was die hierauf angewandten Bewertungsmethoden als auch die berücksichtigten Geschäftsjahre angeht.

Die Beteiligungen am Kapital von Unternehmen, bei denen von der Konsolidierung betroffene Unternehmen einen maßgeblichen Einfluß ausüben, müssen in die konsolidierten Abschlüsse auf der Grundlage der Equity-Methode einbezogen werden.

Es ist unentbehrlich, daß der Anhang des konsolidierten Abschlusses genaue Angaben über die zu konsolidierenden Unternehmen enthält.

Bestimmte in der Richtlinie 78/660/EWG ursprünglich übergangsweise vorgesehene Ausnahmen können vorbehaltlich einer späteren Überprüfung aufrechterhalten bleiben –

HAT FOLGENDE RICHTLINIE ERLASSEN:

1. Abschnitt. Voraussetzungen für die Aufstellung des konsolidierten Abschlusses

Art. 1 [Anwendungsbereich] (1) Die Mitgliedstaaten schreiben jedem ihrem Recht unterliegenden Unternehmen vor, einen konsolidierten Abschluß und einen konsolidierten Lagebericht zu erstellen, wenn dieses Unternehmen (Mutterunternehmen)
a) die Mehrheit der Stimmrechte der Aktionäre oder Gesellschafter eines Unternehmens (Tochterunternehmens) hat
oder
b) das Recht hat, die Mehrheit der Mitglieder des Verwaltungs-, Leitungs- oder Aufsichtsorgans eines Unternehmens (Tochterunternehmens) zu bestellen oder abzuberufen und gleichzeitig Aktionär oder Gesellschafter dieses Unternehmens ist
oder
c) das Recht hat, auf ein Unternehmen (Tochterunternehmen), dessen Aktionär oder Gesellschafter es ist, einen beherrschenden Einfluß aufgrund eines mit diesem Unternehmen geschlossenen Vertrags oder aufgrund einer Satzungsbestimmung dieses Unternehmens auszuüben, sofern das Recht, dem dieses Tochterunternehmen unterliegt, es zuläßt, daß dieses solchen Verträgen oder Satzungsbestimmungen unterworfen wird. Die Mitgliedstaaten brauchen nicht vorzuschreiben, daß das Mutterunternehmen Aktionär oder Gesellschafter des Tochterunternehmens sein muß. Mitgliedstaaten, deren Recht derartige Verträge oder Satzungsbestimmungen nicht vorsieht, sind nicht gehalten, diese Bestimmungen anzuwenden.
oder
d) Aktionär oder Gesellschafter eines Unternehmens ist und
    aa) allein durch die Ausübung seiner Stimmrechte die Mehrheit der Mitglieder des Verwaltungs-, Leitungs- oder Aufsichtsorgans dieses Unternehmens (Tochterun-

ternehmens), die während des Geschäftsjahres sowie des vorhergehenden Geschäftsjahres bis zur Erstellung des konsolidierten Abschlusses im Amt sind, bestellt worden sind, oder

bb) aufgrund einer Vereinbarung mit anderen Aktionären oder Gesellschaftern dieses Unternehmens allein über die Mehrheit der Stimmrechte der Aktionäre oder Gesellschafter dieses Unternehmens (Tochterunternehmens) verfügt. Die Mitgliedstaaten können nähere Bestimmungen über Form und Inhalt einer solchen Vereinbarung treffen.

Die Mitgliedstaaten schreiben mindestens die unter Unterbuchstabe bb) angeführte Regelung vor.

Sie können die Anwendung von Unterbuchstabe aa) davon abhängig machen, daß auf die Beteiligung 20% oder mehr der Stimmrechte der Aktionäre oder Gesellschafter entfallen.

Unterbuchstabe aa) findet jedoch keine Anwendung, wenn ein anderes Unternehmen gegenüber diesem Tochterunternehmen die Rechte im Sinne der Buchstaben a), b) oder c) hat.

(2) Außer den in Absatz 1 bezeichneten Fällen können die Mitgliedstaaten bis zu einer späteren Koordinierung jedem ihrem Recht unterliegenden Unternehmen die Aufstellung eines konsolidierten Abschlusses und eines konsolidierten Lageberichts vorschreiben, wenn dieses Unternehmen (Mutterunternehmen) an einem anderen Unternehmen (Tochterunternehmen) eine Beteiligung im Sinne von Artikel 17 der Richtlinie 78/660/EWG besitzt und

a) das Mutterunternehmen tatsächlich einen beherrschenden Einfluß auf das Tochterunternehmen ausübt

oder

b) Mutter- und Tochterunternehmen unter einheitlicher Leitung des Mutterunternehmens stehen.

Art. 2 [Berechnungsregeln für beherrschenden Einfluß] (1) Bei der Anwendung von Artikel 1 Absatz 1 Buchstaben a), b) und d) sind den Stimm-, Bestellungs- oder Abberufungsrechten des Mutterunternehmens die Rechte eines anderen Tochterunternehmens oder einer Person, die in eigenem Namen, aber für Rechnung des Mutterunternehmens oder eines anderen Tochterunternehmens handelt, hinzuzurechnen.

(2) Bei der Anwendung von Artikel 1 Absatz 1 Buchstaben a), b) und d) sind von den in Absatz 1 des vorliegenden Artikels bezeichneten Rechten die Rechte abzuziehen,

a) die mit Aktien oder Anteilen verbunden sind, die für Rechnung einer anderen Person als das Mutterunternehmen oder ein Tochterunternehmen gehalten werden, oder

b) die mit Aktien oder Anteilen verbunden sind, die als Sicherheit gehalten werden, sofern diese Rechte nach erhaltenen Weisungen ausgeübt werden, oder der Besitz dieser Anteile oder Aktien für das haltende Unternehmen ein laufendes Geschäft im Zusammenhang mit der Gewährung von Darlehen darstellt, sofern die Stimmrechte im Interesse des Sicherungsgebers ausgeübt werden.

(3) Für die Anwendung von Artikel 1 Absatz 1 Buchstaben a) und d) sind von der Gesamtheit der Stimmrechte der Aktionäre oder Gesellschafter eines Tochterunternehmens die Stimmrechte abzuziehen, die mit Aktien oder Anteilen verbunden sind, die von diesem Unternehmen selbst, von einem seiner Tochterunternehmen oder von einer im eigenen Namen, aber für Rechnung dieser Unternehmen handelnden Person gehalten werden.

Art. 3 [Sitzunabhängige Konsolidierung] (1) Das Mutterunternehmen sowie alle seine Tochterunternehmen sind ohne Rücksicht auf deren Sitz zu konsolidieren; Artikel 13, 14 und 15 bleiben unberührt.

(2) Für die Anwendung von Absatz 1 gilt jedes Tochterunternehmen eines Tochter-

V. Text der Richtlinien

unternehmens als das des Mutterunternehmens, das an der Spitze der zu konsolidierenden Unternehmen steht.

Art. 4 [Der Konsolidierung unterliegende Rechtsformen] (1) Das Mutterunternehmen sowie alle seine Tochterunternehmen sind zu konsolidierende Unternehmen im Sinne dieser Richtlinie, wenn entweder das Mutterunternehmen oder eines oder mehrere seiner Tochterunternehmen eine der folgenden Rechtsformen haben:
a) *in Deutschland:*
Aktiengesellschaft, Kommanditgesellschaft auf Aktien, Gesellschaft mit beschränkter Haftung;
b) *in Belgien:*
Société anonyme/Naamloze vennootschap, Société en commandite par actions/ Commanditaire vennootschap op aandelen, Société de personnes à responsabilité limitée/Personenvennootschap met beperkte aansprakelijkheid;
c) *in Dänemark:*
aktieselskaber, kommanditaktieselskaber, anpartsselskaber;
d) *in Frankreich:*
Société anonyme, Société en commandite par actions, Société à responsabilité limitée;
e) *in Griechenland:*
η ανωυνμη εταιρια, η εταιρια περιοριομενξ εωθνηξ, η ετεροορνθμη κατά μετοχξ εταιρια;
f) *in Irland:*
Public companies limited by shares or by guarantee, Private companies limited by shares or by guarantee;
g) *in Italien:*
Società per azioni, Società in accomandita per azioni, Società a responsabilità limitata;
h) *in Luxemburg:*
Société anonyme, Société en commandite par actions, Société à responsabilité limitée;
i) *in den Niederlanden:*
Naamloze vennootschap, Besloten vennootschap met beperkte aansprakelijkheid;
j) *im Vereinigten Königreich:*
Public companies limited by shares or by guarantee, Private companies limited by shares or by guarantee;
k) *in Spanien:*
la sociedad anónima, la sociedad comanditaria por acciones, la sociedad de responsabilidad limitada;
l) *in Portugal:*
a sociedade anónima de responsabilidade linaltada, a sociedade em comandita por acções, a sociedade por quotas de responsabilidade limitada.
m) *in Österreich:*
die Aktiengesellschaft, die Gesellschaft mit beschränkter Haftung;
n) *in Finnland:*
osakeyhtiö/aktiebolag;
o) *in Schweden:*
aktiebolag.

Unterabsatz 1 findet auch Anwendung, wenn entweder das Mutterunternehmen oder eines oder mehrere seiner Tochterunternehmen eine der in Artikel 1 Absatz 1 Unterabsätze 2 oder 3 der Richtlinie 78/660/EWG bezeichneten Rechtsformen haben.

(2) Die Mitgliedstaaten können jedoch eine Befreiung von der in Artikel 1 Absatz 1 genannten Verpflichtung vorsehen, wenn das Mutterunternehmen nicht eine der in Absatz 1 des vorliegenden Artikels oder in Artikel 1 Absatz 1 Unterabsätze 2 oder 3 der Richtlinie 78/660/EWG bezeichneten Rechtsformen hat.

Art. 5 [Befreiung von Konsolidierungspflicht (Art. 5–11)] (1) Die Mitgliedstaaten können eine Befreiung von der in Artikel 1 Absatz 1 bezeichneten Verpflichtung vorsehen, wenn das Mutterunternehmen eine Beteiligungsgesellschaft im Sinne des Artikels 5 Absatz 3 der Richtlinie 78/660/EWG ist und

a) während des Geschäftsjahres weder mittelbar noch unmittelbar in die Verwaltung des Tochterunternehmens eingegriffen hat, und

b) das mit der Beteiligung verbundene Stimmrecht bei der Bestellung eines Mitglieds des Verwaltungs-, Leitungs- oder Aufsichtsorgans eines Tochterunternehmens während des Geschäftsjahres sowie der fünf vorhergehenden Geschäftsjahre nicht ausgeübt hat oder, falls die Ausübung des Stimmrechts für die Tätigkeit des Verwaltungs-, Leitungs- oder Aufsichtsorgans des Tochterunternehmens notwendig war, sofern kein mit der Mehrheit der Stimmrechte beteiligter Aktionär oder Gesellschafter des Mutterunternehmens und kein Mitglied des Verwaltungs-, Leitungs- oder Aufsichtsorgans dieses Unternehmens oder seines mit der Mehrheit der Stimmrechte beteiligten Aktionärs oder Gesellschafters den Verwaltungs-, Leitungs- oder Aufsichtsorganen des Tochterunternehmens angehört und die so bestellten Mitglieder dieser Organe ihr Amt ohne Einmischung oder Einflußnahme des Mutterunternehmens oder eines seiner Tochterunternehmen ausgeübt haben und

c) Darlehen nur solchen Unternehmen gewährt hat, an denen es eine Beteiligung besitzt. Sind Darlehen an andere Empfänger gegeben worden, so müssen diese bis zum Stichtag des Jahresabschlusses für das vorhergehende Geschäftsjahr zurückgezahlt worden sein, und

d) die Befreiung von einer Behörde nach Prüfung der vorstehend aufgeführten Voraussetzungen erteilt worden ist.

(2) a) Wird eine Beteiligungsgesellschaft befreit, so findet Artikel 43 Absatz 2 der Richtlinie 78/660/EWG von dem in Artikel 49 Absatz 2 bezeichneten Zeitpunkt an keine Anwendung auf den Jahresabschluß dieser Gesellschaft im Hinblick auf Mehrheitsbeteiligungen an ihren Tochterunternehmen.

b) Die für Mehrheitsbeteiligungen nach Artikel 43 Absatz 1 Ziffer 2 der Richtlinie 78/660/EWG vorgeschriebenen Angaben brauchen nicht gemacht zu werden, soweit sie geeignet sind, der Gesellschaft, ihren Aktionären oder Gesellschaftern oder einem ihrer Tochterunternehmen einen erheblichen Nachteil zuzufügen. Die Mitgliedstaaten können dazu die vorherige Zustimmung einer Verwaltungsbehörde oder eines Gerichts verlangen. Das Unterlassen dieser Angaben ist im Anhang zu erwähnen.

Art. 6 (1) Die Mitgliedstaaten können ferner von der in Artikel 1 Absatz 1 bezeichneten Verpflichtung unbeschadet von Artikel 4 Absatz 2 und Artikel 5 befreien, wenn zum Bilanzstichtag des Mutterunternehmens die zu konsolidierenden Unternehmen insgesamt aufgrund ihrer letzten Jahresabschlüsse zwei der drei in Artikel 27 der Richtlinie 78/660/EWG bezeichneten Größenmerkmale nicht überschreiten.

(2) Die Mitgliedstaaten können gestatten oder vorschreiben, daß bei der Berechnung der vorgenannten Größenmerkmale weder die Verrechnung nach Artikel 19 Absatz 1 noch die Weglassung nach Artikel 26 Absatz 1 Buchstaben a) und b) vorgenommen wird. In diesem Fall werden die Größenmerkmale in bezug auf die Bilanzsumme und die Nettoumsatzerlöse um 20% erhöht.

(3) Auf die genannten Größenmerkmale ist Artikel 12 der Richtlinie 78/660/EWG anwendbar.

(4) Der vorliegende Artikel darf nicht angewendet werden, wenn eines der zu konsolidierenden Unternehmen eine Gesellschaft ist, deren Wertpapiere zur amtlichen Notierung an einer Wertpapierbörse in einem Mitgliedstaat zugelassen sind.

(5) Bis zum Ablauf einer Frist von zehn Jahren, gerechnet von dem in Artikel 49 Absatz 2 genannten Zeitpunkt an, können die Mitgliedstaaten die in ECU ausgedrückten Größenmerkmale bis auf das Zweieinhalbfache und die durchschnittliche Anzahl der während des Geschäftsjahres Beschäftigten bis auf 500 erhöhen.

V. Text der Richtlinien

Art. 7 (1) Die Mitgliedstaaten befreien, unbeschadet von Artikel 4 Absatz 2 und der Artikel 5 und 6, jedes ihrem Recht unterliegende Mutterunternehmen, das gleichzeitig Tochterunternehmen ist, von der in Artikel 1 Absatz 1 genannten Verpflichtung, sofern dessen Mutterunternehmen dem Recht eines Mitgliedstaats unterliegt, in den folgenden zwei Fällen:
a) das Mutterunternehmen besitzt sämtliche Aktien oder Anteile des befreiten Unternehmens. Die Aktien oder Anteile dieses Unternehmens, die aufgrund einer gesetzlichen oder satzungsmäßigen Verpflichtung von Mitgliedern des Verwaltungs-, Leitungs- oder Aufsichtsorgans gehalten werden, werden nicht berücksichtigt,
b) das Mutterunternehmen besitzt 90% oder mehr der Aktien oder Anteile des befreiten Unternehmens und die anderen Aktionäre dieses Unternehmens haben der Befreiung zugestimmt.

Sofern nach dem Recht eines Mitgliedstaats zum Zeitpunkt der Annahme dieser Richtlinie konsolidierte Abschlüsse in diesem Falle vorgeschrieben sind, braucht dieser Mitgliedstaat diese Vorschrift bis zum Ablauf einer Frist von zehn Jahren ab dem in Artikel 49 Absatz 2 genannten Zeitpunkt nicht anzuwenden.

(2) Die Befreiung hängt von folgenden Voraussetzungen ab:
a) Das befreite Unternehmen sowie alle seine Tochterunternehmen sind unbeschadet der Artikel 13, 14 und 15 in den konsolidierten Abschluß eines größeren Kreises von Unternehmen einbezogen worden, dessen Mutterunternehmen dem Recht eines Mitgliedstaats unterliegt;
b) aa) Der unter Buchstabe a) bezeichnete konsolidierte Abschluß und der konsolidierte Lagebericht des größeren Kreises von Unternehmen sind von dem Mutterunternehmen dieses Kreises von Unternehmen im Einklang mit dieser Richtlinie nach dem Recht des Mitgliedstaats erstellt und geprüft worden, dem das Mutterunternehmen unterliegt;
  bb) der unter Buchstabe a) bezeichnete konsolidierte Abschluß, der konsolidierte Lagebericht nach Unterbuchstabe aa) sowie der Bericht, der mit der Prüfung dieses Abschlusses beauftragten Person und gegebenenfalls die in Artikel 9 bezeichneten Unterlagen sind von dem befreiten Unternehmen nach dem Recht des Mitgliedstaats, dem dieses Unternehmen unterliegt, nach Artikel 38 offengelegt worden. Der betreffende Mitgliedstaat kann vorschreiben, daß die genannten Unterlagen in seiner Amtssprache offengelegt werden und die Übersetzung dieser Unterlagen beglaubigt wird.
c) Der Anhang des Jahresabschlusses des befreiten Unternehmens enthält:
  aa) Name und Sitz des Mutterunternehmens, das den unter Buchstabe a) bezeichneten konsolidierten Abschluß aufstellt, und
  bb) einen Hinweis auf die Befreiung von der Verpflichtung, einen konsolidierten Abschluß und einen konsolidierten Lagebericht aufzustellen.

(3) Die Mitgliedstaaten brauchen den vorliegenden Artikel nicht auf Gesellschaften anzuwenden, deren Wertpapiere zur amtlichen Notierung an einer Wertpapierbörse in einem Mitgliedstaat zugelassen sind.

Art. 8 (1) Die Mitgliedstaaten können in den von Artikel 7 Absatz 1 nicht erfaßten Fällen unbeschadet von Artikel 4 Absatz 2 und der Artikel 5 und 6 jedes ihrem Recht unterliegende Mutterunternehmen, das gleichzeitig Tochterunternehmen ist, dessen eigenes Mutterunternehmen dem Recht eines Mitgliedstaats unterliegt, von der in Artikel 1 Absatz 1 genannten Verpflichtung befreien, wenn alle in Artikel 7 Absatz 2 bezeichneten Voraussetzungen erfüllt sind und Aktionäre oder Gesellschafter des befreiten Unternehmens, die einen Mindestprozentsatz des gezeichneten Kapitals dieses Unternehmens besitzen, nicht spätestens sechs Monate vor dem Ablauf des Geschäftsjahres die Aufstellung eines konsolidierten Abschlusses verlangt haben. Die Mitgliedstaaten dürfen diesen Prozentsatz für Aktiengesellschaften und Kommanditgesellschaften auf Aktien auf nicht höher als 10% und für Unternehmen in anderer Rechtsform auf nicht höher als 20% festlegen.

(2) Ein Mitgliedstaat kann die Befreiung nicht davon abhängig machen, daß das Mutterunternehmen, das den in Artikel 7 Absatz 2 Buchstabe a) bezeichneten konsolidierten Abschluß aufstellt, ebenfalls seinem Recht unterliegt.

(3) Ein Mitgliedstaat kann die Befreiung nicht von Bedingungen bezüglich der Aufstellung und Prüfung des in Artikel 7 Absatz 2 Buchstabe a) bezeichneten konsolidierten Abschlusses abhängig machen.

Art. 9 (1) Die Mitgliedstaaten können die in den Artikeln 7 und 8 vorgesehene Befreiung davon abhängig machen, daß zusätzliche Angaben in Übereinstimmung mit dieser Richtlinie in dem in Artikel 7 Absatz 2 Buchstabe a) genannten konsolidierten Abschluß oder in einer als Anhang beigefügten Unterlage erfolgen, sofern diese Angaben auch von den dem Recht dieses Mitgliedstats unterliegenden Unternehmen, die zur Aufstellung eines konsolidierten Abschlusses verpflichtet sind und sich in derselben Lage befinden, verlangt werden.

(2) Darüber hinaus können die Mitgliedstaaten die Befreiung davon abhängig machen, daß im Anhang zu dem in Artikel 7 Absatz 2 Buchstabe a) bezeichneten konsolidierten Abschluß oder im Jahresabschluß des befreiten Unternehmens für den Kreis von Unternehmen, deren Mutterunternehmen sie von der Aufstellung eines konsolidierten Abschlusses befreien, alle oder einige der folgenden Angaben gemacht werden:
– Höhe des Anlagevermögens,
– Nettoumsatzerlöse,
– Jahresergebnis und Eigenkapital,
– Zahl der im Geschäftsjahr durchschnittlich beschäftigten Arbeitnehmer.

Art. 10 Die Artikel 7 bis 9 berühren nicht die Rechtsvorschriften der Mitgliedstaaten über die Aufstellung eines konsolidierten Abschlusses oder eines konsolidierten Lageberichts
– sofern diese Unterlagen zur Unterrichtung der Arbeitnehmer oder ihrer Vertreter verlangt werden
oder
– auf Verlangen einer Verwaltungsbehörde oder eines Gerichts für deren Zwecke.

Art. 11 (1) Die Mitgliedstaaten können unbeschadet von Artikel 4 Absatz 2 und der Artikel 5 und 6 jedes ihrem Recht unterliegende Mutterunternehmen, das gleichzeitig Tochterunternehmen eines nicht dem Recht eines Mitgliedstaats unterliegenden Mutterunternehmens ist, von der in Artikel 1 Absatz 1 genannten Verpflichtung befreien, wenn alle folgenden Voraussetzungen erfüllt sind:
a) das befreite Unternehmen sowie alle seine Tochterunternehmen werden unbeschadet der Artikel 13, 14 und 15 in den konsolidierten Abschluß eines größeren Kreises von Unternehmen einbezogen;
b) der unter Buchstabe a) bezeichnete konsolidierte Abschluß und gegebenenfalls der konsolidierte Lagebericht sind entweder nach dieser Richtlinie oder derart erstellt worden, daß sie einem nach dieser Richtlinie erstellten konsolidierten Abschluß und konsolidierten Lagebericht gleichwertig sind;
c) der unter Buchstabe a) bezeichnete konsolidierte Abschluß ist von einer oder mehreren Personen geprüft worden, die aufgrund des Rechts, dem das Unternehmen unterliegt, das diesen Abschluß aufgestellt hat, zur Prüfung von Jahresabschlüssen zugelassen sind.

(2) Artikel 7 Absatz 2 Buchstabe b) Unterbuchstabe bb), Buchstabe c) sowie die Artikel 8 bis 10 finden Anwendung.

(3) Ein Mitgliedstaat darf Befreiungen nach dem vorliegenden Artikel nur insoweit vorsehen, als er die gleichen Befreiungen auch nach den Artikeln 7 bis 10 vorsieht.

V. Text der Richtlinien

Art. 12 [Fakultative Erweiterung der Konsolidierungspflicht] (1) Unbeschadet der Artikel 1 bis 10 können die Mitgliedstaaten jedem ihrem Recht unterliegenden Unternehmen vorschreiben, einen konsolidierten Abschluß und einen konsolidierten Lagebericht aufzustellen, wenn
a) dieses Unternehmen sowie ein oder mehrere andere Unternehmen, die untereinander nicht in der in Artikel 1 Absatz 1 oder 2 bezeichneten Beziehung stehen, aufgrund eines mit diesem Unternehmen geschlossenen Vertrages oder einer Satzungsbestimmung dieser Unternehmen einer einheitlichen Leitung unterstehen
oder
b) das Verwaltungs-, Leitungs- oder Aufsichtsorgan dieses Unternehmens sowie dasjenige eines oder mehrerer Unternehmen, die miteinander nicht in der in Artikel 1 Absatz 1 oder 2 bezeichneten Beziehung stehen, sich mehrheitlich aus denselben Personen zusammensetzen, die während des Geschäftsjahres und bis zur Aufstellung des konsolidierten Abschlusses im Amt sind.

(2) Bei Anwendung des Absatzes 1 sind die Unternehmen, die untereinander in der in Absatz 1 bezeichneten Beziehung stehen, sowie jedes ihrer Tochterunternehmen zu konsolidierende Unternehmen im Sinne dieser Richtlinie, sofern eines oder mehrere dieser Unternehmen eine der in Artikel 4 genannten Rechtsformen haben.

(3) Artikel 3, Artikel 4 Absatz 2, die Artikel 5 und 6, die Artikel 13 bis 28, Artikel 29 Absätze 1, 3, 4 und 5, die Artikel 30 bis 38 sowie Artikel 39 Absatz 2 finden Anwendung auf den konsolidierten Abschluß und konsolidierten Lagebericht nach dem vorliegenden Artikel; die Hinweise auf das Mutterunternehmen sind als Bezugnahme auf die in Absatz 1 bezeichneten Unternehmen anzusehen. Jedoch sind unbeschadet von Artikel 19 Absatz 2 die in den konsolidierten Abschluß einzubeziehenden Posten „Kapital", „Agio", „Neubewertungsrücklage", „Rücklagen", „Ergebnisvortrag" und „Jahresergebnis" die addierten Beträge der jeweiligen Posten sämtlicher in Absatz 1 bezeichneter Unternehmen.

Art. 13 [Ausnahme für Unternehmen von untergeordneter Bedeutung]
(1) Ein Unternehmen braucht nicht in die Konsolidierung einbezogen zu werden, wenn es im Hinblick auf die Zielsetzung des Artikels 16 Absatz 3 nur von untergeordneter Bedeutung ist.

(2) Entsprechen mehrere Unternehmen den Voraussetzungen des Absatzes 1, so sind diese Unternehmen dennoch in die Konsolidierung einzubeziehen, sofern sie insgesamt im Hinblick auf die Zielsetzung von Artikel 16 Absatz 3 nicht von untergeordneter Bedeutung sind.

(3) Außerdem braucht ein Unternehmen auch dann nicht in die Konsolidierung einbezogen zu werden, wenn
a) erhebliche und andauernde Beschränkungen
   aa) die Ausübung der Rechte des Mutterunternehmens in bezug auf Vermögen oder Geschäftsführung dieses Unternehmens
   oder
   bb) die Ausübung der einheitlichen Leitung dieses Unternehmens, das in der in Artikel 12 Absatz 1 bezeichneten Beziehung steht,
   nachhaltig beeinträchtigen,
b) die für die Aufstellung eines konsolidierten Abschlusses nach dieser Richtlinie erforderlichen Angaben nicht ohne unverhältnismäßig hohe Kosten oder Verzögerungen zu erhalten sind,
c) die Anteile oder Aktien dieses Unternehmens ausschließlich zum Zwecke ihrer Weiterveräußerung gehalten werden.

Art. 14 [Ausnahme für Unternehmen mit unterschiedlicher Tätigkeit]
(1) Wenn ein oder mehrere zu konsolidierende Unternehmen derart unterschiedliche Tätigkeiten ausüben, daß sich ihre Einbeziehung in die Konsolidierung als mit der in Artikel 16 Absatz 3 vorgesehenen Verpflichtung unvereinbar erweist, sind diese Unternehmen unbeschadet von Artikel 33 nicht in den konsolidierten Abschluß einzubeziehen.

(2) Absatz 1 ist nicht allein deshalb anwendbar, weil die in die Konsolidierung einzubeziehenden Unternehmen teils herstellende, teils Handel treibende und teils Dienstleistungen erbringende Unternehmen sind oder weil diese Unternehmen jeweils verschiedene Erzeugnisse herstellen, mit verschiedenen Erzeugnissen Handel treiben oder Dienstleistungen unterschiedlicher Art erbringen.

(3) Die Anwendung des Absatzes 1 ist im Anhang zu erwähnen und hinreichend zu begründen. Werden die Jahresabschlüsse oder die konsolidierten Abschlüsse der so ausgeklammerten Unternehmen nicht in demselben Mitgliedstaat nach der Richtlinie 68/151/EWG[104] offengelegt, so sind sie den konsolidierten Abschlüssen beizufügen oder der Öffentlichkeit zur Verfügung zu halten. Im letzteren Falle muß eine Abschrift dieser Unterlagen auf bloßen Antrag erhältlich sein; das dafür berechnete Entgelt darf die Verwaltungskosten nicht übersteigen.

Art. 15 [Ausnahme für Mutterunternehmen ohne gewerbliche oder Handelstätigkeit] (1) Sofern ein Mutterunternehmen, das keine gewerbliche Tätigkeit ausübt und keinen Handel treibt, aufgrund einer Vereinbarung mit einem oder mehreren nicht in die Konsolidierung einbezogenen Unternehmen Aktien oder Anteile eines Tochterunternehmens hält, können die Mitgliedstaaten gestatten, daß dieses Mutterunternehmen in Anwendung des Artikels 16 Absatz 3 nicht in die Konsolidierung einbezogen wird.

(2) Der Jahresabschluß des Mutterunternehmens ist dem konsolidierten Abschluß beizufügen.

(3) Wird von dieser Ausnahme Gebrauch gemacht, ist entweder Artikel 59 der Richtlinie 78/660/EWG auf den Jahresabschluß des Mutterunternehmens anzuwenden oder sind die Angaben, die sich aus einer Anwendung der genannten Vorschrift ergeben würden, im Anhang zu machen.

2. Abschnitt. Art und Weise der Aufstellung des konsolidierten Abschlusses

Art. 16 [Bestandteile des konsolidierten Abschlusses] (1) Der konsolidierte Abschluß besteht aus der konsolidierten Bilanz, der konsolidierten Gewinn- und Verlustrechnung sowie dem Anhang. Diese Unterlagen bilden eine Einheit.

(2) Der konsolidierte Abschluß ist klar und übersichtlich aufzustellen und hat dieser Richtlinie zu entsprechen.

(3) Der konsolidierte Abschluß hat ein den tatsächlichen Verhältnissen entsprechendes Bild der Vermögens-, Finanz- und Ertragslage der Gesamtheit der in die Konsolidierung einbezogenen Unternehmen zu vermitteln.

(4) Reicht die Anwendung dieser Richtlinie nicht aus, um ein den tatsächlichen Verhältnissen entsprechendes Bild im Sinne des Absatzes 3 zu vermitteln, so sind zusätzliche Angaben zu machen.

(5) Ist in Ausnahmefällen die Anwendung einer Vorschrift der Artikel 17 bis 35 und des Artikels 39 mit der in Absatz 3 vorgesehenen Verpflichtung unvereinbar, so muß von der betreffenden Vorschrift abgewichen werden, damit ein den tatsächlichen Verhältnissen entsprechendes Bild im Sinne des Absatzes 3 vermittelt wird. Eine solche Abweichung ist im Anhang zu erwähnen und hinreichend zu begründen; ihr Einfluß auf die Vermögens-, Finanz- und Ertragslage ist darzulegen. Die Mitgliedstaaten können die Ausnahmefälle bezeichnen und die entsprechende Ausnahmeregelung festlegen.

---

[104] ABl. Nr. L 65 vom 14. 3. 1968, S. 8.

(6) Die Mitgliedstaaten können gestatten oder vorschreiben, daß in dem konsolidierten Abschluß neben den Angaben, die aufgrund der vorliegenden Richtlinie erforderlich sind, weitere Angaben gemacht werden.

Art. 17 [Anwendbare Vorschriften für Gliederung] (1) Für die Gliederung des konsolidierten Abschlusses gelten die Artikel 3 bis 10, 13 bis 26 und 28 bis 30 der Richtlinie 78/660/EWG unbeschadet der Bestimmungen der vorliegenden Richtlinie und unter Berücksichtigung der Anpassungen, die sich aus den besonderen Merkmalen eines konsolidierten Abschlusses im Vergleich zum Jahresabschluß zwangsläufig ergeben.

(2) Die Mitgliedstaaten können bei Vorliegen besonderer Umstände, die einen unverhältnismäßigen Aufwand erfordern, gestatten, daß die Vorräte in dem konsolidierten Abschluß zusammengefaßt werden.

Art. 18 [Vollständigkeit der Gegenstände des Aktiv- und Passivvermögens]
Die Gegenstände des Aktiv- und Passivvermögens der in die Konsolidierung einbezogenen Unternehmen werden vollständig in die konsolidierte Bilanz übernommen.

Art. 19 [Verrechnung der Buchwerte der Beteiligungen (Art. 19–20)] (1) Die Buchwerte der Anteile oder Aktien am Kapital der in die Konsolidierung einbezogenen Unternehmen werden mit dem auf sie entfallenden Teil des Eigenkapitals der in die Konsolidierung einbezogenen Unternehmen verrechnet.
a) Die Verrechnung erfolgt auf der Grundlage der Buchwerte zu dem Zeitpunkt, zu dem diese Unternehmen erstmalig in die Konsolidierung einbezogen werden. Die sich bei der Verrechnung ergebenden Unterschiedsbeträge werden, soweit möglich, unmittelbar unter Posten der konsolidierten Bilanz verbucht, deren Wert höher oder niedriger ist als ihr Buchwert.
b) Die Mitgliedstaaten können gestatten oder vorschreiben, daß die Verrechnung auf der Grundlage der Werte der feststellbaren Aktiva und Passiva des zu konsolidierenden Unternehmens zum Zeitpunkt des Erwerbs der Anteile oder Aktien erfolgt oder, beim Erwerb zu verschiedenen Zeitpunkten, zu dem Zeitpunkt, zu dem das Unternehmen Tochterunternehmen geworden ist.
c) Ein nach Buchstabe a) verbleibender oder nach Buchstabe b) entstehender Unterschiedsbetrag ist in der konsolidierten Bilanz unter einem gesonderten Posten mit entsprechender Bezeichnung auszuweisen. Der Posten, die angewendeten Methoden und wesentliche Änderungen gegenüber dem Vorjahr sind im Anhang zur Bilanz zu erläutern. Läßt ein Mitgliedstaat eine Verrechnung von positiven mit negativen Unterschiedsbeträgen zu, so sind diese ebenfalls im Anhang aufzugliedern.

(2) Absatz 1 gilt jedoch nicht für Anteile oder Aktien am Kapital des Mutterunternehmens, die sich im Besitz des Mutterunternehmens selbst oder eines anderen in die Konsolidierung einbezogenen Unternehmens befinden. Diese Anteile oder Aktien werden im konsolidierten Abschluß als eigene Aktien oder Anteile nach der Richtlinie 78/660/EWG betrachtet.

Art. 20 (1) Die Mitgliedstaaten können gestatten oder vorschreiben, daß der Buchwert der Anteile oder Aktien am Kapital eines in die Konsolidierung einbezogenen Unternehmens nur mit dem auf ihn entfallenden Anteil des Kapitals verrechnet wird, sofern
a) die Anteile oder Aktien mindestens 90 v. H. des Nennbetrags oder, falls kein Nennbetrag vorhanden ist, des rechnerischen Wertes der Anteile oder Aktien dieses Unternehmens ausmachen, die keine Anteile im Sinne des Artikels 29 Absatz 2 Buchstabe a) der Richtlinie 77/91/EWG[105] sind,

---

[105] ABl. Nr. L 26 vom 31. 1. 1977, S. 1.

b) der Hundertsatz, auf den in Buchstabe a) Bezug genommen wird, im Wege einer Vereinbarung erreicht wird, die die Ausgabe von Anteilen oder Aktien durch ein in die Konsolidierung einbezogenes Unternehmen vorsieht,
c) die in Buchstabe b) bezeichnete Vereinbarung keine Barzahlung vorsieht, die über 10 v. H. des Nennbetrags oder, falls kein Nennbetrag vorhanden ist, des rechnerischen Wertes der ausgegebenen Anteile oder Aktien hinausgeht.

(2) Der Unterschiedsbetrag nach Absatz 1 wird je nach Lage des Falles den konsolidierten Rücklagen zugerechnet oder von ihnen abgezogen.

(3) Die Anwendung der Methode nach Absatz 1, die sich daraus ergebenden Veränderungen der Rücklagen sowie der Name und Sitz der betreffenden Unternehmens sind im Anhang anzugeben.

Art. 21 [Ausweisung des Anteilsbesitzes von Dritten] Die Beträge, die den Anteilen oder Aktien entsprechen, welche sich bei konsolidierten Tochterunternehmen im Besitz von anderen Personen als den in die Konsolidierung einbezogenen Unternehmen befinden, werden in der konsolidierten Bilanz unter einem gesonderten Posten mit entsprechender Bezeichnung ausgewiesen.

Art. 22 [Vollständigkeit der Aufwendungen und Erträge] Die Aufwendungen und Erträge der in die Konsolidierung einbezogenen Unternehmen werden vollständig in die konsolidierte Gewinn- und Verlustrechnung übernommen.

Art. 23 [Ausweisung des Ergebnisanteils von Dritten] Die Beträge aus dem Ergebnis von konsolidierten Tochterunternehmen, die den Aktien oder Anteilen entsprechen, welche sich im Besitz anderer Personen als den in die Konsolidierung einbezogenen Unternehmen befinden, werden in der konsolidierten Gewinn- und Verlustrechnung unter einem gesonderten Posten mit entsprechender Bezeichnung ausgewiesen.

Art. 24 [Grundsätze für den konsolidierten Abschluß (Art. 25–28)] Der konsolidierte Abschluß ist nach den Grundsätzen der Artikel 25 bis 28 aufzustellen.

Art. 25 [Grundsatz der Stetigkeit] (1) In der Anwendung der Konsolidierungsmethoden soll Stetigkeit bestehen.

(2) Abweichungen von Absatz 1 sind in Ausnahmefällen zulässig. Wird von diesen Abweichungen Gebrauch gemacht, so sind sie im Anhang anzugeben und hinreichend zu begründen; ihr Einfluß auf die Vermögens-, Finanz- und Ertragslage aller in die Konsolidierung einbezogenen Unternehmen ist anzugeben.

Art. 26 [Grundsatz des „einzigen Unternehmens"] (1) Im konsolidierten Abschluß sind Vermögens-, Finanz- und Ertragslage der in die Konsolidierung einbezogenen Unternehmen so auszuweisen, als ob sie ein einziges Unternehmen wären. Insbesondere werden in dem konsolidierten Abschluß
a) Forderungen und Verbindlichkeiten zwischen in die Konsolidierung einbezogenen Unternehmen weggelassen;
b) Aufwendungen und Erträge aus Geschäften zwischen in die Konsolidierung einbezogenen Unternehmen weggelassen;
c) Gewinne und Verluste aus Geschäften zwischen in die Konsolidierung einbezogenen Unternehmen, die in den Buchwert der Aktiva eingehen, weggelassen. Bis zu einer späteren Koordinierung können die Mitgliedstaaten jedoch zulassen, daß diese Weglassungen nach dem auf das Mutterunternehmen entfallenden Anteil am Kapital der einzelnen in die Konsolidierung einbezogenen Tochterunternehmen erfolgen.

(2) Die Mitgliedstaaten können Abweichungen von Absatz 1 Buchstabe c) zulassen, wenn das Geschäft zu normalen Marktbedingungen geschlossen wird und die Weglas-

V. Text der Richtlinien

sung des Gewinns oder Verlustes einen unverhältnismäßig hohen Aufwand erfordern würde. Abweichungen von den Grundsätzen sind im Anhang anzugeben und, wenn ihr Einfluß auf die Vermögens-, Finanz- und Ertragslage aller in die Konsolidierung einbezogenen Unternehmen bedeutend ist, zu erläutern.

(3) Abweichungen von Absatz 1 Buchstaben a), b) und c) sind zulässig, wenn die betreffenden Beträge in bezug auf das Ziel des Artikels 16 Absatz 3 nur von untergeordneter Bedeutung sind.

Art. 27 [Bilanzstichtag] (1) Der konsolidierte Abschluß wird zum selben Stichtag wie der Jahresabschluß des Mutterunternehmens aufgestellt.

(2) Jedoch können die Mitgliedstaaten mit Rücksicht auf den Bilanzstichtag der Mehrzahl oder der bedeutendsten der konsolidierten Unternehmen gestatten oder vorschreiben, daß der konsolidierte Abschluß zu einem anderen Zeitpunkt aufgestellt wird. Wird von dieser Abweichung Gebrauch gemacht, so ist dies im Anhang zum konsolidierten Abschluß anzugeben und hinreichend zu begründen. Außerdem sind Vorgänge von besonderer Bedeutung für die Vermögens-, Finanz- und Ertragslage eines konsolidierten Unternehmens, die zwischen dem Bilanzstichtag dieses Unternehmens und dem Stichtag des konsolidierten Abschlusses eingetreten sind, zu berücksichtigen oder anzugeben.

(3) Liegt der Bilanzstichtag eines Unternehmens um mehr als drei Monate vor dem Stichtag des konsolidierten Abschlusses, so wird dieses Unternehmen aufgrund eines auf den Stichtag des konsolidierten Abschlusses aufgestellten Zwischenabschlusses konsolidiert.

Art. 28 [Vergleichbarkeit bei Änderung des konsolidierten Bereichs] Hat sich die Zusammensetzung aller in die Konsolidierung einbezogenen Unternehmen im Laufe des Geschäftsjahres erheblich geändert, so sind in den konsolidierten Abschluß Angaben aufzunehmen, die es ermöglichen, die aufeinanderfolgenden konsolidierten Abschlüsse sinnvoll zu vergleichen. Bei einer bedeutenden Änderung können die Mitgliedstaaten im übrigen vorschreiben oder zulassen, dieser Verpflichtung dadurch nachzukommen, daß eine geänderte Eröffnungsbilanz und eine geänderte Gewinn- und Verlustrechnung aufgestellt werden.

Art. 29 [Bewertung des Aktiv- und Passivvermögens] (1) Die in die Konsolidierung einbezogenen Gegenstände des Aktiv- und Passivvermögens werden nach einheitlichen Methoden und in Übereinstimmung mit den Artikeln 31 bis 42 und 60 der Richtlinie 78/660/EWG bewertet.

(2) a) Das Unternehmen, das den konsolidierten Abschluß aufstellt, hat dieselben Bewertungsmethoden anzuwenden wie diejenigen, welche es auf seinen eigenen Jahresabschluß anwendet. Jedoch können die Mitgliedstaaten die Anwendung anderer Bewertungsmethoden gestatten oder vorschreiben, soweit diese mit den vorstehend bezeichneten Artikeln der Richtlinie 78/660/EWG übereinstimmen.

b) Wird von diesen Abweichungen Gebrauch gemacht, so sind sie im Anhang des konsolidierten Abschlusses anzugeben und hinreichend zu begründen.

(3) Sofern in die Konsolidierung einbezogene Gegenstände des Aktiv- und Passivvermögens in den Jahresabschlüssen von in die Konsolidierung einbezogenen Unternehmen nach Methoden bewertet worden sind, die sich von den auf die Konsolidierung angewendeten Methoden unterscheiden, sind diese Vermögensgegenstände nach den letzteren Methoden neu zu bewerten, es sei denn, daß das Ergebnis dieser Neubewertung in bezug auf die Zielsetzung des Artikels 16 Absatz 3 nur von untergeordneter Bedeutung ist. Abweichungen von diesem Grundsatz sind in Ausnahmefällen zulässig. Sie sind im Anhang zum konsolidierten Abschluß anzugeben und hinreichend zu begründen.

(4) In der konsolidierten Bilanz und in der konsolidierten Gewinn- und Verlustrechnung ist der Konsolidierungsunterschied zwischen dem Steueraufwand, der dem Geschäftsjahr und den früheren Geschäftsjahren zugerechnet wird und den für diese Ge-

schäftsjahre bereits gezahlten oder zu zahlenden Steuern zu berücksichtigen, soweit sich daraus wahrscheinlich für eines der konsolidierten Unternehmen in absehbarer Zukunft ein tatsächlicher Aufwand ergibt.

(5) Sofern bei einem in die Konsolidierung einbezogenen Gegenstand des Aktivvermögens eine außerordentliche Wertberichtigung allein für die Anwendung steuerlicher Vorschriften vorgenommen worden ist, darf dieser Vermögensgegenstand erst nach Wegfall dieser Berichtigung in den konsolidierten Abschluß übernommen werden. Jedoch können die Mitgliedstaaten gestatten oder vorschreiben, daß ein solcher Vermögensgegenstand auch ohne Wegfall der Wertberichtigungen in den konsolidierten Abschluß übernommen wird, sofern der Betrag der Wertberichtigungen im Anhang zum konsolidierten Abschluß angegeben und hinreichend begründet wird.

Art. 30 [Positiver Konsolidierungsunterschied] (1) Der in Artikel 19 Absatz 1 Buchstabe c) bezeichnete gesonderte Posten, der einem positiven Konsolidierungsunterschied entspricht, wird nach den Vorschriften für den Posten „Geschäfts- oder Firmenwert" der Richtlinie 78/660/EWG behandelt.

(2) Die Mitgliedstaaten können zulassen, daß der positive Konsolidierungsunterschied unmittelbar und offen von Rücklagen abgezogen wird.

Art. 31 [Negativer Konsolidierungsunterschied] Der Betrag unter dem in Artikel 19 Absatz 1 Buchstabe c) bezeichneten Posten, der einem negativen Konsolidierungsunterschied entspricht, darf in die konsolidierte Gewinn- und Verlustrechnung nur übernommen werden,
a) wenn dieser Unterschiedsbetrag einer zum Zeitpunkt des Erwerbs erwarteten ungünstigen Entwicklung der künftigen Ergebnisse des betreffenden Unternehmens oder erwarteten Aufwendungen entspricht, soweit sich diese Erwartungen erfüllen, oder
b) soweit dieser Unterschiedsbetrag einem realisierten Gewinn entspricht.

Art. 32 [Gemeinsame Leitung eines Unternehmens mit Dritten] (1) Die Mitgliedstaaten können gestatten oder vorschreiben, daß, sofern ein in die Konsolidierung einbezogenes Unternehmen gemeinsam mit einem oder mehreren nicht in die Konsolidierung einbezogenen Unternehmen ein anderes Unternehmen leitet, dieses entsprechend dem Anteil der Rechte, die darin von dem in die Konsolidierung einbezogenen Unternehmen gehalten werden, in den konsolidierten Abschluß einbezogen wird.

(2) Die Artikel 13 bis 31 finden sinngemäß auf die in Absatz 1 bezeichnete Quotenkonsolidierung Anwendung.

(3) Im Falle der Anwendung des vorliegenden Artikels ist Artikel 33 nicht anzuwenden, wenn das Unternehmen, das einer Quotenkonsolidierung unterliegt, ein assoziiertes Unternehmen im Sinne von Artikel 33 ist.

Art. 33 [Assoziiertes Unternehmen] (1) Wird von einem in die Konsolidierung einbezogenen Unternehmen ein maßgeblicher Einfluß auf die Geschäfts- und Finanzpolitik eines nicht in die Konsolidierung einbezogenen Unternehmens (assoziiertes Unternehmen) ausgeübt, an dem eine Beteiligung im Sinne des Artikels 17 der Richtlinie 78/660/EWG besteht, so ist diese Beteiligung in der konsolidierten Bilanz unter einem gesonderten Posten mit entsprechender Bezeichnung auszuweisen. Es wird vermutet, daß ein Unternehmen einen maßgeblichen Einfluß auf ein anderes Unternehmen ausübt, wenn es 20% oder mehr der Stimmrechte der Aktionäre oder Gesellschafter dieses Unternehmens hat. Artikel 2 findet Anwendung.

(2) Bei der erstmaligen Anwendung des vorliegenden Artikels auf eine Beteiligung im Sinne von Absatz 1 wird diese in der konsolidierten Bilanz wie folgt ausgewiesen:
a) entweder mit dem Buchwert im Einklang mit den Bewertungsregeln der Richtlinie 78/660/EWG; dabei wird der Unterschiedsbetrag zwischen diesem Wert und dem

V. Text der Richtlinien

Betrag, der dem auf diese Beteiligung entfallenden Teil des Eigenkapitals entspricht, in der konsolidierten Bilanz oder im Anhang gesondert ausgewiesen; dieser Unterschiedsbetrag wird zu dem Zeitpunkt berechnet, zu dem die Methode erstmalig angewendet wird,

b) oder mit dem Betrag, der dem auf die Beteiligung entfallenden Teil des Eigenkapitals des assoziierten Unternehmens entspricht; dabei wird der Unterschiedsbetrag zwischen diesem Betrag und dem Buchwert im Einklang mit den Bewertungsregeln der Richtlinie 78/660/EWG in der konsolidierten Bilanz oder im Anhang gesondert ausgewiesen; dieser Unterschiedsbetrag wird zu dem Zeitpunkt berechnet, an dem die Methode erstmalig angewendet wird.

c) Die Mitgliedstaaten können die Anwendung nur eines dieser Buchstaben vorschreiben. In der konsolidierten Bilanz oder im Anhang ist anzugeben, ob von Buchstabe a) oder Buchstabe b) Gebrauch gemacht worden ist.

d) Ferner können die Mitgliedstaaten für die Anwendung des Buchstabens a) oder b) gestatten oder vorschreiben, daß die Berechnung des Unterschiedsbetrags zum Zeitpunkt des Erwerbs der Anteile oder Aktien erfolgt oder, beim Erwerb zu verschiedenen Zeitpunkten, zu dem Zeitpunkt, zu dem das Unternehmen ein assoziiertes Unternehmen geworden ist.

(3) Sind Gegenstände des Aktiv- oder Passivvermögens des assoziierten Unternehmens nach Methoden bewertet worden, die sich von den auf die Konsolidierung nach Artikel 29 Absatz 2 angewendeten Methoden unterscheiden, so können diese Vermögenswerte für die Berechnung des Unterschiedsbetrags nach Absatz 2 Buchstabe a) oder Buchstabe b) des vorliegenden Artikels nach den für die Konsolidierung angewendeten Methoden neu bewertet werden. Wird eine solche Neubewertung nicht vorgenommen, so ist dies im Anhang zu erwähnen. Die Mitgliedstaaten können eine solche Neubewertung vorschreiben.

(4) Der Buchwert nach Absatz 2 Buchstabe a) oder der Betrag, der dem auf die Beteiligung entfallenden Teil des Eigenkapitals des assoziierten Unternehmens nach Absatz 2 Buchstabe b) entspricht, wird um die während des Geschäftsjahrs eingetretene Änderung des auf die Beteiligung entfallenden Teils des Eigenkapitals des assoziierten Unternehmens erhöht oder vermindert; er vermindert sich um den Betrag der auf die Beteiligung entfallenden Dividenden.

(5) Kann ein positiver Unterschiedsbetrag nach Absatz 2 Buchstabe a) oder Buchstabe b) nicht einer bestimmten Kategorie von Gegenständen des Aktiv- oder Passivvermögens zugerechnet werden, so wird dieser Betrag nach Artikel 30 und Artikel 39 Absatz 3 behandelt.

(6) Der auf die Beteiligung entfallende Teil des Ergebnisses des assoziierten Unternehmens wird unter einem gesonderten Posten mit entsprechender Bezeichnung in der konsolidierten Gewinn- und Verlustrechnung ausgewiesen.

(7) Die Weglassungen nach Artikel 26 Absatz 1 Buchstabe c) werden nur insoweit vorgenommen, als die betreffenden Tatbestände bekannt oder zugänglich sind. Artikel 26 Absätze 2 und 3 sind anwendbar.

(8) Stellt das assoziierte Unternehmen einen konsolidierten Abschluß auf, so sind die vorstehenden Absätze auf das in diesem konsolidierten Abschluß ausgewiesene Eigenkapital anzuwenden.

(9) Auf die Anwendung dieses Artikels kann verzichtet werden, wenn die Beteiligung am Kapital des assoziierten Unternehmens im Hinblick auf die Zielsetzung des Artikels 16 Absatz 3 nur von untergeordneter Bedeutung ist.

Art. 34 [Mindestangaben im Anhang (Art. 34–35)] Im Anhang sind außer den in anderen Bestimmungen dieser Richtlinie vorgeschriebenen Angaben zumindest Angaben zu machen über

1. die auf die verschiedenen Posten des konsolidierten Abschlusses angewandten Bewer-

§ 8 Die Rechnungslegung der Gesellschaften

tungsmethoden sowie die Methoden zur Berechnung der Wertberichtigungen. Für die in dem konsolidierten Abschluß angegebenen Beträge, welche auf fremde Währung lauten oder ursprünglich auf fremde Währung lauteten, ist anzugeben, auf welcher Grundlage sie in die Währung, in welcher der konsolidierte Abschluß aufgestellt wird, umgerechnet worden sind;

2. a) Name und Sitz der in die Konsolidierung einbezogenen Unternehmen, den Anteil des Kapitals, der in den in die Konsolidierung einbezogenen Unternehmen außer dem Mutterunternehmen von jedem in die Konsolidierung einbezogenen Unternehmen oder durch eine im eigenen Namen, aber für Rechnung dieser Unternehmen handelnde Person gehalten wird, sowie die in Artikel 1 und Artikel 12 Absatz 1 bezeichneten Voraussetzungen, aufgrund deren die Konsolidierung nach Anwendung von Artikel 2 erfolgt ist. Die zuletzt genannte Angabe braucht jedoch nicht gemacht zu werden, wenn die Konsolidierung aufgrund von Artikel 1 Absatz 1 Buchstabe a) erfolgt ist und außerdem Kapitalanteil und Anteil an den Stimmrechten übereinstimmen;
   b) die gleichen Angaben sind für die Unternehmen zu machen, die nach den Artikeln 13 und 14 nicht in die Konsolidierung einbezogen worden sind; unbeschadet des Artikels 14 Absatz 3 ist der Ausschluß der in Artikel 13 bezeichneten Unternehmen zu begründen;
3. a) Name und Sitz der Unternehmen, die mit einem in die Konsolidierung einbezogenen Unternehmen im Sinne von Artikel 33 Absatz 1 assoziiert sind, den Anteil ihres Kapitals, der von in die Konsolidierung einbezogenen Unternehmen selbst oder durch eine im eigenen Namen, aber für Rechnung dieser Unternehmen handelnde Person gehalten wird;
   b) die gleichen Angaben sind für die in Artikel 33 Absatz 9 bezeichneten assoziierten Unternehmen zu machen; außerdem ist die Anwendung dieser Vorschrift zu begründen;
4. Name und Sitz der Unternehmen, die Gegenstand einer Quotenkonsolidierung nach Artikel 32 sind, die Tatbestände, aus denen sich die gemeinsame Leitung ergibt, sowie den Anteil des Kapitals dieser Unternehmen, der von in die Konsolidierung einbezogenen Unternehmen selbst oder durch eine im eigenen Namen, aber für Rechnung dieser Unternehmen handelnde Person gehalten wird;
5. Name und Sitz anderer als der unter den Nummern 2, 3 und 4 bezeichneten Unternehmen, bei denen in die Konsolidierung einbezogene oder nach Artikel 14 weggelassene Unternehmen entweder selbst oder durch eine im eigenen Namen, aber für Rechnung dieser Unternehmen handelnde Person mit mindestens einem Prozentsatz am Kapital beteiligt ist, den die Mitgliedstaaten auf höchstens 20% festsetzen dürfen, unter Angabe des Anteils am Kapital sowie der Höhe des Eigenkapitals und des Ergebnisses des letzten Geschäftsjahres, für das ein Abschluß aufgestellt worden ist. Diese Angaben können unterbleiben, wenn sie in bezug auf die Zielsetzung des Artikels 16 Absatz 3 von untergeordneter Bedeutung sind. Die Angabe des Eigenkapitals und des Ergebnisses kann ebenfalls unterbleiben, wenn das betreffende Unternehmen seine Bilanz nicht offenlegt und es sich indirekt oder direkt zu weniger als 50% im Besitz der erwähnten Unternehmen befindet;
6. den Gesamtbetrag der in der konsolidierten Bilanz ausgewiesenen Verbindlichkeiten mit einer Restlaufzeit von mehr als fünf Jahren sowie den Gesamtbetrag der in der konsolidierten Bilanz ausgewiesenen Verbindlichkeiten, die von in die Konsolidierung einbezogenen Unternehmen dinglich gesichert sind, unter Angabe ihrer Art und Form;
7. den Gesamtbetrag der finanziellen Verpflichtungen, die nicht in der konsolidierten Bilanz erscheinen, sofern diese Angabe für die Beurteilung der Finanzlage der Gesamtheit der in die Konsolidierung einbezogenen Unternehmen von Bedeutung ist. Davon sind Pensionsverpflichtungen und Verpflichtungen gegenüber verbundenen Unternehmen, die nicht in die Konsolidierung einbezogen sind, gesondert auszuweisen;

V. Text der Richtlinien

8. die Aufgliederung der konsolidierten Nettoumsatzerlöse im Sinne von Artikel 28 der Richtlinie 78/660/EWG nach Tätigkeitsbereichen sowie nach geographisch bestimmten Märkten, soweit sich hinsichtlich der Organisation des Verkaufs von Erzeugnissen und der Erbringung von Dienstleistungen, die der normalen Geschäftstätigkeit sämtlicher in die Konsolidierung einbezogener Unternehmen entsprechen, die Tätigkeitsbereiche und geographisch bestimmten Märkte untereinander erheblich unterscheiden;
9. a) den durchschnittlichen Personalbestand der in die Konsolidierung einbezogenen Unternehmen während des Geschäftsjahres, getrennt nach Gruppen, sowie, falls sie nicht gesondert in der konsolidierten Gewinn- und Verlustrechnung erscheinen, die in dem Geschäftsjahr verursachten Personalaufwendungen.
   b) Der durchschnittliche Personalbestand der Unternehmen, auf die Artikel 32 Anwendung findet, während des Geschäftsjahres wird gesondert ausgewiesen;
10. das Ausmaß, in dem die Berechnung des konsolidierten Jahresergebnisses von einer Bewertung der Posten beeinflußt wurde, die in Abweichung von den Grundsätzen der Artikel 31 und 34 bis 42 der Richtlinie 78/660/EWG sowie des Arikels 29 Absatz 5 der vorliegenden Richtlinie während des Geschäftsjahres oder eines früheren Geschäftsjahres im Hinblick auf Steuererleichterungen durchgeführt wurde. Wenn eine solche Bewertung die künftige steuerliche Belastung der Gesamtheit der in die Konsolidierung einbezogenen Unternehmen erheblich beeinflußt, muß dies angegeben werden;
11. den Unterschied zwischen dem Steueraufwand, der in den konsolidierten Gewinn- und Verlustrechnungen des Geschäftsjahres und der vorangegangenen Geschäftsjahre eingesetzt worden ist, und den für diese Geschäftsjahre gezahlten oder zu zahlenden Steuern, sofern dieser Unterschied von Bedeutung für den künftigen Steueraufwand ist. Dieser Betrag kann auch als Gesamtbetrag in der konsolidierten Bilanz unter einem gesonderten Posten mit entsprechender Bezeichnung ausgewiesen werden;
12. die Höhe der Vergütungen, die für das Geschäftsjahr den Mitgliedern des Verwaltungs-, Leitungs- oder Aufsichtsorgans des Mutterunternehmens für die Wahrnehmung ihrer Aufgaben im Mutterunternehmen und seinen Tochterunternehmen gewährt worden sind, sowie die Höhe der unter denselben Voraussetzungen entstandenen oder eingegangenen Pensionsverpflichtungen gegenüber früheren Mitgliedern der genannten Organe. Diese Angaben sind zusammengefaßt für jede dieser Personengruppen zu machen. Die Mitgliedstaaten können verlangen, daß in die Angaben nach Satz 1 auch Vergütungen für die Wahrnehmung von Aufgaben in Unternehmen einbezogen werden, zu denen Beziehungen im Sinne von Artikel 32 oder von Artikel 33 bestehen;
13. die Höhe der Vorschüsse und Kredite, die den Mitgliedern des Verwaltungs-, Leitungs- oder Aufsichtsorgans des Mutterunternehmens von diesem Unternehmen oder einem seiner Tochterunternehmen gewährt worden sind, mit Angabe des Zinssatzes, der wesentlichen Bedingungen und der gegebenenfalls zurückgezahlten Beträge, sowie die Garantieverpflichtungen zugunsten dieser Personen. Diese Angaben sind zusammengefaßt für jede dieser Personengruppe zu machen. Die Mitgliedstaaten können verlangen, daß die Angaben nach Satz 1 auch für Vorschüsse und Kredite zu machen sind, die von Unternehmen gewährt werden, zu denen Beziehungen im Sinne von Artikel 32 oder von Artikel 33 bestehen.

Art. 35 (1) Die Mitgliedstaaten könnten gestatten, daß die in Artikel 34 Nummern 2, 3, 4 und 5 geforderten Angaben
a) in einer Aufstellung gemacht werden, die nach Artikel 3 Absätze 1 und 2 der Richtlinie 68/151/EWG hinterlegt wird; im Anhang ist auf diese Aufstellung zu verweisen;
b) unterlassen werden, soweit sie geeignet sind, einem in diesen Vorschriften bezeichneten Unternehmen einen erheblichen Nachteil zuzufügen. Die Mitgliedstaaten können

dazu die vorherige Zustimmung einer Verwaltungsbehörde oder eines Gerichts verlangen. Das Unterlassen dieser Angaben ist im Anhang zu erwähnen.

(2) Absatz 1 Buchstabe b) findet ebenfalls Anwendung auf die in Artikel 34 Nummer 8 geforderten Angaben.

3. Abschnitt. Konsolidierter Lagebericht

Art. 36 (1) Der konsolidierte Lagebericht hat zumindest den Geschäftsverlauf und die Lage der Gesamtheit der in die Konsolidierung einbezogenen Unternehmen so darzustellen, daß ein den tatsächlichen Verhältnissen entsprechendes Bild entsteht.

(2) Der konsolidierte Lagebericht soll auch eingehen auf
a) Ereignisse von besonderer Bedeutung, die nach Abschluß des Geschäftsjahres eingetreten sind;
b) die voraussichtliche Entwicklung der Gesamtheit dieser Unternehmen;
c) den Bereich Forschung und Entwicklung der Gesamtheit dieser Unternehmen;
d) die Zahl und den Nennbetrag oder, wenn ein Nennbetrag nicht vorhanden ist, den rechnerischen Wert aller Anteile oder Aktien des Mutterunternehmens, die entweder von diesem Unternehmen selbst, von Tochterunternehmen oder von einer im eigenen Namen, aber für Rechnung dieser Unternehmen handelnden Person gehalten werden. Die Mitgliedstaaten können gestatten oder vorschreiben, daß diese Angaben im Anhang gemacht werden.

4. Abschnitt. Prüfung des konsolidierten Abschlusses

Art. 37 [Pflichtprüfung] (1) Das Unternehmen, das den konsolidierten Abschluß aufstellt, muß diesen durch eine oder mehrere Personen prüfen lassen, die nach dem Recht des Mitgliedstaats, dem dieses Unternehmen unterliegt, zur Prüfung von Jahresabschlüssen zugelassen sind.

(2) Die mit der Prüfung des konsolidierten Abschlusses beauftragte Person oder beauftragten Personen haben auch zu prüfen, ob der konsolidierte Lagebericht mit dem konsolidierten Abschluß des betreffenden Geschäftsjahres in Einklang steht.

5. Abschnitt. Offenlegung des konsolidierten Abschlusses

Art. 38 (1) Der ordnungsgemäß gebilligte konsolidierte Abschluß, der konsolidierte Lagebericht sowie der Bericht der mit der Prüfung des konsolidierten Abschlusses beauftragten Person werden von dem Unternehmen, das den konsolidierten Abschluß aufstellt, nach dem Recht des Mitgliedstaats, dem dieses Unternehmen unterliegt, gemäß Artikel 3 der Richtlinie 68/151/EWG offengelegt.

(2) Auf den konsolidierten Lagebericht findet Artikel 47 Absatz 1 Unterabsatz 2 der Richtlinie 78/660/EWG Anwendung.

(3) Artikel 47 Absatz 1 Unterabsatz 2 letzter Satz der Richtlinie 78/660/EWG erhält folgende Fassung: „Eine vollständige oder teilweise Ausfertigung dieses Berichts muß auf bloßen Antrag erhältlich sein. Das dafür berechnete Entgelt darf die Verwaltungskosten nicht übersteigen."

(4) Sofern jedoch das Unternehmen, das den konsolidierten Abschluß aufstellt, nicht in einer der in Artikel 4 genannten Rechtsformen organisiert ist und auch nicht für die in Absatz 1 genannten Unterlagen nach innerstaatlichem Recht der Verpflichtung zu einer Offenlegung unterliegt, die der des Artikels 3 der Richtlinie 68/151/EWG entspricht, muß es zumindest diese Unterlagen an seinem Sitz zur Einsichtnahme für jedermann bereithalten. Ausfertigungen dieser Unterlagen müssen auf bloßen Antrag erhältlich sein. Das dafür berechnete Entgelt darf die Verwaltungskosten nicht übersteigen.

(5) Die Artikel 48 und 49 der Richtlinie 78/660/EWG sind anwendbar.

(6) Die Mitgliedstaaten sehen geeignete Sanktionen für den Fall vor, daß die in dem vorliegenden Artikel vorgesehene Offenlegung nicht erfolgt.

Art. 38a Der konsolidierte Abschluß kann neben der Währung, in der er aufgestellt wurde, auch in Ecu offengelegt werden. Dabei ist der am Stichtag der konsolidierten Bilanz gültige Umrechnungskurs zugrunde zu legen. Dieser Kurs ist im Anhang anzugeben.

6. Abschnitt. Übergangsbestimmungen und Schlußbestimmungen

Art. 39 (1) In dem ersten nach dieser Richtlinie aufgestellten konsolidierten Abschluß für eine Gesamtheit von Unternehmen, zwischen denen bereits vor der Anwendung der in Artikel 49 Absatz 1 bezeichneten Vorschriften eine der in Artikel 1 Absatz 1 genannten Beziehungen bestanden hat, können die Mitgliedstaaten gestatten oder vorschreiben, daß für die Anwendung des Artikels 19 Absatz 1 der Buchwert der Anteile oder Aktien sowie der auf sie entfallende Anteil des Eigenkapitals zu einem Zeitpunkt berücksichtigt werden, der nicht später als der Zeitpunkt der ersten Konsolidierung nach dieser Richtlinie liegt.

(2) Absatz 1 gilt sinngemäß für die Bewertung von Anteilen oder Aktien oder des auf sie entfallenden Anteils am Eigenkapital eines assoziierten in die Konsolidierung einbezogenen Unternehmens nach Artikel 33 Absatz 2 sowie der Quotenkonsolidierung nach Artikel 32.

(3) Entspricht der besondere Posten nach Artikel 19 Absatz 1 einem positiven Konsolidierungsunterschied, der vor dem Tag der Aufstellung des ersten konsolidierten Abschlusses nach dieser Richtlinie aufgetreten ist, so können die Mitgliedstaaten zulassen, daß

a) für die Anwendung von Artikel 30 Absatz 1 der befristete Zeitraum von über fünf Jahren nach Artikel 37 Absatz 2 der Richtlinie 78/660/EWG vom Tag der Aufstellung des ersten konsolidierten Abschlusses nach der vorliegenden Richtlinie an berechnet wird und

b) für die Anwendung von Artikel 30 Absatz 2 der Abzug von den Rücklagen am Tag der Aufstellung des ersten konsolidierten Abschlusses nach der vorliegenden Richtlinie vorgenommen wird.

Art. 40 (1) Bis zum Ablauf der Fristen für die Anpassung ihres nationalen Rechts an die Richtlinien, die in Ergänzung der Richtlinie 78/660/EWG die Vorschriften über den Jahresabschluß für Banken und andere Finanzinstitute sowie Versicherungsunternehmen angleichen, können die Mitgliedstaaten von den Vorschriften der vorliegenden Richtlinie, welche die Gliederung des konsolidierten Abschlusses und die Art der Bewertung der darin einbezogenen Vermögensgegenstände sowie die Angaben im Anhang betreffen, abweichen

a) gegenüber jedem zu konsolidierenden Unternehmen, das eine Bank, ein anderes Finanzinstitut oder ein Versicherungsunternehmen ist,

b) wenn die zu konsolidierenden Unternehmen hauptsächlich aus Banken, Finanzinstituten oder Versicherungsunternehmen bestehen.

Sie können ferner von Artikel 6 abweichen, jedoch nur hinsichtlich der Anwendung der Grenzen und Größenmerkmale auf die obengenannten Unternehmen.

(2) Soweit die Mitgliedstaaten vor der Anwendung der in Artikel 49 Absatz 1 bezeichneten Vorschriften allen Unternehmen, die Banken, andere Finanzinstitute oder Versicherungsunternehmen sind, nicht vorgeschrieben haben, einen konsolidierten Abschluß zu erstellen, können sie bis zur Anwendung einer der in Absatz 1 bezeichneten Richtlinien im nationalen Recht, längstens aber für Geschäftsjahre, die im Jahr 1993 enden, gestatten,

a) daß der Eintritt der in Artikel 1 Absatz 1 bezeichneten Verpflichtung für die obengenannten Unternehmen, sofern sie Mutterunternehmen sind, aufgeschoben wird. Dies ist im Jahresabschluß des Mutterunternehmens anzugeben. Außerdem sind im Hinblick auf jedes Tochterunternehmen die in Artikel 43 Absatz 1 Ziffer 2 der Richtlinie 78/660/EWG vorgesehenen Angaben zu machen,
b) daß für den Fall, daß ein konsolidierter Abschluß erstellt wird, die obengenannten Unternehmen, sofern sie Tochterunternehmen sind, nicht in die Konsolidierung einbezogen werden; Artikel 33 bleibt unberührt. Die in Artikel 34 Ziffer 2 vorgesehenen Angaben sind im Hinblick auf diese Tochterunternehmen im Anhang zu machen.

(3) In den Fällen des Absatzes 2 Buchstabe b) ist der Jahresabschluß oder der konsolidierte Abschluß der betreffenden Tochterunternehmen, sofern er offenzulegen ist, dem konsolidierten Abschluß oder, falls ein solcher nicht vorhanden ist, dem Jahresabschluß des Mutterunternehmens beizufügen oder der Öffentlichkeit zur Verfügung zu halten. Im letzteren Falle muß eine Abschrift dieser Unterlagen auf bloßen Antrag hin gegen ein Entgelt erhältlich sein, das die Verwaltungskosten hierfür nicht übersteigen darf.

Art. 41 (1) Unternehmen, zwischen denen Beziehungen im Sinne des Artikels 1 Absatz 1 Buchstaben a) und b) sowie Buchstabe d) Unterbuchstabe bb) bestehen, sowie die übrigen Unternehmen, die mit einem der genannten Unternehmen in einer solchen Beziehung stehen, sind verbundene Unternehmen im Sinne der Richtlinie 78/660/EWG sowie der vorliegenden Richtlinie.

(2) Sofern ein Mitgliedstaat die Verpflichtung, einen konsolidierten Abschluß aufzustellen, nach Artikel 1 Absatz 1 Buchstabe c) oder Buchstabe d) Unterbuchstabe aa) oder nach Artikel 1 Absatz 2 oder nach Artikel 12 Absatz 1 vorschreibt, sind auch die Unternehmen, zwischen denen Beziehungen im Sinne der genannten Vorschriften bestehen, sowie die übrigen Unternehmen, die mit einem der genannten Unternehmen in einer solchen Beziehung oder in einer Beziehung im Sinne von Absatz 1 stehen, verbundene Unternehmen im Sinne von Absatz 1.

(3) Sofern ein Mitgliedstaat die Verpflichtung, einen konsolidierten Abschluß nach Artikel 1 Absatz 1 Buchstabe c) oder Buchstabe d) Unterbuchstabe aa) oder nach Artikel 1 Absatz 2 oder nach Artikel 12 Absatz 1 aufzustellen, nicht vorschreibt, kann er dennoch die Anwendung des Absatzes 2 des vorliegenden Artikels vorschreiben.

(4) Artikel 2 und Artikel 3 Absatz 2 finden Anwendung.

(5) Wendet ein Mitgliedstaat Artikel 4 Absatz 2 an, so kann er verbundene Unternehmen, die Mutterunternehmen sind und von denen aufgrund ihrer Rechtsform vom Mitgliedstaat die Aufstellung eines konsolidierten Abschlusses nach dieser Richtlinie nicht gefordert wird, sowie Mutterunternehmen mit entsprechender Rechtsform von der Anwendung des Absatzes 1 ausnehmen.

Art. 42–46[106] *(nicht abgedruckt)*

Art. 47 Der gemäß Artikel 52 der Richtlinie 78/660/EWG eingesetzte Kontaktausschuß hat außerdem folgende Aufgaben:
a) unbeschadet der Artikel 169 und 170 des Vertrages eine gleichmäßige Anwendung dieser Richtlinie durch eine regelmäßige Abstimmung, insbesondere in konkreten Anwendungsfragen, zu erleichtern;
b) die Kommission erforderlichenfalls bezüglich Ergänzungen oder Änderungen dieser Richtlinie zu beraten.

---

[106] Artikel 42 bis 46 ändern Artikel 56 bis 59 u. 61 der RL 78/660/EWG – abgedruckt unter Rdnr. 315.

V. Text der Richtlinien

Art. 48 *(aufgehoben)*

Art. 49[107] **[Umsetzungsfrist]** (1) Die Mitgliedstaaten erlassen vor dem 1. Januar 1988 die erforderlichen Rechts- und Verwaltungsvorschriften, um dieser Richtlinie nachzukommen. Sie setzen die Kommission unverzüglich davon in Kenntnis.

(2) Die Mitgliedstaaten können vorsehen, daß die in Absatz 1 bezeichneten Vorschriften erstmals auf die konsolidierten Abschlüsse des am 1. Januar 1990 oder im Laufe des Jahres 1990 beginnenden Geschäftsjahres anzuwenden sind.

(3) Die Mitgliedstaaten teilen der Kommission den Wortlaut der wichtigsten innerstaatlichen Rechtsvorschriften mit, die sie auf dem unter diese Richtlinie fallenden Gebiet erlassen.

Art. 50 (1) Der Rat prüft auf Vorschlag der Kommission fünf Jahre nach dem in Artikel 49 Absatz 2 bezeichneten Zeitpunkt unter Berücksichtigung der bei der Anwendung dieser Richtlinie gewonnenen Erfahrungen, der Ziele dieser Richtlinie und der wirtschaftlichen und monetären Lage den Artikel 1 Absatz 1 Buchstabe d) zweiter Unterabsatz, den Artikel 4 Absatz 2, die Artikel 5 und 6, den Artikel 7 Absatz 1 sowie die Artikel 12, 43 und 44 und ändert sie erforderlichenfalls.

(2) Absatz 1 läßt Artikel 53 Absatz 2 der Richtlinie 78/660/EWG unberührt.

Art. 51 Diese Richtlinie ist an alle Mitgliedstaaten gerichtet.

3. Prüferbefähigungsrichtlinie

ACHTE RICHTLINIE 84/253/EWG aufgrund von Artikel 54 Absatz 3 Buchstabe g) des Vertrages über die Zulassung der mit der Pflichtprüfung der Rechnungslegungsunterlagen beauftragten Personen

317

Vom 10. April 1984

(ABl. Nr. L 126/20)

DER RAT DER EUROPÄISCHEN GEMEINSCHAFTEN –

gestützt auf den Vertrag zur Gründung der Europäischen Wirtschaftsgemeinschaft, insbesondere auf Artikel 54 Absatz 3 Buchstabe g),
auf Vorschlag der Kommission[108],
nach Stellungnahme des Europäischen Parlaments[109],
nach Stellungnahme des Wirtschafts- und Sozialausschusses[110],
in Erwägung nachstehender Gründe:
Aufgrund der Richtlinie 78/660/EWG[111] muß der Jahresabschluß von Gesellschaften bestimmter Rechtsformen durch eine oder mehrere zu dieser Prüfung zugelassene Personen geprüft werden; nur die Gesellschaften, die unter Artikel 11 der genannten Richtlinie fallen, können von dieser Verpflichtung ausgenommen werden.

---

[107] Gemäß Art. 10 der RL 90/604/EWG v. 8. 11. 1990 (ABl. Nr. L 317/57) ist die Bestimmung des Art. 38a bis zum 31. 12. 1992 in nationales Recht umzusetzen. Die Mitgliedstaaten können vorsehen, daß die benannte Vorschrift erstmals auf die Abschlüsse des am 1. 1. 1995 oder im Laufe des Jahres 1995 beginnenden Geschäftsjahres anzuwenden ist.
Dieselben Fristen gelten gemäß Art. 3 der RL 90/605/EWG v. 8. 11. 1990 (ABl. Nr. L 317/60) für die Bestimmungen des Art. 4 Abs. 1 Unterabs. 2 und Abs. 2.
[108] ABl. Nr. C 112 vom 13. 5. 1978, S. 6 und ABl. Nr. C 317 vom 18. 12. 1975, S. 6.
[109] ABl. Nr. C 140 vom 5. 6. 1979, S. 154.
[110] ABl. Nr. C 171 vom 9. 7. 1979, S. 30.
[111] ABl. Nr. L 222 vom 14. 8. 1978, S. 11.

§ 8 Die Rechnungslegung der Gesellschaften

Diese Richtlinie ist durch die Richtlinie 83/349/EWG[112] über den konsolidierten Abschluß ergänzt worden.

Es ist von Wichtigkeit, die Anforderungen in bezug auf die Befähigung der zur Durchführung der Pflichtprüfung der Rechnungslegungsunterlagen befugten Personen zu harmonisieren und sicherzustellen, daß diese Personen unabhängig sind und einen guten Leumund haben.

Durch eine berufliche Eignungsprüfung müssen ein hoher Stand an für die Durchführung der Pflichtprüfung der Rechnungslegungsunterlagen erforderlichen theoretischen Kenntnisse wie auch die Fähigkeit, diese Kenntnisse bei der Pflichtprüfung praktisch anzuwenden, gewährleistet werden.

Die Mitgliedstaaten sollen ermächtigt werden, Personen, deren theoretische Ausbildung nicht allen erforderlichen Voraussetzungen entspricht, die jedoch eine langjährige Berufstätigkeit mit ausreichender Erfahrung auf den Gebieten des Finanzwesens, des Rechts und der Buchführung vorweisen können und mit Erfolg die berufliche Eignungsprüfung abgelegt haben, die Zulassung zu erteilen.

Desgleichen sind die Mitgliedstaaten zu ermächtigen, Übergangsvorschriften zugunsten der Berufsangehörigen zu erlassen.

Die Mitgliedstaaten können sowohl natürliche Personen als auch Prüfungsgesellschaften zulassen, die juristische Personen oder andere Arten von Gesellschaften oder Vereinigungen sein können.

Natürliche Personen, die die Pflichtprüfung der Rechnungslegungsunterlagen im Namen einer solchen Prüfungsgesellschaft durchführen, müssen die in dieser Richtlinie niedergelegten Voraussetzungen erfüllen.

Ein Mitgliedstaat kann Personen zulassen, die außerhalb dieses Staates Befähigungen erworben haben, welche den in dieser Richtlinie vorgeschriebenen gleichwertig sind.

Es ist vorzusehen, daß ein Mitgliedstaat, in dem es zum Zeitpunkt der Annahme dieser Richtlinie Gruppen von natürlichen Personen gibt, die die Voraussetzungen dieser Richtlinie erfüllen, deren berufliche Eignungsprüfung jedoch nicht das Niveau eines Universitätsabschlusses hat, diese Personen bis zu einer späteren Koordinierung unter bestimmten Bedingungen weiterhin zur Durchführung der Pflichtprüfung der Rechnungslegungsunterlagen von Gesellschaften und Unternehmenszusammenschlüssen von begrenzter Größe zulassen kann, wenn dieser Mitgliedstaat von den in Gemeinschaftsrichtlinien zugelassenen Ausnahmen im Bereich der Pflichtprüfung des Jahresabschlusses und der Aufstellung eines konsolidierten Abschlusses keinen Gebrauch gemacht hat.

Diese Richtlinie betrifft weder die Niederlassungsfreiheit der mit der Pflichtprüfung der Rechnungslegungsunterlagen beauftragten Personen noch den diesbezüglichen freien Dienstleistungsverkehr.

Die Anerkennung von Zulassungen für die Pflichtprüfung, die den Angehörigen anderer Mitgliedstaaten erteilt worden sind, wird mit Richtlinien über den Zugang zu den Tätigkeiten im Bereich des Finanzwesens, der Wirtschaft und der Buchführung und die Ausübung dieser Tätigkeiten sowie den freien Dienstleistungsverkehr in diesen Bereichen gesondert geregelt –

HAT FOLGENDE RICHTLINIE ERLASSEN:

Abschnitt I. Anwendungsbereich

Art. 1 (1) Die durch diese Richtlinie vorgeschriebenen Koordinierungsmaßnahmen gelten für die Rechts- und Verwaltungsvorschriften der Mitgliedstaaten in bezug auf die Personen, die mit folgendem beauftragt sind:

---

[112] ABl. Nr. L 193 vom 18. 7. 1983, S. 1.

V. Text der Richtlinien

a) der Pflichtprüfung des Jahresabschlusses von Gesellschaften sowie der Prüfung der Übereinstimmung des Lageberichts mit diesem Jahresabschluß, soweit solche Prüfungen nach Gemeinschaftsrecht zwingend vorgeschrieben sind;
b) der Pflichtprüfung des konsolidierten Abschlusses einer Gesamtheit von Unternehmen sowie der Prüfung der Übereinstimmung des konsolidierten Lageberichts mit dem konsolidierten Abschluß, soweit solche Prüfungen nach Gemeinschaftsrecht zwingend vorgeschrieben sind.

(2) Die in Absatz 1 bezeichneten Personen können nach den Rechtsvorschriften der einzelnen Mitgliedstaaten natürliche oder juristische Personen oder andere Arten von Gesellschaften oder Vereinigungen sein (Prüfungsgesellschaften im Sinne dieser Richtlinie).

Abschnitt II. Zulassungsregeln

Art. 2 [Zulassung zur Pflichtprüfung] (1) Die Pflichtprüfung der in Artikel 1 Absatz 1 genannten Unterlagen darf nur von zugelassenen Personen durchgeführt werden. Von den Behörden der Mitgliedstaaten dürfen nur zugelassen werden:
a) natürliche Personen, die mindestens die in den Artikeln 3 bis 19 genannten Voraussetzungen erfüllen;
b) Prüfungsgesellschaften, die mindestens folgende Voraussetzungen erfüllen:
  i) Die natürlichen Personen, welche die Pflichtprüfung der in Artikel 1 genannten Unterlagen im Namen der Prüfungsgesellschaft durchführen, müssen mindestens die in den Artikeln 3 bis 19 genannten Voraussetzungen erfüllen; die Mitgliedstaaten können vorsehen, daß diese natürlichen Personen ebenfalls zugelassen sein müssen.
  ii) Die Mehrheit der Stimmrechte ist im Besitz von natürlichen Personen oder Prüfungsgesellschaften, die mindestens die in den Artikeln 3 bis 19 genannten Voraussetzungen, mit Ausnahme derer des Artikels 11 Absatz 1 Buchstabe b), erfüllen; die Mitgliedstaaten können vorsehen, daß diese natürlichen Personen oder Prüfungsgesellschaften ebenfalls zugelassen sein müssen. Jedoch brauchen Mitgliedstaaten, die eine solche Mehrheit im Zeitpunkt der Annahme dieser Richtlinie nicht vorschreiben, diese auch künftig nicht zu verlangen, sofern alle Aktien oder Anteile an der Prüfungsgesellschaft auf den Namen lauten und nur mit Zustimmung der Prüfungsgesellschaft und/oder, wenn der Mitgliedstaat dies vorsieht, der Zustimmung der zuständigen Aufsichtsbehörde übertragen werden können.
  iii) Die Mehrheit der Mitglieder des Verwaltungs- oder Leitungsorgans der Prüfungsgesellschaft besteht aus natürlichen Personen oder Prüfungsgesellschaften, die mindestens die in den Artikeln 3 bis 19 genannten Voraussetzungen erfüllen; die Mitgliedstaaten können vorsehen, daß diese natürlichen Personen oder Prüfungsgesellschaften ebenfalls zugelassen sein müssen. Besteht dieses Organ nur aus zwei Mitgliedern, so muß zumindest eines von ihnen diese Voraussetzungen erfüllen.

Unbeschadet von Artikel 14 Absatz 2 ist einer Prüfungsgesellschaft die Zulassung zu entziehen, wenn eine der Voraussetzungen des Buchstaben b) nicht mehr gegeben ist. Allerdings können die Mitgliedstaaten für die unter Buchstabe b) Ziffern ii) und iii) genannten Voraussetzungen eine Umstellungsfrist von höchstens zwei Jahren vorsehen.

(2) Für diese Richtlinie gelten als Behörden der Mitgliedstaaten auch Berufsvereinigungen, sofern sie nach einzelstaatlichem Recht zur Erteilung von Zulassungen im Sinne dieser Richtlinie ermächtigt sind.

Art. 3 [Zuverlässigkeit] Die Behörden eines Mitgliedstaats erteilen die Zulassungen nur solchen Personen, die ehrenhaft sind und keine Tätigkeit ausüben, die nach dem Recht dieses Mitgliedstaats mit der Pflichtprüfung der in Artikel 1 Absatz 1 genannten Unterlagen unvereinbar ist.

Art. 4 [Berufliche Qualifikation] Zur Durchführung der Pflichtprüfung der in Artikel 1 Absatz 1 genannten Unterlagen darf eine natürliche Person nur zugelassen werden, wenn sie nach Erlangung der Hochschulreife eine theoretische und eine praktische Ausbildung erhalten hat und sich mit Erfolg einer staatlichen oder staatlich anerkannten beruflichen Eignungsprüfung auf dem Niveau eines Hochschulabschlusses unterzogen hat.

Art. 5 [Gegenstand der Eignungsprüfung (Art. 5–7)] Die berufliche Eignungsprüfung nach Artikel 4 hat die erforderlichen theoretischen Kenntnisse auf den für die Pflichtprüfung der in Artikel 1 Absatz 1 genannten Unterlagen maßgebenden Sachgebieten und die Fähigkeit zur praktischen Anwendung dieser Kenntnisse bei dieser Pflichtprüfung zu gewährleisten.

Zumindest ein Teil der beruflichen Eignungsprüfung ist schriftlich abzulegen.

Art. 6 Die Prüfung der theoretischen Kenntnisse muß insbesondere folgende Sachgebiete umfassen:
a) – wirtschaftliches Prüfungswesen,
 – Analyse des Jahresabschlusses,
 – allgemeines Rechnungswesen,
 – konsolidierter Abschluß,
 – betriebliches Rechnungswesen und Management Accounting,
 – interne Kontrollsysteme,
 – Vorschriften über die Aufstellung des Jahresabschlusses und des konsolidierten Abschlusses sowie Bewertung und Erfolgsermittlung,
 – Rechtsvorschriften und Standesregeln betreffend die Pflichtprüfung des Abschlusses sowie die Personen, welche diese Prüfung vornehmen;
b) soweit die Rechnungsprüfung davon berührt wird:
 – Gesellschaftsrecht,
 – Rechtsvorschriften über Konkurs und ähnliche Verfahren,
 – Steuerrecht,
 – bürgerliches Recht und Handelsrecht,
 – Arbeitsrecht und Sozialversicherungsrecht,
 – Informationssysteme und Informatik,
 – Betriebswirtschaft, Volkswirtschaft und Finanzwissenschaft,
 – Mathematik und Statistik,
 – wesentliche Grundlagen der betrieblichen Finanzverwaltung.

Art. 7 (1) Abweichend von den Artikeln 5 und 6 können die Mitgliedstaaten vorsehen, daß Personen, die eine Hochschulprüfung oder eine ihr gleichwertige Prüfung bestanden haben oder Inhaber von Hochschulzeugnissen oder diesen gleichwertigen Zeugnissen sind, die sich auf ein oder mehrere der in Artikel 6 genannten Sachgebiete beziehen, von der Prüfung der theoretischen Kenntnisse in den Sachgebieten befreit werden, die durch diese Prüfung oder diese Zeugnisse bestätigt sind.

(2) Abweichend von Artikel 5 können die Mitgliedstaaten vorsehen, daß die Inhaber von Hochschulzeugnissen oder diesen gleichwertigen Zeugnissen, die sich auf ein oder mehrere der in Artikel 6 genannten Sachgebiete beziehen, von der Prüfung ihrer Fähigkeit, die theoretischen Kenntnisse in diesen Sachgebieten in der Praxis anzuwenden, befreit werden, wenn diese Gegenstand einer praktischen Ausbildung waren, die mit einer staatlich anerkannten Prüfung oder einem staatlich anerkannten Zeugnis abgeschlossen wurde.

Art. 8 [Praktische Ausbildung] (1) Damit gewährleistet ist, daß die Fähigkeit zur praktischen Anwendung der in der Prüfung verlangten theoretischen Kenntnisse vorhanden ist, ist eine praktische Ausbildung von mindestens drei Jahren, die sich insbesondere auf die Prüfung des Jahresabschlusses, des konsolidierten Abschlusses oder ähnlicher

V. Text der Richtlinien

Finanzabschlüsse erstrecken muß, durchzuführen. Diese praktische Ausbildung muß zu mindestens zwei Dritteln bei einer nach dem Recht des Mitgliedstaats gemäß dieser Richtlinie zugelassenen Person erfolgen; die Mitgliedstaaten können allerdings zulassen, daß die praktische Ausbildung bei einer nach dem Recht eines anderen Mitgliedstaats gemäß dieser Richtlinie zugelassenen Person erfolgt.

(2) Die Mitgliedstaaten stellen sicher, daß die gesamte praktische Ausbildung bei Personen erfolgt, die ausreichende Garantien für die Ausbildung des Praktikanten bieten.

Art. 9 [Zweiter Bildungsweg] Die Mitgliedstaaten können zur Durchführung der Pflichtprüfung der in Artikel 1 Absatz 1 genannten Unterlagen Personen zulassen, die die Voraussetzungen nach Artikel 4 nicht erfüllen, wenn diese Personen nachweisen können, daß sie

a) entweder fünfzehn Jahre lang berufliche Tätigkeiten ausgeübt haben, die es ihnen ermöglicht haben, auf den Gebieten des Finanzwesens, des Rechts und der Buchführung ausreichende Erfahrungen zu erwerben, und sich mit Erfolg der beruflichen Eignungsprüfung nach Artikel 4 unterzogen haben oder

b) sieben Jahre lang berufliche Tätigkeiten auf diesen Gebieten ausgeübt, außerdem die praktische Ausbildung nach Artikel 8 erhalten und sich mit Erfolg der beruflichen Eignungsprüfung nach Artikel 4 unterzogen haben.

Art. 10 [Anrechnung theoretischer Ausbildungszeiten] (1) Die Mitgliedstaaten können Zeiten theoretischer Ausbildung auf Sachgebieten nach Artikel 6 auf die Tätigkeitsjahre nach Artikel 9 anrechnen, sofern diese Ausbildung mit einer staatlich anerkannten Prüfung abgeschlossen wurde. Die Zeit dieser Ausbildung muß mindestens ein Jahr betragen, darf aber höchstens für einen Zeitraum von vier Jahren auf die berufliche Tätigkeit angerechnet werden.

(2) Die Zeiten der beruflichen Tätigkeiten sowie der praktischen Ausbildung dürfen nicht kürzer sein als die Zeiten der nach Artikel 4 vorgeschriebenen theoretischen und praktischen Berufsausbildung.

Art. 11 [Zulassung von Personen mit Ausbildung in anderen Mitgliedstaaten]
(1) Die Behörden eines Mitgliedstaats können Personen zulassen, die ihre Befähigung ganz oder teilweise in einem anderen Staat erworben haben, wenn sie die beiden folgenden Bedingungen erfüllen[113]:

a) ihre Befähigungen werden von den zuständigen Behörden als denjenigen gleichwertig angesehen, die nach dem Recht dieses Mitgliedstaats aufgrund dieser Richtlinie verlangt werden;

b) sie haben den Nachweis der Rechtskenntnisse erbracht, die in diesem Mitgliedstaat für die Pflichtprüfung der in Artikel 1 Absatz 1 genannten Unterlagen verlangt werden. Jedoch brauchen die Behörden dieses Mitgliedstaats einen solchen Nachweis nicht vorzuschreiben, wenn sie die in einem anderen Staat erworbenen Rechtskenntnisse für ausreichend erachten.

(2) Artikel 3 findet Anwendung.

Art. 12 [Erworbene Rechte] (1) Ein Mitgliedstaat kann Berufsangehörige, die vor Beginn der Anwendung der in Artikel 30 Absatz 2 bezeichneten Rechtsvorschriften durch Verwaltungsakt der zuständigen Behörden dieses Mitgliedstaats zugelassen worden sind, als nach dieser Richtlinie zugelassen ansehen.

(2) Die Aufnahme einer natürlichen Person in eine vom Staat anerkannte berufliche Vereinigung, die nach dem Recht dieses Staates ihren Mitgliedern die Befugnis verleiht,

---

[113] Zur Richtlinie über die Anerkennung der einschlägigen Hochschuldiplome s. Rdnr. 313 (Fn. 88).

die Pflichtprüfung der in Artikel 1 Absatz 1 genannten Unterlagen durchzuführen, gilt als Zulassung durch Verwaltungsakt im Sinne von Absatz 1 des vorliegenden Artikels.

Art. 13 [Zulassungsfiktion bei Alt-Berufsangehörigen] Bis zum Beginn der Anwendung der in Artikel 30 Absatz 2 bezeichneten Rechtsvorschriften kann ein Mitgliedstaat die Berufsangehörigen, die nicht durch einen Verwaltungsakt der zuständigen Behörden zugelassen worden sind, jedoch in diesem Mitgliedstaat dieselben Befähigungen besitzen wie die durch einen Verwaltungsakt zugelassenen Personen und zum Zeitpunkt der Zulassung die Pflichtprüfung der in Artikel 1 Absatz 1 genannten Unterlagen im Namen dieser zugelassenen Personen durchführen, als nach dieser Richtlinie zugelassen ansehen.

Art. 14 [Zulassungsfiktion bei Alt-Prüfungsgesellschaften] (1) Ein Mitgliedstaat kann die Prüfungsgesellschaften, die vor Beginn der Anwendung der in Artikel 30 Absatz 2 bezeichneten Rechtsvorschriften durch Verwaltungsakt der zuständigen Behörden dieses Mitgliedstaats zugelassen worden sind, als nach dieser Richtlinie zugelassen ansehen.

(2) Die Bedingungen des Artikels 2 Absatz 1 Buchstabe b) Ziffern ii) und iii) müssen spätestens nach Ablauf einer Frist, die auf höchstens fünf Jahre ab Beginn der Anwendung der in Artikel 30 Absatz 2 bezeichneten Rechtsvorschriften festgelegt werden darf, eingehalten werden.

(3) Die natürlichen Personen, die bis zum Beginn der Anwendung der in Artikel 30 Absatz 2 bezeichneten Rechtsvorschriften die Prüfung der in Artikel 1 Absatz 1 genannten Unterlagen im Namen der Prüfungsgesellschaft durchgeführt haben, können nach diesem Zeitpunkt ermächtigt werden, dies weiterhin zu tun, auch wenn sie nicht alle Bedingungen dieser Richtlinie erfüllen.

Art. 15 [Zulassung von Alt-Berufsangehörigen] Bis zu einem Jahr nach Beginn der Anwendung der in Artikel 30 Absatz 2 bezeichneten Rechtsvorschriften können Berufsangehörige, die nicht durch Verwaltungsakt der zuständigen Behörden zugelassen worden sind, jedoch in einem Mitgliedstaat befugt sind, die Pflichtprüfung der in Artikel 1 Absatz 1 genannten Unterlagen vorzunehmen, und eine solche Tätigkeit bis zu diesem Zeitpunkt tatsächlich ausgeübt haben, von diesem Mitgliedstaat entsprechend der vorliegenden Richtlinie zugelassen werden.

Art. 16 [Übergangsmaßnahmen wegen Einführung neuer Pflichtprüfungen]
Bis zu einem Jahr nach Beginn der Anwendung der in Artikel 30 Absatz 2 bezeichneten Rechtsvorschriften können die Mitgliedstaaten Übergangsmaßnahmen für diejenigen Berufsangehörigen ergreifen, die nach diesem Zeitpunkt weiterhin berechtigt sind, die Prüfung des Jahresabschlusses bestimmter Arten von Gesellschaften, die keiner Pflichtprüfung unterliegen, durchzuführen, dies aber infolge der Einführung neuer Pflichtprüfungen nicht mehr tun dürfen, sofern nicht zugunsten dieser Berufsangehörigen besondere Maßnahmen ergriffen werden.

Art. 17 Artikel 3 findet in den Fällen der Artikel 15 und 16 Anwendung.

Art. 18 [In Ausbildung befindliche Personen] (1) Bis zu sechs Jahren nach Beginn der Anwendung der in Artikel 30 Absatz 2 bezeichneten Rechtsvorschriften können die Mitgliedstaaten Übergangsmaßnahmen für Personen ergreifen, die sich zu Beginn der Anwendung der genannten Rechtsvorschriften in der theoretischen oder praktischen Berufsausbildung befinden, bei Abschluß dieser Ausbildung jedoch die Bedingungen der vorliegenden Richtlinie nicht erfüllen würden und deswegen die Pflichtprüfung der in Artikel 1 Absatz 1 genannten Unterlagen, für die sie ausgebildet wurden, nicht durchführen dürften.

(2) Artikel 3 findet Anwendung.

V. Text der Richtlinien

Art. 19 [Erfordernis der Eignung] Die in den Artikeln 15 und 16 genannten Berufsangehörigen und die in Artikel 18 genannten Personen dürfen abweichend von Artikel 4 nur zugelassen werden, wenn sie nach Auffassung der zuständigen Behörden zur Durchführung der Pflichtprüfung der in Artikel 1 Absatz 1 genannten Unterlagen geeignet sind und Befähigungen besitzen, die denjenigen der nach Artikel 4 zugelassenen Personen gleichwertig sind.

Art. 20 [Gesonderte Zulassung zur Prüfung kleiner und mittlerer Unternehmen] Ein Mitgliedstaat, der von der Möglichkeit des Artikels 51 Absatz 2 der Richtlinie 78/660/EWG nicht Gebrauch macht und in dem zum Zeitpunkt der Annahme dieser Richtlinie mehrere Gruppen natürlicher Personen nach dem Recht dieses Mitgliedstaats die Pflichtprüfung der in Artikel 1 Absatz 1 Buchstabe a) der vorliegenden Richtlinie genannten Unterlagen durchführen dürfen, kann bis zu einer späteren Koordinierung der Pflichtprüfung der Rechnungslegungsunterlagen zur Durchführung der Pflichtprüfung der in Artikel 1 Absatz 1 Buchstabe a) genannten Unterlagen einer Gesellschaft, welche die Grenzen von zwei der drei in Artikel 27 der Richtlinie 78/660/EWG festgelegten Größenmerkmale nicht überschreitet, natürliche Personen, die im eigenen Namen handeln, eigens zulassen, sofern sie

a) die in den Artikeln 3 bis 19 der vorliegenden Richtlinie genannten Voraussetzungen erfüllen, wobei jedoch die berufliche Eignungsprüfung auf einem niedrigeren als dem nach Artikel 4 der vorliegenden Richtlinie vorgeschriebenen Niveau stattfinden kann, und

b) die Pflichtprüfung dieser Gesellschaft bereits vorgenommen haben, als diese noch nicht die Grenzen von zwei der drei Größenmerkmale, die in Artikel 11 der Richtlinie 78/660/EWG festgelegt sind, überschritten hatte.

Gehört die Gesellschaft jedoch zu einer zu konsolidierenden Gesamtheit von Unternehmen, bei der zwei der drei in Artikel 27 der Richtlinie 78/660/EWG genannten Größenmerkmale überschritten werden, so dürfen diese Personen die Pflichtprüfung der in Artikel 1 Absatz 1 Buchstabe a) der vorliegenden Richtlinie genannten Unterlagen dieser Gesellschaft nicht vornehmen.

Art. 21 [Gesonderte Zulassung im konsolidierten Bereich mittlerer Unternehmen] Macht ein Mitgliedstaat, in dem zum Zeitpunkt der Annahme dieser Richtlinie mehrere Gruppen natürlicher Personen nach dem Recht dieses Mitgliedstaats die Pflichtprüfung der in Artikel 1 Absatz 1 Buchstabe b) der vorliegenden Richtlinie genannten Unterlagen durchführen dürfen, von der in Artikel 6 Absatz 1 der Richtlinie 83/349/EWG vorgesehenen Möglichkeit keinen Gebrauch, so kann er bis zu einer späteren Koordinierung der Pflichtprüfung der Rechnungslegungsunterlagen eine nach Artikel 20 der vorliegenden Richtlinie zugelassene Person zur Durchführung der Pflichtprüfung der in Artikel 1 Absatz 1 Buchstabe b) genannten Unterlagen eigens zulassen, wenn zum Bilanzstichtag des Mutterunternehmens die zu konsolidierenden Unternehmen insgesamt aufgrund ihrer letzten Jahresabschlüsse zwei der drei in Artikel 27 der Richtlinie 78/660/EWG bezeichneten Größenmerkmale nicht überschreiten, sofern diese Person die Pflichtprüfung der in Artikel 1 Absatz 1 Buchstabe a) der vorliegenden Richtlinie genannten Unterlagen sämtlicher in die Konsolidierung einbezogener Unternehmen durchführen darf.

Art. 22 [Praktische Ausbildung in Sonderfällen] Ein Mitgliedstaat, der Artikel 20 anwendet, kann zulassen, daß die in Artikel 8 genannte praktische Ausbildung der betroffenen Personen bei einer Person erfolgt, die nach dem Recht dieses Mitgliedstaats dazu ermächtigt ist, die in Artikel 20 genannte Pflichtprüfung durchzuführen.

§ 8 Die Rechnungslegung der Gesellschaften

Abschnitt III. Berufliche Sorgfalt und Unabhängigkeit

Art. 23 [Berufliche Sorgfaltspflicht] Die Mitgliedstaaten schreiben vor, daß die Personen, die zur Pflichtprüfung der in Artikel 1 Absatz 1 genannten Unterlagen zugelassen worden sind, diese Prüfung mit beruflicher Sorgfalt durchführen.

Art. 24 [Unabhängigkeit] Die Mitgliedstaaten schreiben vor, daß diese Personen eine Pflichtprüfung nicht durchführen dürfen, wenn sie nach dem Recht des Mitgliedstaats, der die Pflichtprüfung vorschreibt, nicht unabhängig sind.

Art. 25 [Anwendung auf Prüfungsgesellschaften] Die Artikel 23 und 24 finden auch auf natürliche Personen Anwendung, die die in den Artikeln 3 bis 19 festgelegten Voraussetzungen erfüllen und die Pflichtprüfung der in Artikel 1 Absatz 1 genannten Unterlagen im Namen einer Prüfungsgesellschaft durchführen.

Art. 26 [Sanktionen] Die Mitgliedstaaten stellen sicher, daß die zugelassenen Personen angemessenen Sanktionen unterliegen, wenn sie eine Prüfung nicht entsprechend den Artikeln 23, 24 und 25 durchführen.

Art. 27 [Unabhängigkeit im Falle von Prüfungsgesellschaften] Die Mitgliedstaaten stellen sicher, daß zumindest die Gesellschafter oder Mitglieder von zugelassenen Prüfungsgesellschaften sowie die Mitglieder des mit deren Verwaltung, Leitung oder Aufsicht beauftragten Organs, welche in einem Mitgliedstaat die Voraussetzungen der Artikel 3 bis 19 persönlich nicht erfüllen, sich bei der Durchführung einer Prüfung nicht in einer Weise einschalten, welche die Unabhängigkeit der natürlichen Person, die die Prüfung der in Artikel 1 Absatz 1 genannten Unterlagen im Namen der Prüfungsgesellschaft vornimmt, beeinträchtigen würde.

Abschnitt IV. Veröffentlichung

Art. 28 (1) Die Mitgliedstaaten stellen sicher, daß die Verzeichnisse der Namen und Anschriften aller natürlichen Personen und Prüfungsgesellschaften, die zur Pflichtprüfung der in Artikel 1 Absatz 1 genannten Unterlagen zugelassen sind, der Öffentlichkeit zur Verfügung stehen.
(2) Außerdem müssen für jede zugelassene Prüfungsgesellschaft der Öffentlichkeit zur Verfügung stehen:
a) die Namen und Anschriften der in Artikel 2 Absatz 1 Buchstabe b) Ziffer i) genannten natürlichen Personen,
b) die Namen und Anschriften der Gesellschafter und Mitglieder der Prüfungsgesellschaft,
c) die Namen und Anschriften der Mitglieder des Verwaltungs- oder Leitungsorgans der Prüfungsgesellschaft.
(3) Sofern eine natürliche Person unter den in den Artikeln 20, 21 und 22 genannten Voraussetzungen die Pflichtprüfung der in Artikel 1 Absatz 1 genannten Unterlagen einer Gesellschaft vornehmen darf, ist Absatz 1 des vorliegenden Artikels anwendbar. Jedoch ist auch die Kategorie von Gesellschaften oder der Gesamtheit von Unternehmen anzugeben, bei denen eine solche Prüfung durchgeführt werden darf.

Abschnitt V. Schlußbestimmungen

Art. 29 [Kontaktausschuß] Der durch Artikel 52 der Richtlinie 78/660/EWG eingesetzte Kontaktausschuß hat außerdem folgende Aufgaben:
a) unbeschadet der Artikel 169 und 170 des Vertrages eine gleichmäßige Anwendung

V. Text der Richtlinien

dieser Richtlinie durch eine regelmäßige Abstimmung, insbesondere in konkreten Anwendungsfragen, zu erleichtern;
b) die Kommission, falls erforderlich, bei der Ergänzung oder Änderung dieser Richtlinie zu beraten.

Art. 30 [Umsetzungsfrist] (1) Die Mitgliedstaaten erlassen vor dem 1. Januar 1988 die erforderlichen Rechts- und Verwaltungsvorschriften, um dieser Richtlinie nachzukommen. Sie setzen die Kommission unverzüglich davon in Kenntnis.

(2) Die Mitgliedstaaten können vorsehen, daß die in Absatz 1 bezeichneten Vorschriften erst ab dem 1. Januar 1990 anzuwenden sind.

(3) Die Mitgliedstaaten teilen der Kommission den Wortlaut der wichtigsten innerstaatlichen Rechtsvorschriften mit, die sie auf dem unter diese Richtlinie fallenden Gebiet erlassen.

(4) Die Mitgliedstaaten übermitteln der Kommission ferner eine Aufstellung der staatlichen oder im Sinne von Artikel 4 staatlich anerkannten Prüfungen.

Art. 31 Diese Richtlinie ist an die Mitgliedstaaten gerichtet.

§ 9 Die Einpersonen-Gesellschaft

Schrifttum: *Drygala*, Konzernhaftung und Einmann-Richtlinie, ZIP 1992, 1528; *Eckert*, Die Harmonisierung des Rechts der Einpersonen-GmbH, EuZW 1990, 54; *Hirte*, Die Zwölfte EG-Richtlinie als Baustein eines Europäischen Konzernrechts?, ZIP 1992, 1122; *Kalss*, Die Bedeutung der Publizitäts-, Kapital-, Zweigniederlassungs- und Einpersonengesellschaftsrichtlinie der Europäischen Union für das österreichische Gesellschaftsrecht (AG und GmbH), in Koppensteiner (Hrsg.), Österreichisches und europäisches Wirtschaftsprivatrecht, Teil 1: Gesellschaftsrecht, 1994, S. 119; *Kindler*, Gemeinschaftsrechtliche Grenzen der Konzernhaftung in der Einmann-GmbH, ZHR 157 (1993), 1; *Knobbe-Keuk*, Zum Erdbeben „Video", DB 1992, 1461; *Lutter*, Mißglückte Rechtsangleichung: das Chaos der Ein-Personen-Gesellschaft in Europa, Festschrift für Brandner, 1996, S. 81; *Neye*, Die Video-Rechtsprechung und das EG-Recht, DWiR 1992, 452; *W. H. Roth*, „Video"-Nachlese und das (immer noch) vergessene Gemeinschaftsrecht, ZIP 1992, 1054; *Schimmelpfennig/Hauschka*, Die Zulassung der Ein-Personen-GmbH in Europa und die Änderungen des deutschen GmbH-Rechts, NJW 1992, 942; *Schüppen*, Haftung im qualifiziert faktischen GmbH-Konzern und 12. EG-Richtlinie, DB 1993, 969; *Schwarz*, GmbH-Konzernrecht und Europäisches Gemeinschaftsrecht, IStR 1993, 23; *U. Wilhelm*, Haftung im qualifiziert-faktischen Konzern und Europarecht, EuZW 1993, 729.

I. Grundlagen

1. Entwicklung

318 Bereits in ihrem 1986 vorgelegten und vom Rat gebilligten Aktionsprogramm für kleine und mittlere Unternehmen hatte die Kommission sich dafür ausgesprochen, die Gründung von Einpersonen-Gesellschaften gemeinschaftsweit zuzulassen[1]. Folgerichtig legte sie im Mai 1988 einen ersten Vorschlag einer Richtlinie betreffend Gesellschaften mit beschränkter Haftung mit einem einzigen Gesellschafter vor[2]; im Jahre 1989 folgten zwei geänderte Vorschläge, mit denen vor allem das – von deutscher Seite heftig bekämpfte[3] – „Enkelverbot" des Art. 2 Abs. 2 des ursprünglichen Vorschlags[4] fallengelassen wurde[5]. Bereits im Dezember 1989, also nicht einmal zwei Jahre nach Vorlage des ersten Kommissionsvorschlags, hat der Rat, gestützt auf Art. 44 Abs. 2 lit. g EGV (Art. 54 Abs. 3 lit. g a. F.), die Einpersonen-Gesellschaft-Richtlinie als 12. gesellschaftsrechtliche Richtlinie verabschiedet[6]. Im Zuge des Beitritts der EFTA-Staaten haben diese die Richtlinie als

---

[1] ABl. Nr. C 287/1 v. 14. 11. 1986.
[2] ABl. Nr. C 173/10 v. 2. 7. 1988; näher zur Vorgeschichte der Richtlinie *Schimmelpfennig/ Hauschka* NJW 1992, 942f.
[3] S. Beschlußempfehlung des Rechtsausschusses v. 13. 4. 1989, BT-Drucks. 11/4346.
[4] Danach durften Einpersonen-Gesellschaften ihrerseits nicht alleiniger Gesellschafter einer AG oder GmbH sein. Des weiteren ist die noch in Art. 2 Abs. 3 des ursprünglichen Vorschlags vorgesehene Durchgriffshaftung relativiert worden, s. dazu Rdnr. 327 ff.; zu weiteren Änderungen s. Rdnr. 333, 336.
[5] ABl. Nr. C 152/10 v. 20. 6. 1989; ABl. Nr. C 30/91 v. 21. 11. 1989.
[6] Zwölfte Richtlinie 89/667/EWG auf dem Gebiet des Gesellschaftsrechts betreffend Gesellschaften mit beschränkter Haftung mit einem einzigen Gesellschafter vom 21. Dezember 1989, ABl. Nr. L 395/40 v. 30. 12. 1989; abgedruckt unter Rdnr. 338.

I. Grundlagen

Teil des acquis communautaire übernommen; durch die Beitrittsakte ist Art. 1[7] dem erweiterten Mitgliederkreis angepaßt worden[8].

2. Wesentlicher Inhalt und Zweck der Richtlinie

Die Richtlinie will insbesondere die *Einpersonen-Gründung* von Gesellschaften mit beschränkter Haftung in allen Mitgliedstaaten zulässig machen, um so Einzelunternehmern eine geeignete Rechtsform für die wirtschaftliche Betätigung im Binnenmarkt zu gewähren. Zugleich will sie für den Fall, daß sich *nach Gründung* alle Gesellschaftsanteile in der Hand eines Gesellschafters vereinigen, den Bestand der Gesellschaft sichern. Zwar hat es noch Art. 11 Abs. 2 lit. f der 1. Richtlinie den Mitgliedstaaten erlaubt, die nachträglich entstandene Einpersonen-Gesellschaft für nichtig zu erklären (Rdnr. 109)[9]; mit Verabschiedung der 12. Richtlinie besteht diese Möglichkeit aber allenfalls hinsichtlich der AG fort (Rdnr. 321). Ungeachtet dessen bergen Einpersonen-Gesellschaften infolge des Ausfalls der gewöhnlichen verbandsinternen Kontrollmechanismen eine Reihe von Gläubigerrisiken. So kann es nicht nur zur Verlagerung von Vermögensgegenständen und damit zur Vereitelung des Zugriffs der Privat- oder Gesellschaftsgläubiger kommen. Vielmehr bleiben auch Pflichtverletzungen des Alleingesellschafters, zumal desjenigen, der auch Geschäftsführer ist, jedenfalls außerhalb des Insolvenzverfahrens sanktionslos. Diesen Gefahren trägt die Richtlinie Rechnung, indem sie in Art. 3 bis 5 ein *Mindestmaß an Publizität und Transparenz* statuiert und somit „Schutzbestimmungen" im Sinne des Art. 44 Abs. 2 lit. g EGV (Rdnr. 19 ff.) koordiniert. Darüber hinaus gestattet es Art. 2 Abs. 2 den Mitgliedstaaten, für bestimmte Konstellationen „besondere Bestimmungen oder Sanktionen" einzuführen (Rdnr. 327 ff.). **319**

Die Richtlinie versteht sich als Maßnahme zur *Mittelstandsförderung*. Bis zu ihrer Verabschiedung war nämlich die Gründung von Einpersonen-Kapitalgesellschaften nur in Dänemark, Frankreich, den Niederlanden, Belgien und Deutschland anerkannt[10]. Manche Rechtsordnungen, darunter insbesondere die italienische, belegten gar die nachträgliche Vereinigung aller Anteile in der Hand eines Gesellschafters mit scharfen Sanktionen[11]. Durch die Beseitigung dieses erheblichen Rechtsgefälles sollen Wettbewerbsnachteile derjenigen Einzelunternehmen, denen die Rechtsform der Einpersonen-GmbH bislang nicht zur Verfügung stand, abgebaut werden. Vor allem aber will es die Richtlinie den Angehörigen eines jeden Mit- **320**

---

[7] Artikelbezeichnungen ohne Angabe eines Gesetzes beziehen sich im folgenden auf die 12. Richtlinie.
[8] Beschluß des Rates der Europäischen Union vom 1. Januar 1995 zur Anpassung der Dokumente betreffend den Beitritt neuer Mitgliedstaaten zur Europäischen Union, ABl. Nr. L 1/144 vom 1. 1. 1995.
[9] Art. 5 der 2. Richtlinie betrifft ohnehin nur die AG, s. Rdnr. 140, 149.
[10] Eingehend zur Entwicklung in den einzelnen Mitgliedstaaten *Lutter*, Festschrift für Brandner, S. 81 ff.
[11] Nach Art. 2362 des italienischen Codice Civile haftete der alleinige Gesellschafter unbeschränkt für sämtliche Gesellschaftsschulden!

gliedstaats ermöglichen, Einzelunternehmen in anderen Mitgliedstaaten zu gründen; sie versteht sich somit als ein gewichtiger Beitrag zur Verwirklichung der *Niederlassungsfreiheit* auch für kleine und mittlere Unternehmen.

3. Anwendungsbereich

321   Die Richtlinie gilt für die GmbH und die ihr entsprechenden, in Art. 1 im einzelnen aufgelisteten Rechtsformen der übrigen Mitgliedstaaten. Dies entspricht der Zielsetzung der Richtlinie (Rdnr. 320), ist es doch die GmbH, auf die kleine und mittlere Unternehmen bevorzugt zurückgreifen. Art. 6 enthält freilich eine wichtige Erweiterung des Anwendungsbereichs. Danach ist nämlich die Richtlinie auch dann zu beachten, wenn ein Mitgliedstaat die Gründung oder nachträgliche Entstehung[12] einer *Einpersonen-AG* zuläßt. Während also die Mitgliedstaaten *verpflichtet* sind, die Richtlinie auf die GmbH anzuwenden, steht es in ihrem Belieben, die Einpersonen-AG zuzulassen. Läßt aber ein Mitgliedstaat die Einpersonen-AG zu, so hat er die Vorgaben der Richtlinie zu beachten; in diesem Fall kommt auch eine Nichtigerklärung nach Art. 11 Abs. 1 lit. f der 1. Richtlinie (Rdnr. 109) nicht mehr in Betracht.

4. Umsetzung in das deutsche Recht

322   Der deutsche Gesetzgeber ist seiner Verpflichtung zur Umsetzung der Richtlinie durch das Durchführungsgesetz vom 18. Dezember 1991 nachgekommen[13]. Nachdem bereits durch die GmbH-Novelle 1980 die Gründung einer *Einpersonen-GmbH* zugelassen worden war[14], konnte sich das Durchführungsgesetz auf geringfügige Detailkorrekturen und -ergänzungen beschränken. Von der Möglichkeit, die Gründung einer *Einpersonen-AG* zuzulassen (Rdnr. 321), hat der deutsche Gesetzgeber zunächst keinen Gebrauch gemacht. Dies hat sich freilich durch das Gesetz für kleine Aktiengesellschaften und zur Deregulierung des Aktienrechts vom 2. 8. 1994[15] geändert. Mit ihm wurden die *Gründung* der Einpersonen-AG für zulässig erklärt und die Vorgaben der Art. 2 und 3[16] der Richtlinie umge-

---

[12] Auch in diesem Fall ist also die Richtlinie zu beachten, so zu Recht *Brändel* in Großkomm. AktG, § 1 Rdnr. 150; aA *Eckert* EuZW 1990, 54, 55; *Kalss* S. 293.
[13] BGBl. I, S. 2206; zur Umsetzung in den übrigen Mitgliedstaaten s. den Überblick bei *Hohloch* in Hohloch, Supranationales Recht Rdnr. 50; eingehende Darstellung und Bewertung bei *Lutter*, Festschrift für Brandner, S. 81, 87 ff.
[14] Näher dazu Hachenburg/*Ulmer* § 1 Rdnr. 40 ff.
[15] BGBl. I, S. 1961.
[16] Eine Umsetzung des Art. 5 erübrigte sich angesichts des § 112 AktG, wonach Vorstandsmitgliedern gegenüber die Gesellschaft durch den Aufsichtsrat vertreten wird und somit In-sich-Geschäfte im Sinne des Art. 5 nicht möglich sind. Die in Art. 4 Abs. 2 vorgesehene Niederschrift war seit jeher in § 130 AktG vorgesehen; die durch die Novellierung (Fn. 15) eingeführten Erleichterungen (§ 130 Abs. 1 S. 3 AktG) betreffen nicht nur Einpersonen-Gesellschaften; sie stehen im Einklang mit der Richtlinie (s. *Kindler* NJW 1994, 3041, 3045). Zu Art. 4 Abs. 1 s. Rdnr. 333.

setzt. Allerdings hätte der deutsche Gesetzgeber, nachdem das deutsche Recht die *nachträgliche Entstehung* einer Einpersonen-AG seit langem anerkannt und als zulässig angesehen hat[17], bereits durch das Durchführungsgesetz vom Dezember 1991 eine dem § 42 AktG n. F. entsprechende, der Umsetzung des Art. 3 dienende Vorschrift erlassen müssen[18].

II. Die Zulässigkeit der Einpersonen-Gesellschaft

1. Der Tatbestand und die Gründung der Einpersonen-Gesellschaft

Nach Art. 2 Abs. 1 sind die Mitgliedstaaten verpflichtet, sowohl die *Gründung* als auch die *nachträgliche Entstehung* von Einpersonen-Gesellschaften anzuerkennen; vorbehaltlich des Art. 2 Abs. 2 (Rdnr. 327ff.) dürfen sie also die Gründung und die nachträgliche Entstehung solcher Gebilde weder verbieten noch mit Sanktionen belegen. Die Richtlinie enthält allerdings keine besonderen Vorschriften über die Gründung der Einpersonen-Gesellschaft. Insoweit gelangen vielmehr die allgemeinen Vorschriften zur Anwendung, neben den Vorschriften über die Offenlegung (Rdnr. 84ff.) vor allem Art. 7 der 1. Richtlinie betreffend die Handelndenhaftung (Rdnr. 96ff.); im übrigen beurteilen sich die Rechtsnatur der Einpersonen-Vorgesellschaft und die Haftung des Gründers und sonstiger Personen nach dem einzelstaatlichen Recht[19]. 323

Was die Frage eines *Mindestkapitals* der Gesellschaft betrifft, so sind im Fall einer Einpersonen-AG (Rdnr. 321) die entsprechenden Vorschriften der 2. Richtlinie zu beachten (Rdnr. 153ff.). Letztere enthalten allerdings nur Mindestregeln (Rdnr. 139). Die Mitgliedstaaten dürfen deshalb über die Vorgaben des Art. 9 der 2. Richtlinie (Rdnr. 155) hinausgehen und die *Volleinzahlung* des Kapitals sicherstellen[20]. Von dieser Möglichkeit hat der deutsche Gesetzgeber in § 36 Abs. 2 S. 2 AktG Gebrauch gemacht. Des weiteren steht es den Mitgliedstaaten nicht nur frei, auch für die GmbH ein Mindestkapital vorzuschreiben; sie können vielmehr, wie in §§ 7 Abs. 2 S. 3, 8 Abs. 2 S. 2, 19 Abs. 4 GmbHG geschehen, dessen Aufbringung durch einen einzigen Gesellschafter besonderen Regeln unterstellen. 324

2. Die Einschaltung eines Strohmanns

In den Zeiten, in denen die Gründung einer Einpersonen-Gesellschaft noch nicht zulässig war, entsprach es verbreiteter Praxis, daß sich ein Gründer eines Strohmanns bedient, der selbst einen Anteil zeichnet und 325

---

[17] *Brändel* in Großkomm. AktG, § 2 Rdnr. 10f. (zur alten Rechtslage).
[18] Vgl. Rdnr. 321 mit Nachw. in Fn. 12.
[19] Dazu für das deutsche Recht *K. Schmidt* § 40 II 2.
[20] Vgl. S. 5 des 6. Erwägungsgrundes, wonach es den Mitgliedstaaten insbesondere freisteht, die Einzahlung des gezeichneten Kapitals sicherzustellen.

diesen im eigenen Namen, aber auf Rechnung des Gründers hält. In denjenigen Mitgliedstaaten, die zwar nicht die Gründung durch eine Person, wohl aber die *nachträgliche Vereinigung* sämtlicher Anteile in der Hand eines Gesellschafters anerkannten, kam es häufig alsbald nach Gründung zur Übertragung des Anteils des Strohmanns auf den anderen Gesellschafter, der dadurch zum Alleingesellschafter wurde. Die Zulässigkeit und Wirksamkeit einer solchen Strohmanngründung war nicht nur im deutschen Recht anerkannt[21]. Dahinter stand die zutreffende Erwägung, daß der Strohmann tatsächlich Gesellschafter *ist* und deshalb sämtliche Rechte und Pflichten eines solchen hat. So schuldet er die von ihm übernommene Einlage und unterliegt der Ausfallhaftung nach § 24 GmbHG. Umgekehrt hat er die Informations- und Kontrollrechte eines gewöhnlichen Gesellschafters, darunter insbesondere das Recht, Beschlußmängel geltend zu machen. Die mit einer Einpersonen-Gründung verbundenen Gefahren bestehen also im Fall der Strohmanngründung nicht gleichermaßen, mag auch der Strohmann schuldrechtlich den Weisungen seines Mitgesellschafters unterworfen sein.

An der Zulässigkeit der Strohmanngründung hat sich auch durch die 12. Richtlinie nichts geändert. Insbesondere läßt sich ihr nicht entnehmen, daß die Mitgliedstaaten die Strohmanngründung für unzulässig erklären und den Gründer auf das Verfahren der Einpersonen-Gründung verweisen müßten. Auch sind die Mitgliedstaaten nicht gezwungen, die Schutzbestimmungen der Richtlinie schon dann zur Anwendung zu bringen, wenn einer von zwei Gesellschaftern seinen Anteil für Rechnung des anderen Gesellschafters hält. Die Schutzvorschriften der 12. Richtlinie gelangen vielmehr erst dann zur Anwendung, wenn der Strohmann seinen Anteil auf den Gründer überträgt und es dadurch zur „Vereinigung aller Anteile in einer Hand" kommt[22]; *bis zur Übertragung* liegt dagegen eine zweigliedrige Gesellschaft vor (Rdnr. 331).

3. Das Einpersonen-Unternehmen mit beschränkter Haftung

326 Nach Art. 7 braucht ein Mitgliedstaat die Richtlinie nicht zu beachten, wenn er statt dessen dem Einzelunternehmer die Rechtsform eines Einpersonen-Unternehmens mit auf das Geschäftsvermögen beschränkter Haftung zur Verfügung stellt und diesbezüglich Schutzbestimmungen erläßt, die denjenigen der 12. Richtlinie und den übrigen, auf die Einpersonen-GmbH anwendbaren Bestimmungen des Gemeinschaftsrechts gleichwertig sind. Die Ausnahmevorschrift des Art. 7 nimmt auf die besonderen Interessen Portugals Rücksicht[23], das bereits 1986 die Rechtsform der estabelecimento individual de responsabilidade limitada (E. I. R. L.) geschaffen hat[24].

---

[21] Vgl. für das deutsche Recht BGHZ 21, 378, 382; zur Rechtslage in den übrigen Mitgliedstaaten s. *Lutter,* Festschrift für Brandner, S. 81, 82ff.

[22] Die Vorschrift des § 19 Abs. 4 GmbHG sichert zudem das (durch die Richtlinie allerdings nicht vorgegebene, s. Fn. 20) Volleinzahlungsgebot des § 7 Abs. 2 S. 3 GmbHG gegen Umgehungen ab.

[23] Vgl. *Eckert* EuZW 1990, 54, 56.

[24] Decreto-Lei No. 248/96 vom 25. 8. 1996.

II. Die Zulässigkeit der Einpersonen-Gesellschaft

Doch steht es auch den anderen Mitgliedstaaten frei, von Art. 7 Gebrauch zu machen, also anstelle oder neben der Einpersonen-Gesellschaft die Rechtsform des Einzelunternehmens mit beschränkter Haftung zuzulassen.

4. Die Zugangsbeschränkungen des Art. 2 Abs. 2

a) Reichweite

Art. 2 Abs. 2 eröffnet den Mitgliedstaaten „bis zur Koordinierung der einzelstaatlichen Vorschriften für das Konzernrecht" die Möglichkeit, „besondere Bestimmungen oder Sanktionen" vorzusehen, sofern (1) eine natürliche Person einziger Gesellschafter von mehreren Gesellschaften oder (2) eine Einpersonengesellschaft oder eine andere juristische Person einziger Gesellschafter einer Gesellschaft ist. Den Mitgliedstaaten ist es unter den Voraussetzungen des Art. 2 Abs. 2 nicht nur gestattet, die Gründung einer Einpersonen-Gesellschaft auszuschließen oder die Auflösung einer nachträglich entstandenen Einpersonen-Gesellschaft anzuordnen; sie können vielmehr auch die unbeschränkte Haftung des Alleingesellschafters für die Gesellschaftsschulden anordnen. Das *Regelungsziel* dieser überaus problematischen, weil den Angleichungserfolg erheblich relativierenden[25] Vorschrift besteht ausweislich des 6. Erwägungsgrundes in der „Berücksichtigung von Besonderheiten, die gegenwärtig in bestimmten nationalen Rechtsvorschriften bestehen." Der Begründung des ursprünglichen Vorschlags läßt sich zwar entnehmen, daß dabei an die Regelungen des belgischen und des französischen Rechts gedacht war[26]; doch folgt daraus keineswegs, daß es den anderen Mitgliedstaaten verwehrt wäre, von der Möglichkeit des Art. 2 Abs. 2 Gebrauch zu machen und entweder bei Verabschiedung bestehende Restriktionen beizubehalten oder im Zuge der Umsetzung der Richtlinie neue Zugangsbeschränkungen zu schaffen[27]. **327**

b) Abschließender Charakter?

Art. 2 Abs. 2 enthält eine abschließende Regelung, soweit es um allgemeine Zugangsbeschränkungen geht. Eine einzelstaatliche Vorschrift etwa, nach der eine natürliche Person, die Alleingesellschafter einer GmbH ist und gleichzeitig ein einzelkaufmännisches Unternehmen betreibt oder eine Mehrheitsbeteiligung an einer anderen Gesellschaft hält, *generell* für die Verbindlichkeiten der GmbH einzustehen hat, wäre deshalb mit der Richtlinie nicht vereinbar. Anders verhält es sich dagegen hin- **328**

---

[25] Eingehend *Lutter*, Festschrift für Brandner, S. 81, 85 ff.
[26] Vgl. KOM (88) 101 endg. – SYN 135, S. 3 ff.; s. dazu auch *Schwarz* IStR 1993, 23, 26 f.; *Kindler* ZHR 157 (1993), 1, 10, Fn. 36.
[27] Im Grundsatz wie hier *Kindler* ZHR 157 (1993), 1, 9 ff., der allerdings die Einführung neuer, bei Verabschiedung der Richtlinie noch nicht bestehender Beschränkungen als unzulässig ansieht; gänzlich aA *Knobbe-Keuk* DB 1992, 1461, 1465, der zufolge sich nur Belgien und Frankreich auf Art. 2 Abs. 2 stützen können; so wohl auch *Hirte* ZIP 1992, 1122, 1123.

§ 9 Die Einpersonen-Gesellschaft

sichtlich gesetzlicher oder richterrechtlicher[28] Haftungsregeln, denen zufolge der Alleingesellschafter nicht schlechthin, sondern nur unter besonderen Voraussetzungen und *im Einzelfall* einer Durchgriffshaftung unterliegt oder zum Verlustausgleich oder Schadensersatz verpflichtet ist; solche Haftungsregeln dürfen ungeachtet des in Art. 2 Abs. 2 enthaltenen Hinweises auf die noch ausstehende Harmonisierung des Konzernrechts auch konzernrechtlicher Natur sein[29].

329 Die Zulässigkeit solcher Haftungsregeln ergibt sich schon aus dem 5. Erwägungsgrund, der es den Mitgliedstaaten ausdrücklich gestattet, über die – in den Sätzen 3 und 4 des 6. Erwägungsgrundes angesprochenen – Tatbestände des Art. 2 Abs. 2 hinaus ihre Rechtsvorschriften[30] zur Anwendung zu bringen, „die diesem Einzelunternehmer in Ausnahmefällen eine Haftung für die Verpflichtungen des Unternehmens auferlegen." Aber auch die Erwägung, daß es an einer Angleichung der Regeln über die (Durchgriffs- oder sonstige) Haftung der Mitglieder einer Kapitalgesellschaft für die Gesellschaftsschulden bislang fehlt, die Mitgliedstaaten also jedenfalls nicht gehindert sind, die Mitglieder einer *Mehrpersonen-Gesellschaft* einer entsprechenden Haftung zu unterstellen, spricht gegen die Annahme, Art. 2 Abs. 2 schließe ausgerechnet für Einpersonen-Gesellschaften den Rückgriff auf diese Grundsätze aus. Denn wie sich nicht zuletzt Satz 5 des 6. Erwägungsgrundes entnehmen läßt, liegt auch der Richtlinie die Vorstellung zugrunde, daß die Gläubiger einer Einpersonen-Gesellschaft besonders schutzbedürftig sind (Rdnr. 319). Danach steht es nämlich den Mitgliedstaaten frei, über die Vorgaben der Richtlinie hinaus „Regeln aufzustellen, um den möglichen Gefahren aus der Tatsache, daß es bei Einpersonengesellschaften lediglich einen einzigen Gesellschaft gibt, zu begegnen, und insbesondere um die Einzahlung des gezeichneten Kapitals sicherzustellen."

330 Entgegen einer von Teilen des Schrifttums vertretenen Ansicht[31] ist deshalb die Rechtsprechung des BGH[32] zur *Haftung im qualifizierten faktischen Konzern* durchaus mit der 12. Richtlinie vereinbar[33]. Zwar unterliegt danach auch eine natürliche Person, die Alleingesellschafter einer GmbH ist, gleichzeitig aber ein Einzelunternehmen betreibt oder eine unternehmerischen Einfluß vermittelnde Beteiligung an einer anderen Gesellschaft

---

[28] S. dazu noch Fn. 30.
[29] Näher zu diesem Gesichtspunkt *Schwarz* IStR 1993, 23, 24 ff.; *U. Wilhelm* EuZW 1993, 729, 731 ff.
[30] Eines förmlichen Gesetzes bedarf es insoweit nicht, s. *Kindler* ZHR 157 (1993), 1, 8 f. mit weit. Nachw.; aA *W. H. Roth* ZIP 1992, 1054, 1055 f.
[31] So insbesondere (freilich vor Erlaß des TBB-Urteils, s. dazu Fn. 32, 34) *Hirte* ZIP 1992, 1122, 1123 f.; *Kindler* ZHR 157 (1993), 1, 13 ff.; *Knobbe-Keuk* DB 1992, 1461, 1464 f.; *Meilicke* DB 1992, 1867 ff.; *W. H. Roth* ZIP 1992, 1054, 1056 f.
[32] Vgl. namentlich BGHZ 122, 123, 126 ff. – TBB; seitdem etwa BGH NJW 1994, 446; 1994, 3288, 3290; 1995, 1544, 1545; 1997, 943; zusammenfassende Darstellung bei Emmerich/*Habersack*, Aktienkonzernrecht, 1998, vor § 311 Rdnr. 20 ff.; Nachw. zur älteren, durch das TBB-Urteil überholten Rechtsprechung s. in Fn. 34.
[33] So die hM, s. BGHZ 122, 123, 135 f.; *Drygala* ZIP 1992, 1528, 1530 ff.; *Lutter* S. 276; *Neye* DWiR 1992, 452, 454; *Schwarz* IStR 1993, 23, 24 ff.; *U. Wilhelm* EuZW 1993, 729, 730 ff.; Hachenburg/*Ulmer* Anh. § 77 Rdnr. 118 f. mit weit. Nachw.

hält, der Konzernhaftung entsprechend §§ 302, 303 AktG; die Grundsätze über den qualifizierten faktischen Konzern betreffen mit anderen Worten nicht nur die Tatbestände des Art. 2 Abs. 2. Indes knüpft die Haftung jedenfalls seit der durch das TBB-Urteil vollzogenen Kurskorrektur[34] nicht an das Vorliegen einer solchen „Doppelrolle", sondern an die mißbräuchliche Ausübung der Leitungsmacht des beherrschenden Gesellschafters und damit an einen zusätzlichen, verhaltensbezogenen Umstand an. Es handelt sich mit anderen Worten nicht um eine generelle Zugangsbeschränkung im Sinne des Art. 2 Abs. 2, sondern um eine nur unter besonderen Voraussetzungen und in Ausnahmefällen in Betracht kommende Haftung im Sinne des 5. Erwägungsgrundes der Richtlinie (Rdnr. 328). Entgegen der Ansicht des BGH bestand allerdings durchaus Anlaß, die Frage dem EuGH vorzulegen (Rdnr. 38 f.)[35].

III. Die Schutzbestimmungen der Art. 3 bis 5

1. Publizität

Wird die Gesellschaft durch Vereinigung aller Anteile in der Hand eines Gesellschafters zur Einpersonen-Gesellschaft, so sind nach Art. 3 diese Tatsache und die Identität des Alleingesellschafters offenzulegen. Für die *Gründung* einer Einpersonen-Gesellschaft konnte die Richtlinie auf eine entsprechende Vorschrift verzichten, folgt doch insoweit die Pflicht zur Offenlegung bereits aus Art. 2 und 3 der 1. Richtlinie (Rdnr. 87). Art. 3 setzt voraus, daß es tatsächlich zum dinglichen Erwerb sämtlicher Anteile durch einen Gesellschafter kommt. Eine Offenlegung auch in den Fällen, in denen die restlichen Anteile für Rechnung des (faktischen) Alleingesellschafters gehalten werden oder der Gesellschaft gehören, ist also nicht geboten (Rdnr. 325). Die Mitgliedstaaten sind allerdings nicht daran gehindert, über die Mindestvorgaben der Richtlinie hinauszugehen und auch in den genannten Fällen die Offenlegung vorzuschreiben[36]. 331

Der deutsche Gesetzgeber sah sich durch Art. 3 und 6 (Rdnr. 321) zur Ergänzung des § 40 GmbHG um einen neuen Absatz 2 und zum Erlaß des § 42 AktG veranlaßt[37]. Nach diesen Vorschriften kommt es zwar nicht zur Eintragung der genannten Tatsachen in das Handelsregister; die Gesell- 332

---

[34] Die noch in der Video-Entscheidung (BGHZ 115, 187, 189 ff.; s. ferner BGHZ 107, 7, 15 ff. – Tiefbau) enthaltenen Vermutungsregeln gaben in der Tat zu der Frage Anlaß, ob sich die Konzernhaftung einer generellen Zugangsbeschränkung annähere und deshalb mit Art. 2 Abs. 2 unvereinbar sei, s. die Nachw. in Fn. 31.
[35] Zutr. *Schüppen* DB 1993, 969, 970 ff.; *Lutter* S. 276; *Drygala* ZIP 1992, 1528, 1533; s. ferner die Nachw. in Fn. 31; s. demgegenüber BGHZ 122, 123, 135 f.
[36] So denn auch die wohl hM, s. zu § 40 Abs. 2 GmbHG Scholz/*U. H. Schneider*, GmbHG, 8. Aufl. 1993, § 40 Rdnr. 10; *Lutter/Hommelhoff*, GmbHG, 14. Aufl. 1995, § 40 Rdnr. 7; aA aber Hachenburg/*Mertens* § 40 Rdnr. 15.
[37] S. die Nachw. in Fn. 13 und 15; näher dazu *Kindler* NJW 1994, 3041, 3042 f.; *Schimmelpfennig/Hauschka* NJW 1992, 942, 944.

schafterliste wird vielmehr in die Registerakte aufgenommen und ist sodann nach § 9 HGB jedermann zur Einsicht offen. Doch steht dies im Einklang mit Art. 3, der den Mitgliedstaaten hinsichtlich der Art und Weise der Offenlegung ein Wahlrecht einräumt. Was die Sanktionen bei unterbliebener Anmeldung betrifft, so sieht das das deutsche Recht lediglich die Verhängung eines Zwangsgeldes nach § 14 HGB vor[38]. Die Richtlinie enthält insoweit zwar keine ausdrücklichen Vorgaben; mit Rücksicht auf den Grundsatz des effet utile und vor dem Hintergrund der „Daihatsu"-Entscheidung des EuGH (Rdnr. 90) stößt aber eine allzu restriktive Handhabung des § 14 HGB auf Bedenken.

2. Beschlußfassung

333 Nach Art. 4 Abs. 1 übt der einzige Gesellschafter die Befugnisse der Gesellschafterversammlung aus. Dadurch wird klargestellt, daß auch die Einpersonen-Gesellschaft über ein *Willensbildungsorgan* verfügt, dessen Kompetenzen klar von demjenigen des geschäftsführenden Organs zu trennen sind. Dies entspricht der Rechtslage nach §§ 45 ff. GmbHG, §§ 118 ff. AktG, die auch für die Einpersonen-Gesellschaft an dem Dualismus von Verwaltungs- und Willensbildungsorgan festhalten (Rdnr. 337). Art. 4 Abs. 1 in der Fassung des ursprünglichen Vorschlags der Kommission (Art. 318) enthielt darüber hinaus ein Verbot der „Übertragung" der Befugnisse des Gesellschafters; die endgültige Fassung hat darauf verzichtet, so daß das einzelstaatliche Recht die Ausübung des Stimmrechts des Alleingesellschafters durch Bevollmächtigte zulassen kann[39].

334 Art. 4 Abs. 2 trägt dem Umstand Rechnung, daß sich die Willensbildung der Einpersonen-Gesellschaft ausschließlich in der Person des Alleingesellschafters vollzieht und es deshalb an jeglichem verbandsinternen Kontrollmechanismus fehlt; insbesondere eine durch Minderheitsgesellschafter initiierte Beschlußkontrolle scheidet per se aus. Um ein Mindestmaß an Rechtssicherheit und die Nachvollziehbarkeit der Beschlußlage zu gewährleisten, sieht Art. 4 Abs. 2 zumindest die *schriftliche Niederlegung* der Beschlüsse vor. Die Rechtsfolgen eines Formfehlers sind in der Richtlinie nicht geregelt und beurteilen sich somit nach dem einzelstaatlichen Recht. Das deutsche Recht unterscheidet zwischen dem Beschluß des Alleinaktionärs und dem Beschluß des Alleingesellschafters einer GmbH. Nach § 241 Nr. 2 AktG hat ein Verstoß gegen § 130 Abs. 1, 2 und 4 AktG die Nichtigkeit des Beschlusses zur Folge[40]. Dagegen ist der Beschluß des Alleingesellschafters einer GmbH auch bei Nichtbeachtung des § 48 Abs. 3 GmbHG gültig[41]. Gleichwohl bleibt der Formfehler nicht sanktionslos[42], so daß dem Grundsatz des effet utile genügt ist.

---

[38] Zur Frage einer Haftung des Gesellschafters aus § 823 Abs. 2 BGB s. Roth/*Altmeppen*, GmbHG, 3. Aufl. 1997, § 40 Rdnr. 8.
[39] Für Statuierung eines Vertretungsverbots durch Art. 4 Abs. 1 des Kommissionsvorschlags auch *Kalss* S. 299 f.
[40] Zur Geltung auch in den Fällen des § 130 Abs. 1 S. 3 AktG s. *Hüffer* § 241 Rdnr. 13.
[41] Zu den Gründen s. *Schimmelpfennig/Hauschka* NJW 1992, 942, 943 f.
[42] Hachenburg/*Hüffer* § 48 Rdnr. 67; s. ferner BGH NJW 1995, 1750, 1752.

III. Die Schutzbestimmungen der Art. 3 bis 5

3. In-sich-Geschäfte

Auch in der Einpersonen-Gesellschaft ist zwar zwischen dem Willensbildungsorgan und dem Geschäftsführungsorgan zu unterscheiden (Rdnr. 333). Dies schließt es jedoch nicht aus, daß der Alleingesellschafter zugleich zum Allein- oder Mitgeschäftsführer bestellt wird und er deshalb nach Maßgabe des Art. 9 der 1. Richtlinie zur Vertretung der Gesellschaft berechtigt ist (Rdnr. 100ff.). Zwar läßt sich der 1. Richtlinie nicht entnehmen, daß der Geschäftsführer auch bei Vorliegen eines In-sich-Geschäfts oder eines sonstigen Interessenkonflikts zur Vertretung der Gesellschaft berechtigt sein muß; Art. 9 Abs. 1 S. 1, letzter Halbs. der 1. Richtlinie überläßt diese Frage vielmehr der Regelung durch das einzelstaatliche Recht (Rdnr. 105). § 35 Abs. 4 S. 1 GmbHG bestimmt denn auch ausdrücklich, daß § 181 BGB Anwendung findet, wenn der Alleingesellschafter zugleich alleiniger Geschäftsführer ist[43]. Indes sehen § 181 BGB und vergleichbare Vorschriften anderer Mitgliedstaaten die Möglichkeit der Befreiung von dem Verbot des In-sich-Geschäfts vor, so daß es zur Vornahme von Rechtsgeschäften zwischen dem Geschäftsführer und der von ihm vertretenen Gesellschaft kommen kann. Die damit einhergehende Gefahr einer Schädigung der Gesellschaft und ihrer Gläubiger liegt auf der Hand. **335**

Die Richtlinie geht gleichwohl von der Zulässigkeit solcher Rechtsgeschäfte aus. Abweichend von dem ursprünglichen Kommissionsvorschlag (Rdnr. 318) verzichtet sie sogar darauf, die Aufnahme der Befugnis zur Vornahme von In-sich-Geschäften in die Satzung vorzuschreiben, so daß eine entsprechende Registerpublizität (Rdnr. 84ff.) keineswegs gewährleistet ist. Art. 5 Abs. 1 bestimmt vielmehr, daß Verträge, die zwischen dem einzigen Gesellschafter und der von ihm vertretenen Gesellschaft abgeschlossen werden, in eine Niederschrift aufzunehmen oder schriftlich abzufassen sind. Dadurch soll für ein Mindestmaß an Transparenz gesorgt werden; insbesondere soll der Insolvenzverwalter der Gesellschaft die Möglichkeit haben, den Gesellschafter wegen unzulässiger Vermögensverlagerungen in Anspruch zu nehmen. Für „unter normalen Bedingungen" abgeschlossene laufende Geschäfte können die Mitgliedstaaten nach Art. 5 Abs. 2 allerdings auf die Förmlichkeiten des Art. 5 Abs. 1 verzichten. **336**

Der deutsche Gesetzgeber ist seiner Verpflichtung zur Umsetzung des Art. 5 durch die Einfügung eines Satzes 2 in § 35 Abs. 4 GmbHG nachgekommen; für die Einpersonen-AG bestand dagegen kein Umsetzungsbedarf[44]. Nach § 35 Abs. 4 S. 2 GmbHG sind Rechtsgeschäfte zwischen dem Alleingesellschafter und der von ihm vertretenen Gesellschaft unverzüglich nach ihrer Vornahme in eine Niederschrift aufzunehmen, mag auch der Gesellschafter nicht alleiniger Geschäftsführer sein. Der *Tatbestand* des § 35 Abs. 4 S. 2 GmbHG geht in mehrfacher Hinsicht über die Mindestvorgaben des Art. 5 hinaus. So werden nicht nur Verträge, son- **337**

---

[43] Zu Vorgeschichte und Problematik des § 35 Abs. 4 S. 1 GmbHG s. Scholz/*U. H. Schneider* (Fn. 36), § 35 Rdnr. 101ff.
[44] Vgl. Rdnr. 322 mit Fn. 16.

dern sämtliche Rechtsgeschäfte erfaßt. Zudem hat der deutsche Gesetzgeber darauf verzichtet, laufende Geschäfte von dem Erfordernis der Niederschrift auszunehmen. Schließlich hat die Aufnahme in eine Niederschrift unverzüglich zu erfolgen. Was die *Rechtsfolgen* einer unterbliebenen Niederschrift betrifft, so enthält Art. 5 keine Vorgaben. Die hM, der zufolge die Aufnahme in die Niederschrift kein Wirksamkeitserfordernis ist[45], ist deshalb nicht von vornherein mit Art. 5 unvereinbar[46]. Aus Gründen des effet utile darf allerdings ein Verstoß gegen § 35 Abs. 4 S. 2 GmbHG nicht sanktionslos bleiben. Vor diesem Hintergrund erscheint es geboten, § 35 Abs. 4 S. 2 GmbHG als Schutzgesetz im Sinne des § 823 Abs. 2 BGB zu qualifizieren[47].

IV. Text der Einpersonen-Gesellschaft-Richtlinie

338   ZWÖLFTE RICHTLINIE 89/667/EWG auf dem Gebiet des
**Gesellschaftsrechts betreffend Gesellschaften mit beschränkter Haftung
mit einem einzigen Gesellschafter**

Vom 21. Dezember 1989

(ABl. Nr. L 395/40, geändert durch Beitrittsvertrag vom 24. 6. 1994 ABl. Nr. C 241/196,
Beschluß vom 1. Januar 1995 ABl. Nr. L 1/144)

DER RAT DER EUROPÄISCHEN GEMEINSCHAFTEN –

gestützt auf den Vertrag zu Gründung der Europäischen Wirtschaftsgemeinschaft und insbesondere auf Artikel 54,
auf Vorschlag der Kommission[48],
in Zusammenarbeit mit dem Europäischen Parlament[49],
nach Stellungnahme des Wirtschafts- und Sozialausschusses[50],
in Erwägung nachstehender Gründe:
Es erweist sich als notwendig, einige der Garantien, die in den Mitgliedstaaten den Gesellschaften im Sinne von Artikel 58 Absatz 2 des Vertrages im Interesse der Gesellschafter sowie Dritter vorgeschrieben sind, zu koordinieren, um eine Äquivalenz herzustellen.
Auf diesem Gebiet gelten die Richtlinien 68/151/EWG[51] und 78/660/EWG[52], beide zuletzt geändert durch die Akte über den Beitritt Spaniens und Portugals, sowie die Richtlinie 83/349/EWG[53] in der Fassung der Akte über den Beitritt Spaniens und Portugals betreffend die Offenlegung, die Gültigkeit von Verbindlichkeiten bzw. die Nichtigkeit der Gesellschaft sowie den Jahresabschluß und den konsolidierten Abschluß für

---

[45] Hachenburg/*Mertens* § 35 Rdnr. 67; Scholz/*U. H. Schneider* (Fn. 36), § 35 Rdnr. 131d; *Schimmelpfennig*/Hauschka NJW 1992, 942, 945.
[46] AA *Kalss* S. 303.
[47] So auch Baumbach/Hueck/*Zöllner*, GmbHG, 16. Aufl. 1996, § 35 Rdnr. 81, allerdings mit berechtigtem Hinweis, daß die Kausalität einer unterbliebenen Niederschrift für den Eintritt eines Gläubigerschadens nur selten gegeben sein wird.
[48] ABl. Nr. C 173 vom 2. 7. 1988, S. 10.
[49] ABl. Nr. C 96 vom 17. 4. 1989, S. 92, und ABl. Nr. C 291 vom 20. 11. 1989, S. 53.
[50] ABl. Nr. C 318 vom 12. 12. 1988, S. 9.
[51] ABl. Nr. L 65 vom 14. 3. 1968, S. 8.
[52] ABl. Nr. L 222 vom 14. 8. 1978, S. 11.
[53] ABl. Nr. L 193 vom 18. 7. 1983, S. 1.

IV. Text der Einpersonen-Gesellschaft-Richtlinie

sämtliche Kapitalgesellschaften. Die Richtlinien 77/91/EWG[54] und 78/855/EWG[55], beide zuletzt geändert durch die Akte über den Beitritt Spaniens und Portugals, und die Richtlinie 82/891/EWG[56] über die Errichtung bzw. das Kapital sowie Fusionen und Spaltungen haben dagegen nur für Aktiengesellschaften Gültigkeit.

Der Rat hat mit seiner Entschließung vom 3. November 1986 das Aktionsprogramm für kleine und mittlere Unternehmen (KMU)[57] gebilligt.

Die in den letzten Jahren an bestimmten nationalen Rechtsvorschriften vorgenommenen Reformen des Gesellschaftsrechts, mit denen die Gründung einer Gesellschaft mit beschränkter Haftung mit nur einem Gesellschafter ermöglicht wurde, haben zu Unterschiedlichkeiten zwischen den Rechtsordnungen der Mitgliedstaaten geführt.

Einzelunternehmern in der gesamten Gemeinschaft sollte das rechtliche Instrument einer Gesellschaft mit Haftungsbeschränkung geboten werden, unbeschadet der Rechtsvorschriften der Mitgliedstaaten, die diesem Einzelunternehmer in Ausnahmefällen eine Haftung für die Verpflichtungen des Unternehmens auferlegen.

Eine Gesellschaft mit beschränkter Haftung kann bei ihrer Gründung mit einem einzigen Gesellschafter errichtet werden oder entstehen, wenn alle Geschäftsanteile in einer einzigen Hand vereinigt werden. Bis zu einer Koordinierung der einzelstaatlichen Vorschriften für das Konzernrecht können die Mitgliedstaaten besondere Bestimmungen oder Sanktionen vorsehen, sofern eine natürliche Person einziger Gesellschafter mehrerer Gesellschaften oder eine Einpersonengesellschaft oder eine andere juristische Person einziger Gesellschafter einer Gesellschaft ist. Das einzige Ziel dieser Möglichkeit ist die Berücksichtigung von Besonderheiten, die gegenwärtig in bestimmten nationalen Rechtsvorschriften bestehen. Zu diesem Zweck können die Mitgliedstaaten in spezifischen Fällen Einschränkungen beim Zugang zur Einpersonengesellschaft oder eine unbeschränkte Haftung des einzigen Gesellschafters vorsehen. Es steht den Mitgliedstaaten frei, Regeln aufzustellen, um den möglichen Gefahren aus der Tatsache, daß es bei Einpersonengesellschaften lediglich einen einzigen Gesellschafter gibt, zu begegnen, und insbesondere um die Einzahlung des gezeichneten Kapitals sicherzustellen.

Die Vereinigung aller Anteile in einer Hand sowie die Identität des Gesellschafters müssen Gegenstand der Offenlegung in einem für jedermann zugänglichen Register sein.

Es ist notwendig, die Beschlüsse des einzigen Gesellschafters in seiner Eigenschaft als Gesellschafterversammlung schriftlich niederzulegen.

Die schriftliche Festlegung muß ebenfalls für vertragliche Vereinbarungen zwischen dem einzigen Gesellschafter und der von ihm vertretenen Gesellschaft vorgeschrieben werden, sofern diese vertraglichen Vereinbarungen nicht die unter normalen Bedingungen abgeschlossenen laufenden Geschäfte betreffen –

HAT FOLGENDE RICHTLINIE ERLASSEN:

Art. 1 [Anwendungsbereich] Die durch diese Richtlinie vorgeschriebenen Koordinierungsmaßnahmen gelten für die Rechts- und Verwaltungsvorschriften der Mitgliedstaaten für Gesellschaften folgender Rechtsformen:
– *Deutschland:*
  Gesellschaft mit beschränkter Haftung;
– *Belgien:*
  Société privée à responsabilité limitée/Besloten vennootschap met beperkte aansprakelijkheid;

---

[54] ABl. Nr. L 26 vom 30. 1. 1977, S. 1.
[55] ABl. Nr. L 295 vom 20. 10. 1978, S. 36.
[56] ABl. Nr. L 378 vom 31. 12. 1982, S. 42.
[57] ABl. Nr. C 287 vom 14. 11. 1986, S. 1.

§ 9 Die Einpersonen-Gesellschaft

- *Dänemark:*
Anpartsselskaber;
- *Spanien:*
Sociedad de responsabilidad limitada;
- *Frankreich:*
Société à responsabilité limitée;
- *Griechenland*:
Εταιρεία περιορισμένης ευδύνης;
- *Irland:*
Private company limited by shares or by guarantee;
- *Italien:*
Società a responsabilità limitata;
- *Luxemburg:*
Société a responsabilité limitée;
- *Niederlande:*
Besloten vennootschap met beperkte aansprakelijkheid;
- *Portugal:*
Sociedade por quotas;
- *Vereinigtes Königreich:*
Private company limited by shares or by guarantee;
- *Österreich:*
die Gesellschaft mit beschränkter Haftung;
- *Finnland:*
osakeyhtiö/aktiebolag;
- *Schweden:*
aktiebolag.

Art. 2 [Entstehungstatbestände] (1) Die Gesellschaft kann bei ihrer Errichtung sowie infolge der Vereinigung aller Gesellschaftsanteile in einer einzigen Hand einen einzigen Gesellschafter haben (Einpersonengesellschaft).

(2) Bis zur Koordinierung der einzelstaatlichen Vorschriften für das Konzernrecht können die Gesetze der Mitgliedstaaten besondere Bestimmungen oder Sanktionen vorsehen, sofern

a) eine natürliche Person einziger Gesellschafter von mehreren Gesellschaften ist oder

b) eine Einpersonengesellschaft oder eine andere juristische Person einziger Gesellschafter einer Gesellschaft ist.

Art. 3 [Publizitätspflichten bei Vereinigung aller Anteile in einer Hand] Wird die Gesellschaft durch die Vereinigung aller Anteile in einer Hand zur Einpersonengesellschaft, so muß diese Tatsache sowie die Identität des einzigen Gesellschafters entweder in der Akte hinterlegt beziehungsweise in das Register im Sinne des Artikels 3 Absätze 1 und 2 der Richtlinie 68/151/EWG eingetragen oder in einem Register vermerkt werden, das bei der Gesellschaft geführt wird und jedermann zugänglich ist.

Art. 4 [Befugnisse des einzigen Gesellschafters in Gesellschafterversammlung]
(1) Der einzige Gesellschafter übt die Befugnisse der Gesellschafterversammlung aus.
(2) Die Beschlüsse, die von dem einzigen Gesellschafter im Rahmen von Absatz 1 gefaßt werden, sind in eine Niederschrift aufzunehmen oder schriftlich abzufassen.

Art. 5 [Selbstkontrahieren] (1) Verträge, die zwischen dem einzigen Gesellschafter und der von ihm vertretenen Gesellschaft abgeschlossen werden, sind in eine Niederschrift aufzunehmen oder schriftlich abzufassen.

(2) Die Mitgliedstaaten brauchen Absatz 1 auf die unter normalen Bedingungen abgeschlossenen laufenden Geschäfte nicht anzuwenden.

Art. 6 [Aktiengesellschaft als Einpersonengesellschaft] Läßt ein Mitgliedstaat die Einpersonengesellschaft im Sinne von Artikel 2 Absatz 1 auch für Aktiengesellschaften zu, so gilt diese Richtlinie.

Art. 7 [Vergleichbare nationale Gesellschaftsformen] Ein Mitgliedstaat braucht die Einpersonengesellschaft nicht zu gestatten, wenn sein innerstaatliches Recht dem Einzelunternehmer die Errichtung eines Unternehmens ermöglicht, dessen Haftung auf ein Vermögen beschränkt ist, das für eine bestimmte Tätigkeit eingesetzt wird, sofern in bezug auf diese Unternehmen Schutzbestimmungen vorgesehen sind, die denjenigen der vorliegenden Richtlinie sowie den übrigen auf die in Artikel 1 bezeichneten Gesellschaften anwendbaren Gemeinschaftsvorschriften gleichwertig sind.

Art. 8 [Umsetzungsfrist] (1) Die Mitgliedstaaten erlassen die erforderlichen Rechts- und Verwaltungsvorschriften, um dieser Richtlinie vor dem 1. Januar 1992 nachzukommen. Sie setzen die Kommission davon in Kenntnis.

(2) Die Mitgliedstaaten können vorsehen, daß für Gesellschaften, die am 1. Januar 1992 bereits bestehen, diese Richtlinie erst ab 1. Januar 1993 gilt.

(3) Die Mitgliedstaaten teilen der Kommission den Wortlaut der wichtigsten Bestimmungen des innerstaatlichen Rechts mit, die sie auf dem von dieser Richtlinie erfaßten Gebiet erlassen.

Art. 9 Diese Richtlinie ist an die Mitgliedstaaten gerichtet.

§ 10 Übernahmeangebote

Schrifttum: *Assmann/Basaldua/Bozenhardt/Peltzer*, Übernahmeangebote, ZGR-Sonderheft Nr. 9, 1990; *Baums*, Übernahmeregeln in der Europäischen Gemeinschaft, ZIP 1989, 1376; *Bittner*, Die EG-Übernahmerichtlinie aus englischer Sicht, RIW 1992, 182; *Grunewald*, Der geänderte Vorschlag einer 13. EG-Richtlinie, WM 1991, 1361; *Habersack/Mayer*, Der neue Vorschlag 1997 einer Takeover-Richtlinie – Überlegungen zur Umsetzung in das nationale Recht, ZIP 1997, 2141; *Hommelhoff*, Konzerneingangsschutz durch Takeover-Recht?, Festschrift für Semler, 1993, S. 455; *Hommelhoff/Kleindiek*, Takeover-Richtlinie und europäisches Konzernrecht, AG 1990, 106; *Hopt*, Übernahmeangebote im europäischen Recht, Festschrift für Rittner, 1991, S. 187; *ders.*, Europäisches und deutsches Übernahmerecht, ZHR 161 (1997), 368; *Hopt/Wymeersch* (Hrsg.), European Take-overs, 1992; *Kallmeyer*, Die Mängel des Übernahmekodex der Börsensachverständigenkommission, ZHR 161 (1997), 435; *Krause*, Zur Gleichbehandlung der Aktionäre bei Übernahmeangeboten und Beteiligungserwerb, WM 1996, 845, 893; *Mertens*, Förderung von, Schutz vor, Zwang zu Übernahmeangeboten?, AG 1990, 252; *Rojo*, Das öffentliche Übernahmeangebot im spanischen Recht, AG 1994, 16; *Roos*, Der neue Vorschlag für eine EG-Übernahme-Richtlinie, WM 1996, 2177; *D. Schmidt*, Das obligatorische öffentliche Übernahmeangebot von Unternehmensteilen im französischen Recht, AG 1994, 12; *Schuberth*, Konzernrelevante Regelungen im britischen Recht, 1998; *Thoma*, Der neue Übernahmekodex der Börsensachverständigenkommission, ZIP 1996, 1725; *Weisgerber*, Der Übernahmekodex in der Praxis, ZHR 161 (1997), 421; *M. Wolf*, Konzerneingangsschutz bei Übernahmeangeboten, AG 1998, 212.

I. Grundlagen

1. Stand der Entwicklung und Perspektiven

339 Schon im Februar 1989 hatte die Kommission einen Vorschlag einer 13. gesellschaftsrechtlichen Richtlinie über Übernahmeangebote vorgelegt[1]. Mit ihm sollte die Übernahme eines Aktienpaketes reguliert und dabei vor allem die Gleichbehandlung der Aktionäre der Zielgesellschaft sichergestellt werden. Zu diesem Zweck statuierte der Entwurf insbesondere die Verpflichtung desjenigen Bieters, der einen Anteil von $^1/_3$ aller Aktien oder einen höheren Anteil erwerben will, ein öffentliches Angebot abzugeben, das sich auf *alle Wertpapiere* der Zielgesellschaft erstreckt (Rdnr. 346 ff.). Auch in einer überarbeiteten Fassung aus dem Jahre 1990[2] fand der Vorschlag allerdings nicht die erforderliche Ratsmehrheit. Die weiteren Bemühungen der Kommission galten seitdem der Erarbeitung einer Rahmenregelung, die auf die konträren Konzeptionen eines Schutzes von Minderheitsaktionären Rücksicht nimmt und deshalb zwar konsensfähig ist, dafür einen Verzicht auf eine substantielle Angleichung der

---

[1] Vorschlag für eine dreizehnte Richtlinie des Rates auf dem Gebiet des Gesellschaftsrechts über Übernahmeangebote vom 19. 1. 1989, ABl. Nr. C 64/8 v. 14. 3. 1989; mit Begründung abgedruckt in ZIP 1989, 606, 675; zur Vorgeschichte dieses Entwurfs, insbesondere zum sogenannten Pennington-Entwurf aus dem Jahre 1974, s. *Behrens* ZGR 1975, 433 ff.; *Bess* AG 1976, 169.
[2] ABl. Nr. C 240/7 v. 26. 9. 1990.

I. Grundlagen

schon im Grundsätzlichen divergierenden einzelstaatlichen Vorschriften[3] in Kauf nehmen muß. Im Jahre 1996 hat sie deshalb einen neuen, auf Art. 44 Abs. 2 lit. g EGV (Art. 54 Abs. 3 lit. g a. F.) gründenden Vorschlag einer 13. Richtlinie vorgelegt[4], der nunmehr, nach grundsätzlicher Billigung durch das Europäische Parlament[5], in überarbeiteter Fassung vorliegt[6] und gute Aussichten auf alsbaldige Verabschiedung hat. Sein Inhalt soll im folgenden skizziert werden.

2. Der Schutzzweck einer künftigen Richtlinie über Übernahmeangebote

Ausweislich seines 3. Erwägungsgrundes zielt der Vorschlag einer 13. Richtlinie auf einen „angemessenen Schutz der Aktionäre innerhalb der Europäischen Union"; er soll sicherstellen, „daß gewisse Mindestregeln für die Durchführung eines Übernahmeangebots zur Verfügung stehen". Der 5. Erwägungsgrund ergänzt dieses Anliegen um einen weiteren Gesichtspunkt. Danach sollen die Mitgliedstaaten „die notwendigen Schritte unternehmen, um Minderheitsaktionäre nach dem Erwerb einer die Kontrolle über ihre Gesellschaft begründenden Beteiligung zu schützen. Dieser Schutz kann entweder dadurch gewährleistet werden, daß die Person, die die Kontrolle über die Gesellschaft erlangt hat, verpflichtet wird, allen Aktionären ein Angebot zur Übernahme sämtlicher Wertpapiere oder eines wesentlichen Teils davon zu machen, oder durch andere Maßnahmen, die einen mindestens gleichwertigen Schutz der Minderheitsaktionäre sicherstellen." **340**

Eine künftige 13. Richtlinie verfolgt mithin ein doppeltes Anliegen[7]. Ihr geht es zum einen um die *Regulierung freiwilliger Übernahmeangebote* und dabei insbesondere um die Sicherstellung eines fairen, den Grundsatz der Gleichbehandlung aller Aktionäre berücksichtigenden Übernahmeverfahrens; insoweit handelt es sich um eine kapitalmarktrechtliche Regelung (Rdnr. 3f.). Zum anderen geht es um die Etablierung eines *Mindestschutzes für Minderheitsaktionäre*, ohne daß allerdings darauf abgestellt wird, *wie* es zum Erwerb einer Mehrheitsposition und zur damit einhergehenden Gefährdung der Interessen der Minderheitsaktionäre gekommen ist. Diese doppelte Zielsetzung des Richtlinienvorschlags kommt bereits in dem Begriff des Übernahmeangebots zum Ausdruck. Nach Art. 2[8] ist nämlich das Übernahmeangebot als solches Gegenstand der Richtlinie (Rdnr. 343ff.). **341**

---

[3] Näher dazu *Assmann/Bozenhardt* in Assmann/Basaldua/Bozenhardt/Peltzer, S. 19ff.; ferner die Beiträge in *Hopt/Wymeersch*; speziell zum englischen Recht *Schuberth* S. 34ff.; *Krause* WM 1996, 845, 846ff., 893ff.; *Habersack/Mayer* ZIP 1997, 2141, 2144ff.; zum spanischen Recht *Rojo* AG 1994, 16ff.; zum französischen Recht *Schmidt* AG 1994, 12ff.
[4] ABl. Nr. C 162/5 v. 6. 6. 1996, auch abgedruckt in BR-Drucks. 162/96 und in AG 1996, 217.
[5] Stellungnahme des Europäischen Parlaments v. 26. 7. 1997, ABl. Nr. C 222/20 v. 21. 7. 1997.
[6] ABl. Nr. C 378/10 v. 13. 12. 1997, auch abgedruckt in ZIP 1997, 2172 mit einer Einführung von *Neye*.
[7] Kritisch zur Vermengung der beiden Ansätze *Roos* WM 1996, 2177, 2183f.
[8] Artikelbezeichnungen ohne Angabe eines Gesetzes beziehen sich im folgenden auf den Vorschlag einer 13. Richtlinie vom 14. 11. 1997 (Fn. 6).

Es ist darüber hinaus eines von mehreren in Betracht kommenden Verfahren zum Schutz der Minderheitsaktionäre einer unter Kontrollmehrheit stehenden Gesellschaft; insoweit muß es allerdings als obligatorisches Angebot ausgestaltet sein (Rdnr. 346ff.).

3. Anwendungsbereich

342 Dem Richtlinienvorschlag des Jahres 1997 liegt ein rechtsformunabhängiger Ansatz zugrunde. Nach seinem Art. 1 gelten nämlich die Koordinierungsmaßnahmen für „öffentliche Übernahmeangebote von Wertpapieren einer dem Recht eines Mitgliedstaats unterliegenden Gesellschaft[9], sofern diese Wertpapiere ganz oder teilweise auf einem geregelten, von staatlich anerkannten Stellen überwachten, regelmäßig funktionierenden und der Öffentlichkeit direkt oder indirekt zugänglichen Markt in einem oder mehreren Mitgliedstaaten zugelassen sind." Dabei sind nach der Legaldefinition des Art. 2 „Wertpapiere" im Sinne des Richtlinienvorschlags nur „übertragbare Wertpapiere, mit denen *Stimmrechte* in einer Gesellschaft verbunden sind."[10] Maßgebend ist demnach, daß die Wertpapiere, die Gegenstand des Übernahmeangebots sind, mit einem *Stimmrecht* versehen und zudem *börsennotiert* sind, was derzeit nur auf Aktien zutrifft.

II. Der Ablauf freiwilliger Übernahmeangebote

1. Verfahrensgrundsätze

343 Das erste Schutzanliegen, nämlich die Regulierung des Ablaufs von Übernahmeangeboten, wird durch die zentrale Bestimmung des Art. 5 des Richtlinienvorschlags umgesetzt. Dieser statuiert Grundsätze eines fairen Übernahmeverfahrens, die sodann in Art. 6 bis 8 konkretisiert werden. An erster Stelle nennt Art. 5 Abs. 1 den Grundsatz der *Gleichbehandlung* der Aktionäre. Kommt es also zu einem Übernahmeangebot im Sinne der Legaldefinition des Art. 2, also zu einem dem „Wertpapierinhaber einer Gesellschaft gemachten Angebot zum Erwerb eines Teils[11] oder aller Wertpapiere gegen Barzahlung und/oder im Austausch gegen andere Wertpapiere", so müssen alle Inhaber von Wertpapieren der Zielgesellschaft, die sich in gleichen Verhältnissen befinden, gleichbehandelt werden. Dahinter steht namentlich die Erwägung, daß für den Erwerb eines Aktienpakets häufig ein Preis zu zahlen ist, der über dem Börsenkurs dieser Aktien liegt;

---

[9] Zu diesem Kriterum s. *Roos* WM 1996, 2177, 2181.
[10] Noch im Vorschlag 1996 (Fn. 4) waren auch Wertpapiere erfaßt, die zum Erwerb übertragbarer Wertpapiere, die mit Stimmrechten ausgestattet sind, berechtigen; aus deutscher Sicht waren davon Wandelschuldverschreibungen und Optionsanleihen betroffen.
[11] Die Richtlinie wird also auch für sogenannte Teilangebote gelten, also Angebote, die sich nur auf einen bestimmten Prozentsatz aller Aktien der Zielgesellschaften beziehen; eine Untergrenze ist nicht vorgesehen; s. dazu *Peltzer* in Assmann/Basaldua/Bozenhardt/Peltzer, S. 179, 184.

II. Der Ablauf freiwilliger Übernahmeangebote

an diesem „Mehrwert" sollen sämtliche Aktionäre partizipieren[12]. Vorbehaltlich des Erwerbs einer Kontrollmehrheit im Sinne des Art. 3 (Rdnr. 347) ist allerdings der Bieter nur verpflichtet, ein „öffentliches", also an alle Aktionäre gerichtetes Übernahmeangebot abzugeben und gegebenenfalls sämtliche verkaufswilligen Aktionäre *verhältnismäßig zu berücksichtigen*; dagegen ist er nicht verpflichtet, alle ihm angebotenen Aktien zu übernehmen.

Neben der gleichmäßigen Behandlung aller Aktionäre strebt der Richtlinienvorschlag vor allem die *Information* der Aktionäre an. Art. 5 Abs. 1 lit. b bestimmt deshalb, daß die Aktionäre als Empfänger des Angebots „über genügend Zeit und hinreichende Informationen verfügen (müssen), um in voller Kenntnis der Sachlage entscheiden zu können." Art. 6 und 7 präzisieren dies dahin gehend, daß das Angebot bestimmte Mindestangaben enthalten muß und offenzulegen ist. Des weiteren verpflichtet Art. 5 Abs. 1 lit. c das Management auf die *Interessen der Gesellschaft* einschließlich derjenigen der Beschäftigten; Art. 8 verbietet ihm deshalb von der Hauptversammlung nicht genehmigte Abwehrmaßnahmen[13]. Art. 5 Abs. 1 lit. d, 7 Abs. 1 wollen *Marktverzerrungen* verhindern; diesem Ziel dienen weitreichende Offenlegungspflichten. Schließlich darf die Zielgesellschaft nach Art. 5 Abs. 1 lit. e in ihrer *Geschäftstätigkeit* nicht übermäßig behindert werden; nach Art. 6 Abs. 3 bedarf deshalb das Angebot einer Befristung. Art. 5 Abs. 2 betont ausdrücklich, daß der Entwurf, was den Ablauf von Übernahmeangeboten betrifft, lediglich eine *Mindestharmonisierung* anstrebt. Das einzelstaatliche Recht darf also für einen weitergehenden Aktionärsschutz sorgen. 344

2. Aufsicht

Der Ablauf des Übernahmeangebots bedarf nach der Konzeption des Richtlinienvorschlags der Überwachung durch ein Aufsichtsorgan. Nach Art. 4 Abs. 1 S. 1 haben deshalb die Mitgliedstaaten ein oder mehrere Stellen zu benennen, die den gesamten Ablauf des Angebotsvorgangs überwachen. Dabei muß es sich allerdings nicht notwendigerweise um ein staatliches Aufsichtsorgan handeln. Der Richtlinienvorschlag nimmt vielmehr auf die bewährte englische Praxis[14] Rücksicht und erlaubt es in Art. 4 Abs. 1 S. 2, daß als Aufsichtsorgan auch „Vereinigungen oder private Einrichtungen" nach Art des englischen Takeover-Panel benannt werden können. Dem entspricht es, daß nach Art. 1 die Koordinierungsmaßnahmen nicht nur für die „Rechts- und Verwaltungsvorschriften der Mitgliedstaaten", sondern auch für die „von den amtlich befugten Stellen für die Regulierung der Märkte eingeführten Verfahren oder Regelungen" 345

---

[12] Vgl. dazu sowie zum Folgenden *Hopt* ZHR 161 (1997), 368, 376 ff.; s. ferner den Sachverhalt der Audi/NSU-Entscheidung des BGH in JZ 1976, 561 mit Anm. *Lutter*.
[13] Zur Abwehr eines „feindlichen" Übernahmeversuchs s. etwa *Michalski* AG 1997, 152 ff.
[14] Näher zu dem City Code on Takeovers and Mergers und zum Panel on Takeovers and Mergers *Habersack/Mayer* ZIP 1998, 2141, 2144 ff.; *Schuberth* S. 34 ff.

und damit unter anderem für den Londoner City Code on Takeovers and Mergers gelten.

III. Minderheitenschutz

1. Das Wahlrecht der Mitgliedstaaten

346 Verfügt ein Aktionär, zumal ein solcher, der noch eine anderweitige wirtschaftliche Interessenbindung aufweist[15], über eine sogenannte Kontrollmehrheit, so laufen die Gesellschaft und die Minderheitsaktionäre Gefahr, daß es zu einer Überlagerung des Gesellschaftsinteresses durch ein damit nicht parallel laufendes Sonderinteresse kommt. Nach Art. 3 Abs. 1 haben deshalb die Mitgliedstaaten für Vorschriften oder sonstige Verfahren oder Regelungen (Rdnr. 345) zu sorgen, die diesen Aktionär entweder zur Abgabe eines *Pflichtangebots* nach Art. 10 (Rdnr. 348) verpflichten oder *andere geeignete und mindestens gleichwertige Vorkehrungen* zum Schutz der Minderheitsaktionäre dieser Gesellschaft (Rdnr. 349) vorsehen. Anders als die 1989 und 1990 vorgelegten Vorschläge verzichtet also der neue Vorschlag auf die – vom deutschen Schrifttum heftig kritisierte[16] – obligatorische Einführung eines Pflichtangebots; er gestattet es vielmehr den Mitgliedstaaten, die Vorgabe eines effektiven Minderheitenschutzes in Übereinstimmung mit dem gewachsenen Gesellschafts- und Kapitalmarktrecht umzusetzen. Nicht zuletzt dieses – auf das Scheitern der Vorschläge aus den Jahren 1989 und 1990 zurückzuführende – Wahlrecht ist es, das der (künftigen) 13. Richtlinie den Charakter einer Rahmenrichtlinie verleiht[17].

2. Die Voraussetzungen für die Einführung eines Minderheitenschutzes

347 Die Richtlinie überläßt allerdings nicht nur die Ausgestaltung des Minderheitenschutzes den Mitgliedstaaten (Rdnr. 346, 348 ff.). Sie verzichtet vielmehr auch darauf, den Tatbestand, bei dessen Vorliegen Minderheitenschutz zu verwirklichen ist, klar zu definieren. Abweichend von den Vorschlägen der Jahre 1989 und 1990, die noch einen Schwellenwert von $^1/_3$ aller Stimmrechte vorsahen, knüpft Art. 3 Abs. 1 vielmehr an den Erwerb

---

[15] Der Richtlinienvorschlag stellt zwar nicht auf die Unternehmenseigenschaft des Aktionärs im Sinne der deutschen Vorschriften über verbundene Unternehmen ab; der Fall, daß ein reiner „Privataktionär" die Kontrollmehrheit über eine börsennotierte Gesellschaft erwirbt, begegnet jedoch nicht eben häufig.
[16] Vgl. namentlich *Assmann/Bozenhardt* in Assmann/Basaldua/Bozenhardt/Peltzer, S. 37f.; *Grunewald* WM 1991, 1361, 1362f.; *Hommelhoff*, Festschrift für Semler, S. 455, 459ff.; *Hommelhoff/Kleindiek* AG 1990, 106, 109ff.; *Mertens* AG 1990, 252, 257ff.; *Lutter* S. 286f.; s. aber auch *Hopt*, Festschrift für Rittner, 1991, S. 187, 201.
[17] Näher *Habersack/Mayer* ZIP 1997, 2141, 2142; s. aber auch *Hopt* ZHR 161 (1997), 368, 380f., der in der Bezeichnung als „Rahmen"-Richtlinie eine Tautologie sieht.

III. Minderheitenschutz

einer *Kontrollmehrheit* an. Danach haben die Mitgliedstaaten für den Schutz der Minderheit zu sorgen, wenn eine natürliche oder juristische Person Wertpapiere (Rdnr. 342) erwirbt, die ihr unter Hinzuzählung der von ihr bereits gehaltenen Anteile unmittelbar „einen die Kontrolle über die Gesellschaft begründenden Anteil an den Stimmrechten" verschaffen. Die Mitgliedstaaten sind zwar nicht aus Gründen des europäischen Rechts, wohl aber aus Gründen der Rechtssicherheit gehalten, den Kontrolltatbestand in Form eines Schwellenwerts zu transformieren. Dabei werden sie berücksichtigen müssen, daß angesichts der geringen Präsenz auf den Hauptversammlungen insbesondere der Publikumsgesellschaften häufig bereits ein Anteil von deutlich unter 50% die Kontrolle über die Gesellschaft ermöglicht[18]. Mit Blick auf den Grundsatz des effet utile wird deshalb ein über $33^1/_3\%$ liegender Schwellenwert kaum in Betracht kommen.

3. Das Pflichtangebot nach Art. 10

Verwirklicht ein Mitgliedstaat den nach Art. 3 Abs. 1 gebotenen Minderheitenschutz durch die Einführung eines Pflichtangebots, so muß dieses zumindest den Vorgaben des Art. 10 genügen[19]. Nach dessen Abs. 1 S. 1 ist das Angebot „allen Aktionären für alle oder einen wesentlichen Teil ihrer Wertpapiere" (Rdnr. 342) zu einem Preis zu unterbreiten, der die Gleichbehandlung der Aktionäre sicherstellt. Der Begriff des „wesentlichen Anteils" ist nach Art. 10 Abs. 1 S. 2 so auszulegen, daß „eine Schwelle von 70% der Wertpapiere nicht unterschritten wird, es sei denn, daß eine ausreichend begründete Genehmigung des Aufsichtsorgans vorliegt." Abweichend von den Vorschlägen der Jahre 1989 und 1990 braucht also das einzelstaatliche Recht, auch wenn es sich für die Einführung des Pflichtangebots entscheidet, keine Verpflichtung zum Erwerb *sämtlicher* Aktien vorzuschreiben. Die Mindestschwelle ist allerdings auf 70% aller Anteile festzulegen; in diesem Fall ist nach Art. 10 Abs. 2 die Gleichbehandlung der Aktionäre dadurch zu gewährleisten, daß die Aktionäre, sofern sie dem Bieter mehr Anteile anbieten, als das Teilangebot umfaßt, entsprechend ihrem prozentualen Anteil an der Gesellschaft berücksichtigt werden.

4. Gleichwertige Vorkehrungen

Der ursprüngliche Vorschlag der Kommission ist nicht zuletzt an der von deutscher Seite geübten Kritik an dem seinerzeit vorgesehenen Pflichtangebot gescheitert[20]. Art. 3 Abs. 1 des neuen Vorschlags gestattet es

348

349

---

[18] Vgl. etwa BGH WM 1997, 967, 970 betreffend die VW AG; ferner *Habersack* ZHR 162 (1998), 201, 217 f.
[19] Näher dazu *Hopt* ZHR 161 (1997), 368, 387 ff.
[20] S. dazu die Nachw. in Fn. 16. Die Kritik Englands bezog sich dagegen auf die seinerzeit noch vorgesehene Verrechtlichung der Kontrolle des Übernahmegeschehens. Art. 1, 4 Abs. 1 S. 2 tragen dieser Kritik dadurch Rechnung, daß sie den Fortbestand des City Code und des Takeover-Panel ermöglichen. Das Pflichtangebot ist demgegenüber dem englischen Recht keineswegs fremd; es findet sich nicht nur im City Code, sondern auch in sections 430a, 430b Companies Act 1985.

deshalb den Mitgliedstaaten, das Pflichtangebot durch „andere geeignete und mindestens gleichwertige Vorkehrungen zum Schutz der Minderheitsaktionäre" zu ersetzen. Ausweislich der Entstehungsgeschichte des neuen Vorschlags ist dabei vor allem an die Vorschriften der §§ 291 ff., 311 ff. AktG über verbundene Unternehmen gedacht[21]. Auch unabhängig von der Frage der Gleichwertigkeit der §§ 311 ff. AktG (Rdnr. 351 f.) muß dies überraschen, sehen doch diese Vorschriften weder einen auf der Ebene der Zielgesellschaft angesiedelten Präventivschutz[22] noch ein Austritts- oder Umtauschrecht der außenstehenden Aktionäre vor. Sie suchen der aus der Abhängigkeit drohenden Gefährdung der Gesellschaft, ihrer Gläubiger und außenstehenden Aktionäre vielmehr dadurch zu begegnen, daß sie dem herrschenden Unternehmen jede nachteilige Einflußnahme (nur) für den Fall untersagen, daß die dadurch entstehenden Nachteile nicht nach Maßgabe des § 311 Abs. 2 AktG ausgeglichen werden. Eine substantielle Angleichung der Vorschriften über den Minderheitenschutz ist demnach von einer künftigen 13. Richtlinie nicht zu erwarten.

IV. Zur Umsetzung der Richtlinie in das deutsche Recht

1. Regulierung freiwilliger Übernahmeangebote

350   Bis vor kurzem herrschte in Deutschland die Überzeugung vor, daß es im Fall einer Verabschiedung der Richtlinie keiner gesetzlichen Regelung über freiwillige Übernahmeangebote bedarf[23]. Zur Begründung wurde auf den Übernahmekodex der Börsensachverständigenkommission[24] hingewiesen, der, vergleichbar dem Londoner City Code (Rdnr. 345), eine freiwillige Selbstregulierung des Übernahmegeschehens enthalte und durch Art. 1, 4 Abs. 1 S. 2 des Richtlinienvorschlags anerkannt sei. Indes bestehen zwischen dem City Code und dem Takeover-Panel auf der einen und dem Übernahmekodex und der Übernahmekommission auf der anderen Seite ganz erhebliche Unterschiede[25]. So bleibt der Übernahmekodex nicht nur in seinem Geltungsanspruch und seiner Verbindlichkeit deutlich hinter dem City Code zurück. Vielmehr haben die Aktionäre der Zielgesellschaft selbst dann keine Möglichkeit, eine Verletzung des Übernahmekodex geltend zu machen, wenn der Bieter den Kodex anerkannt

---

[21] Vgl. Begründung der Kommission, BR-Drucks. 162/96, S. 5; dazu noch Rdnr. 351 f.
[22] Zum Wettbewerbsverbot des beherrschenden Gesellschafters s. aber *Henze* BB 1996, 489, 497; Emmerich/*Habersack*, Aktienkonzernrecht, 1998, vor § 311 Rdnr. 11.
[23] Stellungnahme des *BDI*, zitiert nach *Neye*, DB 1996, 1121, 1123; *Kallmeyer* ZHR 161 (1997), 435, 451 ff.; s. ferner *Krause* AG 1996, 209, 215 ff.; *Schuster* EuZW 1997, 237, 241; für Erlaß flankierender Vorschriften aber *Neye* DB 1996, 1121, 1124 f.; *Hopt* ZHR 161 (1997), 368, 407 ff.; für Übernahmegesetz *Baums* ZIP 1997, 1310 f.; *Habersack/Mayer* ZIP 1997, 2141, 2144 ff.
[24] Abgedruckt in ZIP 1995, 1467 mit Einführung *Neye*; näher dazu *Assmann* AG 1995, 563, 564 f.; *Thoma* ZIP 1996, 1725 ff.; *Weisgerber* ZHR 161 (1997), 421 ff.; *Kallmeyer* ZHR 161 (1997), 435 ff.; *ders.* ZIP 1997, 2147 f.
[25] Vgl. im einzelnen *Habersack/Mayer* ZIP 1997, 2141, 2144 ff. mit weit. Nachw.

IV. Zur Umsetzung der Richtlinie in das deutsche Recht

hat. Demgegenüber geht Art. 4 Abs. 5 des Richtlinienvorschlags davon aus, daß die Aktionäre der Zielgesellschaft, denen durch die Verletzung der Übernahmeregeln ein Schaden entstanden ist, den Bieter auf Schadensersatz in Anspruch nehmen können. Vor diesem Hintergrund sollte an der Notwendigkeit eines Gesetzes über freiwillige Übernahmeangebote kein Zweifel bestehen[26].

2. Minderheitenschutz

Angesichts der Entstehungsgeschichte des neuen Richtlinienvorschlags (Rdnr. 346, 349) kann es nicht überraschen, daß die ganz herrschende Meinung in den §§ 311 ff. AktG eine „gleichwertige Vorkehrung" im Sinne des Art. 3 erblickt und deshalb keinen Anlaß für ein Tätigwerden des Gesetzgebers auf dem Gebiet des Minderheitenschutzes sieht[27]. In der Begründung ihres Vorschlags von 1996 hebt die Kommission denn auch ausdrücklich hervor, daß „Schadensersatzansprüche der abhängigen Gesellschaft gegen Mitglieder des Leitungs- oder Verwaltungsorgans der herrschenden Gesellschaft auch von Minderheitsaktionären der abhängigen Gesellschaft geltend gemacht werden" können[28]. Dabei wird allerdings die in §§ 317 Abs. 4, 309 Abs. 4 AktG garantierte Klagebefugnis des einzelnen Aktionärs aus ihrem Zusammenhang mit den sonstigen Vorschriften der §§ 311 ff. AktG gerissen und in ihrer praktischen Bedeutung weit überschätzt. Auch die durch das Gesetz zur Kontrolle und Transparenz im Unternehmensbereich vom 27. 4. 1998[29] erfolgte Ergänzung des § 315 AktG um den neuen Sonderprüfungstatbestand des S. 2 vermag nämlich nichts daran zu ändern, daß es angesichts des Zusammenspiels des § 317 AktG mit den §§ 311, 312 ff. AktG kaum jemals zur Inanspruchnahme des herrschenden Unternehmens und seiner Organwalter kommen wird[30].

351

An der „Gleichwertigkeit" der §§ 311 ff. AktG[31] bestehen deshalb erhebliche Zweifel[32]. Zudem gilt es zu bedenken, daß die §§ 311 ff. AktG, auch wenn der EuGH ihnen eines Tages ihre „Gleichwertigkeit" bescheinigen sollte, mit Verabschiedung der 13. Richtlinie Bestandteil des ange-

352

---

[26] S. denn auch die Ankündigung des damaligen Bundesministers für Justiz, *Schmidt-Jortzig*, in F. A. Z. vom 20. 8. 1998 (Nr. 192), S. 13; s. ferner den SPD-Entwurf eines Gesetzes zur Regelung von Unternehmensübernahmen vom 2. 7. 1997, BT-Drucks. 13/8164.
[27] So insbesondere *Neye* DB 1996, 1121, 1125; *Roos* WM 1996, 2177, 2184; *Schuster* EuZW 1997, 237, 239; *Kallmeyer* ZHR 161 (1997), 435, 444; im Grundsatz auch *Krause* AG 1996, 209, 212f.; *Peltzer* AG 1997, 145, 151; aA *Hopt* ZHR 161 (1997), 368, 387f.; *Habersack/Mayer* ZIP 1997, 2141, 2143f.
[28] BR-Drucks. 162/96, S. 5.
[29] BGBl. I, S. 786.
[30] Näher *Habersack/Mayer* ZIP 1997, 2141, 2143f.; zur neuen Vorschrift des § 315 S. 2 AktG s. *Emmerich/Habersack* (Fn. 22), § 315 Rdnr. 6ff.
[31] Die Vorschriften der §§ 291ff., 319ff. AktG über den Beherrschungs- und Gewinnabführungsvertrag und über die Eingliederung sehen dagegen unzweifelhaft „gleichwertige" Vorkehrungen vor.
[32] Vgl. die Nachw. in Fn. 27; zu dem über §§ 311ff. AktG hinausgehenden persönlichen Anwendungsbereich der Richtlinie s. bereits Rdnr. 346 mit Fn. 15.

glichenen Rechts würden; sie sähen sich damit über weite Bereiche der Gefahr einer Überlagerung durch die konzeptionell grundverschiedene Takeover-Richtlinie ausgesetzt. Schon deshalb sollte die Bundesrepublik die Einführung eines Pflichtangebots im Sinne des Art. 10 ernsthaft in Erwägung ziehen. Nach dem Vorbild des Art. 16 des Übernahmekodex (Rdnr. 350) könnte und sollte die Verpflichtung zur Abgabe eines Angebots unter den Vorbehalt gestellt werden, daß binnen angemessener Frist ein Beherrschungs- oder Gewinnabführungsvertrag geschlossen wird und damit die §§ 304 ff. AktG zur Anwendung gelangen[33].

---

[33] Entsprechendes gilt bei Eingliederung gem. §§ 319 ff. AktG sowie bei Verschmelzung gem. § 2 UmwG.

Dritter Teil: Supranationale Rechtsformen

§ 11 Die Europäische wirtschaftliche Interessenvereinigung

Schrifttum: *Abmeier,* Die Europäische wirtschaftliche Interessenvereinigung und nationales Recht, NJW 1986, 2987; *Autenrieth,* Die inländische Europäische Wirtschaftliche Interessenvereinigung (EWIV) als Gestaltungsmittel, BB 1989, 305; *Bach,* Die BGB-Gesellschaft als Mitglied einer Europäischen Wirtschaftlichen Interessenvereinigung (EWIV)?, BB 1990, 1432; *Ganske,* Die Europäische wirtschaftliche Interessenvereinigung (EWIV), DB 1985, Beil. Nr. 20; *ders.,* Das Recht der EWIV, 1988; *Gleichmann,* Europäische Wirtschaftliche Interessenvereinigung, ZHR 149 (1985), 633; *Gloria/Karbowski,* Die Europäische Wirtschaftliche Interessenvereinigung (EWIV), WM 1990, 1313; *Grüninger,* Die deutsche Rechtsanwaltssozietät als Mitglied einer Europäischen Wirtschaftlichen Interessenvereinigung (EWIV), DB 1990, 1449; *v. d. Heydt/v. Rechenberg* (Hrsg.), Die Europäische Wirtschaftliche Interessenvereinigung 1991; *Knoll/Schüppen,* Die Europäische Wirtschaftliche Interessenvereinigung (EWIV), WiB 1994, 889; *Kollhosser/Raddatz,* Die Europäische Wirtschaftliche Interessenvereinigung (EWIV), JA 1989, 10; *Lentner,* Das Gesellschaftsrecht der Europäischen Wirtschaftlichen Interessenvereinigung (EWIV), 1994; *G. Lenz,* Die Europäische wirtschaftliche Interessenvereinigung mit dem Sitz in der Bundesrepublik Deutschland vor Eintragung, 1997; *Meyer-Landrut,* Die Europäische Wirtschaftliche Interessenvereinigung, 1988; *Müller-Gugenberger,* EWIV – Die neue europäische Gesellschaftsform, NJW 1989, 1449; *ders.,* Die Firma der Europäischen wirtschaftlichen Interessenvereinigung (EWIV), BB 1989, 1922; *ders./Schotthöfer* (Hrsg.), Die EWIV in Europa, Texte und Erläuterungen aus rechtsvergleichender Sicht, 1995; *v. Rechenberg,* Die EWIV – Ihr Sein und Werden, ZGR 1992, 299; *Scriba,* Die Europäische wirtschaftliche Interessenvereinigung, 1988; *Selbherr/Manz,* Kommentar zur Europäischen wirtschaftlichen Interessenvereinigung, 1995; *Wöbke/Danckwerts,* Europäische wirtschaftliche Interessenvereinigung: Eintragung mit einer reinen Sachfirma?, DB 1994, 413; *Zahorka,* Die Teilnahme von Drittlandsunternehmen an einer EWIV, EuZW 1994, 201; *Ziegler,* Zur Firma der Europäischen Wirtschaftlichen Interessenvereinigung, Rpfleger 1990, 239.

I. Grundlagen

1. Rechtsgrundlagen

Mit der am 25. 7. 1985 verabschiedeten, auf Art. 308 EGV (Art. 235 a. F., s. dazu Rdnr. 24) gründenden Verordnung über die Schaffung einer Europäischen wirtschaftlichen Interessenvereinigung (EWIV)[1] hat der Rat die bislang einzige Rechtsform des europäischen Rechts eingeführt. Sie geht auf einen Vorschlag einer Verordnung zur Schaffung einer „Europäischen Kooperationsvereinigung" zurück, den die Kommission erstmals 1973 und in geänderter Fassung 1978 vorlegte[2]. Nach ihrem Art. 43[3] ist 353

---

[1] Verordnung (EWG) Nr. 2137/85 des Rates vom 25. Juli 1985 über die Schaffung einer Europäischen wirtschaftlichen Interessenvereinigung (EWIV), ABl. Nr. L 199/1 vom 31. 7. 1985; abgedruckt unter Rdnr. 391.
[2] Ursprünglicher Vorschlag v. 21. 12. 1973, ABl. Nr. C 14/30 v. 15. 2. 1974; geänderter Vorschlag v. 12. 4. 1978, ABl. Nr. C 103/4 v. 28. 4. 1978.
[3] Artikelbezeichnungen ohne Angabe eines Gesetzes beziehen sich im folgenden auf die EWIV-Verordnung.

die Verordnung zwar bereits am 3. 8. 1985 in Kraft getreten; von diesem Zeitpunkt an entfaltet sie also unmittelbare Wirkung im Sinne von Art. 249 Abs. 2 EGV (Art. 189 Abs. 2 a. F., dazu Rdnr. 43). Mit Ausnahme der Art. 39, 41 und 42 „gilt" sie aber erst seit 1. 7. 1989, so daß erst von diesem Zeitpunkt an Europäische wirtschaftliche Interessenvereinigungen eingetragen werden und damit als solche bestehen können. Die Verordnung enthält freilich keine abschließende Regelung aller die EWIV betreffenden Fragen. Nach Art. 2 Abs. 1 findet deshalb grundsätzlich das *Recht des Sitzstaates subsidiär Anwendung.* Anderes gilt hinsichtlich der Fragen betreffend den Personenstand, die Rechts-, Geschäfts- und Handlungsfähigkeit natürlicher Personen sowie die Rechts- und Handlungsfähigkeit juristischer Personen; insoweit bestimmt sich das anwendbare Recht nach den Grundsätzen des Internationalen Privatrechts[4].

354 Die bereits seit 3. 8. 1985 „geltenden" Art. 39 und 41 verpflichten die Mitgliedstaaten, die Modalitäten der in Art. 6 und 10 vorgesehenen Eintragung vor dem 1. 7. 1985 zu regeln. Dieser Verpflichtung ist die Bundesrepublik[5] mit dem *Ausführungsgesetz* vom 14. 4. 1988[6] nachgekommen. In ihm hat sie zugleich von dem Wahlrecht des Art. 1 Abs. 3 Gebrauch gemacht und der EWIV „Rechtspersönlichkeit" abgesprochen (Rdnr. 368); § 1 des Ausführungsgesetzes bezeichnet die EWIV vielmehr als „Handelsgesellschaft" und verweist subsidiär auf die *§§ 105 bis 160 HGB.* Die Rechtsgrundlagen der EWIV setzen sich also aus der – Vorrang gegenüber dem nationalen Recht beanspruchenden – Verordnung, dem Ausführungsgesetz und dem subsidiär anwendbaren Recht der OHG zusammen. Sowohl die Verordnung als auch die §§ 105 ff. HGB lassen allerdings der Gestaltungsfreiheit der Mitglieder großen Raum; für den Bereich des dispositiven Rechts ist also der *Gründungsvertrag* der EWIV vorrangige Rechtsquelle[7].

355 Der 15. Erwägungsgrund stellt klar, daß in den nicht durch die Verordnung erfaßten Bereichen die Rechtsvorschriften der Mitgliedstaaten und der Gemeinschaft zur Anwendung gelangen. Davon betroffen sind etwa die Vorschriften des Sozial- und Arbeitsrechts, des Wettbewerbsrechts und des Rechts des geistigen Eigentums, aber auch die Vorschriften des Kartellrechts. Verhaltensabstimmungen, welche nach Art. 85 Abs. 1 EGV oder den Vorschriften des nationalen *Kartellrechts* verboten sind, werden also

---

[4] Näher dazu *Meyer-Landrut* S. 28f.; ferner *Ganske* BB 1985, Beil. 20, S. 7.
[5] Zur Rechtslage in den anderen Mitgliedstaaten s. die Beiträge in den von *Müller-Gugenberger/Schotthöfer, Selbherr/Manz* und *v. d. Heydt/v. Rechenberg* herausgegebenen Sammelbänden.
[6] Gesetz zur Ausführung der EWG-Verordnung über die Europäische Wirtschaftliche Interessenvereinigung (EWIV-Ausführungsgesetz) vom 14. 4. 1988, BGBl. I, S. 514.
[7] Zu der Frage nach dem Verhältnis zwischen Gründungsvertrag und zwingenden einzelstaatlichen Vorschriften s. *Meyer-Landrut* S. 29ff., der sich zu Recht für einen Vorrang des Gründungsvertrags ausspricht, soweit die Verordnung (etwa in Art. 26 Abs. 2 S. 2) einen entsprechenden Regelungsspielraum einräumt; infolge des Vorrangs des Gemeinschaftsrechts kommt es insoweit zu einer Verdrängung des (nur subsidiär geltenden) zwingenden einzelstaatlichen Rechts; s. noch Rdnr. 372 zur Zulässigkeit der Fremdgeschäftsführung.

I. Grundlagen

nicht allein durch Rückgriff auf die Rechtsform der EWIV vom Kartellverbot freigestellt[8].

2. Der supranationale Charakter der EWIV

Die EWIV ist eine Rechtsform des europäischen Rechts; sie besitzt supranationalen Charakter und konnte deshalb nur durch eine Verordnung, nicht dagegen durch eine Richtlinie eingeführt werden (Rdnr. 43f.). Als Rechtsform des europäischen Rechts fehlt ihr jede einzelstaatliche Einbindung. Eine *Sitzverlegung* innerhalb der Gemeinschaft läßt demnach das Gesellschaftsstatut unberührt, hat also, wie sich Art. 13 und 14 entnehmen läßt, weder die Auflösung noch die Gründung einer neuen EWIV zur Folge. Dadurch unterscheidet sich die EWIV von einer Rechtsform des nationalen Rechts (Rdnr. 9ff.). Infolge der Lückenhaftigkeit der Verordnung weicht allerdings die Ausgestaltung der EWIV von Mitgliedstaat zu Mitgliedstaat nicht unerheblich voneinander ab[9]. Dies liegt nicht zuletzt daran, daß das subsidiär geltende einzelstaatliche Recht, wie das Beispiel der §§ 105ff. HGB zeigt, ganz überwiegend noch nicht angeglichen ist.

356

3. Die Funktion der EWIV

Die EWIV soll die Kooperation zwischen Unternehmen verschiedener Mitgliedstaaten erleichtern[10]. Ausweislich des 5. Erwägungsgrundes der Verordnung unterscheidet sich die EWIV von einer Gesellschaft hauptsächlich durch ihren Zweck (Rdnr. 364ff.). Dieser besteht allein darin, „die wirtschaftliche Tätigkeit ihrer Mitglieder zu erleichtern oder zu entwickeln, um es ihnen zu ermöglichen, ihre eigenen Ergebnisse zu steigern. Wegen dieses Hilfscharakters muß die Tätigkeit der Vereinigung mit der wirtschaftlichen Tätigkeit ihrer Mitglieder verknüpft sein und darf nicht an deren Stelle treten, und die Vereinigung selbst kann insoweit zum Beispiel keinen freien Beruf gegenüber Dritten ausüben". Die EWIV ist zwar *Außengesellschaft* und als solche Träger von Rechten und Pflichten; nach § 1 des deutschen Ausführungsgesetzes ist sie sogar *Handelsgesellschaft*. Sie ist aber nicht selbst Träger des von ihren Mitgliedern betriebenen Unternehmens und tritt *insoweit* nicht am Markt auf. Es handelt sich bei der EWIV also nicht um einen Unternehmenszusammenschluß, sondern um ein dem Konsortium vergleichbares *Kooperationsinstrument*[11].

357

Vorbild der EWIV ist die im Jahre 1967 geschaffene französische Rechtsform des „Groupement d'intérêt économique"[12]. Anders als diese

358

---

[8] Näher dazu *Vennemann* in v. d. Heydt/v. Rechenberg, S. 161ff.
[9] Zu den damit verbundenen Problemen bei der Sitzverlegung s. *Abmeier* NJW 1986, 2987, 2989f.; s. ferner *Kollhosser/Raddatz* JA 1989, 10, 15f.
[10] Vgl. *Gleichmann* ZHR 149 (1985), 633, 635; *Ganske* DB 1985, Beil. 20, S. 2.
[11] Näher dazu und zur Abgrenzung von der Genossenschaft *Müller-Gugenberger* NJW 1989, 1449, 1454f.
[12] Dazu *H. J. Schlüter*, Das groupement d'intérêt économique, Diss. Köln 1973.

hat allerdings die EWIV bislang keine allzu große Verbreitung gefunden[13], was auf die weitreichenden Offenlegungspflichten (Rdnr. 360) und die unbeschränkte und unabdingbare Haftung der Mitglieder für die Verbindlichkeiten der EWIV (Rdnr. 378 ff.) zurückzuführen sein mag[14].

II. Gründung und Rechtsnatur der EWIV

1. Gründung

a) Gründungsvertrag

359 Die Gründung der EWIV erfolgt nach Art. 1 Abs. 1 durch Abschluß eines Gründungsvertrags und durch Eintragung der Vereinigung in ein vom Sitzstaat geführtes Register. Der Gründungsvertrag muß zumindest die in Art. 5 genannten Angaben enthalten, darunter den Namen und den Sitz der Vereinigung, den Unternehmensgegenstand und Einzelangaben über die Mitglieder. Die Wahl des *Sitzes* der EWIV unterliegt den Beschränkungen des Art. 12. Danach muß der Sitz nicht nur in der Gemeinschaft gelegen sein. Es muß vielmehr als Sitz entweder der Ort der Hauptverwaltung der EWIV oder der Ort, an dem ein Mitglied seine Hauptverwaltung hat oder seine Haupttätigkeit ausübt, bestimmt werden[15]; die Verordnung folgt damit im Grundsatz der Sitztheorie (Rdnr. 13 f.). Was den *Namen* der EWIV betrifft, so bestimmt Art. 5 lit. a lediglich, daß ein Rechtsformzusatz voranzustellen oder anzufügen ist. Im übrigen beurteilt sich die Namenswahl nach dem nationalen Recht, für in Deutschland ansässige Vereinigungen also nach den §§ 17 ff. HGB[16]. Bis zum Inkrafttreten des Handelsrechtsreformgesetzes[17] durfte deshalb, wie der EuGH auf das Vorabentscheidungsersuchen des OLG Frankfurt entschieden hat[18], eine in Deutschland ansässige EWIV nach § 1 des Ausführungsgesetzes iVm. §§ 18, 19 HGB a. F. lediglich eine Personenfirma bilden:

„Wie der Generalanwalt in Nummer 5 seiner Schlußanträge ausgeführt hat, verlangt Artikel 5 Buchstabe a der Verordnung nur, daß die Firma einer EWIV die Worte „Europäische wirtschaftliche Interessenvereinigung" oder die Abkürzung „EWIV" enthalten

---

[13] Ende 1993 waren europaweit 471 Gründungen registriert, von denen 36 auf Deutschland entfielen, s. *Klein-Blenkers* DB 1994, 2224, 2225; Ende 1996 waren es immerhin 741 Gründungen, s. *Neye* DB 1997, 861.
[14] So auch *K. Schmidt* § 66 I 2.
[15] Näher *Meyer-Landrut* S. 31 ff.
[16] Unter den Voraussetzungen des § 19 Abs. 2 HGB hat deshalb die EWIV einen die Haftungsbeschränkung kennzeichnenden Zusatz zu enthalten, so auch *Ziegler* Rpfleger 1990, 239, 242; aA *Müller-Gugenberger* in Müller-Gugenberger/Schotthöfer S. 219 f. mit weit. Nachw.
[17] Handelsrechtsreformgesetz vom 22. 6. 1998, BGBl. I, S. 1474.
[18] EuGHE 1997, I-7521, 7527 f., Tz. 19 ff.; Vorlagebeschluß des OLG Frankfurt/M., ZIP 1997, 591; für Unzulässigkeit einer Sachfirma bereits OLG Frankfurt/M. NJW-RR 1994, 300; *Meyer-Landrut* S. 154; *Ziegler* Rpfleger 1990, 239 ff.; für Zulässigkeit dagegen AG München Rpfleger 1990, 76; *K. Schmidt* § 66 II 1a; *Müller-Gugenberger* BB 1989, 1922 ff.; *Wöbke/Danckwerts* DB 1994, 413 ff.; *Lentner* S. 73 f.

II. Gründung und Rechtsnatur der EWIV

muß. Ziel dieser Bestimmung ist es, daß die Vereinigung in ihren Außenbeziehungen durch die Nennung der von der Verordnung geschaffenen Vereinigungsform identifiziert und unterschieden werden kann. Dagegen stellt sie kein weiteres Erfordernis hinsichtlich des Inhalts der Firmenbezeichnung auf. Insbesondere soll der Satzteil „es sei denn, daß diese Worte oder diese Abkürzung bereits im Namen enthalten sind" nur überflüssige Wiederholungen verhindern.

Die Verordnung sieht somit vor, daß die Bezeichnung einer EWIV die Worte „Europäische wirtschaftliche Interessenvereinigung" oder die Abkürzung „EWIV" enthalten muß, betrifft jedoch nicht den Inhalt dieser Bezeichnung. Inhaltliche Anforderungen können folglich gemäß Artikel 2 Absatz 1 der Verordnung durch das im Mitgliedstaat des Sitzes der Vereinigung anwendbare innerstaatliche Recht aufgestellt werden."

b) Offenlegung

Zum Schutz Dritter sieht die EWIV-Verordnung weitreichende Offenlegungspflichten vor. Art. 6 bestimmt zunächst, daß die EWIV in ein vom Sitzstaat geführtes Register einzutragen ist; mit erfolgter Eintragung ist die Vereinigung rechtsfähig im Sinne des Art. 1 Abs. 2 (Rdnr. 368 f.). Art. 7 und 8 schreiben die Hinterlegung unter anderem des Gründungsvertrags und den Mindestinhalt der Bekanntmachung vor. In Anlehnung an die 11. Richtlinie (Rdnr. 117 ff.) erstreckt Art. 10 die Offenlegungspflichten zudem auf etwaige Niederlassungen der Vereinigung. Die Art des Registers, das Eintragungsverfahren, die Einzelheiten der Bekanntmachung und der Hinterlegung sind nach Art. 39 durch das einzelstaatliche Recht zu regeln. **360**

Die in Deutschland ansässige EWIV ist, ihrer Rechtsnatur entsprechend (Rdnr. 354, 368), in das *Handelsregister* einzutragen. Die nach Art. 39 erforderlichen Bestimmungen sind in §§ 2 bis 4 des Ausführungsgesetzes enthalten. Hervorzuheben ist, daß die Anmeldung zum Handelsregister, abweichend von § 108 HGB, durch die Geschäftsführer oder Abwickler zu erfolgen hat. Was die *Publizitätswirkungen* betrifft, so verweist Art. 9 Abs. 1 auf die in Umsetzung des Art. 3 Abs. 5 und 7 der Publizitätsrichtlinie (Rdnr. 91 ff.) erlassenen einzelstaatlichen Vorschriften.

Mit Eintragung der EWIV können *Mängel des Gründungsvertrags* oder sonstige Nichtigkeitsgründe nach Art. 15 Abs. 1 nur noch durch gerichtliche Entscheidung festgestellt oder ausgesprochen werden. Eine Vorschrift des einzelstaatlichen Rechts, der zufolge die eingetragene EWIV ipso iure als nichtig oder aufgelöst anzusehen ist, steht demnach nicht in Einklang mit der Verordnung und wird von dieser verdrängt. Die gerichtliche Entscheidung hat die Auflösung der Gesellschaft zur Folge (Rdnr. 388) und kann Dritten nur unter den Voraussetzungen des Art. 9 Abs. 1 (Rdnr. 360) entgegengehalten werden. All' dies entspricht den Vorschriften der Art. 11 S. 1 Nr. 1, Art. 12 Abs. 1 und 2 der 1. Richtlinie (Rdnr. 113 f.) und verleiht der eingetragenen EWIV eine Bestandskraft, die über diejenige einer OHG hinausgeht[19]. **361**

---

[19] Verkannt von *Knoll/Schüppen* WiB 1994, 889, 890.

c) Mitglieder

362 Mitgliedsfähig sind nach Art. 4 Abs. 1 nur *Gesellschaften* im Sinne des Art. 48 Abs. 2 EGV (Art. 58 Abs. 2 a. F.), *„andere juristische Einheiten* des öffentlichen oder des Privatrechts" mit Sitz und Hauptverwaltung in der Gemeinschaft[20] und *natürliche Personen,* die eine gewerbliche, kaufmännische, handwerkliche, landwirtschaftliche oder freiberufliche Tätigkeit in der Gemeinschaft ausüben oder dort andere Dienstleistungen erbringen. Nach zutreffender Ansicht ist auch die *Gesellschaft bürgerlichen Rechts,* sofern sie Außengesellschaft ist und einen Erwerbszweck[21] verfolgt, Gesellschaft im Sinne des Art. 48 Abs. 2 EGV und damit mitgliedsfähig[22]. Mag auch der GbR mit Blick auf ihre fehlende Registrierung die Fähigkeit, Mitglied einer OHG zu werden, nach den Grundsätzen des nationalen Gesellschaftsrechts abzusprechen sein[23], so beurteilt sich die Frage einer Beteiligung an einer EWIV ausschließlich nach Art. 4 Abs. 1 der Verordnung iVm. Art. 48 Abs. 2 EGV. Den Mitgliedstaaten steht es zwar nach Art. 4 Abs. 4 frei, bestimmten Gruppen von natürlichen Personen, Gesellschaften und anderen juristischen Einheiten die Mitgliedsfähigkeit abzusprechen. Doch ist dabei an branchenspezifische Regelungen gedacht[24], nicht dagegen an den Ausschluß einer bestimmten Rechtsform.

363 Was die Zahl der Mitglieder betrifft, so muß sie sich nach Art. 4 Abs. 2 auf *mindestens zwei* belaufen. Eine Einpersonen-EWIV ist also auch in den Mitgliedstaaten unzulässig, in denen die EWIV juristische Person ist (Rdnr. 368); vor dem Hintergrund, daß die EWIV die Kooperation mehrerer Unternehmen erleichtern soll, ist dies nur konsequent. Dem auf *grenzüberschreitende* Kooperation gerichteten Zweck der EWIV entsprechend (Rdnr. 357), müssen zudem gemäß Art. 4 Abs. 2 mindestens zwei Mitglieder verschiedenen Mitgliedstaaten angehören[25]. Nicht erforderlich ist, daß ein Mitglied Angehöriger des Sitzstaates ist. Denkbar ist also, daß eine Vereinigung zwischen einer deutschen und zwei französischen Sozietäten ihre Hauptverwaltung im Sinne des Art. 12 lit. a in den Niederlanden hat. Eine *Höchstzahl* ist in der Verordnung nicht vorgesehen; Art. 4 Abs. 3 gestattet jedoch eine Begrenzung der Mitgliederzahl durch das einzelstaatliche Recht.

d) Zweck

364 Eine EWIV kann, ihrer Funktion entsprechend (Rdnr. 357), nicht zu jedem beliebigen Zweck gegründet werden. Nach Art. 3 Abs. 1 S. 1 hat

---

[20] Diese anderen juristischen Einheiten brauchen keinen Erwerbszweck zu verfolgen; gedacht ist etwa an gemeinnützige Unternehmen oder Stiftungen; näher dazu *Manz* in Selbherr/Manz, § 4 Rdnr. 4 f.; *Gloria/Karbowski* WM 1990, 1313, 1318.
[21] Nicht erforderlich ist der Betrieb eines Gewerbes, s. *R. Erhard* in Lenz, EGV, Art. 58 Rdnr. 1.
[22] *Autenrieth* BB 1989, 305, 308; *Bach* BB 1990, 1432 ff.; *Grüninger* DB 1990, 1449 ff.; Baumbach/*Hopt* Anh. § 160 Rdnr. 13; aA *Müller-Gugenberger* NJW 1989, 1449, 1455 f.
[23] Näher dazu MünchKomm-*Ulmer,* § 705 Rdnr. 67 mit weit. Nachw.
[24] Vgl. *Gleichmann* ZHR 149 (1985), 633, 640.
[25] Zur Frage, ob bei Vorliegen dieser Voraussetzung die Beteiligung von Unternehmen aus Drittstaaten zulässig ist, s. *Autenrieth* BB 1989, 305, 308; *Zahorka* EuZW 1994, 201 ff.

II. Gründung und Rechtsnatur der EWIV

die EWIV vielmehr den Zweck, die wirtschaftliche Tätigkeit ihrer Mitglieder zu erleichtern oder zu entwickeln sowie die Ergebnisse dieser Tätigkeit zu verbessern oder zu steigern; dagegen hat sie nicht den Zweck, „Gewinn für sich selbst zu erzielen." Der EWIV ist es freilich nicht untersagt, tatsächlich Gewinn zu erzielen; davon gehen auch Art. 21 und 40 aus, die etwaige Gewinne den Mitgliedern zuweisen. Nur darf eben ihr Zweck nicht auf Gewinnerzielung gerichtet sein. Der Ausschluß eines auf Gewinnerzielung gerichteten Zwecks soll denn auch lediglich verdeutlichen, daß die EWIV ein Mittel der Kooperation ist. Ihre Tätigkeit muß, wie Art. 3 Abs. 1 S. 2 sagt, im Zusammenhang mit der wirtschaftlichen Tätigkeit ihrer Mitglieder stehen und darf nur eine Hilfstätigkeit hierzu bilden[26]. Die EWIV hat also „dienende Funktion"; ihr Unternehmensgegenstand ist im Verhältnis zu demjenigen ihrer Mitglieder „akzessorischer" Natur, darf sich also weder mit dem Gegenstand der Mitgliedsunternehmen decken noch einen Bezug zu diesem vermissen lassen[27].

365 Die EWIV läßt sich deshalb etwa zu Zwecken der Forschung und Entwicklung, des Einkaufs und Vertriebs, der Werbung, der Einwerbung von Fördermitteln, der Schulung von Mitarbeitern und der Übernahme sonstiger Dienstleistungen für die Mitgliedsunternehmen einsetzen[28]. Dagegen darf eine von Rechtsanwälten oder Sozietäten gegründete EWIV nicht selbst rechtsberatend tätig sein (Rdnr. 357); denn in diesem Fall würde sich ihr Unternehmensgegenstand mit demjenigen ihrer Mitglieder decken. Die dienende Funktion der EWIV schließt es allerdings nicht per se aus, daß diese selbst am Markt auftritt. Eine den Einkauf oder den Vertrieb ihrer Mitglieder koordinierende und durchführende EWIV etwa schließt Verträge mit Zulieferern oder Abnehmern. Auch eignet sich die EWIV als Rechtsform für eine Arbeitsgemeinschaft auf dem Gebiet des Anlagen- und Gewerkebaus[29]; mit ihr lassen sich einzelne Projekte verwirklichen, die nur durch Zusammenarbeit der Mitglieder durchgeführt werden können und einen Bezug zur Tätigkeit der Mitglieder aufweisen.

366 Art. 3 Abs. 2 enthält besondere Verwendungs- und Betätigungsbeschränkungen, die sich zum Teil schon aus der allgemeinen Zweckbestimmung des Art. 3 Abs. 1 (Rdnr. 364f.) ergeben[30]. Nach lit. a darf die EWIV weder über eines ihrer Mitglieder noch über ein anderes Unternehmen *Leitungsmacht* ausüben. Dadurch soll eine Aushöhlung der Mitbestimmungsregeln durch Verwendung der mitbestimmungsfreien Rechtsform der EWIV verhindert werden[31]. Das *Holdingverbot* der lit. b ist dagegen weniger scharf. Danach ist es der EWIV zwar absolut verboten, Anteile an einem Mitgliedsunternehmen zu halten; Anteile an Drittunternehmen dürfen dagegen innerhalb der Grenzen der lit. a gehalten werden, sofern dies für Rechnung der Mitglieder geschieht und notwendig ist, um das

---

[26] Näher dazu Ganske DB 1985, Beil. 20 S. 32; *Gleichmann* ZHR 149 (1985), 633, 635ff.; *Scriba* S. 55ff.
[27] *Gloria/Karbowski* WM 1990, 1313, 1316; *Müller-Gugenberger* NJW 1989, 1449, 1453f.
[28] Zu den Verwendungsmöglichkeiten innerhalb der Anwaltschaft s. *Zuck* NJW 1990, 954, 957f.
[29] *v. Rechenberg* in v. d. Heydt/v. Rechenberg S. 9f.
[30] Näher zu den Tatbeständen des Art. 3 Abs. 2 *Manz* in Selbherr/Manz Art. 3 Rdnr. 16ff.
[31] Näher *Dubois* WuW 1971, 327ff.

Ziel der EWIV zu erreichen. Das in lit. c enthaltene Verbot, mehr als *500 Arbeitnehmer* zu beschäftigen, soll (ebenso wie das Verbot der lit. a) eine Umgehung der Vorschriften über die Mitbestimmung verhindern[32]. Lit. d statuiert ein Verbot der Kreditgewährung an Organwalter der Mitgliedsunternehmen, sofern die Kreditgewährung durch das Mitgliedsunternehmen nach den maßgebenden gesellschaftsrechtlichen Vorschriften einer Einschränkung oder Kontrolle unterliegt; dadurch soll Vorschriften nach Art der §§ 43a GmbHG, 89 AktG Umgehungsschutz gewährt werden. Lit. e schließlich verbietet der EWIV die Beteiligung an einer anderen EWIV und will dadurch unübersichtliche Verschachtelungen vermeiden[33].

367 Die Rechtsfolgen einer Mißachtung der allgemeinen Zweckbestimmung des Art. 3 Abs. 1 oder eines besonderen Verbots des Art. 3 Abs. 2 sind in Art. 32 Abs. 1 geregelt. Danach muß das nach dem Recht des Sitzstaats zuständige Gericht auf Antrag eines Beteiligten oder einer zuständigen Behörde die Auflösung der EWIV aussprechen, sofern nicht der Mangel behoben wird (Rdnr. 388).

2. Rechtsnatur vor und nach Eintragung

368 Die Rechtsnatur der EWIV ist in der Verordnung nicht näher geregelt. Art. 1 Abs. 2 bestimmt zwar, daß die Vereinigung von der Eintragung an Träger von Rechten und Pflichten ist, Rechtshandlungen vornehmen und vor Gericht stehen kann. Nach Art. 1 Abs. 3 ist es jedoch eine Frage des einzelstaatlichen Rechts, ob die EWIV „Rechtspersönlichkeit" hat, also juristische Person ist[34]. § 1 des deutschen Ausführungsgesetzes qualifiziert die EWIV als Handelsgesellschaft und spricht ihr somit den Status einer juristischen Person ab (Rdnr. 354)[35]. Die in Deutschland ansässige EWIV ist vielmehr Gesamthandsgesellschaft. Sie unterliegt den §§ 105 ff. HGB, soweit nicht die Verordnung, das Ausführungsgesetz und der Gründungsvertrag davon abweichende Bestimmungen enthalten (Rdnr. 354). Ihre Rechts- und Parteifähigkeit ergibt sich zwar schon aus Art. 1 Abs. 2; doch entspricht dieser dem § 124 Abs. 1 HGB, der auch der OHG entsprechende Fähigkeiten verleiht[36].

369 Die Eintragung in das Register hat nach Art. 1 Abs. 1 und 2 konstitutive Bedeutung: Ohne Eintragung kann eine EWIV nicht entstehen. Nicht in der Verordnung geregelt ist allerdings die Rechtsnatur der Vereinigung in der Zeit zwischen dem Abschluß des Gründungsvertrags und der Eintra-

---

[32] Näher *Scriba* S. 65 ff.
[33] *Ganske* S. 31.
[34] Zu den Gründen für diese Regelung s. *K. Schmidt* § 66 II 3; *Gleichmann* ZHR 149 (1985), 633, 641 f.
[35] Auch wenn der deutsche Gesetzgeber der EWIV „Rechtspersönlichkeit" zuerkannt hätte, wäre dadurch die steuerrechtliche Behandlung nicht präjudiziert worden; denn nach Art. 40 wird das Ergebnis der Tätigkeit der EWIV nur bei den Mitgliedern besteuert; näher zur steuerlichen Behandlung der EWIV *v. d. Heydt* in v. d. Heydt/v. Rechenberg S. 107 ff.; *Weimar/Delp* Wpg. 1989, 96 ff.
[36] Vgl. im einzelnen Staub/*Habersack* § 124 Rdnr. 2 ff.

gung. Sie beurteilt sich deshalb nach dem Recht des Sitzstaates. Für in Deutschland ansässige Vereinigungen sind insoweit die zu § 123 Abs. 1 HGB entwickelten Grundsätze heranzuziehen (Rdnr. 354). Danach ist auch die „Vorvereinigung" Träger von Rechten und Pflichten, soweit sie als Außengesellschaft auftritt. In Ermangelung ihrer Eintragung ist sie allerdings nicht EWIV, sondern *Gesellschaft bürgerlichen Rechts*[37]. Kommt es zur Eintragung, so verwandelt sich die Gesellschaft bürgerlichen Rechts in eine EWIV. Diese *formwechselnde Umwandlung*[38] läßt die Identität des Rechtsträgers unberührt. Ein Vermögensübergang findet nicht statt[39]. Aus den für die Gesellschaft bürgerlichen Rechts begründeten Rechtsverhältnissen ist nunmehr die EWIV berechtigt und verpflichtet. Für eine Handelndenhaftung, wie sie Art. 9 Abs. 2 in Anlehnung an Art. 7 der 1. Richtlinie statuiert (Rdnr. 96f.), ist mithin nach deutschem Recht kein Raum.

III. Die Organisationsverfassung der EWIV

1. Notwendige Organe

Das Innenrecht der EWIV steht über weite Bereiche zur Disposition der Mitglieder. Die EWIV-Verordnung enthält insoweit nur wenige zwingende Vorschriften. Dazu zählt vor allem Art. 16 Abs. 1, dem zufolge die EWIV über *zwei notwendige Organe* verfügt, nämlich über die „gemeinschaftlich handelnden Mitglieder" und über den oder die Geschäftsführer[40]. Der Gründungsvertrag kann nach Art. 16 Abs. 2 weitere Organe vorsehen; in Betracht kommt insbesondere die Einführung eines Beirats. **370**

2. Die Willensbildung der EWIV

Die Willensbildung der EWIV erfolgt durch die „Gemeinschaft der Mitglieder". Art. 16 Abs. 2 bezeichnet diese Gemeinschaft ausdrücklich als *Organ* und spricht ihm die Befugnis zu, „jeden Beschluß zur Verwirklichung des Unternehmensgegenstands der Vereinigung (zu) fassen." Dem läßt sich nicht nur entnehmen, daß die Willensbildung der Vereinigung durch Beschlußfassung erfolgt. Vielmehr geht die Vorschrift auch davon aus, daß die Gemeinschaft der Mitglieder Beschlüsse in laufenden Angelegenheiten fassen kann, an die das geschäftsführende Organ gebunden ist. Was das *Verfahren* der Beschlußfassung betrifft, so enthält die Verordnung **371**

---

[37] Näher Staub/*Habersack* § 123 Rdnr. 4ff.; s. ferner *Meyer-Landrut* S. 158ff.; *Grüninger* in Müller-Gugenberger/Schotthöfer, S. 344ff.; *Lenz* S. 80ff., 140ff. Zur Rechts- und Verpflichtungsfähigkeit der Gesellschaft bürgerlichen Rechts s. MünchKomm-*Ulmer* § 705 Rdnr. 131ff.; *Habersack* JuS 1993, 1ff.
[38] Nicht zu verwechseln mit dem in §§ 190ff. UmwG geregelten Formwechsel, s. nur MünchKomm-*Ulmer* § 705 Rdnr. 9ff.
[39] Vgl. zu § 123 HGB BGHZ 32, 307, 312; BGHZ 116, 7, 10; Staub/*Habersack* § 123 Rdnr. 5.
[40] Näher zum Folgenden *Meyer-Landrut* S. 35ff.

§ 11 Die Europäische wirtschaftliche Interessenvereinigung

keine Regelung. Die Mitglieder können also in Versammlungen abstimmen; sie können sich aber auch eines schriftlichen oder telefonischen Beschlußverfahrens bedienen. Nach Art. 17 Abs. 1 hat jedes Mitglied eine Stimme. Durch den Gründungsvertrag kann zwar von dem Kopfprinzip abgewichen und bestimmten Mitgliedern mehrere Stimmen gewährt werden[41]; unzulässig ist es aber, einem Mitglied die Stimmenmehrheit einzuräumen. Die Beschlußfähigkeit und die zur Beschlußfassung *erforderliche Mehrheit* können nach Art. 17 Abs. 3 durch den Gründungsvertrag festgelegt werden. Fehlt es an einer entsprechenden Bestimmung, so sind die Beschlüsse einstimmig zu fassen. Die in Art. 17 Abs. 2 aufgezählten Beschlüsse können allerdings nur einstimmig gefaßt werden.

3. Geschäftsführung und Vertretung

372   Die Geschäftsführung und Vertretung der EWIV erfolgt durch einen oder mehrere Geschäftsführer. Die Geschäftsführungsbefugnis ist nicht zwingend in der Mitgliedschaft verkörpert. Es gilt vielmehr der Grundsatz der Fremdorganschaft, so daß neben Mitgliedern auch Dritte zu Geschäftsführern bestellt werden können[42]. Das deutsche Ausführungsgesetz übernimmt denn auch in seinen §§ 5 ff. entsprechende Bestimmungen des GmbHG, darunter insbesondere diejenige des § 43 GmbHG betreffend die Sorgfaltspflichten und Verantwortlichkeit des GmbH-Geschäftsführers. Die *Bestellung* der Geschäftsführer erfolgt nach Art. 19 Abs. 1 S. 1 durch den Gründungsvertrag oder durch Beschluß der Mitglieder.

373   Die *Vertretung* der EWIV ist in Art. 20 geregelt. Nach Abs. 1 dieser Vorschrift wird die EWIV ausschließlich durch den oder die Geschäftsführer vertreten. Bei einer Mehrheit von Geschäftsführern ist jeder allein zur Vertretung der EWIV berechtigt, doch kann durch den Gründungsvertrag Gesamtvertretung eingeführt werden. Art. 20 regelt allerdings nur die *organschaftliche Vertretungsbefugnis*. Auch in der EWIV besteht also die Möglichkeit, daß der Geschäftsführer im Namen der EWIV andere Personen bevollmächtigt, die sodann Dritten gegenüber zur Vertretung der EWIV berechtigt sind[43]. Was den *Umfang* der organschaftlichen Vertretungsbefugnis betrifft, so statuiert Art. 20 Abs. 1 in weitgehender Übereinstimmung mit Art. 9 Abs. 1 und 2 der 1. Richtlinie (Rdnr. 100 ff.) den Grundsatz der unbeschränkten und unbeschränkbaren Vertretungsmacht.

---

[41] Art. 17 Abs. 1 S. 2 erlaubt es auch, das Stimmrecht an der Kapitalbeteiligung auszurichten, so zu Recht *Manz* in Selbherr/Manz Art. 17 Rdnr. 3; aA *Meyer-Landrut* S. 39.
[42] So auch *Gleichmann* ZHR 149 (1985), 633, 643; *K. Schmidt* § 66 II 2b. Allgemein zu Fremd- und Selbstorganschaft *K. Schmidt* § 14 III 1b; Staub/*Habersack* § 125 Rdnr. 5 ff., § 146 Rdnr. 5 ff.
[43] Näher dazu für die OHG Staub/*Habersack* § 125 Rdnr. 13 ff.

IV. Veränderungen im Mitgliederbestand der EWIV

1. Übertragung

Art. 22 Abs. 1 erlaubt es zwar jedem Mitglied, seine „Beteiligung" an der Vereinigung – gemeint ist die „Mitgliedschaft" in der EWIV[44] – ganz oder teilweise an ein anderes Mitglied oder an einen Dritten abzutreten, stellt allerdings die Wirksamkeit der Abtretung unter den Vorbehalt der Zustimmung aller anderen Mitglieder. Dies trägt dem höchstpersönlichen Charakter des Zusammenschlusses Rechnung und entspricht der Rechtslage nach dem deutschen Personengesellschaftsrecht[45]. Ungeachtet des Wortlauts des Art. 22 Abs. 1 ist die Zustimmung der übrigen Mitglieder entbehrlich, wenn der Gründungsvertrag die freie Übertragbarkeit der Mitgliedschaft anordnet[46]. Zwar sagt Art. 22 Abs. 1, anders als Art. 22 Abs. 2 hinsichtlich der Belastung der Mitgliedschaft, nicht ausdrücklich, daß der Gründungsvertrag „etwas anderes" bestimmen kann. Doch will Art. 22 Abs. 2 allein die Einführung einer *einzelfallbezogenen* Zustimmung durch die *Mehrheit* der Gesellschafter gestatten. Die im Gründungsvertrag vorgesehene freie Übertragbarkeit entspricht dagegen der allseitigen Zustimmung im Sinne des Art. 22 Abs. 1, ist also überhaupt nicht Gegenstand der Vorschrift des Art. 22 Abs. 2.

374

Mit wirksamer Übertragung der Mitgliedschaft geht diese auf den Erwerber über. Die nach Art. 7 S. 2 lit. e in Verbindung mit § 2 Abs. 3 Nr. 1 des deutschen Ausführungsgesetzes erforderliche Eintragung in das Handelsregister ist lediglich deklaratorischer Natur. Der Veräußerer geht seiner Mitgliedschaft verlustig. Ein gegen die EWIV gerichteter Anspruch auf Abfindung steht ihm, anders als im Fall des Ausscheidens nach Art. 27 f., nicht zu. Nach Art. 34 haftet der Veräußerer für die vor Übertragung begründeten Verbindlichkeiten der EWIV fort (Rdnr. 385 f.); der Erwerber unterliegt der Haftung für die Altverbindlichkeiten nach Maßgabe des Art. 26 Abs. 2 (Rdnr. 383 f.).

375

2. Ausscheiden eines Mitglieds

Von der Übertragung der Mitgliedschaft ist das ersatzlose Ausscheiden eines Mitglieds zu unterscheiden[47]. Bei ihm kommt es nicht zu einer Rechtsnachfolge in die Mitgliedschaft; im Fall einer in Deutschland ansässigen EWIV wächst der Anteil vielmehr den übrigen Gesellschaftern

376

---

[44] So auch *Meyer-Landrut* S. 86 unter Hinweis auf Art. 7 S. 2 lit. e, wonach die Abtretungsurkunde zu hinterlegen ist.
[45] Vgl. Staub/*Ulmer* § 105 Rdnr. 298 ff., 306 ff.; speziell zur „Teilübertragung" s. MünchKomm-*Ulmer* § 719 Rdnr. 39. Allg. zu Rechtsnatur und Übertragbarkeit der Mitgliedschaft *K. Schmidt* § 19; *Habersack*, Die Mitgliedschaft – subjektives und „sonstiges" Recht, 1996, S. 62 ff., 104 ff.
[46] So auch *K. Schmidt* § 66 II 2 d, Fn. 25; aA *Meyer-Landrut* S. 91, der einen auf den Einzelfall bezogenen Zustimmungsbeschluß verlangt. Zur entsprechenden Rechtslage nach deutschem Recht s. bereits RGZ 128, 172, 176; ferner BGHZ 13, 179, 184; MünchKomm-*Ulmer* § 719 Rdnr. 21.
[47] Näher dazu *K. Schmidt* § 19 II.

zu[48]. Art. 27, 28 sehen eine Reihe von *Tatbeständen* vor, bei deren Vorliegen das betreffende Mitglied ersatzlos ausscheidet[49]. Die in Art. 29, 7 S. 2 lit. a vorgeschriebene *Offenlegung* des Ausscheidens hat zwar lediglich deklaratorische Wirkung, ist aber für die Nachhaftung des Ausgeschiedenen von Bedeutung (Rdnr. 385f.)[50].

Die weiteren *Rechtsfolgen* des Ausscheidens sind in Art. 30 und 33 geregelt. Art. 30 bestimmt zunächst, daß die EWIV als werbende Vereinigung fortbesteht, sofern nicht der Gründungsvertrag die Auflösung bestimmt. Verfügt die EWIV über Vermögen, so hat das ersatzlos ausgeschiedene Mitglied nach Art. 33 Anspruch auf *Abfindung*. Die Höhe des Anspruchs bestimmt sich nach der Vermögenslage der EWIV im Zeitpunkt des Ausscheidens. Art. 33 S. 2 erklärt zwar ausdrücklich eine pauschale Festsetzung des Anspruchs für unzulässig, schließt es jedoch nicht aus, ein bestimmtes Verfahren zur Ermittlung der Höhe des Auseinandersetzungsguthabens zu vereinbaren. Die Verordnung steht somit der Vereinbarung einer Buchwertklausel nicht entgegen[51]; deren Wirksamkeit beurteilt sich nach dem Recht des Sitzstaats[52]. Ist die EWIV im Zeitpunkt des Ausscheidens überschuldet, so ist das ausgeschiedene Mitglied zum *Nachschuß* verpflichtet.

3. Aufnahme neuer Mitglieder

377 Die Aufnahme neuer Mitglieder bedarf nach Art. 26 Abs. 1 eines einstimmigen Beschlusses der bisherigen Mitglieder der Vereinigung. Sie ist also, dem deutschen OHG-Recht entsprechend, kein Vorgang der laufenden Geschäftsführung, sondern Grundlagengeschäft. Vorbehaltlich einer abweichenden Vereinbarung, die allerdings der Offenlegung bedarf, haftet das neue Mitglied nach Art. 26 Abs. 2 auch für die Altverbindlichkeiten der Vereinigung (Rdnr. 383f.).

V. Die Haftung der Mitglieder

1. Der Grundsatz der unbeschränkten Haftung

378 Die Verordnung schreibt *kein Mindestkapital* der EWIV vor. Statt dessen statuiert sie in Art. 24 Abs. 1 S. 1 den Grundsatz der unbeschränkten und

---

[48] Vgl. dazu für das OHG-Recht Staub/*Ulmer* § 105 Rdnr. 287f.
[49] Nach Art. 28 Abs. 2 kann allerdings durch den Gründungsvertrag oder durch einstimmigen Beschluß der verbleibenden Mitglieder bestimmt werden, daß die EWIV mit einem Rechtsnachfolger fortgesetzt wird. Bei Vorliegen einer entsprechenden Klausel im Gründungsvertrag (also nur im ersten Fall) kommt es nach deutschem Recht zum Übergang auf den Erben (näher MünchKomm-*Ulmer* § 727 Rdnr. 20ff.). Erfüllt dieser allerdings nicht die Voraussetzungen des Art. 4 Abs. 1 und 2 (Rdnr. 362f.), so droht die Auflösung der EWIV (Rdnr. 388).
[50] Art. 29 S. 2 gibt deshalb dem Ausgeschiedenen ein entsprechendes Antragsrecht.
[51] Zutr. *Meyer-Landrut* S. 73; *Manz* in Selbherr/Manz Art. 33 Rdnr. 12.
[52] S. dazu für das deutsche Recht MünchKomm-*Ulmer* § 738 Rdnr. 34ff.

V. Die Haftung der Mitglieder

gesamtschuldnerischen Haftung sämtlicher Mitglieder der Vereinigung; auch die Mitglieder solcher Vereinigungen, denen der jeweilige Mitgliedstaat „Rechtspersönlichkeit" verleiht (Rdnr. 368), können also von den Gläubigern persönlich in Anspruch genommen werden. Die „Folgen dieser Haftung" sind allerdings nach Art. 24 Abs. 1 S. 2 durch das Recht des Sitzstaats zu bestimmen; für in Deutschland ansässige Vereinigungen sind deshalb ergänzend die §§ 128 ff. HGB heranzuziehen (Rdnr. 354). Art. 24 Abs. 2 enthält zudem eine wichtige Einschränkung. Danach können die Gläubiger die Mitglieder der Vereinigung erst in Anspruch nehmen, wenn sie die Vereinigung zur Zahlung aufgefordert haben und die Zahlung nicht innerhalb einer angemessenen Frist erfolgt ist. Die Mitglieder haften somit, anders als die Gesellschafter einer OHG[53], nur *subsidiär* (Rdnr. 381). Die Rechtslage ändert sich erst mit tatsächlicher[54] Beendigung der Abwicklung. Sie hat das Erlöschen der Vereinigung zur Folge (Rdnr. 389), so daß eine vorherige Inanspruchnahme derselben ausgeschlossen ist.

2. Die Ausgestaltung der Haftung

a) Unbeschränkte Außenhaftung

Die Mitglieder haften nach Art. 24 Abs. 1 S. 1 den Gläubigern unmittelbar, also nicht lediglich mittelbar über einen Anspruch der Vereinigung auf Leistung eines Nachschusses. Ihre Haftung ist unbeschränkt und – vorbehaltlich einer Vereinbarung mit dem Gläubiger[55] – unbeschränkbar. Dies bedeutet zum einen, daß das gesamte Vermögen der Mitglieder dem Vollstreckungszugriff des Gläubigers unterliegt; die Haftung ist mithin nicht gegenständlich begrenzt[56]. Zum anderen haften die Mitglieder für die gesamte Verbindlichkeit der Vereinigung, anders als ein Kommanditist also nicht begrenzt auf eine bestimmte Haftsumme.

379

b) Akzessorietät

Nach Art. 24 Abs. 1 S. 1 haften die Mitglieder „gesamtschuldnerisch". Dies bedeutet, daß der Gläubiger die Leistung nach seinem Belieben von jedem der Mitglieder ganz oder zu einem Teile fordern kann; auf die im Innenverhältnis vereinbarten Haftungsquoten braucht er also keine Rücksicht zu nehmen. Was das Verhältnis der Haftung der Mitglieder zu derjenigen der Vereinigung betrifft, so trifft Art. 24 Abs. 1 S. 1 allerdings keine

380

---

[53] Dazu Schlegelberger/*K. Schmidt*, HGB, 5. Aufl., § 128 Rdnr. 20; Staub/*Habersack* § 128 Rdnr. 26.
[54] Nicht entscheidend ist die Bekanntmachung (im Sinne von Art. 7 S. 2 lit. h, 35 Abs. 4), daß die Abwicklung beendet ist, s. *Scriba* S. 161 f.
[55] Die Zulässigkeit einer solchen Vereinbarung wird im 10. Erwägungsgrund ausdrücklich anerkannt; näher zu solchen Vereinbarungen Schlegelberger/*K. Schmidt* (Fn. 53), § 128 Rdnr. 13 f.; Staub/*Habersack* § 128 Rdnr. 15 f.
[56] Ist eine juristische Person oder eine Personengesellschaft Mitglied einer EWIV (Rdnr. 362 f.), so bestimmt es sich nach den einschlägigen Organisationsgesetzen, ob ihre Mitglieder ihrerseits für die Verbindlichkeiten aus Art. 24 haften.

Aussage. Insoweit kommt vielmehr der in Art. 24 Abs. 1 S. 2 enthaltene Verweis auf das einzelstaatliche Recht zum Tragen. In Deutschland ansässige Vereinigungen unterliegen somit den zu § 128 HGB entwickelten Grundsätzen. Danach ist die Haftung des Mitglieds im Verhältnis zur Haftung der Vereinigung akzessorischer Natur[57]. Die Haftung entfällt deshalb mit dem Erlöschen der Verbindlichkeit der Vereinigung. Auch können die Mitglieder nach § 129 Abs. 1 HGB neben ihren eigenen Einwendungen und Einreden etwaige Einreden der Vereinigung geltend machen.

c) Subsidiarität

381 Nach Art. 24 Abs. 2 können die Mitglieder, anders als die Gesellschafter einer OHG, den Gläubiger auf die vorrangige Inanspruchnahme der Vereinigung verweisen. Die Mitglieder sollen dadurch die Möglichkeit erhalten, für die Erfüllung der Hauptschuld durch die Vereinigung selbst zu sorgen. Dem Gläubiger obliegt es allerdings nicht, gegen die Vereinigung Klage zu erheben oder gar einen Vollstreckungsversuch zu unternehmen[58]; es genügt vielmehr eine einfache Zahlungsaufforderung, für die Art. 24 Abs. 1 S. 1 nicht einmal eine Form vorschreibt. Was die Länge der Wartefrist betrifft, so beurteilt sie sich nach dem einzelstaatlichen Recht. Für in Deutschland ansässige Vereinigungen kommt es somit darauf an, wann unter gewöhnlichen Umständen und unter Berücksichtigung der Umstände des Einzelfalles mit einer Leistung durch die Vereinigung gerechnet werden kann. Ebenfalls nach nationalem Recht beurteilt es sich, ob Art. 24 Abs. 2 eine Einwendung oder eine Einrede des Mitglieds begründet; bei Geltung des deutschen Rechts ist entsprechend § 771 BGB von einer dilatorischen Einrede auszugehen[59].

d) Inhalt der Haftung

382 In Art. 24 nicht ausdrücklich geregelt ist, ob die Mitglieder nach Art. 24 auf Erfüllung oder nur auf das Interesse in Anspruch genommen werden können[60]. Aus Art. 24 Abs. 2 läßt sich diesbezüglich nichts herleiten[61]. Zwar spricht diese Vorschrift von der „Zahlung", meint aber eine solche durch die EWIV und hat damit den typischen Fall im Auge, daß die Vereinigung Geld schuldet. Auch die Subsidiarität der Haftung spricht nicht gegen eine Erfüllungshaftung, wie das Beispiel des gleichfalls nur subsidiär haftenden Bürgen zeigt[62]. Nach Art. 24 Abs. 1 S. 2 beurteilt sich somit der Inhalt der Haftung nach dem einzelstaatlichen Recht; für in Deutschland

---

[57] Heute nahezu allg. M., s. Schlegelberger/*K. Schmidt* (Fn. 53), § 128 Rdnr. 16f.; Heymann/*Emmerich*, HGB, 2. Aufl., § 128 Rdnr. 5; Staub/*Habersack* § 128 Rdnr. 20ff. mit weit. Nachw.
[58] *Ganske* S. 64; *Scriba* S. 162.
[59] Näher dazu MünchKomm-*Habersack* § 771 Rdnr. 6.
[60] Für Haftung auf das Interesse die hM, s. die Nachw. in Fn. 61; aA – für Maßgeblichkeit des einzelstaatlichen Rechts – *v. Rechenberg* ZGR 1992, 299, 306f.
[61] So aber *Scriba* S. 160; *Manz* in Selbherr/Manz § 24 Rdnr. 7; *Ganske* S. 64f.; *Grüninger* in Müller-Gugenberger/Schotthöfer S. 361; dagegen zu Recht *von Rechenberg* in v. d. Heydt/v. Rechenberg S. 77, der allerdings ebenfalls der Haftungstheorie folgt.
[62] Zum Inhalt der Bürgenhaftung s. MünchKomm-*Habersack* § 765 Rdnr. 79.

ansässige Vereinigungen gelangen die zum Inhalt der Haftung aus § 128 HGB geltenden Grundsätze zur Anwendung[63].

3. Die Haftung des eintretenden Mitglieds

Nach Art. 26 Abs. 2 S. 1 haftet „jedes neue Mitglied" auch für die vor seinem Beitritt begründeten Verbindlichkeiten der Vereinigung. Dies entspricht der Rechtslage nach § 130 HGB. Obschon § 26 Abs. 2 im unmittelbaren Zusammenhang mit Art. 26 Abs. 1 steht, letzterer aber nur die Aufnahme neuer Mitglieder und damit die originäre Begründung neuer Mitgliedschaften regelt, gelangt die Vorschrift auch im Fall der Anteilsveräußerung (Rdnr. 374 f.) zur Anwendung; auch der Erwerber eines Anteils haftet mit anderen Worten für die Altverbindlichkeiten[64]. 383

Abweichend von § 130 HGB[65] sieht Art. 26 Abs. 2 S. 2 die Möglichkeit vor, daß das neue Mitglied durch den Gründungsvertrag oder durch die Beitrittsvereinbarung[66] von der Haftung für die vor seinem Beitritt entstandenen Verbindlichkeiten befreit wird. Nach Art. 9 Abs. 1, 26 Abs. 2 S. 2 kann eine solche Vereinbarung Dritten allerdings nur entgegengehalten werden, wenn sie nach Art. 8 bekanntgemacht wird; Art. 7 S. 2 lit. j sieht zudem die Hinterlegung der Urkunde vor. Der Haftungsausschluß bezieht sich nach dem klaren Wortlaut des Art. 26 Abs. 2 S. 2 zudem lediglich auf die vor dem Beitritt *entstandenen* Verbindlichkeiten. Für Verbindlichkeiten, deren Rechtsgrund zwar bereits im Zeitpunkt des Beitritts gelegt war, die aber erst danach entstanden sind, haftet somit das neue Mitglied auch bei Offenlegung eines Haftungsausschlusses im Sinne des Art. 26 Abs. 2. Davon betroffen sind insbesondere Verbindlichkeiten aus vor dem Beitritt begründeten Dauerschuldverhältnissen[67]. Vor dem Hintergrund, daß das neue Mitglied auch an den Erträgen der Gesellschaft partizipiert und auf deren Geschäftsführung Einfluß nehmen kann, ist dies durchaus angemessen. 384

4. Die Haftung des ausgeschiedenen Mitglieds

Nach Art. 34 haftet jedes ausgeschiedene Mitglied für die Verbindlichkeiten fort, „die sich aus der Tätigkeit der Vereinigung vor seinem Ausscheiden ergeben". Ein Mitglied kann sich also weder durch sein ersatzloses Ausscheiden (Rdnr. 376) noch durch die Veräußerung seines Anteils 385

---

[63] Dazu Schlegelberger/*K. Schmidt* (Fn. 53), § 128 Rdnr. 23 ff.; Staub/*Habersack* § 128 Rdnr. 27 ff.
[64] So auch *Manz* in Selbherr/Manz Art. 26 Rdnr. 3.
[65] Zum zwingenden Charakter dieser Vorschrift sowie zur Zulässigkeit haftungsbeschränkender Abreden mit dem Gläubiger s. Staub/*Habersack* § 130 Rdnr. 15.
[66] In den Fällen der Anteilsübertragung wird man eine Vereinbarung des Erwerbers mit den übrigen Mitgliedern verlangen müssen.
[67] Die Grundsätze über die Nachhaftung des ausgeschiedenen Mitglieds (Rdnr. 385) lassen sich nicht übertragen.

(Rdnr. 374f.) von seiner Haftung aus Art. 24 befreien[68]. Art. 37 Abs. 1 unterstellt allerdings die Nachhaftung des ausgeschiedenen Mitglieds einer *Sonderverjährung* von fünf Jahren, beginnend mit der Bekanntmachung des Ausscheidens nach Art. 7 S. 2 lit. a, e, Art. 8 (Rdnr. 386). Nach Ablauf von fünf Jahren erwächst somit dem ausgeschiedenen Gesellschafter eine eigene Einrede der Verjährung, die er unabhängig von der Verjährung der Schuld der EWIV dem Gläubiger entgegenhalten kann (Rdnr. 380). Dadurch trägt die Verordnung dem Umstand Rechnung, daß einerseits das ausgeschiedene Mitglied weder auf die Geschicke der Vereinigung Einfluß nehmen kann noch an deren Erträgen partizipiert, andererseits dem Interesse der Gläubiger Genüge getan ist, wenn diese – vorbehaltlich einer kürzeren Verjährung der Verbindlichkeit der EWIV – fünf Jahre auf den Ausgeschiedenen zugreifen können.

386 Was den Gegenstand der Sonderverjährung betrifft, so stellen Art. 34, Art. 37 Abs. 1, anders als Art. 26 Abs. 2 S. 2 (Rdnr. 384), nicht auf die Entstehung der Verbindlichkeit ab, sondern darauf, daß sich die Verbindlichkeit aus der Tätigkeit der Vereinigung vor dem Ausscheiden ergibt. Dies dürfte der Rechtslage nach dem mit Art. 34, 37 Abs. 1 vergleichbaren § 160 HGB entsprechen, der die Nachhaftung für sämtliche Verbindlichkeiten anordnet, die vor dem Ausscheiden „begründet" worden sind. Maßgebend ist demnach auch für Art. 34, 37 Abs. 1, daß vor der Bekanntmachung des Ausscheidens der *Rechtsgrund* für den betreffenden Anspruch gelegt worden ist[69]. Dies wiederum hat zur Folge, daß das ausgeschiedene Mitglied auch für Ansprüche aus vor dem Ausscheiden geschlossenen *Dauerschuldverhältnissen* haftet. Da die Verjährung erst mit Entstehung des Anspruchs zu laufen beginnt, droht somit dem Ausgeschiedenen insbesondere im Zusammenhang mit seiner Haftung für Ansprüche aus Miet- und Arbeitsverträgen der EWIV die Gefahr einer Endloshaftung[70]. Dies widerspricht zwar der ratio des § 37 Abs. 1 und sollte durch Heranziehung des § 160 HGB, wonach der Ausgeschiedene nur für die bis zum Ablauf von fünf Jahren nach Eintragung des Ausscheidens fällig werdenden Einzelansprüche haftet, korrigiert werden. Klarheit vermag allerdings nur eine Entscheidung des EuGH zu schaffen (Rdnr. 38, 43).

5. Die Rechtslage nach Beendigung der EWIV

387 Mit dem Schlusse der Abwicklung ändert sich der Haftungsstatus der Mitglieder in zweifacher Hinsicht. So entfällt zum einen die Subsidiarität der Haftung (Rdnr. 381). Zum anderen unterstellt Art. 37 Abs. 2 die Haftung der Mitglieder aus Art. 24, 26 Abs. 2 einer *Sonderverjährung* von fünf Jahren. Voraussetzung ist allerdings, daß der Schluß der Abwicklung nach Art. 7 S. 2 lit. h, Art. 8 S. 1 lit. c bekanntgemacht wird; erst von diesem

---

[68] Für Einbeziehung des Tatbestands des Art. 22 auch *Manz* in Selbherr/Manz § 34 Rdnr. 2.
[69] Näher dazu Schlegelberger/*K. Schmidt* (Fn. 53), § 128 Rdnr. 48ff.; Staub/*Habersack* § 128 Rdnr. 62ff.
[70] Näher zur Problematik *K. Schmidt* § 51.

Zeitpunkt an läuft die Sonderverjährung. Die Rechtslage nach Art. 37 Abs. 2 entspricht somit im wesentlichen derjenigen nach § 159 HGB. Anders als das HGB stellt aber die Verordnung – durchaus sachgerecht[71] – nicht auf den Zeitpunkt der Auflösung, sondern auf denjenigen der *Vollbeendigung* der Vereinigung ab.

VI. Auflösung und Abwicklung der EWIV

1. Auflösung

Voraussetzungen und Rechtsfolgen der Auflösung der EWIV sind Gegenstand der Art. 31, 32 und 35. Was zunächst die *Auflösungsgründe* betrifft, so sind sie in Art. 31 und 32 abschließend[72] geregelt. Danach kann die EWIV nur durch Beschluß der Mitglieder oder durch gerichtliche Entscheidung aufgelöst werden. Eine Auflösung ipso iure ist also ausgeschlossen. Art. 31 betrifft zunächst die Auflösung durch *Beschluß* der Mitglieder. Ein solcher Beschluß ist nach Art. 31 Abs. 1 jederzeit möglich; vorbehaltlich einer Mehrheitsklausel im Gründungsvertrag ist er einstimmig zu fassen (Rdnr. 371). Art. 31 Abs. 2 und 3 führt eine Reihe von Tatbeständen an, bei deren Vorliegen die Mitglieder zur Vornahme eines Auflösungsbeschlusses verpflichtet sind; unterbleibt der Auflösungsbeschluß, so kann nach Maßgabe des Art. 31 Abs. 2 S. 2, Art. 32 Abs. 1 die Auflösung durch gerichtliche Entscheidung beantragt werden. Unabhängig davon sehen Abs. 2 und 3 des Art. 32 die Auflösung durch *gerichtliche Entscheidung* vor, wenn die Voraussetzungen der Art. 3 und 12 nicht mehr erfüllt sind oder ein wichtiger Grund vorliegt. Art. 32 Abs. 3 erlaubt es darüber hinaus dem Sitzstaat, die EWIV durch gerichtliche Entscheidung aufzulösen, wenn die Vereinigung das öffentliche Interesse verletzt. Art. 15 schließlich überläßt zwar die Regelung der Nichtigkeitstatbestände dem einzelstaatlichen Recht (Rdnr. 361); die Nichtigkeit der Vereinigung bewirkt aber nach Art. 15 Abs. 2 deren Abwicklung und entspricht somit in ihren Rechtsfolgen der Auflösung (Rdnr. 389).

388

2. Abwicklung

Die Auflösung der Vereinigung führt nach Art. 35 Abs. 1 zu deren Abwicklung. Art. 35 Abs. 3 bestimmt zudem, daß nicht nur die Vereinigung als solche, sondern auch deren „Geschäftsfähigkeit" im Sinne von Art. 1 Abs. 2 – gemeint ist die Rechts- und Parteifähigkeit (Rdnr. 368) – bis zum Schluß der Abwicklung fortbesteht. Die Auflösung der EWIV hat also, nicht anders als die Auflösung einer OHG, lediglich eine *Änderung des Gesellschaftszwecks* zur Folge: Der werbende, auf Unterstützung der

389

---

[71] Näher dazu *K. Schmidt* ZHR 152 (1988), 105, 116 ff.; s. ferner Staub/*Habersack* § 159 Rdnr. 16.
[72] Zum Sonderfall der Insolvenz der EWIV s. aber Rdnr. 390.

Mitglieder gerichtete Zweck (Rdnr. 364ff.) entfällt; an seine Stelle tritt der auf Abwicklung und Vollbeendigung gerichtete Zweck[73]. Zum Erlöschen der Vereinigung kommt es demnach erst mit Beendigung der Abwicklung. Die Bekanntmachung nach Art. 35 Abs. 4, 7 S. 2 lit. h, 8 S. 1 lit. c hat allerdings lediglich deklaratorische Wirkung. Die Zuständigkeit und das Verfahren der Abwicklung bestimmen sich ausweislich des Art. 35 Abs. 2 nach dem einzelstaatlichen Recht. Nach § 10 des Ausführungsgesetzes ist die Abwicklung grundsätzlich Aufgabe der Geschäftsführer; im übrigen finden §§ 145ff. HGB Anwendung.

3. Insolvenz

390 Die Voraussetzungen und die Durchführung eines Insolvenzverfahrens über das Vermögen der EWIV beurteilen sich gemäß Art. 36 nach dem einzelstaatlichen Recht des Sitzstaats. Für in Deutschland ansässige Vereinigungen kommt somit die Insolvenzordnung zur Anwendung, deren § 11 Abs. 2 Nr. 1 die EWIV ausdrücklich in den Kreis der insolvenzfähigen Rechtsträger aufnimmt. Schon aus § 1 des Ausführungsgesetzes ergibt sich, daß unter den Voraussetzungen des § 130a HGB die Pflicht besteht, die Eröffnung des Insolvenzverfahrens zu beantragen. § 11 S. 2 des Ausführungsgesetzes knüpft daran an und bestimmt, daß die Geschäftsführer und die Abwickler, nicht dagegen die Mitglieder antragspflichtig sind. Kommt es zur Eröffnung des Insolvenzverfahrens über das Vermögen der EWIV, so erstrecken sich dessen Rechtsfolgen nach Art. 36 S. 2 nicht automatisch auf die Mitglieder. Im Hinblick auf die Haftung aus Art. 24 sind die Mitglieder zwar häufig ebenfalls insolvenzreif; doch ist in diesem Fall gegebenenfalls ein gesondertes Insolvenzverfahren zu eröffnen.

VII. Text der EWIV-Verordnung

391 VERORDNUNG (EWG) Nr. 2137/85 über die Schaffung einer Europäischen wirtschaftlichen Interessenvereinigung (EWIV)

Vom 25. Juli 1985

(ABl. Nr. L 199/1)

DER RAT DER EUROPÄISCHEN GEMEINSCHAFTEN –
gestützt auf den Vertrag zur Gründung der Europäischen Wirtschaftsgemeinschaft, insbesondere auf Artikel 235,
auf Vorschlag der Kommission[74],

---

[73] Näher Staub/*Habersack* § 145 Rdnr. 16ff.; aA Schlegelberger/*K. Schmidt* (Fn. 53), § 156 Rdnr. 11, dem zufolge der auf Abwicklung und Beseitigung der Gesellschaft gerichtete Zweck des Liquidationsverfahrens lediglich den werbenden Zweck der Gesellschaft überlagert.
[74] ABl. Nr. C 14 vom 15. 2. 1974, S. 30 und ABl. Nr. C 103 vom 28. 4. 1978, S. 4.

VII. Text der EWIV-Verordnung

nach Stellungnahme des Europäischen Parlaments[75],
nach Stellungnahme des Wirtschafts- und Sozialausschusses[76],
in Erwägung nachstehender Gründe:

Eine harmonische Entwicklung des Wirtschaftslebens sowie ein beständiges und ausgewogenes Wirtschaftswachstum in der gesamten Gemeinschaft hängen von der Errichtung und dem Funktionieren eines Gemeinsamen Marktes ab, der ähnliche Bedingungen wie ein nationaler Binnenmarkt bietet. Für die Verwirklichung eines solchen einheitlichen Marktes und die Stärkung seiner Einheit empfiehlt es sich insbesondere, daß für natürliche Personen, Gesellschaften und andere juristische Einheiten ein rechtlicher Rahmen geschaffen wird, welcher die Anpassung ihrer Tätigkeit an die wirtschaftlichen Gegebenheiten der Gemeinschaft erleichtert. Hierzu ist es erforderlich, daß diese Personen, Gesellschaften und anderen juristischen Einheiten über die Grenzen hinweg zusammenarbeiten können.

Eine solche Zusammenarbeit kann auf rechtliche, steuerliche und psychologische Schwierigkeiten stoßen. Die Schaffung eines geeigneten Rechtsinstruments auf Gemeinschaftsebene in Form einer Europäischen wirtschaftlichen Interessenvereinigung trägt zur Erreichung der genannten Ziele bei und erscheint daher notwendig.

Besondere Befugnisse für die Einführung dieses Rechtsinstruments sind im Vertrag nicht vorgesehen.

Die Fähigkeit der Vereinigung zur Anpassung an die wirtschaftlichen Bedingungen ist dadurch zu gewährleisten, daß ihren Mitgliedern weitgehende Freiheit bei der Gestaltung ihrer vertraglichen Beziehungen sowie der inneren Verfassung der Vereinigung gelassen wird.

Die Vereinigung unterscheidet sich von einer Gesellschaft hauptsächlich durch ihren Zweck, der allein darin besteht, die wirtschaftliche Tätigkeit ihrer Mitglieder zu erleichtern oder zu entwickeln, um es ihnen zu ermöglichen, ihre eigenen Ergebnisse zu steigern. Wegen dieses Hilfscharakters muß die Tätigkeit der Vereinigung mit der wirtschaftlichen Tätigkeit ihrer Mitglieder verknüpft sein und darf nicht an deren Stelle treten, und die Vereinigung selbst kann insoweit zum Beispiel keinen freien Beruf gegenüber Dritten ausüben; der Begriff der wirtschaftlichen Tätigkeit ist im weitesten Sinne auszulegen.

Der Zugang zur Vereinigung ist so weit wie möglich natürlichen Personen, Gesellschaften und anderen juristischen Einheiten unter Wahrung der Ziele dieser Verordnung zu eröffnen. Dies präjudiziert jedoch nicht die Anwendung – auf einzelstaatlicher Ebene – der Rechts- und/oder Standesvorschriften über die Bedingungen für die Ausübung einer Tätigkeit oder eines Berufs.

Mit dieser Verordnung allein wird nicht das Recht verliehen, sich an einer Vereinigung zu beteiligen, selbst wenn die Bedingungen der Verordnung erfüllt sind.

Die in dieser Verordnung vorgesehene Möglichkeit, die Beteiligung an Vereinigungen aus Gründen des öffentlichen Interesses zu untersagen oder einzuschränken, läßt die Rechtsvorschriften der Mitgliedstaaten unberührt, in denen die Ausübung von Tätigkeiten geregelt ist und gegebenenfalls weitere Verbote oder Beschränkungen vorgesehen sind oder aufgrund derer in anderer Weise die Beteiligung einer natürlichen Person, Gesellschaft oder anderen juristischen Einheit oder einer Gruppe hiervon an einer Vereinigung kontrolliert oder überwacht wird.

Damit die Vereinigung ihr Ziel erreichen kann, ist sie mit eigener Geschäftsfähigkeit auszustatten, und es ist vorzusehen, daß ein rechtlich von den Mitgliedern der Vereinigung getrenntes Organ sie gegenüber Dritten vertritt.

Der Schutz Dritter erfordert, daß eine weitgehende Offenlegung sichergestellt wird und die Mitglieder der Vereinigung unbeschränkt und gesamtschuldnerisch für deren

---

[75] ABl. Nr. C 163 vom 11. 7. 1977, S. 17.
[76] ABl. Nr. C 108 vom 15. 5. 1975, S. 46.

§ 11 Die Europäische wirtschaftliche Interessenvereinigung

Verbindlichkeiten, einschließlich der Verbindlichkeiten im Bereich der Steuern und der sozialen Sicherheit, haften, ohne daß jedoch dieser Grundsatz die Freiheit berührt, durch besonderen Vertrag zwischen der Vereinigung und einem Dritten die Haftung eines oder mehrerer ihrer Mitglieder für eine bestimmte Verbindlichkeit auszuschließen oder zu beschränken.

Die Fragen, die den Personenstand und die Rechts-, Geschäfts- und Handlungsfähigkeit natürlicher Personen sowie die Rechts- und Handlungsfähigkeit juristischer Personen betreffen, werden durch das einzelstaatliche Recht geregelt.

Die besonderen Gründe für die Auflösung der Vereinigung sind festzulegen; für die Abwicklung und deren Schluß ist jedoch auf das einzelstaatliche Recht zu verweisen.

Die Vereinigung unterliegt in bezug auf Zahlungsunfähigkeit und Zahlungseinstellung dem einzelstaatlichen Recht; dieses kann andere Gründe für die Auflösung der Vereinigung vorsehen.

Diese Verordnung sieht vor, daß das Ergebnis der Tätigkeit der Vereinigung nur bei den Mitgliedern zu besteuern ist. Im übrigen ist das einzelstaatliche Steuerrecht anzuwenden, und zwar insbesondere in bezug auf Gewinnverteilung, Steuerverfahren und alle Verpflichtungen, die durch die einzelstaatlichen Steuervorschriften auferlegt werden.

In den nicht durch diese Verordnung erfaßten Bereichen gelten die Rechtsvorschriften der Mitgliedstaaten und der Gemeinschaft, zum Beispiel
– im Sozial- und Arbeitsrecht,
– im Wettbewerbsrecht,
– im Recht des geistigen Eigentums.

Die Tätigkeit der Vereinigung unterliegt den Rechtsvorschriften der Mitgliedstaaten über die Ausübung einer Tätigkeit und deren Überwachung. Für den Fall von Mißbrauch oder Umgehung von Rechtsvorschriften eines Mitgliedstaats durch die Vereinigung oder eines ihrer Mitglieder kann dieser Mitgliedstaat geeignete Maßregeln ergreifen.

Den Mitgliedstaaten steht es frei, Rechts- und Verwaltungsvorschriften anzuwenden oder zu erlassen, die der Tragweite und den Zielen dieser Verordnung nicht zuwiderlaufen.

Diese Verordnung soll in allen ihren Teilen unverzüglich in Kraft treten. Die Anwendung einiger Bestimmungen muß jedoch aufgeschoben werden, damit die Mitgliedstaaten zunächst die Mechanismen einführen können, welche für die Eintragung der Vereinigung in ihrem Hoheitsgebiet und die Offenlegung der sie betreffenden Urkunden erforderlich sind. Ab dem Beginn der Anwendung dieser Verordnung können die gegründeten Vereinigungen ohne territoriale Einschränkung tätig werden –

HAT FOLGENDE VERORDNUNG ERLASSEN:

Art. 1 [Gründung] (1) Europäische wirtschaftliche Interessenvereinigungen werden unter den Voraussetzungen, in der Weise und mit den Wirkungen gegründet, die in dieser Verordnung vorgesehen sind.

Zu diesem Zweck müssen diejenigen, die eine Vereinigung gründen wollen, einen Vertrag schließen und die Eintragung nach Artikel 6 vornehmen lassen.

(2) [Handlungs- und Geschäftsfähigkeit] Die so gegründete Vereinigung hat von der Eintragung nach Artikel 6 an die Fähigkeit, im eigenen Namen Träger von Rechten und Pflichten jeder Art zu sein, Verträge zu schließen oder andere Rechtshandlungen vorzunehmen und vor Gericht zu stehen.

(3) [Rechtspersönlichkeit] Die Mitgliedstaaten bestimmen, ob die in ihren Registern gemäß Artikel 6 eingetragenen Vereinigungen Rechtspersönlichkeit haben.

Art. 2 [Für Gründung anwendbares Recht] (1) Vorbehaltlich dieser Verordnung ist das innerstaatliche Recht des Staates anzuwenden, in dem die Vereinigung nach dem Gründungsvertrag ihren Sitz hat, und zwar einerseits auf den Gründungsvertrag mit Aus-

VII. Text der EWIV-Verordnung

nahme der Fragen, die den Personenstand und die Rechts-, Geschäfts- und Handlungsfähigkeit natürlicher Personen sowie die Rechts- und Handlungsfähigkeit juristischer Personen betreffen, und andererseits auf die innere Verfassung der Vereinigung.

(2) Umfaßt ein Staat mehrere Gebietseinheiten, von denen jede ihre eigenen Rechtsnormen hat, die auf die in Absatz 1 bezeichneten Gegenstände anzuwenden sind, so gilt für die Bestimmung des nach diesem Artikel anzuwendenden Rechts jede Gebietseinheit als Staat.

Art. 3 [Gesellschaftszweck] (1) Die Vereinigung hat den Zweck, die wirtschaftliche Tätigkeit ihrer Mitglieder zu erleichtern oder zu entwickeln sowie die Ergebnisse dieser Tätigkeit zu verbessern oder zu steigern; sie hat nicht den Zweck, Gewinn für sich selbst zu erzielen.

Ihre Tätigkeit muß im Zusammenhang mit der wirtschaftlichen Tätigkeit ihrer Mitglieder stehen und darf nur eine Hilfstätigkeit hierzu bilden.

(2) [Verwendungsbeschränkungen] Die Vereinigung darf daher
a) weder unmittelbar noch mittelbar die Leitungs- oder Kontrollmacht über die eigenen Tätigkeiten ihrer Mitglieder oder die Tätigkeiten eines anderen Unternehmens, insbesondere auf den Gebieten des Personal-, Finanz- und Investitionswesens, ausüben;
b) weder unmittelbar noch mittelbar, aus welchem Grunde auch immer, Anteile oder Aktien – gleich welcher Form – an einem Mitgliedsunternehmen halten; das Halten von Anteilen oder Aktien an einem anderen Unternehmen ist nur insoweit zulässig, als es notwendig ist, um das Ziel der Vereinigung zu erreichen, und für Rechnung ihrer Mitglieder geschieht;
c) nicht mehr als fünfhundert Arbeitnehmer beschäftigen;
d) von einer Gesellschaft nicht dazu benutzt werden, einem Leiter einer Gesellschaft oder einer mit ihm verbundenen Person ein Darlehen zu gewähren, wenn solche Darlehen nach den für die Gesellschaften geltenden Gesetzen der Mitgliedstaaten einer Einschränkung oder Kontrolle unterliegen. Auch darf eine Vereinigung nicht für die Übertragung eines Vermögensgegenstandes zwischen einer Gesellschaft und einem Leiter oder einer mit ihm verbundenen Person benutzt werden, außer soweit es nach den für die Gesellschaften geltenden Gesetzen der Mitgliedstaaten zulässig ist. Im Sinne dieser Bestimmung umfaßt das Darlehen jedes Geschäft ähnlicher Wirkung, und es kann sich bei dem Vermögensgegenstand um ein bewegliches oder unbewegliches Gut handeln;
e) nicht Mitglied einer anderen Europäischen wirtschaftlichen Interessenvereinigung sein.

Art. 4 [Mitglieder der EWIV] (1) Mitglieder einer Vereinigung können nur sein:
a) Gesellschaften im Sinne des Artikels 58 Absatz 2 des Vertrages sowie andere juristische Einheiten des öffentlichen oder des Privatrechts, die nach dem Recht eines Mitgliedstaats gegründet worden sind und ihren satzungsmäßigen oder gesetzlichen Sitz und ihre Hauptverwaltung in der Gemeinschaft haben; wenn nach dem Recht eines Mitgliedstaats eine Gesellschaft oder andere juristische Einheit keinen satzungsmäßigen oder gesetzlichen Sitz zu haben braucht, genügt es, daß sie ihre Hauptverwaltung in der Gemeinschaft hat;
b) natürliche Personen, die eine gewerbliche, kaufmännische, handwerkliche, landwirtschaftliche oder freiberufliche Tätigkeit in der Gemeinschaft ausüben oder dort andere Dienstleistungen erbringen.

(2) Eine Vereinigung muß mindestens bestehen aus:
a) zwei Gesellschaften oder anderen juristischen Einheiten im Sinne des Absatzes 1, die ihre Hauptverwaltung in verschiedenen Mitgliedstaaten haben;
b) zwei natürlichen Personen im Sinne des Absatzes 1, die ihre Haupttätigkeit in verschiedenen Mitgliedstaaten ausüben;

c) einer Gesellschaft oder anderen juristischen Einheit und einer natürlichen Person im Sinne des Absatzes 1, von denen erstere ihre Hauptverwaltung in einem Mitgliedstaat hat und letztere ihre Haupttätigkeit in einem anderen Mitgliedstaat ausübt.

(3) Ein Mitgliedstaat kann vorsehen, daß die in seinen Registern gemäß Artikel 6 eingetragenen Vereinigungen nicht mehr als zwanzig Mitglieder haben dürfen. Zu diesem Zweck kann der Mitgliedstaat vorsehen, daß in Übereinstimmung mit seinen Rechtsvorschriften jedes Mitglied einer nach seinen Rechtsvorschriften gebildeten rechtlichen Einheit, die keine eingetragene Gesellschaft ist, als Einzelmitglied der Vereinigung behandelt wird.

(4) Jeder Mitgliedstaat ist ermächtigt, bestimmte Gruppen von natürlichen Personen, Gesellschaften und anderen juristischen Einheiten aus Gründen seines öffentlichen Interesses von der Beteiligung an einer Vereinigung auszuschließen oder diese Beteiligung Einschränkungen zu unterwerfen.

Art. 5 [Mindestangaben des Gründungsvertrages] Der Gründungsvertrag muß mindestens folgende Angaben enthalten:
a) den Namen der Vereinigung mit den voran- oder nachgestellten Worten „Europäische wirtschaftliche Interessenvereinigung" oder der Abkürzung „EWIV", es sei denn, daß diese Worte oder diese Abkürzung bereits im Namen enthalten sind;
b) den Sitz der Vereinigung;
c) den Unternehmensgegenstand, für den die Vereinigung gegründet worden ist;
d) den Namen, die Firma, die Rechtsform, den Wohnsitz oder den Sitz sowie gegebenenfalls die Nummer und den Ort der Registereintragung eines jeden Mitglieds der Vereinigung;
e) die Dauer der Vereinigung, sofern sie nicht unbestimmt ist.

Art. 6 [Registrierung] Die Vereinigung wird im Staat des Sitzes in das nach Artikel 39 Absatz 1 bestimmte Register eingetragen.

Art. 7 [Hinterlegung] Der Gründungsvertrag ist bei dem in Artikel 6 genannten Register zu hinterlegen.

Ebenso sind dort alle Urkunden und Angaben zu hinterlegen, die folgendes betreffen:
a) jede Änderung des Gründungsvertrags, einschließlich jeder Änderung der Zusammensetzung der Vereinigung;
b) die Errichtung und die Aufhebung jeder Niederlassung der Vereinigung;
c) die gerichtliche Entscheidung, welche die Nichtigkeit der Vereinigung gemäß Artikel 15 feststellt oder ausspricht;
d) die Bestellung des Geschäftsführers oder der Geschäftsführer der Vereinigung, ihre Namen und alle anderen Angaben zur Person, die von dem Recht des Mitgliedstaats, in dem das Register geführt wird, verlangt werden, die Angabe, ob sie allein oder nur gemeinschaftlich handeln können, sowie die Beendigung der Stellung als Geschäftsführer;
e) jede Abtretung der gesamten oder eines Teils der Beteiligung an der Vereinigung durch ein Mitglied gemäß Artikel 22 Absatz 1;
f) den Beschluß der Mitglieder, der die Auflösung der Vereinigung gemäß Artikel 31 ausspricht oder feststellt, oder die gerichtliche Entscheidung, die diese Auflösung gemäß Artikel 31 oder 32 ausspricht;
g) die Bestellung des oder der in Artikel 35 genannten Abwickler der Vereinigung, ihre Namen und alle anderen Angaben zur Person, die von dem Recht des Mitgliedstaats, in dem das Register geführt wird, verlangt werden, sowie die Beendigung der Stellung als Abwickler;
h) den Schluß der in Artikel 35 Absatz 2 genannten Abwicklung der Vereinigung;
i) den in Artikel 14 Absatz 1 genannten Verlegungsplan;

j) die Klausel, die ein neues Mitglied gemäß Artikel 26 Absatz 2 von der Haftung für Verbindlichkeiten befreit, die vor seinem Beitritt entstanden sind.

Art. 8 [Bekanntmachung im Mitteilungsblatt] In dem in Artikel 39 Absatz 1 genannten Mitteilungsblatt ist gemäß Artikel 39 folgendes bekanntzumachen:
a) die nach Artikel 5 zwingend vorgeschriebenen Angaben im Gründungsvertrag und ihre Änderungen;
b) Nummer, Tag und Ort der Eintragung der Vereinigung sowie die Löschung der Eintragung;
c) die in Artikel 7 Buchstaben b) bis j) bezeichneten Urkunden und Angaben.

Die unter den Buchstaben a) und b) genannten Angaben sind in Form einer vollständigen Wiedergabe bekanntzumachen. Die unter Buchstabe c) genannten Urkunden und Angaben können entsprechend dem anwendbaren einzelstaatlichen Recht entweder in Form einer vollständigen oder auszugsweisen Wiedergabe oder in Form eines Hinweises auf ihre Hinterlegung beim Register bekanntgemacht werden.

Art. 9 [Wirkung gegenüber Dritten] (1) Die nach dieser Verordnung bekanntmachungspflichtigen Urkunden und Angaben können von der Vereinigung Dritten entsprechend den Bedingungen entgegengesetzt werden, die in den anwendbaren einzelstaatlichen Rechtsvorschriften gemäß Artikel 3 Absätze 5 und 7 der Richtlinie 68/151/EWG des Rates vom 9. März 1968 zur Koordinierung der Schutzbestimmungen, die in den Mitgliedstaaten den Gesellschaften im Sinne des Artikels 58 Absatz 2 des Vertrags im Interesse der Gesellschafter sowie Dritter vorgeschrieben sind, um diese Bestimmungen gleichwertig zu gestalten[77], vorgesehen sind.

(2) Ist im Namen einer Vereinigung vor ihrer Eintragung gemäß Artikel 6 gehandelt worden und übernimmt die Vereinigung nach der Eintragung die sich aus diesen Handlungen ergebenden Verpflichtungen nicht, so haften die natürlichen Personen, Gesellschaften oder anderen juristischen Einheiten, die diese Handlungen vorgenommen haben, aus ihnen unbeschränkt und gesamtschuldnerisch.

Art. 10 [Eintragung von Niederlassungen] Jede Niederlassung der Vereinigung in einem anderen Mitgliedstaat als dem des Sitzes ist in diesem Mitgliedstaat einzutragen. Zum Zwecke dieser Eintragung hinterlegt die Vereinigung bei dem zuständigen Register dieses Mitgliedstaats eine Abschrift der Unterlagen, deren Hinterlegung bei dem Register des Mitgliedstaats des Sitzes vorgeschrieben ist, erforderlichenfalls zusammen mit einer Übersetzung entsprechend den Gepflogenheiten bei dem Register der Eintragung der Niederlassung.

Art. 11 [Bekanntmachung im Amtsblatt der EG] Nach der Bekanntmachung in dem in Artikel 39 Absatz 1 genannten Mitteilungsblatt werden die Gründung einer Vereinigung und der Schluß ihrer Abwicklung unter Angabe von Nummer, Tag und Ort der Eintragung sowie von Tag und Ort der Bekanntmachung und Titel des Mitteilungsblatts im *Amtsblatt der Europäischen Gemeinschaften* angezeigt.

Art. 12 [Sitz] Der im Gründungsvertrag genannte Sitz muß in der Gemeinschaft gelegen sein.
Als Sitz ist zu bestimmen
a) entweder der Ort, an dem die Vereinigung ihre Hauptverwaltung hat,
b) oder der Ort, an dem eines der Mitglieder der Vereinigung seine Hauptverwaltung hat oder, wenn es sich um eine natürliche Person handelt, seine Haupttätigkeit ausübt, sofern die Vereinigung dort tatsächlich eine Tätigkeit ausübt.

---

[77] ABl. Nr. L 65 vom 14. 3. 1968, S. 8.

§ 11 Die Europäische wirtschaftliche Interessenvereinigung

Art. 13 [Sitzverlegung (Art. 13–14)] Der Sitz der Vereinigung kann innerhalb der Gemeinschaft verlegt werden.

Hat diese Verlegung keinen Wechsel des nach Artikel 2 anwendbaren Rechts zur Folge, so wird der Beschluß über die Verlegung unter den im Gründungsvertrag vorgesehenen Bedingungen gefaßt.

Art. 14 (1) Hat die Sitzverlegung einen Wechsel des nach Artikel 2 anwendbaren Rechts zur Folge, so muß ein Verlegungsplan erstellt und gemäß den Artikeln 7 und 8 hinterlegt und bekanntgemacht werden.

Der Beschluß über die Verlegung kann erst zwei Monate nach der Bekanntmachung des Verlegungsplanes gefaßt werden. Er bedarf der Einstimmigkeit der Mitglieder der Vereinigung. Die Verlegung wird zu dem Zeitpunkt wirksam, an dem die Vereinigung entsprechend Artikel 6 im Register des neuen Sitzes eingetragen wird. Diese Eintragung kann erst aufgrund des Nachweises über die Bekanntmachung des Verlegungsplanes erfolgen.

(2) Die Löschung der Eintragung der Vereinigung im Register des früheren Sitzes kann erst aufgrund des Nachweises über die Eintragung der Vereinigung im Register des neuen Sitzes erfolgen.

(3) Mit Bekanntgabe der neuen Eintragung der Vereinigung kann der neue Sitz Dritten nach den in Artikel 9 Absatz 1 genannten Bedingungen entgegengesetzt werden; jedoch können sich Dritte, solange die Löschung der Eintragung im Register des früheren Sitzes nicht bekanntgemacht worden ist, weiterhin auf den alten Sitz berufen, es sei denn, daß die Vereinigung beweist, daß den Dritten der neue Sitz bekannt war.

(4) Die Rechtsvorschriften eines Mitgliedstaats können bestimmen, daß eine Sitzverlegung, die einen Wechsel des anwendbaren Rechts zur Folge hätte, im Falle von gemäß Artikel 6 in dem betreffenden Mitgliedstaat eingetragenen Vereinigungen nicht wirksam wird, wenn innerhalb der in Absatz 1 genannten Frist von zwei Monaten eine zuständige Behörde dieses Staates dagegen Einspruch erhebt. Dieser Einspruch ist nur aus Gründen des öffentlichen Interesses zulässig. Gegen ihn muß ein Rechtsbehelf bei einem Gericht eingelegt werden können.

Art. 15 [Nichtigkeit] (1) Sieht das nach Artikel 2 auf die Vereinigung anwendbare Recht die Nichtigkeit der Vereinigung vor, so muß sie durch gerichtliche Entscheidung festgestellt oder ausgesprochen werden. Das angerufene Gericht muß jedoch, sofern eine Behebung der Mängel der Vereinigung möglich ist, dafür eine Frist setzen.

(2) Die Nichtigkeit der Vereinigung bewirkt deren Abwicklung gemäß Artikel 35.

(3) Die Entscheidung, mit der die Nichtigkeit der Vereinigung festgestellt oder ausgesprochen wird, kann Dritten nach den in Artikel 9 Absatz 1 genannten Bedingungen entgegengesetzt werden.

Diese Entscheidung berührt für sich allein nicht die Wirksamkeit der Verpflichtungen, die zu Lasten oder zugunsten der Vereinigung vor dem Zeitpunkt entstanden sind, von dem an sie Dritten gemäß Unterabsatz 1 entgegengesetzt werden kann.

Art. 16 [Organe der EWIV] (1) Die Organe der Vereinigung sind die gemeinschaftlich handelnden Mitglieder und der oder die Geschäftsführer.

Der Gründungsvertrag kann andere Organe vorsehen; er bestimmt in diesem Fall deren Befugnisse.

(2) Die als Organ handelnden Mitglieder der Vereinigung können jeden Beschluß zur Verwirklichung des Unternehmensgegenstandes der Vereinigung fassen.

Art. 17 [Stimmrecht, Abstimmung] (1) Jedes Mitglied hat eine Stimme. Der Gründungsvertrag kann jedoch bestimmten Mitgliedern mehrere Stimmen unter der Bedingung gewähren, daß ein einziges Mitglied nicht die Stimmenmehrheit besitzt.

(2) Die Mitglieder können folgende Beschlüsse nur einstimmig fassen:
a) Änderungen des Unternehmensgegenstandes der Vereinigung;
b) Änderungen der Stimmenzahl eines jeden Mitglieds;
c) Änderungen der Bedingungen für die Beschlußfassung;
d) eine Verlängerung der Dauer der Vereinigung über den im Gründungsvertrag festgelegten Zeitpunkt hinaus;
e) Änderungen des Beitrags jedes Mitglieds oder bestimmter Mitglieder zur Finanzierung der Vereinigung;
f) Änderungen jeder anderen Verpflichtung eines Mitglieds, es sei denn, daß der Gründungsvertrag etwas anderes bestimmt;
g) jede nicht in diesem Absatz bezeichnete Änderung des Gründungsvertrags, es sei denn, daß dieser etwas anderes bestimmt.

(3) In allen Fällen, in denen diese Verordnung nicht vorsieht, daß die Beschlüsse einstimmig gefaßt werden müssen, kann der Gründungsvertrag die Bedingungen für die Beschlußfähigkeit und die Mehrheit, die für die Beschlüsse oder bestimmte Beschlüsse gelten sollen, festlegen. Enthält der Vertrag keine Bestimmungen, so sind die Beschlüsse einstimmig zu fassen.

(4) Auf Veranlassung eines Geschäftsführers oder auf Verlangen eines Mitglieds haben der oder die Geschäftsführer eine Anhörung der Mitglieder durchzuführen, damit diese einen Beschluß fassen.

Art. 18 [Auskunftsrecht] Jedes Mitglied hat das Recht, von den Geschäftsführern Auskünfte über die Geschäfte der Vereinigung zu erhalten und in die Bücher und Geschäftsunterlagen Einsicht zu nehmen.

Art. 19 [Geschäftsführung] (1) Die Geschäfte der Vereinigung werden von einer oder mehreren natürlichen Personen geführt, die durch den Gründungsvertrag oder durch Beschluß der Mitglieder bestellt werden.

Geschäftsführer einer Vereinigung können nicht Personen sein, die
– nach dem auf sie anwendbaren Recht oder
– nach dem innerstaatlichen Recht des Staates des Sitzes der Vereinigung oder
– aufgrund einer in einem Mitgliedstaat ergangenen oder anerkannten gerichtlichen Entscheidung oder Verwaltungsentscheidung

dem Verwaltungs- oder Leitungsorgan von Gesellschaften nicht angehören dürfen, Unternehmen nicht leiten dürfen oder nicht als Geschäftsführer einer Europäischen wirtschaftlichen Interessenvereinigung handeln dürfen.

(2) Ein Mitgliedstaat kann bei Vereinigungen, die nach Artikel 6 in seine Register eingetragen sind, vorsehen, daß eine juristische Person unter der Bedingung Geschäftsführer sein kann, daß sie eine oder mehrere natürliche Personen als Vertreter bestimmt, die Gegenstand der in Artikel 7 Buchstabe d) vorgesehenen Angabe sein müssen.

Macht ein Mitgliedstaat von dieser Möglichkeit Gebrauch, so hat er vorzusehen, daß dieser oder diese Vertreter so haften, als ob sie selbst Geschäftsführer der Vereinigung wären.

Die Verbote nach Absatz 1 gelten auch für diese Vertreter.

(3) Der Gründungsvertrag oder, falls dieser keine dahingehenden Bestimmungen enthält, ein einstimmiger Beschluß der Mitglieder legt die Bedingungen für die Bestellung und die Entlassung des Geschäftsführers oder der Geschäftsführer sowie deren Befugnisse fest.

Art. 20 [Vertretung der EWIV] (1) Gegenüber Dritten wird die Vereinigung ausschließlich durch den Geschäftsführer oder, wenn es mehrere sind, durch einen jeden Geschäftsführer vertreten.

§ 11 Die Europäische wirtschaftliche Interessenvereinigung

Jeder der Geschäftsführer verpflichtet die Vereinigung, wenn er in ihrem Namen handelt, gegenüber Dritten, selbst wenn seine Handlungen nicht zum Unternehmensgegenstand der Vereinigung gehören, es sei denn, die Vereinigung beweist, daß dem Dritten bekannt war oder daß er darüber nach den Umständen nicht in Unkenntnis sein konnte, daß die Handlung die Grenzen des Unternehmensgegenstandes der Vereinigung überschritt; allein die Bekanntmachung der in Artikel 5 Buchstabe c) genannten Angabe reicht nicht aus, um diesen Beweis zu erbringen.

Eine Beschränkung der Befugnisse des Geschäftsführers oder der Geschäftsführer durch den Gründungsvertrag oder durch einen Beschluß der Mitglieder kann Dritten nicht entgegengesetzt werden, selbst wenn sie bekanntgemacht worden ist.

(2) Der Gründungsvertrag kann vorsehen, daß die Vereinigung nur durch zwei oder mehr gemeinschaftlich handelnde Geschäftsführer wirksam verpflichtet werden kann. Diese Bestimmung kann Dritten nur dann nach den in Artikel 9 Absatz 1 genannten Bedingungen entgegengesetzt werden, wenn sie nach Artikel 8 bekanntgemacht worden ist.

Art. 21 [Gewinne der EWIV] (1) Gewinne aus den Tätigkeiten der Vereinigung gelten als Gewinne der Mitglieder und sind auf diese in dem im Gründungsvertrag vorgesehenen Verhältnis oder, falls dieser hierüber nichts bestimmt, zu gleichen Teilen aufzuteilen.

(2) Die Mitglieder der Vereinigung tragen entsprechend dem im Gründungsvertrag vorgesehenen Verhältnis oder, falls dieser hierüber nichts bestimmt, zu gleichen Teilen zum Ausgleich des Betrages bei, um den die Ausgaben die Einnahmen übersteigen.

Art. 22 [Abtretung des Gesellschaftsanteils] (1) Jedes Mitglied der Vereinigung kann seine Beteiligung an der Vereinigung ganz oder teilweise an ein anderes Mitglied oder an einen Dritten abtreten; die Abtretung wird erst wirksam, wenn die übrigen Mitglieder ihr einstimmig zugestimmt haben.

(2) Ein Mitglied der Vereinigung kann eine Sicherheit an seiner Beteiligung an der Vereinigung erst dann bestellen, wenn die übrigen Mitglieder dem einstimmig zugestimmt haben, es sei denn, daß der Gründungsvertrag etwas anderes bestimmt. Der Sicherungsnehmer kann zu keinem Zeitpunkt aufgrund dieser Sicherheit Mitglied der Vereinigung werden.

Art. 23 [Kapitalmarktverbot] Die Vereinigung darf sich nicht öffentlich an den Kapitalmarkt wenden.

Art. 24 [Haftung der Mitglieder] (1) Die Mitglieder der Vereinigung haften unbeschränkt und gesamtschuldnerisch für deren Verbindlichkeiten jeder Art. Das einzelstaatliche Recht bestimmt die Folgen dieser Haftung.

(2) Bis zum Schluß der Abwicklung der Vereinigung können deren Gläubiger ihre Forderungen gegenüber einem Mitglied gemäß Absatz 1 erst dann geltend machen, wenn sie die Vereinigung zur Zahlung aufgefordert haben und die Zahlung nicht innerhalb einer angemessenen Frist erfolgt ist.

Art. 25 [Angaben im Geschäftsverkehr] Briefe, Bestellscheine und ähnliche Schriftstücke müssen lesbar folgende Angaben enthalten:
a) den Namen der Vereinigung mit den voran- oder nachgestellten Worten „Europäische wirtschaftliche Interessenvereinigung" oder der Abkürzung „EWIV", es sei denn, daß diese Worte oder diese Abkürzung bereits im Namen enthalten sind;
b) den Ort des Registers nach Artikel 6, in das die Vereinigung eingetragen ist, und die Nummer der Eintragung der Vereinigung in dieses Register;
c) die Anschrift der Vereinigung an ihrem Sitz;
d) gegebenenfalls die Angabe, daß die Geschäftsführer gemeinschaftlich handeln müssen;

e) gegebenenfalls die Angabe, daß sich die Vereinigung nach Artikel 15, 31, 32 oder 36 in Abwicklung befindet.
Jede Niederlassung der Vereinigung hat, wenn sie nach Artikel 10 eingetragen ist, auf den in Absatz 1 bezeichneten Schriftstücken, die von dieser Niederlassung ausgehen, die obigen Angaben zusammen mit denen über ihre eigene Eintragung zu machen.

Art. 26 [Aufnahme neuer Mitglieder] (1) Die Mitglieder der Vereinigung entscheiden einstimmig über die Aufnahme neuer Mitglieder.
(2) Jedes neue Mitglied haftet gemäß Artikel 24 für die Verbindlichkeiten der Vereinigung einschließlich derjenigen, die sich aus der Tätigkeit der Vereinigung vor seinem Beitritt ergeben.
Er kann jedoch durch eine Klausel im Gründungsvertrag oder in dem Rechtsakt über seine Aufnahme von der Zahlung der vor seinem Beitritt entstandenen Verbindlichkeiten befreit werden. Diese Klausel kann gemäß den in Artikel 9 Absatz 1 genannten Bedingungen Dritten nur dann entgegengesetzt werden, wenn sie gemäß Artikel 8 bekanntgemacht worden ist.

Art. 27 [Kündigung eines Mitglieds] (1) Die Kündigung eines Mitglieds der Vereinigung ist nach Maßgabe des Gründungsvertrags oder, falls dieser hierüber nichts bestimmt, mit einstimmiger Zustimmung der übrigen Mitglieder möglich.
Jedes Mitglied der Vereinigung kann ferner aus wichtigem Grund kündigen.
(2) Jedes Mitglied der Vereinigung kann aus den im Gründungsvertrag angeführten Gründen, in jedem Fall aber dann ausgeschlossen werden, wenn es grob gegen seine Pflichten verstößt oder wenn es schwere Störungen der Arbeit der Vereinigung verursacht oder zu verursachen droht.
Dieser Ausschluß kann nur durch gerichtliche Entscheidung auf gemeinsamen Antrag der Mehrheit der übrigen Mitglieder erfolgen, es sei denn, daß der Gründungsvertrag etwas anderes bestimmt.

Art. 28 [Ausscheiden eines Mitglieds (Art. 28–30] (1) Ein Mitglied der Vereinigung scheidet aus der Vereinigung aus, wenn es verstirbt oder wenn es nicht mehr den in Artikel 4 Absatz 1 festgelegten Bedingungen entspricht.
Außerdem kann ein Mitgliedstaat für die Zwecke seiner Rechtsvorschriften über Auflösung, Abwicklung, Zahlungsunfähigkeit oder Zahlungseinstellung vorsehen, daß ein Mitglied einer Vereinigung ab dem in diesen Rechtsvorschriften bestimmten Zeitpunkt aus dieser ausscheidet.
(2) Im Falle des Todes einer natürlichen Person, die Mitglied der Vereinigung ist, kann niemand ihre Nachfolge in der Vereinigung antreten, es sei denn nach Maßgabe des Gründungsvertrags oder, wenn dieser hierüber nichts enthält, mit einstimmiger Zustimmung der verbleibenden Mitglieder.

Art. 29 Sobald ein Mitglied aus der Vereinigung ausgeschieden ist, unterrichten der oder die Geschäftsführer hierüber die übrigen Mitglieder; der oder die Geschäftsführer erfüllen außerdem die jeweiligen Verpflichtungen nach den Artikeln 7 und 8. Ferner kann jeder Beteiligte diese Verpflichtungen erfüllen.

Art. 30 Bei Ausscheiden eines Mitglieds besteht die Vereinigung unbeschadet der von einer Person gemäß Artikel 22 Absatz 1 oder Artikel 28 Absatz 2 erworbenen Rechte unter den im Gründungsvertrag vorgesehenen oder in einem einstimmigen Beschluß der betreffenden Mitglieder festgelegten Bedingungen zwischen den verbleibenden Mitgliedern fort, es sei denn, daß der Gründungsvertrag etwas anderes bestimmt.

§ 11 Die Europäische wirtschaftliche Interessenvereinigung

Art. 31 [Auflösung] (1) Die Vereinigung kann durch Beschluß ihrer Mitglieder aufgelöst werden, der diese Auflösung ausspricht. Dieser Beschluß muß einstimmig gefaßt werden, es sei denn, daß der Gründungsvertrag etwas anderes bestimmt.

(2) Die Vereinigung muß durch Beschluß ihrer Mitglieder aufgelöst werden, der feststellt, daß
a) die im Gründungsvertrag bestimmte Dauer abgelaufen oder ein anderer, in diesem Vertrag vorgesehener Auflösungsgrund eingetreten ist oder
b) der Unternehmensgegenstand der Vereinigung verwirklicht worden ist oder nicht weiter verfolgt werden kann.

Ist binnen drei Monaten nach Eintritt eines der in Unterabsatz 1 genannten Fälle kein Beschluß der Mitglieder über die Auflösung der Vereinigung ergangen, so kann jedes Mitglied bei Gericht beantragen, diese Auflösung auszusprechen.

(3) Die Vereinigung muß ferner durch Beschluß ihrer Mitglieder oder des verbleibenden Mitglieds aufgelöst werden, wenn die Bedingungen des Artikels 4 Absatz 2 nicht mehr erfüllt sind.

(4) Nach Auflösung der Vereinigung durch Beschluß ihrer Mitglieder müssen der oder die Geschäftsführer die jeweiligen Verpflichtungen nach den Artikeln 7 und 8 erfüllen. Ferner kann jeder Beteiligte diese Verpflichtungen erfüllen.

Art. 32 [Auflösung durch zuständige Behörde] (1) Auf Antrag jedes Beteiligten oder einer zuständigen Behörde muß das Gericht im Falle der Verletzung des Artikels 3, des Artikels 12 oder des Artikels 31 Absatz 3 die Auflösung der Vereinigung aussprechen, es sei denn, daß die Mängel der Vereinigung behoben werden können und vor der Entscheidung in der Sache behoben werden.

(2) Auf Antrag eines Mitglieds kann das Gericht die Auflösung der Vereinigung aus wichtigem Grund aussprechen.

(3) Ein Mitgliedstaat kann vorsehen, daß das Gericht auf Antrag einer zuständigen Behörde die Auflösung einer Vereinigung, die ihren Sitz in dem Staat dieser Behörde hat, in den Fällen aussprechen kann, in denen die Vereinigung durch ihre Tätigkeit gegen das öffentliche Interesse dieses Staates verstößt, sofern diese Möglichkeit in den Rechtsvorschriften dieses Staates für eingetragene Gesellschaften oder andere juristische Einheiten, die diesen Rechtsvorschriften unterliegen, vorgesehen ist.

Art. 33 [Auseinandersetzungsguthaben] Scheidet ein Mitglied aus einem anderen Grund als dem der Abtretung seiner Rechte gemäß Artikel 22 Absatz 1 aus der Vereinigung aus, so wird das Auseinandersetzungsguthaben dieses Mitglieds oder die Höhe der Forderungen der Vereinigung gegen dieses Mitglied auf der Grundlage des Vermögens der Vereinigung ermittelt, wie es im Zeitpunkt des Ausscheidens des Mitglieds vorhanden ist.

Der Wert der Ansprüche und Verbindlichkeiten des ausscheidenden Mitglieds darf nicht im voraus pauschal bestimmt werden.

Art. 34 [Haftung des ausscheidenden Mitglieds] Unbeschadet des Artikels 37 Absatz 1 haftet jedes aus der Vereinigung ausscheidende Mitglied gemäß Artikel 24 für die Verbindlichkeiten, die sich aus der Tätigkeit der Vereinigung vor seinem Ausscheiden ergeben.

Art. 35 [Abwicklung] (1) Die Auflösung der Vereinigung führt zu deren Abwicklung.

(2) Die Abwicklung der Vereinigung und der Schluß dieser Abwicklung unterliegen dem einzelstaatlichen Recht.

(3) Die Geschäftsfähigkeit der Vereinigung im Sinne von Artikel 1 Absatz 2 besteht bis zum Schluß der Abwicklung fort.

(4) Der oder die Abwickler erfüllen die ihnen nach den Artikeln 7 und 8 obliegenden Pflichten.

Art. 36 [Zahlungsunfähigkeit] Europäische wirtschaftliche Interessenvereinigungen unterliegen dem einzelstaatlichen Recht über Zahlungsunfähigkeit und Zahlungseinstellung. Die Eröffnung eines Verfahrens gegen eine Vereinigung wegen Zahlungsunfähigkeit oder Zahlungseinstellung hat nicht von Rechts wegen zur Folge, daß ein solches Verfahren auch gegen die Mitglieder dieser Vereinigung eröffnet wird.

Art. 37 [Verjährung] (1) Jede durch das anwendbare einzelstaatliche Recht vorgesehene längere Verjährungsfrist wird durch eine Verjährungsfrist von fünf Jahren nach der in Artikel 8 vorgeschriebenen Bekanntmachung des Ausscheidens eines Mitglieds der Vereinigung für Ansprüche gegen dieses Mitglied wegen Verbindlichkeiten, die sich aus der Tätigkeit der Vereinigung vor seinem Ausscheiden ergeben haben, ersetzt.

(2) Jede durch das anwendbare einzelstaatliche Recht vorgesehene längere Verjährungsfrist wird durch eine Verjährungsfrist von fünf Jahren nach der in Artikel 8 vorgeschriebenen Bekanntmachung des Schlusses der Abwicklung der Vereinigung für Ansprüche gegen ein Mitglied der Vereinigung wegen Verbindlichkeiten, die sich aus der Tätigkeit der Vereinigung ergeben haben, ersetzt.

Art. 38 [Sanktionen] Übt eine Vereinigung in einem Mitgliedstaat eine Tätigkeit aus, die gegen dessen öffentliches Interesse verstößt, so kann eine zuständige Behörde dieses Staates diese Tätigkeit untersagen. Gegen die Entscheidung der zuständigen Behörde muß ein Rechtsbehelf bei einem Gericht eingelegt werden können.

Art. 39 [Bestimmung des Registers] (1) Die Mitgliedstaaten bestimmen das oder die Register, die für die in Artikel 6 und 10 genannte Eintragung zuständig sind, sowie die für die Eintragung geltenden Vorschriften. Sie legen die Bedingungen für die Hinterlegung der in Artikel 7 und 10 genannten Urkunden fest. Sie stellen sicher, daß die Urkunden und Angaben nach Artikel 8 in dem geeigneten amtlichen Mitteilungsblatt des Mitgliedstaats, in dem die Vereinigung ihren Sitz hat, bekanntgemacht werden, und sehen gegebenenfalls die Einzelheiten der Bekanntmachung für die in Artikel 8 Buchstabe c) genannten Urkunden und Angaben vor.

Ferner stellen die Mitgliedstaaten sicher, daß jeder bei dem aufgrund des Artikels 6 oder gegebenenfalls des Artikels 10 zuständigen Register die in Artikel 7 genannten Urkunden einsehen und hiervon eine Abschrift oder einen Auszug erhalten kann, welche ihm auf Verlangen zuzusenden sind.

Die Mitgliedstaaten können die Erhebung von Gebühren zur Deckung der Kosten für die in den vorstehenden Unterabsätzen genannten Maßnahmen vorsehen; diese Gebühren dürfen die Verwaltungskosten nicht übersteigen.

(2) Die Mitgliedstaaten stellen sicher, daß die nach Artikel 11 im *Amtsblatt der Europäischen Gemeinschaften* zu veröffentlichenden Angaben binnen eines Monats nach Bekanntmachung in dem in Absatz 1 genannten amtlichen Mitteilungsblatt dem Amt für amtliche Veröffentlichungen der Europäischen Gemeinschaften mitgeteilt werden.

(3) Die Mitgliedstaaten sehen geeignete Maßregeln für den Fall vor, daß die Bestimmungen der Artikel 7, 8 und 10 über die Offenlegung nicht eingehalten werden oder daß gegen Artikel 25 verstoßen wird.

Art. 40 [Besteuerung] Das Ergebnis der Tätigkeit der Vereinigung wird nur bei ihren Mitgliedern besteuert.

Art. 41 [Umsetzung durch Mitgliedstaaten] (1) Die Mitgliedstaaten treffen die nach Artikel 39 erforderlichen Maßnahmen vor dem 1. Juli 1989. Sie teilen sie unverzüglich der Kommission mit.

§ 11 Die Europäische wirtschaftliche Interessenvereinigung

(2) Die Mitgliedstaaten teilen der Kommission zur Unterrichtung mit, welche Gruppen von natürlichen Personen, Gesellschaften oder anderen juristischen Einheiten sie gemäß Artikel 4 Absatz 4 von der Beteiligung an einer Vereinigung ausgeschlossen haben. Die Kommission unterrichtet hierüber die anderen Mitgliedstaaten.

Art. 42 [Kontaktausschuß] (1) Bei der Kommission wird, sobald diese Verordnung genehmigt ist, ein Kontaktausschuß eingesetzt, der zur Aufgabe hat,
a) unbeschadet der Artikel 169 und 170 des Vertrages die Durchführung dieser Verordnung durch eine regelmäßige Abstimmung, insbesondere in konkreten Durchführungsfragen, zu erleichtern;
b) die Kommission, falls dies erforderlich sein sollte, bezüglich Ergänzungen oder Änderungen dieser Verordnung zu beraten.

(2) Der Kontaktausschuß setzt sich aus Vertretern der Mitgliedstaaten sowie Vertretern der Kommission zusammen. Der Vorsitz wird von einem Vertreter der Kommission wahrgenommen. Die Sekretariatsgeschäfte werden von den Dienststellen der Kommission geführt.

(3) Der Vorsitzende beruft den Kontaktausschuß von sich aus oder auf Antrag eines der Mitglieder des Ausschusses ein.

Art. 43 [Inkrafttreten] Diese Verordnung tritt am dritten Tag nach ihrer Veröffentlichung im *Amtsblatt der Europäischen Gemeinschaften* in Kraft[78].

Diese Verordnung gilt ab 1. Juli 1989; hiervon ausgenommen sind die Artikel 39, 41 und 42, die vom Inkrafttreten dieser Verordnung an gelten.

---

[78] Die Veröffentlichung erfolgte am 31. 7. 1985.

§ 12 Die Europäische Aktiengesellschaft

Schrifttum: *Dreher,* Sockellösung statt Optionsmodell für die Mitbestimmung in der Europäischen Aktiengesellschaft?, EuZW 1990, 476; *Ebenroth/Wilken,* Entwicklungstendenzen im deutschen Internationalen Gesellschaftsrecht, JZ 1991, 1014, 1061; *Hommelhoff,* Gesellschaftsrechtliche Fragen im Entwurf eines SE-Statuts, AG 1990, 422; *Kallmeyer,* Die Europäische Aktiengesellschaft – Praktischer Nutzen und Mängel des Statuts, AG 1990, 103; *Jaeger,* Wie europäisch ist die Europäische Aktiengesellschaft?, ZEuP 1994, 206; *Lutter* (Hrsg.), Die Europäische Aktiengesellschaft, 2. Aufl. 1978; *ders.,* Genügen die vorgeschlagenen Regelungen für eine „Europäische Aktiengesellschaft"?, AG 1990, 413; *Maul,* Die faktisch abhängige SE (Societas Europaea) im Schnittpunkt zwischen deutschem und europäischem Recht, 1998; *Merkt,* Europäische Aktiengesellschaft: Gesetzgebung als Selbstzweck?, BB 1992, 652; *Monti,* Statut der Europäischen Aktiengesellschaft, WM 1997, 607; *Raiser,* Die Europäische Aktiengesellschaft und die nationalen Aktiengesetze, Festschrift für Semler, 1993, S. 277; *Rasner,* Die Europäische Aktiengesellschaft (SE) – ist sie wünschenswert?, ZGR 1992, 314; *Sanders,* Auf dem Wege zu einer europäischen aktiengesellschaft?, AG 1960, 1; *ders.,* Die europäische Aktiengesellschaft – Probleme des Zugangs und der Mitbestimmung, AG 1967, 344; *Wahlers,* Art. 100a EWGV – Unzulässige Rechtsgrundlage für den geänderten Vorschlag einer Verordnung über das Statut der Europäischen Aktiengesellschaft?, AG 1990, 448; *Wehlau,* The Societas Europaea: A critique of the commission's 1991 amended proposal, CMLR 1992, 473; *ders.,* Die Europäische Aktiengesellschaft – eine Option für die GmbH?, GmbH-Rdsch. 1992, 640.

I. Grundlagen

1. Entwicklung und Perspektiven

Die Idee einer *Societas Europaea (SE)* geht auf *Thibièrge* zurück, der bereits auf dem Kongreß des französischen Notariats im Jahre 1959 entsprechende Überlegungen vortrug[1]. Der Rotterdamer Handelsrechtler *Pieter Sanders* griff diese alsbald auf[2] und formulierte zudem als Mitglied einer von der Kommission eingesetzten Sachverständigengruppe im Dezember 1966 einen Vorentwurf eines Statuts für die Europäische Aktiengesellschaft[3], der sodann im Jahre 1970 als Kommissionsvorschlag dem Ministerrat vorgelegt wurde[4]. Eine Vielzahl von Stellungnahmen veranlaßten die Kommission, ihren Vorschlag völlig zu überarbeiten und im Jahre 1975 eine geänderte Fassung vorzulegen[5]. Auch diese stieß freilich auf erhebliche Widerstände. Erst im Juli 1988 ergriff die Kommission erneut die Initiative und kündigte mit einem Memorandum einen erheblich ent-

392

---

[1] *Thibièrge,* Le statut des sociétés étrangères, 57ème congrès des notaires de France tenu à Tours 1959, Paris 1959, S. 270ff., 360ff.
[2] *Sanders* RIW 1960, 1ff.
[3] *Sanders,* Vorentwurf eines Statuts für europäische Aktiengesellschaften, in Kommission der Europäischen Gemeinschaften (Hrsg.), Kollektion Studien, Reihe Wettbewerb Nr. 6, Brüssel 1967; *ders.* AG 1967, 344.
[4] ABl. Nr. C 124/1 v. 10. 10. 1970.
[5] Erster geänderter Vorschlag vom 30. 4. 1975, Dok. Kom. (75) 150 endg., abgedruckt als BT-Drucks. 7/3713; s. dazu den von *Lutter* herausgegebenen Sammelband.

schlackten Vorschlag an, der sodann im August 1989[6] und in erneut geänderter Fassung im Mai 1991[7] vorgelegt worden ist.

393 Von den in den siebziger Jahren vorgelegten Entwürfen unterscheiden sich die Vorschläge von 1989 und 1991 zunächst schon im *Umfang*. Enthielt der ursprüngliche Vorschlag noch mehr als 400 Artikel, so sieht der 91er Entwurf nur noch 108 Artikel vor. Die neue Konzeption geht freilich mit einem weitgehenden Verzicht auf die Schaffung von Einheitsrecht einher und stellt den Erfolg einer künftigen supranationalen Rechtsform „Europäische Aktiengesellschaft" ungeachtet des zwischenzeitlich erreichten Stands der Angleichung des Aktienrechts nicht unerheblich in Frage. So enthält der zuletzt vorgelegte Vorschlag so gut wie keine konzernrechtlichen Vorschriften (Rdnr. 402), des weiteren keine Vorschriften über die Auflösung, die Liquidation, den Konkurs und die Besteuerung der Europäischen Gesellschaft. Angesichts der Lückenhaftigkeit des Vorschlags kommt deshalb dem in Art. 7 Abs. 1[8] enthaltenen Verweis auf das Recht des Sitzstaates große praktische Bedeutung zu; er hat zur Folge, daß das für eine künftige Europäische Aktiengesellschaft geltende Recht von Mitgliedstaat zu Mitgliedstaat erheblich abweichen wird.

394 Neben dem Umfang hat sich die *Ermächtigungsgrundlage* (Rdnr. 18 ff.) geändert. Waren die 1970 und 1975 vorgelegten Entwürfe noch auf Art. 308 EGV (Art. 235 a. F.) gestützt, so gründen die Vorschläge der Jahre 1989 und 1991 auf Art. 95 EGV (Art. 100a a. F.)[9]. Die Frage der *Mitbestimmung*, an der bislang nicht nur die SE gescheitert ist (Rdnr. 55, 61), ist nunmehr Gegenstand eines gesonderten, auf Art. 44 Abs. 2 lit. g EGV (Art. 54 Abs. 3 lit. g a. F.) gestützten Richtlinienentwurfs. Durch diese Aufspaltung soll es ermöglicht werden, die SE notfalls durch Mehrheitsentscheidung auf den Weg zu bringen. Derzeit bemühen sich die Verantwortlichen freilich um einen Konsens in der Frage der Mitbestimmung (Rdnr. 72 ff.). Sollte er gefunden werden, so stehen der SE keine politischen Hindernisse mehr im Wege[10].

2. Funktionen einer Europäischen Aktiengesellschaft

395 Die supranationale Rechtsform der SE soll den multinational agierenden Unternehmen eine Alternative zu den bislang bestehenden Möglichkeiten der Konzerngliederung und der Kooperation mit anderen Unter-

---

[6] Zweiter geänderter Vorschlag v. 25. 8. 1989, ABl. Nr. C 263/41 v. 16. 10. 1989; dazu namentlich *Dreher* EuZW 1990, 476 ff.; *Hommelhoff* AG 1990, 422 ff.; *Kallmeyer* AG 1990, 103 ff.; *Lutter* AG 1990, 413 ff.; weit. Nachw. bei *Lutter* S. 717.

[7] Dritter geänderter Vorschlag v. 16. 5. 1991, ABl. Nr. C 176/1 v. 8. 7. 1991; s. dazu insbesondere *Ebenroth/Wilken* JZ 1991, 1014, 1015 ff.; *Jaeger* ZEuP 1994, 206 ff.; *Merkt* BB 1992, 652 ff.; *Raiser*, Festschrift für Semler, S. 277 ff.; *Rasner* ZGR 1992, 314 ff.; *Wehlau* CMLR 1992, 473 ff.; weit. Nachw. bei *Lutter* S. 717.

[8] Artikelbezeichnungen ohne Angabe eines Gesetzes beziehen sich im folgenden auf den dritten geänderten Vorschlag (Fn. 7).

[9] Speziell dazu *Wahlers* AG 1990, 448 ff.

[10] Vgl. in diesem Zusammenhang insbesondere *Monti* WM 1997, 607.

nehmen ermöglichen[11]. Bislang verfügen solche Unternehmen häufig über ein weitverzweigtes Netz von Holding- und Tochtergesellschaften, die in den einzelnen Mitgliedstaaten nach dem dort geltenden Gesellschaftsrecht niedergelassen sind. Die Rechtsform der SE soll es ermöglichen, europaweit mit einer einzigen Gesellschaft zu agieren; davon erhofft man sich Kosteneinsparungen in einer Größenordnung von 30 Milliarden US-Dollar jährlich[12]. Aber auch Umstrukturierungs- und Kooperationsmaßnahmen, an denen Gesellschaften verschiedener Mitgliedstaaten beteiligt sind, sollen erleichtert werden. Diese werden nämlich häufig durch die Frage belastet, welchem einzelstaatlichen Recht die neue Gesellschaft unterliegen soll. Mit der Schaffung einer supranationalen Rechtsform, die einem einheitlichen europäischen Recht unterliegt, soll sich diese Frage erübrigen; die Standortwahl wird dann von der Frage des Gesellschaftsrechts entlastet (Rdnr. 15). Vor dem Hintergrund, daß das künftige Statut einer SE aller Voraussicht nach nur eine Kernregelung enthalten wird (Rdnr. 393), erscheint es zwar zweifelhaft, ob die Rechtsform der SE diese ihr zugedachten Aufgaben tatsächlich zu erfüllen vermag[13]. Immerhin ist es aber der SE möglich, ihren Sitz innerhalb der Gemeinschaft zu verlegen (Rdnr. 396).

II. Rechtsnatur, Gründung und Kapital der SE

1. Rechtsnatur

Die Rechtsnatur der SE ist im einzelnen in Art. 1 und 4 geregelt. Danach ist die SE eine Gesellschaft, die über ein festes, in Aktien zerlegtes Kapital von mindestens 100 000 Ecu verfügt (Rdnr. 152). Die Aktionäre schulden lediglich die Erbringung der von ihnen übernommenen Einlage (Rdnr. 153 ff.); für die Verbindlichkeiten der Gesellschaft haften sie also nicht. Die SE besitzt Rechtspersönlichkeit und ist kraft ihrer Rechtsform Handelsgesellschaft. Ihre Existenz verdankt die SE, anders als die Gesellschaften des nationalen Rechts, dem SE-Statut und damit dem sekundären Gemeinschaftsrecht. Sie ist also, nicht anders als die EWIV (Rdnr. 353 ff.), eine supranationale Rechtsform. Ihr Sitz muß nach Art. 5 in der Gemeinschaft liegen und mit dem Ort der Hauptverwaltung übereinstimmen. Eine *Sitzverlegung* innerhalb der Gemeinschaft läßt das Gesellschaftsstatut unberührt und hat deshalb, wie Art. 5a Abs. 1 S. 2 ausdrücklich klarstellt, weder die Auflösung noch die Gründung einer neuen Gesellschaft zur Folge.

396

---

[11] Vgl. zum Folgenden die Erwägungsgründe Nr. 1 ff. des Vorschlags 1991 (Fn. 7); ferner *Monti* WM 1997, 607.
[12] Vgl. *Monti* WM 1997, 607.
[13] S. auch *Rasner* ZGR 1992, 314, 316 f., der ein Bedürfnis der Praxis leugnet.

2. Der Zugang zur Rechtsform der SE

397 Der Zugang zur Rechtsform der SE unterliegt Beschränkungen. Der Vorschlag eines SE-Statuts sieht *vier verschiedene Gründungsverfahren* vor. Art. 17 bis 30 regeln zunächst die Gründung durch *Verschmelzung* (Rdnr. 207 ff.). Diese Möglichkeit haben nach Art. 2 Abs. 1 die in den Mitgliedstaaten ansässigen Aktiengesellschaften, sofern mindestens zwei von ihnen ihre Hauptverwaltung in verschiedenen Mitgliedstaaten haben. Des weiteren sehen Art. 31 ff. die Gründung durch Errichtung einer *Holding-SE* und die Gründung durch Errichtung einer *Tochter-SE* vor. Die Zugangsvoraussetzungen sind im einzelnen in Art. 2 Abs. 1a und 2 geregelt. Danach steht die Gründung durch Errichtung einer Holding-SE nicht nur der AG, sondern auch der GmbH offen[14]; an der Gründung durch Errichtung einer Tochter-SE können sich sogar sämtliche Gesellschaften im Sinne des Art. 48 Abs. 2 EGV (Art. 58 Abs. 2 a. F.) sowie sonstige Körperschaften des öffentlichen oder privaten Rechts beteiligen. In beiden Fällen müssen aber mindestens zwei Gesellschaften entweder ihre Hauptverwaltung in verschiedenen Mitgliedstaaten oder eine Tochtergesellschaft oder eine Niederlassung in einem anderen Mitgliedstaat als dem ihrer Hauptverwaltung haben. Die zuletzt genannten Voraussetzungen gelten nach Art. 2 Abs. 3 schließlich auch für das vierte Gründungsverfahren, nämlich für die Gründung durch *Umwandlung* einer nach dem Recht eines Mitgliedstaats gegründeten AG in eine SE. Sämtliche Gründungsverfahren sind also, der Funktion der SE entsprechend (Rdnr. 395), dadurch gekennzeichnet, daß an ihnen Gesellschaften beteiligt sind, die zumindest über Tochtergesellschaften oder Hauptniederlassungen in verschiedenen Mitgliedstaaten agieren.

3. Gründung

398 Vorbehaltlich besonderer Bestimmungen des SE-Statuts vollzieht sich die Gründung der SE gemäß Art. 11a nach dem Recht des Sitzstaates. Bei diesem handelt es sich freilich über weite Bereiche um angeglichenes Recht, nämlich um die Vorschriften der 1. und 2. Richtlinie über die Offenlegung (Rdnr. 84 ff.), über die Aufbringung des Mindestkapitals (Rdnr. 153 ff.) und über die Haftung für die vor Entstehung der SE begründeten Verbindlichkeiten (Rdnr. 95 ff.). Art. 8 und 9 sehen die Eintragung in das Register des Sitzstaates und die Offenlegung nach dem im Sitzstaat geltenden Recht vor. Rechtspersönlichkeit erlangt die SE nach Art. 16 mit dem Tag ihrer Eintragung in das Register im Sinne des Art. 8 iVm. Art. 3 der 1. Richtlinie. Der Firma muß der Zusatz „SE" voran- oder nachgestellt werden.

---

[14] Näher dazu *Wehlau* GmbH-Rdsch. 1992, 640 ff.

III. Die Verfassung der SE

4. Kapitalaufbringung, Kapitalerhaltung und Kapitaländerungen

Die *Aufbringung* des gezeichneten Kapitals ist in den Art. 38 ff. in Anlehnung an die entsprechenden Vorschriften der 2. Richtlinie (Rdnr. 153 ff.) geregelt. Art. 53 Abs. 1a bestimmt allerdings, daß jede *Inhaberaktie* voll eingezahlt sein muß. Was die *Kapitalerhaltung* betrifft, so regelt das SE-Statut in Art. 49 den Erwerb eigener Aktien; im übrigen bewendet es nach Art. 7 Abs. 1 bei dem (durch die 2. Richtlinie angeglichenen) Recht des Sitzstaates (Rdnr. 164 ff.). *Kapitaländerungen* schließlich sind Gegenstand der Art. 42 ff., die zwar weitgehend den Vorschriften der 2. Richtlinie entsprechen (Rdnr. 186 ff.), aber lückenhaft und somit durch das Recht des Sitzstaates zu ergänzen sind. **399**

III. Die Verfassung der SE

1. Monistisches und dualistisches System

Wie der Vorschlag einer 5. Richtlinie (Rdnr. 56) enthält auch das SE-Statut keine Festlegung auf das monistische oder das dualistische System. Nach Art. 61 können vielmehr die Mitgliedstaaten wählen, ob die auf ihrem Gebiet ansässigen Europäischen Aktiengesellschaften nur über ein einheitliches, regelmäßig[15] aus geschäftsführenden und nichtgeschäftsführenden Mitgliedern bestehendes Verwaltungsorgan oder über ein Verwaltungs- und ein gesondertes Aufsichtsorgan verfügen; das Wahlrecht kann von den Mitgliedstaaten auch an die Gesellschaften weitergegeben werden. Die Frage der Mitbestimmung der Arbeitnehmer ist derzeit noch offen; sie wird aller Voraussicht nach Gegenstand einer Ergänzungsrichtlinie sein (Rdnr. 394). Da Art. 62 bis 80 die Leitung und Überwachung der SE nicht übermäßig detailliert regeln und deshalb ergänzend das Recht des Sitzstaates zur Anwendung kommt, wird es künftig nicht nur zwei Typen von Europäischen Aktiengesellschaften geben; vielmehr werden auch die Gesellschaften des gleichen Typs von Mitgliedstaat zu Mitgliedstaat beträchtliche Unterschiede aufweisen. **400**

2. Hauptversammlung

Die SE verfügt über eine Hauptversammlung. Bei ihr handelt es sich um das Willensbildungsorgan der Gesellschaft. Die Zuständigkeit und die Einberufung der Hauptversammlung, die Rechte der Aktionäre und die Beschlußfassung sind im einzelnen in Art. 81 ff. geregelt. Abweichend von dem 1989 vorgelegten Vorschlag weist das SE-Statut von 1991 die Fest- **401**

---

[15] Anders als Art. 21a des Vorschlags einer 5. Richtlinie überläßt es Art. 66 Abs. 2 der Gesellschaft, ob sie zwischen geschäftsführenden und nichtgeschäftsführenden Organwaltern unterscheidet.

stellung des Jahresabschlusses nicht mehr zwingend der Hauptversammlung zu.

IV. Konzernrecht

402 Die Zugangsbeschränkungen des Art. 2 bringen es mit sich, daß die SE in aller Regel Teil eines Unternehmensverbundes ist. In der Terminologie des deutschen Aktienrechts kann sie deshalb auch abhängiges oder herrschendes Unternehmen sein. Art. 114 des Vorschlags 1989 verwies denn auch ausdrücklich auf die konzernrechtlichen Regelungen des Sitzstaates. Demgegenüber fehlt es zwar im Vorschlag 1991 an einer entsprechenden Regelung; sein Art. 6 enthält vielmehr lediglich eine Definition des „kontrollierten" und des „herrschenden Unternehmens", ohne daß daran konzernrechtliche Schutzvorschriften nach Art der §§ 311 ff. AktG anknüpfen[16]. Indes finden die einzelstaatlichen Regelungen über verbundene Unternehmen bereits aufgrund der Generalverweisung in Art. 7 Abs. 1 Anwendung; Art. 114 des Vorschlags 1989 war deshalb in der Tat überflüssig. Europäische Aktiengesellschaften mit Sitz in der Bundesrepublik unterliegen deshalb den Vorschriften der §§ 291 ff., 311 ff. AktG nebst den Grundsätzen über die qualifizierte faktische Unternehmensverbindung (Rdnr. 330)[17].

---

[16] Das SE-Statut kommt allein in Art. 48 und 49 (betreffend die Zeichnung und den Erwerb eigener Aktien durch kontrollierte Unternehmen) sowie in Art. 64 (betreffend das Informationsrecht des Aufsichts- und Leitungsorgans in der Obergesellschaft) auf die Legaldefinitionen des Art. 6 zurück.
[17] Eingehend zur faktisch abhängigen SE *Maul*, insbesondere S. 33 ff.; zur Übertragbarkeit der Grundsätze über den qualifizierten faktischen GmbH-Konzern auf das Aktienrecht s. Emmerich/*Habersack*, Aktienkonzernrecht, 1998, vor § 311 Rdnr. 20 ff.

Sachverzeichnis

Die Zahlen verweisen auf die Randnummern des Buches

A
Abkopplungsthese 286, 303
Abspaltung s. Spaltung
„Acte-clair"-Doktrin 39, 162
Aktie 152
– Anteil am Kapital 152
– nennwertlose Aktie 152
Aktiengesellschaft
– Europäische s. Europäische Aktiengesellschaft
– Genehmigungsvorbehalt 148
– Gründung 137, 138
– Leitungsstruktur 56
– Mindestzahl der Gründer 149
– Satzung 138, 145 f.
– Verschmelzung 207 ff.
Aktientausch s. Spaltung
Aktionär
– Ausschüttungen an 164 f.
– Beteiligungsrecht 224
– Bezugsrecht s. Kapitalerhöhung
– Einlageverpflichtung 152, 153 ff.
– Informationsrecht 224, 249
– kapitalersetzende Aktionärsdarlehen 166
– Schutz 137, 140, 154, 173, 186, 187, 221, 222 ff., 248 f.
Akzessorische Haftung 380
Anerkennung von Gesellschaften 69 f.
Anhang s. Rechnungslegung
Anschaffungskostenprinzip 276
Aufsichtsorgan 55
Ausgliederung 247
Ausschüttung 165

B
Bankenzweigniederlassungsrichtlinie 126
Bareinlage 155, 157 f.
Barkapitalerhöhung s. Kapitalerhöhung

Bevollmächtigte der Gesellschaft 130
Bezugsrecht s. Kapitalerhöhung
Bezugsrechtsausschluß s. Kapitalerhöhung
Bilanz s. Rechnungslegung
Bilanzrichtlinie s. Jahresabschlußrichtlinie
Bilanzrichtlinien 260 f., 267
Bilanzrichtliniengesetz 266 ff., 293, 314
Binnenmarkt 2

D
„Daihatsu"-Entscheidung 20 f., 90, 112, 332
„Daily-Mail"-Entscheidung 11 ff.
Dauerschuldverhältnisse 256, 386
Delaware-Effekt 15
Dilatatorische Einrede 381
Diskriminierungsverbot 25, 28, 128
„Dori"-Entscheidung 32, 34

E
Effet utile 37, 163, 176, 177, 242, 332, 334, 347
Eigene Aktien 178 ff.
– Erwerb 135, 182 f.
– Hauptversammlung 184
– Umgehungstatbestände 181
– Zeichnung 180
Eigenkapital 150 f.
– Finanzplankredite 151
– Genußrechte mit Eigenkapitalcharakter 151, 191
– gewillkürtes Eigenkapital 151
Eigenkapitalersetzende Aktionärsdarlehen s. Aktionär
Einberufungspflicht 173 ff.
Einblicksgebot s. Rechnungslegung/true and fair view,

Konzernrechnungslegung/true and fair view
Einlageverpflichtung 153 ff.
Einpersonen-Gesellschaft 319, 323 ff.
– Beschlußfassung 333 f.
– Einpersonen-AG 321, 322
– Einpersonen-GmbH 322
– Gründung 323
– In-sich-Geschäfte 335
– Offenlegung 331
– Publizität 331 f.
– Strohmanngründung 325
– Zugangsbeschränkungen 327
Einpersonen-Gesellschaft-Richtlinie 46, 318 ff.
– Anwendungsbereich 321
– Regelungszweck 319 f.
– Umsetzung in das deutsche Recht 322
Einpersonen-Unternehmen mit beschränkter Haftung 326
Equity-Methode 309 f.
Erlöschen der Gesellschaft 219, 244
Euro 71
Europäische Aktiengesellschaft 48, 67, 392 ff.
– Funktionen 395
– Gründung 398
– Holding-SE 397
– Kapital 399
– Konzernrecht 402
– Rechtsnatur 396
– Verfassung 400 f.
Europäische Gegenseitigkeitsgesellschaft 67
Europäische Genossenschaft 67
Europäischer Verein 67
Europäisches Bilanzrecht s. Konzernrechnungslegung, Rechnungslegung
Europäisches Gesellschaftsrecht
– Begriff 1 ff.
– Ermächtigungsgrundlagen 19 ff.
– Rechtsangleichung 19 ff.
– Rechtsvereinheitlichung 24

– Richtlinien s. gesellschaftsrechtliche Richtlinien
– Stand und Perspektiven 45 ff.
– und Kapitalmarktrecht 3 f., 53
Europäisches Unternehmensrecht 53 f.
Europäische Wirtschaftliche Interessenvereinigung
– Abwicklung 389
– Auflösung 388
– EWIV-Verordnung 1, 3, 24, 44, 66, 353 ff.
– Funktion 66, 357
– Gründung 359 ff.
– Haftung der Mitglieder 378 ff.
– Holdingverbot 366
– Insolvenz 390
– Offenlegungspflichten 360
– Organisationsverfassung 370 ff.
– Rechtsnatur 368 f.
– Veränderungen im Mitgliederbestand 374 ff.
– Zweck 364 ff.
EWIV-Verordnung s. Europäische wirtschaftliche Interessenvereinigung

F
Fusion s. Verschmelzung, Verschmelzungsrichtlinie
Fusionsbesteuerungsrichtlinie 213

G
Genehmigungsvorbehalt s. Aktiengesellschaft
Genehmigtes Kapital 144, 192, 201
Generally Accepted Accounting Principles (GAAP) 289
Genußrechte 151, 197, 220
Gesamtrechtsnachfolge 219
Gesellschaft bürgerlichen Rechts 362, 369
Gesellschaftsrechtliche Richtlinien 77 ff.; s. auch Richtlinienvorschläge und -entwürfe
– Achte Richtlinie s. Prüferbefähigungsrichtlinie

Sachverzeichnis

- Dritte Richtlinie s. Verschmelzungsrichtlinie
- Elfte Richtlinie s. Zweiniederlassungsrichtlinie
- Entwürfe und Vorschläge 55 ff.
- Erste Richtlinie s. Publizitätsrichtlinie
- Regelungsbereiche 51
- Regelungsziele der Kommission 48 f.
- Sechste Richtlinie s. Spaltungsrichtlinie
- Siebente Richtlinie s. Richtlinie über den konsolidierten Abschluß
- Vierte Richtlinie s. Jahresabschlußrichtlinie
- Zweite Richtlinie s. Kapitalrichtlinie
- Zwölfte Richtlinie s. Einpersonen-Gesellschaft-Richtlinie

Gesellschaftsregister s. Publizitätsmittel
Gewinnschuldverschreibungen 197, 220
Gewinn- und Verlustrechnung s. Rechnungslegung
Gezeichnetes Kapital 144
Gläubigerschutz 137, 153, 173, 186, 207, 221, 231, 251 ff.
Gleichbehandlungsgrundsatz 154, 166, 196, 200, 204, 341, 343
GmbH & Co. KG-Richtlinie 46, 263, 271, 293
Gründung durch Umwandlung 397
Gründungstheorie 13, 17
Grundsätze ordnungsmäßiger Buchführung s. Konzernrechnungslegung, Rechnungslegung
Grundsatz der Fremdorganschaft 372
Grundsatz der Gleichwertigkeit und der Effektivität 226, 231
Grundsatz des festen Kapitals 137, 150 ff.

H
„Haaga"-Entscheidung 88
Handelndenhaftung 96 f., 323, 369
Handelsregister s. Publizitätsmittel
Hauptversammlung 55, 184, 187, 192, 204, 401
Herkunftslandprinzip 11

I
Informationspflicht 173 ff.
Inländergleichbehandlung 25
In-sich-Geschäfte s. Einpersonen-Gesellschaft
Interessenkonflikt 105, 335
International Accounting Standards (IAS) 289
Internationale Übereinkommen 14, 70
Internationale Verschmelzung s. Verschmelzung

J
Jahresabschluß 275 ff.
Jahresabschlußrichtlinie 46, 265 ff.; s. auch Rechnungslegung
- Europäisches Bilanzrecht 263, 289
- Regelungsziel 49, 265
- Umsetzung in das deutsche Recht 266 ff.
- Umsetzungsdefizite 271 f.

K
Kapitalaufbringung 51, 135, 153 ff., 399; s. auch Kapitalerhöhung, Sacheinlage
Kapitalerhaltung 51, 135, 164 ff., 225, 399
Kapitalerhöhung 137, 144, 186, 187 ff.
- Aufbringung des Kapitals 194 f.
- Barkapitalerhöhung 197, 199 ff.
- Bezugsrecht der Aktionäre 196 ff.

- Bezugsrechtsausschluß 196, 199 ff.
- Hauptversammlung 187 ff.
- Publizität 193
- Sachkapitalerhöhung 197, 202
Kapitalgesellschaft 83, 123
Kapitalherabsetzung 137, 164, 186, 203 ff.
Kapitalmarktrecht 3
Kapitalrichtlinie 46, 135 ff.
- Änderungsrichtlinie 135, 141, 179
- Anwendungsbereich 136
- Inhalt 137 f.
- Mindest- oder Höchstregelung 139 f., 161 ff., 196 ff.
- Regelungszweck 48, 135, 137, 140
- und deutsches Konzernrecht 169 ff.
- Umsetzung 141
- Umsetzungsdefizite 146, 162, 168 ff.
„Karella"-Entscheidung 188
„Keck"-Entscheidung s. Niederlassungsfreiheit
„Kefalas"-Entscheidung 189
Konsolidierung s. Richtlinie über den konsolidierten Abschluß
Konzernrechnungslegung 302 ff.; s. auch Richtlinie über den konsolidierten Abschluß, Generally Accepted Accounting Principles, International Accounting Standards
- assoziierte Unternehmen 309 f.
- befreiende Konzernabschlüsse 299
- Bestandteile 302
- Control-Konzept 292, 294
- Equity-Methode 309 f.
- Gebot des „true and fair view" 303
- Gemeinschaftsunternehmen 308
- Größenspezifische Rechnungslegung 298

- Grundsätze ordnungsmäßiger 304
- Kapitalaufnahmeerleichterungsgesetz 290
- Konsolidierung 291
- Konsolidierungskreis 300 f.
- Konsolidierungspflicht 294 ff.
- Konsolidierungsverbot 301
- Konzernabschluß 290, 291, 293, 302, 311
- Konzernlagebericht 290, 293, 302, 311
- Perspektiven 289
- Prüfung und Offenlegung 311
- Sitzunabhängige Konsolidierung 295
- true and fair view 301, 303
- Vollkonsolidierung 305 ff.
Konzernrecht 58
„Kraus"-Entscheidung s. Niederlassungsfreiheit

L
Lagebericht s. Rechnungslegung
Liquidation der Gesellschaft 114
Londoner City Code on Takeovers and Mergers 345

M
„Marleasing"-Entscheidung 110
Minderheitenschutz 346 ff., 351 f.
Minderheitsaktionäre 340, 341 f.
Mindestkapital 137, 139, 144, 151, 152, 153 ff., 324
Mißbrauch der Vertretungsmacht s. Vertretungsmacht
Mitbestimmung 20, 55, 61 f., 72 ff., 146, 366, 394, 400
Mittelstandsförderung 320
Mittelstandsrichtlinie 46, 263

N
Nachgründung 159 f., 195
Nachhaftung 385 f.
Negative Publizität s. Publizitätswirkungen
Nichtigkeit der Gesellschaft s. Publizitätsrichtlinie

Niederlassungsfreiheit 9 ff.
- Beschränkungsverbot 2, 25 f.
- Beteiligung an Unternehmen 10, 70
- „Keck"-Entscheidung 27 f.
- „Kraus"-Entscheidung 25
- primäre 10
- sekundäre 10
- und Gesellschaftsrecht 2, 3

O
Offenlegung s. Publizitätsrichtlinie
Optionsanleihen 191, 197, 220
Organwalter 98 f., 146, 223, 225 f., 249

P
Partielle Gesamtrechtsnachfolge s. Spaltung
Pflichtangebot s. Richtlinie über Übernahmeangebote
Prinzip der begrenzten Einzelermächtigung 18 ff.
Prüferbefähigungsrichtlinie 46, 312 ff.
- Europäisches Bilanzrecht 263
- Regelungsziel 312
- Umsetzung in das deutsche Recht 314
Publizitätsgegenstände 87 ff., 129
Publizitätsgrundsatz 80
Publizitätsmittel 85 f., 128
Publizitätsrichtlinie 46, 77 ff.; s. auch Vertretungsmacht
- betroffene Gesellschaften 83
- Ergänzung 118, 260
- Nichtigkeit der Gesellschaft 78, 107 ff., 142
- Offenlegung 78, 84 ff., 323
- positive und negative Publizität 91 ff., 115 f.
- Regelungsziel 49, 79
- Umsetzung in das deutsche Recht 82
- Umsetzungsdefizite 115
- Wirksamkeit eingegangener Verpflichtungen 78, 94 ff.

Publizitätswirkungen 91 ff., 128

Q
Qualifizierte faktische Unternehmensverbindung 330, 402

R
Rechnungslegung 260 ff.; s. auch Jahresabschlußrichtlinie, Konzernrechnungslegung
- Anhang 278
- Bilanz 274, 275 f.
- der Zweigniederlassung 131
- Gewinn- und Verlustrechnung 274, 277
- größenspezifische 273 f.
- Grundsätze ordnungsmäßiger Buchführung 270, 280 ff.
- Lagebericht 263, 267, 279
- Prüfung und Offenlegung 288
- „Tomberger"-Entscheidung, 272, 284 ff.
- true and fair view 265, 272, 276, 283 ff.
- Vorsichtsprinzip 265, 269, 276, 282, 284 f., 286
Rechtsangleichung 2, 15 ff.; s. auch Richtlinie
Rechtsvereinheitlichung 43 f.
Richtlinie 29 ff.
- Adressat 29
- als Instrument der Rechtsangleichung 29 ff.
- Auslegung 37 ff.
- gespaltene Auslegung des angeglichenen Rechts 211, 236, 269
- richtlinienkonforme Auslegung 34 ff.
- Schadensersatz 33
- Umsetzungsverpflichtung 30, 32
- und strengeres nationales Recht 40 ff.
- unmittelbare Wirkung 32 f.
- Vorabentscheidungsverfahren 30, 38 f., 211, 236, 269, 270

– zweistufiges Rechtssetzungsverfahren 29f.
Richtlinien auf dem Gebiet des Gesellschaftsrechts s. Gesellschaftsrechtliche Richtlinien
Richtlinie über den konsolidierten Abschluß 46, 291 ff.; s. auch Konzernrechnungslegung
– Anwendungsbereich 294 ff.
– Regelungsziel 49, 291
– Umsetzung in das deutsche Recht 292
Richtlinie über Übernahmeangebote 47, 339 ff.
– Anwendungsbereich 342
– Aufsicht 345
– gleichwertige Vorkehrungen 349, 352
– Grundsätze eines fairen Übernahmeverfahrens 343 f.
– Pflichtangebot 346, 348
– Regelungszweck 48, 340 f.
– Übernahmeangebot 341
– Umsetzung in das deutsche Recht 350 ff.
Richtlinienkonforme Auslegung s. Richtlinie
Richtlinienvorschläge und -entwürfe
– Fünfte Richtlinie (Struktur) 47, 48, 55 ff., 145, 312, 400
– Liquidationsrichtlinie 47, 49
– Neunte Richtlinie (Konzernrecht) 47, 48, 58 f., 135
– Zehnte Richtlinie (Internationale Fusion) 47, 48, 60 ff.
– Dreizehnte Richtlinie s. Richtlinie über Übernahmeangebote
– Vierzehnte Richtlinie (Verlegung des Gesellschaftssitzes) 14, 47, 63 ff.

S
Sacheinlage 155, 157 f.
– Sondervorschriften 158
– verdeckte 160, 161 ff., 195
Sachkapitalerhöhung s. Kapitalerhöhung

Sachübernahme 160, 161 ff.
Sicherheitsleistung 204
„Siemens/Nold"-Entscheidung 202
Sitztheorie 2, 13, 17, 359
Sitzverlegung 11 ff., 356, 395, 396
Societas Europaea s. Europäische Aktiengesellschaft
Société fermée européenne 68
Sonderverjährung 385 f.
Spaltung 237 ff.; s. auch Spaltungsrichtlinie
– Abspaltung 245 f.
– Aktientausch 243
– durch Übernahme 238, 239
– fehlerhafte 257
– Gläubigerschutz 251 ff.
– Informationsrecht des Aktionärs 249
– nichtverhältniswahrende 243
– partielle Gesamtrechtsnachfolge 241
– Rechtsfolgen 241 ff.
– Spaltungsbericht 249, 250
– Spaltungsplan 237, 241, 243, 248 f.
– Spaltungsvertrag 250
– und Verschmelzung 237
– verhältniswahrende 243
– zur Neugründung 238, 240
Spaltungsrichtlinie 46, 234 ff.; s. auch Spaltung
– Anwendungsbereich 235
– Regelungsziel 48, 234
– Umsetzung in das deutsche Recht 236
– Umsetzungsdefizite 251, 254 ff.
Stellvertreterzusatz 89
Steuerbilanzrecht 270
Strohmanngründung 325
Subsidiaritätsprinzip 23
Supranationale Rechtsform 1, 24, 44, 66, 67, 353 ff.

T
Takeover-Panel 345
Takeover-Richtlinie s. Richtlinie über Übernahmeangebote

Tochtergesellschaft 127
Tochter-SE 397
„Tomberger"-Entscheidung, 272, 284 ff.
Transparenzrichtlinie 53
True and fair view s. Rechnungslegung

U
Übernahmeangebote 339 ff.; s. auch Richtlinie über Übernahmeangebote
Übernahmekodex 350, 352
Übernahmekommission 350
Überschuldung 150
„Ultra-vires"-Lehre s. Vertretungsmacht
Umwandlungsgesetz 209 ff.
Unterlagen der Rechnungslegung 131

V
Verbundene Unternehmen 169 ff.
Verordnung 43 f.
Verschmelzung 214 ff.; s. auch Verschmelzungsrichtlinie
- Berichtsprüfer 223, 225 f.
- Beteiligungsrecht des Aktionärs 224
- durch Aufnahme 214, 215
- durch Neugründung 214, 216
- fehlerhafte 232 ff.
- gerichtliche Kontrolle 227
- gleichgestellte Vorgänge 218
- im Konzern 217
- Informationsrecht des Aktionärs 224
- innerstaatliche 213
- internationale 60 ff.
- Offenlegung 227
- Rechtsfolgen 219 f.
- Sicherheitsleistung 231
- Verschmelzungsbericht 223, 230

- Verschmelzungsplan 214, 219, 223, 227, 228, 231
- Verschmelzungsvertrag 227, 228
Verschmelzungsrichtlinie 46, 207 ff.
- betroffene Gesellschaften 212
- Regelungsziel 48, 207
- Umsetzung in das deutsche Recht 209 ff.
- Umsetzungsdefizite 228, 231
Vertretungsmacht 95, 100 ff., 143, 373
- Mißbrauch 103
- „Ultra-vires"-Lehre 52, 101
- Zuständigkeitsordnung 104
Verwässerungseffekt 196
Vorabentscheidungsverfahren s. Richtlinie
Vorbehalt des allgemeinen Zivilrechts 219, 242
Vorgesellschaft 96, 97
Vorgründungsgesellschaft 96, 97
Vorsichtsprinzip s. Rechnungslegung

W
Wandelanleihen 191, 197, 220
Warenverkehrsfreiheit 27
Wertprüfung 158, 194, 214
Wettbewerb der Gesetzgeber 15 ff.

Z
Zuzahlungen 215, 239
Zweigniederlassung 127
Zweigniederlassungsrichtlinie 46, 117 ff.
- Anwendungsbereich 123 ff.
- Regelungsziel 49, 18
- Schutzzweck 119
- Umsetzung in das deutsche Recht 120 f.
- und Bilanzrichtlinien 118
- und Publizitätsrichtlinie 118, 128, 130